Wirtschafts-
mathematik

Einführendes Lehr- und Arbeitsbuch

von

Prof. Dr. Udo Kamps
Prof. Dr. Erhard Cramer
RWTH Aachen

Dr. Helga Oltmanns
swb AG, Bremen

3., überarbeitete und ergänzte Auflage

Oldenbourg Verlag München

Bibliografische Information der Deutschen Nationalbibliothek

Die Deutsche Nationalbibliothek verzeichnet diese Publikation in der Deutschen
Nationalbibliografie; detaillierte bibliografische Daten sind im Internet über
<http://dnb.d-nb.de> abrufbar.

© 2009 Oldenbourg Wissenschaftsverlag GmbH
Rosenheimer Straße 145, D-81671 München
Telefon: (089) 45051-0
oldenbourg.de

Lektorat: Wirtschafts- und Sozialwissenschaften, wiso@oldenbourg.de
Herstellung: Anna Grosser
Coverentwurf: Kochan & Partner, München
Gedruckt auf säure- und chlorfreiem Papier
Gesamtherstellung: Druckhaus „Thomas Müntzer" GmbH, Bad Langensalza

ISBN 978-3-486-59130-9

Aus dem Vorwort zur 1. Auflage

Mathematische Methoden werden in vielen Gebieten der Wirtschaftswissenschaften eingesetzt. Sie sind wichtige Hilfsmittel zur Modellbildung sowie bei praktischen Analysen realer Gegebenheiten und bilden häufig die Grundlage von Planungs- und Entscheidungsprozessen. Anwendungsbereiche sind beispielsweise die Mikroökonomie, Produktionswirtschaft, Industriebetriebslehre, Logistik, Lagerhaltung, Investitionsrechnung, Kostenrechnung, Kalkulation, das Operations Research (Unternehmensforschung) und die Statistik (z.B. Markt- und Meinungsforschung, Qualitätskontrolle und -sicherung, Analyse von Finanzmärkten).

Das vorliegende Lehr- und Arbeitsbuch zur Wirtschaftsmathematik gliedert sich in vier Teile.

Teil I umfasst sechs Kapitel zu mathematischen Methoden und Verfahren aus der Analysis, die in den Wirtschaftswissenschaften verwendet werden. Im ersten Kapitel werden die mathematischen Grundlagen bereitgestellt, die zum Verständnis der nachfolgenden Kapitel notwendig sind. Dort werden Themen aus den Bereichen Folgen und Reihen, Funktionen einer Variablen, Differentiation und Kurvendiskussion, Integration sowie Funktionen mehrerer Variablen behandelt. Innerhalb der ersten fünf Kapitel werden Elemente der Schulmathematik, deren Grundzüge vorausgesetzt sind, zielgerichtet aufgearbeitet und ergänzt. Einführende Beispiele aus den Wirtschaftswissenschaften stehen am Beginn von Teil II, der mit Lineare Algebra bezeichnet ist. In den vier Kapiteln dieses Teils werden Vektoren und Matrizen als wichtige Hilfsmittel vorgestellt, allgemeine lineare Gleichungssysteme und deren Lösungen untersucht sowie Optimierungsprobleme betrachtet. Teil III verbindet mit einem Kapitel zur Optimierung bei Funktionen mehrerer Variablen die vorherigen Teile inhaltlich und ergänzt die Analysis um eine für die Anwendungen wichtige Thematik. Die Methoden und Beispiele zeigen exemplarisch auf, dass in praxisrelevanten Ansätzen die Nutzung unterschiedlicher mathematischer Bereiche sinnvoll bzw. erforderlich ist. Im Teil IV sind ausführliche Lösungen zu Aufgaben aus den Kapiteln der Teile I und II zusammengestellt.

Als ein wesentlicher Bestandteil des Lernkonzepts werden anhand von Beispielen (am Rand gekennzeichnet) Vorgehensweisen verdeutlicht und Verfahren beschrieben, um den formalen Aufwand in Grenzen zu halten. Mit Blick auf die Statistik, einem wichtigen Bestandteil des wirtschaftswissenschaftlichen Studiums, wird das notwendige mathematische Basiswissen in diesem Lehrtext aufbereitet und im Vorgriff auf statistische Inhalte angewendet. Die Abschnitte *Aufgaben* und *Weitere Aufgaben* beschließen die Kapitel der Teile I und II. Die *weiteren Aufgaben* wurden der Sammlung

> S. Clermont, B. Jochems und U. Kamps, Wirtschaftsmathematik – Aufgaben und Lösungen, Oldenbourg, München 1994

entnommen und sind ein Angebot, die Lerninhalte einzuüben und zu vertiefen. Mit der Kurzbezeichnung AL *i.j* wird jeweils auf die dortige Aufgabe (*j*-te Aufgabe im *i*-ten Kapitel) und deren Lösung verwiesen.

Neben seinem Nutzen als vorlesungsbegleitender Text, zur Nachbereitung und Wiederholung eignet sich das vorliegende Lehr- und Arbeitsbuch aufgrund seiner Konzeption in besonderer Weise für das Selbststudium. Es dient der Erarbeitung mathematischer Grundlagen in einem systematischen Aufbau. Wir schlagen vor, die Teile I und II jeweils von Beginn an zu lesen. Der zweite Teil, die Lineare Algebra, kann weitgehend unabhängig vom ersten Teil gelesen werden und greift lediglich auf das erste Kapitel zurück. In der Motivation und den Beispielen an Studierende der Wirtschaftswissenschaften gerichtet, kann das Buch (in Auszügen) jedoch ebenso in mathematischen Kursen der Sekundarstufe II an Schulen und in Vorkursen oder Propädeutika zu anderen Studienfächern mit mathematischen Anteilen als Arbeitsgrundlage verwendet werden.

In einige Passagen dieses Buches sind Einflüsse aus folgenden Quellen eingegangen:

O. Opitz, Mathematik – Lehrbuch für Ökonomen, Oldenbourg, München 1999,

F. Pfuff, Mathematik für Wirtschaftswissenschaftler 1 und 2, Vieweg, Braunschweig 1983 bzw. 1982,

H.-J. Zimmermann, Operations Research I, Skriptum, Aachen 1978,

H.-J. Zimmermann, Methoden und Modelle des Operations Research, Vieweg, Braunschweig 1987.

Bis auf die im Text genannten Stellen sind enge Parallelen zu diesen und anderen Büchern nicht beabsichtigt, bei einem einführenden Buch zur Wirtschaftsmathematik jedoch unvermeidbar; wir bitten diese gegebenenfalls nachzusehen.

Oldenburg, im Oktober 2000   Helga Oltmanns, Erhard Cramer, Udo Kamps

Vorwort zur 3. Auflage

In der dritten Auflage wurden der Text überarbeitet und einige Korrekturen und Modifikationen vorgenommen. Ergänzend wurden ein Exkurs zu linearen Differenzengleichungen in Kapitel 6 und die Behandlung von Mehrfachintegralen als neues Kapitel 12 aufgenommen.

Auswahl und Aufbau der mathematischen Inhalte haben sich in Vorlesungen und anderen Veranstaltungen zur Wirtschaftsmathematik, insbesondere im Rahmen eines wirtschaftswissenschaftlichen Studiums, bewährt und wurden daher ansonsten nicht verändert. Weitere Aufgaben und ausführliche Lösungen zu den Themen dieses Lehrbuchs finden Sie in der dritten Auflage der Aufgabensammlung

S. Clermont, E. Cramer, B. Jochems, U. Kamps (2001) Wirtschaftsmathematik — Aufgaben und Lösungen, Oldenbourg, München

sowie in der Sammlung von Verständnisfragen und Klausuraufgaben zu Themen der Analysis

U. Kamps, E. Cramer, D. Strauer, W. Herff (2005) Prüfungsvorbereitung Wirtschaftsmathematik — Analysis, Oldenbourg, München.

Weitere Lernmaterialien (Multiple-Choice-Aufgaben, Selbsttests etc.) können Sie kostenfrei online nutzen. Zugänge finden Sie unter der URL

www.isw.rwth-aachen.de/wima

und über *economag*. Dozentinnen und Dozenten werden Präsentationsfolien im Down-loadbereich des Oldenbourg-Verlags zur Verfügung gestellt.

Liebe Leserin, lieber Leser, Ihre Kritik und Ihre Anregungen sind uns wichtig: Teilen Sie uns diese bitte mit (Institut für Statistik und Wirtschaftsmathematik, RWTH Aachen, www.isw.rwth-aachen.de). Wir wünschen Ihnen ein angenehmes und nutzbringendes Lesen und Arbeiten.

Bremen, Aachen, im Mai 2009   Helga Oltmanns, Erhard Cramer, Udo Kamps

Inhaltsverzeichnis

Teil I: Analysis

In quantitativen ökonomischen Modellen und Analysen werden Hilfsmittel und Methoden aus unterschiedlichen Bereichen der Mathematik benötigt. Der erste Teil dieses Buches ist mit Analysis überschrieben. Neben anderen mathematischen Grundlagen werden insbesondere Funktionen behandelt. Dabei wird der Schulstoff in Kernbereichen wiederholt und um wichtige Themen wie Folgen, Reihen und Funktionen mehrerer Variablen ergänzt.

1 Grundlagen

Mengen und Zahlen

Mengen und ihre Darstellungen

Eine **Menge** ist eine Gesamtheit unterscheidbarer Objekte, den sogenannten **Elementen** der Menge, wobei für jedes Objekt entscheidbar sein muss, ob es ein Element der Menge ist oder nicht. Die Elemente einer Menge werden zusammengefasst in **Mengenklammern** { } geschrieben. Mengen werden meist mit lateinischen (oder anderen) Großbuchstaben $A, B, \ldots$ bezeichnet. Für spezielle Mengen haben sich feste Bezeichnungen durchgesetzt, z.B. $\mathbb{N}, \mathbb{Q}, \mathbb{R}, \mathbb{Z}$.

Zur Beschreibung von Mengen verwendet man

- die aufzählende Darstellung, z.B.

$$A = \{1, 2, 3, 4\}, \quad \mathbb{N} = \{1, 2, 3, 4, \ldots\}, \quad H = \{2, 4, 6\},$$
$$C = \{a, b, \ldots, z\}, \quad \Omega = \{\text{Montag, Dienstag, } \ldots, \text{Sonntag}\},$$

- die beschreibende Darstellung

$$K = \{x \mid x \text{ hat die Eigenschaft } \mathcal{E}\}.$$

Diese Formalisierung wird gelesen als „K ist die Menge aller Elemente x, die die Eigenschaft $\mathcal{E}$ haben". Der senkrechte Strich | zeigt den Beginn der definierenden Eigenschaft an. Er kann alternativ auch durch ein Semikolon ersetzt werden. Gleichbedeutend zur obigen Darstellung der Menge K ist also die Schreibweise:

$$K = \{x \,;\, x \text{ hat die Eigenschaft } \mathcal{E}\}.$$

Beide Notationen werden nachfolgend verwendet.

Beispiele für Mengen in beschreibender Darstellung sind:

$$G = \{x \mid x \text{ ist eine gerade Zahl}\} = \{2, 4, 6, \dots\} = \{x \mid x = 2k, k \in \mathbb{N}\},$$
$$I = \{x \in \mathbb{R} \mid 1 \le x \le 3\} \text{ ist die Menge der reellen Zahlen}$$
$$\text{zwischen (einschließlich) 1 und 3,}$$
$$\Omega = \{x \mid x \text{ ist ein Wochentag}\}.$$

Als abkürzende Schreibweisen im Zusammenhang mit Mengen werden folgende Notationen vereinbart:

Bezeichnung
Sei A eine Menge.

$a \in A$: a ist **Element** von A,

$a \notin A$: a ist **nicht Element** von A,

$A \subseteq B$: A ist **Teilmenge** von B, d. h. jedes Element von A ist auch ein Element von B,

$|A|$: Anzahl der Elemente von A (**Mächtigkeit** von A),

$\emptyset$: leere Menge, d. h. die Menge, die kein Element enthält (alternative Bezeichnung: $\{\}$).

Die Teilmengenbeziehung $A \subseteq B$ wird auch **Mengeninklusion** genannt.

Ist eine Menge A eine echte Teilmenge einer Menge B, d. h. jedes Element von A ist in B enthalten und B enthält mindestens ein (weiteres) Element, das nicht in A enthalten ist, so schreibt man auch $A \subsetneq B$ oder $A \subset B$.

Für die zuvor genannten Mengen gilt etwa $2 \in H$, $3 \notin H$, $H \subseteq G$, $|H| = 3$.

Zahlbereiche

Der grundlegende Zahlbereich ist die Menge der **natürlichen Zahlen**. Sie wird meist in aufzählender Form

$$\mathbb{N} = \{1, 2, 3, \dots\}$$

dargestellt. Die natürlichen Zahlen sind insbesondere zur Nummerierung von Objekten wichtig. Sind in einer Menge A insgesamt n Elemente enthalten, so können diese nummeriert werden, indem die Elemente mit einem Buchstaben zusammen mit einem (zählenden) **Index** bezeichnet werden, z.B.

$$A = \{a_1, \dots, a_n\} = \{a_i \mid i \in \{1, \dots, n\}\}.$$

Die zur Indizierung verwendete Menge I heißt auch **Indexmenge**. In obigem Beispiel ist $I = \{1, \dots, n\}$.

Soll auch die Null als Anzahl berücksichtigt werden, wird die Menge $\mathbb{N}$ noch um das Element Null erweitert. Diese Menge wird bezeichnet mit

$$\mathbb{N}_0 = \{0, 1, 2, 3, \dots\}.$$

Innerhalb der Zahlbereiche $\mathbb{N}$ und $\mathbb{N}_0$ können bereits Additionen durchgeführt werden, ohne dass der Zahlbereich verlassen wird. Die Summe $n + m$ zweier natürlicher Zahlen n und m ist wieder eine natürliche Zahl. Werden jedoch zwei natürliche Zahlen n und m subtrahiert, so ist das Ergebnis $n - m$ nicht notwendig eine natürliche Zahl: $6 - 13 = -7$. Aus diesem Grund werden die natürlichen Zahlen um die zugehörigen negativen Zahlen $-1, -2, -3, \dots$ ergänzt. Der resultierende Zahlbereich ist die Menge der **ganzen Zahlen**:

$$\mathbb{Z} = \{\dots, -2, -1, 0, 1, 2, \dots\}.$$

Produkte $n \cdot m$ ganzer (natürlicher) Zahlen sind ebenfalls ganze (natürliche) Zahlen. Durch Quotientenbildungen $\frac{n}{m} = n/m = n : m$ wird aber auch dieser Zahlbereich verlassen. Alle auf diese Weise zu bildenden Zahlen sind in der Menge der **rationalen Zahlen** zusammengefasst:

$$\mathbb{Q} = \left\{ \frac{p}{q} \,\middle|\, p \in \mathbb{Z}, q \in \mathbb{N} \right\}.$$

Elemente von $\mathbb{Q}$ sind etwa $\frac{1}{2}, -\frac{21}{5}, \frac{1}{3}, \frac{5}{9}, \frac{8}{11}$ sowie alle Elemente von $\mathbb{Z}$. Zur Darstellung dieser Zahlen wird auch die **Dezimaldarstellung** verwendet: $\frac{1}{2} = 0.5$, $-\frac{21}{5} = -4\frac{1}{5} = -4.2$. Die rationalen Zahlen $\frac{1}{3}, \frac{5}{9}$ und $\frac{8}{11}$ sind Beispiele sogenannter **periodischer Dezimalzahlen**:

$$\frac{1}{3} = 0.333\dots = 0.\overline{3}, \quad \frac{5}{9} = 0.555\dots = 0.\overline{5}, \quad \frac{8}{11} = 0.727272\dots = 0.\overline{72}.$$

Dies bedeutet, dass die Dezimaldarstellung niemals abbricht und sich nach einer festen Anzahl von Stellen hinter dem Dezimalpunkt (Periodenlänge) wiederholt. Die Periodenlänge der ersten beiden periodischen Dezimalzahlen ist Eins, während die der dritten Zwei ist.

Die rationalen Zahlen sind bzgl. der Grundrechenarten **Addition** „+", **Subtraktion** „−", **Multiplikation** „·" und **Division** „:" abgeschlossen in dem Sinne, dass das Ergebnis einer Rechnung wieder eine rationale Zahl ist.

Eine Erweiterung anderer Art führt auf die Menge der **reellen Zahlen** $\mathbb{R}$. Wird beispielsweise eine Zahl x gesucht, deren Quadrat $x \cdot x$ die natürliche Zahl 2 ergibt, so lässt sich nachweisen, dass diese keine rationale Zahl ist. Der intuitiven Vorstellung folgend, dass es eine solche Zahl x geben muss, nähert man sich dieser durch rationale Zahlen an. Eine erste Näherung ist 1.414, da $1.414 \cdot 1.414 = 1.999396$. Eine Bezeichnung für die gesuchte Zahl ist $\sqrt{2}$ (Wurzel aus 2), wobei festzuhalten ist, dass $-\sqrt{2}$ die zweite Zahl ist, die die gestellte Forderung erfüllt.

Allgemein erweitert man die rationalen Zahlen $\mathbb{Q}$ um die unendlichen, nichtperiodischen Dezimalzahlen (sogenannte irrationale Zahlen). Es werden daher alle Dezimalzahlen hinzugenommen, die sich nicht in der Form $\frac{p}{q}$, $p \in \mathbb{Z}, q \in \mathbb{N}$, schreiben lassen und deren Dezimaldarstellungen demnach jeweils eine unendliche, sich nicht wiederholende Ziffernfolge aufweisen. Weitere wichtige irrationale Zahlen sind z.B. die Kreiszahl $\pi = 3.14159\ldots$, die den Flächeninhalt eines Kreises mit dem Radius Eins angibt, oder die Eulersche Zahl $e = 2.71828\ldots$.

Aus der Definition der obigen Zahlbereiche ist unmittelbar klar, dass folgende Beziehungen richtig sind:

$$\mathbb{N} \subseteq \mathbb{N}_0 \subseteq \mathbb{Z} \subseteq \mathbb{Q} \subseteq \mathbb{R}.$$

Die Teilmengen sind sogar echte Teilmengen, da

$$0 \in \mathbb{N}_0, 0 \notin \mathbb{N}; \quad -1 \in \mathbb{Z}, -1 \notin \mathbb{N}_0; \quad \tfrac{1}{2} \in \mathbb{Q}, \tfrac{1}{2} \notin \mathbb{Z} \quad \text{bzw.} \quad \pi \in \mathbb{R}, \pi \notin \mathbb{Q}.$$

Für die obige Inklusionskette gilt somit:

$$\mathbb{N} \subsetneqq \mathbb{N}_0 \subsetneqq \mathbb{Z} \subsetneqq \mathbb{Q} \subsetneqq \mathbb{R}.$$

Quantoren

Quantoren werden als abkürzende Schreibweisen eingesetzt, um längere mathematische Ausdrücke übersichtlich darzustellen. Dabei werden ein **Allquantor** und ein **Existenzquantor** unterschieden:

$\forall$	:	für alle, für jedes	(Allquantor)
$\exists$	:	es existiert ein …, es gibt ein …	(Existenzquantor)

B Die Aussage „Jede rationale Zahl lässt sich als Quotient einer ganzen und einer natürlichen Zahl schreiben" lässt sich mittels der Quantorenschreibweise formulieren als:

$$\forall\, x \in \mathbb{Q}\, \exists\, p \in \mathbb{Z}\, \exists\, q \in \mathbb{N} : x = \tfrac{p}{q}.$$

(„Für jede rationale Zahl x gibt es eine ganze Zahl p und eine natürliche Zahl q mit der Eigenschaft: $x = \tfrac{p}{q}$.")

Als Vorteile dieser Darstellungsform sind zu nennen, dass dadurch eine mathematische Aussage leicht zu überblicken und exakt formuliert ist. Damit werden sprachliche Mehrdeutigkeiten vermieden. Gleichzeitig können Bezeichnungen für Variablen eingeführt werden, die dann für weitere Aussagen zur Verfügung stehen.

Aussagenlogik

In diesem Teilbereich der mathematischen Grundlagen werden Aussagen betrachtet, die nur die möglichen Bewertungen (Wahrheitswerte) **wahr (w)** oder **falsch (f)** haben, z.B.

5 ist kleiner als 6	(w),	1 ist größer als 2	(f),
$4 \notin \mathbb{N}$	(f),	$\tfrac{1}{9} \in \mathbb{Q}$	(w).

Zur Abkürzung der Notation werden Aussagen mit kalligraphischen Buchstaben $\mathcal{A}, \mathcal{B}, \mathcal{C}, \mathcal{A}_1, \mathcal{A}_2, \ldots$ bezeichnet. Die Aussagenlogik stellt Ergebnisse über den Wahrheitsgehalt von logischen Verknüpfungen von Aussagen in Abhängigkeit von den Bewertungen der Aussagen zur Verfügung. Dabei werden die folgenden grundlegenden Verknüpfungen betrachtet:

- Die **Negation** der Aussage $\mathcal{A}$, d. h. *nicht* $\mathcal{A}$, wird mit $\neg\, \mathcal{A}$ oder $\mathcal{A}^c$ oder $\overline{\mathcal{A}}$ bezeichnet. (Die Bezeichnung ist in der Literatur nicht einheitlich.)

  Die Beziehung zwischen $\mathcal{A}$ und $\neg\, \mathcal{A}$ wird in einer sogenannten **Wahrheitstafel** dargestellt. Dabei werden die Wahrheitswerte der Ausgangsaussage $\mathcal{A}$ in der ersten Spalte eingetragen. Die daraus jeweils resultierenden Wahrheitswerte der Negation von $\mathcal{A}$ werden in der zweiten Spalte notiert. Ist z.B. $\mathcal{A}$ eine wahre Aussage, so ist die Negation von $\mathcal{A}$ falsch.

$\mathcal{A}$	$\neg\, \mathcal{A}$
w	f
f	w

Die Negation der wahren Aussage $\mathcal{A}$: „5 ist kleiner als 6" ist gegeben durch

$$\overline{\mathcal{A}} \;:\; \text{„5 ist nicht kleiner als 6"} \;\; (f)$$

oder alternativ $\quad \overline{\mathcal{A}} \;:\; \text{„5 ist größer oder gleich 6"} \;\; (f)$

- Die **Konjunktion** der Aussagen $\mathcal{A}$ und $\mathcal{B}$, in Zeichen $\mathcal{A} \wedge \mathcal{B}$ (logisches UND), beschreibt die gleichzeitige Gültigkeit beider Aussagen. Die zugehörige Wahrheitstafel ist in folgender Tabelle dargestellt, wobei für die beiden Aussagen $\mathcal{A}$ und $\mathcal{B}$ vier verschiedene Bewertungskombinationen möglich sind:

$\mathcal{A}$	$\mathcal{B}$	$\mathcal{A} \wedge \mathcal{B}$
w	w	w
w	f	f
f	w	f
f	f	f

Die Konjunktion der Aussagen $\mathcal{A}$ und $\mathcal{B}$ ist also nur dann wahr, wenn beide Aussagen $\mathcal{A}$ <u>und</u> $\mathcal{B}$ wahr sind.

Für die Aussagen $\mathcal{A}$: „Die Zahl $x \in \mathbb{R}$ ist kleiner oder gleich 5" und $\mathcal{B}$: „Die Zahl x ist größer als 2" ist die Konjunktion gegeben durch

$$\mathcal{A} \wedge \mathcal{B} : \text{„Die Zahl } x \text{ ist größer als 2 und kleiner oder gleich 5"},$$

d. h. $\mathcal{A} \wedge \mathcal{B} : \text{„} x > 2 \wedge x \leq 5\text{"}.$

Dabei ist zu berücksichtigen, dass das „oder" in „kleiner oder gleich" stärker bindet als das davor stehende „und".

Allgemein sind für n Aussagen $\mathcal{A}_1, \ldots, \mathcal{A}_n$ insgesamt $2^n = \underbrace{2 \cdot \ldots \cdot 2}_{n\text{-mal}}$ verschiedene

Kombinationen von Bewertungen möglich ($n \in \mathbb{N}$). Die Verknüpfung $\mathcal{A}_1 \wedge \cdots \wedge \mathcal{A}_n$ hat den Wahrheitswert *wahr*, wenn alle Aussagen $\mathcal{A}_j$, $j \in \{1, \ldots, n\}$, wahr sind. Ansonsten ist ihr Wahrheitswert *falsch*.

- Die **Disjunktion** der Aussagen $\mathcal{A}$ und $\mathcal{B}$, in Zeichen $\mathcal{A} \vee \mathcal{B}$ (logisches ODER), beschreibt das nicht ausschließende „oder" in der sprachlichen Verknüpfung zweier Aussagen. Die zugehörige Wahrheitstafel lautet:

$\mathcal{A}$	$\mathcal{B}$	$\mathcal{A} \vee \mathcal{B}$
w	w	w
w	f	w
f	w	w
f	f	f

Die Disjunktion zweier Aussagen hat somit den Wahrheitswert *wahr*, wenn mindestens eine der Aussagen wahr ist. Das logische ODER unterscheidet sich damit vom sprachlichen „entweder/oder". Die Disjunktion $\mathcal{A}_1 \vee \cdots \vee \mathcal{A}_n$ von Ereignissen $\mathcal{A}_1, \ldots, \mathcal{A}_n$ ist wahr, wenn mindestens eine Aussage $\mathcal{A}_j$, $j \in \{1, \ldots, n\}$, wahr ist.

⌐B⌐

Für die Aussagen $\mathcal{A}$: „Ingo hat Husten" und $\mathcal{B}$: „Ingo hat Schnupfen" hat die Disjunktion $\mathcal{A} \vee \mathcal{B}$ nur dann den Wahrheitswert *falsch*, wenn Ingo weder Husten noch Schnupfen hat. Ansonsten ist die Aussage wahr.

- Die **Implikation** der Aussagen $\mathcal{A}$ und $\mathcal{B}$, in Zeichen $\mathcal{A} \Longrightarrow \mathcal{B}$, beschreibt eine Folgerung aus der Aussage $\mathcal{A}$ auf die Aussage $\mathcal{B}$. Die Notation wird daher gelesen als „aus $\mathcal{A}$ folgt $\mathcal{B}$" oder „$\mathcal{A}$ impliziert $\mathcal{B}$". Die zugehörige Wahrheitstafel lautet:

$\mathcal{A}$	$\mathcal{B}$	$\mathcal{A} \Longrightarrow \mathcal{B}$
w	w	w
w	f	f
f	w	w
f	f	w

Die Implikation zweier Aussagen hat nur dann den Wahrheitswert *falsch*, wenn die Aussage $\mathcal{A}$ wahr und die Aussage $\mathcal{B}$ falsch ist, d. h. wenn aus etwas Wahrem etwas Falsches geschlossen wird. Ansonsten hat sie immer den Wahrheitswert *wahr*. Dies heißt insbesondere, dass die Implikation aus etwas Falschem zu einer wahren Aussage führen kann.

⌐B⌐

Man betrachte die Aussagen $\mathcal{A}$: „Heute ist Montag", $\mathcal{B}$: „Morgen ist Dienstag" und $\mathcal{C}$: „Gestern war Montag". Dann ist klar, dass $\mathcal{A} \Longrightarrow \mathcal{B}$ immer den Wahrheitswert *wahr* besitzen muss (Ist nämlich $\mathcal{A}$ wahr, d. h. heute ist Montag, so ist morgen

Dienstag, d. h. auch $\mathcal{B}$ ist wahr; ist hingegen $\mathcal{A}$ falsch, so ist offensichtlich auch $\mathcal{B}$ falsch).

Für die Implikation $\mathcal{A} \Longrightarrow \mathcal{C}$ resultieren folgende Überlegungen: Ist heute Montag, also $\mathcal{A}$ wahr, so kann gestern nicht Montag gewesen sein, d. h. $\mathcal{C}$ ist falsch. Daher hat die Implikation den Wahrheitswert *falsch*. Ist heute allerdings nicht Montag, also $\mathcal{A}$ falsch, so kann gestern Montag gewesen sein oder auch nicht. Der Implikation $\mathcal{A} \Longrightarrow \mathcal{C}$ wird der Wahrheitswert *wahr* zugeordnet.

• Die **Äquivalenz** der Aussagen $\mathcal{A}$ und $\mathcal{B}$, in Zeichen $\mathcal{A} \Longleftrightarrow \mathcal{B}$, beschreibt die Gleichwertigkeit der Aussagen $\mathcal{A}$ und $\mathcal{B}$ bzgl. ihrer Wahrheitswerte in dem Sinne „$\mathcal{A}$ hat denselben Wahrheitsgehalt wie $\mathcal{B}$". Die zugehörige Wahrheitstafel lautet:

$\mathcal{A}$	$\mathcal{B}$	$\mathcal{A} \Longleftrightarrow \mathcal{B}$
w	w	w
w	f	f
f	w	f
f	f	w

Die Äquivalenz zweier Aussagen hat also genau dann den Wahrheitswert *wahr*, wenn beide Aussagen denselben Wahrheitswert besitzen, also beide Aussagen entweder wahr oder falsch sind. Die Notation $\mathcal{A} \Longleftrightarrow \mathcal{B}$ lässt sich auch so erklären, dass die Äquivalenz sich als UND-Verknüpfung der Implikationen $\mathcal{A} \Longrightarrow \mathcal{B}$ und $\mathcal{B} \Longrightarrow \mathcal{A}$ ergibt. Diese Beobachtung lässt sich an einer Wahrheitstafel überprüfen:

$\mathcal{A}$	$\mathcal{B}$	$\mathcal{A} \Longrightarrow \mathcal{B}$	$\mathcal{B} \Longrightarrow \mathcal{A}$	$(\mathcal{A} \Longrightarrow \mathcal{B}) \wedge (\mathcal{B} \Longrightarrow \mathcal{A})$	$\mathcal{A} \Longleftrightarrow \mathcal{B}$
w	w	w	w	w	w
w	f	f	w	f	f
f	w	w	f	f	f
f	f	w	w	w	w

Der logische Schluss $\mathcal{A} \Longrightarrow \mathcal{B} \Longrightarrow \mathcal{A}$ steht kurz für $(\mathcal{A} \Longrightarrow \mathcal{B}) \wedge (\mathcal{B} \Longrightarrow \mathcal{A})$ und ist damit gleichbedeutend mit $\mathcal{A} \Longleftrightarrow \mathcal{B}$.

Wie beim Zahlenrechnen sind Klammerausdrücke als Einheiten zu verstehen. Deren Wahrheitswerte werden <u>vor</u> der Verknüpfung mit anderen Aussagen bestimmt.

Für die bereits bei der Implikation betrachteten Aussagen $\mathcal{A}$: „Heute ist Montag", $\mathcal{B}$: „Morgen ist Dienstag" und $\mathcal{C}$: „Gestern war Montag" ergibt sich die Äquivalenz der Aussagen $\mathcal{A}$ und $\mathcal{B}$: $\mathcal{A} \Longleftrightarrow \mathcal{B}$. Es folgt außerdem, dass die Aussagen $\mathcal{A}$ und $\mathcal{C}$ nicht äquivalent sind, da sie einander ausschließen. Daher können natürlich auch $\mathcal{B}$ und $\mathcal{C}$ nicht äquivalent sein.

Weiterhin ist die Aussage $\mathcal{A} \Longrightarrow \mathcal{B}$ gleichbedeutend mit der Aussage $\overline{\mathcal{B}} \Longrightarrow \overline{\mathcal{A}}$. Es gilt also

$$(\mathcal{A} \Longrightarrow \mathcal{B}) \quad \Longleftrightarrow \quad (\overline{\mathcal{B}} \Longrightarrow \overline{\mathcal{A}}).$$

Diese Regel wird als **Kontraposition** bezeichnet. Überprüft wird die Gültigkeit der Beziehung an einer Wahrheitstafel:

A	B	$A \Longrightarrow B$	$\overline{A}$	$\overline{B}$	$\overline{B} \Longrightarrow \overline{A}$
w	w	w	f	f	w
w	f	f	f	w	f
f	w	w	w	f	w
f	f	w	w	w	w

Für die Verknüpfungen von Aussagen A, B, C, einer wahren Aussage W und einer falschen Aussage F gelten folgende Regeln:

$$\neg(\neg A)\left(\Longleftrightarrow \overline{\overline{A}}\right) \Longleftrightarrow A,$$

$$A \wedge A \Longleftrightarrow A, \quad A \vee A \Longleftrightarrow A$$

$$A \wedge W \Longleftrightarrow A, \quad A \wedge F \Longleftrightarrow F$$

$$A \vee F \Longleftrightarrow A, \quad A \vee W \Longleftrightarrow W$$

$$A \wedge \overline{A} \Longleftrightarrow F, \quad A \vee \overline{A} \Longleftrightarrow W$$

$$A \wedge B \Longleftrightarrow B \wedge A, \quad A \vee B \Longleftrightarrow B \vee A \qquad \text{(Kommutativgesetze)}$$

$$\left.\begin{array}{l} A \wedge B \wedge C \Longleftrightarrow A \wedge (B \wedge C) \Longleftrightarrow (A \wedge B) \wedge C \\ A \vee B \vee C \Longleftrightarrow A \vee (B \vee C) \Longleftrightarrow (A \vee B) \vee C \end{array}\right\} \text{(Assoziativgesetze)}$$

$$\left.\begin{array}{l} (A \wedge B) \vee C \Longleftrightarrow (A \vee C) \wedge (B \vee C) \\ (A \vee B) \wedge C \Longleftrightarrow (A \wedge C) \vee (B \wedge C) \end{array}\right\} \text{(Distributivgesetze)}$$

$$\left.\begin{array}{l} \overline{A \vee B} \Longleftrightarrow \overline{A} \wedge \overline{B} \\ \overline{A \wedge B} \Longleftrightarrow \overline{A} \vee \overline{B} \end{array}\right\} \text{(Regeln von de Morgan)}$$

$$((A \Longrightarrow B) \wedge (B \Longrightarrow A)) \Longleftrightarrow (A \Longleftrightarrow B)$$

$$(A \Longrightarrow B) \Longleftrightarrow (\overline{B} \Longrightarrow \overline{A}) \qquad \text{(Kontraposition)}$$

$$(A \Longleftrightarrow B) \Longleftrightarrow (\overline{A} \Longleftrightarrow \overline{B})$$

Die Nachweise der angegebenen Regeln können in Form von Wahrheitstafeln erbracht werden.

B   Exemplarisch wird die Gültigkeit von $\overline{A \vee B} \Longleftrightarrow \overline{A} \wedge \overline{B}$ nachgewiesen:

A	B	$A \vee B$	$\overline{A \vee B}$	$\overline{A}$	$\overline{B}$	$\overline{A} \wedge \overline{B}$
w	w	w	f	f	f	f
w	f	w	f	f	w	f
f	w	w	f	w	f	f
f	f	f	w	w	w	w

Die Spalten für den jeweiligen Wahrheitsgehalt von $\overline{A \vee B}$ und $\overline{A} \wedge \overline{B}$ stimmen (komponentenweise) überein. Damit ist die Gültigkeit der Äquivalenz gezeigt: $\overline{A \vee B}$ und $\overline{A} \wedge \overline{B}$ haben denselben Wahrheitsgehalt.

Ebenso kann gezeigt werden, dass die Implikation $A \implies B$ als die Aussage $\overline{A} \vee B$ aufgefasst werden kann:

A	B	$A \implies B$	$\overline{A}$	$\overline{A} \vee B$
w	w	w	f	w
w	f	f	f	f
f	w	w	w	w
f	f	w	w	w

Das folgende Beispiel illustriert die Verknüpfung von Aussagen. Es ist an Opitz (1999, S. 63) angelehnt.

Für ein herzustellendes Produkt P seien die Aussagen A_1, A_2 und A_3 gegeben durch

$$A_i \ : \ \text{„}P \text{ wird auf Maschine } M_i \text{ bearbeitet"}, \qquad i \in \{1, 2, 3\}.$$

Daraus lassen sich folgende Aussagen konstruieren:

$A_1 \wedge A_2 \wedge A_3 \quad : \quad$ „P wird auf M_1 und auf M_2 und auf M_3 bearbeitet",

$(A_1 \wedge A_2) \vee A_3 \quad : \quad$ „P wird auf $(M_1$ und $M_2)$ oder auf M_3 oder auf $(M_1$ und M_2 und $M_3)$ gefertigt".

An dieser Stelle wird die Unzulänglichkeit der gesprochenen Sprache (s. Klammern und Bedeutung des Wortes „oder") zur Beschreibung logischer Zusammenhänge deutlich. Eine eindeutige Darstellung ist nur unter Verwendung von Klammern und somit besser unter Benutzung mathematischer Symbole möglich.

$\overline{A_1} \wedge \overline{A_2} \wedge A_3$: „$P$ wird weder auf M_1 noch auf M_2, jedoch auf M_3 bearbeitet" bzw. (sprachlich unschön) „P wird nicht auf M_1 und nicht auf M_2 und auf M_3 bearbeitet".

Zum Abschluss dieses Abschnittes wird noch die Negation von Aussagen betrachtet, die in Quantorenschreibweise gegeben sind. Bezeichnet M eine Menge und $A(x)$ eine Eigenschaft eines Elementes $x \in M$, so gilt die Äquivalenz:

$$\overline{\forall\, x \in M : A(x)} \quad \Longleftrightarrow \quad \exists\, x \in M : \overline{A(x)}.$$

In Worten bedeutet dies, dass die Negation der Aussage „Für alle $x \in M$ gilt $A(x)$" äquivalent ist zu der Aussage „Es gibt ein $x \in M$, für das $A(x)$ nicht gilt".

Alternativ ist auch folgende Lesart möglich: Die Negation der Aussage „Alle $x \in M$ haben die Eigenschaft $A(x)$" ist die Aussage „Es gibt ein $x \in M$, das die Eigenschaft $A(x)$ nicht hat".

Analog gilt folgende Äquivalenz:

$$\overline{\exists\, x \in M : \mathcal{A}(x)} \quad \Longleftrightarrow \quad \forall\, x \in M : \overline{\mathcal{A}(x)}.$$

- Wie schon früher betrachtet, wird die Aussage „Jede rationale Zahl lässt sich als Quotient einer ganzen und einer natürlichen Zahl schreiben" in mathematischer Symbolik zu:

$$\forall\, x \in \mathbb{Q}\, \exists\, p \in \mathbb{Z}\, \exists\, q \in \mathbb{N} : x = \tfrac{p}{q}.$$

  Abkürzend wird für $\exists\, p \in \mathbb{Z}\, \exists\, q \in \mathbb{N}$ auch $\exists\, p \in \mathbb{Z}, q \in \mathbb{N}$ geschrieben. In Worten bedeutet dies: „Es existieren ein $p \in \mathbb{Z}$ und ein $q \in \mathbb{N}$".

  Die Negation dieser Aussage ist

$$\exists\, x \in \mathbb{Q}\, \forall\, p \in \mathbb{Z}\, \forall\, q \in \mathbb{N} : x \neq \tfrac{p}{q}$$

  und wird gelesen als: „Es gibt ein $x \in \mathbb{Q}$, so dass für jedes $p \in \mathbb{Z}$ und für jedes $q \in \mathbb{N}$ gilt: $x \neq \tfrac{p}{q}$". Diese Aussage ist als Negation der obigen Aussage natürlich falsch.

- Seien $M = \{3, 5, 7, 11\}$ und $\mathcal{A}(x)$: „x ist eine Primzahl". Dann gilt

$$\forall\, x \in M : \mathcal{A}(x) \quad \Longleftrightarrow \quad \overline{\exists\, x \in M : \overline{\mathcal{A}(x)}},$$

  wobei die linke Seite der Äquivalenz gleichbedeutend ist mit

$$\mathcal{A}(3) \wedge \mathcal{A}(5) \wedge \mathcal{A}(7) \wedge \mathcal{A}(11),$$

  und die rechte Seite mit

$$\overline{\overline{\mathcal{A}(3)} \vee \overline{\mathcal{A}(5)} \vee \overline{\mathcal{A}(7)} \vee \overline{\mathcal{A}(11)}}$$

  übereinstimmt.

- Die Aussage $\forall\, x \in \mathbb{R} : (x+1)^2 \geq 0$ hat denselben Wahrheitsgehalt wie die mittels doppelter Negation daraus gebildete Aussage

$$\overline{\exists\, x \in \mathbb{R} : (x+1)^2 < 0}$$

  d.h. es gibt kein $x \in \mathbb{R}$ mit der Eigenschaft $(x+1)^2 < 0$. Beide Aussagen sind wahr.

Rechengesetze, Ordnung, Intervalle

Für die Addition „+" und Multiplikation „·" reeller Zahlen gelten folgende Eigenschaften $(a, b, c \in \mathbb{R})$:

	Addition	Multiplikation
Kommutativgesetz:	$a + b = b + a$	$a \cdot b = b \cdot a$
Assoziativgesetz:	$(a + b) + c = a + (b + c)$	$(a \cdot b) \cdot c = a \cdot (b \cdot c)$
Neutrales Element:	$0 + a = a + 0 = a$	$1 \cdot a = a \cdot 1 = a$
Inverses Element:	$a + (-a) = (-a) + a = 0$	$a \cdot a^{-1} = a^{-1} \cdot a = 1$
		mit $a^{-1} = \frac{1}{a}, a \neq 0$
Distributivgesetz:	$(a + b) \cdot c = a \cdot c + b \cdot c$	

Aus diesen lassen sich einige elementare Rechenregeln unmittelbar ableiten, z.B.:

$$a \cdot 0 = 0, \quad (-a) \cdot b = -a \cdot b, \quad -(a + b) = -a - b, \quad (-a) \cdot (-b) = a \cdot b,$$

$$\frac{a}{c} \cdot \frac{b}{d} = \frac{a \cdot b}{c \cdot d}, \quad \frac{a}{c} + \frac{b}{d} = \frac{a \cdot d + b \cdot c}{c \cdot d}, \quad c \neq 0, d \neq 0.$$

Das Multiplikationszeichen wird meist weggelassen.

Reelle Zahlen können hinsichtlich ihrer Größe miteinander verglichen werden. Für je zwei Zahlen $a, b \in \mathbb{R}$ gilt stets eine der folgenden Beziehungen:

$$a = b, \quad a < b, \quad a > b,$$

wobei „=", „<", „>" gelesen werden als *gleich, kleiner, größer*. $a \geq b$ bedeutet, dass a größer oder gleich b ist. Analog wird das Zeichen „$\leq$" definiert. Mit den Verknüpfungen der Aussagenlogik gilt daher:

$$a \leq b \iff a < b \vee a = b \quad \text{bzw.} \quad a \geq b \iff a > b \vee a = b.$$

Durchgestrichene Zeichen „$\neq, \not<, \not>, \not\leq, \not\geq$" bedeuten, dass die jeweilige Beziehung nicht erfüllt ist.

Für $a, b, c \in \mathbb{R}$ gelten bzgl. dieser Ordnung auf $\mathbb{R}$ folgende Regeln:

$$a < b \wedge b < c \implies a < c \quad \text{(Transitivität)}$$

$$a < b \implies a + c < b + c \quad \text{(Monotonie bzgl. Addition)}$$

$$a < b \wedge c > 0 \implies ac < bc$$
$$a < b \wedge c < 0 \implies ac > bc \quad \bigg\} \text{(Monotonie bzgl. Multiplikation)}$$

$$ab > 0 \iff (a > 0 \wedge b > 0) \vee (a < 0 \wedge b < 0)$$

$$ab < 0 \iff (a > 0 \wedge b < 0) \vee (a < 0 \wedge b > 0)$$

$$ab = 0 \iff (a = 0 \vee b = 0)$$

Für $a, b \in \mathbb{R}$ mit $a \leq b$ werden spezielle Teilmengen der reellen Zahlen, die **Intervalle**, definiert:

$$
\begin{aligned}
(a, b) &= \{x \in \mathbb{R} \mid a < x < b\} & &\text{offenes Intervall} \\
[a, b] &= \{x \in \mathbb{R} \mid a \leq x \leq b\} & &\text{abgeschlossenes Intervall} \\
[a, b) &= \{x \in \mathbb{R} \mid a \leq x < b\} & &\left.\begin{array}{c} \\ \\ \end{array}\right\} \text{halboffene Intervalle} \\
(a, b] &= \{x \in \mathbb{R} \mid a < x \leq b\}
\end{aligned}
$$

Gilt speziell $a = b$, so ist $[a, a] = \{a\}$. Für die anderen Intervalltypen gilt: $(a, a] = [a, a) = (a, a) = \emptyset$. Anstelle der Schreibweise (a, b) wird gelegentlich auch die Notation $]a, b[$ verwendet. Entsprechend findet man $]a, b]$ und $[a, b[$ für $(a, b]$ bzw. $[a, b)$.

Weiterhin sind Schreibweisen für „nach links" bzw. „nach rechts" unbeschränkte Intervalle üblich:

$$
\begin{aligned}
(-\infty, b) &= \{x \in \mathbb{R} \mid x < b\}, & (a, \infty) &= \{x \in \mathbb{R} \mid x > a\}, \\
(-\infty, b] &= \{x \in \mathbb{R} \mid x \leq b\}, & [a, \infty) &= \{x \in \mathbb{R} \mid x \geq a\}, \\
(-\infty, \infty) &= \mathbb{R}.
\end{aligned}
$$

In der folgenden Abbildung des Zahlenstrahls sind die Intervalle $[-3, -2]$, $[-1, 0)$, $(1, 2]$ und $(3, 4)$ markiert. Eine runde Klammer zeigt an, dass der Randpunkt nicht zur Menge gehört, während eine eckige Klammer seine Zugehörigkeit symbolisiert.

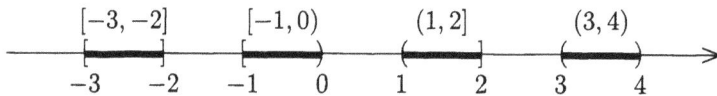

Intervalle als Teilmengen von $\mathbb{R}$

Mengenalgebra

Zu Beginn wurden bereits Darstellungsformen für Mengen vorgestellt und einige Notationen wie $a \in A$, $a \notin A$ eingeführt. In diesem Abschnitt werden nun **Mengenoperationen** (z.B. die Vereinigung und der Schnitt von Mengen) definiert sowie graphische Darstellungsformen skizziert. Die folgenden Begriffe wurden bereits erläutert:

- $a \in A$: a ist **Element** der Menge A,
- $a \notin A$: a ist **nicht Element** der Menge A,
- $A \subseteq B$: A ist **Teilmenge** von B. Wird die Aussagenlogik zur Beschreibung der Teilmengeneigenschaft benutzt, so ergibt sich folgende Definition:

$$
A \subseteq B \quad \Longleftrightarrow \quad (\forall \omega \in A : \omega \in A \Longrightarrow \omega \in B).
$$

Ferner gilt für jede Menge A: $\emptyset \subseteq A$.

Mittels der in der Aussagenlogik definierten Begriffe können nun Verknüpfungen von Mengen eingeführt werden.

Bezeichnung

Seien Ω eine nichtleere Menge und $A, B \subseteq \Omega$. Dann heißen:

- $\overline{A} = A^c = \{\omega \in \Omega \mid \omega \notin A\}$ das **Komplement** von A in Ω,

- $A \cap B = \{\omega \in \Omega \mid \omega \in A \wedge \omega \in B\}$ die **Schnittmenge** von A und B;

  A und B heißen **disjunkt**, falls $A \cap B = \emptyset$,

- $A \cup B = \{\omega \in \Omega \mid \omega \in A \vee \omega \in B\}$ die **Vereinigungsmenge** von A und B,

- $B \backslash A = \{\omega \in \Omega \mid \omega \in B \wedge \omega \notin A\}$ die **Differenzmenge** von A und B.

Aus den obigen Definitionen resultieren sofort die Gleichungen

$$\overline{A} = \Omega \backslash A \quad \text{und} \quad B \backslash A = B \cap \overline{A}.$$

Die Mengenoperationen werden durch Verknüpfungen von Aussagen definiert. Beispielsweise ist die Schnittmenge $A \cap B$ definiert als die Menge aller Elemente $\omega \in \Omega$, für die die UND-Verknüpfung der Aussagen $\omega \in A$, $\omega \in B$ wahr ist. Statt $\{\omega \in \Omega \mid \omega \in A \wedge \omega \in B\}$ wird auch die Notation $\{\omega \in \Omega \mid \omega \in A, \omega \in B\}$ verwendet.

Die bereits bekannten Rechenregeln für logische Verknüpfungen von Aussagen lassen sich direkt auf Mengenverknüpfungen übertragen.

Seien A, B, C Mengen. Dann gelten folgende Aussagen:

- $\left.\begin{array}{l} A \cap B = B \cap A \\ A \cup B = B \cup A \end{array}\right\}$ Kommutativgesetze

- $\left.\begin{array}{l} (A \cap B) \cap C = A \cap (B \cap C) \\ (A \cup B) \cup C = A \cup (B \cup C) \end{array}\right\}$ Assoziativgesetze

- $\left.\begin{array}{l} (A \cap B) \cup C = (A \cup C) \cap (B \cup C) \\ (A \cup B) \cap C = (A \cap C) \cup (B \cap C) \end{array}\right\}$ Distributivgesetze

- $A \subseteq B \Longleftrightarrow A \cap B = A \Longleftrightarrow A \cup B = B$

- $B \backslash A = B \backslash (A \cap B)$

Eine Visualisierung von Mengenverknüpfungen ist mittels **Venn–Diagrammen** auf einfache Weise möglich. In einem Venn–Diagramm wird eine Menge A durch eine Fläche (hier: eine Ellipse) in der Ebene dargestellt:

A

oder als Teilmenge der Grundmenge Ω:

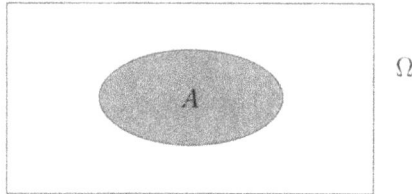

A

Ω

Ein Element der Menge wird im grau markierten Bereich lokalisiert. Sollen einzelne Elemente sichtbar gemacht werden, so werden diese durch Punkte • kenntlich gemacht und eventuell beschriftet:

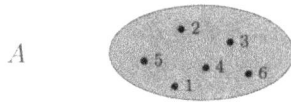

A

•2   •3
•5   •4   •6
•1

Die in der vorstehenden Definition eingeführten Verknüpfungen können mittels Venn–Diagrammen anschaulich gemacht werden. Die Mengen $A \cap B$, $A \cup B$ und $B \backslash A$ sind jeweils grau markiert dargestellt.

Schnittmenge $A \cap B$

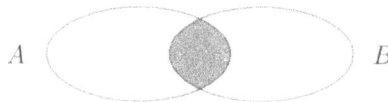

A B

Vereinigungsmenge $A \cup B$

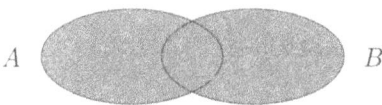

Vereinigungsmenge $A \cup B$
disjunkter Mengen A und B

A B A B

Differenzmenge $B \backslash A$

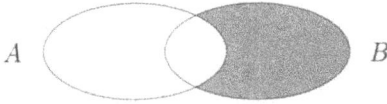

Differenzmenge $B \backslash A$, falls $A \subseteq B$

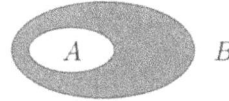

A B A B

Soll die Verknüpfung dreier Mengen dargestellt werden, so werden drei Ellipsen gezeichnet. Die Menge $(A \cap B) \cup C$ lässt sich folgendermaßen visualisieren:

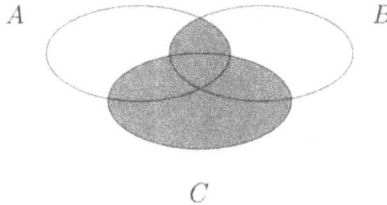

A B

C

Aus dieser Darstellung lässt sich die Gültigkeit des Distributivgesetzes $(A \cap B) \cup C = (A \cup C) \cap (B \cup C)$ herleiten.

Für die Mengen $A = \{2, 3, 5, 7, 11, 17, 19\}$, $B = \{2, 3, 6, 12, 18\}$, $C = \{1, \ldots, 9\}$ und $D = \{0, 1, 2, 3, 5, 8, 13\}$ gilt:

$$A \cap B = \{2, 3\}, \qquad D \backslash C = \{0, 13\},$$
$$A \cup B \cup C \cup D = \{0, \ldots, 9, 11, 12, 13, 17, 18, 19\} = \{0, \ldots, 19\} \backslash \{10, 14, 15, 16\},$$
$$(A \cap D) \cup C = C, \qquad (A \cup D) \cap C = \{1, 2, 3, 5, 7, 8\}.$$

Weitere wichtige Rechenregeln sind in folgender Merkregel zusammengefasst.

Seien Ω eine nichtleere Menge und $A, B \subseteq \Omega$. Dann gelten folgende Aussagen:

$$\overline{\overline{A}} = A$$
$$A \cap A = A, \qquad A \cup A = A$$
$$A \cap \Omega = A, \qquad A \cap \emptyset = \emptyset$$
$$A \cup \emptyset = A, \qquad A \cup \Omega = \Omega$$
$$A \cap \overline{A} = \emptyset, \qquad A \cup \overline{A} = \Omega$$
$$\left. \begin{array}{l} \overline{A \cap B} = \overline{A} \cup \overline{B} \\ \overline{A \cup B} = \overline{A} \cap \overline{B} \end{array} \right\} \text{(Regeln von de Morgan)}$$
$$A \subseteq B \wedge B \subseteq A \Longleftrightarrow A = B$$
$$A \subseteq B \Longleftrightarrow \overline{B} \subseteq \overline{A}$$
$$A = B \Longleftrightarrow \overline{A} = \overline{B}$$

Die Regeln von de Morgan lassen sich durch Venn–Diagramme veranschaulichen. Exemplarisch wird die Identität $\overline{A \cup B} = \overline{A} \cap \overline{B}$ mittels Venn-Diagrammen nachgewiesen. Zunächst gilt offensichtlich für die linke Seite $\overline{A \cup B}$:

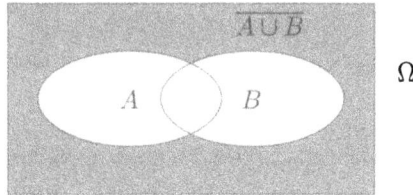

Die beiden Mengen $\overline{A}$ und $\overline{B}$ lassen sich darstellen als:

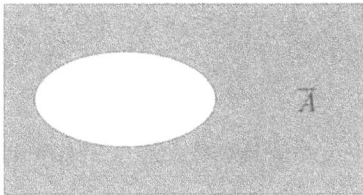

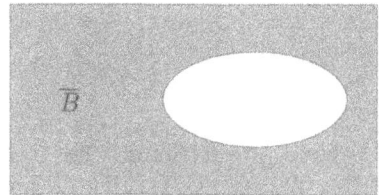

Legt man diese übereinander und markiert die einzelnen Bereiche des Diagramms mit Graustufen, so erhält man insgesamt drei Graustufen:

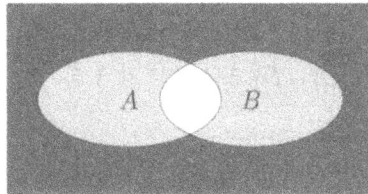

Eine weiße Fläche bedeutet, dass die entsprechenden Elemente weder in $\overline{A}$ noch in $\overline{B}$ enthalten sind, hellgrau heißt, dass die Elemente in genau einer dieser Mengen auftreten und dunkelgrau repräsentiert die Elemente, die sich in beiden Mengen befinden, d. h. die gesuchte Schnittmenge. Dieser Bereich entspricht offenbar dem für die linke Seite gefundenen, so dass die Regel bestätigt wurde.

Zu Beginn dieses Abschnittes wurde bereits auf die Analogien zur Aussagenlogik hingewiesen. Die genauen Entsprechungen sind in folgender Tabelle enthalten:

Aussagen $\mathcal{A}, \mathcal{B}$	Mengen A, B
$\neg \mathcal{A}$	$\overline{A}$
$\mathcal{A} \wedge \mathcal{B}$	$A \cap B$
$\mathcal{A} \vee \mathcal{B}$	$A \cup B$
$\mathcal{A} \Longrightarrow \mathcal{B}$	$A \subseteq B$
$\mathcal{A} \Longleftrightarrow \mathcal{B}$	$A = B$

Exemplarisch wird die Entsprechung „$\Longrightarrow$", „$\subseteq$" an folgendem Beispiel illustriert:

$$\mathcal{A} : \quad \text{„} n \text{ ist eine durch 6 teilbare natürliche Zahl" },$$
$$\mathcal{B} : \quad \text{„} n \text{ ist eine durch 3 teilbare natürliche Zahl" }.$$

Offenbar ist jede durch sechs teilbare Zahl auch durch 3 teilbar, so dass $\mathcal{A} \Longrightarrow \mathcal{B}$ gilt. In Mengenschreibweise erhält man

$$A = \{n \in \mathbb{N} \mid n \text{ ist durch 6 teilbar } \} = \{6, 12, 18, \ldots\}$$
$$B = \{n \in \mathbb{N} \mid n \text{ ist durch 3 teilbar } \} = \{3, 6, 9, 12, 15, 18, \ldots\}$$

Die Inklusion $A \subseteq B$ ist offensichtlich.

Zu Beginn dieses Abschnitts wurde der Begriff der **Mächtigkeit** einer Menge A vorgestellt.

Für die leere Menge $\emptyset$ gilt natürlich $|\emptyset| = 0$. Die Mächtigkeit der Menge $A = \{a, b, c\}$ ist offenbar $|A| = 3$. Es gibt aber auch Mengen, die unendlich viele Elemente enthalten. Beispiele sind $\mathbb{N}, \mathbb{Q}, \mathbb{R}$. In diesem Fall wird die Mächtigkeit als unendlich bezeichnet, z.B. $|\mathbb{N}| = \infty$, wobei das Symbol „∞" für „Unendlich" steht.

Sind A und B <u>endliche</u> Mengen, d. h. jede dieser Mengen hat nur endlich viele Elemente, so können Mächtigkeiten von Mengenverknüpfungen wie folgt berechnet werden.

Seien A und B <u>endliche</u> Mengen. Dann gilt:

- $|A \cup B| = |A| + |B| - |A \cap B|$.

- $|B \backslash A| = |B| - |A \cap B| = |A \cup B| - |A|$.
  Insbesondere folgt für $A \subseteq B$: $|B \backslash A| = |B| - |A|$.

Bei einer Umfrage in der Oldenburger Fußgängerzone gaben von 100 befragten Personen 30 an, direkt in Aktien zu investieren. 40 Befragte legen ihr Geld in Aktienfonds an, während 50 Personen die aktienbasierte Anlage als zu riskant einstufen und deshalb keine Wertpapiere dieser Art in ihrem Anlagedepot haben. Zur Abkürzung werden für die drei Personengruppen die Bezeichnungen

$A :$ Menge der Personen, die direkt in Aktien investieren,

$F :$ Menge der Personen, die in Aktienfonds investieren,

$N :$ Menge der Personen, die weder in Aktien noch in Aktienfonds investieren,

eingeführt. Mit Ω wird die Menge aller befragten Personen bezeichnet. Es gilt also: $|A| = 30$, $|F| = 40$ und $|N| = 50$. Da sich die Menge aller befragten Personen aus diesen Teilgruppen zusammensetzt, folgt $\Omega = A \cup F \cup N$ und $|\Omega| = |A \cup F \cup N| = 100$. Weiterhin ist klar, dass die Aussagen $A \cap N = \emptyset$, $F \cap N = \emptyset$ und somit $(A \cup F) \cap N = \emptyset$ gelten. Die beschriebene Situation kann somit in folgendem Venn–Diagramm visualisiert werden:

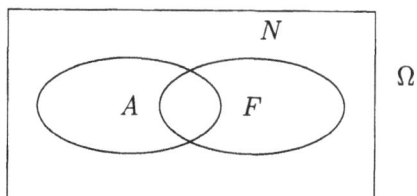

N

A F

Ω

Aus den genannten Beziehungen resultieren die Gleichungen:

$$100 = |A \cup F \cup N| = |A \cup F| + |N| - |(A \cup F) \cap N| = |A \cup F| + 50 - 0$$
$$\implies |A \cup F| = 50$$
$$\text{und } 50 = |A \cup F| = |A| + |F| - |A \cap F| = 30 + 40 - |A \cap F|$$
$$\implies |A \cap F| = 20.$$

Demnach gilt: 10 Personen besitzen Aktien, investieren aber nicht in Aktienfonds, 20 Personen investieren in Aktienfonds, besitzen aber keine Aktien, und 20 Personen investieren in beide Anlageformen. 50 Befragte haben keine dieser Investmentpapiere.

Alternativ kann der Grundraum in die in folgendem Venn–Diagramm dargestellten, disjunkten Mengen zerlegt werden.

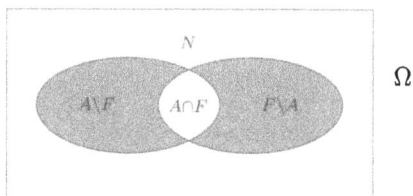

N

$A\backslash F$ $A \cap F$ $F\backslash A$

Ω

Für die Mächtigkeiten der im Diagramm markierten Mengen gilt nun:

$$|A \cup F| = |\Omega \backslash N| = |\Omega| - |N| = 100 - 50 = 50$$
$$|A\backslash F| = |(A \cup F)\backslash F| = |A \cup F| - |F| = 50 - 40 = 10$$
$$|F\backslash A| = |(A \cup F)\backslash A| = |A \cup F| - |A| = 50 - 30 = 20$$
$$|A \cap F| = |A\backslash(A\backslash F)| = |A| - |A\backslash F| = 30 - 10 = 20$$

Bezeichnung

Sei A eine nichtleere Menge. Dann heißt die Menge

$$\mathfrak{P}(A) = \{B \mid B \subseteq A\}$$

aller Teilmengen von A die **Potenzmenge** von A.

Für einige einfache Fälle wird jeweils die Potenzmenge einer Menge A angegeben:

$A = \{1\}$: $\mathfrak{P}(A) = \{\emptyset, \{1\}\}$;

$A = \{0, 1\}$: $\mathfrak{P}(A) = \{\emptyset, \{0\}, \{1\}, \{0, 1\}\}$;

$A = \{0, 1, 2\}$: $\mathfrak{P}(A) = \{\emptyset, \{0\}, \{1\}, \{2\}, \{0, 1\}, \{0, 2\}, \{1, 2\}, \{0, 1, 2\}\}$.

Aus den obigen Beispielen lässt sich ableiten, dass die Mächtigkeit der Potenzmenge einer Menge mit <u>einem</u> Element 2, einer Menge mit <u>zwei</u> Elementen $4 = 2 \cdot 2$ und einer mit <u>drei</u> Elementen $8 = 2 \cdot 2 \cdot 2$ ist. Allgemein gilt, dass die Mächtigkeit der Potenzmenge einer Menge mit genau $n \in \mathbb{N}$ Elementen durch

$$\underbrace{2 \cdot \ldots \cdot 2}_{n\text{--mal}} = 2^n \text{ gegeben ist.}$$

Zur Abkürzung der Notation werden noch Schnitt- und Vereinigungszeichen für Mengen $A_1, A_2, \ldots$ eingeführt.

Bezeichnung

Seien I eine Indexmenge und A_i, $i \in I$, Mengen.

- $\displaystyle\bigcap_{i \in I} A_i = \{a \,|\, \forall i \in I : a \in A_i\}$

- $\displaystyle\bigcup_{i \in I} A_i = \{a \,|\, \exists i \in I : a \in A_i\}$

Aus den obigen Definition folgen die Äquivalenzen

$$b \in \bigcap_{i \in I} A_i \iff b \text{ liegt in \underline{allen} Mengen } A_i$$

$$(b \text{ ist Element einer jeden Menge } A_i, i \in I)$$

und $\quad b \in \displaystyle\bigcup_{i \in I} A_i \iff b$ liegt in <u>mindestens einer</u> Menge A_i

$\qquad\qquad\qquad\qquad\quad (b$ ist ein Element von mindestens einer der Mengen $A_i, i \in I$),

die die Analogie von Schnitten und Vereinigungen zu den in der Aussagenlogik verwendeten Quantoren deutlich machen.

Ist die Indexmenge I gegeben durch $I = \{1, \ldots, n\}$ ($I = \mathbb{N}$), so schreibt man auch für die Schnitt- bzw. Vereinigungsmenge von $A_1, \ldots, A_n$

$$\bigcap_{i=1}^{n} A_i \quad \text{bzw.} \quad \bigcup_{i=1}^{n} A_i \quad \left(\bigcap_{i=1}^{\infty} A_i \quad \text{bzw.} \quad \bigcup_{i=1}^{\infty} A_i \right).$$

Für andere spezielle Indexmengen werden entsprechende Darstellungen verwendet.

B

Seien I die Menge der natürlichen Zahlen und $A_i = \{0, 1, \ldots, i\}$, $i \in I = \mathbb{N}$. Dann gilt:

$$\bigcap_{i=1}^{\infty} A_i = \{0, 1\} \quad \text{und} \quad \bigcup_{i=1}^{\infty} A_i = \mathbb{N}_0.$$

Kartesisches Produkt von Mengen

> **Bezeichnung**
> Seien $A, B \neq \emptyset$ Mengen. Die Menge aller geordneten Paare (a, b) mit $a \in A$ und $b \in B$ heißt **kartesisches Produkt** von A und B, in Zeichen $A \times B$. Das kartesische Produkt $A \times B$ lässt sich somit schreiben als die Menge
>
> $$A \times B = \{(a, b) \mid a \in A, b \in B\}.$$

Für Paare $(a, b), (c, d) \in A \times B$ gilt:

$$(a, b) = (c, d) \quad \Longleftrightarrow \quad a = c \wedge b = d$$
$$\text{bzw.} \quad (a, b) \neq (c, d) \quad \Longleftrightarrow \quad a \neq c \vee b \neq d$$

Sie stimmen also dann überein, wenn sie komponentenweise gleich sind. Sie sind verschieden, wenn sie in mindestens einer Komponente verschieden sind.

Aus der Definition ist klar, dass im Allgemeinen (d. h. bis auf Sonderfälle) $A \times B \neq B \times A$ gilt. Ein Beispiel dazu ist gegeben durch

$$A = \{1\}, B = \{2\} \quad \Longrightarrow \quad A \times B = \{(1, 2)\} \neq \{(2, 1)\} = B \times A.$$

Ist eine der beiden Mengen leer, etwa $B = \emptyset$, so wird für eine beliebige Menge A vereinbart:

$$A \times \emptyset = \emptyset \times A = \emptyset.$$

> Sind A und B endliche Mengen, so gilt:
>
> $$|A \times B| = |B \times A| = |A| \cdot |B|.$$

B

Seien $A = \{0, 1\}$ und $B = \{1, 2\}$. Dann gilt:

$$A \times B = \{(0, 1), (0, 2), (1, 1), (1, 2)\},$$

so dass $|A \times B| = 4 = 2 \cdot 2 = |A| \cdot |B|$.

Entsprechend werden kartesische Produkte für n Mengen $A_1, \ldots, A_n$ definiert.

Bezeichnung

Seien $A_1, \ldots, A_n$ Mengen, $n \geq 2$. Dann heißt

$$\underset{i=1}{\overset{n}{\times}} A_i = A_1 \times \cdots \times A_n = \{(a_1, \ldots, a_n) \,|\, a_1 \in A_1, \ldots, a_n \in A_n\}$$

(n-faches) kartesisches Produkt der Mengen $A_1, \ldots, A_n$.

Ein Element $(a_1, \ldots, a_n) \in \underset{i=1}{\overset{n}{\times}} A_i$ heißt **n–Tupel**.

Das n-fache kartesische Produkt der reellen Zahlen

$$\mathbb{R}^n = \underbrace{\mathbb{R} \times \cdots \times \mathbb{R}}_{n\text{-mal}} = \{(x_1, \ldots, x_n) \,|\, x_1 \in \mathbb{R}, \ldots, x_n \in \mathbb{R}\}$$

heißt **n-dimensionaler Euklidischer Raum**. Die Notationen $\mathbb{R}$ und $\mathbb{R}^1$ werden gleichbedeutend benutzt.

Bemerkung

Für zwei Tupel $(a_1, \ldots, a_n) \in \underset{i=1}{\overset{n}{\times}} A_i$ und $(a_1', \ldots, a_n') \in \underset{i=1}{\overset{n}{\times}} A_i$ gilt:

$$(a_1, \ldots, a_n) = (a_1', \ldots, a_n') \iff a_i = a_i' \text{ für alle } i \in \{1, \ldots, n\}.$$

Teilmengen des Euklidischen Raumes $\mathbb{R}^2$ können in einem **(kartesischen) Koordinatensystem** dargestellt werden (hier: $A = \{(1,2)\}$).

B

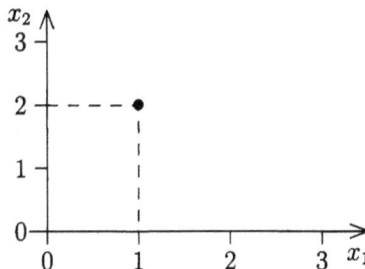

Das kartesische Produkt $\mathbb{N} \times \mathbb{N}$ kann durch die Gitterpunkte im Koordinatensystem visualisiert werden:

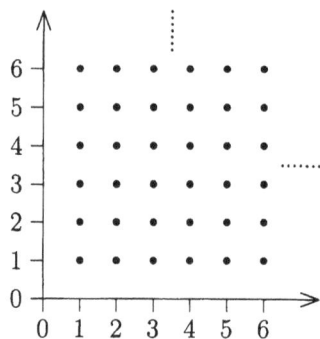

Kartesisches Produkt $\mathbb{N} \times \mathbb{N}$

Die durch die Achsen getrennten Bereiche des $\mathbb{R}^2 = \{(x,y) \mid x \in \mathbb{R}, y \in \mathbb{R}\}$ werden als **Quadranten** bezeichnet.

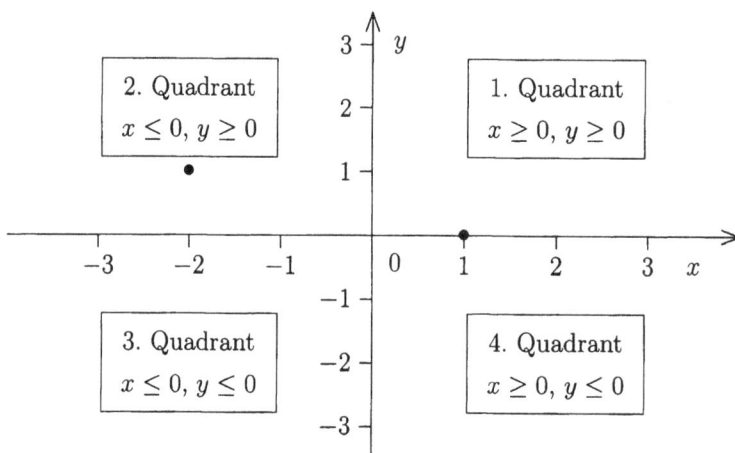

Kartesisches Koordinatensystem: Quadranten des $\mathbb{R}^2$

In der Abbildung ist die Menge $\{(1,0), (-2,1)\}$ durch Punkte • symbolisiert.

Die horizontale Achse wird (unabhängig von der Bezeichnung der Variablen) als **Abszisse**, die vertikale Achse als **Ordinate** bezeichnet.

Die Geraden

$$A = \{(x,y) \mid x = 2, y \in \mathbb{R}\}, \quad B = \{(x,y) \mid y = x + 1, x \in \mathbb{R}\}$$

und das Rechteck

$$C = \{(x,y) \mid 0 \leq x \leq 1, 0 \leq y \leq 1\}$$

sind in der linken der folgenden Graphiken zusammengefasst. Das Rechteck $D = \{(x,y) \mid 0 \leq x < 1, 0 \leq y < 1\}$ ist rechts abgebildet.

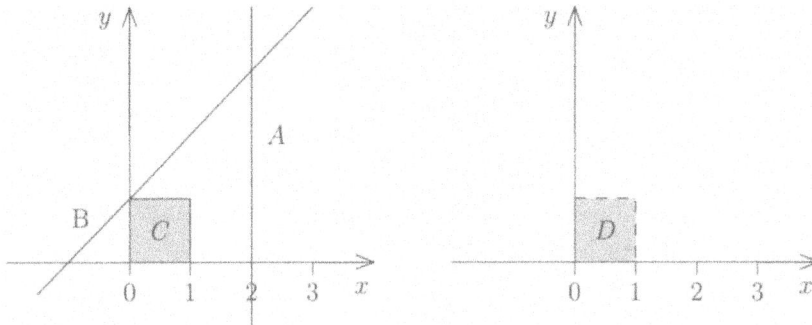

Ungleichungen und Absolutbetrag

In mathematischen Modellen und Analysen sind die Begriffe **Konstante** und **Variable** wesentlich. Dabei ist für eine Konstante kennzeichnend, dass ihr Wert nicht variiert, d.h. in Berechnungen, in denen diese auftritt, hat sie immer den gleichen Wert. Von Konstanten unterscheidet sich eine Variable dadurch, dass ihr Wert aus einem vorher angegebenen Bereich gewählt wird und ihr genauer Wert nicht weiter spezifiziert wird. Für die meist mit x, y, z bezeichneten Variablen können daher z.B. Annahmen der Art $x \in \mathbb{R}$, $y > 0$, $z \in (a, b]$ getroffen werden, wobei $(a, b]$ ein Intervall mit bekannten Grenzen a und b ist. Ein Grund für die Einführung von Variablen besteht darin, dass in der Regel der exakte Wert einer realen Größe a priori nicht bekannt ist. Eine einfache, wirtschaftswissenschaftliche Situation ist in folgendem Beispiel beschrieben.

Ungleichungen

Ein Anleger möchte ein Kapital in Höhe von 20 000 € in einen Investmentfonds einbringen. Der Ausgabepreis eines Fondsanteils beträgt zum Abrechnungstermin 64 €. Der Investor möchte nun wissen, wie viele Anteile in sein Depot gebucht werden. Die Anzahl der Anteile ist somit eine Variable x, von der zunächst nur bekannt ist, dass sie positiv sein wird: $x > 0$. Mittels dieser Bezeichnung erhält man eine Bestimmungsgleichung, da die Anzahl der Anteile multipliziert mit dem Preis pro Anteil dem eingesetzten Kapital entsprechen muss:

$$64 \cdot x = 20\,000.$$

Dividiert man nun beide Seiten durch 64, so erhält man die Lösung $x = 312.5$. Der Investor hat somit 312.5 Anteile des Investmentfonds erworben.

Dieses einfache Beispiel zeigt, wie eine Variable zur Lösung einer Aufgabe benutzt werden kann. Durch eine Forderung an den Wert der Variablen resultierte eine mathematische Gleichung des Typs $a \cdot x = c$ mit den Konstanten $a = 64$ und $c = 20\,000$. Dieser spezielle Typ einer Gleichung heißt **lineare Gleichung** und wird üblicherweise in der Normalform

$$ax + b = 0$$

angegeben. Für das obige Beispiel wären daher die Konstanten dieser Normalform $a = 64$ und $b = -20\,000$. Ersetzt man das Gleichheitszeichen durch ein Ungleichheitszeichen, so erhält man eine **(lineare) Ungleichung**

$$ax + b \leq 0.$$

B

Im Kontext des obigen Investmentbeispiels können Ungleichungen auf folgende Weise relevant werden. Der Anleger möchte wiederum 20 000 € anlegen, wobei jedoch lediglich der Erwerb von ganzen Fondsanteilen, d. h. $x \in \mathbb{N}$, möglich ist. Zudem fordert die Investmentgesellschaft eine Mindestanlage von 5 000 €. Aus diesen Bedingungen resultieren folgende Ungleichungen:

$$64 \cdot x \leq 20\,000, \quad 64 \cdot x \geq 5\,000, \qquad x \in \mathbb{N}.$$

Durch Division beider Ungleichung durch 64 resultieren die Bedingungen $x \leq 312.5$ und $x \geq 78.125$. Der Anleger kann daher zwischen 79 und 312 Anteile erwerben.

Ungleichungen werden in der Regel durch ökonomische Restriktionen an Produktionsmittel, z.B. Vorräte, Personal oder Budget, verursacht und müssen bei unternehmerischen Entscheidungen berücksichtigt werden.

Aus mathematischer Sicht beschreiben Ungleichungen Mengen im $\mathbb{R}^n$. Exemplarisch wird ein Beispiel für den $\mathbb{R}^2$ vorgestellt.

B

An zwei Variablen x und y werden die Bedingungen

$$x \geq 0, \quad y \geq 2, \quad y \leq -\tfrac{2}{3}x + 6 \quad \text{und} \quad \tfrac{x}{6} + \tfrac{y}{8} \leq 1$$

gestellt. Von Interesse ist die Menge aller Paare $(x, y) \in \mathbb{R}^2$, die alle Bedingungen erfüllen. Die resultierende Menge M ist somit definiert durch

$$M = \left\{ (x, y) \mid x \geq 0, y \geq 2, y \leq -\tfrac{2}{3}x + 6, \tfrac{x}{6} + \tfrac{y}{8} \leq 1 \right\}.$$

Graphisch lässt sich diese folgendermaßen darstellen:

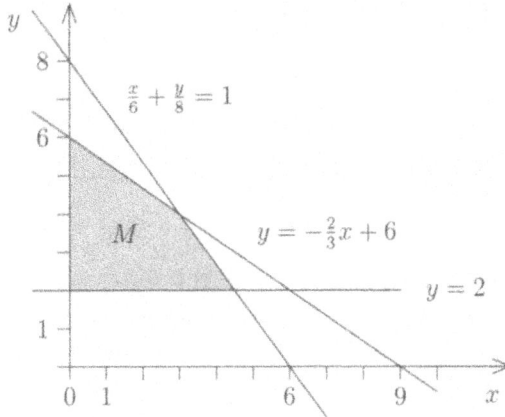

Diese Methode, Mengen zu beschreiben, wird insbesondere im Rahmen der linearen Optimierung von besonderer Bedeutung sein (s. Kapitel 10).

Absolutbetrag

In vielen Anwendungen ist nur der Abstand zweier Größen voneinander und nicht deren Lage von Interesse. Der Abstand wird mittels des **Absolutbetrags** gemessen.

Bezeichnung

Sei $a \in \mathbb{R}$. Der **Absolutbetrag (Betrag)** $|a|$ von a ist definiert durch

$$|a| = \begin{cases} a, & \text{falls } a \geq 0 \\ -a, & \text{falls } a < 0 \end{cases}.$$

Die Zahl $|a|$ gibt die (nichtnegative) Entfernung der Zahl a zum Nullpunkt an.

Seien $a, b \in \mathbb{R}$. Dann gelten für den Absolutbetrag folgende Aussagen:

$$|a| \geq 0, \qquad |a| = 0 \iff a = 0,$$

$$a \leq |a|, \qquad -a \leq |a|,$$

$$|a \cdot b| = |a| \cdot |b|, \qquad \left|\frac{a}{b}\right| = \frac{|a|}{|b|} \quad (\text{für } b \neq 0),$$

$$|a + b| \leq |a| + |b| \qquad (\text{Dreiecksungleichung}),$$

$$||a| - |b|| \leq |a + b|.$$

Die folgenden Beispiele sind exemplarisch für das Rechnen mit Ungleichungen und Beträgen.

B Zunächst soll die Dreiecksungleichung

$$|a + b| \leq |a| + |b|$$

nachgewiesen werden. Es werden zwei Fälle unterschieden:

(1) $a + b \geq 0$: In diesem Fall gilt $|a + b| = a + b$, so dass

$$|a + b| = a + b \leq |a| + b \leq |a| + |b|,$$

wobei die Eigenschaften $a \leq |a|$ bzw. $b \leq |b|$ benutzt werden.

(2) $a + b < 0$: Dann gilt $|a+b| = -(a+b) = -a - b$ und wegen $-a \leq |a|$ bzw. $-b \leq |b|$ folgt

$$|a + b| = -a - b \leq |a| - b = |a| + (-b) \leq |a| + |b|.$$

Eine Zusammenfassung dieser Teilresultate ergibt die gesuchte Ungleichung. Die sogenannte „Dreiecksungleichung nach unten" $||a| - |b|| \leq |a + b|$ folgt daraus. Für $|a| \geq |b|$ gilt zunächst:

$$||a| - |b|| = |a| - |b| = |a + b + (-b)| - |b| \leq |a + b| + |-b| - |b| = |a + b|.$$

Entsprechend erhält man das Resultat, falls $|a| < |b|$.

B Gesucht sind alle Lösungen $x \in \mathbb{R}$ der Ungleichung

$$|x| + 2 \leq 2|x + 1|;$$

d. h. zu bestimmen ist die Menge $\mathbb{L} = \{x \in \mathbb{R}\, ;\, |x| + 2 \leq 2|x+1|\}$. Dazu werden Fallunterscheidungen notwendig, um die beiden Absolutbeträge aufzulösen. Der Absolutbetrag der Zahl $x + 1$ lässt sich schreiben als

$$|x + 1| = \begin{cases} x + 1, & \text{falls } x + 1 \geq 0 \\ -x - 1, & \text{falls } x + 1 < 0 \end{cases} = \begin{cases} x + 1, & \text{falls } x \geq -1 \\ -x - 1, & \text{falls } x < -1 \end{cases}.$$

Dies führt unter Berücksichtigung der Definition des Absolutbetrags $|x|$ auf die drei Fälle

$$x < -1, \qquad -1 \leq x < 0, \qquad x \geq 0.$$

1. Fall $x < -1$: Es gilt dann $|x| = -x$ und $|x + 1| = -x - 1$, so dass

$$-x + 2 \leq 2(-x - 1)$$
$$\Longleftrightarrow \quad -x + 2 \leq -2x - 2$$
$$\Longleftrightarrow \qquad x \leq -4$$

Die Lösungsmenge ist für den 1. Fall gegeben durch

$$\mathbb{L}_1 = \{x\, ;\, x < -1 \wedge x \leq -4\} = \{x\, ;\, x \leq -4\} = (-\infty, -4].$$

2. Fall $-1 \leq x < 0$: Nun gilt $|x| = -x$ und $|x+1| = x+1$, so dass

$$-x + 2 \leq 2(x+1)$$
$$\Longleftrightarrow \quad -x + 2 \leq 2x + 2$$
$$\Longleftrightarrow \qquad 0 \leq 3x$$
$$\Longleftrightarrow \qquad 0 \leq x$$

Daher gilt $\mathbb{L}_2 = \{x \, ; \, -1 \leq x < 0 \wedge x \geq 0\} = \emptyset$.

3. Fall $x \geq 0$: Wegen $|x| = x$, $|x+1| = x+1$ folgt

$$x + 2 \leq 2(x+1)$$
$$\Longleftrightarrow \quad x + 2 \leq 2x + 2$$
$$\Longleftrightarrow \qquad 0 \leq x$$

Dies ergibt: $\mathbb{L}_3 = \{x \, ; \, x \geq 0\} = [0, \infty)$.

Damit folgt:

$$\mathbb{L} = \mathbb{L}_1 \cup \mathbb{L}_2 \cup \mathbb{L}_3 = (-\infty, -4] \cup \emptyset \cup [0, \infty)$$
$$= (-\infty, -4] \cup [0, \infty) = \{x \, ; \, x \leq -4 \vee x \geq 0\}.$$

Die Lösungsmenge kann auch graphisch bestimmt werden. Dazu werden die Seiten der Ungleichung als Teilmengen des $\mathbb{R}^2$ interpretiert. Für die linke Seite werden alle Paare (x, y) in Betracht gezogen, für die $y = |x| + 2$ gilt. Dies führt zu der Menge

$$A = \{(x, y) \, ; \, x \in \mathbb{R}, y = |x| + 2\}.$$

Analog wird für die rechte Seite die Menge

$$B = \{(x, y) \, ; \, x \in \mathbb{R}, y = 2|x+1|\}$$

gebildet. Anschließend wird überprüft, wann „die durch A gebildete Kurve unter der durch B gegebenen liegt". Für die auf der x-Achse markierten Werte ist dies der Fall.

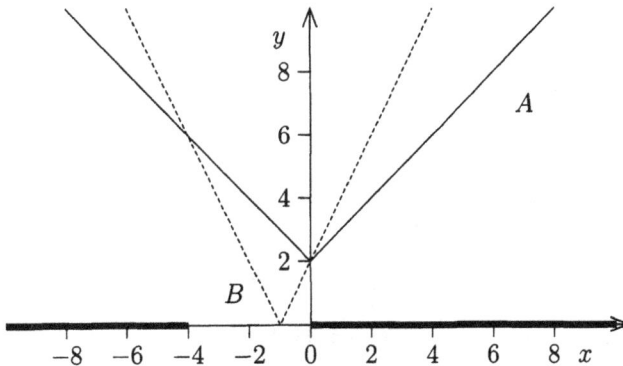

Gesucht ist die Lösungsmenge

$$\mathbb{L} = \{x \in \mathbb{R} \,;\, 3|x+2| - 2 \leq 1 + |x+1|\},$$

wobei die Ungleichung im Folgenden als Aussage $\mathcal{A}$ bezeichnet wird.

1. Fall $x < -2$: Diese Annahme impliziert $x + 2 < 0$ und $x + 1 < 0$. Daraus folgt die Äquivalenz der Aussagen:

$$
\begin{aligned}
\mathcal{A} \quad &\Longleftrightarrow \quad -3(x+2) - 2 \;\leq\; 1 - (x+1) \\
&\Longleftrightarrow \quad\quad\quad -3x - 8 \;\leq\; -x \\
&\Longleftrightarrow \quad\quad\quad\quad\quad -4 \;\leq\; x
\end{aligned}
$$

Die Lösungsmenge ist somit für diesen Fall gegeben durch

$$\mathbb{L}_1 = \{x \,;\, -4 \leq x < -2\} = [-4, -2).$$

2. Fall $-2 \leq x < -1$: Dies ergibt $x + 1 < 0$ und $x + 2 \geq 0$.

$$
\begin{aligned}
\mathcal{A} \quad &\Longleftrightarrow \quad 3(x+2) - 2 \;\leq\; 1 - (x+1) \\
&\Longleftrightarrow \quad\quad\quad 3x + 4 \;\leq\; -x \\
&\Longleftrightarrow \quad\quad\quad\quad 4x \;\leq\; -4 \\
&\Longleftrightarrow \quad\quad\quad\quad\quad x \;\leq\; -1
\end{aligned}
$$

Somit gilt: $\mathbb{L}_2 = \{x \,;\, -2 \leq x < -1\} = [-2, -1)$.

3. Fall $x \geq -1$: Aus dieser Einschränkung folgt $x + 1 \geq 0$ und $x + 2 > 0$, so dass

$$
\begin{aligned}
\mathcal{A} \quad &\Longleftrightarrow \quad 3(x+2) - 2 \;\leq\; 1 + (x+1) \\
&\Longleftrightarrow \quad\quad\quad 3x + 4 \;\leq\; x + 2 \\
&\Longleftrightarrow \quad\quad\quad\quad 2x \;\leq\; -2 \\
&\Longleftrightarrow \quad\quad\quad\quad\quad x \;\leq\; -1
\end{aligned}
$$

Dies ergibt $\mathbb{L}_3 = \{-1\}$.

Zusammenfassend erhält man daraus

$$\mathbb{L} = [-4, -1], \quad \text{d.h.} \quad \mathcal{A} \Longleftrightarrow -4 \leq x \leq -1.$$

In Analogie zum vorherigen Beispiel kann eine graphische Lösung durchgeführt werden. Zunächst wird $\mathcal{A}$ äquivalent umgeformt:

$$\mathcal{A} \Longleftrightarrow 3|x+2| - 3 \leq |x+1|.$$

Basierend auf der zweiten Aussage werden die Mengen

$$A = \{(x,y) \,;\, x \in \mathbb{R}, y = 3|x+2| - 3\} \quad \text{und} \quad B = \{(x,y) \,;\, x \in \mathbb{R}, y = |x+1|\}$$

betrachtet und entsprechend die Teilmengen von $\mathbb{R}$ auf der x–Achse markiert, für die die Punkte der Menge A unterhalb derer von B liegen.

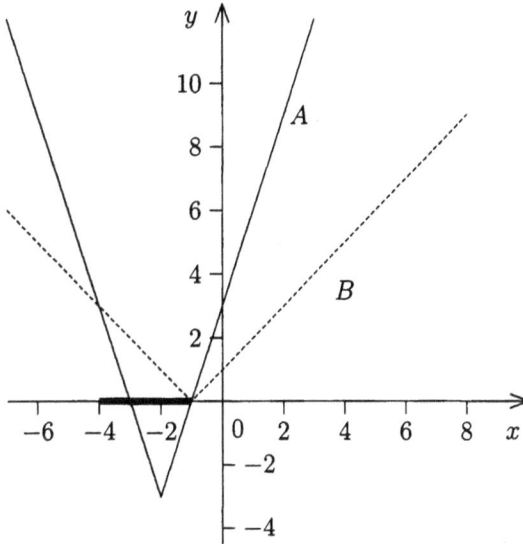

Das folgende Beispiel ist eine Übung zum Absolutbetrag und zur Aussagenlogik.

Für reelle Zahlen $a, b \in \mathbb{R}$ gilt stets:

$$a^2 \leq b^2 \Longleftrightarrow |a| \leq |b|.$$

Diese Aussage lässt sich unter Berücksichtigung von $a^2 = |a^2| = |a \cdot a| = |a| \cdot |a| = |a|^2$ nachweisen:

$$
\begin{aligned}
& a^2 \leq b^2 \\
\Longleftrightarrow \quad & |a|^2 \leq |b|^2 \\
\Longleftrightarrow \quad & (|b| - |a|)(|b| + |a|) \geq 0 \\
\Longleftrightarrow \quad & (|b| - |a| \geq 0 \wedge \underbrace{|b| + |a| \geq 0}_{(\mathbf{w})}) \vee (|b| - |a| \leq 0 \wedge \underbrace{|b| + |a| \leq 0}_{\substack{\Longleftrightarrow |b|+|a|=0 \\ \Longleftrightarrow a=0 \wedge b=0}}) \\
\Longleftrightarrow \quad & |a| \leq |b| \vee a = b = 0 \\
\Longrightarrow \quad & |a| \leq |b|
\end{aligned}
$$

Andererseits gilt:

$$|a| \leq |b| \quad \Longrightarrow \quad |a| \cdot |a| \leq |b| \cdot |a| \quad \Longrightarrow \quad a^2 \leq |b| \cdot |b| \quad \Longleftrightarrow \quad a^2 \leq b^2.$$

Alternativ kann die Äquivalenz von $a^2 \leq b^2$ und $|a| \leq |b|$ mit Hilfe der Fallunterscheidung $b = 0$ bzw. $b \neq 0$ gezeigt werden. Im Spezialfall $b = |b| = 0$ ist die obige Äquivalenz wahr:

$$a^2 \leq 0 \Longleftrightarrow a^2 = 0 \Longleftrightarrow a = 0 \Longleftrightarrow |a| = 0 \Longleftrightarrow |a| \leq 0.$$

Ist $b \neq 0$ vorausgesetzt, so gilt zunächst $|b| > 0$. Dies impliziert, dass die Aussage $\mathcal{A} : |b| + |a| \leq 0$ stets den Wahrheitswert *falsch* hat: $\mathcal{A} \iff \mathcal{F}$. In Analogie zum obigen Nachweis der Äquivalenz erhält man somit unter der Voraussetzung $b \neq 0$

$$a^2 \leq b^2 \iff \cdots \iff (|b| - |a| \geq 0 \wedge \mathcal{W}) \vee \mathcal{F} \iff |a| \leq |b|,$$

wobei $\mathcal{W}$ und $\mathcal{F}$ eine wahre bzw. falsche Aussage bezeichnen (vgl. auch die Rechenregeln für die Verknüpfung von Aussagen auf Seite 8).

Die oben diskutierte Beziehung kann auch hergeleitet werden unter Verwendung der Eigenschaft, dass das Maximum der Zahlen x und $-x$ (bezeichnet mit $\max\{-x, x\}$) gleich dem Betrag von x ist, d. h. $\max\{-x, x\} = |x|$. Damit erhält man zunächst für $x, y \in \mathbb{R}$ die Äquivalenzen

$$x \leq y \wedge -x \leq y \iff \max\{-x, x\} \leq y \iff |x| \leq y$$

und

$$x \leq y \vee x \leq -y \iff x \leq \max\{-y, y\} \iff x \leq |y|.$$

Damit gilt für $a, b \in \mathbb{R}$:

$$
\begin{aligned}
& a^2 \leq b^2 \\
\iff & b^2 - a^2 \geq 0 \\
\iff & (b - a)(b + a) \geq 0 \\
\iff & (b - a \geq 0 \wedge b + a \geq 0) \vee (b - a \leq 0 \wedge b + a \leq 0) \\
\iff & (a \leq b \wedge -a \leq b) \vee (-a \leq -b \wedge a \leq -b) \\
\iff & |a| \leq b \vee |a| \leq -b \\
\iff & |a| \leq |b|.
\end{aligned}
$$

Potenzen, Wurzeln und Logarithmen

Potenzen

Bezeichnung

Seien $a \in \mathbb{R}$, $n \in \mathbb{N}$. Dann heißt

$$a^n = \underbrace{a \cdot \ldots \cdot a}_{n\text{-mal}}$$

die **n-te Potenz** von a; a heißt **Basis**, n heißt **Exponent**. Für $n = 0$ setzt man $a^0 = 1$. Für $a = 0$ impliziert dies $0^0 = 1$. Zudem wird für negative Exponenten vereinbart:

$$a^{-n} = \frac{1}{a^n}, \qquad \text{falls } a \neq 0.$$

Nachfolgend werden einige einfache Potenzen berechnet.

$$a = 3, n = 4: a^n = 3^4 = 3 \cdot 3 \cdot 3 \cdot 3 = 81,$$

$$a = -1, n = 3: a^n = (-1)^3 = (-1) \cdot (-1) \cdot (-1) = -1,$$

$$a = 3, n = -2: a^n = 3^{-2} = \frac{1}{3^2} = \frac{1}{9},$$

$$a = \tfrac{1}{2}, n = -3: a^n = (\tfrac{1}{2})^{-3} = \frac{1}{(\tfrac{1}{2})^3} = \frac{1}{\frac{1}{8}} = 8.$$

Mittels der obigen Definition ist das Rechnen für Potenzen mit ganzzahligen Exponenten definiert. Es gelten die folgenden Regeln:

Seien $a, b \in \mathbb{R}\backslash\{0\}$ und $m, n \in \mathbb{Z}$. Dann gilt:

- Potenzen mit derselben Basis werden multipliziert, indem die Basis mit der Summe der Exponenten potenziert wird:

$$a^m \cdot a^n = a^{m+n}.$$

Dies impliziert insbesondere:

$$\frac{a^m}{a^n} = a^m \cdot a^{-n} = a^{m-n}.$$

- Eine Potenz a^m wird potenziert, indem die Basis a beibehalten und mit dem Produkt der Exponenten potenziert wird:

$$(a^m)^n = a^{m \cdot n}.$$

- Potenzen mit demselben Exponenten werden multipliziert, indem man das Produkt der Basen mit diesem Exponenten potenziert:

$$a^m b^m = (ab)^m.$$

Dies impliziert insbesondere:

$$\frac{a^m}{b^m} = \left(\frac{a}{b}\right)^m.$$

Mittels der obigen Regeln lassen sich die folgenden Ausdrücke leicht berechnen:

$$10^3 \cdot 10^7 = 10^{10}, \quad 10^3 \cdot 10^{-2} = 10, \quad 49 \cdot 7^{-2} = 7^2 \cdot 7^{-2} = 7^0 = 1,$$

$$2^4 \cdot 3^4 = 6^4, \quad \frac{3^3}{2^3} = \left(\frac{3}{2}\right)^3.$$

B

Das folgende Beispiel ist dem Gebiet der Finanzmathematik entnommen:

Ein Kapital K_0 wird am Ende eines jeden Jahres zum Zinssatz $i = p\%$ (p heißt Zinsfuß) verzinst. Bezeichnet K_n das nach Ablauf von n Jahren vorhandene Kapital, wobei die angefallenen Zinsen mitverzinst werden, so erhält man folgende Kapitalbeträge:

$$\text{nach 1 Jahr} \quad : \quad K_1 = K_0 + i \cdot K_0 = K_0(1+i)$$
$$\text{nach 2 Jahren:} \quad K_2 = K_1 + i \cdot K_1 = K_1(1+i) = K_0(1+i)^2$$
$$\text{nach 3 Jahren:} \quad K_3 = K_2 + i \cdot K_2 = K_0(1+i)^3$$
$$\vdots \qquad\qquad \vdots$$
$$\text{nach } n \text{ Jahren:} \quad K_n = K_0(1+i)^n$$

Der Faktor $1 + i$ wird meist mit q bezeichnet, so dass nach n Jahren das Kapital $K_n = K_0 q^n$ zur Verfügung steht.

Setzt man ein Startkapital $K_0 = 50\,000$ € und einen Zinssatz $p\% = 4\%$ voraus, so beträgt das Kapital nach Ablauf von 7 Jahren:

$$K_7 = 50\,000 \text{ €} \cdot 1.04^7 \approx 65\,796.59 \text{ €}.$$

Die obige Fragestellung lässt sich in folgendem Sinn umkehren: Ein Investor hat das gleiche Kapital K_0 angelegt und nach Ablauf von 7 Jahren 70 355.02 € als Auszahlung erhalten. Gesucht ist der Zinssatz i, zu dem das Kapital verzinst wurde. Dies ist gleichbedeutend damit, die Lösung i der Gleichung

$$(1 + i)^7 = \frac{K_7}{K_0}$$

zu bestimmen. Diese Fragestellung wird im Abschnitt „Wurzeln" untersucht.

Wurzeln

Das Wurzelziehen (oder auch Radizieren) ist eine Umkehrung des Potenzierens. Es bietet eine Lösung für folgende Problemstellung:

Bestimme für Zahlen $a \in \mathbb{R}$, $n \in \mathbb{N}$ die Lösungen $x \in \mathbb{R}$ der **Potenzgleichung**

$$x^n = a.$$

Zur Lösbarkeit dieser Gleichung können folgende Anmerkungen gemacht werden: Ist n gerade, so gilt

- $x^n \geq 0$ für alle $x \in \mathbb{R}$, d. h. es gibt keine reelle Lösung in x, falls $a < 0$ ist.
- $x^n = (-x)^n$ für alle $x \in \mathbb{R}$, d. h. ist $a > 0$ und ist x eine Lösung der Potenzgleichung, so ist auch $(-x)$ eine Lösung.

- Es ist unmittelbar klar, dass die Gleichung $x^2 = -3$ keine Lösung (in den reellen Zahlen) besitzt. Die Gleichung $x^2 = 4$ besitzt jedoch die Lösungen 2 und -2 $(x^2 = 4 \Longleftrightarrow x^2 - 4 = 0 \Longleftrightarrow (x-2)(x+2) = 0 \Longleftrightarrow x = 2 \vee x = -2)$.

- Die Gleichung $a^2 = b^2$ ist genau dann erfüllt, wenn

$$|a| = |b| \Longleftrightarrow a = b \vee a = -b.$$

Dies verdeutlichen folgende Äquivalenzumformungen:

$$a^2 = b^2 \quad \Longleftrightarrow \quad a^2 - b^2 = 0 \qquad\qquad \Longleftrightarrow \quad (a-b)(a+b) = 0$$
$$\Longleftrightarrow \quad a = b \vee a = -b \qquad \Longleftrightarrow \quad |a| = |b|.$$

Bezeichnung

Seien $n \in \mathbb{N}$, $m \in \mathbb{Z}$.

- Für $a \geq 0$ bezeichnet $\sqrt[n]{a} = a^{\frac{1}{n}}$ die eindeutig bestimmte Zahl $x \in \mathbb{R}$ mit $x \geq 0$ und $x^n = a$. Für $n = 2$ schreibt man kurz $x = \sqrt[2]{a} = \sqrt{a}$.

  $\sqrt[n]{a}$ heißt die **n-te Wurzel** von a, a heißt **Radikand**.

- Für $a > 0$ wird die eindeutige (reelle) Lösung $x \in \mathbb{R}$, $x \geq 0$, der Gleichung $x^n = a^m$ bezeichnet mit

$$a^{\frac{m}{n}} = \sqrt[n]{a^m}.$$

  Insbesondere ist für $m = -1$ die Zahl $a^{-\frac{1}{n}} = \sqrt[n]{\frac{1}{a}}$ diejenige Zahl $x \in \mathbb{R}$ mit $x > 0$ und $x^n = \frac{1}{a}$.

Bemerkung

- Nach der obigen Definition ist eine Potenz a^p für eine nichtnegative Basis $a \geq 0$ und einen Exponenten $p \in \mathbb{Q}$ erklärt. Ist a eine negative Zahl, so kann der obige Ansatz nicht direkt übertragen werden. Für gerades $n \in \mathbb{N}$ gibt es nämlich keine Lösung der Gleichung $x^n = a$. Für einen ungeraden Exponenten n existiert jedoch eine eindeutig bestimmte reelle Lösung dieser Gleichung. Diese wird ebenfalls mit $\sqrt[n]{a}$ bezeichnet, obwohl a in dieser Situation negativ ist.

- Ist n gerade und $a > 0$, so hat die Gleichung $x^n = a$ für $x \in \mathbb{R}$ genau zwei reelle Lösungen: $\sqrt[n]{a}$ und $-\sqrt[n]{a}$.

Für Potenzen mit rationalen Exponenten gelten dieselben Rechenregeln wie für ganzzahlige Exponenten.

Für $a > 0$, $b > 0$, $p, q \in \mathbb{Q}$ gilt:

$$a^p \cdot a^q = a^{p+q}, \quad (a^p)^q = a^{pq}, \quad a^p b^p = (ab)^p, \quad \frac{a^p}{b^p} = \left(\frac{a}{b}\right)^p.$$

Insbesondere folgt somit für $a > 0$, $b > 0$, $m \in \mathbb{Z}$, $n \in \mathbb{N}$:

$$a^{-\frac{1}{n}} = \left(a^{\frac{1}{n}}\right)^{-1} = \frac{1}{a^{\frac{1}{n}}} = \frac{1}{\sqrt[n]{a}}, \qquad a^{\frac{m}{n}} = (a^{\frac{1}{n}})^m = (\sqrt[n]{a})^m.$$

B

Die folgenden Beispiele illustrieren die Anwendung der Wurzeloperation.

- $\sqrt{a^2} = |a|$, denn: $|a| \geq 0$ und $|a|^2 = a^2$.

- (siehe Beispiel aus der Finanzmathematik): Seien $n \in \mathbb{N}$ und $K_0 > 0$, $q > 0$. Dann gilt für das Kapital K_n nach Ablauf von n Jahren:

$$K_n = K_0 q^n \iff \frac{K_n}{K_0} = q^n \iff q = \sqrt[n]{\frac{K_n}{K_0}}.$$

  Für die im Beispiel angegebenen Zahlenwerte ($K_n = 70\,355.02$ €, $K_0 = 50\,000$ €, $n = 7$) ergibt sich somit $q = \sqrt[7]{\frac{70\,355.02}{50\,000}} \approx 1.05$. Der Zinssatz $p\%$ beträgt daher ungefähr 5%.

- Es ist $(\sqrt{5} - 2)^2 = (\sqrt{5})^2 - 4\sqrt{5} + 4 = 5 - 4\sqrt{5} + 4 = 9 - 4\sqrt{5}$

  und $\quad \dfrac{1}{\sqrt{5} - 2} = \dfrac{\sqrt{5} + 2}{(\sqrt{5} - 2)(\sqrt{5} + 2)} = \dfrac{\sqrt{5} + 2}{5 - 4} = 2 + \sqrt{5}.$

Mittels der Wurzeln kann die Lösbarkeit einer allgemeinen quadratischen Gleichung

$$ax^2 + bx + c = 0$$

mit $a \neq 0$, $b, c \in \mathbb{R}$ untersucht werden. Dabei sind die **binomischen Formeln** nützlich.

Seien $a, b \in \mathbb{R}$. Die **binomischen Formeln** lauten:

1. binomische Formel: $(a + b)^2 = a^2 + 2ab + b^2$

2. binomische Formel: $(a - b)^2 = a^2 - 2ab + b^2$

3. binomische Formel: $(a + b)(a - b) = a^2 - b^2$

B

Allgemeine Lösung einer quadratischen Gleichung

Zunächst wird aus der allgemeinen quadratischen Gleichung durch Division mit a eine standardisierte quadratische Gleichung hergeleitet. Dann wird eine **quadratische Ergänzung**, d. h. die Addition des Terms $\left(\frac{b}{2a}\right)^2$ auf beiden Seiten der Gleichung, durchgeführt:

$$x^2 + \frac{b}{a}x + \frac{c}{a} = 0$$

$$\Longleftrightarrow \quad x^2 + 2 \cdot \frac{b}{2a}x + \left(\frac{b}{2a}\right)^2 = \left(\frac{b}{2a}\right)^2 - \frac{c}{a}$$

1. binom. Formel $\Longleftrightarrow$
$$\left(x + \frac{b}{2a}\right)^2 = \frac{b^2}{4a^2} - \frac{c}{a}$$

$$\Longleftrightarrow \quad \left(x + \frac{b}{2a}\right)^2 = \frac{b^2 - 4ac}{4a^2}$$

Zur Untersuchung der Lösbarkeit sind nun drei Fälle zu unterscheiden:

1. Fall $b^2 - 4ac < 0$: Da die linke Seite der Gleichung nichtnegativ ist, existiert keine Lösung.

2. Fall $b^2 - 4ac = 0$: In dieser Situation ist $x = -\frac{b}{2a}$ die eindeutige Lösung der Gleichung.

3. Fall $b^2 - 4ac > 0$: Nach den obigen Bemerkungen zur Lösung der Gleichung $y^2 = d$ mit $d > 0$ gibt es genau zwei Lösungen für y: $y = \sqrt{d}$ und $y = -\sqrt{d}$. Eine Anwendung dieses Resultates auf die obige Situation mit $y = x + \frac{b}{2a}$ und $d = \frac{b^2 - 4ac}{4a^2}$ ergibt:

$$x + \frac{b}{2a} = \sqrt{\frac{b^2 - 4ac}{4a^2}} \quad \vee \quad x + \frac{b}{2a} = -\sqrt{\frac{b^2 - 4ac}{4a^2}}$$

oder äquivalent:

$$x = -\frac{b}{2a} + \sqrt{\frac{b^2 - 4ac}{4a^2}} \quad \vee \quad x = -\frac{b}{2a} - \sqrt{\frac{b^2 - 4ac}{4a^2}}.$$

Wegen $\sqrt{4a^2} = 2|a|$ sind die Lösungen bestimmt durch

$$x = -\frac{b}{2a} + \frac{\sqrt{b^2 - 4ac}}{2a} \quad \vee \quad x = -\frac{b}{2a} - \frac{\sqrt{b^2 - 4ac}}{2a}.$$

Bisher sind Potenzen der Form a^x für $a > 0$ und rationale Exponenten $x \in \mathbb{Q}$ definiert. Zur Erweiterung der Definition auf reelle Exponenten $x \in \mathbb{R}$ schachtelt man x „beliebig genau" durch rationale Zahlen p und q ein. Im „Grenzübergang" erhält man dann für jede reelle Zahl x eine sinnvolle Definition von a^x, $a > 0$. Auf eine Herleitung wird hier verzichtet.

Die bereits für rationale Exponenten angegebenen Rechenregeln gelten für Potenzen mit reellen Exponenten in analoger Weise:

Seien $a, b > 0$ und $r, s \in \mathbb{R}$. Dann gelten für Potenzen mit reellen Exponenten die Rechenregeln:

$$a^r a^s = a^{r+s}, \quad (a^r)^s = a^{rs}, \quad a^r b^r = (ab)^r, \quad \frac{a^r}{b^r} = \left(\frac{a}{b}\right)^r, \quad a^{-r} = \left(\frac{1}{a}\right)^r = \frac{1}{a^r}.$$

Insbesondere gelten $1^r = 1$ und die Äquivalenz $a^r = 1 \iff r = 0 \vee a = 1$. Weiterhin gelten die Aussagen:

$$a^r > 0 \text{ und}$$
$$r > 0 \implies (a^r < b^r \iff a < b),$$
$$a > 1 \implies (a^r < a^s \iff r < s)$$

Die letzte Aussage impliziert für $r = 0$ und $a > 1$:

$$a^s > 1 \iff s > 0.$$

Sogenannte Potenzfunktionen werden am Ende von Kapitel 3 behandelt. In diesem Zusammenhang kann man sich die voranstehenden Regeln nochmals verdeutlichen.

Logarithmen

⌐ B

In den Abschnitten „Potenzen" und „Wurzeln" wurde bereits die Verzinsung eines Grundkapitals K_0 bei einem Zinssatz $i = p\%$ untersucht. Daraus resultierte für das Kapital nach Ablauf von n Jahren die Formel $K_n = K_0 q^n$ mit $q = 1 + i$. Mittels der n-ten Wurzel konnte bei bekanntem Start- und Endkapital und Anlagezeitraum der Zinssatz berechnet werden. Eine interessante Fragestellung, die ebenfalls mit dieser Situation verbunden ist, ist die Festlegung des Anlagezeitraums n bei bekanntem Startkapital und Zinssatz und vorgegebenem Kapital K_n.

Beispielsweise sollen $10\,000$ € zu einem Zinssatz von 4.5% angelegt werden. Welcher Zeitraum ist nötig, um (mindestens) $15\,000$ € angespart zu haben?

Diese Fragestellung führt auf die Gleichung (in der Variablen n):

$$15\,000 = 10\,000 \cdot 1.045^n \iff \tfrac{3}{2} = 1.045^n.$$

Gesucht ist eine Lösung für die Anzahl n von Jahren. Durch Ausprobieren erhält man

$$9 \leq n \leq 10, \quad \text{da } 1.4861 \approx 1.045^9 \leq \tfrac{3}{2} \leq 1.045^{10} \approx 1.5530.$$

└─ Kann das Kapital nur für volle Jahre angelegt werden, so muss der Anlagehorizont mindestens zehn Jahre betragen.

Im obigen Beispiel wurde der Anlagezeitraum durch Ausprobieren von möglichen Zeiträumen n ermittelt. Dieses Verfahren ist je nach Problemstellung aufwendig, so dass eine systematische Lösungsmethode anzustreben ist.

Als Hilfsmittel zur Auflösung solcher **Exponentialgleichungen**, d. h. von Gleichungen des Typs (in der Variablen x)

$$a^x = y,$$

werden **Logarithmen** eingeführt. Wurde im Abschnitt „Potenzen" das Wurzelziehen als eine Umkehrung des Potenzierens interpretiert, so kann auch das Logarithmieren in diesem Sinn verstanden werden. Anders als beim Wurzelziehen, wo nach der Basis gesucht wird, ist jetzt jedoch der Exponent die Zielgröße. Gesucht sind daher Lösungen x der Gleichung $a^x = y$.

Dabei wird grundsätzlich vorausgesetzt, dass a eine positive reelle Zahl ist. Für y ist dann die gleiche Voraussetzung sinnvoll, da für $y \leq 0$ die Gleichung keine Lösung besitzt. Daher sei im Folgenden angenommen, dass $a > 0$ und $y > 0$ sind. Unter diesen Annahmen hat die Gleichung eine eindeutige Lösung, falls $a \neq 1$ gilt. Ist nämlich $a = 1$, so folgt $y = 1$, d. h. die Gleichung ist unabhängig von x. Sie ist also lösbar, falls $y = 1$ wahr ist, und damit ist jede reelle Zahl x eine Lösung der Gleichung. Ist $y \neq 1$, so ist die Aussage falsch. Die Gleichung besitzt somit keine Lösung. Aus diesem Grund wird der Fall $a = 1$ im Folgenden ausgeschlossen.

Bezeichnung
Sei $a \in \mathbb{R}$, $a > 0$, $a \neq 1$. Für beliebige $y > 0$ bezeichnet

$$\log_a y$$

die eindeutig bestimmte Zahl $x \in \mathbb{R}$, die die Gleichung $a^x = y$ erfüllt. Sie heißt **Logarithmus von y zur Basis** a. Insbesondere gilt also

$$x = \log_a y \Longleftrightarrow a^x = y \qquad \text{oder} \qquad a^{\log_a y} = y.$$

Nachfolgend sind einige einfache Beispiele für das Rechnen mit Logarithmen angegeben.

B

$\log_2 8 = 3$, da $2^3 = 8$,

$\log_7 49 = 2$, da $7^2 = 49$,

$\log_{10} 10 = 1$, da $10^1 = 10$,

$\log_{10} \frac{1}{10} = -1$, da $10^{-1} = \frac{1}{10^1} = \frac{1}{10}$.

Für das Rechnen mit Logarithmen gelten folgende Regeln.

Seien $a \in \mathbb{R}$ mit $a > 0$ und $a \neq 1$, sowie $y, z > 0, r \in \mathbb{R}$. Dann gilt:

(a) $\log_a a = 1, \log_a 1 = 0$,

(b) $\log_a(yz) = \log_a y + \log_a z$,

(c) $\log_a \left(\frac{y}{z}\right) = \log_a y - \log_a z$,

(d) $\log_a y^r \; (= \log_a(y^r)) = r \log_a y$,

(e) $\log_a y = \log_a z \iff y = z$.

Ist zusätzlich $a > 1$, so gilt weiter:

(f) $\log_a y \begin{cases} > 0, & \text{falls } y > 1 \\ = 0, & \text{falls } y = 1 \\ < 0, & \text{falls } 0 < y < 1 \end{cases}$,

(g) $\log_a y < \log_a z \iff y < z$.

Die Gültigkeit der obigen Regeln wird zum Einüben des Rechnens mit Logarithmen gezeigt.

(a) Wegen $a^1 = a$ folgt $1 = \log_a a$ direkt aus der Definition des Logarithmus. Analog erhält man aus $a^0 = 1$ das Resultat $0 = \log_a 1$.

(b) Setzt man $x_1 = \log_a y$ und $x_2 = \log_a z$, so gilt:
$$x_1 = \log_a y \wedge x_2 = \log_a z \iff a^{x_1} = y \wedge a^{x_2} = z$$
$$\implies yz = a^{x_1} a^{x_2} = a^{x_1 + x_2}.$$
Damit ist $\log_a(yz) = x_1 + x_2 = \log_a y + \log_a z$.

(c) Diese Eigenschaft wird analog zu (b) unter Benutzung von $\frac{y}{z} = a^{x_1 - x_2}$ nachgewiesen.

(d) Aus der Gleichung $x = \log_a y$ folgt per Definition $a^x = y$. Dies ist äquivalent zu $y^r = (a^x)^r = a^{rx}$. Damit ist $\log_a y^r = rx = r \log_a y$.

(e) Mit $x_1 = \log_a y$ und $x_2 = \log_a z$ ist $a^{x_1} = y$ und $a^{x_2} = z$. Dies impliziert
$$y = z \iff a^{x_1} = a^{x_2} \overset{a \neq 1}{\iff} x_1 = x_2 \iff \log_a y = \log_a z.$$

(f) Sei $a > 1$. Aus der Definition des Logarithmus folgt $x = \log_a y \iff a^x = y$. Aus den Regeln für Potenzen schließt man dann:
$$a^x = y > 1 \implies x = \log_a y > 0$$
$$a^x = y = 1 \implies x = \log_a y = 0$$
$$a^x = y < 1 \implies x = \log_a y < 0$$

(g) Mit $x_1 = \log_a y$ und $x_2 = \log_a z$ ist $a^{x_1} = y$ und $a^{x_2} = z$. Dies impliziert

$$y < z \iff a^{x_1} < a^{x_2} \overset{a>1}{\iff} x_1 < x_2 \iff \log_a y < \log_a z.$$

Für das einleitende Beispiel dieses Abschnitts ergibt sich somit

$$\tfrac{3}{2} = 1.045^n \iff n = \log_{1.045} \tfrac{3}{2}.$$

B

Damit ist zunächst eine formale Lösung des Problems verfügbar. Diese Situation ist jedoch in gewisser Weise unbefriedigend, da sich auf einem Taschenrechner nur die für praktische Anwendungen wichtigen Logarithmen finden:

- der **Zehnerlogarithmus** (der dekadische Logarithmus), d. h. der Logarithmus zur Basis 10. Als Schreibweisen werden verwendet:

$$\log_{10} y = \lg y = \log y,$$

- der **natürliche Logarithmus**, d. h. der Logarithmus zur Basis e $= 2.71828...$ (Eulersche Zahl). Der natürliche Logarithmus wird bezeichnet mit

$$\log_e y = \ln y.$$

Ein Ausweg aus dieser Situation wird durch das folgende Beispiel gewiesen.

Eine elementare Frage der Finanzmathematik ist die nach der zur Verdopplung eines angelegten Kapitals benötigten Zeitspanne. Gegeben seien ein Zinssatz i, der Aufzinsungsfaktor $q = 1+i$ und ein Kapital $K > 0$. Die Verdopplung des eingesetzten Kapitals nach n Jahren wird durch die Gleichung $2K = Kq^n$ ausgedrückt.

B

Diese Bedingung an den Anlagezeitraum n ist äquivalent zu

$$q^n = 2 \iff \log q^n = \log 2 \iff n \log q = \log 2 \iff n = \frac{\log 2}{\log q}.$$

Dabei ist es offenbar irrelevant, zu welcher Basis der Logarithmus gebildet wird. Diese Beobachtung führt zu einer Regel, mit der Logarithmen zu verschiedenen Basen ineinander überführt werden können.

Für $a, b > 0$, $a \neq 1$, $b \neq 1$, $y > 0$ gilt: $\log_b y = \dfrac{\log_a y}{\log_a b}$.

Der Nachweis dieser Umrechnungsvorschrift erfolgt durch Anwendung der Rechenregeln für Logarithmen. Seien $x_1 = \log_a y$ und $x_2 = \log_b y$ Logarithmen von y zu den Basen a bzw. b $(a > 0, b > 0, a, b \neq 1)$. Dann gilt: $a^{x_1} = y \wedge b^{x_2} = y$ und

$$
\begin{aligned}
a^{x_1} = b^{x_2} \quad &\Longleftrightarrow \quad x_1 = \log_a b^{x_2} \\
&\Longleftrightarrow \quad x_1 = x_2 \log_a b \\
&\Longleftrightarrow \quad \log_a y = \log_b y \cdot \log_a b \\
&\Longleftrightarrow \quad \frac{\log_a y}{\log_a b} = \log_b y
\end{aligned}
$$

B Im oben diskutierten Beispiel ergibt sich somit für die Auswertung des Logarithmus zur Basis 1.045 mittels des natürlichen Logarithmus:

$$
n = \log_{1.045} \frac{3}{2} = \frac{\ln \frac{3}{2}}{\ln 1.045} \approx 9.21.
$$

Dies führt zu dem bereits durch Probieren gefundenen Ergebnis, dass der Anlagezeitraum mindestens zehn Jahre sein muss, um über ein Kapital von mindestens 15 000 € verfügen zu können.

B Weitere Beispiele zur Anwendung von Logarithmen sind:

$$
\log_2 6 = \log_2(2 \cdot 3) = \log_2 2 + \log_2 3 = 1 + \log_2 3,
$$
$$
\log 10\,000 = \log 10^4 = 4 \log 10 = 4 \log_{10} 10 = 4,
$$
$$
\log 0.001 = \log 10^{-3} = -3,
$$
$$
\log_3 \tfrac{1}{9} = \log_3 1 - \log_3 9 = 0 - 2 = -2 \text{ oder}
$$
$$
\log_3 \tfrac{1}{9} = \log_3 3^{-2} = -2 \log_3 3 = -2,
$$
$$
\log_5 32 = \log_5 2^5 = 5 \cdot \log_5 2,
$$
$$
10^{2x+1} = 7 \quad \Longleftrightarrow \quad \log 10^{2x+1} = \log 7
$$
$$
\Longleftrightarrow \quad 2x + 1 = \log 7 \quad \Longleftrightarrow \quad x = \tfrac{1}{2}(\log 7 - 1).
$$

B Sei $a > 0$. Dann gilt $\log_{\frac{1}{a}} y = -\log_a y$.

Setzt man $b = \frac{1}{a}$, so gilt

$$
\log_a b = \log_a \frac{1}{a} = \log_a(a^{-1}) = -\log_a a = -1.
$$

Die obige Rechenregel liefert sofort die gewünschte Aussage:

$$
\log_b y = \frac{\log_a y}{\log_a b} = -\log_a y.
$$

Summen- und Produktzeichen

Summenzeichen

Ein Unternehmen führt in seinen n Filialen eine Umsatzerhebung durch. Die Filiale i meldet ihren Umsatz x_i in einem festgelegten Zeitraum, so dass insgesamt n Werte $x_1, \ldots, x_n$ in der Zentrale vorliegen. Der mittlere Umsatz der Filialen wird dann berechnet als **arithmetisches Mittel** $\overline{x}$ dieser Werte:

$$\overline{x} = \frac{1}{n} \cdot (x_1 + \cdots + x_n).$$

Für große Anzahlen n von Beobachtungen und weitere Rechnungen mit dem arithmetischen Mittel ist eine Darstellung in dieser Form unübersichtlich und möglicherweise missverständlich. Daher wird eine Kurzschreibweise für die Darstellung von Summen eingeführt.

Bezeichnung

Seien $a_1, a_2, \ldots, a_n$ reelle Zahlen. Für $k, n \in \mathbb{N}$, $k < n$, wird das **Summenzeichen** definiert durch:

$$a_k + \cdots + a_n = \sum_{j=k}^{n} a_j.$$

Dieser Ausdruck wird gelesen als „Summe der a_j von j gleich k bis n". Weiterhin ist $\sum_{j=k}^{k} a_j = a_k$. Die einzelnen Bestandteile werden wie folgt bezeichnet:

a_j allgemeines Glied der Summe,

j Summationsindex (Laufindex),

k untere Summationsgrenze,

n obere Summationsgrenze.

Zur Vereinfachung der Notation wird für den Fall, dass die obere Summationsgrenze n kleiner als die untere Summationsgrenze k ist ($n < k$), vereinbart: $\sum_{j=k}^{n} a_j = 0$.

Die vorgestellte Schreibweise setzt eine endliche Anzahl von Summanden $a_1, \ldots, a_n$ voraus und heißt deshalb auch **endliche Summe**. Analog kann diese Notation auch für unendlich viele Summanden $a_k, a_{k+1}, \ldots$ erklärt werden:

$$\sum_{j=k}^{\infty} a_j = a_k + a_{k+1} + \ldots.$$

Der Ausdruck wird als **unendliche Summe** oder **Reihe** der Zahlen $a_k, a_{k+1}, \ldots$ bezeichnet. Diese zunächst formale Übertragung des Summenzeichens beinhaltet aber einige mathematische Probleme, die in Kapitel 2 diskutiert werden. Aus diesem Grund wird dieser Ausdruck in diesem Abschnitt nur als Notation verstanden.

Die Anwendung des Summenzeichens wird mittels der folgenden Ausdrücke erläutert.

B

$$1 + 2 + \cdots + 12 = \sum_{i=1}^{12} i;$$

$$5 + 7 + \cdots + 15 = \sum_{i=2}^{7}(2i+1) = \sum_{i=3}^{8}(2i-1);$$

$$2 + 4 + 8 + 16 + 32 = 2^1 + 2^2 + 2^3 + 2^4 + 2^5 = \sum_{i=1}^{5} 2^i;$$

$$\tfrac{1}{2} + \left(\tfrac{1}{2}\right)^2 + \left(\tfrac{1}{2}\right)^3 + \left(\tfrac{1}{2}\right)^4 + \cdots = \sum_{i=1}^{\infty} \left(\tfrac{1}{2}\right)^i.$$

Durch die Verwendung des Summenzeichens lässt sich der Notationsaufwand i.a. erheblich reduzieren. Für das Rechnen mit dem Summenzeichen gelten folgende Regeln.

Seien $k, n \in \mathbb{N}$, $k \leq n$, $c \in \mathbb{R}$ und $a_i, b_i \in \mathbb{R}, i \in \{1, \ldots, n\}$. Dann gilt:

- $\sum_{i=k}^{n} c = (n - k + 1) \cdot c$; speziell für $k = 1$ gilt: $\sum_{i=1}^{n} c = n \cdot c$.

- $\sum_{i=k}^{n}(c \cdot a_i) = c \sum_{i=k}^{n} a_i$.

- $\sum_{i=k}^{n}(a_i + b_i) = \sum_{i=k}^{n} a_i + \sum_{i=k}^{n} b_i$.

- Sei $k \leq m < n$. Dann gilt: $\sum_{i=k}^{n} a_i = \sum_{i=k}^{m} a_i + \sum_{i=m+1}^{n} a_i$.

Weiterhin kann es nützlich oder notwendig sein, die Summationsgrenzen zu verschieben.

Es gilt für $a_k, \ldots, a_n \in \mathbb{R}$, $k, n \in \mathbb{N}$, $k \leq n$:

$$\sum_{i=k}^{n} a_i = \sum_{i=k+1}^{n+1} a_{i-1} = \sum_{i=k-1}^{n-1} a_{i+1}.$$

Folgende Beispiele demonstrieren die Anwendung der vorgestellten Rechenregeln.

B

$$\sum_{i=1}^{4} i^2 + \sum_{i=1}^{4} \tfrac{1}{i} = \sum_{i=1}^{4}\left(i^2 + \tfrac{1}{i}\right) = \sum_{i=1}^{4} \tfrac{i^3+1}{i}$$
$$= 2 + \tfrac{9}{2} + \tfrac{28}{3} + \tfrac{65}{4} = \tfrac{24}{12} + \tfrac{54}{12} + \tfrac{112}{12} + \tfrac{195}{12} = \tfrac{385}{12};$$

$$3\sum_{i=1}^{4}(i-1) = 3\left(\sum_{i=1}^{4} i - 4\right) = 3(1 + 2 + 3 + 4 - 4) = 18;$$

$$\sum_{i=2}^{7}(2i+1) = \sum_{i=3}^{8}(2(i-1)+1) = \sum_{i=3}^{8}(2i-1).$$

In vielen Anwendungsbeispielen werden zur sinnvollen Beschreibung der auftretenden Größen zwei Indizes verwendet. Nachfolgend werden Situationen vorgestellt, die eine Doppelindizierung nahelegen.

Im Rahmen einer Marktstudie werden in vier Filialen eines Kaufhauses (Aachen, Bremen, Köln, Oldenburg) jeweils 50 Kunden befragt, welchen Betrag sie monatlich für den Kauf von Musik–CDs ausgeben.

Für $i \in \{1, 2, 3, 4\}$ und $j \in \{1, 2, \ldots, 50\}$ bezeichne x_{ij} den von Person Nr. j in der Filiale i genannten Betrag. Der durchschnittlich ausgegebene Betrag von in Köln befragten Personen ist somit bestimmt durch

$$\frac{1}{50} \sum_{j=1}^{50} x_{3j}.$$

Die übrigen arithmetischen Mittel werden analog gebildet. Die Berechnung der (monatlich) durchschnittlich ausgegebenen Summe aller befragten Personen führt auf eine sogenannte **Doppelsumme**:

$$\frac{1}{200} \sum_{i=1}^{4} \left(\sum_{j=1}^{50} x_{ij} \right).$$

Eine Unternehmung stellt m Produkte her und erzielt dabei die Umsätze u_{ij}, $i \in \{1, \ldots, m\}$, $j \in \{1, \ldots, n\}$, wobei u_{ij} den Umsatz von Produkt i im Monat j bezeichnet.

Produkt \ Monat	1	2	...	j	...	n	Gesamtumsatz je Produkt
1	u_{11}	u_{12}	...	u_{1j}	...	u_{1n}	$\sum_{j=1}^{n} u_{1j}$
2	u_{21}	u_{22}	...	u_{2j}	...	u_{2n}	$\sum_{j=1}^{n} u_{2j}$
⋮	⋮	⋮		⋮		⋮	⋮
i	u_{i1}	u_{i2}	...	u_{ij}	...	u_{in}	$\sum_{j=1}^{n} u_{ij}$
⋮	⋮	⋮		⋮		⋮	⋮
m	u_{m1}	u_{m2}	...	u_{mj}	...	u_{mn}	$\sum_{j=1}^{n} u_{mj}$
monatlicher Gesamtumsatz	$\sum_{i=1}^{m} u_{i1}$	$\sum_{i=1}^{m} u_{i2}$	...	$\sum_{i=1}^{m} u_{ij}$	...	$\sum_{i=1}^{m} u_{in}$	$\sum_{i=1}^{m}\sum_{j=1}^{n} u_{ij} = \sum_{j=1}^{n}\sum_{i=1}^{m} u_{ij}$ Gesamtumsatz

Wie in diesem Beispiel offensichtlich, ist die Summationsreihenfolge bei endlichen Summen vertauschbar. Es spielt keine Rolle, ob bei der Ermittlung des Gesamtumsatzes zunächst alle Monatsumsätze und dann der Gesamtumsatz durch Summierung aller Monatsumsätze berechnet werden, oder ob erst die Gesamtumsätze für alle Produkte und dann die Summe über die verschiedenen Produkte gebildet werden.

Produktzeichen

Analog zum Summenzeichen wird für das Produkt von reellen Zahlen eine abkürzende Schreibweise verwendet.

Bezeichnung
Seien $a_1, a_2, \ldots, a_n$ reelle Zahlen. Für $k, n \in \mathbb{N}$, $k < n$, wird das **Produktzeichen** definiert durch:
$$a_k \cdot \ldots \cdot a_n = \prod_{j=k}^{n} a_j.$$
Dieser Ausdruck wird gelesen als „Produkt der a_j von j gleich k bis n". Weiterhin ist $\prod_{j=k}^{k} a_j = a_k$.

Ist die obere Grenze n kleiner als die untere Grenze $(n < k)$, so wird vereinbart: $\prod_{i=k}^{n} a_i = 1$.

Zwei Beispiele zur Anwendung des Produktzeichens sind gegeben durch:
$$1 \cdot 3 \cdot 5 \cdot 7 \cdot 9 = \prod_{i=0}^{4} (2i + 1);$$

$1 \cdot 2 \cdot 3 \cdot 4 \cdot \ldots \cdot n = \prod_{i=1}^{n} i = n!$ $(n \in \mathbb{N})$. Dieses spezielle Produkt wird auch als **Fakultät** von n oder „n Fakultät" bezeichnet. Da das Produkt $\prod_{i=1}^{0} a_i$ als 1 definiert wird, wird für die Fakultät von 0 vereinbart: $0! = 1$.

Die folgenden Rechenregeln vereinfachen die Handhabung des Produktzeichens:

Seien $k, n \in \mathbb{N}$, $k \leq n$, $c \in \mathbb{R}$ und $a_i, b_i \in \mathbb{R}$, $i \in \{1, \ldots, n\}$. Dann gilt:

- $\prod_{i=k}^{n} c = c^{n-k+1}$.

- $\prod_{i=k}^{n} (ca_i) = c^{n-k+1} \prod_{i=k}^{n} a_i$.

- $\prod_{i=k}^{n} (a_i b_i) = \left(\prod_{i=k}^{n} a_i \right) \left(\prod_{i=k}^{n} b_i \right)$.

Vollständige Induktion

Die vollständige Induktion ist ein Beweisprinzip, das zum Nachweis von Aussagen verwendet werden kann, die sich durch einen Parameter aus einer Indexmenge $I \subseteq \mathbb{N}_0$ unterscheiden. Dabei kann $I = \mathbb{N}_0$ gelten, oder I die Menge der natürlichen Zahlen sein $(I = \mathbb{N})$, oder I auch eine echte Teilmenge der natürlichen Zahlen sein: $I \subsetneq \mathbb{N}$.

Mittels vollständiger Induktion kann etwa die Aussage bewiesen werden, dass für alle $n \in \mathbb{N}$ die folgende Aussage gilt:

$$\sum_{i=1}^{n} i = \frac{n(n+1)}{2}.$$

Allgemein kann mittels vollständiger Induktion die Gültigkeit einer Aussage $\mathcal{A}(n)$ für alle $n \in \mathbb{N}$ mit $n \geq k$ $(k \in \mathbb{N})$ gezeigt werden. Der grundsätzliche Ablauf eines Induktionsbeweises erfolgt in drei Schritten.

Das Prinzip der **vollständigen Induktion** umfasst drei Schritte:

- **Induktionsanfang**: Die Aussage $\mathcal{A}(k)$ wird für ein $k \in \mathbb{N}$ bewiesen.

- **Induktionsvoraussetzung**: Es gelte $\mathcal{A}(n)$ für ein $n \in \mathbb{N}$ mit $n \geq k$.

- **Induktionsschluss** $(n \longrightarrow n+1)$: Es wird gezeigt, dass die Aussage $\mathcal{A}(n)$ die Aussage $\mathcal{A}(n+1)$ impliziert.

Sind die Aussage $\mathcal{A}(k)$ (Induktionsanfang) und die Implikation $\mathcal{A}(n) \Longrightarrow \mathcal{A}(n+1)$ für jedes $n \in \mathbb{N}$ mit $n \geq k$ (Induktionsschluss) wahr, so folgt:

$$\forall n \geq k: \quad \mathcal{A}(n),$$

d. h. die Aussage $\mathcal{A}(n)$ gilt für jedes $n \geq k$.

Es soll nachgewiesen werden, dass folgende Identität richtig ist:

$$\forall n \in \mathbb{N}: \mathcal{A}(n), \quad \text{wobei } \mathcal{A}(n): \sum_{i=1}^{n} i = \frac{n(n+1)}{2}.$$

- Induktionsanfang: Für $n = 1$ gilt $\sum_{i=1}^{1} i = 1 = \frac{1 \cdot (1+1)}{2}$, so dass $\mathcal{A}(1)$ wahr ist.

- Induktionsvoraussetzung: Gelte $\sum_{i=1}^{n} i = \frac{n(n+1)}{2}$ für ein $n \in \mathbb{N}$.

- Induktionsschluss $(n \longrightarrow n+1)$:

$$\sum_{i=1}^{n+1} i = \sum_{i=1}^{n} i + (n+1) \overset{\text{I.V.}}{=} \frac{n(n+1)}{2} + (n+1)$$

B

$$= \frac{n(n+1) + 2(n+1)}{2} = \frac{(n+1)(n+2)}{2} = \frac{(n+1)((n+1)+1)}{2}.$$

Dabei wird I.V. als Abkürzung für die Anwendung der Induktionsvoraussetzung auf die Summe $\sum_{i=1}^{n} i$ verwendet. Damit ist $\mathcal{A}(n+1)$ wahr.

Mit dem Prinzip der vollständigen Induktion ist die Gültigkeit der Summenformel somit für jede natürliche Zahl bewiesen.

Ein „Nachweis ohne Worte" der obigen Formel gelingt über eine geometrische Veranschaulichung. Man bedeckt mit n Rechtecken (mit den Seitenlängen 1 und i, $i \in \{1, \dots, n\}$) ein Rechteck mit den Seitenlängen $\frac{n}{2}$ und $n+1$ (und der Fläche $\frac{n}{2}(n+1)$) bzw. mit $\frac{n+1}{2}$ und n, je nachdem ob n gerade oder ungerade ist. Für gerades $n \in \mathbb{N}$ führt dies zu folgender Graphik.

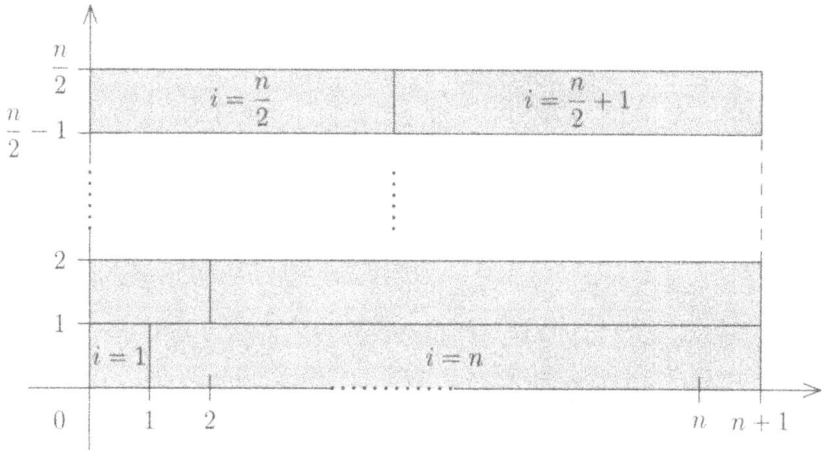

Es gilt also $\sum_{i=1}^{n} i \cdot 1 = (n+1) \cdot \frac{n}{2}$.

B Das zweite Beispiel ist eine Identität für das Produkt der Zahlen $1 - \frac{1}{2^2} = \frac{3}{4}$, $1 - \frac{1}{3^2} = \frac{8}{9}, \dots, 1 - \frac{1}{n^2}$, $n \in \mathbb{N}$:

$$\forall n \in \mathbb{N}, n \geq 2 : \quad \prod_{j=2}^{n} \left(1 - \frac{1}{j^2}\right) = \frac{n+1}{2n}.$$

Mit $\mathcal{A}(n)$ sei die Gleichung für $n \in \mathbb{N}$ bezeichnet.

- Induktionsanfang ($n = 2$):

$$\prod_{j=2}^{2} \left(1 - \frac{1}{j^2}\right) = 1 - \frac{1}{4} = \frac{3}{4} = \frac{2+1}{2 \cdot 2}.$$

- Induktionsvoraussetzung: Die Aussage $\mathcal{A}(n)$ gelte für ein $n \geq 2$.
- Induktionsschluss ($n \longrightarrow n+1$):

$$\prod_{j=2}^{n+1}\left(1-\frac{1}{j^2}\right) = \left[\prod_{j=2}^{n}\left(1-\frac{1}{j^2}\right)\right]\cdot\left(1-\frac{1}{(n+1)^2}\right)$$

$$\overset{\text{I.V.}}{=} \frac{n+1}{2n}\left(1-\frac{1}{(n+1)^2}\right)$$

$$= \frac{n+1}{2n} - \frac{1}{2n(n+1)} = \frac{(n+1)^2-1}{2n(n+1)}$$

$$= \frac{n^2+2n+1-1}{2n(n+1)} = \frac{n+2}{2(n+1)} = \frac{(n+1)+1}{2(n+1)}$$

Also gilt $\mathcal{A}(n+1)$.

Damit gilt die Gleichung für alle $n \in \mathbb{N}$, $n \geq 2$.

Der **Binomische Lehrsatz**

$$\forall\, a,b \in \mathbb{R},\ n \in \mathbb{N}_0 : (a+b)^n = \sum_{k=0}^{n}\binom{n}{k}a^{n-k}b^k,$$

der eine Verallgemeinerung der ersten und zweiten binomischen Formel ist, kann ebenfalls mit vollständiger Induktion bewiesen werden.

Die in der obigen Formel verwendeten **Binomialkoeffizienten** $\binom{n}{k}$ („n über k") sind definiert durch

$$\binom{n}{k} = \frac{n!}{k!(n-k)!}, \quad n,k \in \mathbb{N}_0, k \leq n.$$

Wegen $0! = 1$ folgt daraus z.B. $\binom{n}{0} = \binom{n}{n} = 1$ für $n \in \mathbb{N}$.

Die Binomialkoeffizienten haben einige schöne Eigenschaften, insbesondere gilt die **Regel von Pascal**:

$$\binom{n}{k} + \binom{n}{k-1} = \binom{n+1}{k}, \quad n,k \in \mathbb{N}, 1 \leq k \leq n.$$

Der Nachweis der Gültigkeit dieser Beziehung erfolgt unter Benutzung der Eigenschaft $r! = r\cdot(r-1)!$, $r \in \mathbb{N}$. Wendet man diese speziell für $r = n+1$ und $r = n-k+1$ an, so erhält man folgende Gleichungen:

$$\binom{n}{k} + \binom{n}{k-1} = \frac{n!}{k!(n-k)!} + \frac{n!}{(k-1)!(n-k+1)!}$$

$$= \frac{1}{n+1}\left((n+1-k)\cdot\frac{(n+1)!}{k!(n-k+1)!} + k\cdot\frac{(n+1)!}{k!(n-k+1)!}\right)$$

$$= \frac{n+1-k+k}{n+1}\binom{n+1}{k} = \binom{n+1}{k}.$$

Beim Beweis des Binomischen Lehrsatzes wird diese Identität im Induktionsschluss verwendet.

- Induktionsanfang ($n = 0$):

$$\sum_{k=0}^{0} \binom{0}{k} a^{0-k} b^k = \binom{0}{0} a^0 b^0 = 1 = (a+b)^0.$$

- Induktionsvoraussetzung: Die Gleichung gelte für ein $n \in \mathbb{N}_0$.
- Induktionsschluss ($n \longrightarrow n+1$):

$$(a+b)^{n+1} = (a+b)^n (a+b)$$

$$\stackrel{\text{I.V.}}{=} \left(\sum_{k=0}^{n} \binom{n}{k} a^{n-k} b^k \right) (a+b)$$

$$= a \left(\sum_{k=0}^{n} \binom{n}{k} a^{n-k} b^k \right) + b \left(\sum_{k=0}^{n} \binom{n}{k} a^{n-k} b^k \right)$$

$$= \sum_{k=0}^{n} \binom{n}{k} a^{n+1-k} b^k + \sum_{k=0}^{n} \binom{n}{k} a^{n-k} b^{k+1}$$

$$= \sum_{k=0}^{n} \binom{n}{k} a^{n+1-k} b^k + \sum_{k=1}^{n+1} \binom{n}{k-1} a^{n-(k-1)} b^k$$

$$= \sum_{k=0}^{n} \binom{n}{k} a^{n+1-k} b^k + \sum_{k=1}^{n+1} \binom{n}{k-1} a^{n+1-k} b^k$$

$$= \binom{n}{0} a^{n+1} b^0 + \sum_{k=1}^{n} \binom{n}{k} a^{n+1-k} b^k + \sum_{k=1}^{n} \binom{n}{k-1} a^{n+1-k} b^k + \binom{n}{n} a^0 b^{n+1}$$

$$= \binom{n+1}{0} a^{n+1} + \sum_{k=1}^{n} \left(\binom{n}{k} + \binom{n}{k-1} \right) a^{n+1-k} b^k + \binom{n+1}{n+1} b^{n+1}$$

$$= \binom{n+1}{0} a^{n+1} b^0 + \sum_{k=1}^{n} \binom{n+1}{k} a^{n+1-k} b^k + \binom{n+1}{n+1} a^0 b^{n+1}$$

$$= \sum_{k=0}^{n+1} \binom{n+1}{k} a^{n+1-k} b^k$$

Damit gilt die Gleichheit für alle $n \in \mathbb{N}_0$.

In der Wahrscheinlichkeitsrechnung und Statistik wird über den Binomischen Lehrsatz durch die Setzung $b = p$ und $a = 1 - p$ mit $p \in (0,1)$ eine diskrete Wahrscheinlichkeitsverteilung definiert, die Binomialverteilung (mit den Parametern n und p) genannt wird.

Aufgaben

Aufgabe 1.1
$\mathcal{A}$ und $\mathcal{B}$ seien Aussagen. Beweisen Sie folgende Behauptung mit Hilfe einer Wahrheitstafel:

$$\overline{(\mathcal{A} \wedge \mathcal{B})} \wedge \mathcal{A} \Longleftrightarrow \overline{\mathcal{B}} \wedge \mathcal{A}.$$

Aufgabe 1.2
(a) Bestimmen Sie jeweils den Definitionsbereich D und die Lösungsmenge $\mathbb{L}$ der Gleichung in der Variablen $x \in \mathbb{R}$:

   (i) $x^4 - x^2 - 2 = 0$ (ii) $\sqrt{x-3} = 1 + \sqrt{3x-1}$

   (iii) $\frac{1}{3}\log x^8 + 2\log \sqrt[3]{x} + \log x^{-4/3} = 2(\log 2 + \log 4)$

(b) Geben Sie die Lösungsmenge $\mathbb{L}$ der Ungleichung $|x-2| + 3 \le 2|2x-2| - 2$ in der Variablen $x \in \mathbb{R}$ an.

Aufgabe 1.3
(a) Bestimmen Sie jeweils den Definitionsbereich D und die Lösungsmenge $\mathbb{L}$ der Gleichung in der Variablen $x \in \mathbb{R}$:

   (i) $x^3 + 5x^2 - x = 5x$ (ii) $\sqrt{4x-7} - \sqrt{2x} = 1$

   (iii) $2\log x^4 + 12\log \sqrt[4]{x} + 4\log x = 15$

(b) Geben Sie die Lösungsmenge der Ungleichung $\frac{|x-1|}{x+1} \ge 5$ für $x \in \mathbb{R} \setminus \{-1\}$ an.

Aufgabe 1.4
Bestimmen Sie die Lösungsmenge der Ungleichung $\frac{-6}{3x+6} \le |x-1| + x$.

Aufgabe 1.5
(a) Lösen Sie die folgenden Gleichungen nach der Variablen $x \in \mathbb{R}$ auf:

   (i) $\ln(x+4) = \frac{1}{3}(\ln x^3) + 2\ln 3$, $x > 0$

   (ii) $\log_a(\frac{1}{7}) = -\log_a(x^2 - 114)$, $|x| > \sqrt{114}$, $a > 1$

   (iii) $\log_a x^2 - \log_a(c^2 - 4) + \log_a(\frac{c-2}{x^3}) = 0$, $x > 0$, $a > 1$, $c > 2$

(b) Bestimmen Sie die Lösungsmenge der Ungleichung $|x^2 - 9| \le |x-3|$ in $x \in \mathbb{R}$.

Weitere Aufgaben

Aufgabe (Lösung s. AL 3.1)
Gegeben sei die Menge $A = \{x \in \mathbb{R} | 1 < x < 10\}$, d.h. die Menge aller Zahlen aus $\mathbb{R}$ mit der Eigenschaft, dass $1 < x < 10$ gilt. Prüfen Sie, welche der folgenden Mengen in der Menge A als Teilmenge enthalten sind:

$B = \{x \in \mathbb{R} | 1 < x \le 10\}$, $C = \{x \in \mathbb{R} | x^2 = 4\}$, $D = \{x \in \mathbb{R} | x^2 - 5x + 6 = 0\}$,

$E = \{x \in \mathbb{N} | 1 < x < 11 \text{ und } x \text{ ist eine Primzahl}\}$, $F = \{x \in \mathbb{N} | x \text{ ist Teiler von 18}\}$.

Bestimmen Sie weiterhin folgende Mengen:

$$E \cap F, \quad (E \cap F) \cup (C \cap D), \quad E \backslash (C \cap F), \quad (E \backslash D) \cap (F \cup C).$$

Aufgabe (Lösung s. AL 3.8)

Stellen Sie die durch die folgenden (Systeme von) Gleichungen bzw. Ungleichungen definierten Teilmengen des $\mathbb{R}^2$ graphisch dar:

a) $3x + y = 3$ b) $x = 5$

c) $\frac{1}{x} - \frac{2}{x} = c \quad (c \neq 0, x \neq 0)$ d) $\frac{2}{y-1} + \frac{3}{5y-5} = \frac{4}{y+0.1} \quad (y \neq 1, y \neq -0.1)$

e) $(x - 2)^2 > x^2 + y$ f) $2y \leq 2x + 16$

g) $x \geq -1, y < 2$ h) $x + 2y \geq 10, x - y \geq 2$

Aufgabe (Lösung s. AL 3.13)

Bei einem Schmelzvorgang werden drei Zusatzstoffe Z_1, Z_2 und Z_3 in der jeweiligen Mindestmenge von 1.2 kg Z_1, 0.6 kg Z_2 und 1.6 kg Z_3 benötigt. Die Zusatzstoffe werden in gemischter Form als Rohstoff A bzw. Rohstoff B eingekauft. Jede Mengeneinheit von Rohstoff A enthält 0.1 kg Z_1, 0.3 kg Z_2 und 0.2 kg Z_3. In jeder Mengeneinheit von Rohstoff B sind 0.6 kg Z_1, 0.05 kg Z_2 und 0.4 kg Z_3 enthalten. Der Rest jeder Rohstoffsorte besteht aus Stoffen, die als Schlacke ausfallen. Die beiden Rohstoffe A und B sollen nun für einen Schmelzvorgang so gemischt werden, dass die obigen Mindestmengen an Zusatzstoffen vorhanden sind. Beschreiben Sie die zulässigen Mengen durch ein System von Ungleichungen, und stellen Sie die zugehörige Erfüllungsmenge graphisch dar.

Aufgabe (Lösung s. AL 5.2)

Lösen Sie folgende Gleichungen nach x auf ($\ln x = \log_e x$):

a) $a (2^x - b) = \sqrt{4^x}, \quad a > 1, b > 0,$ b) $\ln(x + a) = \ln x + \ln 2, \quad x > 0, a > 0,$

c) $y (10^x - a) = b, \quad y > 0, a, b > 0,$ d) $\ln(x + 3) = \frac{1}{2} \ln(4x^2) + 2 \ln 2, \quad x > 0,$

e) $2^{3x} = 2 \cdot e^{x \cdot \ln 2}.$

Aufgabe (Lösung s. AL 5.3)

Lösen Sie die folgenden Gleichungen nach y auf ($\log x = \log_{10} x$):

a) $\sqrt{e^{\ln y}} + \sqrt{xy} - \ln 2^x = 0, \, x, y > 0,$

b) $\frac{1}{2} \log(y + 4) + \log \frac{e^3}{4} = e^{\log 3} + \frac{1}{2} \log(y + 1), \, y > -1,$

c) $x = \dfrac{10^y - 10^{-y}}{10^y + 10^{-y}}, \, -1 < x < 1.$

Aufgabe (Lösung s. AL 5.5)

Lösen Sie die folgenden Gleichungen nach x auf:

a) $\log_a(x+4) + 2\log_a\left(\frac{a^2}{4}\right) = 2a^{\log_a 2} + \log_a(x+1)$, $x > -1, a > 1$,

b) $\log_a x - \log_a(b^2 - 1) + \log_a\left(\frac{b-1}{x^2}\right) = 0$, $x > 0, a > 1, b > 1$,

c) $\log_a 6 = \frac{1}{2}\log_a 9 - \log_a(x-1)$, $x > 1, a > 1$.

Aufgabe (Lösung s. AL 1.1)

Für reelle Zahlen $a_1,\ldots,a_n$ werden das Symbol $\sum_{i=1}^{n} a_i$ als Abkürzung für die Summe

$a_1 + \cdots + a_n$ und das Symbol $\prod_{i=1}^{n} a_i$ als Abkürzung für das Produkt $a_1 \cdot \ldots \cdot a_n$ verwendet.

a) Begründen Sie die Gültigkeit der folgenden Rechenregeln (für Zahlen $a_1,\ldots,a_n,b_1,\ldots,b_n,c \in \mathbb{R}$):

i) $\sum_{i=1}^{n}(a_i + b_i) = \sum_{i=1}^{n} a_i + \sum_{i=1}^{n} b_i$, $\sum_{i=1}^{n}(a_i + c) = nc + \sum_{i=1}^{n} a_i$, $\sum_{i=1}^{n} ca_i = c\sum_{i=1}^{n} a_i$,

ii) $\prod_{i=1}^{n}(a_i \cdot b_i) = \left(\prod_{i=1}^{n} a_i\right)\left(\prod_{i=1}^{n} b_i\right)$, $\prod_{i=1}^{n}(c \cdot a_i) = c^n \prod_{i=1}^{n} a_i$.

b) Geben Sie Gegenbeispiele zu den folgenden Aussagen an:

i) $\sum_{i=1}^{n}(a_i \cdot b_i) = \left(\sum_{i=1}^{n} a_i\right) \cdot \left(\sum_{i=1}^{n} b_i\right)$,

ii) $\prod_{i=1}^{n}(a_i + b_i) = \left(\prod_{i=1}^{n} a_i\right) + \left(\prod_{i=1}^{n} b_i\right)$.

Aufgabe (Lösung s. AL 1.4)

Berechnen Sie für die Zahlen

i	1	2	3	4	5	6
x_i	1	0	6	2	2	3
y_i	2	5	1	7	2	9

a) $\sum_{i=1}^{6} x_i$ \qquad b) $\sum_{i=1}^{6}(x_i + y_i)$ \quad c) $\sum_{i=1}^{6} x_i y_i$

d) $\left(\sum_{i=1}^{6} x_i\right)\left(\sum_{i=1}^{6} y_i\right)$ \quad e) $\sum_{i=1}^{6} x_i(y_i - 1)$ \quad f) $\left(\sum_{i=1}^{6}(x_i + 1)\right)\left(\sum_{i=1}^{6}(y_i - 1)\right)$

Aufgabe (Lösung s. AL 1.8)

Seien $n \in \mathbb{N}$ und $x_1,\ldots,x_n$ reelle Zahlen. Dann heißen $\bar{x} = \frac{1}{n}\sum_{i=1}^{n} x_i$ das arithmetische

Mittel und $s_x^2 = \frac{1}{n}\sum_{i=1}^{n}(x_i - \bar{x})^2$ die empirische Varianz der Zahlen $x_1,\ldots,x_n$.

a) Zeigen Sie:

i) Für $a, b \in \mathbb{R}$ und $y_i = a + bx_i, 1 \leq i \leq n$, gelten

$$\bar{y} = \frac{1}{n} \sum_{i=1}^{n} y_i = a + b\bar{x} \quad \text{und} \quad s_y^2 = \frac{1}{n} \sum_{i=1}^{n} (y_i - \bar{y})^2 = b^2 s_x^2.$$

ii) $s_x^2 = \left(\frac{1}{n} \sum_{i=1}^{n} x_i^2 \right) - \left(\frac{1}{n} \sum_{i=1}^{n} x_i \right)^2.$

b) Die Bearbeitungszeiten eines Zulieferers (jeweils Zeit zwischen Auftragseingang und Lieferung) werden bei den letzten 15 Bestellungen notiert (in Tagen):

5, 3.5, 7.5, 6, 5, 9, 8.5, 4.5, 4, 7.5, 7, 6, 4.5, 5, 7.

Bestimmen Sie das arithmetische Mittel und die empirische Varianz dieser Daten.

Aufgabe (Lösung s. AL 1.10)

Die Warenhausketten A und B betreiben in 10 verschiedenen Städten je eine Filiale. Die Umsätze $x_1, \ldots, x_{10}$ der Filialen von A betrugen im Jahr 2000 (in Mio. €) 5, 8, 11, 7, 4, 2, 15, 6, 10, 2, und als Umsätze $y_1, \ldots, y_{10}$ (in Mio. €) der Filialen von B wurden 2000 in denselben 10 Städten ausgewiesen 2, 3, 7, 5, 3, 3, 10, 7, 9, 1.

(a) Ermitteln Sie die Mittelwerte $\bar{x}$, $\bar{y}$ der Umsätze $x_1, \ldots, x_{10}$ bzw. $y_1, \ldots, y_{10}$ der Warenhausketten A und B in den 10 Städten sowie die zugehörigen empirischen Varianzen s_x^2 und s_y^2.

(b) Bestimmen Sie (als Maß für den linearen Zusammenhang der entsprechenden Umsätze die sogenannte empirische Kovarianz)

$$s_{xy}^2 = \frac{1}{10} \sum_{i=1}^{10} (x_i - \bar{x})(y_i - \bar{y})$$

und (den Korrelationskoeffizienten)

$$r_{xy} = \frac{s_{xy}^2}{\sqrt{s_x^2} \sqrt{s_y^2}}$$

für die Jahresumsätze $x_1, \ldots, x_{10}$ und $y_1, \ldots, y_{10}$.

Aufgabe (Lösung s. AL 2.1)

Zeigen Sie mittels vollständiger Induktion über $n \in \mathbb{N}$:

- $\forall n \in \mathbb{N} : \sum_{i=1}^{n} i^2 = \dfrac{n(n+1)(2n+1)}{6}$,

- $\forall n \in \mathbb{N} : \sum_{i=1}^{n} i^3 = \dfrac{n^2(n+1)^2}{4}$,

- $\forall n \in \mathbb{N} : \sum_{i=1}^{n} a^{i-1} = \dfrac{a^n - 1}{a - 1}$ für ein beliebiges $a \in \mathbb{R}, a \neq 1$ (geometrische Reihe).

2 Folgen und Reihen

Folgen

Eine Folge $a_1, a_2, a_3, \ldots$ ist eine durchnummerierte Zusammenfassung von reellen Zahlen. Jedes a_i, $i = 1, 2, 3, \ldots$, steht als Variable für eine reelle Zahl. Die Stelle, an der eine Zahl in der Folge auftritt, wird durch den Index i markiert.

B

- Bei einem Anfangskapital K_0, dem Zinsfuß p und dem Zinssatz $i = p\%$ pro Jahr entsteht nach Ablauf von n Jahren bei Verzinsung der jährlich anfallenden Zinsen das Kapital

$$K_n = K_0(1+i)^n, \quad n \in \mathbb{N}.$$

Die geordnete Abfolge der Kapitalbeträge bildet also eine Folge $K_0, K_1, K_2, \ldots$ mit dem obigen Bildungsgesetz und der Eigenschaft $K_{n+1} = K_n(1+i)$, $n \in \mathbb{N}_0$.

- **Fibonacci-Zahlen**:

Die Folge $a_1, a_2, a_3, \ldots$ sei durch

$$a_n = a_{n-1} + a_{n-2}, \quad n \in \mathbb{N}, n \geq 3, \qquad a_1 = a_2 = 1,$$

gegeben, so dass sich jedes Folgenglied aus den beiden vorherigen berechnen lässt. Aus dieser Vorschrift ergeben sich die ersten acht Folgenglieder zu $1, 1, 2, 3, 5, 8, 13, 21$. Eine Darstellung für ein beliebiges $n \in \mathbb{N}$ ist gegeben durch

$$a_n = \tfrac{1}{\sqrt{5}} \left(\left(\tfrac{1+\sqrt{5}}{2} \right)^n - \left(\tfrac{1-\sqrt{5}}{2} \right)^n \right).$$

Diese explizite Darstellung der Anzahlen a_n ermöglicht eine einfache Berechnung und ergibt immer eine natürliche Zahl, z.B. $a_{12} = 144$, $a_{24} = 46\,368$ und $a_{36} = 14\,930\,352$.

Leonardo von Pisa (1170-1240), genannt Fibonacci, betrachtete diese Folge zur Beschreibung des Wachstumsverhaltens einer Kaninchenpopulation.

Die Beschreibung einer Zahlenfolge mittels ihrer Vorgänger und einiger Anfangsbedingungen heißt auch **rekursiv**. Für die Folge der Fibonacci-Zahlen ist also zunächst eine rekursive Definition $a_n = a_{n-1} + a_{n-2}$, $n \in \mathbb{N}$, $n \geq 3$, mit den Anfangsbedingungen $a_1 = a_2 = 1$ angegeben. Demgegenüber steht eine **explizite** Festlegung, in der ein Ausdruck zur Beschreibung der Folgenglieder verwendet wird.

Bezeichnung

Sei $I = \{k, k+1, k+2, \dots\}$ für ein $k \in \mathbb{N}_0$ eine Indexmenge. Eine **Folge** ist eine Zuordnung, die jedem $i \in I$ eine reelle Zahl $a(i)$ zuweist:

$$a(k), a(k+1), a(k+2), \dots$$

Als Schreibweisen werden verwendet: $a_k, a_{k+1}, \dots, (a_i)_{i \in I}, (a_i)_i$.
Jedes $a_j, j \in I$, heißt **Folgenglied** der Folge $(a_i)_{i \in I}$. $(a_i)_{i \in I}$ heißt **unendliche Folge**, falls $|I| = \infty$. Ansonsten wird $(a_i)_{i \in I}$ als **endliche Folge** bezeichnet.

Ist die Indexmenge einer Folge $\mathbb{N}$ oder $\mathbb{N}_0$, und ist aus dem Kontext heraus eindeutig, welcher Indexbereich gemeint ist, so wird die Indexmenge in der Notation häufig weggelassen, d. h. es werden z.B. die Schreibweisen $(a_n)_n$, $(b_n)_n$, $(s_n)_n$ verwendet.

B

Durch die folgenden Definitionen werden Folgen $(a_n)_{n \in \mathbb{N}}$ festgelegt (jeweils für $n \in \mathbb{N}$):

$$a_n = K_0(1+i)^n, \quad a_n = \sum_{i=0}^{n} p^i \quad (p > 0),$$

$$a_n = 2^n, \quad a_n = \frac{1}{n}, \quad a_n = (-1)^{n+1}, \quad a_n = (-1)^{n+1}\frac{1}{n}.$$

Bezeichnung

Eine Folge $(a_n)_{n \in \mathbb{N}_0}$, $a_n \neq 0$ für alle $n \in \mathbb{N}_0$, heißt **geometrisch**, wenn der Quotient aufeinanderfolgender Glieder konstant ist, d. h. falls es eine reelle Zahl q gibt, so dass für alle $n \in \mathbb{N}_0$ gilt:
$$\frac{a_{n+1}}{a_n} = q.$$

B

Beispiele geometrischer Folgen sind:

$(a_n)_{n \in \mathbb{N}_0}$ mit $a_n = 2^n$: $\frac{a_{n+1}}{a_n} = \frac{2^{n+1}}{2^n} = 2$ für alle $n \in \mathbb{N}_0$;

$(a_n)_{n \in \mathbb{N}_0}$ mit $a_n = K_n \ (= K_0(1+i)^n)$ und $\frac{a_{n+1}}{a_n} = \frac{K_{n+1}}{K_n} = 1+i$ für alle $n \in \mathbb{N}_0$.

Eine geometrische Folge $(a_n)_{n \in \mathbb{N}_0}$ wird somit durch eine rekursive Definition eingeführt:

$$a_{n+1} = q \cdot a_n, \quad a_0 \in \mathbb{R}\backslash\{0\}, q \neq 0.$$

Mittels vollständiger Induktion wird nun nachgewiesen, dass die explizite Darstellung der Folgenglieder durch $a_n = a_0 \cdot q^n$, $n \in \mathbb{N}_0$, gegeben ist.

- Induktionsanfang ($n = 0$): $a_0 = a_0 \cdot 1 = a_0 \cdot q^0$.
- Induktionsvoraussetzung: Die Aussage $\mathcal{A}(n)$: $a_n = a_0 \cdot q^n$ gelte für ein $n \in \mathbb{N}_0$.

- Induktionsschluss ($n \longrightarrow n + 1$):

$$a_{n+1} = q \cdot a_n \overset{I.V.}{=} q \cdot a_0 \cdot q^n = a_0 \cdot q^{n+1}.$$

Damit folgt die Aussage aus dem Prinzip der vollständigen Induktion.

Bemerkung

In den meisten Anwendungen stimmt die Indexmenge I mit $\mathbb{N}_0$ oder $\mathbb{N}$ überein. Ausschlaggebend für das Verhalten von Folgen sind die Folgenglieder. Bei der Einführung von Begriffen zur Beschreibung von Eigenschaften einer Folge ist es daher unerheblich, ob als Indexmenge $\mathbb{N}$ oder $\mathbb{N}_0$ gewählt wird. Sind $I = \{k, k+1, k+2, \dots\}$ für ein $k \in \mathbb{N}_0$ und $(a_i)_{i \in I}$ eine Folge, so erreicht man durch Umnummerierung der Folgenglieder eine Beschreibung derselben Folge mit der Indexmenge $\mathbb{N}_0$. Für $j \in \mathbb{N}_0$ wird

$$b_j = a_{k+j}$$

gesetzt. Damit gilt dann:

$$(b_j)_{j \in \mathbb{N}_0} \cong b_0, b_1, b_2, \dots \cong a_k, a_{k+1}, a_{k+2}, \dots \cong (a_i)_{i \in I}.$$

Seien $I = \{7, 8, 9, \dots\}$ und $(a_i)_{i \in I}$ mit $a_i = 2^i$, $i \in I$. Die ersten Folgenglieder sind somit $2^7, 2^8, 2^9, \dots$. Dieselbe Folge wird beschrieben durch die Folge $(b_j)_{j \in \mathbb{N}_0}$ mit der Bildungsvorschrift $b_j = 2^{7+j}$, $j \in \mathbb{N}_0$.

B

Eigenschaften von Folgen

Bezeichnung

Eine Folge $(a_n)_{n \in \mathbb{N}_0}$ reeller Zahlen heißt

- **konstant**, falls $\forall n \in \mathbb{N}_0: a_n = a_{n+1}$,

- **(streng) monoton wachsend**, falls

$$\forall n \in \mathbb{N}_0 : (a_n < a_{n+1}) \quad a_n \leq a_{n+1}.$$

- **(streng) monoton fallend**, falls

$$\forall n \in \mathbb{N}_0 : (a_n > a_{n+1}) \quad a_n \geq a_{n+1}.$$

- **(streng) monoton**, falls sie entweder (streng) monoton wachsend oder (streng) monoton fallend ist.

- **alternierend**, falls

$$\forall\, n \in \mathbb{N}_0 : a_n \neq a_{n+1} \text{ und } a_n < a_{n+1} \Longleftrightarrow a_{n+1} > a_{n+2}.$$

- **beschränkt**, falls gilt: $\exists\, M > 0 \ \forall\, n \in \mathbb{N}_0$: $|a_n| < M$ (d. h. alle Glieder der Folge liegen im Intervall $(-M, M)$).

$\boxed{B}$ Sei $(a_n)_{n\in\mathbb{N}_0}$ jeweils eine durch folgende Vorschriften festgelegte Folge:

- $a_n = \frac{1}{n+1}$; $(a_n)_{n\in\mathbb{N}_0}$ ist streng monoton fallend und beschränkt,
- $a_n = 2^n$; $(a_n)_{n\in\mathbb{N}_0}$ ist streng monoton wachsend und nicht beschränkt (unbeschränkt),
- $a_n = (-1)^{n+1}$; $(a_n)_{n\in\mathbb{N}_0}$ ist alternierend und beschränkt,
- $a_n = (-1)^n \cdot \frac{1}{n+1}$; $(a_n)_{n\in\mathbb{N}_0}$ ist alternierend und beschränkt.

$\boxed{B}$ Eine geometrische Folge ist

- konstant für $q = 1$: $\forall\, n \in \mathbb{N}_0$: $a_{n+1} = a_n \cdot q = a_n$.
- streng monoton wachsend für $q > 1$, falls $a_n > 0$ für alle $n \in \mathbb{N}_0$:

$$\frac{a_{n+1}}{a_n} = q \quad \Longleftrightarrow \quad a_{n+1} = q \cdot a_n > a_n.$$

- streng monoton fallend für $q \in (0, 1)$, falls $a_n > 0$ für alle $n \in \mathbb{N}_0$:

$$\forall\, n \in \mathbb{N}_0 : \quad a_{n+1} = q \cdot a_n < 1 \cdot a_n = a_n.$$

- alternierend für $q < 0$. Zunächst gilt für alle $n \in \mathbb{N}_0$: $a_{n+1} = q \cdot a_n \neq a_n$. Daraus lassen sich folgende Äquivalenzen gewinnen:

$$a_n < a_{n+1} \quad \overset{q<0}{\Longleftrightarrow} \quad q a_n > q a_{n+1} \quad \Longleftrightarrow \quad a_{n+1} > a_{n+2}.$$

- beschränkt für $q \in [-1, 1]$, denn:

$$|q| \leq 1 \Longrightarrow \quad \forall\, n \in \mathbb{N}_0 : \quad |a_n| = \frac{|a_{n+1}|}{|q|} \geq |a_{n+1}|.$$

Mit der Setzung $M = |a_0| + 1$ gilt dann: $|a_n| < M$ für alle $n \in \mathbb{N}_0$. (Die Beschränktheit folgt direkt aus der Ungleichung $|a_n| = |a_0 q^n| \leq |a_0| \cdot 1 < |a_0| + 1$.)

Zur Beschreibung des Verhaltens einer Folge für gegen Unendlich wachsenden Index werden die Begriffe **Konvergenz** und **Divergenz** eingeführt.

Anschaulich ist klar, dass für wachsendes n die Folgenglieder der Folge $(a_n)_{n\in\mathbb{N}}$ mit

- $a_n = \frac{1}{n}$ gegen 0 streben,

- $a_n = (-1)^n \cdot \frac{1}{n}$ gegen 0 streben,

- $a_n = 2^n$ gegen ∞ streben,

- $a_n = (-1)^n \cdot (1 - \frac{1}{n})$ $\left((a_n)_n = (0, \frac{1}{2}, -\frac{2}{3}, \frac{3}{4}, -\frac{4}{5}, \dots)\right)$ sich nicht $\underline{\text{einer}}$ Zahl nähern.

Zur graphischen Illustration der Konvergenz kann eine Folge $(a_n)_{n\in\mathbb{N}}$ in einem Koordinatensystem durch das Eintragen der Punkte $(n, a_n), n \in \mathbb{N}$, dargestellt werden.

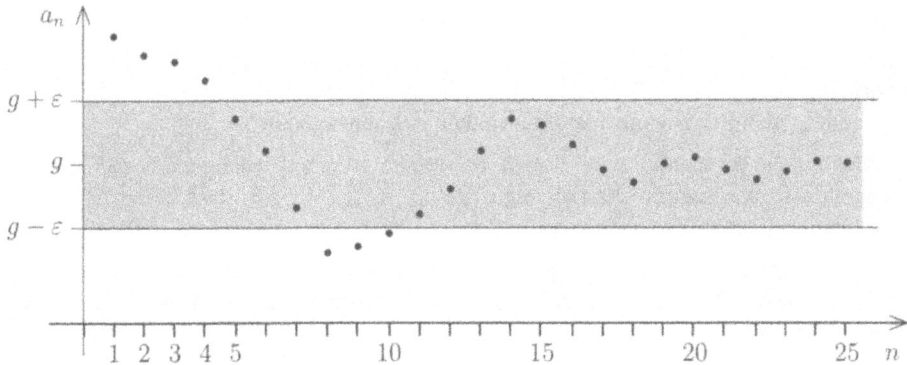

Anschaulich bedeutet Konvergenz der Folge $(a_n)_{n\in\mathbb{N}}$ gegen einen Grenzwert $g \in \mathbb{R}$, dass für jedes (noch so kleine) $\varepsilon > 0$ schließlich (d. h. ab einem $n_0 \in \mathbb{N}$) alle Folgenglieder im ε-**Streifen** um g liegen, d. h.

$$g - \varepsilon \leq a_n \leq g + \varepsilon \quad \forall n \geq n_0.$$

Bezeichnung

Gegeben sei die Folge $(a_n)_{n\in\mathbb{N}}$.

(a) Die Folge $(a_n)_{n\in\mathbb{N}}$ heißt **konvergent** gegen $g \in \mathbb{R}$, falls

$$\forall \varepsilon > 0 \, \exists n_0 = n_0(\varepsilon) \in \mathbb{N} \, \forall n \geq n_0 : |a_n - g| < \varepsilon.$$

Die Zahl g heißt **Grenzwert** (Limes) der Folge $(a_n)_{n\in\mathbb{N}}$.

Schreibweisen: $\lim\limits_{n\to\infty} a_n = g$, $a_n \to g$ für $n \to \infty$ oder $a_n \xrightarrow{n\to\infty} g$.

Eine konvergente Folge mit Grenzwert 0 heißt **Nullfolge**.

(b) Die Folge $(a_n)_{n \in \mathbb{N}}$ heißt **konvergent** gegen ∞ (bzw. $-\infty$), falls

$$\forall\, M > 0 \,\exists\, n_0 = n_0(M) \in \mathbb{N}\ \forall\, n \geq n_0 : a_n > M \quad (a_n < -M).$$

Schreibweisen: $\lim\limits_{n \to \infty} a_n = \infty\ (-\infty)$, $a_n \to \infty\ (-\infty)$ für $n \to \infty$ oder $a_n \stackrel{n \to \infty}{\longrightarrow} \infty$ $(-\infty)$.

(c) Ist eine Folge nicht konvergent im Sinne von (a) oder (b), so heißt sie **divergent**.

Bemerkung

Die Grenzwertdefinition kann folgendermaßen gelesen werden:

Für jedes (noch so kleine) $\varepsilon > 0$ gibt es (stets) eine natürliche Zahl n_0 (die von ε abhängen darf), so dass für alle Folgenglieder $a_{n_0}, a_{n_0+1}, \ldots$ gilt, dass deren Abstand zur Zahl g kleiner als ε ist.

- Die Notation $n_0 = n_0(\varepsilon)$ in obiger Definition deutet an, dass n_0 von dem betrachteten ε abhängen darf, d. h. dass für verschiedene ε's (möglicherweise) verschiedene n_0's gewählt werden müssen.

- Zur Unterscheidung der Konvergenz gegen eine reelle Zahl g und der Konvergenz gegen ∞ oder $-\infty$ wird die Konvergenz gegen $g \in \mathbb{R}$ auch als **endliche Konvergenz** bezeichnet.

- Konvergenz gegen ∞ oder $-\infty$ wird auch **bestimmte Divergenz** genannt.

Um die Konvergenz einer Folge mit Hilfe der Definition nachzuweisen, muss man den Grenzwert der Folge schon vorher kennen.

B

- Die Folge $(a_n)_{n \in \mathbb{N}}$ mit $a_n = 1 - \frac{1}{n}$, $n \in \mathbb{N}$, konvergiert gegen (den Grenzwert) $g = 1$, denn für ein beliebiges $\varepsilon > 0$ gilt:

$$|a_n - g| = \left|1 - \frac{1}{n} - 1\right| = \left|-\frac{1}{n}\right| = \frac{1}{n} < \varepsilon \quad \forall\, n > \frac{1}{\varepsilon}.$$

(n_0 kann als kleinste natürliche Zahl gewählt werden, die größer als $\frac{1}{\varepsilon}$ ist.)

- Die Folge $(a_n)_{n \in \mathbb{N}}$ mit $a_n = (-1)^n \cdot \frac{1}{n^2}$, $n \in \mathbb{N}$, konvergiert gegen den Grenzwert $g = 0$, denn für ein beliebiges $\varepsilon > 0$ gilt:

$$|a_n - g| = \left|(-1)^n \cdot \frac{1}{n^2}\right| = \left|\frac{1}{n^2}\right| = \frac{1}{n^2} < \varepsilon \text{ für alle } n > \frac{1}{\sqrt{\varepsilon}}.$$

(n_0 kann als kleinste natürliche Zahl gewählt werden, die größer als $\frac{1}{\sqrt{\varepsilon}}$ ist.)

- Die Folge $(a_n)_{n \in \mathbb{N}}$ mit $a_n = \frac{1}{n^\alpha}$, $n \in \mathbb{N}$, ist für jedes $\alpha > 0$ eine Nullfolge.

Die folgenden Aussagen sind nützlich im Umgang mit Folgen.

> - Ist die Folge $(a_n)_{n\in\mathbb{N}}$ beschränkt und monoton, so ist sie endlich konvergent.
>
> - Jede endlich konvergente Folge ist beschränkt.

Die Folge $(a_n)_{n\in\mathbb{N}}$ mit $a_n = \left(1 + \frac{1}{n}\right)^n$ ist streng monoton wachsend und beschränkt. Sie ist somit endlich konvergent. Der Grenzwert ist gerade die Eulersche Zahl e.

B

Am Ende des Abschnitts über Folgen wird ein allgemeineres Ergebnis angegeben.

Als „Grundrechenarten" für Folgen werden folgende Regeln eingeführt.

> Seien $(a_n)_{n\in\mathbb{N}}, (b_n)_{n\in\mathbb{N}}$ Folgen. Dann gilt:
>
> - $(a_n + b_n)_{n\in\mathbb{N}}$ hat die Glieder $a_1 + b_1, a_2 + b_2, \ldots$
>
> - $(a_n - b_n)_{n\in\mathbb{N}}$ hat die Glieder $a_1 - b_1, a_2 - b_2, \ldots$
>
> - $(a_n b_n)_{n\in\mathbb{N}}$ hat die Glieder $a_1 b_1, a_2 b_2, \ldots$
>
> - $\left(\frac{a_n}{b_n}\right)_{n\in\mathbb{N}}$ hat die Glieder $\frac{a_1}{b_1}, \frac{a_2}{b_2}, \ldots$, falls $b_n \neq 0$ für alle $n \in \mathbb{N}$.

Für Grenzwerte zusammengesetzter Folgen gilt:

> Seien $a, b \in \mathbb{R}$ und $(a_n)_n, (b_n)_n$ (endlich) konvergente Folgen mit $\lim_{n\to\infty} a_n = a$, $\lim_{n\to\infty} b_n = b$. Dann gilt:
>
> (1) $\lim_{n\to\infty} (a_n + b_n) = \lim_{n\to\infty} a_n + \lim_{n\to\infty} b_n = a + b$
>
> (2) $\lim_{n\to\infty} (a_n - b_n) = \lim_{n\to\infty} a_n - \lim_{n\to\infty} b_n = a - b$
>
> (3) $\lim_{n\to\infty} (a_n b_n) = \lim_{n\to\infty} a_n \cdot \lim_{n\to\infty} b_n = ab$
>
> (4) $\lim_{n\to\infty} \left(\frac{a_n}{b_n}\right) = \dfrac{\lim_{n\to\infty} a_n}{\lim_{n\to\infty} b_n} = \frac{a}{b}$, falls $b_n \neq 0$ für alle $n \in \mathbb{N}$ und $b \neq 0$
>
> (5) $a_n \leq b_n$ für alle $n \in \mathbb{N} \implies a \leq b$
>
> Weiterhin gilt:
>
> (6) Sind $(a_n)_{n\in\mathbb{N}}$ eine Nullfolge und $(c_n)_{n\in\mathbb{N}}$ eine beschränkte Folge, so ist
>
> $$\lim_{n\to\infty} a_n c_n = 0,$$
>
> d. h. $(a_n c_n)_{n\in\mathbb{N}}$ ist ebenfalls eine Nullfolge.

(7) Sind $a_n > 0$ für alle $n \in \mathbb{N}$, $a > 0$ und $p \in \mathbb{R}$, dann gilt:

$$\lim_{n \to \infty} (a_n{}^p) = a^p.$$

(8) Ist $c > 0$, so gilt: $\lim\limits_{n \to \infty} c^{a_n} = c^a$.

(9) Sind $a_n > 0$ für alle $n \in \mathbb{N}$, $a > 0$ und $c > 0$, $c \neq 1$, so gilt
$\lim\limits_{n \to \infty} (\log_c a_n) = \log_c a$.

Zur Illustration werden einige ausgewählte Resultate nachgewiesen:

(1) Sei $\varepsilon > 0$. Aufgrund der Konvergenz von $(a_n)_n$ und $(b_n)_n$ gegen a bzw. b gilt:

- Zu $\frac{\varepsilon}{2} > 0 \, \exists n_0 \in \mathbb{N} : |a_n - a| < \frac{\varepsilon}{2}$ für alle $n \geq n_0$.
- Zu $\frac{\varepsilon}{2} > 0 \, \exists m_0 \in \mathbb{N} : |b_m - b| < \frac{\varepsilon}{2}$ für alle $m \geq m_0$.

Setzt man $N_0 = \max\{n_0, m_0\}$, so folgt daraus für alle $n \geq N_0$:

$$|(a_n + b_n) - (a + b)| = |(a_n - a) + (b_n - b)|$$
$$\leq |a_n - a| + |b_n - b| < \frac{\varepsilon}{2} + \frac{\varepsilon}{2} = \varepsilon,$$

d.h. $\lim\limits_{n \to \infty} (a_n + b_n) = a + b$.

(3) Zunächst gilt:

$$|a_n b_n - ab| = |a_n(b_n - b) + (a_n - a)b| \leq |a_n||b_n - b| + |a_n - a||b|.$$

Da die Folge $(a_n)_n$ endlich konvergent gegen a ist, ist sie auch beschränkt, d.h.
$\exists M \in \mathbb{R}$ mit $|a_n| \leq M$ für alle $n \in \mathbb{N}$. Sei $M^* = \max\{M, |b|\}$. Dann gilt:

$$|a_n b_n - ab| \leq |a_n||b_n - b| + |a_n - a||b|$$
$$\leq M|b_n - b| + |a_n - a||b|$$
$$\leq M^*(|b_n - b| + |a_n - a|).$$

Sei nun $\varepsilon > 0$. Dann folgt aus der Konvergenz der Folgen $(a_n)_{n \in \mathbb{N}}$ und $(b_n)_{n \in \mathbb{N}}$:

- Zu $\frac{\varepsilon}{2M^*} > 0 \, \exists n_0 \in \mathbb{N} : |a_n - a| < \frac{\varepsilon}{2M^*}$ für alle $n \geq n_0$.
- Zu $\frac{\varepsilon}{2M^*} > 0 \, \exists m_0 \in \mathbb{N} : |b_m - b| < \frac{\varepsilon}{2M^*}$ für alle $m \geq m_0$.

Damit existiert zu $\varepsilon > 0$ ein $N_0 = \max\{n_0, m_0\}$ mit

$$|a_n b_n - ab| < M^* \left(\frac{\varepsilon}{2M^*} + \frac{\varepsilon}{2M^*} \right) = M^* \cdot \frac{\varepsilon}{M^*} = \varepsilon, \quad \forall n \geq N_0,$$

d.h. $\lim\limits_{n \to \infty} (a_n b_n) = ab$.

(2) $\displaystyle\lim_{n\to\infty}(a_n - b_n) = \lim_{n\to\infty}(a_n + (-1)(b_n)) \stackrel{(1),(3)}{=} a + (-1)b = a - b.$

(4) Zunächst wird für eine gegen $b \neq 0$ konvergente Folge $(b_n)_{n\in\mathbb{N}}$ mit $b_n \neq 0$, $n \in \mathbb{N}$, gezeigt: $\displaystyle\lim_{n\to\infty}\frac{1}{b_n} = \frac{1}{b}$.

Wegen $\displaystyle\lim_{n\to\infty} b_n = b$ gibt es ein $n_0 \in \mathbb{N}_0$, so dass $|b_n - b| < \frac{|b|}{2}$ für alle $n \geq n_0$ gilt. Dies impliziert:

$$|b_n| = |b + (b_n - b)| \geq |b| - |b_n - b| > |b| - \frac{|b|}{2} = \frac{|b|}{2}, \qquad \forall\, n \geq n_0.$$

Äquivalent zu diesem Resultat ist die in der folgenden Abschätzung verwendete Ungleichung:

$$\frac{1}{|b_n|} < \frac{2}{|b|}, \qquad \forall\, n \geq n_0.$$

Sei nun $\varepsilon > 0$. Zu $\frac{|b|^2}{2}\varepsilon > 0 \,\exists\, m_0 \in \mathbb{N}_0 : |b_n - b| < \frac{|b|^2 \varepsilon}{2}$ für alle $n \geq m_0$.

Damit gibt es ein $N_0 = \max\{n_0, m_0\}$, so dass

$$\left|\frac{1}{b_n} - \frac{1}{b}\right| = \left|\frac{b - b_n}{b_n b}\right| = \frac{1}{|b_n||b|}|b - b_n|$$
$$= \frac{1}{|b_n||b|}|b_n - b| < \frac{2}{|b|^2} \cdot \frac{|b|^2 \cdot \varepsilon}{2} = \varepsilon$$

für alle $n \geq N_0$, d. h. $\displaystyle\lim_{n\to\infty}\frac{1}{b_n} = \frac{1}{b}$.

Aus (3) folgt nun:

$$\lim_{n\to\infty}\left(\frac{a_n}{b_n}\right) = \lim_{n\to\infty} a_n \cdot \lim_{n\to\infty}\left(\frac{1}{b_n}\right) = a \cdot \frac{1}{b} = \frac{a}{b}.$$

In der vorhergehenden Aussage wurde vorausgesetzt, dass die Grenzwerte der betrachteten Folgen reelle Zahlen sind. Diese Einschränkung ist aber i.a. nicht notwendig. Es dürfen auch die Grenzwerte $+\infty$ oder $-\infty$ auftreten. Eine Zusammenstellung von Aussagen über die Grenzwerte der Folgen $(a_n + b_n)_n$, $(a_n - b_n)_n$, $(a_n b_n)_n$ und $(\frac{a_n}{b_n})_n$ ist in der folgenden Tabelle (S. 62) angegeben. Werden Einschränkungen an die Grenzwerte a, b getroffen, so sind diese kenntlich gemacht. Ist ein Grenzwert nicht allgemein berechenbar, so wird dies durch ein Fragezeichen (?) angezeigt.

Eine nützliche, in dieser Tabelle verwendete Notation wird durch folgende Definition eingeführt: Für eine reelle Zahl x bezeichnet $\operatorname{sgn} x$ das **Vorzeichen** (Signum) von x, d. h.

$$\operatorname{sgn} x = \begin{cases} -1, & x < 0 \\ 0, & x = 0 \\ 1, & x > 0 \end{cases}.$$

Es gilt: $\operatorname{sgn} x = \frac{x}{|x|}$, $x \neq 0$.

$\lim_{n\to\infty} a_n$	$\lim_{n\to\infty} b_n$	$\lim_{n\to\infty} (a_n + b_n)$	$\lim_{n\to\infty} (a_n - b_n)$	$\lim_{n\to\infty} a_n b_n$	$\lim_{n\to\infty} \frac{a_n}{b_n}$
a	b	$a+b$	$a-b$	ab	$\frac{a}{b}, b \neq 0$
$a \neq 0$	$0+$	a	a	0	$\operatorname{sgn} a \cdot \infty$
$a \neq 0$	$0-$	a	a	0	$-\operatorname{sgn} a \cdot \infty$
0	0	0	0	0	?
$a \neq 0$	$+\infty$	$+\infty$	$-\infty$	$\operatorname{sgn} a \cdot \infty$	0
$a \neq 0$	$-\infty$	$-\infty$	$+\infty$	$-\operatorname{sgn} a \cdot \infty$	0
0	$+\infty$	$+\infty$	$-\infty$	?	0
0	$-\infty$	$-\infty$	$+\infty$	?	0
$+\infty$	$b \neq 0$	$+\infty$	$+\infty$	$\operatorname{sgn} b \cdot \infty$	$\operatorname{sgn} b \cdot \infty$
$-\infty$	$b \neq 0$	$-\infty$	$-\infty$	$-\operatorname{sgn} b \cdot \infty$	$-\operatorname{sgn} b \cdot \infty$
$+\infty$	$0+$	$+\infty$	$+\infty$	?	$+\infty$
$+\infty$	$0-$	$+\infty$	$+\infty$	?	$-\infty$
$-\infty$	$0+$	$-\infty$	$-\infty$	?	$-\infty$
$-\infty$	$0-$	$-\infty$	$-\infty$	?	$+\infty$
$+\infty$	$+\infty$	$+\infty$	?	$+\infty$	?
$+\infty$	$-\infty$	?	$+\infty$	$-\infty$	?
$-\infty$	$+\infty$	?	$-\infty$	$-\infty$	?
$-\infty$	$-\infty$	$-\infty$	?	$+\infty$	?

Grenzwerte von Summen, Differenzen, Produkten und Quotienten

Ferner ist die dort benutzte Schreibweise „$\lim_{n\to\infty} b_n = 0+$" so zu verstehen, dass sich die Folge „von oben" der Null nähert. Mathematisch formuliert bedeutet dies:

$$\lim_{n\to\infty} b_n = 0+ \quad \Longleftrightarrow \quad \lim_{n\to\infty} b_n = 0 \wedge \exists\, n_0 \in \mathbb{N} \,\forall\, n \geq n_0: \quad b_n > 0.$$

Daher gibt es eine natürliche Zahl n_0, so dass alle Folgenglieder ab diesem Index positiv sind. Entsprechend ist die Notation $\lim_{n\to\infty} b_n = 0-$ zu verstehen. In diesem Fall nähert man sich der Null „von unten", d. h. alle Folgenglieder sind ab einem Index n_0 negativ und streben gegen Null.

Weiterhin gilt mit $\lim_{n\to\infty} a_n = \infty$:

$$\bullet \ \lim_{n\to\infty} a_n^p = \begin{cases} \infty, & \text{falls } p > 0 \\ 1, & \text{falls } p = 0, \ (a_n > 0 \text{ für alle } n \in \mathbb{N}) \\ 0, & \text{falls } p < 0 \end{cases}$$

- $\displaystyle \lim_{n\to\infty} c^{a_n} = \begin{cases} \infty, & \text{falls } c > 1 \\ 1, & \text{falls } c = 1 \\ 0, & \text{falls } 0 < c < 1 \end{cases}$

- $\displaystyle \lim_{n\to\infty} (\log_c a_n) = \begin{cases} \infty, & \text{falls } c > 1 \\ -\infty, & \text{falls } 0 < c < 1 \end{cases}$, $(a_n > 0 \text{ für alle } n \in \mathbb{N})$

Basierend auf diesen Ergebnissen können Grenzwerte „komplizierterer" Folgen bestimmt werden:

Sei $(a_n)_{n\in\mathbb{N}}$ jeweils eine Folge, deren Glieder durch die folgenden Vorschriften definiert sind.

B

- $a_n = \dfrac{2n^5 + n^3 - 3}{-4n^5 + n}$. Durch Ausklammern des Terms mit der höchsten Potenz n^5 und anschließendes Kürzen erhält man

$$a_n = \frac{n^5 \cdot \left(2 + \frac{1}{n^2} - \frac{3}{n^5}\right)}{n^5 \cdot \left(-4 + \frac{1}{n^4}\right)} = \frac{2 + \frac{1}{n^2} - \frac{3}{n^5}}{-4 + \frac{1}{n^4}}.$$

Zähler und Nenner des letzten Ausdrucks streben offenbar gegen 2 bzw. -4, so dass mit den obigen Resultaten folgt: $\displaystyle \lim_{n\to\infty} a_n = -\frac{1}{2}$.

- $a_n = \dfrac{2n^5 + n^3 - 3}{-4n^4 + n} = \dfrac{2 + \frac{1}{n^2} - \frac{3}{n^5}}{-\frac{4}{n} + \frac{1}{n^4}} \overset{n\to\infty}{\longrightarrow} -\infty$. Hierbei ist zu beachten, dass $-\frac{4}{n} + \frac{1}{n^4} < 0$ für alle $n \in \mathbb{N}$ ist. Dies lässt sich durch folgende Äquivalenz einsehen:

$$-\frac{4}{n} + \frac{1}{n^4} < 0 \quad \Longleftrightarrow \quad -4n^3 + 1 < 0 \quad \Longleftrightarrow \quad 1 < 4n^3.$$

Die letzte Aussage ist für alle $n \in \mathbb{N}$ wahr, so dass die Behauptung nachgewiesen wurde.

Alternativ (und einfacher) erhält man durch Ausklammern der höchsten Nennerpotenz direkt: $a_n = \dfrac{2n + \frac{1}{n} - \frac{3}{n^4}}{-4 + \frac{1}{n^3}} \overset{n\to\infty}{\longrightarrow} -\infty$.

- $a_n = \dfrac{2n^5 + n^3 - 3}{4n^4 + n} = \dfrac{2n + \frac{1}{n} - \frac{3}{n^4}}{4 + \frac{1}{n^3}} \overset{n\to\infty}{\longrightarrow} \infty$ mit den in der Tabelle enthaltenen Aussagen.

- $a_n = \dfrac{2n^5 + n^3 - 3}{-4n^6 + n} = \dfrac{\frac{2}{n} + \frac{1}{n^3} - \frac{3}{n^6}}{-4 + \frac{1}{n^5}} \overset{n\to\infty}{\longrightarrow} 0$.

- $a_n = \sqrt[3]{\dfrac{8n^2 - 5}{n^2 + 1}} = \left(\dfrac{8n^2 - 5}{n^2 + 1}\right)^{1/3} \overset{n\to\infty}{\longrightarrow} 8^{1/3} = 2$, denn $\dfrac{8n^2 - 5}{n^2 + 1} \overset{n\to\infty}{\longrightarrow} 8$.

- $a_n = 32^{\frac{-4n^2}{-5n^2+n}} \overset{n\to\infty}{\longrightarrow} 32^{\frac{4}{5}} = \left(\sqrt[5]{32}\right)^4 = 16$, denn $\dfrac{-4n^2}{-5n^2+n} = \dfrac{-4}{-5+\frac{1}{n}} \overset{n\to\infty}{\longrightarrow} \dfrac{4}{5}$.

- $a_n = \sqrt{n+1} - \sqrt{n} = \dfrac{(\sqrt{n+1} - \sqrt{n})(\sqrt{n+1} + \sqrt{n})}{\sqrt{n+1} + \sqrt{n}}$

  $= \dfrac{n+1-n}{\sqrt{n+1} + \sqrt{n}} = \dfrac{1}{\sqrt{n+1} + \sqrt{n}} \xrightarrow{n\to\infty} 0.$

- $a_n = (-1)^n (1 - \frac{1}{n})$ ist nicht konvergent, da für geraden Index $a_{2n} = 1 - \frac{1}{2n} \geq \frac{1}{2}$ bzw. für ungeraden Index $a_{2n+1} = -(1 - \frac{1}{2n+1}) \leq -\frac{1}{2}$ gilt. Für die Grenzwerte der **Teilfolgen** $(a_{2n})_{n\in\mathbb{N}}$ und $(a_{2n+1})_{n\in\mathbb{N}}$ gilt $a_{2n} \xrightarrow{n\to\infty} 1$ bzw. $a_{2n+1} \xrightarrow{n\to\infty} -1$. Die Teilfolgen $(a_{2n})_{n\in\mathbb{N}}$ und $(a_{2n+1})_{n\in\mathbb{N}}$ sind somit konvergent mit den Grenzwerten 1 bzw. -1. Solche Punkte werden auch als **Häufungspunkte** der Folge $(a_n)_{n\in\mathbb{N}}$ bezeichnet.

- $a_n = (-1)^n \dfrac{6^{\frac{1}{n}}}{12^{\frac{1}{n}}} = (-1)^n \left(\dfrac{6}{12}\right)^{\frac{1}{n}} = (-1)^n \left(\dfrac{1}{2}\right)^{\frac{1}{n}}$: Wegen $a_{2n} > \frac{1}{2}$ (gerades n) bzw. $a_{2n+1} < -\frac{1}{2}$ (ungerades n) ist die Folge divergent.

- $a_n = (-1)^n \cdot \dfrac{\sqrt{2n^3} - 2}{\sqrt[3]{n^4} + 4n} = (-1)^n \cdot \dfrac{\sqrt{2}n^{3/2} - 2}{n^{4/3} + 4n} = (-1)^n \cdot \dfrac{\sqrt{2} - \frac{2}{n^{3/2}}}{\frac{1}{n^{1/6}} + \frac{4}{n^{1/2}}}$. Der Nenner strebt gegen Null und der Zähler gegen $\sqrt{2}$. Da die Folge aber alternierend ist, ist sie divergent. Die Teilfolge $(a_{2n})_{n\in\mathbb{N}}$ ist bestimmt divergent gegen $+\infty$, die Teilfolge $(a_{2n+1})_{n\in\mathbb{N}}$ ist bestimmt divergent gegen $-\infty$.

Aus den obigen Beispielen kann folgende Regel abgeleitet werden:

> Bei Quotienten von Polynomen in n sind zur Grenzwertbildung nur die jeweils größ-ten Exponenten und die zugehörigen Koeffizienten entscheidend.

Abschließend wird noch (ohne Begründung) ein Grenzwert angegeben, der auch in der Finanzmathematik von Bedeutung ist (s. Kapitel 4).

$$\lim_{n\to\infty} \left(1 + \frac{x}{n}\right)^n = e^x \quad \text{für jedes feste } x \in \mathbb{R}$$

Reihen

Eine Reihe $(s_n)_n$ ist eine spezielle Folge, die aus einer zugrundeliegenden Folge $(a_n)_n$ durch sukzessives Addieren von Folgengliedern entsteht. Als Indexmengen werden übli-cherweise $\mathbb{N}_0$ und $\mathbb{N}$ verwendet.

> **Bezeichnung**
> $(a_n)_{n\in\mathbb{N}_0}$ (bzw. $(\tilde{a}_n)_{n\in\mathbb{N}}$) sei eine unendliche Folge. Die Folge $(s_n)_{n\in\mathbb{N}_0}$ (bzw. $(\tilde{s}_n)_{n\in\mathbb{N}}$) mit
>
> $$s_n = \sum_{k=0}^{n} a_k, \quad n \in \mathbb{N}_0, \quad (\text{bzw. } \tilde{s}_n = \sum_{k=1}^{n} \tilde{a}_k, \, n \in \mathbb{N})$$
>
> heißt **unendliche Reihe**. $\tilde{s}_n$ heißt **n-te Partialsumme**.
> Ist $(a_n)_{n\in\mathbb{N}_0}$ eine geometrische Folge, so heißt $(s_n)_{n\in\mathbb{N}_0}$ **geometrische Reihe**.

Die Bezeichnung n-te Partialsumme bezieht sich auf die Anzahl der aufsummierten Folgenglieder. Die Folge $(s_n)_{n \in \mathbb{N}_0}$ besteht natürlich ebenso aus Partialsummen; in dieser Darstellung ist s_n die $(n+1)$-te Partialsumme zu $(a_n)_{n \in \mathbb{N}_0}$.

- Für $a_n = \frac{1}{n}$, $n \in \mathbb{N}$, wird die zugehörige Reihe $(s_n)_{n \in \mathbb{N}}$ durch die Partialsummen

$$s_n = \sum_{k=1}^{n} a_k = \sum_{k=1}^{n} \frac{1}{k} = 1 + \frac{1}{2} + \frac{1}{3} + \cdots + \frac{1}{n} \text{ gebildet.}$$

  $(s_n)_{n \in \mathbb{N}}$ heißt **harmonische Reihe**.

- Es sei $(a_n)_{n \in \mathbb{N}_0}$ eine geometrische Folge, d.h. es gibt eine reelle Zahl q, so dass $a_n = a_0 q^n$ für alle $n \in \mathbb{N}_0$ gilt. Dann sind die zugehörigen Partialsummen gegeben durch

$$s_n = \sum_{k=0}^{n} a_k = \sum_{k=0}^{n} a_0 q^k = a_0 (1 + q + \ldots + q^n) = \begin{cases} a_0 \frac{1-q^{n+1}}{1-q}, & \text{falls } q \neq 1 \\ a_0 (n+1), & \text{falls } q = 1 \end{cases}.$$

Für alle $q \neq 1$ und für alle $n \in \mathbb{N}$ gilt nämlich:

$$1 - q^{n+1} = (1-q)(1 + q + \ldots + q^n) \iff \frac{1-q^{n+1}}{1-q} = \sum_{k=0}^{n} q^k.$$

Die jeweilige Gleichung ist mittels vollständiger Induktion einzusehen.

Da eine Reihe eine spezielle Folge (nämlich die Folge der Partialsummen) ist, können die für Folgen eingeführten Begriffe direkt auf Reihen übertragen werden:

Bezeichnung

Gegeben sei die Reihe $(s_n)_n$.

(a) Die Reihe $(s_n)_n$ heißt **konvergent** gegen $s \in \mathbb{R}$, falls gilt:

$$\forall \varepsilon > 0 \, \exists n_0 \in \mathbb{N}_0 \, \forall n \geq n_0 : |s_n - s| < \varepsilon.$$

Die Zahl s heißt **Grenzwert** (Limes) von $(s_n)_n$.

Schreibweisen: $\lim\limits_{n \to \infty} s_n = \lim\limits_{n \to \infty} \sum\limits_{i=0}^{n} a_i = \sum\limits_{i=0}^{\infty} a_i = s$, $s_n \to s$ für $n \to \infty$ oder $s_n \xrightarrow{n \to \infty} s$.

(b) Die Reihe $(s_n)_n$ heißt **konvergent** gegen ∞ (bzw. $-\infty$), falls

$$\forall M \in \mathbb{R} \, \exists n_0 = n_0(M) \in \mathbb{N}_0 \, \forall n \geq n_0 : s_n > M (s_n < M).$$

Schreibweisen: $\lim\limits_{n \to \infty} s_n = \lim\limits_{n \to \infty} \sum\limits_{i=0}^{n} a_i = \sum\limits_{i=0}^{\infty} a_i = \infty \ (-\infty)$, $s_n \to \infty \ (-\infty)$ für $n \to \infty$ oder $s_n \xrightarrow{n \to \infty} \infty \ (-\infty)$.

(b) Ist eine Reihe nicht konvergent im Sinne von (a) oder (b), so heißt sie **divergent**.

Die Bemerkungen zur Grenzwertdefinition bei Folgen gelten hier entsprechend. Zur Unterscheidung der Konvergenz gegen eine Zahl $s \in \mathbb{R}$ in (a) von der Konvergenz im Sinne von (b), spricht man in (a) von endlicher Konvergenz. Für den Fall (b) verwendet man auch den Begriff der bestimmten Divergenz.

B

- Eine geometrische Reihe $(s_n)_n$ mit $s_n = \sum\limits_{k=0}^{n} a_0 q^k$ und $a_0 \neq 0$ konvergiert endlich

  nur für reelle Zahlen q mit $|q| < 1$. In diesem Fall gilt nach dem obigem Beispiel:

  $$\lim_{n \to \infty} s_n = \lim_{n \to \infty} a_0 \cdot \frac{1 - q^{n+1}}{1 - q} = a_0 \cdot \frac{1}{1 - q}$$

  Insbesondere kann also die Summe unendlich vieler positiver Zahlen endlich sein!

- Die Reihe $(s_n)_{n \in \mathbb{N}_0}$ mit $s_n = \sum\limits_{k=0}^{n} \frac{2^k - 6}{7^{k+1}}$, $n \in \mathbb{N}_0$, konvergiert gegen $-\frac{4}{5}$ für $n \to \infty$:

  $$s_n = \sum_{k=0}^{n} \frac{2^k - 6}{7^{k+1}} = \sum_{k=0}^{n} \frac{2^k}{7^{k+1}} + \sum_{k=0}^{n} \frac{-6}{7^{k+1}}$$

  $$= \sum_{k=0}^{n} \frac{1}{7} \left(\frac{2}{7}\right)^k - \sum_{k=0}^{n} \frac{6}{7} \left(\frac{1}{7}\right)^k = \frac{1}{7} \sum_{k=0}^{n} \left(\frac{2}{7}\right)^k - \frac{6}{7} \sum_{k=0}^{n} \left(\frac{1}{7}\right)^k$$

  $$= \frac{1}{7} \left(\frac{1 - \left(\frac{2}{7}\right)^{n+1}}{1 - \frac{2}{7}}\right) - \frac{6}{7} \left(\frac{1 - \left(\frac{1}{7}\right)^{n+1}}{1 - \frac{1}{7}}\right)$$

  $$= \frac{1}{5} \left(1 - \left(\frac{2}{7}\right)^{n+1}\right) - \left(1 - \left(\frac{1}{7}\right)^{n+1}\right)$$

  $$\longrightarrow \frac{1}{5} - 1 = -\frac{4}{5} \text{ für } n \to \infty.$$

Oft ist lediglich von Interesse, ob eine Reihe endlich konvergiert, und der Grenzwert selbst ist unerheblich. Im folgenden werden eine notwendige Bedingung für die endliche Konvergenz einer Reihe sowie ein hinreichendes Kriterium vorgestellt.

Eine notwendige Bedingung für die Konvergenz einer Reihe gegen eine reelle Zahl ist, dass die Summanden $a_0, a_1, a_2, \ldots$ eine Nullfolge bilden.

Für eine Reihe $(s_n)_n$ mit $s_n = \sum\limits_{k=0}^{n} a_k$ gilt:

Ist $(s_n)_n$ konvergent gegen $s \in \mathbb{R}$, dann ist $(a_n)_n$ eine Nullfolge.

Zum Nachweis dieser Aussage sei $(s_n)_n$ konvergent mit dem Grenzwert $s \in \mathbb{R}$. Dann gilt:

$$\lim_{n\to\infty} a_n = \lim_{n\to\infty} \left(\sum_{i=0}^{n} a_i - \sum_{i=0}^{n-1} a_i \right)$$
$$= \lim_{n\to\infty} (s_n - s_{n-1})$$
$$= \lim_{n\to\infty} s_n - \lim_{n\to\infty} s_{n-1} = s - s = 0.$$

Im Umkehrschluss (Kontraposition) gilt somit: Ist $(a_n)_n$ keine Nullfolge, so ist die Reihe $(s_n)_n = \left(\sum_{i=1}^{n} a_i \right)_n$ nicht konvergent gegen eine reelle Zahl s.

Das oben vorgestellte Kriterium wird angewendet auf die Reihe $(s_n)_{n \in \mathbb{N}}$ mit $s_n = \sum_{k=1}^{n} \frac{2k^2+1}{3k^2}$, $n \in \mathbb{N}$. Da

$$a_n = \frac{2n^2+1}{3n^2} = \frac{2 + \frac{1}{n^2}}{3} \longrightarrow \frac{2}{3}$$

für $n \to \infty$, ist $(a_n)_n$ keine Nullfolge. Daher ist die Reihe $(s_n)_n$ nicht konvergent gegen eine reelle Zahl. Die Reihe konvergiert gegen $+\infty$.

Mit Hilfe dieses Kriteriums können Reihen erkannt werden, die nicht gegen eine reelle Zahl konvergieren. Es gibt jedoch auch Reihen $(s_n)_n$ mit $s_n = \sum_{k=0}^{n} a_n$, für die zwar $a_n \to 0$ für $n \to \infty$ gilt, die aber nicht gegen eine reelle Zahl konvergieren. Ein Beispiel hierfür ist die harmonische Reihe $(s_n)_n$ mit $s_n = \sum_{k=1}^{n} \frac{1}{k}$. Sie ist monoton wachsend und unbeschränkt und konvergiert somit gegen $+\infty$.

Im Gegensatz zu dem folgenden Quotientenkriterium ist das „Nullfolgenkriterium" also nicht hinreichend für die (endliche) Konvergenz von Reihen.

Quotientenkriterium

Sei $(s_n)_n$ eine Reihe mit $s_n = \sum_{k=0}^{n} a_k$. Es existiere ein $n_0 \in \mathbb{N}_0$, so dass $a_k \neq 0$ für alle $k \geq n_0$. Dann gilt:

Die Reihe $(s_n)_n$ konvergiert gegen $s \in \mathbb{R}$, falls es eine reelle Zahl $q \in (0,1)$ gibt, so dass für alle $k \geq n_0$ gilt:

$$\left| \frac{a_{k+1}}{a_k} \right| \leq q \; (<1).$$

(Ist die Folge der Quotienten $\left(\left| \frac{a_{k+1}}{a_k} \right| \right)_n$ endlich konvergent mit $\lim_{k\to\infty} \left| \frac{a_{k+1}}{a_k} \right| = q < 1$, so konvergiert $(s_n)_n$ gegen eine Zahl.) Für $q = 1$ ist keine Aussage möglich.

Bemerkung

Gibt es ein $n_0 \in \mathbb{N}$ mit $a_k \neq 0$ und $\left|\frac{a_{k+1}}{a_k}\right| \geq 1$ für alle $k \geq n_0$, so ist die Reihe $(s_n)_n$ nicht (endlich) konvergent.

Die erste Folge des nächsten Beispiels zeigt, dass das Quotientenkriterium kein notwendiges Kriterium für die Konvergenz einer Reihe gegen eine reelle Zahl ist: Die gegebene Reihe konvergiert, aber $\lim\limits_{k\to\infty} \left|\frac{a_{k+1}}{a_k}\right| = 1$.

B

- Die Reihe $(s_n)_{n\in\mathbb{N}}$ sei gegeben durch $s_n = \sum\limits_{k=1}^{n} \frac{1}{k^2}$, $n \in \mathbb{N}$. Dann gilt:

$$\lim_{k\to\infty} \left|\frac{a_{k+1}}{a_k}\right| = \lim_{k\to\infty} \left|\frac{1}{(k+1)^2} \cdot \frac{k^2}{1}\right| = \lim_{k\to\infty} \left|\frac{k^2}{k^2 + 2k + 1}\right| = 1.$$

  Für diese Reihe ist also keine Konvergenzaussage mit dem Quotientenkriterium möglich. (Bemerkung: $(s_n)_n$ ist konvergent mit dem Grenzwert $s = \frac{\pi^2}{6}$.)

- Die Reihe $(s_n)_{n\in\mathbb{N}_0}$ mit $s_n = \sum\limits_{k=0}^{n} \frac{k^3 + 2k}{3^k}$, $n \in \mathbb{N}_0$, ist konvergent, denn mit $a_k > 0$ für alle $k \in \mathbb{N}$ ist

$$\left|\frac{a_{k+1}}{a_k}\right| = \frac{(k+1)^3 + 2(k+1)}{3^{k+1}} \cdot \frac{3^k}{k^3 + 2k} = \frac{k^3 + 3k^2 + 3k + 1 + 2k + 2}{3k^3 + 6k}$$

$$= \frac{k^3 + 3k^2 + 5k + 3}{3k^3 + 6k} \xrightarrow{k\to\infty} \frac{1}{3} \quad (< 1).$$

- Die Reihe $(s_n)_{n\in\mathbb{N}}$ mit $s_n = \sum\limits_{k=1}^{n} \frac{3^k}{k^2}$, $n \in \mathbb{N}$, konvergiert nicht gegen eine reelle Zahl, denn $a_k > 0$ für alle $k \geq 0$, und es gilt:

$$\left|\frac{a_{k+1}}{a_k}\right| = \frac{3^{k+1}}{(k+1)^2} \cdot \frac{k^2}{3^k} = \frac{3k^2}{k^2 + 2k + 1} \xrightarrow{k\to\infty} 3 \quad (> 1).$$

- Die Reihe $(s_n)_{n\in\mathbb{N}_0}$ mit $s_n = \sum\limits_{k=0}^{n} \frac{x^k}{k!}$ ist für jedes fest gewählte $x \in \mathbb{R}$ endlich konvergent, denn für $x \neq 0$ ist nach dem Quotientenkriterium

$$\lim_{k\to\infty} \left|\frac{a_{k+1}}{a_k}\right| = \lim_{k\to\infty} \frac{k!}{(k+1)!} \left|\frac{x^{k+1}}{x^k}\right| = \lim_{k\to\infty} \frac{|x|}{k+1} = 0 < 1.$$

  Auf den Nachweis des Grenzwertes $\lim\limits_{n\to\infty} s_n = e^x$ mit der Eulerschen Zahl e wird verzichtet.

  In der Statistik definiert die Folge $(a_k)_{k\in\mathbb{N}_0}$ mit $a_k = e^{-\lambda} \frac{\lambda^k}{k!}$, $k \in \mathbb{N}_0$ und $\lambda > 0$, die sogenannte Poisson-Verteilung, eine spezielle (diskrete) Wahrscheinlichkeitsverteilung, denn es gilt $a_k \geq 0$ für alle $k \in \mathbb{N}_0$ und

$$\sum_{k=0}^{\infty} a_k = \lim_{n\to\infty} \sum_{k=0}^{n} e^{-\lambda} \frac{\lambda^k}{k!} = e^{-\lambda} \lim_{n\to\infty} \sum_{k=0}^{n} \frac{\lambda^k}{k!} = e^{-\lambda} \cdot e^{\lambda} = 1.$$

Der Grenzwert der Reihe $(\bar{s}_n)_{n\in\mathbb{N}_0}$ mit $\bar{s}_n = \sum\limits_{k=0}^{n} k \cdot e^{-\lambda}\frac{\lambda^k}{k!}$, $n \in \mathbb{N}_0$, wird als Erwartungswert dieser Wahrscheinlichkeitsverteilung bezeichnet. Es gilt:

$$\bar{s}_n = \sum_{k=1}^{n} e^{-\lambda}\frac{\lambda^k}{(k-1)!} = \lambda e^{-\lambda}\sum_{k=1}^{n}\frac{\lambda^{k-1}}{(k-1)!} = \lambda e^{-\lambda}\sum_{k=0}^{n-1}\frac{\lambda^k}{k!} \xrightarrow{n\to\infty} \lambda.$$

Grundformeln der Finanzmathematik

Die (elementare) Finanzmathematik ist für Fragen nach Kapitalveränderungen bei einem Sparvorgang oder der Tilgung eines Kredits (Höhe der Restschuld u.ä.) ebenso von Bedeutung wie bei der Kalkulation von Investitions- und Finanzierungsprojekten.

In diesem Abschnitt werden zwei grundlegende Formeln aus diesem Bereich vorgestellt und anhand von Beispielen vertieft.

Mit $K_0 > 0$ werde das Anfangskapital (also das Kapital zum Zeitpunkt Null) bezeichnet. p sei der Zinsfuß, $i = \frac{p}{100} = p\%$ der Zinssatz und $q = i + 1$ der Aufzinsungsfaktor. Die natürliche Zahl n gebe die Anzahl der betrachteten Zinsperioden an. Es werde angenommen, dass der Zinssatz für alle Perioden gleich sei. Weiterhin sind Ein- und Auszahlungen nur zu Beginn bzw. nur zum Ende eines Zeitintervalls möglich, wobei zur Vereinfachung unterstellt wird, dass diese entweder immer zu Beginn oder immer am Ende der Periode erfolgen. Werden diese Zahlungen jeweils am Ende eines Zeitintervalls vorgenommen, so spricht man von **nachschüssigen Zahlungen**, bei Zahlungen jeweils zu Beginn der Zeitintervalle von **vorschüssigen Zahlungen**. Die die Periode k betreffende Zahlung wird mit Z_k $(\in \mathbb{R})$ bezeichnet, wobei $Z_k > 0$ einer Einzahlung und $Z_k < 0$ einer Auszahlung entspricht.

Bezeichnung

K_0:	Anfangskapital
p:	Zinsfuß $(p \geq 0)$
$i = p\%$:	Zinssatz
$q = 1 + i$:	Aufzinsungsfaktor
$Z_k > 0$:	Einzahlung $\left.\begin{array}{l}\\\end{array}\right\}$ zu Beginn (vorschüssige Zahlung) oder zum
$Z_k < 0$:	Auszahlung Ende (nachschüssige Zahlung) der Periode k, wobei $k \in \{1, \dots, n\}$
K_n:	Kapital nach Ablauf von n Perioden

Hier wird die **nachschüssige Verzinsung** (mit Zinseszinsen) betrachtet, d. h. die auf das jeweilige Grundkapital anfallenden Zinsen werden dem Konto am Ende eines Zeitintervalls gutgeschrieben.

K_n bezeichne das Kapital nach Ablauf der n Zeitintervalle. Bei einem Anfangskapital K_0, nachschüssigen Zahlungen Z_k und nachschüssiger Verzinsung mit dem Aufzinsungsfaktor q ist somit das Kapital nach Ablauf des

- 1. Zeitintervalls: $K_1 = K_0 q + Z_1$,
- 2. Zeitintervalls: $K_2 = K_1 q + Z_2 = K_0 q^2 + Z_1 q + Z_2$,
- 3. Zeitintervalls: $K_3 = K_2 q + Z_2 = K_0 q^3 + Z_1 q^2 + Z_2 q + Z_3$ usw.

Allgemein erhält man in dieser Situation für das Kapital K_n nach Ablauf des n-ten Zeitintervalls folgende Formeln.

Kapital nach Ablauf von n Zeitintervallen bei nachschüssigen Zahlungen und nachschüssiger Verzinsung

$$K_n = K_0 q^n + \sum_{k=0}^{n-1} Z_{n-k} q^k.$$

Insbesondere gilt bei konstanten Zahlungen $Z_k = Z, k \in \{1, \ldots, n\}$:

$$K_n = K_0 q^n + \sum_{k=0}^{n-1} Z q^k = K_0 q^n + Z \frac{1-q^n}{1-q} \quad \left(= K_0 q^n + Z \frac{q^n - 1}{q - 1} \right).$$

Der Nachweis dieser Formel erfolgt mittels vollständiger Induktion.

- Induktionsanfang ($n = 1$): $K_1 = K_0 q + Z_1 = K_0 q^1 + \sum_{k=0}^{1-1} Z_{1-k} q^k$

- Induktionsvoraussetzung: Die Aussage $K_n = K_0 q^n + \sum_{k=0}^{n-1} Z_{n-k} q^k$ gelte für ein $n \in \mathbb{N}$.

- Induktionsschritt ($n \longrightarrow n + 1$):

$$K_{n+1} = K_n q + Z_{n+1}$$

$$\overset{I.V.}{=} \left(K_0 q^n + \sum_{k=0}^{n-1} Z_{n-k} q^k \right) q + Z_{n+1}$$

$$= K_0 q^{n+1} + \sum_{k=0}^{n-1} Z_{n-k} q^{k+1} + Z_{n+1}$$

$$= K_0 q^{n+1} + \sum_{k=1}^{n} Z_{n-(k-1)} q^{(k-1)+1} + Z_{n+1}$$

$$= K_0 q^{n+1} + \sum_{k=1}^{n} Z_{n+1-k} q^k + Z_{n+1} q^0$$

$$= K_0 q^{n+1} + \sum_{k=0}^{(n+1)-1} Z_{(n+1)-k} q^k$$

Damit ist die Gleichheit für alle $n \in \mathbb{N}$ bewiesen.

Bei konstanten Zahlungen erhält man unter Verwendung der Darstellungsformel für die geometrische Reihe hieraus:

$$K_n = K_0 q^n + \sum_{k=0}^{n-1} Z q^k = K_0 q^n + Z \sum_{k=0}^{n-1} q^k = K_0 q^n + Z \frac{1-q^n}{1-q}.$$

Für $Z_k = 0$, $k \in \{1, \ldots, n\}$, d. h. es werden weder Einzahlungen noch Auszahlungen (Abhebungen) getätigt, erhält man nach Ablauf von n Zeitintervallen das Kapital $K_n = K_0 q^n$.

Sind K_n, $K_0 > 0$ und n vorgegeben und ist der zur Erzielung des Kapitals K_n notwendige Zinssatz i gesucht, so lässt sich dieser berechnen gemäß

$$i = \sqrt[n]{\frac{K_n}{K_0}} - 1.$$

Dies folgt aus $K_n = K_0 q^n \Longleftrightarrow \frac{K_n}{K_0} = q^n \Longleftrightarrow q = \sqrt[n]{\frac{K_n}{K_0}}$ und $q = i+1$.

Sind K_n, i und n vorgegeben, so wird die Frage nach dem Anfangskapital beantwortet durch:

$$K_0 = \frac{K_n}{q^n} = K_n q^{-n} = K_n (1+i)^{-n}.$$

Ist schließlich bei gegebenem Kapital $K_n(> 0)$, Anfangskapital $K_0(> 0)$ und Zinssatz $i(> 0)$ von Interesse, nach wie vielen Perioden (Jahren) K_n erreicht wird, so erhält man den Wert

$$n = \frac{\ln K_n - \ln K_0}{\ln q}.$$

Dies Formel resultiert durch Logarithmieren der Gleichung $\frac{K_n}{K_0} = q^n$:

$$\ln\left(\frac{K_n}{K_0}\right) = n \ln q \Longleftrightarrow n = \frac{\ln K_n - \ln K_0}{\ln q}$$

Die Anzahl der Perioden ist dann die kleinste natürliche Zahl, die größer oder gleich dem letzten Ausdruck ist.

Die oben hergeleiteten Formeln werden nun in Zahlenbeispielen angewendet.

- Ein Betrag von $K_0 = 2\,000$ € wird nachschüssig mit dem jährlichen Zinssatz $i = 4\%$ verzinst. Nach Ablauf wie vieler Jahre beträgt der Kontostand erstmals das x-fache von K_0, $x > 0$?

  Analog zur Kapitalverdopplung als Beispiel zu Logarithmen im Kapitel 1 ist der Anlagezeitraum n so zu bestimmen, dass $K_n = x \cdot K_0$ gilt. Nach obigem Beispiel gilt damit für die Anzahl der Jahre:

$$n = \frac{\ln K_n - \ln K_0}{\ln q} = \frac{\ln\left(\frac{K_n}{K_0}\right)}{\ln q} = \frac{\ln x}{\ln q}$$

Damit beträgt der Kontostand für $x = 2$ wegen $n = \frac{\ln 2}{\ln 1.04} \approx 17.67$ nach 18 Jahren erstmals mehr als $4\,000$ €.

Der gesuchte Zeitraum für die Vervielfachung eines Anfangskapitals ist offensichtlich unabhängig von der Höhe von K_0.

- Zu welchem Zinssatz wurde ein Kapital von $20\,000$ € angelegt, wenn das Kapital bei nachschüssiger, jährlicher Verzinsung nach (Ablauf von) fünf Jahren auf einen Betrag von $25\,525.63$ € angewachsen ist?

Aus dem vorherigen Beispiel ergibt sich für den Zinssatz

$$i = \sqrt[5]{\frac{K_5}{K_0}} - 1 \approx 0.05 \,.$$

Das Kapital wurde also mit einem Zinssatz von 5% verzinst.

- Eine Erbschaft in Höhe von $250\,000$ € wird zu einem Zinssatz von 6.3% jährlich angelegt. Der Erbe möchte zum Ende eines jeden Zinsjahres eine konstante Summe so abheben, dass das Vermögen nach Ablauf von 12 Jahren (mit der 12. und letzten Auszahlung) aufgebraucht ist.

Welchen Betrag kann er jeweils abheben?

Mit $K_0 = 250\,000$, $q = 1.063$, $n = 12$ und $K_{12} = 0$ erhält man:

$$K_{12} = K_0 q^{12} + Z \frac{q^{12} - 1}{q - 1}$$

$$\Longleftrightarrow \qquad 0 = K_0 q^{12} + Z \frac{q^{12} - 1}{q - 1}$$

$$\Longleftrightarrow \qquad Z = -K_0 q^{12} \frac{q - 1}{q^{12} - 1}$$

$$= -250\,000 \cdot 1.063^{12} \frac{0.063}{1.063^{12} - 1} \approx -30\,311.64$$

Der Erbe kann daher jährlich einen Betrag von $30\,311.64$ € abheben.

Tilgungsrechnung

Eine Schuld S_0, die dem Anfangskapital K_0 entspricht, wird durch periodische, nachschüssige Zahlungen $Z_1, \ldots, Z_n$ in n Zeitintervallen – hier Jahren – abgetragen ($n \in \mathbb{N}$). In dieser Situation werden die regelmäßigen Zahlungen **Annuitäten** genannt. Mit S_k wird die Restschuld nach Ablauf von k Zeitintervallen bezeichnet. Die Annuität Z_k setzt sich aus dem Zinsbetrag iS_{k-1} für die noch verbleibende Schuld (Restschuld) und dem Tilgungsbetrag T_k zusammen, d. h. $Z_k = iS_{k-1} + T_k$ ($i > 0$).

Die Restschuld S_n nach Ablauf von n Zeitintervallen kann man analog zu der zuvor für K_n entwickelten Formel berechnen. Da die Schuld nach Ablauf von n Perioden abgetragen sein soll, gilt hier $S_n = 0$. Wird $S_0 > 0$ vorausgesetzt, so resultiert die Formel

$$S_n = S_0 q^n - \sum_{k=0}^{n-1} Z_{n-k} q^k \qquad \text{mit } Z_j = iS_{j-1} + T_j, \quad j \in \{1, \ldots, n\}.$$

Im Folgenden werden zwei Fälle betrachtet: im ersten ist der Tilgungsbetrag konstant, im zweiten die Annuität.

1. Fall: Konstante Tilgungsbeträge, d. h. $T_k = T$, $k \in \{1, \dots, n\}$.

Die Anzahl der Zeitintervalle bis zur Abtragung der Schuld ist bestimmt durch $n = \frac{S_0}{T}$, denn für die Schuld nach n Jahren gilt:

$$S_n = (1+i)S_{n-1} - Z_n = (1+i)S_{n-1} - iS_{n-1} - T$$
$$= S_{n-1} - T = S_{n-2} - 2T = \cdots = S_0 - nT.$$

Wegen $S_n = 0$ erhält man

$$S_0 - nT = 0 \quad \text{und damit} \quad n = \frac{S_0}{T}.$$

Insbesondere ergibt sich daraus $nT = S_0$, d. h. die Summe der Tilgungen ist gleich der Kreditsumme (bzw. Schuld). Der Schuldenstand nach k Perioden beträgt daher

$$S_k = S_0 - kT = S_0 - k\frac{S_0}{n} = \left(1 - \frac{k}{n}\right)S_0.$$

Für den insgesamt gezahlten Betrag $\sum\limits_{k=1}^{n} Z_k$ erhält man daraus wegen $Z_k = iS_{k-1} + T = iS_{k-1} + \frac{S_0}{n}$:

$$\sum_{k=1}^{n} Z_k = \left(\sum_{k=1}^{n} iS_{k-1}\right) + S_0 = (q-1)S_0 \sum_{k=1}^{n}\left(1 - \frac{k-1}{n}\right) + S_0 = \cdots$$
$$= S_0\left((q-1)\frac{n+1}{2} + 1\right).$$

2. Fall: Konstante Annuitäten, d. h. $Z_k = Z > 0$, $k \in \{1, \dots, n\}$.

Aus $0 = S_n = S_0 q^n - Z\frac{q^n-1}{q-1}$ ergibt sich die konstante Annuität $Z = S_0 q^n \frac{q-1}{q^n-1}$.

Da die Zinsen auf die jeweilige Restschuld nicht konstant sind, sind offenbar auch die Tilgungsbeträge nicht konstant. Für diese erhält man wegen $Z = iS_{k-1} + T_k = iS_k + T_{k+1}$ (da Z konstant ist) und $S_{k-1} = S_k + T_k$:

$$T_{k+1} + iS_k = T_k + iS_{k-1} = T_k + i(S_k + T_k) = iS_k + (1+i)T_k.$$

Die Elimination des Terms iS_k aus dieser Gleichung führt zu der Beziehung

$$T_{k+1} = (1+i)T_k = qT_k = \cdots = q^k T_1.$$

Wegen $q = 1 + i > 1$ zeigt dies insbesondere, dass die Tilgungsbeträge mit jedem Jahr größer werden.

Unter Verwendung der Beziehung $S_{k-1} = S_k + T_k$, $k \in \{1, \ldots, n\}$, (s.o.) ist die Summe der Tilgungen gegeben durch

$$\sum_{k=1}^{n} T_k = \sum_{k=1}^{n} (S_{k-1} - S_k) = \sum_{k=1}^{n} S_{k-1} - \sum_{k=1}^{n} S_k$$

$$= \sum_{k=0}^{n-1} S_k - \sum_{k=1}^{n} S_k = S_0 - S_n = S_0,$$

d. h. die Summe der Tilgungen ist gleich der Kreditsumme.

Die Gesamtzahlung beträgt

$$nZ = nS_0 q^n \frac{q-1}{q^n - 1}.$$

Bisher wurde die Grundformel für das nach n Zeitperioden vorhandene Kapital bei nachschüssigen Zahlungen betrachtet. In der folgenden Situation werden vorschüssige Zahlungen unterstellt, d. h. diese erfolgen zu Beginn einer Zeitperiode.

Bei einem Anfangskapital K_0 werden vorschüssig in den Perioden $k = 1, 2, \ldots$ Ein- bzw. Auszahlungen Y_k getätigt. Von Interesse ist das Kapital K_n, das bei einem konstanten Zinssatz i und Gutschrift der angefallenen Zinsen jeweils am Ende einer Periode (nachschüssige Verzinsung) am Ende der n-ten Periode vorhanden ist.

In Analogie zur Situation nachschüssiger Zahlungen erhält man für das Kapital am Ende des

- 1. Zeitintervalls: $K_1 = (K_0 + Y_1)q = K_0 q + Y_1 q$,
- 2. Zeitintervalls: $K_2 = (K_1 + Y_2)q = K_0 q^2 + Y_1 q^2 + Y_2 q$,
- 3. Zeitintervalls: $K_3 = (K_2 + Y_3)q = K_0 q^3 + Y_1 q^3 + Y_2 q^2 + Y_3 q$ usw.

Im Falle der vorschüssigen Zahlungen ergibt sich also:

Kapital nach Ablauf von n Zeitintervallen bei vorschüssigen Zahlungen und nachschüssiger Verzinsung

$$K_n = K_0 q^n + \sum_{k=1}^{n} Y_{n+1-k} q^k = K_0 q^n + \sum_{k=0}^{n-1} Y_{n-k} q^{k+1}$$

Insbesondere gilt bei konstanten Zahlungen $Y_k = Y$, $k \in \{1, \ldots, n\}$:

$$K_n = K_0 q^n + \sum_{k=0}^{n-1} Y q^{k+1} = K_0 q^n + Y q \sum_{k=0}^{n-1} q^k = K_0 q^n + Y q \frac{1 - q^n}{1 - q}.$$

Auch diese Formel kann mit Hilfe der vollständigen Induktion nachgewiesen werden. Alternativ wird sie nachfolgend auf die Formel für nachschüssige Zahlungen zurückgeführt.

Dazu wird die Summe des Anfangskapitals und der ersten (vorschüssigen) Zahlung $\widetilde{K}_0 = K_0 + Y_1$ als neues Anfangskapital aufgefasst. Jede vorschüssige Zahlung Y_{k+1} zu Beginn der Periode $k + 1$ kann als nachschüssige Zahlung Z_k am Ende der k-ten Periode interpretiert werden. Für $k \in \{1, \ldots, n - 1\}$ setzt man daher $Z_k = Y_{k+1}$. Da die letzte vorschüssige Zahlung zu Beginn der n-ten Periode erfolgt, also am Ende von Periode n keine Zahlung geleistet wird, wird $Z_n = 0$ gesetzt. Dann ergibt sich das Kapital nach Ablauf von n Zeitperioden bei vorschüssiger Zahlung mittels der entsprechenden Formel bei nachschüssigen Zahlungen gemäß:

$$
K_n = \widetilde{K}_0 q^n + \sum_{k=0}^{n-1} Z_{n-k} q^k = (K_0 + Y_1) q^n + \sum_{k=1}^{n-1} Y_{n-k+1} q^k + Z_n q^0
$$

$$
= K_0 q^n + Y_1 q^n + \sum_{k=1}^{n-1} Y_{n-k+1} q^k = K_0 q^n + \sum_{k=1}^{n} Y_{n-k+1} q^k
$$

$$
= K_0 q^n + \sum_{k=0}^{n-1} Y_{n-k} q^{k+1}
$$

Aufgaben

Aufgabe 2.1
Der Kontostand von Frau M. beträgt am Anfang eines Jahres 17 000 €. Sie plant, am Ende dieses Jahres und der nächsten Jahre jeweils 1 500 € auf das Konto zu überweisen. Die Zinsen werden am Ende eines jeden Jahres ihrem Konto gutgeschrieben. Der Zinssatz beträgt 3.5% jährlich.

(a) Welchen Kontostand hat Frau M. nach Ablauf von 15 Jahren?

(b) Um welchen Betrag müsste sie ihr Konto *sofort* aufstocken, um nach 15 Jahren über 60 000 € zu verfügen?

(c) Nach wie vielen Jahren würde ihr Guthaben bei einem Anfangskapital von 17 000 € erstmals 100 000 € überschreiten?

Aufgabe 2.2
Frau M. verfügt bei einer Bank über ein Guthaben von 370 000 €, das nachschüssig mit jährlich 3% verzinst wird.

(a) Sie möchte von diesem Geld 15 Jahre lang jeweils am Ende des Jahres einen gleichbleibenden Betrag abheben. Wie groß ist dieser Betrag, wenn am Ende des 15. Jahres das gesamte Guthaben verbraucht sein soll?

(b) Frau M. beschließt, vom Konto am Ende eines jeden Jahres jeweils 20 000 € abzuheben. Wie viele Jahre kann Sie das höchstens tun, um nach der letzten Abhebung ein Restguthaben von mindestens 160 000 € auf dem Konto zu behalten?

Aufgabe 2.3

Herr M. hat zu Beginn eines Jahres einen Kredit in Höhe von 200 000 € aufgenommen. Er möchte diese Schuld durch konstante jährliche Ratenzahlungen am Ende eines jeden Jahres innerhalb von 25 Jahren restlos tilgen. Die Zinsen für die jeweilige Restschuld betragen $9\frac{1}{4}\%$ jährlich.

(a) Wie hoch sind die jährlichen Raten?

(b) Wie hoch ist seine Restschuld nach zehn Jahren (bei einer jährlichen Ratenzahlung von 20 775.14 €), d. h. unmittelbar nach seiner zehnten Einzahlung?

(c) Nach wie vielen Jahren hat Herr M. (bei einer jährlichen Ratenzahlung von 20 775.14 €) erstmals mehr als die Hälfte der Schuld zurückgezahlt?

Aufgabe 2.4

Bei einem Sparvertrag über die Laufzeit von 6 Jahren beträgt der Zinssatz $i = 4\%$ jährlich, wobei die Zinsen dem Konto am Ende eines jeden Jahres gutgeschrieben werden.

(a) Zu Beginn des ersten Jahres wird der Betrag C € ($C > 0$), zu Beginn des zweiten Jahres der Betrag $C(1+i)$ €, zu Beginn des dritten Jahres der Betrag $C(1+i)^2$ €, usw. eingezahlt. Zu Beginn des sechsten Jahres wird mit $C(1 + i)^5$ € die letzte Einzahlung getätigt. (D. h. zu Beginn des Jahres j wird der Betrag $C(1+i)^{j-1}$ €, $1 \leq j \leq 6$, eingezahlt.)

Geben Sie die Höhe des entstandenen Kapitals nach Ablauf von sechs Jahren an. Wie lautet der (gerundete) Betrag K_* bei $C = 10\,000$?

(Lösung: $K_* \approx 75\,919.14$ €)

(b) Welche konstante Rate R muss über sechs Jahre jeweils vorschüssig eingezahlt werden, um nach Ablauf von sechs Jahren über das Kapital K_* aus (a) verfügen zu können?

(c) Welcher Betrag muss einmalig zu Beginn des ersten Jahres angelegt werden, um nach Ablauf von sechs Jahren über das Kapital K_* aus (a) verfügen zu können?

Aufgabe 2.5

Bei einem Sparvorgang werde zu Beginn des ersten Jahres der Betrag C € ($C > 0$), zu Beginn des zweiten Jahres der Betrag $2C$ € , usw. angelegt. Zu Beginn des 10. Jahres wird mit $10C$ € die letzte Einzahlung getätigt. Der Sparvorgang endet mit Ablauf des 10. Jahres. Der Zinssatz beträgt 4% jährlich, und die Zinsen werden dem Konto am Ende eines jeden Jahres gutgeschrieben.

(a) K_n bezeichne den Kontostand nach Ablauf von n Jahren, $q = 1 + \frac{p}{100}$.

Beweisen Sie folgende Formel mittels vollständiger Induktion:

$$K_n = C \cdot q^{n+1} \sum_{i=1}^{n} i q^{-i}$$

(b) Berechnen Sie K_{10} unter den oben genannten Voraussetzungen für $C = 200$.

Weitere Aufgaben

Aufgabe (Lösung s. AL 7.2)

Welche der folgenden Zahlenfolgen $(a_n)_{n\in\mathbb{N}}$ sind konvergent? Bestimmen Sie im Fall der Konvergenz den Grenzwert $\lim\limits_{n\to\infty} a_n$.

a) $a_n = \frac{3n^2+4n-55}{9n^2-8n-\sqrt{2}}$ b) $a_n = \frac{6n^3-15n}{3n^4-10}$ c) $a_n = \frac{6n^4-15n}{3n^3-10}$

d) $a_n = \frac{n^3}{n^4+n^3+n}$ e) $a_n = \frac{2(1+(-1)^n)}{7}$ f) $a_n = \frac{n^2-9}{(n+3)^2}$

g) $a_n = 2n\left(\frac{3}{n} - \frac{3}{n+1}\right)$ h) $a_n = \sqrt{n+5} - \sqrt{n}$ i) $a_n = ((-1)^n + 1)(1 - (-1)^n)$

j) $a_n = \frac{2n-1}{2n}\sqrt[n]{2}$ k) $a_n = \frac{5-\sqrt{27n}}{\sqrt{3n}+2}$ l) $a_n = \frac{(-1)^n \cdot 2n}{2n^3-n^2}$

m) $a_n = \frac{2n(n-1)(n+2)^2}{(n-1)^3(5n+2)}$ n) $a_n = \frac{2n^2(n-3+4n^2)}{5(n-1)^3(3n+4)}$

Aufgabe (Lösung s. AL 7.5)

Es gilt für jede beliebige, reelle Zahl $a \neq 1$:

$$\sum_{i=1}^{n} a^{i-1} = \frac{a^n - 1}{a - 1}, \quad n \in \mathbb{N}.$$

a) Bestimmen Sie für $|a| < 1$ den Grenzwert der geometrischen Reihe: $\lim\limits_{n\to\infty} \sum_{i=1}^{n} a^{i-1}$.

b) i) Die Wartungs- und Reparaturkosten für eine technische Großanlage betragen im ersten Jahr nach der Installation 10 000 € und steigen pro Jahr um 10% gegenüber dem Vorjahressatz. Wie hoch ist die Wartungs- und Reparaturkostensumme in den ersten 5 Jahren?

ii) Ein Vater legt bei der Geburt seiner Tochter 8 000 € auf die Bank, die das Kapital mit 6% verzinst (Zuschlag der Zinsen am Ende eines jeden Jahres). Am Anfang des 20. Lebensjahres nimmt die Tochter ihr Studium auf. Welchen Betrag kann sie 6 Jahre lang zu Beginn des Jahres abheben, wenn sie die zur Verfügung stehende Summe in dieser Zeit verbrauchen will?

iii) In ein gleichseitiges Dreieck von 10 cm Seitenlänge ist ein Kreis einbeschrieben; in den Kreis ein gleichseitiges Dreieck; in dieses wieder ein Kreis usw. Berechnen Sie die Summe der Umfänge aller gleichseitigen Dreiecke.

Aufgabe (Lösung s. AL 6.4)

a) Bei welchem Zinssatz pro Jahr verdreifacht sich das Startkapital K_0 nach 11 Jahren bei einer jährlichen Verzinsung?

b) Wie viele volle Jahre muss man mindestens warten, bis bei einer monatlichen Verzinsung von $\frac{9}{12}$% das Startkapital von 5 000 € auf mindestens 15 000 € angewachsen ist?

c) Ein Kapital wurde zu einem monatlichen Zinssatz von $\frac{9}{12}$% angelegt; wie lautet der Jahreszinssatz, der dieser monatlichen Verzinsung entspricht?

Aufgabe (Lösung s. AL 6.8)

Herr Müller-L. möchte eine Eigentumswohnung von 100 qm Wohnfläche erwerben. Ein Quadratmeter Wohnfläche eines Objektes nach seinen Vorstellungen kostet zur Zeit 3 300 €. Er beginnt nun zu sparen und legt zu Beginn eines jeden Jahres 60 000 € auf ein Sparkonto. Die Bank verzinst das Kapital mit 7% pro Jahr. Das angesparte Kapital kann nur am Ende eines Jahres abgehoben werden.

Nach wie vielen Jahren kann Herr Müller-L. bei gleichbleibendem Zinssatz eine Eigentumswohnung mit dem angesparten Kapital aus obigem Sparvertrag bar bezahlen, wenn

    a) der Quadratmeterpreis konstant bleibt?

    b) der Quadratmeterpreis um 7% pro Jahr steigt?

(Erstellen Sie zunächst allgemeine Lösungsformeln für a) und b), und setzen Sie danach die speziellen Werte der Aufgabe ein!)

Aufgabe (Lösung s. AL 6.9)

In den Zuständigkeitsbereich einer Forstverwaltung fällt eine Waldfläche mit momentan $20\,000\,\mathrm{m}^3$ Holz.

  a)   i) Der Holzzuwachs beträgt 1% pro Vierteljahr. Wie viel Holz enthielt diese Waldfläche vor 10 Jahren?

      ii) Wie viele volle Jahre dauert es mindestens, bis die Holzmenge von $20\,000\,\mathrm{m}^3$ auf mehr als $30\,000\,\mathrm{m}^3$ angewachsen ist, wenn der Zuwachs alle 13 Monate 4% beträgt?

  b) Durch Rodungen verringert sich der Holzbestand jährlich, und zwar (jeweils bezogen auf den Vorjahresbestand) im 1. Jahr um 10%, im 2. Jahr um 5%, im 3. Jahr um 2.5%, im n-ten Jahr ($n \in \mathbb{N}$) um $\frac{10}{2^{n-1}}\%$.

    i) Wie viel Holz enthält der Wald nach 4 Jahren?

    ii) Berechnen Sie eine Zahl $V \in (0, 100)$ derart, dass der Wald bei jährlicher Verringerung des Holzbestandes um konstant $V\%$ nach 4 Jahren den unter b) i) berechneten Holzbestand hat.

    iii) Nach wie vielen (vollen) Jahren ist der Holzbestand (von $20\,000\,\mathrm{m}^3$) erstmals um mehr als ein Viertel geschrumpft, wenn die Verringerung konstant 3% pro Jahr beträgt?

Aufgabe (Lösung s. AL 6.11)

Betrachten Sie das folgende Sparschema. Auf ein Konto werden zum 1.1.2001 1 000 € eingezahlt, zum 1.1.2002 weitere 2 000 €, zum 1.1.2003 weitere 3 000 € usw. bis zur letzten Einzahlung von 8 000 € am 1.1.2008. Für die Laufzeit dieses Sparvertrags garantiert die Bank einen jährlichen Zinssatz von 6%.

Zeigen Sie, dass das am 31.12.2008 zur Verfügung stehende Endkapital K_n gegeben ist durch

$$K_n = K_0 \sum_{k=1}^{n} k(1+i)^{n+1-k} = K_0(1+i)^{n+1} \sum_{k=1}^{n} k\left(\frac{1}{1+i}\right)^k,$$

wobei $K_0 = 1\,000$ € das Anfangskapital, $i = 0.06$ der Zinssatz und $n = 8$ die Laufzeit in (vollen) Jahren bedeutet. Berechnen Sie K_n für diese Werte.

3 Funktionen einer Variablen

In vielen Bereichen der Wirtschaftswissenschaften werden Funktionen zur Modellierung der Abhängigkeit einer ökonomischen Größe von einer oder mehreren Einflussgrößen verwendet. Beispiele für die Abhängigkeit einer ökonomischen Zielgröße von einer (unabhängigen) Variablen sind

- die Höhe von Produktionskosten von der Anzahl produzierter Erzeugnisse,
- die Höhe des Umsatzes (Erlöses) von der Anzahl der verkauften Erzeugnisse.

Weitere Beispiele ergeben sich aus Zusammenhängen zwischen Preis und Menge eines Produkts, Nachfrage und Preis eines Gutes, Umsatz und Zeit, Energieverbrauch und Zeit, Kurs eines Wertpapiers und Zeit, Wert eines Aktienportfolios und Zeit.

In diesem Kapitel werden Funktionen <u>einer</u> Variablen als mathematisches Objekt eingeführt und grundlegende, wichtige Eigenschaften von Funktionen vorgestellt sowie anhand von Beispielen erläutert und vertieft.

Einführung in die Begriffe

Bezeichnung

Seien D und W nichtleere Mengen. Eine Vorschrift f, die jedem Element $d \in D$ genau ein Element $w \in W$ zuordnet, heißt **Funktion** (oder **Abbildung**) von der Menge D in die Menge W.

Als Schreibweisen werden $f : D \longrightarrow W$ und $D \overset{f}{\longrightarrow} W$ benutzt. Das einem Element d ($\in D$) zugeordnete Element w ($\in W$) wird geschrieben als $w = f(d)$.

D heißt **Definitionsbereich** (von f), W **Wertebereich** (von f); $f(d)$ heißt **Funktionswert** (an der Stelle d) oder **Bild** (von d), und d heißt **Argument** (von f). Die Menge $\{(x, f(x)) \mid x \in D\}$ heißt **Graph** von f.

Die in diesem Kapitel betrachteten Funktionen besitzen als Definitionsbereich und Wertebereich Teilmengen der reellen Zahlen $\mathbb{R}$. Sie werden daher im Folgenden auch **reelle Funktionen** (einer Variablen) genannt.

Eine Funktion f einer Variablen wird spezifiziert, indem für jedes Element $x \in D$ ein Funktionswert $y = f(x) \in W$ in Form einer Funktionsgleichung angegeben wird. Auf diese Weise werden Paare $(x, y) = (x, f(x))$ für jedes $x \in D$ gebildet. Diese Sichtweise ermöglicht eine graphische Darstellung der Funktion f als Menge von Punkten in der Ebene $\mathbb{R}^2$, in dem alle Punkte $(x, f(x))$ in ein Koordinatensystem eingetragen werden. Aus dieser Darstellung kann eine Vielzahl von Informationen über die Funktion f abgeleitet werden.

In einem interessierenden Bereich, z.B. einem Intervall, wird ein ökonomischer Zusammenhang zwischen zwei Größen idealisiert etwa als „stetige" Funktion dargestellt, obwohl Bruchteile der Größen (z.B. Anzahlen) nicht unbedingt sinnvoll sind. Anschaulich bedeutet „stetige" Funktion, dass der Graph der Funktion „keine Sprünge macht" und demnach „ohne den Stift abzusetzen zeichenbar" ist.

Als Beispiel einer Funktion wird eine Kostenfunktion K in Abhängigkeit von der Anzahl produzierter Erzeugnisse betrachtet, die in einem Intervall (hier $[0, 50]$) idealisiert als stetige Funktion dargestellt wird. Die Funktion K gibt für jeden Wert $x \in [0, 50] = D$ die anfallenden Kosten der Produktion an, die sich aus Fixkosten und variablen, hier mengenabhängigen Kosten, zusammensetzen. Idealisiert ist dieser Zusammenhang deshalb, weil Anzahlen ganzzahlig sind, d. h. weil $x \in [0, 50] \cap \mathbb{N}$ gilt. Zudem wird vereinfachend die alleinige Abhängigkeit der Kosten von einer Variablen unterstellt. In der Realität werden die Kosten in der Regel von einem oder mehreren Produkten und von mehreren Kostenstellen abhängen. Diese komplexere Situation kann mit Funktionen von mehreren Variablen modelliert werden, die Gegenstand von Kapitel 6 sind.

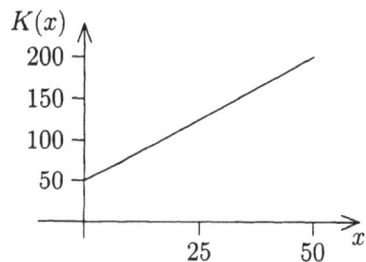

B Die Kostenfunktion K mit $K(x) = 50 + 3x$ gebe für $x \in [0, 50]$ die Höhe der Kosten in Abhängigkeit von der Anzahl x produzierter Erzeugnisse an. Dabei entspricht die Konstante 50 den entstehenden Fixkosten. Der Graph von K ist ein Geradenstück mit $K(x)$-Achsenabschnitt 50 und Steigung 3. In der folgenden Graphik sind die Graphen von K für $x \in [0, 50] \cap \mathbb{N}$ bzw. für $x \in [0, 50]$ einander gegenübergestellt.

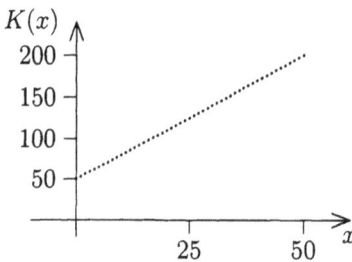

$x \in [0, 50] \cap \mathbb{N}$ idealisiert für $x \in D = [0, 50]$

Kostenfunktion K

Werden nicht die Gesamtproduktionskosten eines Gutes betrachtet, sondern sind die Kosten von Interesse, die einer Einheit des Produkts zugewiesen werden können, so spricht man von Stückkosten. Die Funktion k, die die Stückkosten beschreibt, ist dann gegeben durch $k(x) = \frac{K(x)}{x}$. Es werden also die auf die produzierte Menge x bezogenen Kosten $K(x)$ betrachtet.

Die Funktion k mit $k(x) = \frac{50}{x} + 3$, $x \in (0,50]$, gibt die (zur obigen Kostenfunktion gehörigen) Stückkosten in Abhängigkeit von der Anzahl x produzierter Güter an.

Ein Hilfsmittel zur Skizzierung des Graphen von k ist eine **Wertetabelle**, in der ausgewählte Stellen x zusammen mit ihrem Funktionswert $k(x)$ eingetragen sind. Sie vermittelt einen ersten Eindruck über den Verlauf des Graphen.

Für die Funktion k erhält man beispielsweise:

x	1	2	5	10	25	50
$k(x)$	53	28	13	8	5	4

Der Graph von k beschreibt eine Hyperbel.

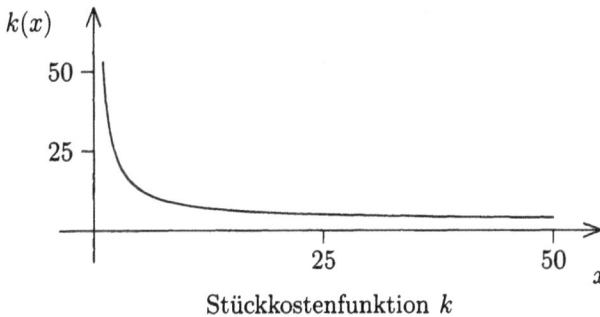

Stückkostenfunktion k

Häufig haben ökonomische Funktionen nicht diesen stetigen Verlauf, sondern der Graph der Funktion besitzt „Sprungstellen"; die Funktion ändert sich eben nicht „unmerklich" in Form eines „nahtlosen" Übergangs, sondern in „Sprüngen".

Wird beispielsweise die Höhe des eingeräumten Rabatts in Abhängigkeit von der abgenommenen Stückzahl eines Gutes aufgetragen, so ergibt sich möglicherweise eine „absteigende Treppenfunktion". Bei jeweils festgesetzten Schwellenwerten ändert sich die Höhe des Rabatts. Ist der Verkaufspreis eines Produkts abhängig von der bestellten Stückzahl (jeweils innerhalb fester Mengenabgaben), so ist der Preis der Lieferung als Funktion der Stückzahl innerhalb der Intervalle gleichen Preises linear (also von der Form der obigen Funktion K); insgesamt ergibt sich ein „Sägezahnverlauf" des Graphen.

In einem Kopierladen hängen die Kosten pro Fotokopie von der Gesamtanzahl der gewünschten Kopien ab. Es gelte folgender, in der Tabelle aufgelisteter Zusammenhang zwischen der Anzahl der Kopien und dem Stückpreis.

Anzahl Kopien	0-49	50-99	ab 100
Preis pro Kopie	0.05 €	0.04 €	0.03 €

Die Funktion k, die den Preis pro Kopie in Abhängigkeit von der Anzahl x der Kopien angibt, ist gegeben durch

$$k(x) = \begin{cases} 0.05, & \text{falls } 0 \leq x < 50 \\ 0.04, & \text{falls } 50 \leq x < 100 \\ 0.03, & \text{falls } 100 \leq x \end{cases} .$$

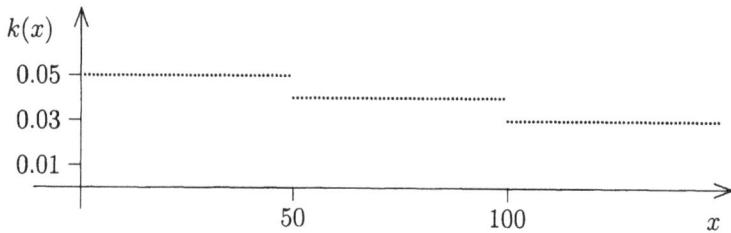

Graph der Funktion k für $x \in \mathbb{N}$

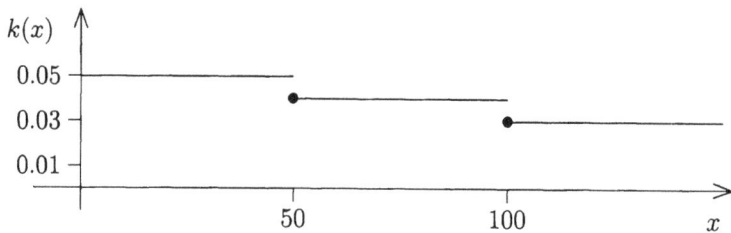

Graph der Funktion k idealisiert für $x \geq 0$

Die Funktion K, die die Gesamtkosten in Abhängigkeit von der Stückzahl angibt, ist in diesem Fall

$$K(x) = k(x) \cdot x = \begin{cases} 0.05x, & \text{falls } 0 \leq x < 50 \\ 0.04x, & \text{falls } 50 \leq x < 100 \\ 0.03x, & \text{falls } 100 \leq x \end{cases} .$$

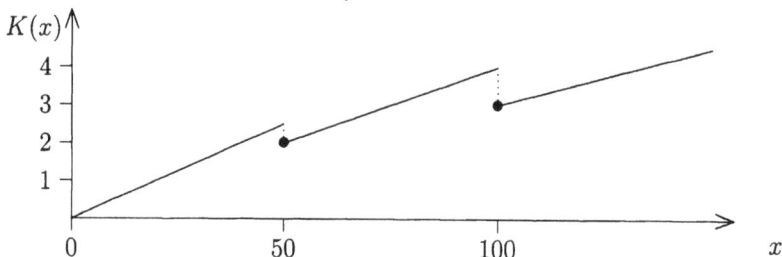

Graph der Funktion K

An den vorhergehenden Beispielen ist bereits zu erkennen, dass die Graphen von Funktionen sehr unterschiedlich aussehen können, und die Funktionen somit sehr unterschiedliche Eigenschaften haben können. Praxisnahe Kostenfunktionen werden üblicherweise Sprünge besitzen, die durch abrupte Änderungen der ökonomischen Randbedingungen verursacht sind. Ein „Sprung" entsteht beispielsweise dadurch, dass bei Überschreiten einer gewissen Anzahl von zu produzierenden Einheiten die Produktion nicht mehr mittels der vorhandenen Kapazitäten des Unternehmens gewährleistet werden kann und z.B. zusätzliches Personal eingestellt werden muss. Bei bestimmten Produktionsmengen werden eventuell zusätzliche Fixkosten wie Gehälter, Miete oder Kosten für Investitionen anfallen, die an diesen Schwellenwerten Sprünge der Kostenfunktion bewirken. Ebenso kann ein „Sprung" (wie im vorherigen Beispiel) durch höhere Rabatte bei Abnahme einer höheren Stückzahl bedingt sein. Derartige Funktionen werden, nachdem die „Sprungstellen" bestimmt wurden, abschnittsweise untersucht.

Weitere Beispiele für möglicherweise unstetige Funktionen sind Beschreibungen

- des Lagerbestands in Abhängigkeit von der Zeit,

- der liquiden Mittel in Abhängigkeit von der Zeit,

- der Transportkosten in Abhängigkeit von der Menge eines Gutes, wobei jeweils bei bestimmten Transportmengen zusätzliche Fixkosten entstehen (z.B. durch den Einsatz eines weiteren Fahrzeugs).

Verknüpfung von Funktionen

Aus gegebenen Funktionen f und g können durch Verknüpfung mittels der Grundrechenarten neue Funktionen gebildet werden, die für Modellbildungen von Interesse sind.

Seien $f : D \longrightarrow \mathbb{R}$ und $g : D \longrightarrow \mathbb{R}$ reelle Funktionen (d.h. $D \subseteq \mathbb{R}$) und $c \in \mathbb{R}$. Dann sind die Funktionen

- $f + g : D \longrightarrow \mathbb{R}$, definiert durch $(f + g)(x) = f(x) + g(x)$,

- $cf : D \longrightarrow \mathbb{R}$, definiert durch $(cf)(x) = c\,f(x)$,

- $fg : D \longrightarrow \mathbb{R}$, definiert durch $(fg)(x) = f(x)g(x)$,

und für $\tilde{D} = D \setminus \{x \in \mathbb{R} \mid g(x) = 0\}$ die Funktion

- $\dfrac{f}{g} : \tilde{D} \longrightarrow \mathbb{R}$, definiert durch $\left(\dfrac{f}{g}\right)(x) = \dfrac{f(x)}{g(x)}$,

ebenfalls reelle Funktionen.

Eine weitere Möglichkeit, aus gegebenen Funktionen f und g eine neue zu erhalten, ist die „Hintereinanderausführung" (sofern Definitions- und Wertebereiche dies zulassen).

Bezeichnung

Seien $f : D_1 \longrightarrow W$, $g : D_2 \longrightarrow \mathbb{R}$ reelle Funktionen mit $W \subseteq D_2$.

Die **Komposition (Hintereinanderausführung)** $g \circ f$ von g und f ist definiert durch:

$$g \circ f : D_1 \longrightarrow \mathbb{R} \quad \text{mit} \quad (g \circ f)(x) = g(f(x)), \quad x \in D_1.$$

Die Komposition der Funktionen g und f führt „von D_1 über W nach $\mathbb{R}$", indem x zunächst durch f auf $f(x)$ und dieses Element (von D_2) dann auf $g(f(x)) \in \mathbb{R}$ abgebildet wird.

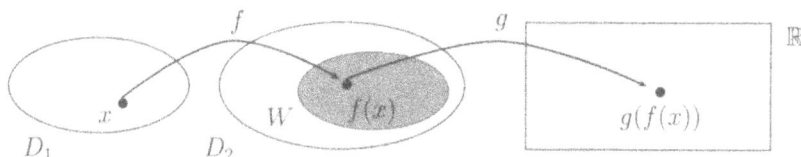

Hintereinanderausführung von Funktionen

Eigenschaften von Funktionen

Zur Analyse der Eigenschaften von Funktionen werden einige Begriffe benötigt.

Bezeichnung

Seien $D \subseteq \mathbb{R}$, $f : D \longrightarrow \mathbb{R}$ eine Funktion und $\widetilde{D} \subseteq D$.

(i) f heißt nach **oben (unten) beschränkt**, falls gilt:

$$\exists M \in \mathbb{R} : f(x) \leq M \ (f(x) \geq M) \text{ für alle } x \in D.$$

M heißt **obere** bzw. **untere Schranke** von f. f heißt **beschränkt**, falls f nach oben <u>und</u> nach unten beschränkt ist. Ist f nicht beschränkt, so heißt f **unbeschränkt**.

(ii) f heißt **(streng) monoton** $\begin{cases} \textbf{wachsend} \\ \textbf{fallend} \end{cases}$ auf $\widetilde{D}$, falls

$$\forall x, y \in \widetilde{D} \text{ mit } x < y \text{ gilt: } f(x) \left\{ \begin{matrix} \leq (<) \\ \geq (>) \end{matrix} \right\} f(y).$$

(iii) f heißt **gerade**, falls $f(x) = f(-x)$ für alle $x \in D$ gilt.
(Der Graph von f ist **achsensymmetrisch** zur $f(x)$-Achse.)

f heißt **ungerade**, falls $f(x) = -f(-x)$ für alle $x \in D$ gilt.
(Der Graph von f ist **punktsymmetrisch** zum Punkt $(0,0)$.)

(iv) $x \in D$ heißt **Nullstelle** von f, falls $f(x) = 0$ gilt.

(v) x^* heißt $\begin{cases} \textbf{Maximalstelle} \\ \textbf{Minimalstelle} \end{cases}$ von f, falls $f(x^*) \left\{ \begin{matrix} \geq \\ \leq \end{matrix} \right\} f(x)$ für alle $x \in D$ gilt.

$f(x^*)$ heißt $\begin{cases} \textbf{Maximum (oder Maximalwert)} \\ \textbf{Minimum (oder Minimalwert)} \end{cases}$ der Funktion f.

x^* heißt **Extrem-**, **Extremal-** oder **Optimalstelle**, falls x^* Maximal- oder Minimalstelle ist. Entsprechend heißt $f(x^*)$ **Extrem-**, **Extremal-** oder **Optimalwert** oder kurz **Extremum**.

Da $f(x^*) \geq (\leq) f(x)$ <u>für alle</u> $x \in D$ gefordert wird, wird $f(x^*)$ auch **globales** Maximum bzw. Minimum genannt.

Die Funktion $f : \mathbb{R} \longrightarrow \mathbb{R}$, gegeben durch $f(x) = (x-2)^2$, wird durch den folgenden Graphen dargestellt.

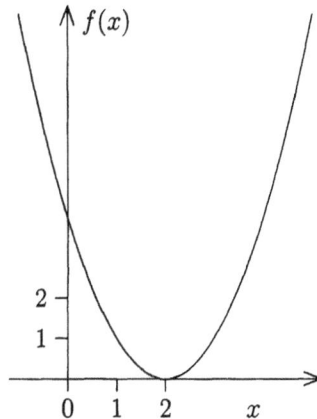

Graph zu f mit $f(x) = (x-2)^2$

Die Funktion f ist

- nach unten beschränkt, da $f(x) \geq 0$ für alle $x \in \mathbb{R}$ gilt; d. h. 0 ist eine untere Schranke von f.

- streng monoton fallend auf $(-\infty, 2)$, denn für x, $y \in \mathbb{R}$ mit $x < y < 2$ gilt:

$$x - 2 < y - 2 \; (< 0) \implies (x-2)^2 > (y-2)^2 \implies f(x) > f(y).$$

Analog folgt, dass f streng monoton wachsend auf $(2, \infty)$ ist.

Weiterhin gilt:

- $x = 2$ ist die einzige Nullstelle von f, da $f(x) = 0 \iff x = 2$.

- $x^* = 2$ ist Minimalstelle von f und $f(2) = 0$ ist das globale Minimum von f, da für alle $x \in D$ gilt: $f(2) = 0 \le (x-2)^2 = f(x)$.

Die Funktion f, gegeben durch $f(x) = x^3 + x^2 = x^2(x+1)$, besitzt keine globalen Extrema, da sie weder nach oben noch nach unten beschränkt ist. Jede feste positive Zahl wird von den Funktionswerten für genügend große (positive) Argumente überschritten, und jede feste negative Zahl wird von den Funktionswerten für genügend kleine (negative) Argumente unterschritten.

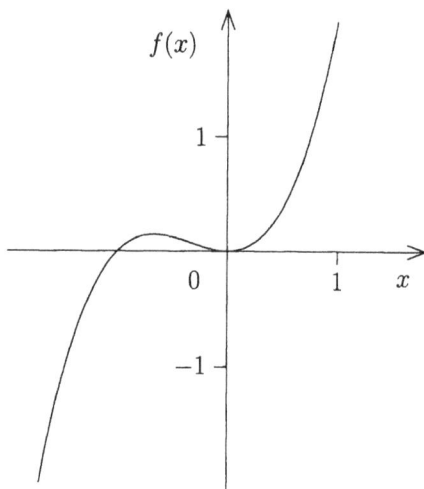

Graph der Funktion f mit $f(x) = x^2(x+1)$

Am Graphen der obigen Funktion ist erkennbar, dass eine Funktion, die keine globalen Extrema aufweist, durchaus „Extrema in Teilbereichen" besitzen kann. So ist beispielsweise „in der Nähe der Null" kein Funktionswert kleiner als $f(0) = 0$. Eine derart ausgezeichnete Stelle heißt lokale Extremalstelle.

Bezeichnung

Seien $D \subseteq \mathbb{R}$ und $f : D \longrightarrow \mathbb{R}$ eine Funktion.

Ein Element $x^* \in D$ heißt lokale $\begin{cases} \text{Maximalstelle} \\ \text{Minimalstelle} \end{cases}$ von f, falls gilt:

$$\exists \varepsilon > 0 : \quad f(x^*) \left\{ \begin{array}{c} \geq \\ \leq \end{array} \right\} f(x) \text{ für alle } x \in (x^* - \varepsilon, x^* + \varepsilon) \cap D.$$

In beiden Fällen heißt x^* auch **lokale Extremalstelle**.

$f(x^*)$ heißt lokales $\begin{cases} \text{Maximum} \\ \text{Minimum} \end{cases}$ bzw. **lokales Extremum** der Funktion f.

Das Intervall $(x^* - \varepsilon, x^* + \varepsilon)$ wird als **ε-Umgebung** von x^* bezeichnet.

Der Funktionswert $f(x^*)$ eines lokalen Minimums (Maximums) ist in einer (beliebig kleinen) ε-Umgebung von x^* der kleinste (größte) Funktionswert. Dies entspricht der aus der Anschauung hervorgegangenen Formulierung „in der Nähe von ...".

Ist D ein offenes Intervall, so ist ein lokales Maximum bzw. Minimum also dadurch charakterisiert, dass es eine ε-Umgebung um die entsprechende Extremalstelle x^* derart gibt, dass der Wert $f(x^*)$ größer gleich bzw. kleiner gleich jedem Funktionswert für ein Argument innerhalb der ε-Umgebung ist. Lokale Extrema werden in Kapitel 4 näher untersucht.

Im letzten Beispiel sind $x^* = 0$ eine lokale Minimalstelle und der Wert $f(0) = 0$ ein lokales Minimum der Funktion f, denn z.B. mit $\varepsilon = \frac{1}{2}$ gilt:

$$f(x) = x^3 + x^2 = x^2(x + 1) \geq 0 \quad \text{für alle } x \in (x^* - \varepsilon, x^* + \varepsilon) = \left(-\tfrac{1}{2}, \tfrac{1}{2} \right).$$

Für einige Anwendungen sind Paare von Funktionen (f, g) von Bedeutung, die die Eigenschaften $g(f(x)) = x$ und $f(g(y)) = y$ besitzen.

Seien $\alpha > 0$ und die Funktionen $f : (0, \infty) \longrightarrow (0, \infty)$ und $g : (0, \infty) \longrightarrow (0, \infty)$ gegeben durch

$$f(x) = x^\alpha, \ x > 0, \quad \text{und} \quad g(y) = y^{\frac{1}{\alpha}}, \ y > 0.$$

Dann gilt für alle $x, y \in (0, \infty)$:

$$g(f(x)) = (f(x))^{\frac{1}{\alpha}} = (x^\alpha)^{\frac{1}{\alpha}} = x^{\alpha \cdot \frac{1}{\alpha}} = x,$$
$$f(g(y)) = (g(y))^\alpha = (y^{\frac{1}{\alpha}})^\alpha = y^{\frac{1}{\alpha} \cdot \alpha} = y,$$

d. h. die Hintereinanderausführung der Funktionen lässt jeweils das Argument fest.

Bezeichnung

Seien $f : A \longrightarrow B$ und $g : B \longrightarrow A$ reelle Funktionen. f und g heißen **Umkehrfunktionen** zueinander, falls gilt:

$$\forall\, x \in A : \; g(f(x)) = x \quad \text{und} \quad \forall\, y \in B : \; f(g(y)) = y.$$

Bemerkung

Die Umkehrfunktion einer reellen Funktion f wird oft mit f^{-1} bezeichnet. Dabei ist darauf zu achten, dass diese Notation <u>nicht</u> mit dem Quotienten $\dfrac{1}{f}$ verwechselt wird!

B Aus dem vorherigen Beispiel kann geschlossen werden, dass die Funktionen $f : (0,\infty) \longrightarrow (0,\infty)$ und $g : (0,\infty) \longrightarrow (0,\infty)$, definiert durch $f(x) = x^2$ und $g(y) = \sqrt{y}$, Umkehrfunktionen zueinander sind $(\alpha = \frac{1}{2})$. Die Graphen der beiden Funktionen sind in der folgenden Abbildung dargestellt.

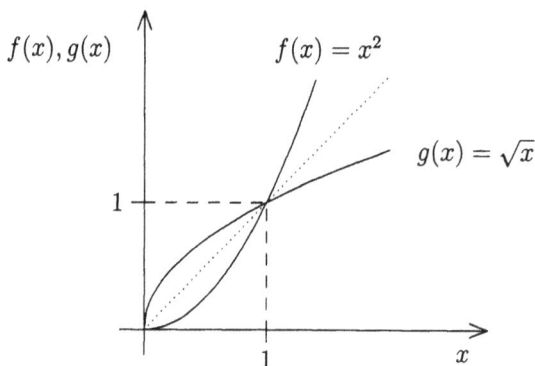

Allgemein kann der Graph der Umkehrfunktion von f (falls diese existiert) mit $D \subseteq [0,\infty)$ durch Spiegelung des Graphen von f an der Winkelhalbierenden des ersten Quadranten gebildet werden.

Grenzwerte

Zunächst werden zwei weitere Beispiele angeführt, an denen weitere Begriffe und Eigenschaften von Funktionen demonstriert werden.

Beispiel (S)   B

(a) Der Graph der Funktion $f : [0,4] \longrightarrow [0,4]$, definiert durch

$$f(x) = \begin{cases} x, & \text{falls } x \in [0,2) \\ 3, & \text{falls } x \in [2,4] \end{cases},$$

hat folgendes Aussehen, wobei der Punkt • andeutet, dass f an der Stelle $x = 2$ den Wert $f(2) = 3$ besitzt.

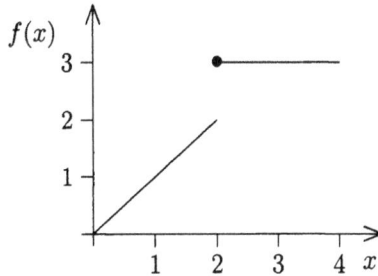

Es ist ersichtlich, dass der Graph der Funktion f eine „Sprungstelle" bei $x = 2$ aufweist.

(b) Bei der Definition der Funktion $f : D \longrightarrow \mathbb{R}$, $D = \mathbb{R} \setminus \{1\}$, gegeben durch

$$f(x) = \frac{x}{x-1} = \frac{x-1+1}{x-1} = 1 + \frac{1}{x-1},$$

muss die Stelle $x = 1$ aus dem Definitionsbereich ausgeschlossen werden, da sie eine Division durch Null zur Folge hätte. Diese Stelle wird als Definitionslücke von f bezeichnet.

Ein erster Eindruck vom Graphen der Funktion wird hier durch eine Wertetabelle gewonnen:

x	-3	-2	-1	0	$\frac{1}{2}$	$\frac{3}{2}$	2	3
$f(x)$	$\frac{3}{4}$	$\frac{2}{3}$	$\frac{1}{2}$	0	-1	3	2	$\frac{3}{2}$

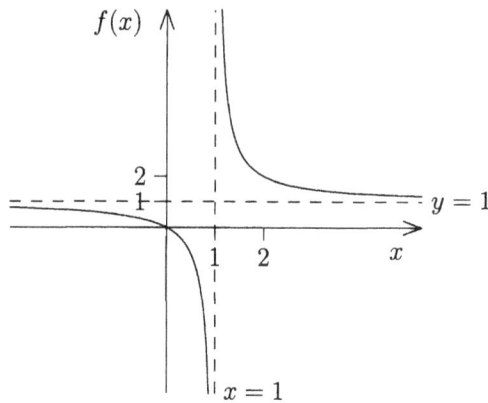

Graph von f

Der Graph von f nähert sich „nach rechts", d. h. für große (positive) Argumente, und „nach links", d. h. für kleine (negative) Argumente, der Geraden $y = 1$ an. Die Funktionswerte werden bei Annäherung der Argumente von links an die Definitionslücke $x = 1$ beliebig klein, bei Annäherung von rechts jedoch beliebig groß. Die Geraden $y = 1$ und $x = 1$ werden als **Asymptoten** von f bezeichnet.

(c) Der Graph der Funktion $f : D \longrightarrow \mathbb{R}$, $D = \mathbb{R} \setminus \{0\}$, gegeben durch

$$f(x) = \frac{x^3 - x^2}{x^2} = \frac{x^2(x-1)}{x^2},$$

ist eine Gerade, die an der Stelle $x = 0$ eine „Lücke" hat.

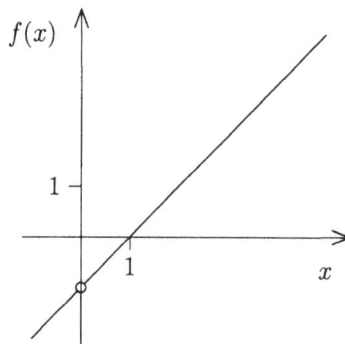

Die Funktion f ist zwar an der Stelle $x = 0$ nicht definiert, es ist aber ersichtlich, dass der Graph von f durch Hinzunahme des Punktes $(0, -1)$ (hier mit einem Kreis gekennzeichnet) zu einer Geraden (nämlich zu $g(x) = x - 1$) „geschlossen" werden kann. Der Graph dieser Funktion verhält sich somit an der Definitionslücke anders als der Graph der Funktion aus Beispiel (S), (b). Es gibt mit g, gegeben durch $g(x) = x - 1$, offenbar eine stetige „Ersatzfunktion".

Im Folgenden werden die in den obigen Beispielen angedeuteten Typen von „Sprüngen", das Verhalten von Funktionswerten für großes (kleines) x sowie das Verhalten an Definitionslücken einer Funktion näher beschrieben und untersucht. Dazu wird als zentraler Begriff der Grenzwert einer Funktion eingeführt. Dieser Begriff ist dem des Grenzwerts einer Folge ähnlich, der in Kapitel 2 eingeführt wurde. Bei Funktionen ist allerdings, wie in den Beispielen gesehen, auch die Annäherung an eine bestimmte Stelle von Interesse. Beispiel (S), (b), zeigt, dass dabei auch die Richtung der Annäherung eine wichtige Rolle spielt.

Definition

Seien D, $W \subseteq \mathbb{R}$, $f : D \longrightarrow W$ eine Funktion und x_0 eine reelle Zahl (die nicht notwendig zu D gehört).

(i) f heißt an der Stelle x_0 $\begin{cases} \text{von links konvergent} \\ \text{von rechts konvergent} \\ \text{konvergent} \end{cases}$ gegen $g \in \mathbb{R}$, falls

$$\forall \varepsilon > 0 \; \exists \delta(\varepsilon) > 0 \; \forall x \in \begin{cases} (x_0 - \delta(\varepsilon), x_0) \\ (x_0, x_0 + \delta(\varepsilon)) \\ (x_0 - \delta(\varepsilon), x_0 + \delta(\varepsilon)) \setminus \{x_0\} \end{cases} \quad \text{gilt: } |f(x) - g| < \varepsilon.$$

g heißt $\begin{cases} \text{linksseitiger Grenzwert} \\ \text{rechtsseitiger Grenzwert} \\ \text{Grenzwert} \end{cases}$ von f an der Stelle x_0.

Schreibweisen: $\lim\limits_{x \to x_0-} f(x) = g$, $\lim\limits_{x \to x_0+} f(x) = g$, $\lim\limits_{x \to x_0} f(x) = g$ bzw. $f(x) \to g$

für $\begin{cases} x \to x_0- \\ x \to x_0+ \\ x \to x_0 \end{cases}$.

(ii) f heißt an der Stelle x_0 $\begin{cases} \text{von links konvergent} \\ \text{von rechts konvergent} \\ \text{konvergent} \end{cases}$ gegen $+\infty$ $(-\infty)$, falls

$\forall M \in \mathbb{R} \; \exists \delta(M) > 0$

$$\forall x \in \begin{cases} (x_0 - \delta(M), x_0) \\ (x_0, x_0 + \delta(M)) \\ (x_0 - \delta(M), x_0 + \delta(M)) \setminus \{x_0\} \end{cases} \quad \text{gilt: } f(x) > M \; (f(x) < M).$$

Schreibweisen: $\lim\limits_{x \to x_0-} f(x) = \infty$ $(-\infty)$, $\lim\limits_{x \to x_0+} f(x) = \infty$ $(-\infty)$,

$\lim\limits_{x \to x_0} f(x) = \infty$ $(-\infty)$ bzw. $f(x) \to \infty$ $(-\infty)$ für $\begin{cases} x \to x_0- \\ x \to x_0+ \\ x \to x_0 \end{cases}$.

(iii) f heißt für $x \to \begin{cases} \infty \\ -\infty \end{cases}$ **konvergent gegen** $g \in \mathbb{R}$, falls

$$\forall\, \varepsilon > 0\ \exists\, t(\varepsilon) \in \mathbb{R}\ \forall x \begin{cases} > t(\varepsilon) \\ < t(\varepsilon) \end{cases} \quad \text{gilt: } |f(x) - g| < \varepsilon.$$

Schreibweisen: $\lim\limits_{x \to \infty} f(x) = g,\ \lim\limits_{x \to -\infty} f(x) = g$ bzw. $f(x) \to g$ für $\begin{cases} x \to \infty \\ x \to -\infty \end{cases}$

(iv) f heißt für $x \to \begin{cases} \infty \\ -\infty \end{cases}$ **konvergent gegen** ∞ $(-\infty)$, falls

$$\forall\, M \in \mathbb{R}\ \exists\, y(M) \in \mathbb{R}\ \forall x \begin{cases} \geq y(M) \\ \leq y(M) \end{cases} \quad \text{gilt: } f(x) > M\ (f(x) < M).$$

(v) Konvergiert f nicht im Sinne von (i)-(iv), so heißt f in der betrachteten Situation **divergent** oder **nicht konvergent**.

Die obigen Definitionen erfordern noch einige Anmerkungen.

Bemerkung

- Die Teile (i) und (ii) der Definition beziehen sich auf Grenzwerte von Funktionen bei Annäherung an das Argument x_0

  - von links (hier wird nur das Intervall $(x_0 - \delta(\varepsilon), x_0)$ „links" von x_0 betrachtet),

  - von rechts (es wird nur das Intervall $(x_0, x_0 + \delta(\varepsilon))$ „rechts" von x_0 betrachtet),

  - innerhalb einer $\delta(\varepsilon)$-Umgebung von x_0, die x_0 nicht enthält, bei beliebigem Annäherungsweg.

  Die Stelle x_0 selbst ist in (i) und (ii) jeweils ausgeschlossen. Die Forderung „$\forall x \in (x_0 - \delta(\varepsilon), x_0 + \delta(\varepsilon)) \setminus \{x_0\}$" kann alternativ als „$\forall x$ mit $0 < |x - x_0| < \delta(\varepsilon)$" geschrieben werden.

- Konvergenz von f an der Stelle $x_0 \in D$ gegen die Zahl $g \in \mathbb{R}$ bedeutet (s. (i)): Für jede (noch so kleine) Zahl $\varepsilon > 0$ gibt es eine positive Zahl $\delta(\varepsilon)$ (die von ε abhängen darf) derart, dass für alle x aus der $\delta(\varepsilon)$-Umgebung von x_0 der Abstand des Funktionswerts $f(x)$ von g kleiner als ε ist. Mit anderen Worten bedeutet $\lim\limits_{x \to x_0} f(x) = g$, dass für ein Intervall um x_0 der Abstand aller Funktionswerte $f(x)$ zu g kleiner als jede beliebige (vorgegebene) Zahl ist, wenn nur das Intervall – die $\delta(\varepsilon)$-Umgebung um x_0 – jeweils klein genug ist.

Beim Nachweis der Konvergenz reicht es aus, die Gültigkeit der definierenden Eigenschaft nur für „kleine" $\varepsilon > 0$ zu prüfen. Eine Einschränkung auf $0 < \varepsilon < a$ für ein fest gewähltes $a > 0$ ist also möglich.

• Die Teile (iii) und (iv) der Definition entsprechen für $x \to \infty$ den Grenzwertdefinitionen für Folgen (dort $n \to \infty$). Bei Funktionen ist, abhängig vom Definitionsbereich, möglicherweise auch der Grenzwert für $x \to -\infty$ von Bedeutung.

• Einseitige Konvergenz oder Konvergenz gegen $+\infty$ oder $-\infty$ in den Teilen (ii) und (iv) bedeutet, dass es für jede beliebig gewählte Zahl M stets ein Intervall gibt, innerhalb dessen die zugehörigen Funktionswerte die Zahl M überschreiten bzw. unterschreiten.

• In den Teilen (ii) und (iv) spricht man (wie bei Folgen) auch von **bestimmter Divergenz** und uneigentlichen Grenzwerten. In Abgrenzung zu diesen Fällen wird die jeweilige Konvergenz in (i) und (iii) als (einseitige) **endliche Konvergenz** bezeichnet.

• Ist eine Funktion konvergent, d. h. endlich konvergent oder bestimmt divergent, so sagt man auch, dass der entsprechende Grenzwert existiert.

Den Zusammenhang zwischen der Konvergenz und den einseitigen Konvergenzen in Teil (i) der Definition stellt die folgende Aussage her.

Die Funktion f hat an der Stelle x_0 einen endlichen Grenzwert g genau dann, wenn der links- und der rechtsseitige Grenzwert endlich existieren und übereinstimmen, d. h.

$$\lim_{x \to x_0} f(x) = g \Longleftrightarrow \lim_{x \to x_0-} f(x) = g \wedge \lim_{x \to x_0+} f(x) = g.$$

Fortsetzung von Beispiel (S)

B

(a) Es ist $\lim_{x \to 1} f(x) = 1$, denn für $\varepsilon > 0$ genügend klein (d. h. hier $\varepsilon < 1$) gilt $|f(x) - 1| = |x - 1|$. Wegen $|x - 1| < \varepsilon \Longleftrightarrow x \in (1 - \varepsilon, 1 + \varepsilon)$ ist mit der Wahl $\delta(\varepsilon) = \varepsilon$ die Grenzwerteigenschaft nachgewiesen, so dass $f(x) \to g = 1$ für $x \to 1$.

Weiterhin gilt: $\lim_{x \to 2-} f(x) = 2$ und $\lim_{x \to 2+} f(x) = 3$. Da der rechtsseitige und der linksseitige Grenzwert nicht übereinstimmen, ist f divergent an der Stelle $x_0 = 2$. An der Stelle $x = 0$ kann nur der rechtsseitige Grenzwert bestimmt werden: $\lim_{x \to 0+} f(x) = 0$.

(b) Für die Funktion f aus Beispiel (S), (b), gilt:

$$\lim_{x \to -\infty} f(x) = \lim_{x \to -\infty} \left(1 + \tfrac{1}{x-1}\right) = 1 = \lim_{x \to \infty} f(x),$$
$$\lim_{x \to 1-} f(x) = \lim_{x \to 1-} \left(1 + \tfrac{1}{x-1}\right) = -\infty, \quad \lim_{x \to 1+} f(x) = \lim_{x \to 1+} \left(1 + \tfrac{1}{x-1}\right) = +\infty.$$

(c) Für die Funktion f in Teil (c) gilt: $\lim\limits_{x \to 0} f(x) = \lim\limits_{x \to 0} \frac{x^3 - x^2}{x^2} = -1$, denn für $\varepsilon > 0$ kann $\delta(\varepsilon) = \varepsilon$ gewählt werden. Daraus folgt

$$|f(x) - (-1)| = \left| \frac{x^2(x-1)}{x^2} + 1 \right| = |x| < \varepsilon \quad \forall\, x \in (0 - \varepsilon, 0 + \varepsilon) \setminus \{0\}.$$

Bemerkung

(i) Für das Rechnen mit Grenzwerten von Funktionen gelten entsprechend die für Folgen formulierten Regeln. Dabei sind die Folgen $(a_n)_n$ und $(b_n)_n$ durch Funktionen f und g zu ersetzen und „$\lim\limits_{n \to \infty}$" durch „$\lim\limits_{x \to \infty}$", „$\lim\limits_{x \to -\infty}$" bzw. „$\lim\limits_{x \to x_0}$" oder „$\lim\limits_{x \to x_0+}$", „$\lim\limits_{x \to x_0-}$".

Die tabellarische Auflistung (siehe Seite 62) der Grenzwerte von Summen, Differenzen, Produkten und Quotienten für Folgen ist dann ebenso für Funktionen verwendbar. Exemplarisch werden zwei Regeln vorgeführt.

- Konvergieren f und g an der Stelle x_0 gegen $a \in \mathbb{R}$ bzw. $b \in \mathbb{R}$, dann konvergiert die Funktion $f + g$ an der Stelle x_0 und es gilt:

$$\lim\limits_{x \to x_0} (f + g)(x) = \lim\limits_{x \to x_0} (f(x) + g(x)) = a + b.$$

- Ist $\lim\limits_{x \to \infty} f(x) = a \in \mathbb{R}$ und ist $\lim\limits_{x \to \infty} g(x) = b \in \mathbb{R}$, dann ist

$$\lim\limits_{x \to \infty} (fg)(x) = \lim\limits_{x \to \infty} (f(x)g(x)) = ab.$$

(ii) Zur Bestimmung von Grenzwerten von Funktionen für $x \to -\infty$ oder $x \to +\infty$ finden dieselben Methoden wie bei Folgen Anwendung. So gilt beispielsweise

$$f(x) = \frac{2x^5 + x^3 - 3}{-4x^5 + x} = \frac{2 + \frac{1}{x^2} - \frac{3}{x^5}}{-4 + \frac{1}{x^4}} \longrightarrow \frac{2 + 0 - 0}{-4 + 0} = -\frac{1}{2} \text{ für } x \to \infty.$$

Der Grenzwert für $x \to -\infty$ kann berechnet werden gemäß

$$\lim\limits_{x \to -\infty} f(x) = \lim\limits_{x \to \infty} f(-x).$$

Eine Alternative zur obigen Einführung von Grenzwerten von Funktionen ist das sogenannte „Übertragungsprinzip". Die Konvergenz von Funktionen wird dabei auf die Konvergenz von Folgen zurückgeführt.

> Die Funktion $f : D \longrightarrow \mathbb{R}$ ist konvergent an der Stelle x_0 gegen $g \in \mathbb{R}$, falls für alle Folgen $(x_m)_{m \in \mathbb{N}}$ mit $x_m \in D \setminus \{x_0\}$ für alle $m \in \mathbb{N}$ und $x_m \to x_0$ für $m \to \infty$ gilt:
> $\lim\limits_{m \to \infty} f(x_m) = g$.

Stetigkeit

Die vorhergehenden Beispiele haben gezeigt, dass es Funktionen gibt, deren Graph man „durchzeichnen" kann, und dass dies nicht bei allen Graphen möglich ist. Der mathematische Begriff zu dieser Beobachtung ist die Stetigkeit.

Fortsetzung von Beispiel (S)

B⌐

(a) Die Funktion f ist beispielsweise „stetig", falls $D = [0, 2)$ als Definitionsbereich gewählt wird. Für $D = [0, 3)$ ist sie nicht „stetig", da der Graph der Funktion an der Stelle $x_0 = 2$ eine „Sprungstelle" hat.

(b) Die Funktion f ist „stetig" für $D = (-\infty, 1)$ oder für $D = (1, \infty)$.

⌡

Definition
Seien $D \subseteq \mathbb{R}$ und $f : D \longrightarrow \mathbb{R}$ eine Funktion. f heißt **stetig** in $x_0 \in D$, falls

$$\forall \varepsilon > 0 \; \exists \delta(\varepsilon) > 0 \; \forall x \in (x_0 - \delta(\varepsilon), x_0 + \delta(\varepsilon)) \cap D \text{ gilt: } |f(x) - f(x_0)| < \varepsilon.$$

f heißt stetig in (auf) $B \subseteq D$, falls f stetig in x ist für alle $x \in B$.
Ist f in $x_0 \in D$ nicht stetig, so heißt x_0 **Unstetigkeitsstelle** oder **Sprungstelle** von f.

Ist die Funktion f in einer Umgebung von $x_0 \in D$ definiert, so kann die Stetigkeit von f in x_0 auch über einen Grenzwert beschrieben werden: Die Funktion f konvergiert an der Stelle x_0 gegen den Funktionswert von f an dieser Stelle ($f(x) \longrightarrow f(x_0)$ für $x \to x_0$).

Seien $D \subseteq \mathbb{R}$, $f : D \longrightarrow \mathbb{R}$ eine Funktion und f in einer Umgebung von $x_0 \in D$ definiert. Dann gilt:

$$f \text{ ist stetig in } x_0 \iff \lim_{x \to x_0} f(x) = f(x_0).$$

Exemplarisch wird die Stetigkeit (auf $\mathbb{R}$) für einige wichtige Funktionen nachgewiesen.

Lineare Funktionen f definiert durch $f(x) = ax + b$, $x \in \mathbb{R}$, mit $a, b \in \mathbb{R}$ sind stetig auf $\mathbb{R}$. Für $a = 0$ erhält man $f(x) = b$ für alle $x \in \mathbb{R}$, so dass $|f(x) - f(x_0)| = 0$ für alle $x_0 \in \mathbb{R}$ gilt. Daher ist f in diesem Fall trivialerweise stetig auf $\mathbb{R}$.   B⌐

Sei nun $a \neq 0$ und $\varepsilon > 0$. Dann gilt für $x_0 \in \mathbb{R}$ und für alle $x \in \mathbb{R}$ mit $|x - x_0| < \delta = \frac{\varepsilon}{|a|}$:

$$|f(x) - f(x_0)| = |a|\,|x - x_0| < \varepsilon.$$

Dies impliziert $\lim_{x \to x_0} f(x) = f(x_0)$ für alle $x_0 \in \mathbb{R}$, so dass f stetig in $\mathbb{R}$ ist.

Die **Betragsfunktion** g, definiert durch $g(x) = |x|$, $x \in \mathbb{R}$, ist ebenfalls stetig auf $\mathbb{R}$. Für $x < 0$ bzw. $x > 0$ gilt $g(x) = -x$ bzw. $g(x) = x$, so dass g dort eine lineare Funktion und damit nach der obigen Aussage auch stetig ist. Es bleibt nachzuweisen, dass g an der Stelle $x = 0$ stetig ist. Wegen $\lim\limits_{x \to 0-} g(x) = \lim\limits_{x \to 0+} g(x) = 0 = g(0)$ folgt dies unmittelbar aus den Eigenschaften des Betrags. Somit ist die Betragsfunktion stetig auf $\mathbb{R}$.

Fortsetzung von Beispiel (S)

(a) Die Stelle $x = 2$ ist eine Unstetigkeitsstelle der Funktion f, denn es gilt: $\lim\limits_{x \to 2-} f(x) = 2 \neq 3 = f(2) = \lim\limits_{x \to 2+} f(x)$.

(b) Die Funktion f ist stetig in $\mathbb{R} \setminus \{1\}$. Die Stelle $x = 1$ ist jedoch <u>keine</u> Unstetigkeitsstelle von f im Sinne der Definition, da sie nicht zum Definitionsbereich gehört ($1 \notin D$).

(c) Der Graph von f lässt sich unter Hinzunahme des Punktes $(0, -1)$ zur linearen Funktion $\widetilde{f}$ mit $\widetilde{f}(x) = x - 1$ schließen. Diese Funktion ist als lineare Funktion stetig auf $\mathbb{R}$.

Durch Hinzunahme des Punktes $(0, -1)$ wird die Funktion $f : \mathbb{R} \setminus \{0\} \longrightarrow \mathbb{R}$ mit Definitionslücke bei $x = 0$ zu einer auf $\mathbb{R}$ stetigen „Ersatzfunktion" $\widetilde{f}$ verändert. Definitionslücken, bei denen eine derartige Modifikation möglich ist, heißen **stetig hebbare Lücken**.

Bezeichnung

Eine reelle Funktion $f : D \longrightarrow \mathbb{R}$ heißt an der Stelle $x_0 \notin D$ **stetig fortsetzbar**, falls f an der Stelle x_0 endlich konvergent ist. Die Funktion $\widetilde{f} : D \cup \{x_0\} \longrightarrow \mathbb{R}$ mit

$$\widetilde{f}(x) = \begin{cases} f(x), & x \in D \\ \lim\limits_{z \to x_0} f(z), & x = x_0 \end{cases}$$

heißt **stetige Fortsetzung** von f.
Die Definitionslücke x_0 heißt **stetig hebbare Lücke** von f.

Die Funktion f aus Beispiel (S), (c), ist in $x_0 = 0$ stetig fortsetzbar, d. h. x_0 ist eine stetig hebbare Lücke von f.

Bemerkung
Analog zu den links- und rechtsseitigen Grenzwerten werden **linksseitige** und **rechtsseitige Stetigkeit** definiert.

Ist f beispielsweise auf einem Intervall $[a, b]$, $a < b$, definiert, so betrachtet man an den Intervallgrenzen die einseitige Stetigkeit. Die Funktion f ist in a rechtsseitig stetig, falls $\lim\limits_{x \to a+} f(x) = f(a)$, und f ist in b linksseitig stetig, falls $\lim\limits_{x \to b-} f(x) = f(b)$ gilt.

Die Funktion f aus Beispiel (S), (a), ist rechtsseitig stetig in $x_0 = 2$, denn
$$\lim_{x \to 2+} f(x) = f(2)(= 3).$$

B

Sie ist jedoch nicht linksseitig stetig in $x_0 = 2$, da $\lim_{x \to 2-} f(x) = 2 \neq f(2) = 3$ gilt.

Der Begriff der einseitigen Stetigkeit wird in der Wahrscheinlichkeitsrechnung und Statistik bei sogenannten Verteilungsfunktionen relevant, die gemäß ihrer Definition stets rechtsseitig stetig auf $\mathbb{R}$ sind.

Die Verknüpfung zweier stetiger Funktionen f und g mittels der Grundrechenarten (s. Seite 83) sowie deren Komposition liefern wiederum stetige Funktionen.

Seien $f : D \longrightarrow \mathbb{R}$, $g : D \longrightarrow \mathbb{R}$ stetige Funktionen (auf D).
Dann sind die folgenden Funktionen stetig auf ihrem Definitionsbereich:
$$f + g, \ f - g, \ fg \ \text{und} \ \frac{f}{g}.$$

Ist die Funktion f an der Stelle $x_0 \in D$ stetig, und ist die Funktion g an der Stelle $f(x_0)$ stetig, dann ist die Komposition $g \circ f$ an der Stelle x_0 ebenfalls stetig.
Ist $f : D \longrightarrow W$ stetig auf D und ist die Funktion $g : W \longrightarrow \mathbb{R}$ stetig auf W, so ist die Komposition $g \circ f$ stetig auf D.

Insbesondere gilt in diesen Fällen für $x_0 \in D$:
$$\lim_{x \to x_0} g(f(x)) = g(f(x_0)) = g(\lim_{x \to x_0} f(x)),$$

d. h. die Grenzwertoperation und die „äußere" Funktion g sind „vertauschbar".

Ein wichtiges Beispiel der Komposition zweier stetiger Funktionen ist die Verknüpfung der Betragsfunktion g mit einer Funktion f: $g \circ f = |f|$.

Sei $f : D \longrightarrow \mathbb{R}$ stetig in D.
Dann ist die Funktion $|f| : D \longrightarrow \mathbb{R}$ definiert durch $|f|(x) = |f(x)|$ stetig in D.

Die folgenden Beispiele illustrieren die Anwendung der obigen Regeln.

Die Funktion $g : \mathbb{R} \longrightarrow \mathbb{R}$ mit $g(x) = x^2 + c$, $c \in \mathbb{R}$, ist stetig in $\mathbb{R}$. Zum Nachweis wird zunächst benutzt, dass die Funktion $\tilde{g}$ definiert durch $\tilde{g}(x) = x^2 = x \cdot x$ als Produkt linearer Funktionen stetig ist und dass die Funktion $\hat{g}$ mit $\hat{g}(x) = c$ ebenfalls stetig ist. Somit gilt $g = \tilde{g} + \hat{g}$, und die Stetigkeit von g folgt aus den genannten Regeln.

B

Die lineare Funktion f mit $f(x) = x - 1$ ist stetig in $\mathbb{R}$, so dass nach den vorstehenden Aussagen die Funktion $h : \mathbb{R} \longrightarrow \mathbb{R}$ gegeben durch

- $h(x) = (g+f)(x) = x^2 + c + (x-1) = x^2 + x + c - 1,\ c \in \mathbb{R}$, stetig in $\mathbb{R}$ ist,
- $h(x) = |f(x)| = |x-1|$ stetig in $\mathbb{R}$ ist,
- $h(x) = (g \circ f)(x) = g(x-1) = (x-1)^2 + c,\ c \in \mathbb{R}$, stetig in $\mathbb{R}$ ist,
- $h(x) = (g \circ g)(x) = (x^2 + c)^2 + c = x^4 + 2cx^2 + c^2 + c,\ c \in \mathbb{R}$, stetig in $\mathbb{R}$ ist,
- $h(x) = (fg)(x) = (x-1)(x^2 + c) = x^3 - x^2 + c(x-1),\ c \in \mathbb{R}$, stetig in $\mathbb{R}$ ist,
- $h(x) = \frac{x^3 - x^2}{x^2}$ (s.o.) stetig in ihrem Definitionsbereich, d. h. in $\mathbb{R} \setminus \{0\}$, ist.

In ökonomischen Anwendungen ist die Maximierung bzw. die Minimierung einer Funktion oft Ziel der Überlegungen. Beispiele solcher Situationen sind die Aufgaben Kosten zu minimieren oder den Gewinn zu maximieren. Deshalb ist der folgende Satz für stetige Funktionen von besonderer Bedeutung.

> Jede auf einem abgeschlossenen Intervall $[a, b]$, $a \le b$, stetige Funktion $f : [a, b] \longrightarrow \mathbb{R}$ ist beschränkt und nimmt sowohl ihr Maximum und als auch ihr Minimum (in $[a, b]$) an.

Die Abgeschlossenheit des Intervalls ist eine notwendige Voraussetzung: Die Funktion $f : (0, 1) \longrightarrow (0, 1)$ mit $f(x) = x$ nimmt auf dem Intervall $(0, 1)$ weder Maximum noch Minimum an.

Grundlegende Funktionen

In diesem Abschnitt werden (für ökonomische Anwendungen) grundlegende Funktionen vorgestellt und benannt. Zudem werden wichtige Eigenschaften der jeweiligen Funktionen angegeben.

> **Polynome (ganzrationale Funktionen)**
> Die Funktion $f : D \longrightarrow \mathbb{R}$, gegeben durch
> $$f(x) = \sum_{i=0}^{n} a_i x^i \text{ mit } a_i \in \mathbb{R},\ i \in \{0, 1, \dots, n\},\ a_n \neq 0,\ n \in \mathbb{N}_0,$$
> heißt **Polynom n-ten Grades** oder **ganzrationale Funktion**. Der Definitionsbereich D kann als beliebige Teilmenge von $\mathbb{R}$ gewählt werden.

Ein Polynom f 1-ten Grades, d. h. es gilt $n = 1$ und $f(x) = a_0 + a_1 x$, heißt **lineare** Funktion (**Gerade**). Der Punkt $(0, a_0)$ ist der Schnittpunkt des Graphen von f mit der $f(x)$-Achse. a_0 heißt daher auch **Achsenabschnitt**. Der Koeffizient a_1 gibt die Steigung der Geraden an, d. h. wenn das Argument x um 1 erhöht wird, verändert sich der Funktionswert um a_1, d. h. $f(x+1) = f(x) + a_1$, $x \in D$. Für $n = 2$ heißt f **quadratische**, für $n = 3$ **kubische** Funktion.

> - Ein Polynom f n-ten Grades ist stetig auf $\mathbb{R}$ und hat höchstens n reelle Nullstellen.
>
> - Ist x_0 eine Nullstelle von f, so gibt es ein Polynom $(n-1)$-ten Grades g mit $f(x) = (x - x_0)g(x)$ für alle $x \in D$. Das Polynom g kann durch Polynomdivision bestimmt werden.

Bemerkung

Ist x_0 eine Nullstelle des Polynoms f n-ten Grades, so gibt es eine Zahl $k \in \mathbb{N}$, $k \leq n$, und ein Polynom $(n-k)$-ten Grades $\widetilde{g}$ mit $f(x) = (x - x_0)^k \widetilde{g}(x)$ für alle $x \in D$ und $\widetilde{g}(x_0) \neq 0$. Dies bedeutet insbesondere, dass $\widetilde{g}$ ein Polynom ist, dass an der Stelle x_0 keine Nullstelle besitzt. Der Nachweis dieses Resultats wird durch iterative Anwendung der obigen Aussage geführt.

Das Polynom f fünften Grades sei gegeben durch

$$f(x) = x^5 - x^4 - 8x^3 + 8x^2 + 16x - 16, \quad x \in \mathbb{R}.$$

B

Zur Bestimmung der Nullstellen des Polynoms wird die erste Nullstelle $x = 1$ „geraten". Anschließend wird das Polynom g mittels Polynomdivision bestimmt:

$$
\begin{array}{l}
(x^5 - x^4 \quad -8x^3 + 8x^2 \quad + 16x - 16) : (x - 1) = x^4 - 8x^2 + 16 = g(x) \\
\underline{-(x^5 - x^4)} \\
\qquad 0 \; - 8x^3 + 8x^2 \\
\qquad \underline{-(-8x^3 + 8x^2)} \\
\qquad\qquad\qquad 0 + \; 16x - 16 \\
\qquad\qquad\qquad \underline{- (16x - 16)} \\
\qquad\qquad\qquad\qquad\qquad 0
\end{array}
$$

Also ist $f(x) = (x^4 - 8x^2 + 16)(x - 1)$.

Wegen $f(x) = 0 \iff (x^4 - 8x^2 + 16)(x - 1) = 0 \iff x^4 - 8x^2 + 16 = 0 \lor x = 1$ sind im nächsten Schritt die Nullstellen von g zu bestimmen:

Die Substitution $y = x^2$ ergibt $h(y) = y^2 - 8y + 16 = (y - 4)^2$. Also hat h die Nullstelle $y = 4$. Damit hat g die Nullstellen $x = 2$ und $x = -2$, und die Menge der Nullstellen von f ist $\{-2, 1, 2\}$.

Somit ist f darstellbar als $f(x) = (x - 1)g(x) = (x - 1)(x - 2)^2(x + 2)^2$. Der Graph der Funktion f ist:

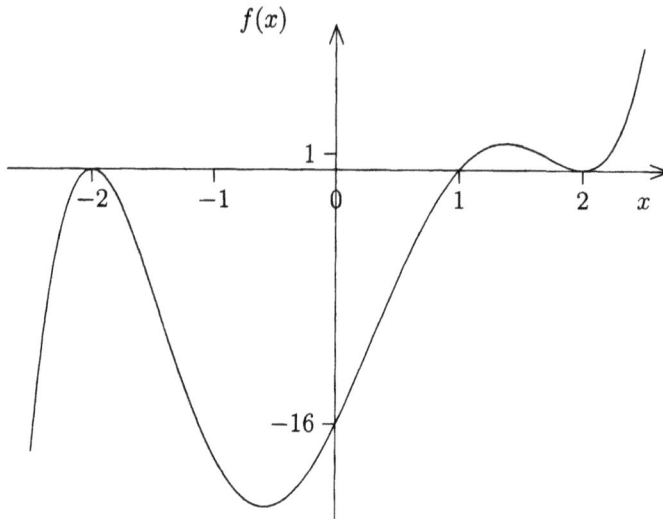

Gebrochen rationale Funktionen

Seien f ein Polynom m-ten Grades und g ein Polynom n-ten Grades, d.h.

$$f(x) = \sum_{i=0}^{m} a_i x^i, \; a_m \neq 0, \; g(x) = \sum_{i=0}^{n} b_i x^i, \; b_n \neq 0 \; (a_0, \dots, a_m, b_0, \dots, b_n \in \mathbb{R}).$$

Die Funktion $h : D \longrightarrow \mathbb{R}$ definiert durch

$$h(x) = \frac{f(x)}{g(x)}, \quad x \in \mathbb{R} \text{ mit } g(x) \neq 0,$$

heißt **gebrochen rationale Funktion**. Der Definitionsbereich D von h ist als Teilmenge von $\mathbb{R} \setminus \{x \in \mathbb{R} \mid g(x) = 0\}$ zu wählen.

Eine gebrochen rationale Funktion ist stetig auf ihrem Definitionsbereich. Es gilt stets:

$$\lim_{x \to \infty} h(x) = \begin{cases} \infty, & \text{falls } m > n \text{ und } a_m \cdot b_n > 0 \\ -\infty, & \text{falls } m > n \text{ und } a_m \cdot b_n < 0 \\ \dfrac{a_m}{b_n}, & \text{falls } m = n \\ 0, & \text{falls } m < n \end{cases}$$

Den Grenzwert für $x \to -\infty$ erhält man aus $\lim\limits_{x \to -\infty} h(x) = \lim\limits_{x \to \infty} h(-x)$.

Bemerkung

Das Verhalten von gebrochen rationalen Funktionen $h = \frac{f}{g}$ an ihren Definitionslücken (Nullstellen von g) kann folgendermaßen charakterisiert werden:

Ist $g(x_0) = 0$, so ist x_0 eine Definitionslücke von h. Die Funktion g kann dargestellt werden in der Form $g(x) = (x - x_0)^k \widetilde{g}(x)$ mit einem $k \in \mathbb{N}$, wobei $\widetilde{g}$ ein Polynom ist mit $\widetilde{g}(x_0) \neq 0$. Nun können zwei Fälle unterschieden werden:

- x_0 ist keine Nullstelle von f. Dann gilt

$$\lim_{x \to x_0+} \frac{f(x)}{g(x)} = \lim_{x \to x_0+} \frac{f(x)}{(x - x_0)^k \widetilde{g}(x)} = \begin{cases} +\infty, & \frac{f(x_0)}{\widetilde{g}(x_0)} > 0 \\ -\infty, & \frac{f(x_0)}{\widetilde{g}(x_0)} < 0 \end{cases},$$

$$\lim_{x \to x_0-} \frac{f(x)}{g(x)} = \lim_{x \to x_0-} \frac{f(x)}{(x - x_0)^k \widetilde{g}(x)} = \begin{cases} +\infty, & \frac{f(x_0)}{\widetilde{g}(x_0)} > 0 \\ -\infty, & \frac{f(x_0)}{\widetilde{g}(x_0)} < 0 \end{cases}, k \text{ gerade},$$

$$\lim_{x \to x_0-} \frac{f(x)}{g(x)} = \lim_{x \to x_0-} \frac{f(x)}{(x - x_0)^k \widetilde{g}(x)} = \begin{cases} -\infty, & \frac{f(x_0)}{\widetilde{g}(x_0)} > 0 \\ +\infty, & \frac{f(x_0)}{\widetilde{g}(x_0)} < 0 \end{cases}, k \text{ ungerade}.$$

Die Definitionslücke x_0 heißt in diesem Fall **Polstelle** von h.

- x_0 ist auch eine Nullstelle von f. Dann gibt es eine Zahl $j \in \mathbb{N}$ und ein Polynom $\widetilde{f}$ $(n - j)$-ten Grades mit $f(x) = (x - x_0)^j \widetilde{f}(x)$ und $\widetilde{f}(x_0) \neq 0$. Daher gilt

$$h(x) = \frac{(x - x_0)^j \widetilde{f}(x)}{(x - x_0)^k \widetilde{g}(x)} = (x - x_0)^{j-k} \frac{\widetilde{f}(x)}{\widetilde{g}(x)}, \quad x \in D.$$

Ist $j < k$, so ist x_0 eine Polstelle (s.o.). Andernfalls ist x_0 eine stetig hebbare Lücke von h mit Wert

$$\frac{\widetilde{f}(x_0)}{\widetilde{g}(x_0)} \quad (j = k) \quad \text{bzw.} \quad 0 \quad (j > k).$$

- DieFunktion $h : D \longrightarrow \mathbb{R}$ sei gegeben durch

$$h(x) = \frac{x + 1}{x^5 - x^4 - 8x^3 + 8x^2 + 16x - 16} = \frac{x + 1}{(x + 2)^2 (x - 1)(x - 2)^2}.$$

Der größtmögliche Definitionsbereich dieser Funktion ist nach dem vorhergehenden Beispiel $D = \mathbb{R} \setminus \{-2, 1, 2\}$. Alle Definitionslücken sind Polstellen. Ferner ist h auf D stetig.

- Für die Funktion h mit $h(x) = \frac{x^5 - x^4 - 8x^3 + 8x^2 + 16x - 16}{(x - 2)^2}$ ist der größtmögliche Definitionsbereich $D = \mathbb{R} \setminus \{2\}$. An der Stelle $x = 2$ liegt eine stetig hebbare Lücke. $\widetilde{h}$ definiert durch $\widetilde{h}(x) = (x - 1)(x + 2)^2$ ist die stetige Fortsetzung von h auf $\mathbb{R}$. Für das Verhalten von h für $x \to \infty$ gilt: $\lim\limits_{x \to \infty} h(x) = \infty$.

- Das Verhalten von gebrochen rationalen Funktionen an ihren Definitionslücken kann, wie gesehen, unterschiedlich sein. Die Definitionslücke $x = 1$ der Funktion f mit $f(x) = \frac{x}{x-1}$ (siehe Beispiel (S)) ist eine Polstelle, so dass dort eine Asymptote entsteht. Hingegen ist – wie bereits gezeigt wurde – die Definitionslücke $x = 0$ der Funktion g, gegeben durch $g(x) = \frac{x^3 - x^2}{x^2}$, eine stetig hebbare Lücke.

Potenzfunktionen
Sei $a \in \mathbb{R} \setminus \{0\}$. Die Funktionen $f : D \longrightarrow \mathbb{R}$ mit $f(x) = x^a$ und

$$\begin{cases} D \subseteq [0, \infty), & \text{falls } a > 0 \\ D \subseteq (0, \infty), & \text{falls } a < 0 \end{cases}$$

heißen **Potenzfunktionen**.

Eine Potenzfunktion f ist stetig auf ihrem Definitionsbereich, und es gilt:

- Ist $a > 0$, so ist f streng monoton wachsend.

- Ist $a < 0$, so ist f streng monoton fallend.

- $f(0) = 0$, $a > 0$, und $\lim\limits_{x \to 0+} f(x) = \infty$, $a < 0$.

- $f(x) > 0$ für $x > 0$.

- Die Umkehrfunktion von f mit $f(x) = x^a$ auf $(0, \infty)$ ist gegeben durch $g(x) = x^{\frac{1}{a}}$.

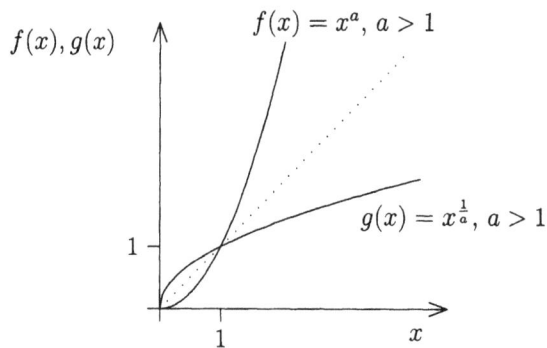

Graphen von Potenzfunktionen

Exponentialfunktion
Sei $a > 0$. Die Funktion $f : D \longrightarrow \mathbb{R}$, $D \subseteq \mathbb{R}$, gegeben durch

$$f(x) = a^x$$

heißt **Exponentialfunktion** (zur Basis a).

Eine Exponentialfunktion f ist stetig auf $\mathbb{R}$, und es gilt:

- Ist $a > 1$, so ist f streng monoton wachsend.

- Ist $0 < a < 1$, so ist f streng monoton fallend.

- $f(x) > 0$ für alle $x \in \mathbb{R}$.

- Für jede Exponentialfunktion gilt $f(0) = 1$, d. h. der Punkt $(0, 1)$ ist ein Punkt des Graphen jeder Exponentialfunktion.

- Die Exponentialfunktion zur Basis $a = e = 2.71828\ldots$ wird auch mit $f(x) = \exp(x)$ bezeichnet.

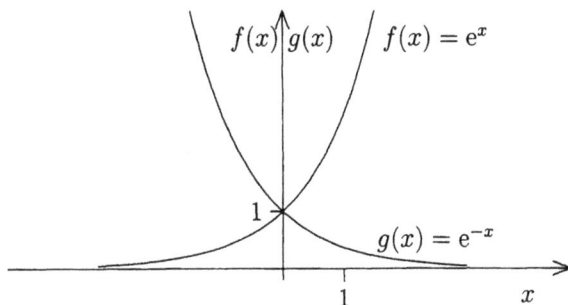

Graphen von Exponentialfunktionen

Die Funktion φ mit

$$\varphi(x) = \frac{1}{\sqrt{2\pi}\sigma} e^{-\frac{(x-\mu)^2}{2\sigma^2}}, \ x \in \mathbb{R},$$

und Parametern $\mu \in \mathbb{R}$ und $\sigma > 0$ spielt eine zentrale Rolle in der Statistik. Sie wird dort als die Dichtefunktion einer Normalverteilung mit dem Erwartungswert μ und der Varianz σ^2 bezeichnet. Der Funktionsterm und der Graph der Funktion sind auf der letzten Version des 10 DM-Scheins zusammen mit einem Bildnis von Carl Friedrich Gauß dargestellt. Wegen ihres Graphen wird sie auch „Gaußsche Glockenkurve" genannt.

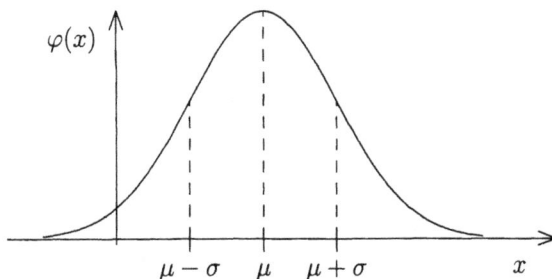

Logarithmusfunktion
Sei $a > 0$, $a \neq 1$. Die Funktion $g : D \longrightarrow \mathbb{R}$, $D \subseteq (0, \infty)$, gegeben durch

$$g(x) = \log_a x$$

heißt **Logarithmusfunktion** (zur Basis a).

Eine Logarithmusfunktion g ist stetig auf $(0, \infty)$, und es gilt:

- Ist $a > 1$, so ist g streng monoton wachsend.

- Ist $0 < a < 1$, so ist g streng monoton fallend.

- Für jede Logarithmusfunktion gilt $g(1) = 0$, d. h. der Punkt $(1, 0)$ ist ein Punkt des Graphen jeder Logarithmusfunktion.

- Die Logarithmusfunktion zur Basis e wird mit $g(x) = \ln x$ bezeichnet.

Die Exponentialfunktion f zur Basis a und die Logarithmusfunktion g zur Basis a sind Umkehrfunktionen zueinander, d. h. es gilt:

$$g(f(x)) = \log_a(a^x) = x, \; x \in \mathbb{R}, \quad \text{und} \quad f(g(y)) = a^{\log_a y} = y, \; y \in (0, \infty).$$

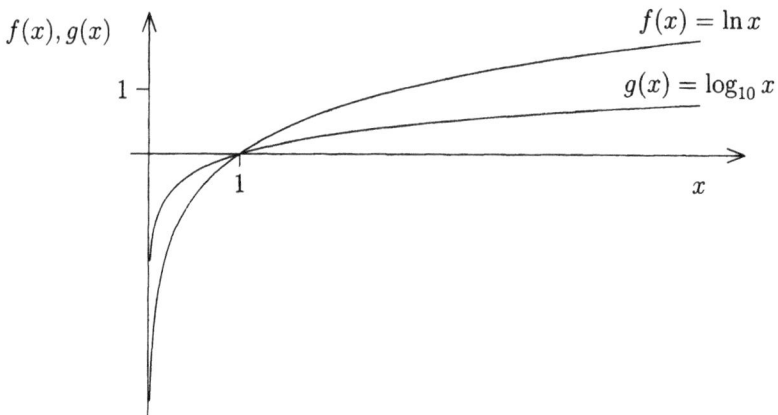

Graphen von Logarithmusfunktionen

Eine wichtige Eigenschaft aller hier vorgestellten Funktionen ist die Stetigkeit auf ihrem Definitionsbereich. Diese wird insbesondere im Rahmen der Kurvendiskussion verwendet (Untersuchung von Vorzeichen von Funktionen, s. Kapitel 4).

> Alle in diesem Abschnitt vorgestellten Funktionen sind stetig in ihrem Definitions-
> bereich.

Da die Verknüpfung stetiger Funktionen mittels der Grundrechenarten sowie die Komposition stetiger Funktionen wiederum stetig sind, steht eine Vielzahl stetiger Funktionen
zur Verfügung.

Aus den vorgestellten Funktionen können etwa folgende stetige Funktionen gebildet werden. Jede der angegebenen Funktionen $f : D \longrightarrow \mathbb{R}$ ist stetig auf dem genannten Definitionsbereich D:

- $f(x) = e^x(x^7 + 3x^4) + \ln x$, $D = (0, \infty)$,

- $f(x) = \frac{e^x}{x^9}$, $D = \mathbb{R} \setminus \{0\}$,

- $f(x) = e^{x^3} - 3\ln(2^x)$, $D = \mathbb{R}$,

- $f(x) = \frac{(e^x + \log_a x)^2}{x^2 + 333}$, $D = (0, \infty)$, $a > 0, a \neq 1$.

Aufgaben

Aufgabe 3.1

Bestimmen Sie für die Funktion f mit $f(x) = \frac{x^3 - 3x^2}{x^2 + x}$

(a) den Definitionsbereich,

(b) die Nullstellen,

(c) das Verhalten an den Definitionslücken,

(d) das asymptotische Verhalten im Unendlichen.

Aufgabe 3.2

Bestimmen Sie für die gebrochen rationale Funktion f definiert durch $f(x) = \frac{x^2 + x - 2}{x^4 - 2x^2 - 8}$

(a) den Definitionsbereich,

(b) die Nullstellen,

(c) die einseitigen Grenzwerte an den Definitionslücken und die Art der Definitionslücken,

(d) die Stetigkeitsbereiche,

(e) alle Asymptoten.

Weitere Aufgaben

Aufgabe (Lösung s. AL 8.7)

Zeigen Sie, dass die Funktionen f_i und g_i, $i \in \{1, 2, 3\}$, Umkehrfunktionen zueinander sind:

$$f_1(x) = (x^3 + 1)^{\frac{1}{4}}, \qquad g_1(x) = \sqrt[3]{x^4 - 1}, \quad x > 0,$$

$$f_2(x) = (5^x - \log_2 a)^2, \quad g_2(x) = \log_5 (\sqrt{x} + \log_2 a), \quad x \geq 0, a \geq 1, 5^x > \log_2 a,$$

$$f_3(x) = \frac{a^x - a^{-x}}{a^x + a^{-x}}, \qquad g_3(x) = \tfrac{1}{2} \log_a \tfrac{1+x}{1-x}, \quad -1 < x < 1, a > 1.$$

Aufgabe (Lösung s. AL 8.8)

Ermitteln Sie folgende Grenzwerte:

a) $\displaystyle\lim_{x \to 6} \left(\frac{1}{x^2} - \frac{4x+4}{2x^2} \right)$

b) $\displaystyle\lim_{x \to \infty} \left(\frac{(x-1)^3}{x^2} - x \right)$

c) $\displaystyle\lim_{x \to -5} \frac{x^2 - 25}{2(x+5)}$

d) $\displaystyle\lim_{x \to 1} \frac{\frac{3}{\sqrt{x}} - 3}{\sqrt{x} - 1}$

e) $\displaystyle\lim_{x \to \infty} \frac{x^4 - 16x^2 + 12}{1 - 2x^4}$

f) $\displaystyle\lim_{x \to \infty} \frac{(x+1)^2 - (x-1)^2}{3x+5}$

g) $\displaystyle\lim_{x \to 0} (x^3 + 2x^2 - 3(x+1)^3)$

h) $\displaystyle\lim_{x \to 0} \frac{e^{-2x} + 3x - 1}{(1-x)^2}$

Aufgabe (Lösung s. AL 8.9)

Ermitteln Sie folgende Grenzwerte:

a) $\displaystyle\lim_{x \to 5} \left(5x^2 + \frac{1}{3x} \right)$

b) $\displaystyle\lim_{x \to \infty} \left(\frac{(x+1)^2}{x} \right)$

c) $\displaystyle\lim_{x \to 1} \frac{x^2 - 1}{x - 1}$

d) $\displaystyle\lim_{x \to 1} \frac{\frac{1}{x} - 1}{x - 1}$

e) $\displaystyle\lim_{x \to 1} \frac{\frac{1}{x^2} - \frac{1}{x}}{x - 1}$

f) $\displaystyle\lim_{x \to 2} \frac{\frac{2}{x} - 1}{x^2 - 4}$

g) $\displaystyle\lim_{x \to \infty} 2x \left(\frac{3}{x} - \frac{3}{x+1} \right)$

h) $\displaystyle\lim_{x \to \infty} \frac{\sqrt{x-1} - \sqrt{x+1}}{x+2}$

4 Differentiation und Kurvendiskussion

Die Differentiation oder Ableitung von Funktionen ist ein äußerst wichtiges Hilfsmittel aus der Analysis. In vielen ökonomischen Zusammenhängen werden Funktionen verwendet, um die Veränderung einer ökonomischen Zielgröße in Abhängigkeit von einer (unabhängigen) Variablen zu modellieren. Die Art der Veränderung wird dabei u.a. durch die Ableitung der Funktion bestimmt. Wird der Grad der Veränderung an einer Stelle des Definitionsbereichs über die sogenannte erste Ableitung untersucht, so wird die Ableitung einer Kostenfunktion (Gewinnfunktion, Nutzenfunktion usw.) als Grenzkosten (dem Grenzgewinn, dem Grenznutzen usw.) an dieser Stelle bezeichnet. Diese sind ein Maß für die Veränderung der Kosten bei einer kleinen Erhöhung/Senkung der Einflussgröße.

Differentiation

Ehe eine formale Definition der Ableitung oder Differentiation angegeben wird, wird eine anschauliche Interpretation vorgestellt. Die Ableitung einer Funktion $f : D \longrightarrow \mathbb{R}$ an einer Stelle $x_0 \in D$ ist aus geometrischer Sicht die Steigung der Tangente an den Graphen $\{(x, f(x)); x \in D\}$ von f an der Stelle x_0.

Die Steigung einer Geraden wird über das Steigungsdreieck eingeführt.

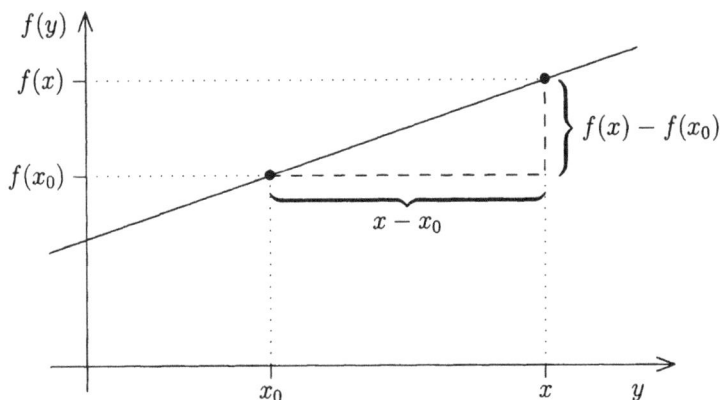

Steigungsdreieck

Die Steigung einer Geraden wird als Quotient der „Höhenänderung" ($f(y)$-Achse) und der „Längenänderung" (y-Achse) gebildet, wobei aus der Anschauung klar ist, dass die

Steigung für jeden Punkt x_0 gleich ist. Mit einem zweiten Punkt $x \neq x_0$ ergibt sich die Steigung der Geraden als Quotient $\frac{f(x)-f(x_0)}{x-x_0}$. Eine einfache Rechnung zeigt, dass für eine Gerade $f(x) = ax + b$ gilt:

$$\frac{f(x) - f(x_0)}{x - x_0} = a,$$

d. h. die Steigung ist konstant (also unabhängig von x und x_0) und gleich dem Koeffizienten a.

Bei Funktionen mit „krummlinigen" Graphen wird diese geometrische Interpretation benutzt und ein Grenzprozess von Steigungsdreiecken bei Annäherung von x an x_0 betrachtet. Die durch die Hypotenusen dieser Dreiecke festgelegten Geraden werden als **Sekanten** bezeichnet. Als Grenzwert dieser Sekanten erhält man die **Tangente**.

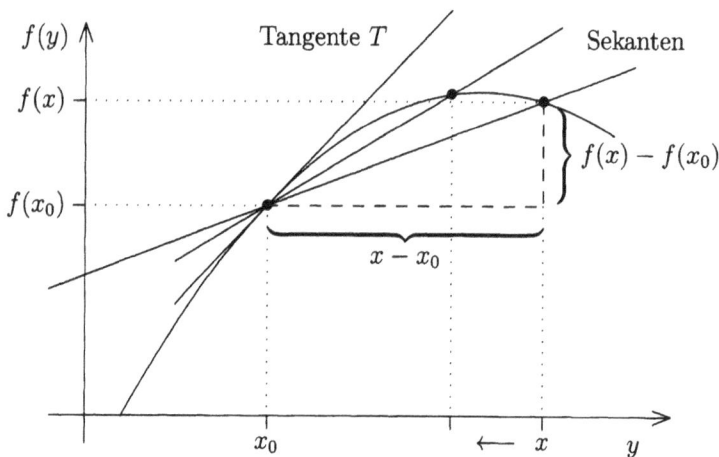

Grenzprozess

Die Tangente T an den Graphen von f bei x_0 berührt hier die Kurve, eine Sekante „durchstößt" die Kurve.

Nähert man sich mit dem Wert x der betrachteten Stelle x_0, so werden die Steigungsdreiecke kleiner, die Sekanten nähern sich der Tangente an f im Punkt $(x_0, f(x_0))$, und damit nähern sich auch die Steigungen der Sekanten der Steigung der Tangente.

Wenn der Grenzwert der Steigungen der Sekanten für x gegen x_0 endlich existiert, so wird diese Zahl als die Ableitung von f an der Stelle x_0 bezeichnet. Diese Zahl gibt die Steigung der Tangente T an f im Punkt $(x_0, f(x_0))$ an. Der Quotient $\frac{f(x)-f(x_0)}{x-x_0}$ heißt **Differenzenquotient**.

Bezeichnung

Seien I ein offenes Intervall und $f : I \longrightarrow \mathbb{R}$ eine reelle Funktion.
f heißt an der Stelle $x_0 \in I$ **differenzierbar**, falls der Grenzwert

$$\lim_{x \to x_0} \frac{f(x) - f(x_0)}{x - x_0}$$

endlich existiert. In diesem Fall wird die Notation

$$f'(x_0) = \lim_{x \to x_0} \frac{f(x) - f(x_0)}{x - x_0}$$

benutzt und der Ausdruck der rechten Seite als **Differentialquotient** bezeichnet.
$f'(x_0)$ heißt **Ableitung** von f an der Stelle x_0.
Weiterhin heißt f differenzierbar in I (auf I), falls f für alle $x \in I$ differenzierbar ist.

Anstelle der Bezeichnung $f'(x_0)$ wird auch die Notation $\frac{d}{dx} f(x)\big|_{x=x_0}$ verwendet, die gelesen wird als „d nach dx von $f(x)$ an der Stelle $x = x_0$".

Die Gleichung der Tangenten T an der Stelle x_0 ist somit gegeben durch

$$T(x) = f(x_0) + f'(x_0)(x - x_0).$$

Zum Begriff der Stetigkeit einer Funktion f an der Stelle x_0 besteht folgender Zusammenhang.

Ist eine Funktion f differenzierbar in x_0, so ist sie auch stetig in x_0.
Lässt sich daher die Ableitung einer Funktion f für alle x in einem Intervall (a, b) bestimmen, so ist f in (a, b) insbesondere stetig.

Die Ableitung einer Funktion an den Rändern eines abgeschlossenen Intervalls kann unter Verwendung einseitiger Grenzwerte erklärt werden. Dazu wird für jedes Element des Definitionsbereichs einer Funktion die einseitige Differenzierbarkeit eingeführt.

Bezeichnung

Seien I ein Intervall und $f : I \longrightarrow \mathbb{R}$ eine reelle Funktion.
Für einen Punkt $x_0 \in I$ heißen im Fall der endlichen Existenz der auftretenden Grenzwerte

$$f'_r(x_0) = \lim_{x \to x_0+} \frac{f(x) - f(x_0)}{x - x_0} \quad \text{die \textbf{rechtsseitige Ableitung}}$$

und $\quad f'_l(x_0) = \lim_{x \to x_0-} \frac{f(x) - f(x_0)}{x - x_0} \quad$ die **linksseitige Ableitung**

von f an der Stelle x_0.

Stimmen die Werte der rechts- und linksseitigen Ableitung einer Funktion an einer Stelle x_0 überein, so ist die Funktion dort auch im obigen Sinne differenzierbar.

Seien I ein offenes Intervall und $f : I \longrightarrow \mathbb{R}$ eine reelle Funktion.
Gilt $f'_r(x_0) = f'_l(x_0)$, so ist f differenzierbar in $x_0 \in I$. In diesem Fall gilt $f'_r(x_0) = f'_l(x_0) = f'(x_0)$.

Zunächst werden für einige Funktionen die Ableitungen bestimmt. Eine konstante Funktion hat überall die Steigung Null; die Ableitungsfunktion ist somit konstant gleich Null.

B Die Funktion f mit $f(x) = b$, $x \in \mathbb{R}$, und $b \in \mathbb{R}$ ist an jeder Stelle $x_0 \in \mathbb{R}$ differenzierbar, und es gilt $f'(x_0) = 0$; denn:

$$\lim_{x \to x_0} \frac{f(x) - f(x_0)}{x - x_0} = \lim_{x \to x_0} \frac{b - b}{x - x_0} = \lim_{x \to x_0} 0 = 0.$$

Das Konzept der Differentiation liefert offensichtlich für eine Gerade f mit $f(x) = ax + b$, dass $f'(x_0) = a$ für alle $x_0 \in \mathbb{R}$ gilt; der Parameter a heißt Steigung der Geraden.

B Die Funktion f mit $f(x) = ax + b$, $x \in \mathbb{R}$, und Parametern $a, b \in \mathbb{R}$, ist für jeden Punkt $x_0 \in \mathbb{R}$ differenzierbar, und es gilt $f'(x_0) = a$:

$$\lim_{x \to x_0+} \frac{f(x) - f(x_0)}{x - x_0} = \lim_{x \to x_0+} \frac{ax + b - (ax_0 + b)}{x - x_0} = \lim_{x \to x_0+} \frac{a(x - x_0)}{x - x_0} = \lim_{x \to x_0+} a = a.$$

Analog folgt $\lim_{x \to x_0-} \frac{f(x) - f(x_0)}{x - x_0} = a$. Dabei ist zu beachten, dass bei den Grenzübergängen $x \to x_0+$ und $x \to x_0-$ der Wert x_0 selbst nicht vorkommt. Daher sind die Nenner aller Differenzenquotienten von Null verschieden.

B Die Funktion f mit $f(x) = x^2$, $x \in \mathbb{R}$, ist differenzierbar im Nullpunkt, denn

$$\lim_{x \to 0} \frac{f(x) - f(0)}{x - 0} = \lim_{x \to 0} \frac{x^2}{x} = 0 \ (= f'_r(0) = f'_l(0)).$$

Die Funktion f ist darüberhinaus für jeden Punkt $x_0 \in \mathbb{R}$ differenzierbar, denn

$$\lim_{x \to x_0+} \frac{f(x) - f(x_0)}{x - x_0} = \lim_{x \to x_0+} \frac{x^2 - x_0^2}{x - x_0} = \lim_{x \to x_0+} \frac{(x - x_0)(x + x_0)}{x - x_0}$$
$$= \lim_{x \to x_0+} (x + x_0) = 2x_0.$$

Ebenso folgt $\lim_{x \to x_0-} \frac{f(x) - f(x_0)}{x - x_0} = 2x_0$, so dass stets $f'(x_0) = 2x_0$, $x_0 \in \mathbb{R}$, gilt.

Die Betragsfunktion f mit $f(x) = |x|$ ist differenzierbar in $x \in \mathbb{R} \setminus \{0\}$; sie ist nicht differenzierbar an der Stelle $x_0 = 0$.

In den Intervallen $(-\infty, 0)$ und $(0, \infty)$ stimmt f jeweils mit der Geraden $g(x) = -x$ bzw. $g(x) = x$ überein und ist damit für jedes $x \in \mathbb{R} \setminus \{0\}$ differenzierbar.

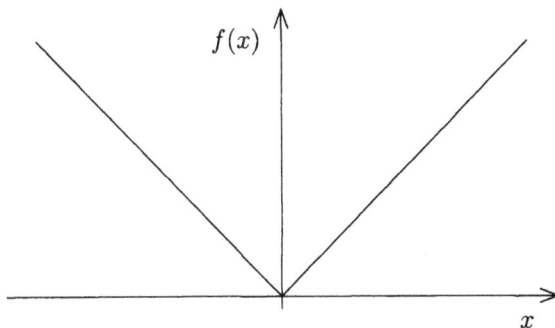

Betragsfunktion

Im Nullpunkt sind offenbar der rechtsseitige und der linksseitige Grenzwert des Differenzenquotienten verschieden. Es gilt nämlich

$$\lim_{x \to 0+} \frac{f(x) - f(0)}{x - 0} = \lim_{x \to 0+} \frac{|x|}{x} = \lim_{x \to 0+} 1 = 1 \qquad (\text{da } |x| = x, \text{ falls } x > 0)$$

$$\text{und} \quad \lim_{x \to 0-} \frac{f(x) - f(0)}{x - 0} = \lim_{x \to 0-} \frac{|x|}{x} = \lim_{x \to 0-} (-1) = -1 \quad (\text{da } |x| = -x, \text{ falls } x < 0).$$

Die Betragsfunktion ist demnach an der Stelle $x_0 = 0$ nicht differenzierbar (jedoch offensichtlich stetig).

Als kurze, unmathematische Merkregel kann formuliert werden:

„Stetige Funktionen haben keinen Sprung (keine Sprungstelle), differenzierbare Funktionen haben weder einen Sprung noch einen Knick."

Der Grenzprozess zur Bildung des Differentialquotienten wird zur näherungsweisen Interpretation eines durch die Funktion abgebildeten ökonomischen Zusammenhangs benutzt. Dabei soll die Auswirkung einer „kleinen" Änderung der unabhängigen Variablen (hier x) auf die Funktionswerte beschrieben werden. Diese Auswirkung wird näherungsweise unter Verwendung der Ableitungsfunktion angegeben.

Der Differentialquotient kann mit der Setzung $x = x_0 + h$ und einem $h \in \mathbb{R}$ geschrieben werden als

$$(f'(x_0) =) \lim_{h \to 0} \frac{f(x_0 + h) - f(x_0)}{h}.$$

Wird das Argument der Funktion f um $h\,(=x-x_0)$ verändert, so führt dies zu einer Veränderung der Funktionswerte um $f(x_0+h)-f(x_0)$. Für diese Differenzen werden auch die Bezeichnungen $\Delta x\,(=x-x_0)$ und $\Delta f\,(=f(x_0+h)-f(x_0))$ verwendet.

Ist der obige Grenzwert endlich existent, existiert also die Ableitung von f an der Stelle x_0, so gilt näherungsweise für „kleine" Werte von h:

$$f'(x_0) \approx \frac{f(x_0+h)-f(x_0)}{h}$$

bzw. $\qquad\qquad\qquad f(x_0+h)-f(x_0) \approx h \cdot f'(x_0)$

bzw. unter Verwendung der Kurzschreibweise: $\Delta f \approx \Delta x \cdot f'(x_0)$.

Die Änderung des Funktionswerts kann also bei „kleiner" Änderung des Arguments näherungsweise als das Produkt der Argumentänderung und der Ableitung von f an der untersuchten Stelle x_0 geschrieben werden. Geometrisch bedeutet diese Approximation, dass im Intervall (x_0, x_0+h) die Funktion f durch ihre Tangente an der Stelle x_0 ersetzt wird. In der Graphik ist die Näherung verdeutlicht. Der dabei entstehende Fehler wird aus Illustrationsgründen groß dargestellt, d. h. in der Graphik wird h als zu groß angenommen, um noch zu einer guten Näherung zu kommen.

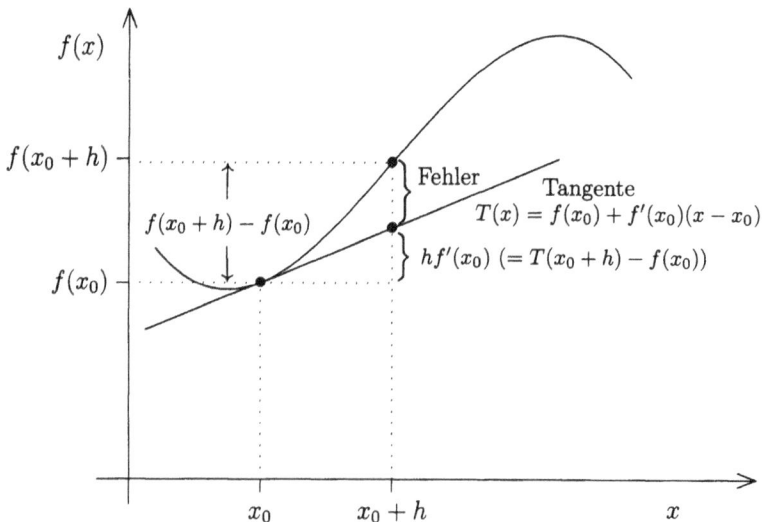

Approximation durch die Tangente T

Man vergleiche dazu die Näherung bei einer anderen Kurve.

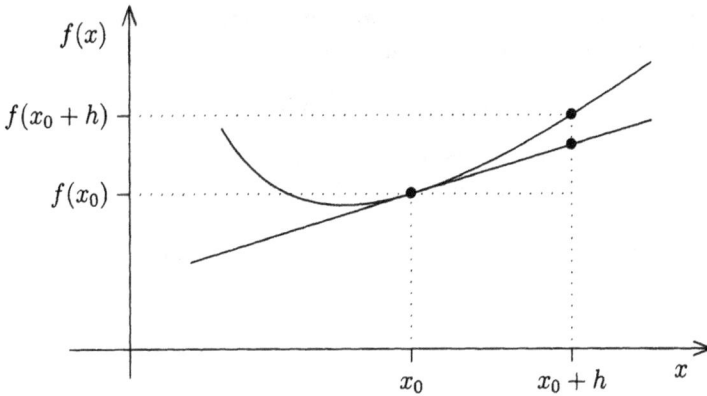

Approximation durch die Tangente T

Differenzenquotient und Differentialquotient können für eine Kostenfunktion folgendermaßen interpretiert werden.

Gegeben sei die Stückkostenfunktion k in Abhängigkeit von der produzierten Menge x. Wird die momentane Produktion x_0 um h Einheiten erhöht, so wachsen die Stückkosten um $k(x_0 + h) - k(x_0)$.

Der Differenzenquotient $\frac{\Delta k}{\Delta x} = \frac{k(x_0+h)-k(x_0)}{h}$ gibt als relative Größe den auf eine Einheit bezogenen Kostenzuwachs im Intervall $[x_0, x_0 + h)$ an. Dieser wird im Allgemeinen nicht konstant sein, sondern von der momentanen Produktionsmenge x_0 abhängen, d. h. für verschiedene x_0-Werte unterschiedlich sein.

Existiert der Differentialquotient $\lim\limits_{h\to 0} \frac{k(x_0+h)-k(x_0)}{h}$ als endliche Zahl, so gibt dieser die sogenannten Grenzkosten an der Stelle x_0 an. Die Funktion k' wird als Grenzkostenfunktion bezeichnet und zur Beurteilung der Kostensituation herangezogen.

Zur Gegenüberstellung werden die Kostenfunktion k und die Ableitungsfunktion k' in dieselbe Graphik eingezeichnet.

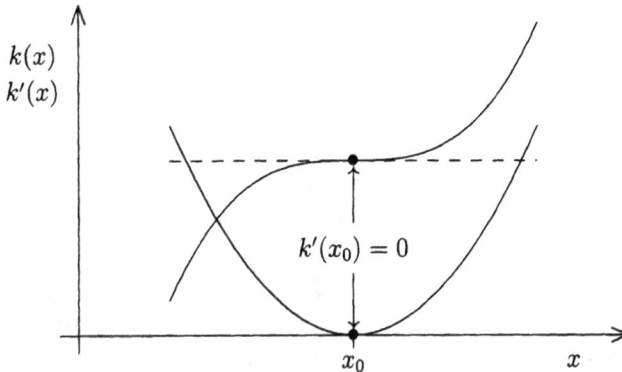

Funktion k und ihre Ableitungsfunktion k'

Die Kostendifferenz bei Erhöhung (Senkung) der Produktion von aktuell x_0 Einheiten um h Einheiten ist näherungsweise durch

$$k(x_0 + h) - k(x_0) \approx h \cdot k'(x_0)$$

gegeben. Im obigen Beispiel verändern sich die Kosten (in der „Nähe von x_0") nur geringfügig. Kann beim Grenzprozess des Differentialquotienten $h = 1$ als „kleine" Änderung gelten, so gibt offenbar die Funktion k' an jeder Stelle des Definitionsbereichs näherungsweise die Kostendifferenz bei Erhöhung (Senkung) der Produktion um eine Einheit an.

Bestimmung von Ableitungen

Ehe konkrete Rechenregeln zur Bestimmung von Ableitungen bereitgestellt werden, wird noch der Begriff der höheren Ableitung eingeführt. Da die Ableitungsfunktion f' von $f : I \longrightarrow \mathbb{R}$ wiederum eine reelle Funktion mit Definitionsbereich I ist, kann der Prozess der Differentiation auch auf die Ableitungsfunktion f' angewendet werden. Genauer heißt dies: Ist die Funktion $f : I \longrightarrow \mathbb{R}$ differenzierbar in einem offenen Intervall I, so resultiert als neue Funktion die Ableitungsfunktion $f' : I \longrightarrow \mathbb{R}$. Ist diese differenzierbar, so bildet man daraus die Ableitungsfunktion $f'' : I \longrightarrow \mathbb{R}$ usw. Auf diese Weise werden Funktionen $f, f', f'', f''', \ldots$ gebildet, so lange die Differenzierbarkeit der „Vorgängerfunktion" gewährleistet ist.

Bezeichnung

Seien I ein offenes Intervall und $f : I \longrightarrow \mathbb{R}$ eine differenzierbare Funktion.

Ist f' differenzierbar (in x_0), so heißt die Ableitung von f' **zweite Ableitung** von f (in x_0) und wird mit f'' ($f''(x_0)$) bezeichnet. Wird der Differentiationsprozess unter der Voraussetzung der Differenzierbarkeit der betrachteten Funktion fortgesetzt, so bezeichnet $f^{(n)}$ die **n-te Ableitung** von f; es ist $f^{(n)}(x_0) = (f^{(n-1)})'(x_0)$, $n \in \mathbb{N}$. f heißt dann **n-fach differenzierbar** (in x_0).

Die dritte Ableitung wird üblicherweise mit f''' bezeichnet. Zur Bezeichnung der n-ten Ableitung einer Funktion f an der Stelle x_0 wird auch die Notation $\frac{d^n}{dx^n} f(x)\big|_{x=x_0}$ verwendet.

Für lineare Funktionen und für die quadratische Funktion g, definiert durch $g(x) = x^2$, $x \in \mathbb{R}$, wurden die Ableitungen bereits bestimmt. Wie das nachfolgende Beispiel zeigt, ist die Ermittlung der Ableitungsfunktion einer Potenzfunktion mit natürlichem Exponenten etwas aufwendiger.

Für eine vorgegebene, interessierende Funktion wird die Ableitungsfunktion in der Regel nicht direkt über den Differentialquotienten bestimmt, sondern es wird auf bekannte Ableitungen gewisser Standardfunktionen und auf allgemeine Regeln für die Differentiation zusammengesetzter Funktionen zurückgegriffen.

Gesucht ist der Funktionsterm der Ableitung f' zur Funktion f mit $f(x) = x^n$, $x \in \mathbb{R}$, $n \in \mathbb{N}$. Zur Bestimmung der Ableitung wird die Identität

$$y^n - x^n = (y - x) \sum_{i=0}^{n-1} y^{n-1-i} x^i, \quad x, y \in \mathbb{R},$$

benutzt, die durch Ausmultiplizieren des Terms auf der rechten Seite bestätigt werden kann:

$$(y - x) \sum_{i=0}^{n-1} y^{n-1-i} x^i = \sum_{i=0}^{n-1} y^{n-i} x^i - \sum_{i=0}^{n-1} y^{n-1-i} x^{i+1}$$

$$= \sum_{i=0}^{n-1} y^{n-i} x^i - \sum_{i=1}^{n} y^{n-i} x^i = y^n - x^n.$$

Die Verwendung dieses Resultates führt zu:

$$f'(x) = \lim_{y \to x} \frac{f(y) - f(x)}{y - x} = \lim_{y \to x} \frac{y^n - x^n}{y - x} = \lim_{y \to x} \sum_{i=0}^{n-1} y^{n-1-i} x^i$$

$$= \sum_{i=0}^{n-1} \lim_{y \to x} (y^{n-1-i} x^i) = \sum_{i=0}^{n-1} x^{n-1-i} x^i$$

$$= \sum_{i=0}^{n-1} x^{n-1} = n x^{n-1}.$$

Eine alternative Herleitung gelingt über den Grenzwert für $h \to 0$ und unter Verwendung des binomischen Lehrsatzes (s. Kapitel 1):

$$f'(x) = \lim_{h \to 0} \frac{f(x + h) - f(x)}{h} = \lim_{h \to 0} \frac{(x + h)^n - x^n}{h}$$

$$= \lim_{h \to 0} \frac{1}{h} \left(\sum_{j=0}^{n} \binom{n}{j} x^j h^{n-j} - x^n \right) = \lim_{h \to 0} \frac{1}{h} \sum_{j=0}^{n-1} \binom{n}{j} x^j h^{n-j}$$

$$= \lim_{h \to 0} \sum_{j=0}^{n-1} \binom{n}{j} x^j h^{n-j-1} = \lim_{h \to 0} \left(\sum_{j=0}^{n-2} \binom{n}{j} x^j h^{n-j-1} + x^{n-1} h^0 \binom{n}{n-1} \right)$$

$$= 0 + n x^{n-1}.$$

Also ist f mit $f(x) = x^n, n \in \mathbb{N}$, in jedem $x \in \mathbb{R}$ differenzierbar, und es gilt $f'(x) = n x^{n-1}$.

Die Ableitungen weiterer Funktionen werden hier nicht mehr hergeleitet, sondern lediglich angegeben.

In den nachfolgenden Differentiationsregeln wird ohne nähere Beschreibungen stets vorausgesetzt, dass der Definitionsbereich D der Funktionen, der dann auch der Definitionsbereich der jeweiligen Ableitungsfunktionen ist, geeignet gewählt ist.

Aus dem Differentialquotienten ergibt sich unmittelbar die Regel, dass bei der Bildung der Ableitung ein konstanter Faktor unverändert bleibt.

> **Faktorregel**
>
> $$f(x) = ag(x), a \in \mathbb{R} \implies f'(x) = ag'(x)$$

Die ermittelte Ableitungsregel für Potenzfunktionen gilt in der obigen Form allgemein für reelle Exponenten.

> **Ableitung von Potenzfunktionen**
>
> $$f(x) = x^a, a \in \mathbb{R} \setminus \{0\} \implies f'(x) = ax^{a-1}$$

Beispiele zur Ableitung von Potenzfunktionen:

- $f(x) = x^3 \implies f'(x) = 3x^2$
- $f(x) = \frac{1}{\sqrt[4]{x^3}} = x^{-\frac{3}{4}} \implies f'(x) = -\frac{3}{4}x^{-\frac{3}{4}-1} = -\frac{3}{4}x^{-\frac{7}{4}} = -\frac{3}{4}\frac{1}{\sqrt[4]{x^7}} = -\frac{3}{4x\sqrt[4]{x^3}}$

> **Ableitung der Exponentialfunktion** (zur Basis e)
>
> $$f(x) = e^x \implies f'(x) = e^x$$

Die Exponentialfunktion mit der Eulerschen Konstanten als Basis hat also die besondere Eigenschaft, dass die Funktion mit ihrer Ableitungsfunktion übereinstimmt.

> **Ableitung der natürlichen Logarithmusfunktion**
>
> $$f(x) = \log_e x (= \ln x) \implies f'(x) = \frac{1}{x}$$

Mit dieser Regel ist auch die Ableitung einer Logarithmusfunktion zu einer beliebigen Basis $a > 0$ festgelegt, denn es gilt stets

$$\log_a x = \frac{\log_e x}{\log_e a}.$$

Daraus ergibt sich unter Anwendung der Faktorregel die Ableitung der Funktion f mit $f(x) = \log_a x$:

$$f'(x) = \frac{1}{\log_e a}(\log_e x)' = \frac{1}{\log_e a} \cdot \frac{1}{x}.$$

Die Ableitung einer Summe von Funktionen an einer Stelle x stimmt stets mit der Summe der Ableitungen überein.

> **Summenregel**
>
> $$h(x) = f(x) + g(x) \implies h'(x) = f'(x) + g'(x)$$

Ein Polynom n-ten Grades f mit $f(x) = \sum_{j=0}^{n} a_j x^j$ ist auf $\mathbb{R}$ beliebig oft differenzierbar.
Durch kombinierte Anwendung bisheriger Ableitungsregeln erhält man:

$$f'(x) = \sum_{j=1}^{n} j a_j x^{j-1}, \ f''(x) = \sum_{j=2}^{n} j(j-1) a_j x^{j-2}, \ldots,$$

$$f^{(n)}(x) = n(n-1) \cdot \ldots \cdot 2 \cdot 1 \cdot a_n = n! a_n, \quad f^{(n+1)}(x) = 0.$$

Damit sind auch alle höheren Ableitungen $f^{(n+k)}(x), k > 1$, gleich Null.

Für das spezielle Beispiel $f(x) = 4x^3 + 3x^2 + 2x + 1$ gilt:

$$f'(x) = 12x^2 + 6x + 2, \ f''(x) = 24x + 6, \ f'''(x) = 24, \ f^{(4)}(x) = 0.$$

Ist die Funktion h als Produkt zweier Funktionen f und g darstellbar, dann greift die Produktregel.

> **Produktregel**
>
> $$h(x) = f(x) \cdot g(x) \implies h'(x) = f'(x)g(x) + f(x)g'(x)$$

Für die Ableitung der Funktion h, definiert durch $h(x) = x^a e^x$, $a \neq 0$, erhält man mit $f(x) = x^a$, $g(x) = e^x$ ($\implies f'(x) = ax^{a-1}$, $g'(x) = e^x$):

$$h'(x) = ax^{a-1}e^x + x^a e^x = (a+x)x^{a-1}e^x.$$

Die Anwendung dieses Resultats auf die Funktion h, definiert durch $h(x) = x^a e^x \ln x$, $x > 0$, $a \neq 0$, ergibt mit den Setzungen $f(x) = x^a e^x$ und $g(x) = \ln x$:

$$h'(x) = (x^a e^x)' \ln x + x^a e^x \frac{1}{x} = x^{a-1}e^x(a+x)\ln x + x^{a-1}e^x$$
$$= x^{a-1}e^x((a+x)\ln x + 1)$$

Die Produktregel wird also zweimal angewendet.

Für eine Funktion h, die als Quotient zweier Funktionen f und g dargestellt ist, verwendet man die Quotientenregel.

Quotientenregel

$$h(x) = \frac{f(x)}{g(x)} \text{ mit } g(x) \neq 0 \, \forall x \in D \implies h'(x) = \frac{f'(x)g(x) - f(x)g'(x)}{(g(x))^2}$$

B Sei h definiert durch $h(x) = \dfrac{2x+1}{x^2+1}$. Dann gilt:

$$h'(x) = \frac{2(x^2+1) - (2x+1)2x}{(x^2+1)^2} = 2\frac{x^2+1-2x^2-x}{(x^2+1)^2} = 2\frac{-x^2-x+1}{(x^2+1)^2}.$$

Für die Funktion h, definiert durch $h(x) = \dfrac{x^2 e^x}{x^2+1}$, gilt

$$h'(x) = \frac{(x^2 e^x)'(x^2+1) - x^2 e^x \cdot 2x}{(x^2+1)^2} = \frac{x e^x(2+x)(x^2+1) - 2x^3 e^x}{(x^2+1)^2}$$

$$= \frac{x e^x}{(x^2+1)^2}(2x^2 + 2 + x^3 + x - 2x^2) = \frac{x e^x(x^3+x+2)}{(x^2+1)^2}.$$

Im zweiten Beispiel wird die Produktregel innerhalb der Quotientenregel verwendet.

Eine Funktion, die durch die Hintereinanderausführung anderer Funktionen erklärt ist (eine sogenannte zusammengesetzte Funktion), wird differenziert mittels der Kettenregel.

Kettenregel

Die Funktion $f : I \longrightarrow \mathbb{R}$ mit einem offenen Intervall I sei im Punkt $x \in I$ differenzierbar, und die Funktion $g : \mathbb{R} \longrightarrow \mathbb{R}$ sei an der Stelle $f(x)$ differenzierbar. Dann ist die Hintereinanderausführung $g \circ f$ der Funktionen f und g mit $(g \circ f)(z) = g(f(z))$, $z \in I$, an der Stelle x differenzierbar, und es gilt

$$(g \circ f)'(x) = (g(f(x)))' = g'(f(x)) \cdot f'(x).$$

Den ersten Faktor der rechten Seite bezeichnet man als **äußere Ableitung**, den zweiten als **innere Ableitung**.

B Die Anwendung der Kettenregel ergibt für die Funktion h, definiert durch $h(x) = (ax^2 + bx + c)^3 = g(f(x))$, $a, b, c \in \mathbb{R}$, mit den Setzungen $g(y) = y^3$ und $f(x) = ax^2 + bx + c$:

$$h'(x) = g'(f(x))f'(x) = 3(f(x))^2 f'(x) = 3(ax^2 + bx + c)^2(2ax + b).$$

Für die Funktion h, definiert durch $h(x) = e^{(ax^2+bx+c)^3} = g(f(x))$, erhält man mit $g(y) = e^y$ und $f(x) = (ax^2 + bx + c)^3$:

$$h'(x) = e^{f(x)} \cdot f'(x) = e^{(ax^2+bx+c)^3} 3(ax^2 + bx + c)^2(2ax + b),$$

wobei die Kettenregel (geschachtelt) zweimal benutzt wurde. Aus Notationsgründen bietet es sich an, für eine solche Funktion die Schreibweise $\exp(f(x))$ anstelle von $e^{f(x)}$ zu verwenden.

Exponentialfunktionen h zur Basis a können unter Anwendung der Kettenregel differenziert werden. Wegen $h(x) = a^x = e^{\ln a^x} = e^{x \ln a} = g(f(x))$ mit $g(y) = e^y$ und $f(x) = x \ln a$ folgt:

$$h'(x) = e^{f(x)} f'(x) = e^{x \ln a} \cdot \ln a = \ln a \cdot a^x.$$

Für die Integration ist die Komposition $h = \ln \circ f$, d. h. $h(x) = \ln f(x)$, wichtig, wobei die Funktion f nur positive Werte annehmen darf. Es gilt:

$$h'(x) = \frac{f'(x)}{f(x)}.$$

Die letzte Differentiationsregel bezieht sich auf das Ableiten der Umkehrfunktion.

Seien I ein offenes Intervall und $f : I \longrightarrow \mathbb{R}$ eine auf I streng monotone, differenzierbare Funktion.

Dann existiert die Umkehrfunktion f^{-1} von f auf dem Intervall $I_f = \{f(x); x \in I\}$, und f^{-1} ist differenzierbar für alle $y \in I_f$ mit der Eigenschaft $f'(f^{-1}(y)) \neq 0$. Es gilt dann:

$$(f^{-1})'(y) = \frac{1}{f'(f^{-1}(y))}.$$

Für die Exponentialfunktion $f : \mathbb{R} \to (0, \infty)$, definiert durch $f(x) = e^x$, $x > 0$, ist durch $f^{-1}(y) = \ln y$, $y > 0$, die Umkehrfunktion gegeben ($I = (0, \infty)$).

Daher gilt $(f^{-1})'(y) = (\ln y)' = \dfrac{1}{\exp(f^{-1}(y))} = \dfrac{1}{\exp(\ln y)} = \dfrac{1}{y}$, was bereits als Ableitungsregel für den Logarithmus formuliert ist.

Regeln von l'Hospital

Den Ableitungsregeln folgt ein Nachtrag zu Grenzwerten von Funktionen. Dieser ergänzt die bereits verfügbaren Regeln für einige Situation, die mit den bereitgestellten Regeln nicht entscheidbar sind. Die Differentiation ermöglicht die Formulierung der Regeln von l'Hospital, die bei Problemen der Form

$$\lim_{x \to 0} \frac{\ln(x+1)}{x} = ? \quad \left(\text{„Typ } \frac{0}{0}\text{“} \right) \quad \text{oder} \quad \lim_{x \to \infty} \frac{x^n}{e^x} = ? \quad \left(\text{„Typ } \frac{\infty}{\infty}\text{“} \right)$$

eingesetzt werden können. Die obige Schreibweise deutet an, dass sowohl der Zähler gegen 0 (∞) als auch der Nenner gegen 0 (∞) streben. Die Fälle eines negativen Vorzeichens im Zähler oder Nenner des zweiten Typs müssen nicht gesondert betrachtet werden. Ein negatives Vorzeichen wird als Multiplikation mit (-1) aufgefasst und als Faktor vor den Grenzwert gezogen.

Regeln von l'Hospital

Wenn bei einer Funktion h der Form $h(x) = \frac{f(x)}{g(x)}$ durch Annäherung an der Stelle x_0 oder für $x \to \infty$ oder für $x \to -\infty$ Ausdrücke des „Typs $\frac{0}{0}$“ oder des „Typs $\frac{\infty}{\infty}$“ entstehen, kann eine der folgenden Regeln zur Bestimmung des Grenzverhaltens dienen.

- Die Funktionen f und g seien differenzierbar in $(a,b) \setminus \{x_0\}$ mit $a < x_0 < b$, und es gelte $f(x_0) = g(x_0) = 0$ sowie $g'(x) \neq 0$ für alle $x \in (a,b) \setminus \{x_0\}$. Dann gilt:

$$\lim_{x \to x_0} \frac{f'(x)}{g'(x)} = c \in \mathbb{R} \implies \lim_{x \to x_0} \frac{f(x)}{g(x)} = c.$$

  Diese Regel gilt auch für die Situation $\lim_{x \to x_0} f(x) \in \{-\infty, +\infty\}$ und $\lim_{x \to x_0} g(x) \in \{-\infty, +\infty\}$. Weiterhin gilt die Regel auch für die Verwendung einseitiger Grenzwerte $\lim_{x \to x_0+}$ oder $\lim_{x \to x_0-}$.

- Die Funktionen f und g seien differenzierbar auf $(-\infty, a)$ (bzw. (b, ∞)), und es seien $\lim_{x \to -\infty} f(x) = \lim_{x \to -\infty} g(x) = 0$ (bzw. $\lim_{x \to \infty} f(x) = \lim_{x \to \infty} g(x) = 0$) sowie $\lim_{x \to -\infty} g'(x) \neq 0$ (bzw. $\lim_{x \to \infty} g'(x) \neq 0$). Dann gilt:

$$\lim_{x \to -\infty} \frac{f'(x)}{g'(x)} = c \in \mathbb{R} \implies \lim_{x \to -\infty} \frac{f(x)}{g(x)} = c \text{ (bzw. jeweils mit } x \to \infty\text{).}$$

- Die Funktionen f und g seien differenzierbar auf $(-\infty, a)$ (bzw. (b, ∞)), und es seien $\lim_{x \to -\infty} f(x) \in \{-\infty, +\infty\}$ und $\lim_{x \to -\infty} g(x) \in \{-\infty, +\infty\}$ (bzw. $\lim_{x \to \infty} f(x) \in \{-\infty, +\infty\}$ und $\lim_{x \to \infty} g(x) \in \{-\infty, +\infty\}$). Dann gilt:

$$\lim_{x \to -\infty} \frac{f'(x)}{g'(x)} = c \in \mathbb{R} \implies \lim_{x \to -\infty} \frac{f(x)}{g(x)} = c \text{ (bzw. jeweils mit } x \to \infty\text{).}$$

Tritt somit der „Typ $\frac{0}{0}$“ bzw. der „Typ $\frac{\infty}{\infty}$“ bei einem Grenzprozess auf, so kann der Quotient der Ableitungsfunktionen des Zählers und des Nenners betrachtet werden. Ist dieser Grenzwert berechnet, so ist dies auch der Grenzwert des Quotienten der Ausgangsfunktionen.

Bei Grenzwertuntersuchungen von Produkten kommt es vor, dass ein Faktor gegen 0 und der andere gegen $+\infty$ $(-\infty)$ strebt („Typ $0 \cdot \infty$"). Durch geeignete Umformungen des Funktionsterms wird der „Typ $0 \cdot \infty$" auf eine Standardform zurückgeführt. Anschließend wird (sofern möglich) eine der Regeln von l'Hospital in der obigen Form angewendet.

Bei Annäherung an die Null ist der Quotient $\frac{\ln(x+1)}{2x}$ vom „Typ $\frac{0}{0}$". Mit $f(x) = \ln(x + 1)$ und $g(x) = 2x$ ist

$$\lim_{x \to 0} \frac{f'(x)}{g'(x)} = \lim_{x \to 0} \frac{\frac{1}{x+1}}{2} = \tfrac{1}{2} \quad \Longrightarrow \quad \lim_{x \to 0} \frac{f(x)}{g(x)} = \lim_{x \to 0} \frac{\ln(x + 1)}{2x} = \tfrac{1}{2}.$$

Für $x \to \infty$ ist der Quotient $\frac{x}{e^x}$ vom „Typ $\frac{\infty}{\infty}$". Mit $f(x) = x$ und $g(x) = e^x$ ist

$$\lim_{x \to \infty} \frac{f'(x)}{g'(x)} = \lim_{x \to \infty} \frac{1}{e^x} = 0 \quad \Longrightarrow \quad \lim_{x \to \infty} \frac{f(x)}{g(x)} = \lim_{x \to \infty} \frac{x}{e^x} = 0.$$

Auch der Quotient $\frac{x^n}{e^x}$, $n \in \mathbb{N}$, ist für $x \to \infty$ vom „Typ $\frac{\infty}{\infty}$". Die Regel von l'Hospital wird mehrfach (n-mal) angewendet:

$$\lim_{x \to \infty} \frac{x^n}{e^x} = \lim_{x \to \infty} \frac{nx^{n-1}}{e^x} (= \lim_{x \to \infty} \frac{n(n-1)x^{n-2}}{e^x}) = \cdots = \lim_{x \to \infty} \frac{n(n-1) \cdot \ldots \cdot 1}{e^x} = 0.$$

In dem Wissen um die endliche Existenz des zu untersuchenden Grenzwerts kann diese Schreibweise in Form einer Gleichungskette verwendet werden.

Der Grenzwert des Kehrwerts $\frac{e^x}{x^n}$, $n \in \mathbb{N}$, ist für $x \to \infty$ gegeben durch:

$$\lim_{x \to \infty} \frac{e^x}{x^n} = \lim_{x \to \infty} \frac{e^x}{n \cdot \ldots \cdot 1} = \infty.$$

Zusammenfassend kann man sagen: „Die Exponentialfunktion wächst schneller als jede Potenzfunktion".

Die Funktion mit dem Term $x^n e^{-x}$ ist für $x \to \infty$ von der Form „$\infty \cdot 0$". Mit $x^n e^{-x} = \frac{x^n}{e^x}$ entsteht der soeben behandelte Fall des „Typs $\frac{\infty}{\infty}$".

Bei Annäherung an die Null von rechts ist der Ausdruck $x \ln x$ vom „Typ $0 \cdot (-\infty)$" bzw. der Ausdruck $x(-\ln x)$ vom „Typ $0 \cdot \infty$". Nach der Umformung $x \ln x = \frac{\ln x}{\frac{1}{x}}$ entsteht ein Ausdruck vom „Typ $\frac{\infty}{\infty}$". Für $f(x) = \ln x$ und $g(x) = \frac{1}{x}$ ist dann

$$\lim_{x \to 0+} \frac{f'(x)}{g'(x)} = \lim_{x \to 0+} \frac{\frac{1}{x}}{-\frac{1}{x^2}} = \lim_{x \to 0+} (-x) = 0 \Longrightarrow \lim_{x \to 0+} \frac{f(x)}{g(x)} = \lim_{x \to 0+} (x \ln x) = 0.$$

Wachstumsraten und Elastizitäten

Beschreibt eine Funktion f das Verhalten einer ökonomischen Größe in Abhängigkeit von einer (unabhängigen) Variablen, z.B. Kapital in Abhängigkeit von der Zeit, Nachfrage in Abhängigkeit vom Preis, so dienen die Wachstumsrate und die Elastizität der Beschreibung und Analyse von f. Zur Motivation des Begriffs der Wachstumsrate wird ein Beispiel aus der Finanzmathematik betrachtet.

Ein Grundkapital $K_0 > 0$ ist bei einem Zinssatz i und nachschüssiger Verzinsung nach Ablauf von t Perioden auf $K(t) = K_0(1 + i)^t$ angewachsen.

Wird jede Periode weiter unterteilt, etwa in n gleich lange Zeitspannen (ein Jahr als Zinsperiode werde unterteilt in 12 Monate), und wird das in jeder entstehenden Teilperiode vorhandene Kapital mit dem Zinssatz $\frac{i}{n}$ verzinst (in jedem Monat werde mit $\frac{i}{12}$ verzinst), so ist das Kapital $K_n(t)$ nach Ablauf der Zeit t durch

$$K_n(t) = K_0\left(1 + \frac{i}{n}\right)^{nt}$$

gegeben. Für immer kleinere Zeitspannen, d.h. für wachsendes n, gibt der Grenzwert von $K_n(t)$ für $n \to \infty$ näherungsweise das nach Ablauf der Zeit t vorhandene Kapital an:

$$K_\infty(t) = \lim_{n\to\infty} K_n(t) = \lim_{n\to\infty} K_0\left(1 + \frac{i}{n}\right)^{nt}$$
$$= K_0\left(\lim_{n\to\infty}\left(1 + \frac{i}{n}\right)^n\right)^t = K_0\, e^{it}$$

Diese Funktion der Zeit wird als **stetige** oder **kontinuierliche Verzinsung** bezeichnet.

Bei einem Grundkapital $K_0 = 10\,000$ €, einem Zinssatz $i = 0.03$ und $t = 10$ Jahresperioden erhält man bei nachschüssiger jährlicher, monatlicher und täglicher sowie bei stetiger Verzinsung:

$$
\begin{aligned}
K(10) &= 10\,000 \cdot 1.03^{10} \ \text{€} \ \approx 13\,439.16 \ \text{€},\\
K_{12}(10) &= 10\,000\left(1 + \tfrac{0.03}{12}\right)^{12\cdot10} \ \text{€} \ \approx 13\,493.54 \ \text{€},\\
K_{360}(10) &= 10\,000\left(1 + \tfrac{0.03}{360}\right)^{360\cdot10} \ \text{€} \ \approx 13\,498.42 \ \text{€},\\
K_\infty(10) &= 10\,000 \cdot e^{0.03\cdot10} \ \text{€} \ \approx 13\,498.59 \ \text{€}.
\end{aligned}
$$

Für eine an der Stelle x_0 differenzierbare Funktion f gilt – wie bereits erwähnt – für genügend kleines h die Näherung

$$f'(x_0) \approx \frac{f(x_0 + h) - f(x_0)}{h},$$

d.h. die Ableitung von f an der Stelle x_0 wird durch den Differenzenquotienten angenähert.

Wird f als Funktion der Zeit aufgefasst, so beschreibt der Differenzenquotient und damit auch $f'(x_0)$ die Änderung der Funktionswerte pro Zeiteinheit (an der Stelle x_0). Die auf $f(x_0)$ bezogene, relative Änderung $\frac{f'(x_0)}{f(x_0)}$ wird als Wachstumsrate von f an der Stelle x_0 bezeichnet. Für f als Funktion der Zeit gibt die Wachstumsrate näherungsweise an, um welchen Prozentsatz sich die Funktion f (ausgehend von x_0) pro Zeiteinheit verändert.

Bezeichnung

Die Funktion $f : I \longrightarrow \mathbb{R}$ sei differenzierbar auf dem offenen Intervall I, und es gelte $f(x) \neq 0$ für alle $x \in I$.

Die Funktion $\widehat{f}$ mit $\widehat{f}(x) = \dfrac{f'(x)}{f(x)}, x \in I$, heißt **Wachstumsfunktion** von f, der

Wert $\widehat{f}(x_0)$ heißt **Wachstumsrate** von f an der Stelle x_0.

Die zur stetigen Verzinsung K_∞ gehörende Wachstumsfunktion ist also

$$\widehat{K}_\infty(t) = \frac{K'_\infty(t)}{K_\infty(t)} = \frac{K_0\, i e^{it}}{K_0\, e^{it}} = i$$

und damit konstant gleich dem Zinssatz i, d. h. die Wachstumsrate ist für jeden Zeitpunkt gleich.

Der Begriff der Elastizität einer Funktion beschreibt, in welcher Form sich relative Veränderungen der unabhängigen Variablen auf die zugehörigen relativen Änderungen der Funktionswerte auswirken. Eine Nachfragefunktion f gibt beispielsweise die Abhängigkeit der Nachfrage nach einem Gut in Abhängigkeit des am Markt festgelegten Preises an. Es ist interessant zu untersuchen, in welchem Maß sich eine relative (auf einen Preis x_0 bezogene) Änderung des Preises auf die relative (auf den Funktionswert $f(x_0)$ bezogene) Veränderung der Nachfrage auswirkt.

An einer Stelle x_0 beschreibt der Ausdruck

$$\frac{\dfrac{f(x_0 + h) - f(x_0)}{f(x_0)}}{\dfrac{(x_0 + h) - x_0}{x_0}} = \frac{\dfrac{f(x_0 + h) - f(x_0)}{f(x_0)}}{\dfrac{h}{x_0}}$$

das Verhältnis der relativen Änderung von f und der relativen Änderung des Arguments für die Stelle x_0. Existiert die Ableitung der Funktion f an der Stelle x_0, so resultiert für $h \to 0$ der Ausdruck:

$$\lim_{h \to 0} \frac{\dfrac{f(x_0+h)-f(x_0)}{f(x_0)}}{\dfrac{h}{x_0}} = \frac{x_0}{f(x_0)} \lim_{h \to 0} \frac{f(x_0 + h) - f(x_0)}{h} = \frac{x_0}{f(x_0)} f'(x_0).$$

Bezeichnung
Die Funktion $f : I \to \mathbb{R}$ sei differenzierbar auf dem offenen Intervall I.
Für jedes $x \in I$ mit $f(x) \neq 0$ heißt

$$\epsilon_f(x) = x \frac{f'(x)}{f(x)}$$

die **Elastizität** von f an der Stelle x. ϵ_f wird als **Elastizitätsfunktion** bezeichnet.

Die Elastizität gibt näherungsweise an, um welchen Prozentsatz sich der Funktionswert $f(x)$ verändert, wenn sich das Argument x um 1% ändert.

B Die Nachfrage nach einem Produkt wird in Abhängigkeit vom Preis p durch die Funktion f mit

$$f(p) = p^a e^{-b(p+c)} \quad \text{für } p > 0$$

und Konstanten $a > 0, b \neq 0$ und $c > 0$ beschrieben. Eine derartige Funktion wird auch als Preis-Nachfrage-Gesetz bezeichnet. Die Funktion f ist offenbar für alle $p > 0$ differenzierbar.

Für die Elastizitätsfunktion ϵ_f gilt:

$$\epsilon_f(p) = p \frac{f'(p)}{f(p)} = p \frac{ap^{a-1}e^{-b(p+c)} + p^a e^{-b(p+c)}(-b)}{p^a e^{-b(p+c)}} = a - bp, \quad p > 0.$$

In der Interpretation des Beispiels heißt $\epsilon_f(p)$ die Preiselastizität der Nachfrage (an der Stelle p).

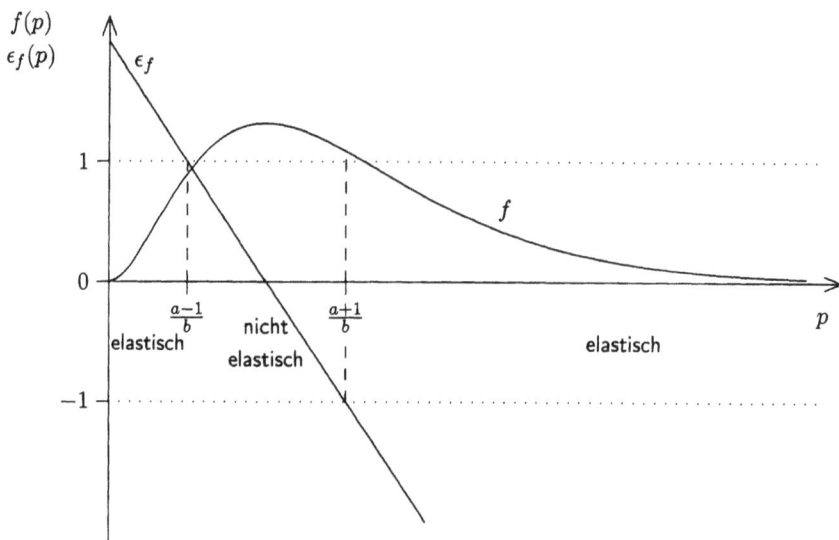

Elastizität ϵ_f der Funktion f mit $b > 0$

Ist beispielsweise $\epsilon_f(p_1) = 3$, so steigt die Nachfrage um etwa 3%, wenn der Preis p_1 um 1% erhöht wird. Ist $\epsilon_f(p_2) = -5$, so sinkt die Nachfrage näherungsweise um 5%, wenn der Preis ausgehend von p_2 um 1% erhöht wird.

Das Nachfrageverhalten wird grob beschrieben durch die in der Graphik bereits genannten Attribute „elastisch" und „unelastisch" in Abhängigkeit vom Betrag von $\epsilon_f(p)$.

Ist $|\epsilon_f(p)| < 1$, so ist die Nachfrageänderung geringer als die Preisänderung (bezogen auf die Stelle p), und man spricht von unelastischer Nachfrage. Ist hingegen $|\epsilon_f(p)| > 1$, so fällt die Nachfrageänderung größer aus als die Preisänderung (bezogen auf die Stelle p), und das Nachfrageverhalten wird als elastisch bezeichnet.

Bezeichnung

$|\epsilon_f(p)| < 1$: **unelastisches Verhalten** der Funktion f an der Stelle p

$|\epsilon_f(p)| > 1$: **elastisches Verhalten** der Funktion f an der Stelle p

---

(Fortsetzung)

B

Es wird für die im vorherigen Beispiel betrachtete Funktion untersucht, wann die Nachfrage elastisch reagiert. Es ist in Abhängigkeit der Parameter a und b der Preis p so anzugeben, dass $|\epsilon_f(p)| > 1$ gilt. Da diese Forderung gleichbedeutend mit $(\epsilon_f(p) < -1 \vee \epsilon_f(p) > 1)$ ist, folgt

$$\epsilon_f(p) < -1 \Longleftrightarrow a - bp < -1 \Longleftrightarrow \left(p > \frac{a+1}{b} \wedge b > 0 \right) \vee \left(p < \frac{a+1}{b} \wedge b < 0 \right)$$

sowie

$$\epsilon_f(p) > 1 \Longleftrightarrow a - bp > 1 \Longleftrightarrow \left(p < \frac{a-1}{b} \wedge b > 0 \right) \vee \left(p > \frac{a-1}{b} \wedge b < 0 \right).$$

Für einen positiven Parameter b reagiert die Nachfrage also elastisch, wenn für den Preis p gilt: $p < \frac{a-1}{b} \vee p > \frac{a+1}{b}$ (s. Abbildung).

Zwischen den Elastizitätsfunktionen zweier Funktionen f und g und den Elastizitätsfunktionen von $f + g, f \cdot g, \frac{f}{g}$ oder $g \circ f$ können folgende Zusammenhänge hergestellt werden. Alle auftretenden Terme sind als wohldefiniert vorausgesetzt, d. h. hier, dass die betrachteten Funktionen differenzierbar sind und keine Division durch Null auftritt.

$$\epsilon_{f+g}(x) = \frac{f(x)}{f(x) + g(x)} \epsilon_f(x) + \frac{g(x)}{f(x) + g(x)} \epsilon_g(x),$$

$$\epsilon_{f \cdot g}(x) = \epsilon_f(x) + \epsilon_g(x), \qquad \epsilon_{f/g}(x) = \epsilon_f(x) - \epsilon_g(x),$$

$$\epsilon_{g \circ f}(x) = \epsilon_g(f(x)) \epsilon_f(x).$$

Die Elastizitätsfunktion für die Funktion $f + g$ ergibt sich aus

$$\epsilon_{f+g}(x) = x\frac{(f(x) + g(x))'}{f(x) + g(x)} = x\frac{f'(x) + g'(x)}{f(x) + g(x)}$$
$$= x\frac{f'(x)}{f(x)}\frac{f(x)}{f(x) + g(x)} + x\frac{g'(x)}{g(x)}\frac{g(x)}{f(x) + g(x)},$$

die Elastizitätsfunktion des Produkts aus der Produktregel der Differentiation

$$\epsilon_{f\cdot g}(x) = x\frac{(f(x)g(x))'}{f(x)g(x)} = x\frac{f'(x)g(x) + f(x)g'(x)}{f(x)g(x)}$$
$$= x\frac{f'(x)}{f(x)} + x\frac{g'(x)}{g(x)} = \epsilon_f(x) + \epsilon_g(x),$$

die Elastizitätsfunktion des Quotienten aus der Quotientenregel

$$\epsilon_{f/g}(x) = x\frac{(f(x)/g(x))'}{f(x)/g(x)} = x\frac{g(x)}{f(x)}\frac{f'(x)g(x) - f(x)g'(x)}{(g(x))^2} = \epsilon_f(x) - \epsilon_g(x)$$

und die Elastizitätsfunktion der Hintereinanderausführung aus der Kettenregel

$$\epsilon_{g\circ f}(x) = x\frac{(g(f(x)))'}{g(f(x))} = x\frac{g'(f(x))f'(x)}{g(f(x))}$$
$$= f(x)\frac{g'(f(x))}{g(f(x))} \cdot x\frac{f'(x)}{f(x)} = \epsilon_g(f(x))\epsilon_f(x).$$

Bei Vorliegen einer Nachfragefunktion f in Abhängigkeit vom Preis p eines Produkts wird schließlich ein Zusammenhang zwischen dem Grenzumsatz und der Preiselastizität der Nachfrage hergestellt, der als **Amoroso-Robinson-Beziehung** bezeichnet wird.

B Sei f ein Preis-Nachfrage-Gesetz mit der Umkehrfunktion f^{-1}, d. h. mit $x = f(p)$ ist $p = f^{-1}(x)$. Die Umsatzfunktion U ist gegeben durch $U(x) = xp = xf^{-1}(x)$, so dass für den Grenzumsatz gilt:

$$U'(x) = f^{-1}(x) + x(f^{-1})'(x) \left[= f^{-1}(x)\left(1 + x\frac{(f^{-1})'(x)}{f^{-1}(x)}\right) = f^{-1}(x)\left(1 + \epsilon_{f^{-1}}(x)\right)\right]$$
$$= f^{-1}(x) + \frac{x}{f'(f^{-1}(x))} = p + \frac{f(p)}{f'(p)} = p\left(1 + \frac{1}{p\frac{f'(p)}{f(p)}}\right) = p\left(1 + \frac{1}{\epsilon_f(p)}\right).$$

Kurvendiskussion: Methode

Nach den bisherigen Vorarbeiten für Funktionen einer reellen Variablen wird die Kurvendiskussion anhand von Beispielen behandelt. Sie ist eine der sehr wichtigen mathematischen Grundlagen, die in vielen ökonomischen Anwendungen genutzt wird.

Wirtschaftswissenschaftliche Zusammenhänge werden häufig durch geeignete Funktionen beschrieben, z.B. Umsatz-, Kosten-, Nutzen- und Nachfragefunktionen. Dabei sind stets zwei Aspekte von Bedeutung. Zum einen sollen vorgegebene Funktionen auf ihre Eigenschaften, z.B. Monotoniebereiche und Extrema, untersucht werden, die der Interpretation der beschriebenen ökonomischen Gegebenheiten dienen. Zum anderen, und dies ist der für die Praxis wohl bedeutsamere Fall, ist eine zu modellierende Situation gegeben, zu der eine beschreibende Funktion (bestmöglich) zu finden ist. Dabei ist die vorhandene Vorinformation aus vergleichbaren Analysen oder einer gezielten Untersuchung zu nutzen. Diese Vorinformation kann aus Eigenschaften der Funktion oder auch aus Datenpaaren bestehen. Die Ausnutzung der in Datenpaaren enthaltenen Information ist ein Gegenstand der Statistik. Im Vorgriff werden in den Kapiteln 6 und 11 eine lineare bzw. eine quadratische Funktion an einen Datensatz angepasst.

Die nachfolgend beschriebene Vorgehensweise zur Kurvendiskussion bezieht sich auf Funktionen, die in ihrem Definitionsbereich stetig sind.

Für „stückweise" stetige Funktionen wendet man die Schritte der Kurvendiskussion jeweils innerhalb der Intervalle an, in denen die betreffende Funktion stetig ist. Auf weitergehende Überlegungen wird im Rahmen dieser Einführung verzichtet.

Anhand eines Beispiels werden nachfolgend mögliche Schritte einer Kurvendiskussion für eine vorgegebene Funktion f erläutert. Daran schließen sich weitere Beispiele für Kurvendiskussionen an.

Die Funktion f sei als Polynom dritten Grades durch

$$f(x) = x^3 - x^2 - x + 1$$

gegeben. Jeder nachfolgend erläuterte Unterpunkt der Kurvendiskussion wird an diesem Beispiel illustriert.

1. Definitionsbereich

Bei der Untersuchung einer gegebenen Funktion, die nicht (etwa aufgrund einer konkreten ökonomischen Modellierung) auf einen bestimmten Definitionsbereich eingeschränkt ist, bestimmt man als Definitionsbereich D zunächst die größtmögliche Teilmenge von $\mathbb{R}$, deren Elemente in die Funktion f eingesetzt werden dürfen. Anschließend wird die Stetigkeit der Funktion f in D überprüft.

(Fortsetzung)

In ein Polynom können alle reellen Zahlen eingesetzt werden, d. h. für den Definitionsbereich gilt: $D = \mathbb{R}$.

Als Polynom ist f in $D = \mathbb{R}$ stetig.

2. Asymptotisches Verhalten

Der Definitionsbereich D besteht in den Fällen, in denen einzelne Zahlen oder Werte aus Intervallen nicht in die Funktion f eingesetzt werden, aus einer Vereinigung von Intervallen. In diesem Punkt der Kurvendiskussion wird das Verhalten von f an den Rändern von D, d. h. an den Grenzen der jeweiligen Intervalle, untersucht. Das bedeutet, alle entsprechenden Grenzwerte sind zu untersuchen.

Ist etwa $D = \mathbb{R}$, so sind die Grenzwerte $\lim\limits_{x \to -\infty} f(x)$ und $\lim\limits_{x \to \infty} f(x)$ zu bestimmen. Gilt $\lim\limits_{x \to -\infty} f(x) = y_0$ bzw. $\lim\limits_{x \to \infty} f(x) = y_0$, so wird die Gerade $y = y_0$ (parallel zur Abszisse durch den Punkt $(0, y_0)$ der Ordinate) als Asymptote bezeichnet. Als Sprechweise wird auch „f nähert sich für $x \to -\infty$ bzw. $x \to \infty$ der Geraden $y = y_0$" benutzt.

Gilt $(a, b) \setminus \{x_0\} = (a, x_0) \cup (x_0, b) \subseteq D$ für eine Definitionslücke $x_0 \in (a, b)$, so sind die einseitigen Grenzwerte $\lim\limits_{x \to a+} f(x)$, $\lim\limits_{x \to x_0-} f(x)$, $\lim\limits_{x \to x_0+} f(x)$ und $\lim\limits_{x \to b-} f(x)$ zu ermitteln. Für $a = -\infty$ ist der einseitige Grenzwert durch $\lim\limits_{x \to -\infty} f(x)$ und für $b = \infty$ ist der entsprechende Grenzwert durch $\lim\limits_{x \to \infty} f(x)$ gegeben.

Liegt eine Definitionslücke x_0 vor, so ist die Art dieser Definitionslücke zu untersuchen. Dabei wird unterschieden nach stetig hebbaren Definitionslücken und nach Polstellen. Liegt an einer Stelle x_0 eine Polstelle vor, so heißt die Gerade $x = x_0$ (parallel zur Ordinate durch den Punkt $(x_0, 0)$ der Abszisse) ebenfalls Asymptote. Alternativ wird die Sprechweise „f strebt an der Stelle x_0 (von links oder von rechts) asymptotisch gegen die Gerade $x = x_0$" verwendet.

$\boxed{\text{B}}$ (Fortsetzung)

$$\lim\limits_{x \to -\infty} f(x) = \lim\limits_{x \to -\infty} \frac{x^3 - x^2 - x + 1}{1} = \lim\limits_{x \to -\infty} \frac{1 - \frac{1}{x} - \frac{1}{x^2} + \frac{1}{x^3}}{\frac{1}{x^3}} = -\infty,$$

$$\lim\limits_{x \to \infty} f(x) = \infty$$

3. Nullstellen und Vorzeichen zwischen den Nullstellen

In diesem Abschnitt wird die Menge $\{x \in D; f(x) = 0\}$ aller Nullstellen von f, d. h. aller Schnittpunkte des Graphen der Funktion f mit der Abszisse, bestimmt.

$\boxed{\text{B}}$ (Fortsetzung)

Eine Nullstelle von f ist durch $x = 1$ gegeben („Raten"). Der Grad des Polynoms kann nun durch eine Polynomdivision verringert werden:

$$f(x) : (x - 1) = x^2 - 1$$

Also gilt: $f(x) = (x - 1)(x^2 - 1) = (x - 1)^2(x + 1)$ und $f(x) = 0 \iff x = -1 \lor x = 1$. Damit ist $\{x \in D; f(x) = 0\} = \{-1, 1\}$.

Gemeinsam mit den Definitionslücken teilen die Nullstellen einer Funktion f die Abszisse in Intervalle.

Im Folgenden wird – wie eingangs bemerkt – davon ausgegangen, dass die zu untersuchende Funktion stetig auf ihrem Definitionsbereich ist. Das jeweilige Vorzeichen von f in diesen Intervallen (d. h. zwischen je zwei aufeinanderfolgenden Nullstellen, falls keine Definitionslücken vorliegen) wird auf einem Zahlenstrahl verdeutlicht. Dabei reicht zur Festlegung des Vorzeichens in einem solchen Intervall das Einsetzen einer ausgewählten Stelle in die Funktion und die Berechnung des zugehörigen Funktionswerts aus, denn alle Nullstellen und Definitionslücken sind bekannt, und nur an diesen kann ein Vorzeichenwechsel stattfinden.

(Fortsetzung)

Das Vorzeichen sowie die Nullstellen der Funktion f sind an folgendem Zahlenstrahl abzulesen.

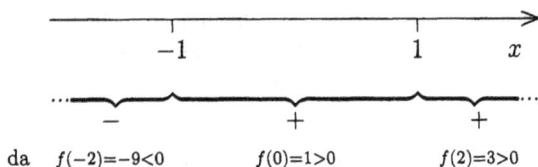

B

$$\begin{array}{ccccc}
 & -1 & & 1 & x \\
- & & + & & + \\
\text{da}\quad f(-2)=-9<0 & & f(0)=1>0 & & f(2)=3>0
\end{array}$$

4. Monotonieverhalten

Zunächst wird ein Zusammenhang hergestellt zwischen dem Monotonieverhalten einer differenzierbaren Funktion f und dem Vorzeichen der Ableitung f'.

> Die Funktion $f : (a, b) \longrightarrow \mathbb{R}$ sei differenzierbar auf (a, b). Dann gilt:
>
> f ist (streng) monoton $\begin{cases} \text{fallend} \\ \text{wachsend} \end{cases}$ im Intervall (a, b), falls $f'(x) \begin{cases} \leq (<) \\ \geq (>) \end{cases} 0$ für alle $x \in (a, b)$.
>
> Der Zusatz „streng" bezieht sich auf die Gültigkeit eines „<"- bzw. „>"-Zeichens in der letzten Bedingung.

Zur Untersuchung des Monotonieverhaltens der Funktion f wird zunächst die Menge der Nullstellen der Funktion f' bestimmt: $\{x \in D; f'(x) = 0\}$. Die Definitionslücken und die Elemente dieser Menge teilen die Abszisse in Teilintervalle. In diesen Teilintervallen wird das Vorzeichen von $f'(x)$ (durch Einsetzen ausgewählter Werte in die Funktion f') ermittelt. Die Monotoniebereiche werden auf dem Zahlenstrahl unter Angabe des jeweiligen Vorzeichens der Ableitung verdeutlicht.

(Fortsetzung)

B

Mit der Ableitung $f'(x) = 3x^2 - 2x - 1$ folgt:

$$f'(x) = 0 \iff 3x^2 - 2x - 1 = 0 \iff x^2 - \tfrac{2}{3}x - \tfrac{1}{3} = 0 \iff (x-1)\left(x + \tfrac{1}{3}\right) = 0$$
$$\iff x = 1 \lor x = -\tfrac{1}{3}$$

Somit gilt $\{x \in D; f'(x) = 0\} = \left\{-\tfrac{1}{3}, 1\right\}$.

Das Vorzeichen von $f'(x)$ ist in folgender Graphik dargestellt.

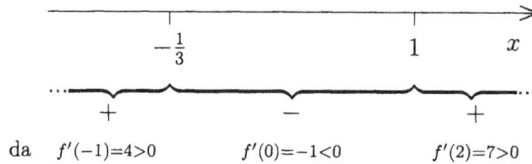

$$\begin{array}{ccc} & -\tfrac{1}{3} & 1 & x \\ + & - & + \\ \text{da} \quad f'(-1)=4>0 & f'(0)=-1<0 & f'(2)=7>0 \end{array}$$

Wegen $f'(x) > 0$, $x \in (-\infty, -\tfrac{1}{3})$, wächst f streng monoton im Intervall $(-\infty, -\tfrac{1}{3})$. Aus $f'(x) < 0$, $x \in (-\tfrac{1}{3}, 1)$, folgt, dass f streng monoton fallend im Intervall $(-\tfrac{1}{3}, 1)$ ist. Wegen $f'(x) > 0$, $x \in (1, \infty)$, wächst f streng monoton im Intervall $(1, \infty)$.

5. Extremwerte: lokale und globale Minima und Maxima

Zu Beginn wird ein Zusammenhang hergestellt zwischen dem Vorliegen lokaler Extrema von f und den Ableitungen f' und f''. Anschaulich ist klar, dass im Fall eines Extremums an der Stelle x_0 die Tangente an die Funktion f bei x_0 die Steigung Null besitzt, also parallel zur Abszisse verläuft.

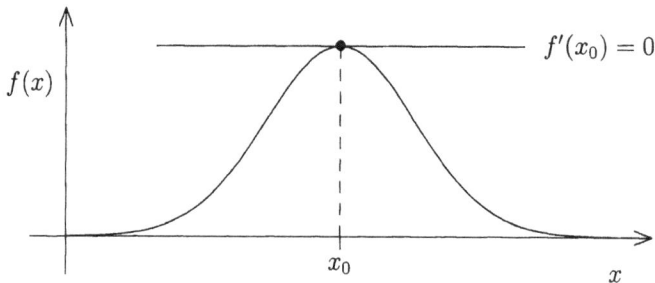

Extremum: Horizontale Tangente

Dies wird als notwendige Bedingung für das Vorliegen eines Extremums formuliert.

Notwendige Bedingung für ein Extremum
Die Funktion $f : (a, b) \longrightarrow \mathbb{R}$ sei differenzierbar auf (a, b). Dann gilt: Besitzt f in $x_0 \in (a, b)$ ein lokales Extremum, so gilt $f'(x_0) = 0$.

Lokale Extrema werden auch als relative Extrema bezeichnet. Eine Stelle $x_0 \in D$ mit $f'(x_0) = 0$ heißt **stationärer Punkt** von f. Dort <u>kann</u> ein Extremum vorliegen. Die Eigenschaft $f'(x_0) = 0$ reicht aber zum Nachweis nicht aus, wie ein einfaches Beispiel zeigt: An der Stelle $x_0 = 0$ hat die Ableitung der Funktion g mit $g(x) = x^3$ den Wert Null; g besitzt jedoch kein lokales Extremum an dieser Stelle.

Bisher fehlt daher noch eine hinreichende Bedingung, mit der nachgeprüft werden kann, ob an einer Nullstelle der Ableitung tatsächlich ein Extremum vorliegt. Es werden zwei Varianten eines solchen Kriteriums angegeben.

Hinreichende Bedingung für ein Extremum

Die Funktion $f : (a,b) \longrightarrow \mathbb{R}$ sei zweimal differenzierbar auf (a,b), und $x_0 \in (a,b)$ sei ein stationärer Punkt von f, d.h. $f'(x_0) = 0$. Dann gilt:

f hat an der Stelle x_0 ein lokales $\begin{cases} \text{Minimum} \\ \text{Maximum} \end{cases}$, falls $f''(x_0) \begin{cases} > 0 \\ < 0 \end{cases}$ erfüllt ist.

In dieser Form der hinreichenden Bedingung für die Existenz eines Extremums wird gefordert, dass die Funktion f zweifach differenzierbar ist. Zunächst ist zu bemerken, dass das Intervall (a,b) zwar stets eine Teilmenge von D ist, nicht aber mit dem Definitionsbereich D übereinstimmen muss. Dieses Intervall, in dem die Funktion f als zweifach differenzierbar vorausgesetzt ist und in dem eine Nullstelle x_0 von f' liegt, kann als „kleines" Intervall um x_0, als Umgebung von x_0, gesehen werden.

Zur weiteren Untersuchung von stationären Punkten ist es nicht notwendig, die zweite Ableitung von f zu bestimmen. Es reicht (und es kann auch zwingend sein) über das Monotonieverhalten der Funktion f zu argumentieren. Es ist wiederum anschaulich klar, dass es für eine lokale Minimalstelle x_0 eine Umgebung gibt, in der die Funktion f „links von x_0" monoton fällt und anschließend („rechts von x_0") wächst. Das Monotonieverhalten von f an einer lokalen Maximalstelle ist gerade umgekehrt. Dies kann ebenso als hinreichende Bedingung für das Vorliegen eines lokalen Extremums formuliert werden.

Hinreichende Bedingung für ein Extremum (Monotoniekriterium)

Die Funktion $f : (a,b) \longrightarrow \mathbb{R}$ sei differenzierbar auf (a,b). Dann gilt für einen stationären Punkt $x_0 \in (a,b)$:

f besitzt an der Stelle x_0 ein lokales Minimum, falls

$$\exists \varepsilon > 0 : f'(x) \leq 0 \; \forall x \in (x_0 - \varepsilon, x_0) \wedge f'(x) \geq 0 \; \forall x \in (x_0, x_0 + \varepsilon).$$

f besitzt an der Stelle x_0 ein lokales Maximum, falls

$$\exists \varepsilon > 0 : f'(x) \geq 0 \; \forall x \in (x_0 - \varepsilon, x_0) \wedge f'(x) \leq 0 \; \forall x \in (x_0, x_0 + \varepsilon).$$

Der Vorteil dieser hinreichenden Bedingung ist, dass die Existenz der zweiten Ableitung von f nicht gefordert werden muss. Es ist im Allgemeinen einfacher, d. h. mit weniger Rechenaufwand verbunden, die zweite Variante als hinreichende Bedingung für das Vorliegen eines Extremums zu wählen. Außerdem greift das über die zweite Ableitung formulierte Kriterium nicht immer. Es wird nachfolgend ein Beispiel einer (im interessierenden Bereich nicht-konstanten) Funktion f vorgestellt, deren erste und zweite Ableitung an einer Stelle x_0 jeweils Null sind. Daher ist die zweite Ableitung als Entscheidungsregel nicht verwendbar.

Ein anderes Beispiel für die Nicht-Anwendbarkeit des ersten Kriteriums ist eine Funktion f, die in einem Teilintervall I konstant ist. Dann ist natürlich jedes $x \in I$ eine mögliche Extremalstelle, jedoch sind alle höheren Ableitungen der Funktion f auf I gleich Null. Hier kann nur mit dem Monotoniekriterium entschieden werden, ob lokale Extremwerte vorliegen.

B Ein Beispiel für den Sonderfall einer Funktion h mit einem Konstanzbereich ist gegeben durch

$$h(x) = \begin{cases} 9 - (x-5)^2, & x \in [2,5) \\ 9, & x \in [5,7) \\ 9 - (x-7)^2, & x \in [7,10] \end{cases} .$$

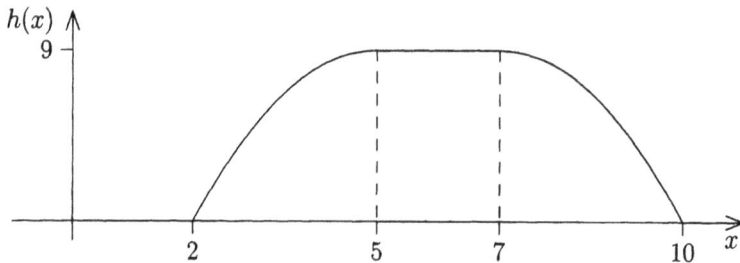

Konstanzbereich: Graph von h

Die Funktion h könnte näherungsweise die Gewinnfunktion für ein Produkt in Abhängigkeit vom Preis beschreiben.

Die Funktion h ist auf $[2,10]$ stetig und auf $(2,10)$ differenzierbar. Wegen $h'(x) = 0$ für alle $x \in [5,7]$ ist jeder Punkt des Intervalls $[5,7]$ eine mögliche lokale Extremalstelle. Mit der zweiten Ableitung von h zur Identifizierung lokaler Extrema kann hier nicht argumentiert werden, da erstens die Funktion h an den Stellen 5 und 7 nicht zweimal differenzierbar ist und zweitens für $x_0 \in (5,7)$ gilt: $h''(x_0) = 0$. Jedoch ist klar, dass für jedes $x_0 \in [5,7]$ die Funktion h im Intervall $[2,x_0]$ monoton wächst und im Intervall $[x_0, 10]$ monoton fällt. Also ist $f(x_0)$ für jedes $x_0 \in [5,7]$ ein lokales und im Definitionsbereich $[2,10]$ auch globales Maximum mit Wert 9.

Wenn alle lokalen Extremalstellen gefunden sind, wird über den Vergleich der zugehörigen Extremwerte und unter Verwendung der Ergebnisse von Punkt 2. entschieden, ob die lokalen Extrema auch globale sind. Globale Extrema werden auch als absolute Extrema bezeichnet.

(Fortsetzung)

Wegen $\{x \in D; f'(x) = 0\} = \{-\frac{1}{3}, 1\}$ liegen mögliche Extrema bei $x = -\frac{1}{3}$ und bei $x = 1$ vor. Mit der zweiten Variante der hinreichenden Bedingung und der Analyse des Monotonieverhaltens unter Punkt 4. liegen an der Stelle $x = -\frac{1}{3}$ ein lokales Maximum von f und an der Stelle $x = 1$ ein lokales Minimum von f.

Unter Verwendung der zweiten Ableitung von f mit $f''(x) = 6x - 2$ ist $f''(-\frac{1}{3}) = -4 < 0$ und $f''(1) = 4 > 0$, was zu demselben Ergebnis führt.

Das lokale Maximum von f hat die Koordinaten $(-\frac{1}{3}, f(-\frac{1}{3})) = (-\frac{1}{3}, \frac{32}{27})$, das lokale Minimum liegt im Punkt $(1, f(1)) = (1, 0)$.

Aufgrund des in Punkt 2. untersuchten Grenzverhaltens sind beide gefundenen lokalen Extrema keine globalen Extrema.

Die hinreichende Bedingung unter Verwendung der zweiten Ableitung gibt – wie schon gesehen – nicht in jedem Fall Auskunft darüber, ob ein stationärer Punkt eine lokale Extremalstelle ist (x_0 ist auch eine Nullstelle der zweiten Ableitung von f). Für diesen Fall kann eine Zusatzregel formuliert werden. Sind für eine Funktion f mehrere Ableitungen an der Stelle x_0 gleich Null (und ist die Funktion in einem Intervall um x_0 nicht konstant), so kann das folgende Kriterium für lokale Extrema angewendet werden.

> Die Funktion $f : (a, b) \longrightarrow \mathbb{R}$ sei n-fach differenzierbar auf (a, b). Für einen Punkt $x_0 \in (a, b)$ gelte $f'(x_0) = f''(x_0) = \ldots = f^{(n-1)}(x_0) = 0$, $f^{(n)}(x_0) \neq 0$.
>
> - Ist n gerade, so besitzt f in x_0 ein lokales Minimum (Maximum), falls $f^{(n)}(x_0) > 0$ $(f^{(n)}(x_0) < 0)$.
>
> - Ist n ungerade, so ist x_0 keine lokale Extremalstelle.

Ein lokales Extremum liegt dann vor, wenn für ein gerades n die ersten $(n-1)$ Ableitungen an der Stelle x_0 den Wert Null haben und erstmals die n-te Ableitung von f an der Stelle x_0 einen von Null verschiedenen Wert hat.

Die einfachsten Beispiele für die Anwendung dieses Kriteriums sind die durch $g(x) = x^3$ und $h(x) = x^4$, $x \in \mathbb{R}$, gegebenen Funktionen. Wegen $g'(0) = g''(0) = 0$ und $g'''(0) = 6$ hat g in $x = 0$ kein lokales Extremum ($n = 3$ ist ungerade). Die Funktion h besitzt hingegen in $x = 0$ ein lokales Minimum, denn $h'(0) = h''(0) = h'''(0) = 0$ und $h^{(4)}(0) = 24 > 0$ ($n = 4$ ist gerade).

Als Fazit zu den möglichen hinreichenden Bedingungen für ein Extremum kann festgehalten werden, dass das Monotoniekriterium stets anwendbar ist, hingegen die Kriterien über höhere Ableitungen nicht in jedem Fall zum Nachweis eines lokalen Extremums führen.

6. Krümmungsverhalten, Wendestellen

Abschließend wird das Krümmungsverhalten einer Funktion untersucht.

Bezeichnung

Die Funktion $f : (a, b) \longrightarrow \mathbb{R}$ sei zweimal differenzierbar auf (a, b).

$$f \text{ heißt (strikt)} \begin{cases} \textbf{konvex} \\ \textbf{konkav} \end{cases} \text{auf } (a,b), \text{ falls } f''(x) \begin{cases} (>) \geq 0 \\ (<) \leq 0 \end{cases} \forall x \in (a,b).$$

Statt der Begriffe konvex und konkav, verwendet man auch links- bzw. rechtsgekrümmt.

Bezeichnung

Ein Punkt $x_0 \in D$ heißt **Wendestelle** von f, falls sich das Krümmungsverhalten an der Stelle x_0 ändert, d.h.

$$\exists \varepsilon > 0 : \quad \left(f''(x) \leq 0 \text{ in } (x_0 - \varepsilon, x_0) \land f''(x) \geq 0 \text{ in } (x_0, x_0 + \varepsilon) \right)$$

$$\lor \left(f''(x) \geq 0 \text{ in } (x_0 - \varepsilon, x_0) \land f''(x) \leq 0 \text{ in } (x_0, x_0 + \varepsilon) \right)$$

Der Punkt $(x_0, f(x_0))$ heißt **Wendepunkt** von f.

An einer Wendestelle geht die Funktion von einem konvexen Verhalten in ein konkaves Verhalten über oder umgekehrt.

Zur Analyse des Konvexitäts-/Konkavitätsverhaltens einer Funktion f wird zunächst die Menge $\{x \in D; f''(x) = 0\}$ der Nullstellen der zweiten Ableitung von f bestimmt. Diese Nullstellen teilen zusammen mit den Definitionslücken die Abszisse in Teilintervalle. In diesen Teilintervallen bestimmt man das Vorzeichen von $f''(x)$ (durch Einsetzen von Zahlen aus den Teilintervallen). Das Krümmungsverhalten, d.h. die Konvexitäts- und Konkavitätsbereiche, werden unter Angabe des jeweiligen Vorzeichens der zweiten Ableitung auf dem Zahlenstrahl verdeutlicht.

B (Fortsetzung)

Die zweite Ableitung von f ist gegeben durch $f''(x) = 6x - 2$. Daraus folgt: $f''(x) = 0 \iff x = \frac{1}{3}$. Das Vorzeichen von $f''(x)$ kann der folgenden Graphik entnommen werden:

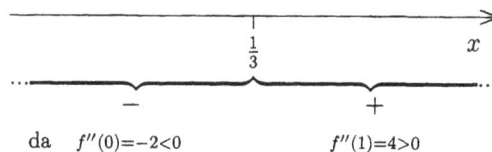

$$\text{da} \quad f''(0) = -2 < 0 \qquad\qquad f''(1) = 4 > 0$$

Damit ist f konkav auf $(-\infty, \frac{1}{3})$ und konvex auf $(\frac{1}{3}, \infty)$. Da sich das Krümmungsverhalten von f an der Stelle $x = \frac{1}{3}$ ändert, liegt dort eine Wendestelle vor.

In der über die zweite Ableitung formulierten hinreichenden Bedingung für ein Extremum wird demnach geprüft, ob die Funktion lokal strikt konvex oder strikt konkav ist. Ist dies der Fall, so liegt im stationären Punkt ein lokales Minimum bzw. ein lokales Maximum vor.

Alternativ kann eine Wendestelle erkannt werden, indem für die mögliche Wendestelle – das ist eine Nullstelle der zweiten Ableitung – geprüft wird, ob die dritte Ableitung von f an dieser Stelle von Null verschieden ist.

> Die Funktion $f : (a, b) \longrightarrow \mathbb{R}$ sei dreimal differenzierbar auf (a, b). Dann gilt:
> f besitzt in $x_0 \in (a, b)$ mit $f''(x_0) = 0$ eine Wendestelle, falls $f'''(x_0) \neq 0$.

Dieses Kriterium wird auf die Funktion g mit $g(x) = x^3$ angewendet. Diese besitzt in $x = 0$ eine Wendestelle, da $g''(0) = 0$ und $g'''(0) = 6 \neq 0$ gilt.

In Analogie zur Untersuchung auf Extremalstellen gibt es Fälle, in denen die obige hinreichende Bedingung für die Existenz einer Wendestelle nicht anwendbar ist. Haben mehrere Ableitungen von f an der Stelle $x_0 \in D$ den Wert Null, so steht folgendes Kriterium zur Verfügung.

> Die Funktion $f : (a, b) \longrightarrow \mathbb{R}$ sei n-mal differenzierbar mit $n \geq 3$. Für $x_0 \in (a, b)$
> gelte: $f''(x_0) = \ldots = f^{(n-1)}(x_0) = 0$ und $f^{(n)}(x_0) \neq 0$. Dann gilt:
> Ist n ungerade, so besitzt f in x_0 eine Wendestelle.

7. Skizze des Graphen

Mit den gesammelten Informationen aus 1.-6. lässt sich eine Skizze des Graphen von f anfertigen. Nachdem ggf. Asymptoten, Nullstellen und Extremalpunkte in das Koordinatensystem eingetragen worden sind, ist der Funktionsverlauf unter Berücksichtigung des Monotonie- und Krümmungsverhaltens sowie des Grenzverhaltens festgelegt.

(Fortsetzung)

B

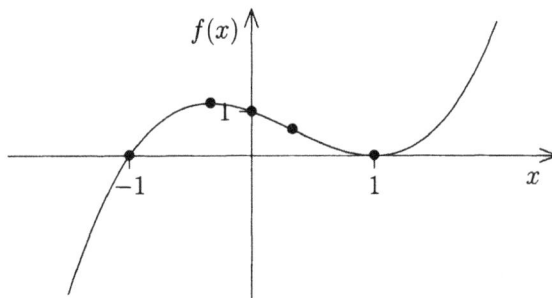

Graph des Polynoms f mit $f(x) = x^3 - x^2 - x + 1$ und ausgezeichnete Punkte

Kurvendiskussion: Beispiele

Exemplarisch werden drei weitere Kurvendiskussionen durchgeführt.

Das Verhalten der Funktion f, gegeben durch

$$f(x) = \frac{2x - 2}{x^2 - 2x + 2} \left(= 2\frac{x - 1}{x^2 - 2x + 2} \right),$$

B

soll analysiert werden.

1. Definitionsbereich

   $D = \mathbb{R}$, da das Nennerpolynom keine reelle Nullstelle besitzt
   $(x^2 - 2x + 2 = 0 \iff (x - 1)^2 + 1 = 0)$. Die Funktion f ist stetig auf $\mathbb{R}$.

2. Asymptotisches Verhalten

   $\lim\limits_{x \to -\infty} f(x) = 0, \ \lim\limits_{x \to \infty} f(x) = 0$

3. Nullstellen

   $f(x) = 0 \iff 2x - 2 = 0 \iff x = 1$

   Also liegt bei $x = 1$ die einzige Nullstelle von f.

4. Monotonieverhalten

   Wegen $f'(x) = 2\dfrac{1 \cdot (x^2 - 2x + 2) - (x - 1)(2x - 2)}{(x^2 - 2x + 2)^2}$

   $\qquad\qquad = 2\dfrac{x^2 - 2x + 2 - 2x^2 + 4x - 2}{(x^2 - 2x + 2)^2} = -\dfrac{2x(x - 2)}{(x^2 - 2x + 2)^2}$

   gilt $f'(x) = 0 \iff x = 0 \lor x = 2$.

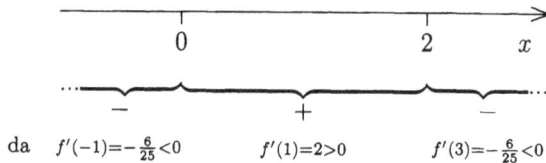

   da $\quad f'(-1) = -\frac{6}{25} < 0 \qquad\qquad f'(1) = 2 > 0 \qquad\qquad f'(3) = -\frac{6}{25} < 0$

   Daher wächst f streng monoton in $(0, 2)$ und fällt streng monoton in $(-\infty, 0)$ und
   in $(2, \infty)$.

5. Extremwerte

   Aus 4. folgt, dass mögliche Extremalstellen bei $x = 0$ und bei $x = 2$ vorliegen.
   Aufgrund des Monotonieverhaltens schließt man, dass f bei $x = 0$ ein lokales
   Minimum und bei $x = 2$ ein lokales Maximum besitzt.

   Der lokale Minimalpunkt ist $(0, f(0)) = (0, -1)$, der lokale Maximalpunkt ist
   $(2, f(2)) = (2, 1)$. Aus dem asymptotischen Verhalten von f folgt, dass bei $x = 0$
   das globale Minimum von f und bei $x = 2$ das globale Maximum von f liegen.

Alternativ kann zur Begründung der lokalen Extrema über die zweite Ableitung von f argumentiert werden.

$$f''(x) = -2\frac{(2x-2)(x^2-2x+2)^2 - (x^2-2x)2(x^2-2x+2)(2x-2)}{(x^2-2x+2)^4}$$

$$= -2(2x-2)\frac{x^2-2x+2-2x^2+4x}{(x^2-2x+2)^3} = 4(x-1)\frac{x^2-2x-2}{(x^2-2x+2)^3}$$

Damit hat f wegen $f''(0) = 1 > 0$ und $f''(2) = -1 < 0$ bei $x = 0$ ein lokales Minimum und bei $x = 2$ ein lokales Maximum.

6. Krümmungsverhalten, Wendestellen

Wegen $f''(x) = 0 \iff (x-1)(x^2-2x-2) = 0$
$$\iff x = 1 \vee (x-1)^2 = 3$$
$$\iff x = 1 \vee x = \sqrt{3}+1 \vee x = -\sqrt{3}+1$$

gibt es drei mögliche Wendepunkte. Das Krümmungsverhalten wird über das Vorzeichen von $f''(x)$ am Zahlenstrahl verdeutlicht.

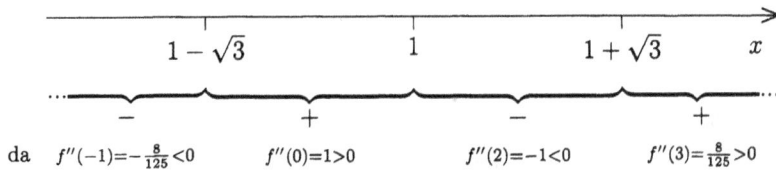

$$\text{da}\quad f''(-1)=-\tfrac{8}{125}<0 \qquad f''(0)=1>0 \qquad f''(2)=-1<0 \qquad f''(3)=\tfrac{8}{125}>0$$

Die Funktion f ist also konvex in $(1-\sqrt{3}, 1)$ und in $(1+\sqrt{3}, \infty)$, und sie ist konkav in $(-\infty, 1-\sqrt{3})$ und in $(1, 1+\sqrt{3})$.

Auf die Bestimmung der dritten Ableitung kann bei der Argumentation über das Vorzeichen von $f''(x)$ verzichtet werden.

Bei $x = 1 - \sqrt{3}$, $x = 1$ und bei $x = 1 + \sqrt{3}$ liegen Wendestellen vor, da jeweils das Vorzeichen von $f''(x)$ an diesen Stellen wechselt. Die Wendepunkte liegen bei $(1 - \sqrt{3}, f(1 - \sqrt{3})) \approx (-0.73, -0.87)$, $(1, f(1)) = (1, 0)$ und $(1 + \sqrt{3}, f(1 + \sqrt{3})) \approx (2.73, 0.87)$.

7. Zusammenfassung und Skizze des Graphen

$\lim\limits_{x \to -\infty} f(x) = \lim\limits_{x \to \infty} f(x) = 0, f(1) = 0$, f streng monoton wachsend in $(0, 2)$, f streng monoton fallend in $(-\infty, 0)$ und $(2, \infty)$, globaler Minimalpunkt $(0, -1)$, globaler Maximalpunkt $(2, 1)$, f konvex in $(1 - \sqrt{3}, 1)$ und $(1 + \sqrt{3}, \infty)$, f konkav in $(-\infty, 1 - \sqrt{3})$ und $(1, 1 + \sqrt{3})$, Wendepunkte wie in 6.

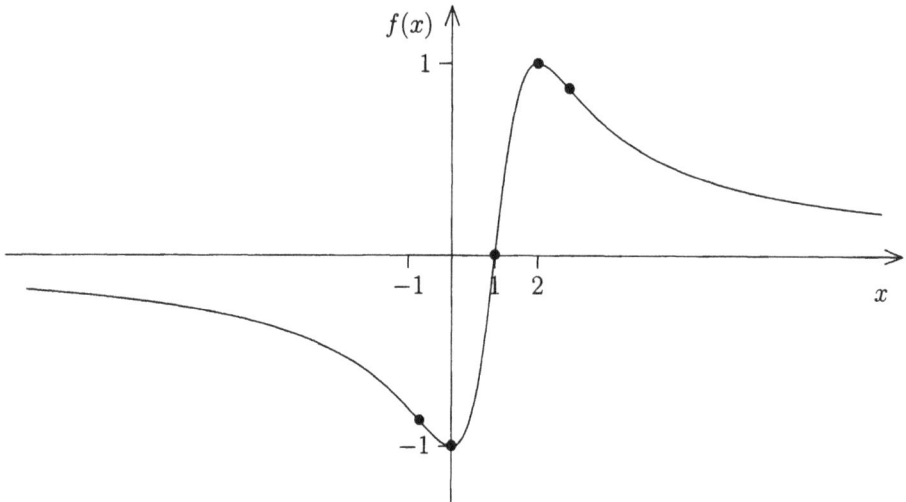

Das nächste Beispiel ist rechentechnisch aufwendiger.

Kurvendiskussion für die Funktion f, gegeben durch

$$f(x) = \frac{5x^3 - 11x}{x^2 - 4}.$$

1. Definitionsbereich

   Das Nennerpolynom hat die Nullstellen $x = -2$ und $x = 2$. Daher ist $D = \mathbb{R} \setminus \{-2, 2\}$. Die Funktion f ist stetig auf D.

   Bei allen nachfolgenden Untersuchungen (Monotonieverhalten, Extremwerte, Krümmungsverhalten) ist auf diese Definitionslücken zu achten. Sie teilen von Beginn an die reelle Achse in drei Teilintervalle.

2. Asymptotisches Verhalten

   Wegen $f(x) = \frac{x(5x^2-11)}{(x-2)(x+2)}$ gilt: $\lim\limits_{x\to-\infty} f(x) = -\infty, \lim\limits_{x\to\infty} f(x) = \infty,$

   $\lim\limits_{x\to-2-} f(x) = -\infty, \lim\limits_{x\to-2+} f(x) = \infty, \lim\limits_{x\to2-} f(x) = -\infty, \lim\limits_{x\to2+} f(x) = \infty.$

   Die Asymptoten sind somit $x = -2$ und $x = 2$.

3. Nullstellen

   $$f(x) = 0 \Longleftrightarrow 5x^3 - 11x = 0 \Longleftrightarrow x(5x^2 - 11) = 0$$
   $$\Longleftrightarrow x = 0 \ \vee \ x = -\sqrt{\tfrac{11}{5}} \ \vee \ x = \sqrt{\tfrac{11}{5}}$$

   Die Menge der Nullstellen von f ist gegeben durch $\left\{-\sqrt{\tfrac{11}{5}}, 0, \sqrt{\tfrac{11}{5}}\right\}$.

4. Monotonieverhalten

$$f'(x) = \frac{(15x^2 - 11)(x^2 - 4) - (5x^3 - 11x)2x}{(x^2 - 4)^2}$$

$$= \frac{15x^4 - 71x^2 + 44 - 10x^4 + 22x^2}{(x^2 - 4)^2}$$

$$= \frac{5x^4 - 49x^2 + 44}{(x^2 - 4)^2}$$

Das Zählerpolynom $g(x) = 5x^4 - 49x^2 + 44$ lässt sich mit der Setzung $y = x^2$ schreiben als $h(y) = 5y^2 - 49y + 44$.

Mit $h(y) = 0 \iff (y - 1)(5y - 44) = 0 \iff y = 1 \vee y = \frac{44}{5}$ sind die Nullstellen von g durch die Gleichungen $x^2 = 1$ und $x^2 = \frac{44}{5}$ gegeben. Es gilt also: $\{x \in D; f'(x) = 0\} = \left\{-\sqrt{\frac{44}{5}}, -1, 1, \sqrt{\frac{44}{5}}\right\}$.

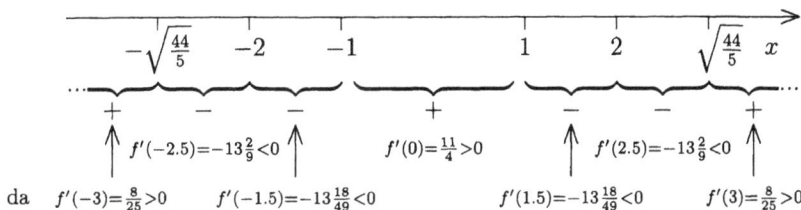

Damit wächst f streng monoton in den Intervallen $(-\infty, -\sqrt{\frac{44}{5}})$, $(-1, 1)$, $(\sqrt{\frac{44}{5}}, \infty)$ und fällt streng monoton in den Intervallen $(-\sqrt{\frac{44}{5}}, -2)$, $(-2, -1)$, $(1, 2)$, $(2, \sqrt{\frac{44}{5}})$.

5. Extremwerte

Nach den Untersuchungen in Punkt 4. besitzt die Funktion f lokale Maxima bei $x = -\sqrt{\frac{44}{5}}$ und $x = 1$ sowie lokale Minima bei $x = -1$ und $x = \sqrt{\frac{44}{5}}$, die alle aufgrund des in Punkt 2. festgehaltenen asymptotischen Verhaltens von f keine globalen Extrema sind.

6. Krümmungsverhalten, Wendestellen

$$f''(x) = \frac{(20x^3 - 98x)(x^2 - 4)^2 - (5x^4 - 49x^2 + 44)2(x^2 - 4)2x}{(x^2 - 4)^4}$$

$$= \ldots = \frac{18x^3 + 216x}{(x^2 - 4)^3} = \frac{18x(x^2 + 12)}{(x^2 - 4)^3}$$

mit $f''(x) = 0 \iff 18x(x^2 + 12) = 0 \iff x = 0$, so dass die einzige mögliche Wendestelle bei $x = 0$ liegt. Die Konvexitäts- und Konkavitätsbereiche werden am Zahlenstrahl verdeutlicht.

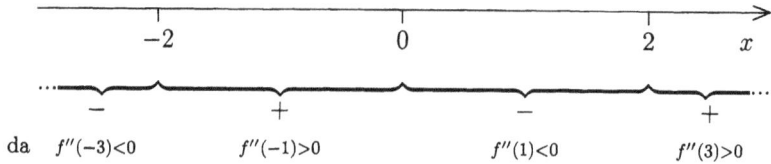

$$da \quad f''(-3)<0 \qquad f''(-1)>0 \qquad f''(1)<0 \qquad f''(3)>0$$

Damit ist f konvex in $(-2,0)$ und $(2,\infty)$ sowie konkav in $(-\infty,-2)$ und $(0,2)$. Der Punkt $(0, f(0)) = (0,0)$ ist ein Wendepunkt.

Zur Anfertigung einer Skizze wird zunächst noch ein Nachtrag zur Theorie bereitgestellt. Das gebrochen rationale Polynom des Beispiels besitzt im Zähler einen höheren Grad als im Nenner, so dass eine Polynomdivision auf ein Polynom P und einen additiven Rest R führt. Dieser Rest ist wieder ein gebrochen rationales Polynom, dessen Nennerpolynom jedoch einen höheren Grad als das Zählerpolynom aufweist.

B (Fortsetzung)

Die Funktion f lässt sich folgendermaßen darstellen:

$$f(x) = \frac{5x^3 - 11x}{x^2 - 4} = \frac{5x(x^2 - 4) + 9x}{x^2 - 4} = 5x + \frac{9x}{x^2 - 4} = P(x) + R(x).$$

Der Restterm $R(x)$ konvergiert für $x \to -\infty$ und $x \to \infty$ gegen Null. Die Funktion f „verhält sich" daher für kleine x bzw. für große x wie das Polynom P.

Das Polynom P wird dann ebenfalls als Asymptote bezeichnet. Die Funktion nähert sich schließlich, d. h. für genügend kleine bzw. genügend große Werte von x der Asymptoten an. Allgemeiner kann die Annäherung wie folgt beschrieben werden.

Bezeichnung

Seien $f : D \longrightarrow \mathbb{R}$, $g : (a,\infty) \longrightarrow \mathbb{R}$ ($g : (-\infty,a) \longrightarrow \mathbb{R}$) für ein $a \in \mathbb{R}$ reelle Funktionen mit $D \subseteq (a,\infty)$ ($D \subseteq (-\infty,a)$).

Die Funktion g heißt **Asymptote** zu f für $x \to \infty$ (bzw. $x \to -\infty$), falls $\lim\limits_{x\to\infty} (f(x) - g(x)) = 0$ (bzw. $\lim\limits_{x\to-\infty} (f(x) - g(x)) = 0$).

Die Differenz zwischen den Werten einer Funktion und ihrer Asymptoten konvergiert daher gegen Null.

Sind $x_{\min}$ und $x_{\max}$ die kleinste bzw. größte Definitionslücke, so wird die Asymptote, hier das Polynom P, für $x < x_{\min}$ und $x > x_{\max}$ als Hilfsgraph in die Skizze von f eingezeichnet.

(Fortsetzung)

Im Beispiel ist $P(x) = 5x$; dieses Polynom wird für $x < -2$ und für $x > 2$ mit in die Skizze von f übernommen.

7. Skizze des Graphen

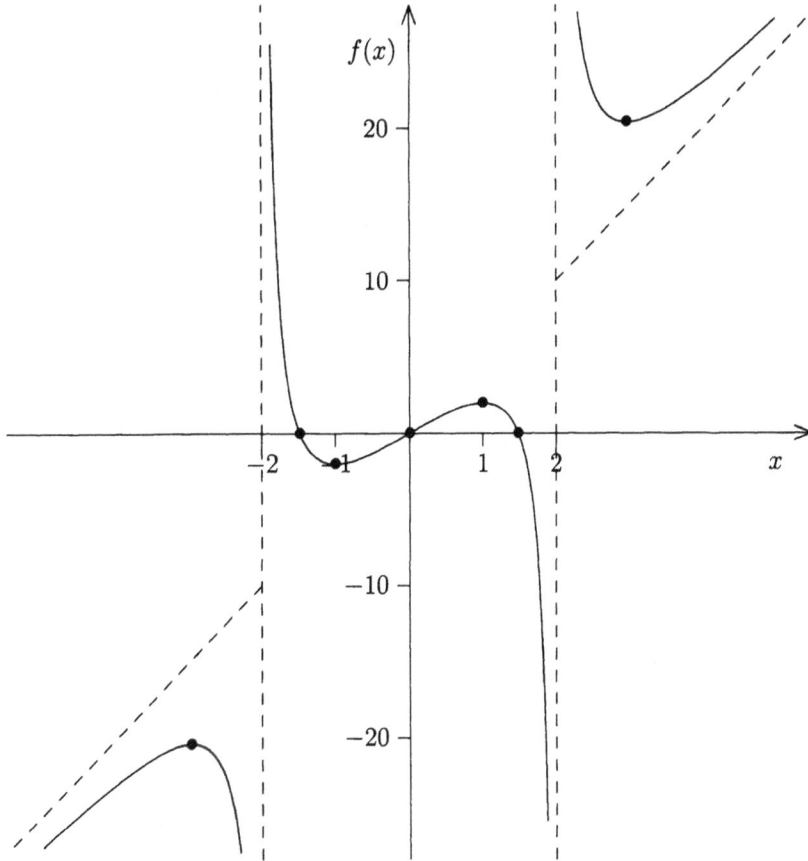

Offenbar ist der Graph der Funktion im obigen Beispiel punktsymmetrisch zum Nullpunkt.

Bemerkung

Die Feststellung einer Achsen- oder Punktsymmetrie des Graphen reduziert den Aufwand einer Kurvendiskussion erheblich. Die Analyse kann sich auf einen der Teilbereiche $(-\infty, 0] \cap D$ oder $[0, \infty) \cap D$ beschränken, falls mit $x \in D$ stets auch $-x \in D$ gilt, D also selbst „symmetrisch" ist. Die Resultate für den anderen Bereich erhält man dann durch direkte Ausnutzung der Symmetrieeigenschaft.

B (Fortsetzung)

Die Funktion f mit $f(x) = \frac{5x^3 - 11x}{x^2 - 4}, x \in D$, ist punktsymmetrisch, denn

$$f(-x) = \frac{-5x^3 + 11x}{x^2 - 4} = -f(x) \quad \text{für alle } x \in D.$$

Die obige Kurvendiskussion hätte also in allen Punkten auf einen der Bereiche $(-\infty, 0] \setminus \{-2\}$ oder $[0, \infty) \setminus \{2\}$ eingeschränkt werden können.

Im nächsten Beispiel wird das Produkt eines Polynoms mit einer Exponentialfunktion diskutiert.

B Kurvendiskussion für die Funktion f gegeben durch

$$f(x) = \left(x^2 - \tfrac{3}{2}x\right) e^x.$$

1. Definitionsbereich

   Es gibt keine Definitionslücken, also ist $D = \mathbb{R}$. Die Funktion f ist stetig auf $\mathbb{R}$.

2. Asymptotisches Verhalten

$$\lim_{x \to -\infty} f(x) = \lim_{x \to -\infty} \tfrac{1}{2}\left(\frac{2x^2 - 3x}{e^{-x}}\right) \overset{\text{l'Hospital}}{=} \tfrac{1}{2} \lim_{x \to -\infty} \left(\frac{4x - 3}{-e^{-x}}\right)$$

$$\overset{\text{l'Hospital}}{=} \tfrac{1}{2} \lim_{x \to -\infty} \frac{4}{e^{-x}} = 2 \lim_{x \to -\infty} e^x = 0$$

   Offenbar ist $\lim\limits_{x \to \infty} f(x) = \infty$.

3. Nullstellen

   Wegen $e^x > 0$ für alle $x \in \mathbb{R}$ gilt:

$$f(x) = 0 \iff x^2 - \tfrac{3}{2}x = 0 \iff x\left(x - \tfrac{3}{2}\right) = 0 \iff x = 0 \lor x = \tfrac{3}{2}.$$

   Die Nullstellen von f sind also $x = 0$ und $x = \tfrac{3}{2}$.

4. Monotonieverhalten

   Es ist $f'(x) = \left(2x - \tfrac{3}{2}\right) e^x + \left(x^2 - \tfrac{3}{2}x\right) e^x = \left(x^2 + \tfrac{1}{2}x - \tfrac{3}{2}\right) e^x = (x - 1)\left(x + \tfrac{3}{2}\right) e^x$.

   Die Nullstellen von f' sind also durch $x = 1$ und $x = -\tfrac{3}{2}$ gegeben. Das Vorzeichen von $f'(x)$ kann aus folgender Graphik abgelesen werden.

da $\quad f'(-2) = \tfrac{3}{2} e^{-2} > 0 \qquad f'(0) = -\tfrac{3}{2} < 0 \qquad f'(2) = \tfrac{7}{2} e^2 > 0$

   Damit ist f streng monoton wachsend in $\left(-\infty, -\tfrac{3}{2}\right)$ und in $(1, \infty)$, und f ist streng monoton fallend in $\left(-\tfrac{3}{2}, 1\right)$.

5. Extremwerte

Mögliche Extremwerte liegen bei $x = -\frac{3}{2}$ und $x = 1$. Aufgrund des Vorzeichenwechsels von $f'(x)$ an diesen Stellen besitzt f ein lokales Maximum bei $x = -\frac{3}{2}$ mit $f(-\frac{3}{2}) = \frac{9}{2}e^{-\frac{3}{2}} \approx 1$ und ein lokales Minimum bei $x = 1$ mit $f(1) = -\frac{1}{2}e \approx -1.4$.

Zusammen mit dem asymptotischen Verhalten von f folgt, dass bei $x = 1$ das globale Minimum von f liegt. Das lokale Maximum ist hingegen nicht global, da f nach oben unbeschränkt ist.

6. Krümmungsverhalten, Wendestellen

Die Nullstellen der zweiten Ableitung f'' mit

$$f''(x) = \left(2x + \tfrac{1}{2}\right)e^x + \left(x^2 + \tfrac{1}{2}x - \tfrac{3}{2}\right)e^x = \left(x^2 + \tfrac{5}{2}x - 1\right)e^x$$

bestimmt man aus

$$x^2 + \tfrac{5}{2}x - 1 = 0 \iff x^2 + \tfrac{5}{2}x + \tfrac{25}{16} = \tfrac{41}{16} \iff \left(x + \tfrac{5}{4}\right)^2 = \tfrac{41}{16}$$
$$\iff x = -\tfrac{\sqrt{41}}{4} - \tfrac{5}{4} \vee x = \tfrac{\sqrt{41}}{4} - \tfrac{5}{4}.$$

Diese beiden Stellen sind mögliche Wendestellen. Das Vorzeichen von $f''(x)$ kann an folgendem Zahlenstrahl abgelesen werden.

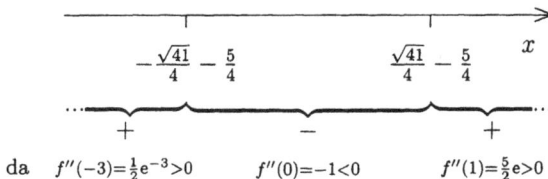

da $f''(-3)=\tfrac{1}{2}e^{-3}>0$ $f''(0)=-1<0$ $f''(1)=\tfrac{5}{2}e>0$

Damit ist f konvex in $(-\infty, -\frac{\sqrt{41}}{4} - \frac{5}{4})$ und in $(\frac{\sqrt{41}}{4} - \frac{5}{4}, \infty)$ sowie konkav in $(-\frac{\sqrt{41}}{4} - \frac{5}{4}, \frac{\sqrt{41}}{4} - \frac{5}{4})$. Beide Endpunkte des letzten Intervalls sind Wendestellen, da an ihnen das Vorzeichen von $f''(x)$ wechselt.

7. Skizze des Graphen

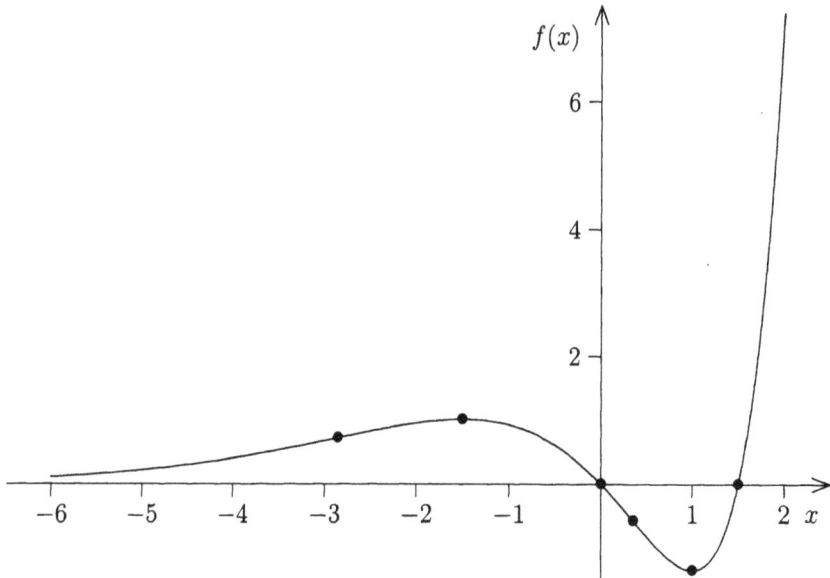

Ein wesentlicher Aspekt der Kurvendiskussion ist die Anpassung einer Funktion f aufgrund von speziellen Informationen.

Sind gewisse Eigenschaften und/oder Punkte des Graphen einer Funktion f bekannt, so kann man versuchen, den (unbekannten) Funktionsterm von f zu bestimmen oder zumindest in Abhängigkeit unbekannter Parameter zu bestimmen.

Anpassung einer Funktion („Steckbriefaufgabe")

Für eine Marketingstudie wird (aufgrund von vorherigen Untersuchungen) angenommen, dass der Absatz eines Produkts in Abhängigkeit des Preises in einem für die Praxis relevanten Preisbereich durch ein Polynom zweiten Grades beschrieben wird. Ferner sei bekannt, dass die Absatzkurve eine Minimalstelle bei einem realisierten Preis von 10 € besitzt mit einem Absatz von 30 Mengeneinheiten. Bei einem Preis von 2 € werden 110 Mengeneinheiten des Produkts abgesetzt.

Frage: Kann die Absatzfunktion explizit angegeben werden?

Den oben genannten Informationen können zur Bestimmung der Parameter a, b und c im Polynom f zweiten Grades mit $f(x) = ax^2 + bx + c, a \neq 0$, folgende Bedingungen entnommen werden:

- $f(10) = 30$ (Wert von f an der Stelle 10 ist 30),
- $f'(10) = 0$ (Minimum von f bei $x = 10$) und
- $f(2) = 110$ (Wert von f an der Stelle 2 ist 110).

Aus diesen Forderungen können folgende Aussagen hergeleitet werden:

Wegen $f'(x) = 2ax + b$ mit $f'(x) = 0 \Longleftrightarrow x = -\frac{b}{2a}$ folgt aus der Bedingung $f'(10) = 0$:
$-\frac{b}{2a} = 10$ oder $20a = -b$ ($f''(10) = 2a$ muss positiv sein, da bei $x = 10$ ein Minimum vorliegt).

Das Einsetzen von $x = 10$ und $x = 2$ ergibt:

$$f(10) = 100a + 10b + c = -5b + 10b + c = 5b + c,$$

woraus $5b + c = 30$ und damit $c = 30 - 5b$ folgt, und

$$f(2) = 4a + 2b + c = -\tfrac{1}{5}b + 2b + 30 - 5b = -\tfrac{16}{5}b + 30,$$

woraus $-\frac{16}{5}b + 30 = 110$ und damit $b = -25$ folgt. Also ist $a = -\frac{b}{20} = \frac{5}{4}$ und
$c = 30 - 5b = 155$. Die gesuchte Absatzfunktion f ist also gegeben durch

$$f(x) = \tfrac{5}{4}x^2 - 25x + 155.$$

Die Optimierung als Teil der Kurvendiskussion spielt eine wichtige Rolle in vielen Entscheidungsprozessen. Sie kann eingesetzt werden bei Fragen der Gewinnmaximierung oder der Kostenminimierung.

Ein Textilhersteller hat einen Absatz von 27 000 T-Shirts pro Monat bei einem Stückpreis von 10 €. Eine Marktanalyse ergab, dass eine Preissenkung um 0.50 € pro Stück eine Absatzsteigerung um 3 000 Stück pro Monat nach sich zieht. Es stellt sich die Frage, bei welchem Verkaufspreis ein Gewinnmaximum vorliegt, falls der Selbstkostenpreis bei 4 € pro T-Shirt liegt.

Zur Lösung des Problems werden die bereitgestellten Methoden verwendet.

Die Gewinnfunktion G in Abhängigkeit von der Variablen x, die die Preissenkung angibt, ist gegeben durch

$$\begin{aligned} G(x) &= (10 - 4 - x)(27\,000 + x \cdot 6\,000) \\ &= (6 - x) \cdot 1\,000 \cdot (27 + 6x) = 1\,000(162 + 9x - 6x^2) \end{aligned}$$

Ein mögliches Extremum liegt an einer Nullstelle von G':

$$G'(x) = 1\,000(9 - 12x) \text{ mit } G'(x) = 0 \Longleftrightarrow x = 0.75$$

Wegen $G''(x) = -12\,000 < 0$ liegt bei $x = 0.75$ ein lokales Maximum von G mit $G(0.75) = 165\,375$ vor. Dieses steht dem bisherigen Gewinn von $G(0) = 162\,000$ gegenüber und führt zu einem um 3 375 € höheren Gewinn.

Wegen $x \geq 0$ und $\lim\limits_{x \to \infty} G(x) = -\infty$ liegt an der Stelle $x = 0.75$ das globale Maximum der Gewinnfunktion G.

Der optimale Verkaufspreis der T-Shirts ist demnach 9.25 € pro Stück.

In zahlreichen Graphiken zu wirtschaftswissenschaftlichen Themen werden Umsatz-, Kosten- und Gewinnfunktionen sowie deren Ableitungsfunktionen, die Funktionen von Grenzumsatz, Grenzkosten und Grenzgewinn, betrachtet.

Im Modell „Gewinn=Umsatz−Kosten" erhält man die Gewinnfunktion G als Differenz von Umsatz- und Kostenfunktion:

$$G(x) = U(x) - K(x)$$

Zeichnet man die Funktionen U' (Grenzumsatz) und K' (Grenzkosten) in eine Graphik, so gibt ein Schnittpunkt x_0 der Kurven (x_0 mit $U'(x_0) = K'(x_0)$) eine mögliche Extremalstelle der Gewinnfunktion G an, denn $G'(x_0) = U'(x_0) - K'(x_0) = 0$.

In der optimalen Lagerhaltung wird die Kurvendiskussion ebenfalls benötigt. Ein einfaches Beispiel zeigt die Vorgehensweise.

Andlersche Losgrößenformel

B

Die Ausgangssituation kann als Beispiel für einen zu optimierenden Produktionsprozess wie auch als ein einfaches Lagerhaltungsmodell beschrieben werden.

In der Massenproduktion (Lagerhaltung) eines Produkts soll die Menge x des Gutes festgelegt werden, die zwischen zwei Umrüstungen der Anlage gefertigt (zu den Bestellzeitpunkten eingelagert) wird.

Bei jeder Umrüstung (Bestellung) entstehen Kosten, die von der Menge des Gutes unabhängig sind, sogenannte Rüstkosten (Bestellkosten). Mit diesem alleinigen Kriterium sollte die Menge des Gutes möglichst groß gewählt werden. Mit zunehmender Produktionsmenge (Lagermenge) wächst aber auch der durchschnittliche Lagerbestand (über die Zeit). Dabei entstehen Kosten für die Lagerung und entgangene Kapitalerträge, die hier als Bestandskosten bezeichnet werden.

Im Grundmodell der Gesamtkosten pro Zeiteinheit resultiert die Funktion K als

$$K(x) = \frac{s}{x}R + \frac{x}{2}b, x > 0,$$

wobei $s(> 0)$ die produzierte (abgesetzte) Menge des Produkts pro Zeiteinheit, $R(> 0)$ die Rüstkosten (Bestellkosten) pro Vorgang und $b(> 0)$ die Bestandskosten pro Mengen- und Zeiteinheit bezeichnen.

Die Bezeichnung „einfaches Modell" bezieht sich darauf, dass eine Reihe vereinfachender Annahmen getroffen werden, wie z.B. kontinuierliche und gleichmäßige Produktion bzw. Absatzmengen sowie Einlagerung zu den Bestellzeitpunkten ohne Zeitverlust.

Der zeitliche Verlauf des Bestands im Lagerhaltungsmodell ist dann wie folgt:

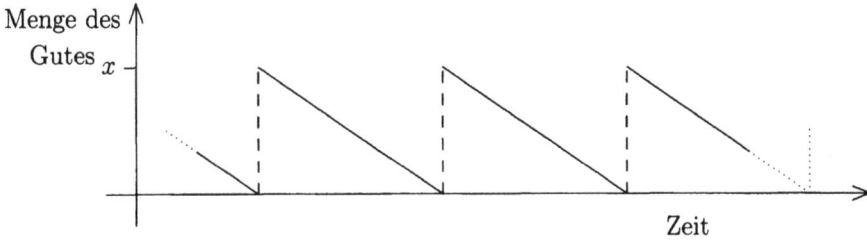

Verlauf des Lagerbestands im Andlerschen Losgrößenmodell

Der durchschnittliche Lagerbestand ist gerade $\frac{x}{2}$. Die anteiligen Rüstkosten (Bestellkosten) je Zeiteinheit sind $\frac{s}{x}R$.

Zur Wahl der optimalen Menge wird die Kostenfunktion K in der Variablen x minimiert.

Für $x > 0$ ist $K'(x) = -\frac{s}{x^2}R + \frac{b}{2}$ und $K'(x) = 0 \Longleftrightarrow x^2 = \frac{2sR}{b} \Longleftrightarrow x = \sqrt{\frac{2sR}{b}}$ (da $x > 0$ vorausgesetzt ist). Dies ist wegen $K''(x) = \frac{2sR}{x^3} > 0$ für $x > 0$ eine lokale Minimalstelle und wegen $\lim\limits_{x \to 0+} K(x) = \infty$ sowie $\lim\limits_{x \to \infty} K(x) = \infty$ auch eine globale Minimalstelle.

Die Funktion K und ihre Summanden sowie das Optimum sind in folgender Graphik eingezeichnet.

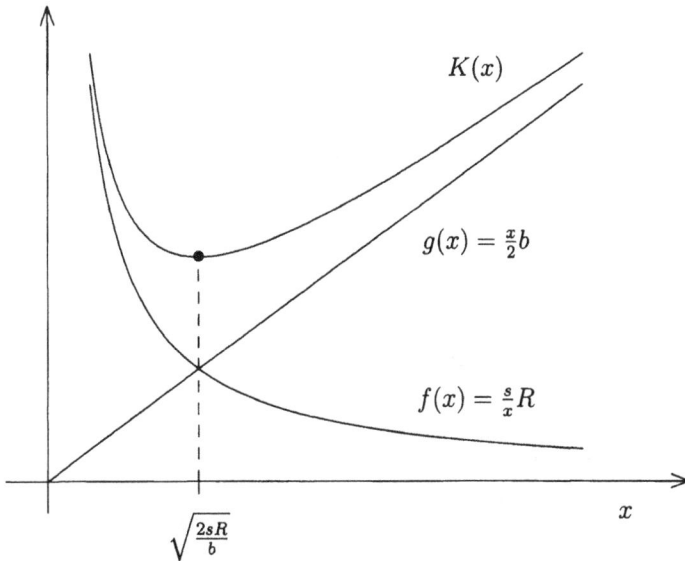

Aufgaben

Aufgabe 4.1
Berechnen Sie die erste und zweite Ableitung der folgenden Funktionen:

(a) $f(x) = \frac{x^2+3x+2}{x^2+2x+1}$,   (b) $f(x) = x^3 e^{-x}$,   (c) $f(x) = \frac{1+\ln x}{x}$.

Aufgabe 4.2
Bestimmen Sie die erste und zweite Ableitung der folgenden Funktionen:

(a) $f(x) = \ln(x^2 - x - 2)$,   (b) $f(x) = (x^3 + 1)^4 + 2x$,

(c) $f(x) = (x^2 + 4x + 6)e^{-x}$.

Aufgabe 4.3
Berechnen Sie jeweils die ersten beiden Ableitungen der angegebenen Funktionen.

(a) $f(x) = (x^2 - 5)^5$,   (b) $f(x) = \ln(4x^3)$,   (c) $f(x) = \frac{e^{x^2}}{x}$.

Aufgabe 4.4
(a) Bestimmen Sie für $n \to \infty$ den Grenzwert der Folge $(a_n)_{n \in \mathbb{N}}$ gegeben durch

$$a_n = \frac{3n^3 + 5}{(n^2 + 1)(n + 1)}, \quad n \in \mathbb{N}.$$

(b) Bestimmen Sie für die Funktion f gegeben durch $f(x) = \frac{\ln x}{x^2-1}$ die folgenden Grenzwerte:

(i) $\lim\limits_{x \to 1-} f(x), \lim\limits_{x \to 1+} f(x)$,   (ii) $\lim\limits_{x \to \infty} f(x)$.

Aufgabe 4.5
Für ein Produkt gibt die Preis-Nachfrage-Funktion $f(p) = p^3 + 5p^2 + 4p$ die Nachfrage in Abhängigkeit vom Preis $p > 0$ an.

(a) Bestimmen Sie die zu dieser Funktion f gehörende Elastizitätsfunktion ϵ_f.

(b) Für welche Preise $p > 0$ reagiert die Nachfrage elastisch?

Aufgabe 4.6
Gegeben ist die Preis-Nachfrage-Funktion $f(p) = (p^2 + 1)e^{-p^2}$, $p > 0$.

(a) Wie lautet die zugehörige Elastizitätsfunktion ϵ_f?

(b) Für welche Preise p reagiert die Nachfrage elastisch?

Aufgabe 4.7
(a) Das Preis-Nachfrage-Gesetz für das Produkt P_1 sei durch die Funktion f mit

$$f(p) = p^a e^{-bp^c}, \quad a > 1, \ b, c > 0, \ p > 0,$$

gegeben. Die Funktion f gibt also die Nachfrage nach dem Produkt P_1 in Abhängigkeit vom Preis p des Produkts an.

(i) Für welchen Preis p^* ist die Nachfrage maximal?
(Gesucht ist das absolute Maximum der Funktion f für $p \in (0, \infty)$.)

(ii) Ermitteln Sie die Preiselastizität der Nachfrage.

(iii) Wann reagiert die Nachfrage elastisch?

(b) Zusätzlich zur Situation in (a) sei das Preis-Nachfrage- Gesetz für das Produkt P_2 durch die Funktion g mit $g(p) = p^d e^{-bp^c}$, $d > 1$, $b, c > 0$, $p > 0$, gegeben. Die Konstanten b und c stimmen mit denen in (a) überein. Zeigen Sie, daß die Preiselastizität der addierten Nachfrage , d.h. die Preiselastizität von $f+g$, gegeben ist durch

$$\epsilon_{f+g}(p) = a - bcp^c + (d - a)\frac{p^d}{p^a + p^d}.$$

Aufgabe 4.8
Die Funktion f sei gegeben durch $f(x) = 6x^3 - 24x^2 + 30x - 12$, $x \in \mathbb{R}$.

(a) Bestimmen Sie die Nullstellen der Funktion f.

(b) Untersuchen Sie das Monotonieverhalten von f.

(c) Ermitteln Sie die lokalen Extrema der Funktion f.

(d) Sind die in (c) gefundenen lokalen Extrema globale Extrema?

(e) Untersuchen Sie das Krümmungsverhalten von f; in welchen Intervallen ist f konvex bzw. konkav?

(f) Bestimmen Sie die Steigung der Tangente an f in jedem Wendepunkt.

Aufgabe 4.9
Untersuchen Sie die Funktion f mit $f(x) = \frac{1}{5}(x^4 - 8x^2 - 9)$ auf

(a) Definitionsbereich,   (b) Verhalten im Unendlichen,

(c) Nullstellen,   (d) Monotonieverhalten,

(e) Extrempunkte,   (f) Krümmungsverhalten,

(g) Wendepunkte,

und skizzieren Sie den Graphen der Funktion.

Aufgabe 4.10
Untersuchen Sie die Funktion f mit $f(x) = \frac{e^x}{x^2}$ auf

(a) Definitionsbereich,   (b) asymptotisches Verhalten
                                              an der Definitionslücke,

(c) Verhalten im Unendlichen,   (d) Nullstellen,

(e) Monotonieverhalten,   (f) Extremalpunkte,

(g) Krümmungsverhalten,   (h) Wendepunkte,

und skizzieren Sie den Graphen der Funktion f.

Weitere Aufgaben

Aufgabe (Lösung s. AL 9.1)

Bestimmen Sie $\lim\limits_{h \to 0} \frac{f(x+h)-f(x)}{h}$ für

a) $f(x) = x + \frac{1}{x}, x \neq 0$ b) $f(x) = 2 - \sqrt{x}, x > 0$ c) $f(x) = \sqrt{x-1}, x > 1$

d) $f(x) = \frac{x-3}{2x+6}, x \neq -3$ e) $f(x) = \frac{1}{x^2}, x \neq 0$ f) $f(x) = \frac{x^2}{x^2+1}$

g) $f(x) = \frac{1}{3}x^3 - 2x$

Aufgabe (Lösung s. AL 9.3)

Bilden Sie jeweils die erste Ableitung der folgenden Funktionen:

a) $f(x) = 4x^3 + 3x^2 + 6x + 5$ b) $f(x) = \frac{1}{2x} + \left(\frac{x}{2}\right)^2, x \neq 0$

c) $f(x) = \frac{x^3}{1+x^2}$ d) $f(x) = x^2\sqrt{x^2 - 1}, |x| > 1$

e) $f(x) = \frac{x-2}{\sqrt{x+2}}, x > -2$ f) $f(x) = a^{x^2} + e^{-x}, a > 0$

g) $f(x) = 2^{\ln x + 2}, x > 0$ h) $f(x) = x \ln x + \ln x^2 + \ln^2 x, x > 0$

Aufgabe (Lösung s. AL 9.4)

Ermitteln Sie jeweils die erste Ableitung der durch $f(x)$ gegebenen Funktionen:

a) $f(x) = (x^2 - 1)(1 - x^2)$ b) $f(x) = x^3 \cdot \sqrt[3]{x^4 + 5x^2}$

c) $f(x) = \ln(x^2 + e^{3x})$ d) $f(x) = \sqrt{\frac{x+1}{3x^2+4}}$

e) $f(x) = e^{(2x^2-1)^{\frac{2}{3}}}$ f) $f(x) = (\ln(x^4 - 1))^2, |x| > 1$

Aufgabe (Lösung s. AL 9.10)

Die durch $\epsilon_f(x) = x\frac{f'(x)}{f(x)}, f(x) \neq 0$, definierte Funktion ϵ_f heißt Elastizitätsfunktion.

Bestimmen Sie jeweils die zugehörige Elastizitätsfunktion (mit Konstanten a, b, c):

i) $f(x) = a + bx + cx^2$ ii) $f(x) = ax^b, x > 0, b \neq 0$

iii) $f(x) = a \ln x^b, x > 0, b \neq 0$ iv) $f(x) = a^x, a > 0$

Aufgabe (Lösung s. AL 9.11)

Ist die Variable x der Preis für ein (produziertes) Gut sowie $f(x)$ die zugehörige Nachfrage, dann heißt $\epsilon_f(x)$ „Preiselastizität der Nachfrage".

Bestimmen Sie die Preiselastizität der Nachfrage für die folgenden sog. „Preis-Nachfrage-Gesetze":

- $f(x) = \left(\frac{a-x^d}{b}\right)^{\frac{1}{c}}, 0 \leq x \leq a^{\frac{1}{d}}, a, b, c > 0, d \geq 1,$
- $f(x) = 5 \cdot e^{-2x^2}, x \geq 0.$

Für welche Preise reagiert die Nachfrage elastisch?

Aufgabe (Lösung s. AL 10.3)

Ermitteln Sie für die Funktionen f und g mit $f(x) = \frac{1}{3}x^3 - x^2 - 3x$ und $g(x) = e^{2x}(x^2 - 2x)$

a) alle Nullstellen,

b) die Vorzeichen von $f(x)$ und $g(x)$ zwischen den Nullstellen,

c) das Monotonieverhalten,

d) die relativen Extrema,

e) die absoluten Extrema im Intervall $[-4, 5]$,

f) Konvexitäts- bzw. Konkavitätsbereiche und

g) die Wendepunkte.

Skizzieren Sie unter Verwendung dieser Ergebnisse jeweils den Funktionsverlauf.

Aufgabe (Lösung s. AL 10.5)

Die Funktion f mit

$$f(x) = \frac{1}{\sqrt{2\pi}\sigma} e^{-\frac{(x-\mu)^2}{2\sigma^2}}, \quad x \in \mathbb{R},$$

und Parametern $\mu \in \mathbb{R}, \sigma > 0$, ist in der Statistik von besonderer Bedeutung. Dort bezeichnet man f als die Dichtefunktion einer Normalverteilung mit den Parametern μ und σ.

Bestimmen Sie

a) das absolute Maximum von f,

b) die Wendepunkte von f,

c) die Schnittpunkte der Abszisse mit den Tangenten an die Funktion f in den Wendepunkten (Wendetangenten),

und skizzieren Sie den Funktionsgraphen.

Aufgabe (Lösung s. AL 10.7)

a) Ein Rechteck hat den gegebenen Umfang U. Welche Abmessungen müssen die Rechteckseiten haben, damit die Rechteckfläche ein Maximum annimmt?

b) Eine quaderförmige Schachtel hat die Maße: Länge $l = 20$ cm, Breite $b = 10$ cm, Höhe $h = 5$ cm. Welche Maße müsste eine Schachtel haben, damit bei demselben Volumen V und derselben Länge l der Materialverbrauch (die Oberfläche) möglichst klein wird?

Wie viel Prozent der Materialmenge kann auf diese Weise eingespart werden?

Aufgabe (Lösung s. AL 10.12)

Bestimmen Sie die Koeffizienten a, b, c und d der durch

$$f(x) = ax^3 + bx^2 + cx + d$$

bestimmten Kurve 3. Ordnung so, dass diese die y-Achse bei $y = 2$ schneidet, ein relatives Extremum im Punkt $(1, 3)$ und einen Wendepunkt bei $x = -1$ hat.

5 Integration

Flächenberechnung

Ein Aspekt der Integralrechnung ist die Berechnung von Flächen unter einer Kurve oder zwischen Kurven. In einfachen Fällen ist die Berechnung der zwischen Abszisse und Funktionsgraph eingeschlossenen Fläche über einem Intervall $[a, b]$ mittels elementarer geometrischer Überlegungen möglich. Beispiele für einen derartigen Zugang sind durch die Funktionen $f_1, f_2 : \mathbb{R} \longrightarrow \mathbb{R}$ mit $f_1(x) = 1$, $f_2(x) = x$ gegeben. Als Intervall wird exemplarisch $[0, 1]$ gewählt. Die zu berechnenden Flächen A_1 und A_2 sind in den Graphiken markiert.

Graphen der Funktionen f_1 und f_2

Die mit der Funktion f_1 beschriebene Fläche A_1 ist offensichtlich ein Quadrat mit Seitenlänge Eins, so dass sich der Flächeninhalt I_1 als Produkt der Seitenlängen ergibt: $I_1 = 1 \cdot 1 = 1$. Die Fläche A_2 ist ein Dreieck, das offenbar einer entlang der Diagonalen gebildeten Hälfte des vorher betrachteten Quadrats entspricht. Damit hat es den halben Flächeninhalt des Quadrats: $I_2 = \frac{I_1}{2} = \frac{1}{2}$. Diese Methode versagt aber schon bei recht einfachen Funktionen wie z.B. $f(x) = x^2$. Ehe diese Funktion weiter diskutiert wird, soll kurz eine Anwendung der Integration in den Wirtschaftswissenschaften vorgestellt werden, die Konsumentenrente.

Ausgangspunkt der Überlegungen ist eine Nachfragefunktion f, die einer Nachfragemenge m den Verkaufspreis $p = f(m)$ zuordnet. Wird das Produkt zu einem Preis p_0 (mit Nachfragemenge m_0) angeboten, so profitieren die Nachfrager, die auch einen höheren Preis akzeptiert hätten. Die in der nachstehenden Abbildung hervorgehobene Fläche wird als Maßzahl für den Nutzen dieser Käufer verwendet und der zugehörige Flächeninhalt als Konsumentenrente bezeichnet. Bezeichnet I den Flächeninhalt der zwischen der Abszisse und der Nachfragefunktion f über dem Intervall $[0, m_0]$ eingeschlossenen Fläche, so berechnet sich die Konsumentenrente K gemäß:

$$K = I - p_0 \cdot m_0.$$

Von I ist daher noch der Flächeninhalt $p_0 \cdot m_0$ des Rechtecks A_0 zu subtrahieren. Die Berechnung des Flächeninhalts I kann durch die nachfolgend erläuterte Integrationsmethode erfolgen.

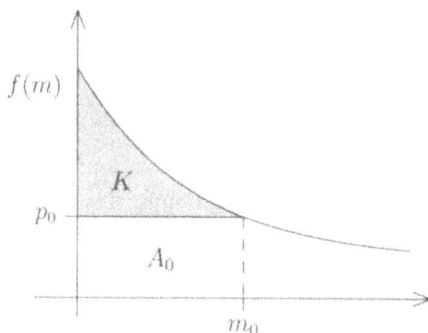

Konsumentenrente

Wichtige Anwendungen der Integralrechnung sind im Rahmen der Statistik gegeben, wo sie zur Berechnung von Wahrscheinlichkeiten und Kenngrößen benötigt wird.

Zur Illustration der Flächenberechnung wird ein Polynom dritten Grades, definiert durch $f(x) = x^3 - 7x^2 + 13x + 1$, $x \in \mathbb{R}$, auf dem Intervall $[a, b]$ betrachtet.

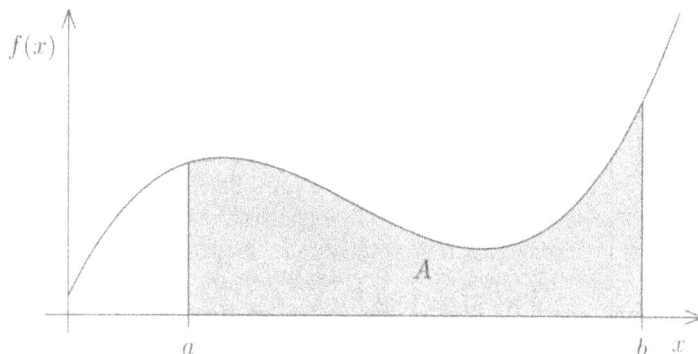

Polynom f dritten Grades

Die Schwierigkeit der Flächenmessung besteht darin, dass die Kurve gekrümmt ist und somit elementargeometrische Überlegungen nicht zum Ziel führen. Die Grundidee der Integration besteht darin, die Fläche A durch einfache geometrische Figuren (Rechtecke) einzuschachteln und diese Einteilung dann zu verfeinern. Dazu wird zunächst eine Einteilung des Intervalls $[a, b]$ in n aneinander anschließende Teilintervalle vorgenommen:

$$[a, b] = [x_0, x_1] \cup [x_1, x_2] \cup \cdots \cup [x_{n-1}, x_n],$$

wobei $a = x_0 < x_1 < x_2 < \cdots < x_{n-1} < x_n = b$, $n \in \mathbb{N}$, gilt.

Über jedem Teilintervall wird nun auf zwei Arten ein Rechteck gebildet. Zunächst werden Rechtecke konstruiert, deren Höhen die Funktionswerte nicht übersteigen. Für ein Teilintervall $[x_{i-1}, x_i]$ ist die Höhe des zugehörigen Rechtecks durch das Minimum der Funktion f auf diesem Intervall bestimmt:

$$m_i = \min\{f(x)\,;\, x \in [x_{i-1}, x_i]\}, \qquad i \in \{1, \ldots, n\}.$$

Entsprechend werden Rechtecke betrachtet, deren Höhen jeweils dem Maximum der Funktionswerte im Teilintervall $[x_{i-1}, x_i]$ entsprechen:

$$M_i = \max\{f(x)\,;\, x \in [x_{i-1}, x_i]\}, \qquad i \in \{1, \ldots, n\}.$$

(Für das Intervall $[x_5, x_6]$ sind für obiges Beispiel die Werte m_6 und M_6 in der folgenden Graphik eingetragen.) Verfährt man auf diese Weise, so erhält man für die Gesamtflächen der unterhalb des Graphen über dem Intervall $[a, b]$ liegenden Rechtecke, der sogenannten **Untersumme**:

$$S_u^{(n)}(f) = \sum_{i=1}^{n} m_i(x_i - x_{i-1}).$$

Für die zugehörige **Obersumme** gilt:

$$S_o^{(n)}(f) = \sum_{i=1}^{n} M_i(x_i - x_{i-1}).$$

In der Graphik sind die Rechtecke für die Ober- und Untersumme bzgl. der Einteilung $a = x_0 < x_1 < \cdots < x_5 < x_6 = b$ dargestellt. Die markierten Rechtecke bilden die Untersumme.

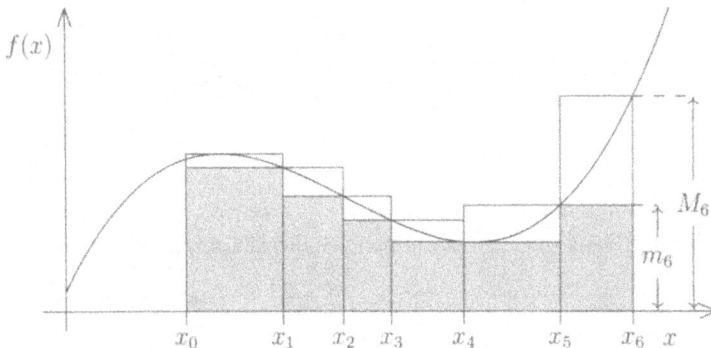

Approximation der Fläche A durch Ober- und Untersumme

Aus der Graphik ist erkennbar, dass der gesuchte Flächeninhalt (der zwischen dem Graphen von f und der Abszisse über dem Intervall $[a, b]$ eingeschlossenen Fläche) offenbar zwischen den Werten der Ober- und Untersumme liegt:

$$S_u^{(n)}(f) \leq A \leq S_o^{(n)}(f).$$

Damit ist eine erste Näherung für den Flächeninhalt gefunden worden. Diese wird nun verbessert, indem die Einteilung des Intervalls $[a, b]$ verfeinert wird. Dies bedeutet, dass schließlich die Anzahl n der Einteilungspunkte gegen Unendlich strebt und gleichzeitig die Intervallbreiten aller Teilintervalle gegen Null streben.

B Für die Funktion f definiert durch $f(x) = x^2$ soll die Fläche zwischen der x-Achse und dem Graphen von f oberhalb des Intervalls $[0, 1]$ berechnet werden. Zur Illustration des oben beschriebenen Verfahrens werden exemplarisch folgende Einteilungen des Intervalls $[0, 1]$ verwendet:

$$\left[0, \tfrac{1}{2}\right] \cup \left[\tfrac{1}{2}, 1\right],$$
$$\left[0, \tfrac{1}{4}\right] \cup \left[\tfrac{1}{4}, \tfrac{2}{4}\right] \cup \left[\tfrac{2}{4}, \tfrac{3}{4}\right] \cup \left[\tfrac{3}{4}, 1\right],$$
$$\left[0, \tfrac{1}{8}\right] \cup \left[\tfrac{1}{8}, \tfrac{2}{8}\right] \cup \cdots \cup \left[\tfrac{6}{8}, \tfrac{7}{8}\right] \cup \left[\tfrac{7}{8}, 1\right].$$

Die für diese Einteilungen gebildeten Ober- und Untersummen sind in folgender Abbildung dargestellt.

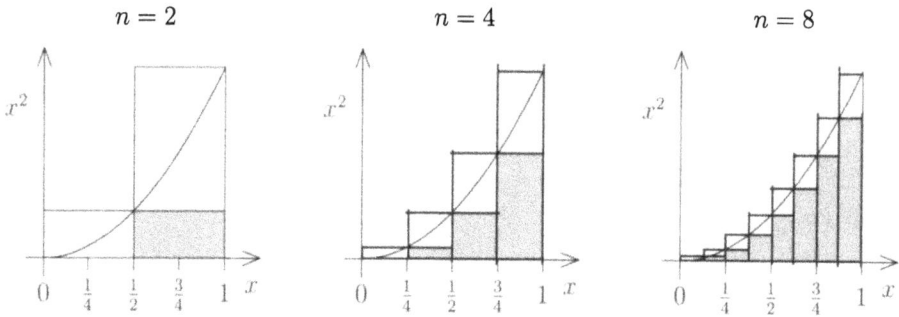

Verfeinerung von Ober- und Untersumme

Man erkennt, dass die Untersummen die Fläche von unten ausschöpfen, während die Obersummen sich dem Wert des Flächeninhalts von oben nähern. Außerdem wird deutlich, dass sich die Differenz zwischen Ober- und Untersumme (nicht markierte Rechtecke) verringert. Für die Ober- und Untersummen erhält man folgende Zahlenwerte:

n	2	4	8
$S_u^{(n)}(f)$	$\frac{1}{8}$	$\frac{7}{32}$	$\frac{35}{128}$
$S_o^{(n)}(f)$	$\frac{5}{8}$	$\frac{15}{32}$	$\frac{51}{128}$
Differenz	$\frac{1}{2}$	$\frac{1}{4}$	$\frac{1}{8}$

Damit können folgende Schranken für den Flächeninhalt hergeleitet werden:

$$0.2734375 = \frac{35}{128} \leq A \leq \frac{51}{128} = 0.3984375.$$

Bestimmung von Integralen

Mittels der Ober- und Untersummen kann nun durch einen Grenzübergang das Integral einer stetigen Funktion f über einem Intervall $[a, b]$ definiert werden.

Bezeichnung

Seien $f : [a, b] \longrightarrow \mathbb{R}$ eine stetige Funktion (auf $[a, b]$) und für $n \in \mathbb{N}$ Einteilungen $a = x_{0,n} < x_{1,n} < \cdots < x_{n-1,n} < x_{n,n} = b$ des Intervalls $[a, b]$ gegeben mit $\lim\limits_{n \to \infty} (x_{i,n} - x_{i-1,n}) = 0$ für jedes i (d. h. die Intervallbreiten streben gegen Null).

Existieren die Grenzwerte

$$\lim_{n \to \infty} S_u^{(n)}(f) = \underline{S} \quad \text{und} \quad \lim_{n \to \infty} S_o^{(n)}(f) = \overline{S}$$

endlich und gilt $\underline{S} = \overline{S}$, so heißt die Funktion f **(Riemann-) integrierbar**. Der Grenzwert $I = \underline{S} = \overline{S}$ wird bezeichnet als das **bestimmte Integral** von f über dem Intervall $[a, b]$ (bzw. in den Grenzen a und b) und wird geschrieben als

$$I = \int_a^b f(x)\,dx.$$

Die Funktion f heißt **Integrand**, a und b heißen **untere bzw. obere Integrationsgrenze**, und $[a, b]$ heißt **Integrationsbereich (-intervall)**.

Für die quadratische Funktion $f(x) = x^2$ wird das Integral über dem Intervall $[0, 1]$ exemplarisch mittels der Definition berechnet. Dazu wird eine spezielle Folge von Einteilungen mit den Intervallgrenzen

$$x_{i,n} = \frac{i}{n}, \quad i \in \{0, 1, \ldots, n\}, \quad n \in \mathbb{N},$$

herangezogen. Für den Abstand zweier aufeinanderfolgender Punkte der durch $0 = x_{0,n} < \cdots < x_{n,n} = 1$ festgelegten Einteilung gilt somit

$$x_{i,n} - x_{i-1,n} = \frac{1}{n},$$

d. h. die Intervallbreiten sind alle gleich $1/n$ bzw. der Abstand zweier aufeinanderfolgender Punkte $x_{i-1,n}$ und $x_{i,n}$ ist immer gleich $1/n$. Eine solche Einteilung wird als **äquidistante Einteilung** bezeichnet.

Da die Funktion f im Intervall $[0, 1]$ monoton wachsend ist, nimmt sie ihr Minimum (Maximum) auf einem Teilintervall $[x_{i-1,n}, x_{i,n}]$ jeweils am linken (rechten) Endpunkt an, d. h.

$$m_{i,n} = \min\{f(x)\,;\, x \in [x_{i-1,n}, x_{i,n}]\} = f(x_{i-1,n}) = x_{i-1,n}^2 = \left(\frac{i-1}{n}\right)^2,$$

$$M_{i,n} = \max\{f(x)\,;\, x \in [x_{i-1,n}, x_{i,n}]\} = f(x_{i,n}) = x_{i,n}^2 = \left(\frac{i}{n}\right)^2.$$

Daraus resultiert die Untersumme:

$$S_u^{(n)}(f) = \sum_{i=1}^{n} x_{i-1,n}^2 (x_{i,n} - x_{i-1,n}) = \sum_{i=1}^{n} \left(\frac{i-1}{n}\right)^2 \frac{1}{n}$$

$$= \frac{1}{n^3} \sum_{i=1}^{n} (i-1)^2 = \frac{1}{n^3} \sum_{i=0}^{n-1} i^2 = \frac{1}{n^3} \cdot \frac{(n-1)n(2n-1)}{6} \xrightarrow{n \to \infty} \frac{1}{3} = \underline{S}.$$

Dabei wird die Formel $\sum_{i=1}^{k} i^2 = \frac{k(k+1)(2k+1)}{6}$, $k \in \mathbb{N}$, für $k = n-1$ benutzt. Analog folgt

$$S_o^{(n)}(f) = \sum_{i=1}^{n} x_{i,n}^2 (x_{i,n} - x_{i-1,n}) = \sum_{i=1}^{n} \left(\frac{i}{n}\right)^2 \frac{1}{n}$$

$$= \frac{1}{n^3} \cdot \frac{n(n+1)(2n+1)}{6} \xrightarrow{n \to \infty} \frac{1}{3} = \overline{S}.$$

Damit gilt $\underline{S} = \overline{S}$, so dass die Funktion $f(x) = x^2$ über $[0,1]$ integrierbar ist mit:

$$\int_0^1 x^2 dx = \frac{1}{3}.$$

Ist f eine konstante Funktion, d.h. $f(x) = c$, $x \in [a,b]$, mit $c \in \mathbb{R}$, so gilt

$$\int_a^b f(x)\, dx = \int_a^b c\, dx = c(b-a).$$

Dies resultiert sofort aus der Eigenschaft, dass alle konstruierten Ober- und Untersummen denselben Wert haben.

Analog lässt sich für die Funktion $g(x) = x$ der Wert des Integrals über $[0,1]$ berechnen. Für die Unter- und die Obersumme erhält man bei Verwendung der oben angegebenen äquidistanten Einteilungen:

$$S_u^{(n)}(g) = \sum_{i=1}^{n} x_{i-1,n} (x_{i,n} - x_{i-1,n})$$

$$= \frac{1}{n^2} \sum_{i=1}^{n} (i-1) = \frac{1}{n^2} \sum_{i=0}^{n-1} i = \frac{n-1}{2n} \xrightarrow{n \to \infty} \frac{1}{2} = \underline{S},$$

$$S_o^{(n)}(g) = \sum_{i=1}^{n} x_{i,n} (x_{i,n} - x_{i-1,n}) = \frac{1}{n^2} \sum_{i=1}^{n} i = \frac{n+1}{2n} \xrightarrow{n \to \infty} \frac{1}{2} = \overline{S}.$$

Dabei wird die Formel $\sum_{i=1}^{k} i = \frac{k(k+1)}{2}$, $k \in \mathbb{N}$, benutzt.

Diese Überlegungen zeigen, dass die über die Definition des Integrals berechneten Flächeninhalte mit den zu Beginn des Kapitels bestimmten Werten übereinstimmen.

Für die zu Beginn des Kapitels vorgestellte Konsumentenrente ergibt sich mit den Bezeichnungen der obigen Definition die folgende Darstellung

$$K = \int_0^{m_0} f(x)\,dx - p_0 \cdot m_0 = \int_0^{m_0} \underbrace{(f(x) - p_0)}_{\geq 0}\,dx.$$

Die Beispiele zeigen, dass bestimmte Integrale prinzipiell über Ober- und Untersummen berechenbar sind. Die Herleitung ist jedoch für einfache Funktionen schon aufwendig, so dass Regeln zur Berechnung von Integralen eine erhebliche Vereinfachung darstellen. Ehe diese vorgestellt werden, werden noch einige Anmerkungen zu Eigenschaften von bestimmten Integralen gemacht.

Bemerkung

- Die in der Schreibweise $\int_a^b f(x)\,dx$ vorkommende Variable x zeigt an, dass die Integration über die Variable x erfolgt. Sie ist eine **gebundene Variable** und kann durch einen beliebigen anderen Buchstaben ersetzt werden, z.B.

$$\int_a^b f(x)\,dx = \int_a^b f(y)\,dy.$$

- Die Definition des bestimmten Integrals setzt eine stetige Funktion f voraus. Diese Voraussetzung kann jedoch abgeschwächt werden, indem Funktionen zugelassen werden, die bis auf endlich viele Sprungstellen $s_1, s_2, \ldots, s_m$ stetig sind.

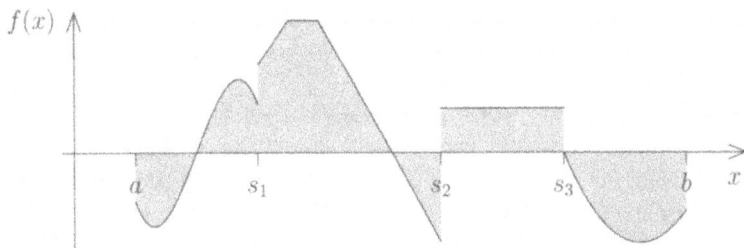

Beispiel einer stückweise stetigen Funktion

Durch eine Aufteilung des Integrationsbereichs kann das Integral $\int_a^b f(x)\,dx$ ebenfalls bestimmt werden. Ist f auf jedem Teilintervall $[s_{i-1}, s_i]$ integrierbar, so ist das bestimmte Integral über dem Intervall $[a, b]$ berechenbar als Summe der bestimmten Integrale über den Teilintervallen $[s_{i-1}, s_i]$:

$$\int_a^b f(x)dx = \sum_{i=1}^{m+1} \int_{s_{i-1}}^{s_i} f(x)dx \quad \text{mit } s_0 = a \text{ und } s_{m+1} = b.$$

- Der Wert des bestimmten Integrals $\int_a^b f(x)\,dx$ ist eine reelle Zahl. Insbesondere kann sie Null oder negativ sein. Als Beispiele werden die Funktionen f_1, f_2, f_3, f_4 definiert durch $f_1(x) = 1$, $f_2(x) = -1$, $x \in \mathbb{R}$, $f_3(x) = -1$, $x < 0$, und $f_3(x) = 1$, $x \geq 0$, bzw. $f_4(x) = x$, $x \in \mathbb{R}$, betrachtet. Für die Integrale auf dem Intervall $[-1, 1]$ erhält man

$$\int_{-1}^{1} f_1(x)\,dx = 2, \quad \int_{-1}^{1} f_2(x)\,dx = -2, \quad \int_{-1}^{1} f_3(x)\,dx = 0, \quad \int_{-1}^{1} f_4(x)\,dx = 0.$$

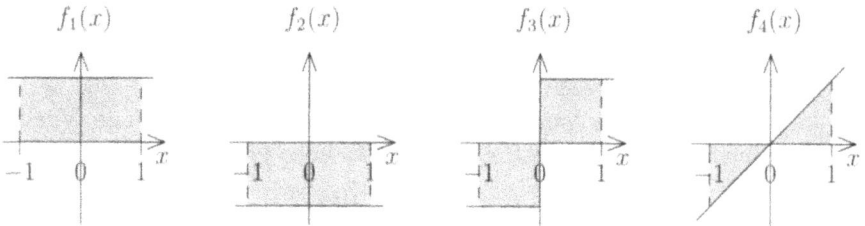

Beispiele für bestimmte Integrale mit Werten größer, kleiner, und gleich Null

Diese Tatsache ist bei Flächenbestimmungen zu beachten! Für die bei Null unstetige Funktion f_3 ergibt sich der Flächeninhalt aus

$$\left| \int_{-1}^{0} f_3(x)\,dx \right| + \left| \int_{0}^{1} f_3(x)\,dx \right| = 2.$$

Ist der Flächeninhalt der Fläche zu bestimmen, den der Graph einer stetigen Funktion f im Intervall $[a, b]$ mit der Abszisse einschließt (s. Funktion f_4), so sind zunächst die Nullstellen $x_1 < \cdots < x_k$ von f im Intervall $[a, b]$ zu bestimmen. Der gesuchte Flächeninhalt ergibt sich aus

$$\left| \int_{a}^{x_1} f(x)\,dx \right| + \left| \int_{x_1}^{x_2} f(x)\,dx \right| + \cdots + \left| \int_{x_k}^{b} f(x)\,dx \right|.$$

Für die vom Graphen von f_4 mit der x–Achse im Intervall $[-1, 1]$ eingeschlossenen Fläche erhält man wegen $f_4(x) = 0 \iff x = 0$ den Flächeninhalt

$$\left| \int_{-1}^{0} f_4(x)\,dx \right| + \left| \int_{0}^{1} f_4(x)\,dx \right| = \frac{1}{2} + \frac{1}{2} = 1.$$

Regeln für bestimmte Integrale

Seien $[a, b]$ ein Intervall und $f, g : [a, b] \longrightarrow \mathbb{R}$ integrierbare Funktionen.

- $\int_t^t f(x)\,dx = 0 \;\forall\, t \in [a, b]$.

  Diese Regel hat zur Folge, dass statt des abgeschlossenen Intervalls $[a, b]$ auch das offene Intervall (a, b) bzw. die halboffenen Intervalle $[a, b)$, $(a, b]$ als Integrationsbereiche gewählt werden können, ohne den Wert des Integrals zu verändern.

- $\int_a^b f(x)\,dx = -\int_b^a f(x)\,dx$,

  d. h. einer Vertauschung der Integrationsgrenzen a und b entspricht die Multiplikation des Integrals mit (-1).

- $\int_a^b (f(x) + g(x))\,dx = \int_a^b f(x)\,dx + \int_a^b g(x)\,dx$ (Summenregel).

- $\int_a^b c \cdot f(x)\,dx = c \int_a^b f(x)\,dx \;\forall\, c \in \mathbb{R}$ (Faktorregel).

- Ist $t \in [a, b]$, so gilt (vgl. Abbildung):

$$\int_a^b f(x)\,dx = \int_a^t f(x)\,dx + \int_t^b f(x)\,dx.$$

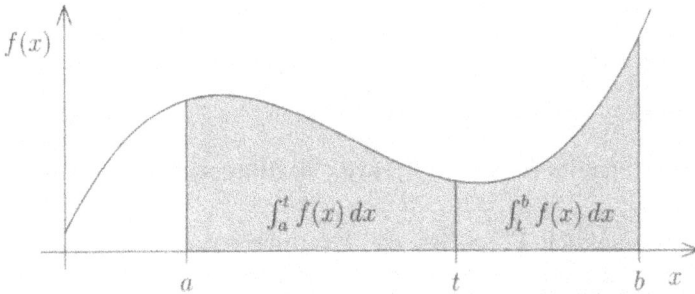

Aufteilung des Integrationsbereichs

Mittels der bisher bekannten Resultate können für beliebige quadratische Funktionen bestimmte Integrale berechnet werden. Ist somit f definiert durch $f(x) = 3x^2 - 2x + 4$, so liefert eine Anwendung von Summen- und Faktorregel:

$$\int_0^1 (3x^2 - 2x + 4)\,dx = 3 \underbrace{\int_0^1 x^2\,dx}_{=1/3} - 2 \underbrace{\int_0^1 x\,dx}_{=1/2} + 4 \underbrace{\int_0^1 1\,dx}_{=1} = 4.$$

Für ein Polynom zweiten Grades mit $f(x) = c_2 x^2 + c_1 x + c_0$ folgt somit

$$\int_0^1 (c_2 x^2 + c_1 x + c_0)\, dx = \frac{c_2}{3} + \frac{c_1}{2} + c_0.$$

Die obigen Rechenregeln sind nützlich, wenn eine Funktion sich als (gewichtete) Summe anderer Funktionen schreiben lässt, deren Integrale bekannt sind.

Der folgende **Hauptsatz der Differential- und Integralrechnung** stellt ein Hilfsmittel zur Verfügung, mit dem eine Auswertung von bestimmten Integralen durch sogenannte **Stammfunktionen** möglich ist.

> **Hauptsatz der Differential- und Integralrechnung**
> Seien $f : [a,b] \longrightarrow \mathbb{R}$ eine integrierbare Funktion und $F : [a,b] \longrightarrow \mathbb{R}$ eine stetige Funktion in $[a,b]$, die auf dem offenen Intervall (a,b) differenzierbar ist und für die gilt
> $$F'(x) = f(x) \quad \forall x \in (a,b).$$
> Dann ist:
> $$\int_a^b f(x)\, dx = F(b) - F(a).$$

Für das Polynom zweiten Grades f mit $f(x) = 3x^2 - 2x + 4$ erhält man mit der Funktion F definiert durch $F(x) = x^3 - x^2 + 4x$: $F'(x) = f(x)\ \forall x \in \mathbb{R}$. Damit gilt nach dem Hauptsatz der Differential- und Integralrechnung

$$\int_0^1 (3x^2 - 2x + 4)\, dx = F(1) - F(0) = 1 - 1 + 4 - (0 - 0 + 0) = 4.$$

Bemerkung

- Die Auswertung des Integrals $\int_a^b f(x)\, dx$ ist daher nach folgendem Verfahren möglich:

  Finde eine Funktion F, so dass die Ableitung von F gleich der Funktion f ist: $F'(x) = f(x)$ für alle $x \in (a,b)$ (und berechne $F(b) - F(a)$).

  Diese Aussage stellt somit einen Zusammenhang zwischen der Differentiation und der Integration her. In diesem Sinn ist die Integration die „Umkehrung" der Differentiation.

- Erfüllt eine Funktion F die Voraussetzungen des Hauptsatzes der Differential- und Integralrechung, so heißt F auch **Stammfunktion** oder **unbestimmtes Integral** von f.

  Als Schreibweise wird die bereits eingeführte Integralschreibweise ohne die Angabe von Integrationsgrenzen verwendet:

$$F(x) = \int f(x)\, dx.$$

- Mit einer Stammfunktion F besitzt eine Funktion f unendlich viele Stammfunktionen, da dann auch $F(x)+c$ für jedes $c \in \mathbb{R}$ eine Stammfunktion definiert. Genauer lässt sich sagen, dass zwei beliebige Stammfunktionen $F, \widetilde{F}$ von f sich nur um eine Konstante c unterscheiden, d. h.

$$\exists c \in \mathbb{R}: \quad \widetilde{F}(x) = F(x) + c \quad \forall x \in [a, b].$$

- Zur Verkürzung der Notation schreibt man für ein bestimmtes Integral:

$$F(b) - F(a) = F(x)\Big|_a^b = F(x)\Big|_{x=a}^{x=b} = \Big[F(x)\Big]_a^b.$$

Dies wird gelesen als „$F(x)$ in den Grenzen a und b".

Das Integral eines allgemeinen Polynoms zweiten Grades mit $f(x) = c_2 x^2 + c_1 x + c_0$ in den Grenzen a und b ist gegeben durch

$$\int_a^b (c_2 x^2 + c_1 x + c_0)\, dx = c_2 \frac{b^3 - a^3}{3} + c_1 \frac{b^2 - a^2}{2} + c_0(b - a) = F(b) - F(a)$$

mit $F(x) = \frac{c_2}{3} x^3 + \frac{c_1}{2} x^2 + c_0 x + c$, $x \in \mathbb{R}$, und $c \in \mathbb{R}$ beliebig.

Der Hauptsatz der Differential- und Integralrechung ermöglicht die Bestimmung von Stammfunktionen durch das Heranziehen von Resultaten aus der Differentialrechung. In der folgenden Tabelle sind wichtige Funktionen und deren Stammfunktionen angegeben. Die Definitionsbereiche der Funktionen sind jeweils geeignet zu wählen.

Funktion $f(x)$	Stammfunktion $F(x)$
$x^\alpha, \quad \alpha \in \mathbb{R}, \alpha \neq -1$	$\dfrac{x^{\alpha+1}}{\alpha+1}$
$\dfrac{1}{x} = x^{-1}$	$\ln|x|$
e^x	e^x

Bei der Integration der Funktion f mit $f(x) = \dfrac{1}{x}$ ist darauf zu achten, dass für das Integrationsintervall $[a, b]$ gilt:

$$[a, b] \subseteq (-\infty, 0) \quad \vee \quad [a, b] \subseteq (0, \infty).$$

Der Nachweis, dass die in der Tabelle angegebenen Funktionen auch Stammfunktionen sind, wird nachfolgend geführt.

- Seien $0 \le a < b$ und f definiert durch $f(x) = x^\alpha$ mit $\alpha \in \mathbb{R}$, $\alpha \neq -1$. Dann gilt für $F(x) = \frac{x^{\alpha+1}}{\alpha+1}$: $F'(x) = x^\alpha$. Damit folgt weiter:

$$\int_a^b x^\alpha\, dx = \frac{x^{\alpha+1}}{\alpha+1}\Big|_a^b = \frac{b^{\alpha+1} - a^{\alpha+1}}{\alpha+1}.$$

Insbesondere erhält man als Stammfunktion zu

$$f_1(x) = \sqrt{x} = x^{1/2}, \qquad\qquad F_1(x) = \frac{x^{3/2}}{3/2} = \frac{2}{3}\sqrt{x^3};$$

$$f_2(x) = \frac{1}{x^2} = x^{-2}, \qquad\qquad F_2(x) = \frac{x^{-1}}{-1} = -\frac{1}{x}.$$

- Ist $x > 0$, so gilt für die Logarithmusfunktion F: $F'(x) = \frac{1}{x}$. Andererseits folgt für $x < 0$ wegen $|x| = -x$ und $F(x) = \ln(-x)$: $F'(x) = (-1) \cdot \frac{1}{-x} = \frac{1}{x}$, so dass

$$F(x) = \int \frac{1}{x}\,dx = \ln|x|.$$

- Da mit $f(x) = e^x$ gilt $f'(x) = e^x$ für alle $x \in \mathbb{R}$, ist auch $F(x) = e^x$, $x \in \mathbb{R}$.

Basierend auf den obigen Funktionen und der Anwendung von Summen- und Faktorregel kann bereits eine Vielzahl von Funktionen integriert werden. Eine weitere Klasse von Funktionen ist durch folgende Regel behandelbar.

> Sei $g : [a, b] \longrightarrow \mathbb{R}$ eine auf (a, b) differenzierbare Funktion mit $g(x) > 0$, $x \in [a, b]$. Dann gilt:
> $$\int \frac{g'(x)}{g(x)}\,dx = \ln g(x).$$

Der Nachweis dieser Eigenschaft erfolgt durch Anwendung der Kettenregel auf die Funktion F definiert durch $F(x) = \ln g(x)$:

$$F'(x) = g'(x) \cdot \frac{1}{g(x)} = \frac{g'(x)}{g(x)}, \qquad x \in (a, b).$$

Sei f definiert durch $f(x) = \frac{3x^2+3}{x^3+3x}$. Dann folgt mit $g(x) = x^3 + 3x$: $f(x) = \frac{g'(x)}{g(x)}$, so dass

$$\int_1^3 \frac{3x^2 + 3}{x^3 + 3x}\,dx = \ln(x^3 + 3x)\Big|_1^3 = \ln 36 - \ln 4 = \ln \frac{36}{4} = \ln 9 = \ln 3^2 = 2\ln 3.$$

Für das unbestimmte Integral folgt die Darstellung

$$\int \frac{3x^2 + 3}{x^3 + 3x}\,dx = \ln(x^3 + 3x), \qquad x \in (0, \infty).$$

Ein zweites Beispiel zu dieser Integrationsregel demonstriert ihre Anwendbarkeit zur Lösung sogenannter Differentialgleichungen.

Mit dem voranstehenden Hilfsmittel zur Differentiation lässt sich die Frage beantworten, für welches Preis-Nachfrage-Gesetz die Preiselastizität der Nachfrage konstant ist. Die Frage lautet kontextfrei: Für welche Funktion(en) f ist die zugehörige Elastizitätsfunktion konstant?

Sei $f : (0,\infty) \longrightarrow (0,\infty)$ eine reelle Funktion auf den positiven reellen Zahlen mit ausschließlich positiven Funktionswerten. Aus der obigen Forderung an die Elastizitätsfunktion ergibt sich die Gleichung:

$$\epsilon_f(x) = x\frac{f'(x)}{f(x)} = c \quad \text{für ein } c \in \mathbb{R} \text{ und für alle } x > 0.$$

Eine Gleichung dieses Typs, in der neben der Funktion auch ihre Ableitungsfunktion vorkommt, heißt Differentialgleichung. Aus

$$x\frac{f'(x)}{f(x)} = c \quad \left(\Longleftrightarrow \quad \frac{f'(x)}{f(x)} = \frac{c}{x} \right)$$

folgt die Integralbeziehung

$$\int \frac{f'(x)}{f(x)}\, dx = \int \frac{c}{x}\, dx$$

und damit

$$\ln f(x) = c \ln x + d.$$

(Die additive Konstante d verschwindet bei der Differentiation.)

Für f gilt dann:

$$f(x) = \exp\left(c\ln x + d\right) = e^d x^c, \quad x > 0.$$

Mit $d \in \mathbb{R}$ kann e^d jeden positiven Wert annehmen; daher kann die Konstante e^d aus „optischen Gründen" durch den positiven Parameter α ersetzt werden: $f(x) = \alpha x^c$.

Da hier Folgerungen und keine Äquivalenzen verwendet wurden, ist eine Probe notwendig:

$$\epsilon_f(x) = x\frac{f'(x)}{f(x)} = x\frac{\alpha c x^{c-1}}{\alpha x^c} = c.$$

Damit ist gezeigt: Für eine Funktion f mit $f(x) = \alpha x^c$, $x > 0$, und Parametern $\alpha > 0$, $c \in \mathbb{R}$ gilt stets $\epsilon_f(x) = c$, $x > 0$.

Obwohl die obigen Rechenregeln und die Kenntnis von Stammfunktionen einiger Funktionen schon die Berechnung vieler Integrale ermöglichen, werden noch zwei weitere Berechnungsmöglichkeiten für Integrale benötigt.

Die partielle Integration liefert eine Methode zur Bestimmung von Integralen des Typs $\int_a^b h_1(x) \cdot h_2(x)\, dx$.

Partielle Integration

Seien $f, g : [a, b] \longrightarrow \mathbb{R}$ auf (a, b) differenzierbare Funktionen mit stetigen Ableitungen f' und g' auf (a, b). Dann gilt:

$$\int_a^b f'(x) \cdot g(x)\, dx = \Big[f(x)g(x) \Big]_a^b - \int_a^b f(x) \cdot g'(x)\, dx.$$

Der Nachweis der obigen Regel erfolgt unmittelbar durch Anwendung der Produktregel der Differentiation:

$$\int f'(x)g(x)\, dx + \int f(x)g'(x)\, dx$$

$$= \int \big(f'(x)g(x) + f(x)g'(x) \big)\, dx = \int \big(f(x)g(x) \big)'\, dx = f(x)g(x),$$

d. h. fg ist eine Stammfunktion von $f'g + fg'$.

B Mittels partieller Integration ist das Integral $\int_1^e x \ln x\, dx$ zu berechnen. Ziel ist es, die Identifikation mit der linken Seite, d. h. mit $\int_a^b f'(x) \cdot g(x)\, dx$ so vorzunehmen, dass das im zweiten Schritt zu berechnende Integral möglichst einfach ist. Setzt man $f'(x) = x$ und $g(x) = \ln x$, so folgt: $f(x) = \frac{1}{2}x^2$ und $g'(x) = \frac{1}{x}$. Dies führt zu

$$\int_1^e \underbrace{x}_{f'(x)}\, \underbrace{\ln x}_{g(x)}\, dx = \left[\frac{1}{2}x^2 \ln x \right]_1^e - \int_1^e \frac{1}{2}x^2 \cdot \frac{1}{x}\, dx = \left[\frac{1}{2}x^2 \ln x \right]_1^e - \frac{1}{2}\int_1^e x\, dx$$

$$= \left[\frac{1}{2}x^2 \ln x - \frac{1}{4}x^2 \right]_1^e = \frac{1}{2}e^2 - \frac{1}{4}e^2 + \frac{1}{4} = \frac{1}{4}(e^2 + 1).$$

B In der Statistik sind die Stammfunktionen von $f_k(x) = x^k e^{-x}$, $k \in \mathbb{N}$, von Interesse. Eine Berechnung ist mittels partieller Integration möglich. Zunächst ist $H(x) = -e^{-x}$ eine Stammfunktion von $h(x) = e^{-x}$. Setzt man $f'(x) = e^{-x}$ und $g(x) = x^k$, so folgt $f(x) = -e^{-x}$ und $g'(x) = kx^{k-1}$. Die Anwendung der partiellen Integration ergibt

$$\int \underbrace{x^k}_{g(x)}\, \underbrace{e^{-x}}_{f'(x)}\, dx = -x^k e^{-x} - k \int x^{k-1}(-e^{-x})\, dx = -x^k e^{-x} + k \int x^{k-1} e^{-x}\, dx.$$

Dies ergibt für $k = 1$:

$$\int x e^{-x}\, dx = -x e^{-x} + \int e^{-x}\, dx = -x e^{-x} - e^{-x} = -(x + 1)e^{-x}.$$

Entsprechend folgt für $k = 2$:

$$\int x^2 e^{-x}\, dx \stackrel{k=2}{=} -x^2 e^{-x} + 2 \int x e^{-x}\, dx \stackrel{k=1}{=} -(x^2 + 2x + 2)e^{-x}.$$

Mittels vollständiger Induktion kann die Formel

$$\int x^k e^{-x}\, dx = -\left(\sum_{i=0}^{k} \frac{k!}{i!} x^i\right) e^{-x}$$

bestätigt werden.

Für das bestimmte Integral $\frac{1}{k!} \int_0^t x^k e^{-x}\, dx$, $t \geq 0$, folgt somit:

$$\frac{1}{k!} \int_0^t x^k e^{-x}\, dx = 1 - \left(\sum_{i=0}^{k} \frac{t^i}{i!}\right) e^{-t}.$$

In der Statistik wird dieses Integral als die Verteilungsfunktion der Erlang-Verteilung mit Parameter $k+1$ an der Stelle $t \geq 0$ bezeichnet.

Die Berechnung der Stammfunktion der Logarithmusfunktion ist ebenfalls mittels partieller Integration möglich. Dabei wird zunächst folgende triviale, aber sehr nützliche Darstellung

$$\ln x = 1 \cdot \ln x$$

benutzt. Setzt man nämlich $f'(x) = 1$ und $g(x) = \ln x$, so gilt $f(x) = x$ und $g'(x) = \frac{1}{x}$. Daraus folgt:

$$\int \ln x\, dx = \int 1 \cdot \ln x\, dx = x \ln x - \int x \frac{1}{x}\, dx = x \ln x - x = x(\ln x - 1).$$

Die partielle Integration kann als die Umkehrung der Produktregel der Differentiation interpretiert werden. Das Analogon zur Kettenregel ist gegeben durch die Methode der Substitution.

> **Substitutionsregel**
> Seien $f : [a, b] \longrightarrow \mathbb{R}$ eine auf (a, b) differenzierbare Funktion mit stetiger Ableitungsfunktion f' auf (a, b) und $g : [\tilde{a}, \tilde{b}] \longrightarrow \mathbb{R}$ eine stetige Funktion. Der Wertebereich der Funktion f sei enthalten im Definitionsbereich von g, d. h. $\{f(y)\,;\, y \in [a, b]\} \subseteq [\tilde{a}, \tilde{b}]$. Dann gilt:
>
> $$\int_a^b g(f(x)) \cdot f'(x)\, dx = \int_{f(a)}^{f(b)} g(y)\, dy.$$

In einigen Situationen führt die Substitutionsregel zu einer großen Rechenersparnis, obwohl ihre Anwendung nicht notwendig erforderlich ist. Sei etwa $f(x) = x^2 \cdot (3x^3 + 4)^6$. Dann kann die Stammfunktion zu f prinzipiell berechnet werden durch Ausmultiplizieren

$$f(x) = 729x^{20} + 5\,832x^{17} + 19\,440x^{14} + 34\,560x^{11} + 34\,560x^8 + 18\,432x^5 + 4\,096x^2$$

und Anwendung der Summen- und Faktorregel. Das Integral $\int_a^b f(x)\,dx$ ist daher nur sehr mühsam auszuwerten. Eine schnellere und elegantere Berechnung ist mittels der Substitutionsregel möglich. Setzt man nämlich $f(x) = 3x^3 + 4$, so gilt $f'(x) = 9x^2$. Insbesondere erhält man die Gleichung $x^2 = \frac{f'(x)}{9}$. Für g wird $g(y) = y^6$, $y \in \mathbb{R}$, gewählt. Die zugehörige Stammfunktion ist bestimmt durch $G(y) = \frac{y^7}{7}$, $y \in \mathbb{R}$. Daraus folgt:

$$\int_a^b x^2 \cdot (3x^3 + 4)^6\,dx = \int_a^b \frac{f'(x)}{9} \cdot g(f(x))\,dx = \frac{1}{9} \int_{f(a)}^{f(b)} g(y)\,dy$$

$$= \frac{1}{9} \cdot \frac{y^7}{7}\Big|_{3a^3+4}^{3b^3+4} = \frac{1}{63}\left((3b^3 + 4)^7 - (3a^3 + 4)^7\right).$$

Für $a = -1$ und $b = 0$ folgt somit

$$\int_{-1}^0 x^2(3x^3 + 4)^6\,dx = \frac{1}{63}\left(4^7 - 1^7\right) = 260 + \frac{1}{21}.$$

Auch für gewisse gebrochen rationale Funktionen wird die Berechnung von Integralen möglich. Sei $h(x) = \frac{x^3}{(1+x^2)^3}$, $x \in \mathbb{R}$.

Gesucht ist der Wert des Integrals $\int_1^3 h(x)\,dx$. Die Substitutionsregel wird angewendet mit $f(x) = x^2$, d. h. $f'(x) = 2x$, und $g(y) = \frac{y}{(1+y)^3}$, $y > 0$. Daraus folgt:

$$g(f(x)) \cdot f'(x) = \frac{x^2}{(1 + x^2)^3} \cdot 2x = 2h(x).$$

Daraus folgt für das Integral:

$$\int_1^3 h(x)\,dx = \frac{1}{2} \int_1^3 g(f(x)) \cdot f'(x)\,dx$$

$$= \frac{1}{2} \int_{f(1)}^{f(3)} g(y)\,dy = \frac{1}{2} \int_{1^2}^{3^2} \frac{y}{(1+y)^3}\,dy$$

$$= \frac{1}{2} \int_1^9 \frac{y + 1 - 1}{(1+y)^3}\,dy = \frac{1}{2} \int_1^9 \left(\frac{1}{(1+y)^2} - \frac{1}{(1+y)^3}\right)\,dy = I.$$

Die Stammfunktion zu $\frac{1}{(1+y)^k}$, $k \in \mathbb{N}$, $k \geq 2$, ist bestimmt durch

$$\int \frac{1}{(1+y)^k}\,dy = \int (1+y)^{-k}\,dy = \frac{(1+y)^{-k+1}}{-k+1} = -\frac{1}{k-1}\frac{1}{(1+y)^{k-1}}.$$

Einsetzen dieses Ergebnisses liefert

$$I = \frac{1}{2}\left[-\frac{1}{1+y} + \frac{1}{2}\frac{1}{(1+y)^2}\right]_1^9 = \frac{1}{2}\left(-\frac{1}{10} + \frac{1}{2} \cdot \frac{1}{100} + \frac{1}{2} - \frac{1}{2} \cdot \frac{1}{4}\right)$$

$$= \frac{1}{2}\left(-\frac{19}{200} + \frac{3}{8}\right) = \frac{7}{50}.$$

Alternativ kann das Integral $\int_1^3 h(x)\,dx$ mittels Substitution auch wie folgt bestimmt werden: Als heuristische Merkregel zur Substitution kann f als „innerer Ausdruck" eines Terms angesetzt werden (Im vorherigen Beispiel wurde $f(x)$ als die Basis der auftretenden Potenz gewählt). Geht man hier analog vor, so setzt man $f(x) = 1 + x^2$ mit $f'(x) = 2x$ und $g(y) = \frac{y-1}{y^3}$. Dann ist

$$g(f(x)) \cdot f'(x) = \frac{x^2}{(1+x^2)^3} \cdot 2x = 2h(x).$$

Daraus folgt für das Integral

$$\int_1^3 h(x)\,dx = \frac{1}{2}\int_1^3 g(f(x)) \cdot f'(x)\,dx = \frac{1}{2}\int_{f(1)}^{f(3)} g(y)\,dy$$
$$= \frac{1}{2}\int_2^{10} \frac{y-1}{y^3}\,dy = \frac{1}{2}\int_2^{10} \left(\frac{1}{y^2} - \frac{1}{y^3}\right)\,dy$$
$$= \frac{1}{2}\left[-\frac{1}{y} + \frac{1}{2y^2}\right]_2^{10}$$
$$= \frac{1}{2}\left(-\frac{1}{10} + \frac{1}{200} + \frac{1}{2} - \frac{1}{8}\right) = \frac{7}{50}.$$

Festzuhalten bleibt, dass es bei der Integration – im Gegensatz zur Differentiation – keinen klaren „Fahrplan" zur Berechnung gibt. Auch kann nicht zu jeder vorgegebenen Funktion eine Stammfunktion explizit angegeben werden. Dies ist z.B. für die Funktion $f(x) = \frac{1}{\sqrt{2\pi}}e^{-x^2/2}$, $x \in \mathbb{R}$, der Fall, die im Rahmen der Statistik als Dichtefunktion der Standard–Normalverteilung bezeichnet wird.

Uneigentliche Integrale

In der Definition von bestimmten Integralen wurde vorausgesetzt, dass die zu integrierende Funktion f auf dem Intervall $[a, b]$ stetig ist. Dieser Zugang wird zum Ende dieses Kapitels auf weitere Situationen erweitert.

Die Funktion f sei stetig auf dem Intervall $[a, b)$ oder $(a, b]$ und besitze an der nicht enthaltenen Grenze eine Polstelle. Ein Beispiel für diese Situation ist die durch $f(x) = \frac{2x}{\sqrt{1-x^2}}$, $x \in [0, 1)$, definierte Funktion f. Sie besitzt offensichtlich an der Stelle $x = 1$ eine Definitionslücke mit $\lim_{x \to 1-} f(x) = \infty$.

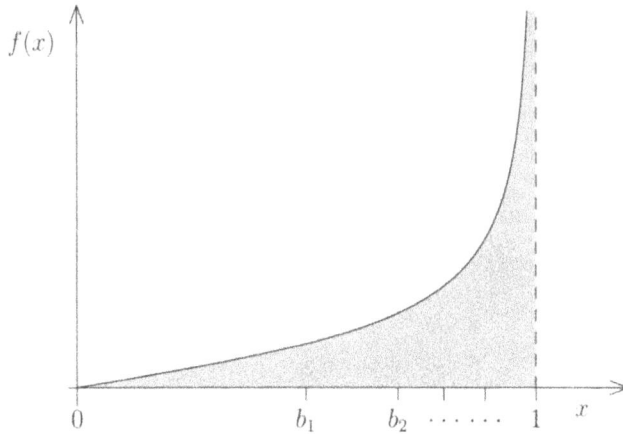

Graph der Funktion f mit $f(x) = \frac{2x}{\sqrt{1-x^2}}$

Bei einer solchen Funktion stellt sich zunächst die Frage, ob die markierte Fläche überhaupt einen endlichen Flächeninhalt besitzt, da die Funktion f bei Annäherung von links an die Stelle Eins gegen Unendlich konvergiert.

Ein naheliegender Lösungsansatz besteht darin, eine monoton wachsende Folge $(b_n)_{n \in \mathbb{N}}$ mit $b_n \in (0,1)$ und $\lim\limits_{n \to \infty} b_n = 1$ zu wählen und dann die gesuchte Fläche durch die bereits eingeführten bestimmten Integrale $\int_0^{b_n} f(x)\, dx$ zu approximieren. Diese Methode liefert im vorliegenden Fall mit der Substitution $h(x) = 1 - x^2$, also $h'(x) = -2x$:

$$\int_0^{b_n} f(x)\, dx = \int_0^{b_n} \frac{2x}{\sqrt{1-x^2}}\, dx \overset{\text{Substitution}}{=} -\int_1^{1-b_n^2} \frac{1}{\sqrt{y}}\, dy$$

$$= -2\sqrt{y}\Big|_1^{1-b_n^2} = 2 - 2\sqrt{1-b_n^2}.$$

Für $n \to \infty$ konvergiert b_n gegen 1, so dass

$$\lim_{n \to \infty} \int_0^{b_n} f(x)\, dx = 2.$$

Es ist daher naheliegend, der von der Kurve und der Abszisse im Intervall $[0,1)$ eingeschlossenen Fläche den Flächeninhalt 2 zuzuordnen.

Ein zweiter Sonderfall der Integration ist durch einen unbeschränkten Integrationsbereich gekennzeichnet, etwa $[a, \infty)$, $(-\infty, b]$ oder $\mathbb{R} = (-\infty, \infty)$. Ein Beispiel liefert die Funktion f mit $f(x) = e^{-x}$, $x \in [0, \infty)$.

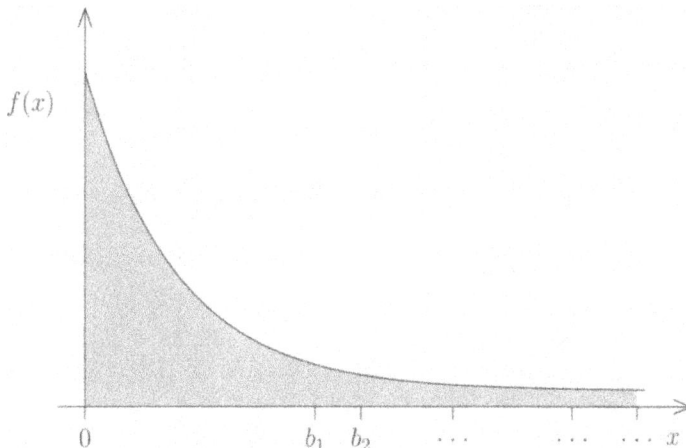

Graph der Funktion f mit $f(x) = e^{-x}$

Die Fläche wird analog zum Vorgehen im vorherigen Beispiel berechnet. Die Folge $(b_n)_{n\in\mathbb{N}}$ positiver Zahlen sei monoton wachsend und konvergent gegen $+\infty$. Es wird die Beziehung

$$\int_0^{b_n} e^{-x}\, dx = 1 - e^{-b_n}$$

verwendet. Daraus folgt sofort für den Grenzwert:

$$\lim_{n\to\infty} \int_0^{b_n} e^{-x}\, dx = \lim_{n\to\infty} (1 - e^{-b_n}) = 1, \quad \text{d. h.} \quad \int_0^{\infty} e^{-x}\, dx = 1.$$

Für die oben beschriebenen Situationen wird nun die Definition des **uneigentlichen Integrals** über einem Integrationsbereich vorgestellt. Es ist zu beachten, dass die folgenden Definitionen die Existenz der gebildeten Grenzwerte voraussetzen.

Bezeichnung

- Es sei $f : (a, b] \longrightarrow \mathbb{R}$ eine stetige Funktion mit $\lim\limits_{x\to a+} f(x) = \infty$ oder $\lim\limits_{x\to a+} f(x) = -\infty$, und $(a_n)_{n\in\mathbb{N}}$ sei eine Folge mit $a_n \in (a, b]$ für alle $n \in \mathbb{N}$ und $\lim\limits_{n\to\infty} a_n = a$.

  Der Grenzwert

  $$\lim_{n\to\infty} \int_{a_n}^b f(x)\, dx = \int_a^b f(x)\, dx$$

  heißt **uneigentliches Integral** von f über dem Intervall $(a, b]$.

- Analog heißt der Grenzwert

$$\lim_{n\to\infty} \int_a^{b_n} f(x)\,dx = \int_a^b f(x)\,dx$$

uneigentliches Integral von f über dem Intervall $[a,b)$, wobei $f : [a,b) \longrightarrow \mathbb{R}$ eine stetige Funktion ist mit $\lim_{x\to b-} f(x) = \infty$ oder $\lim_{x\to b-} f(x) = -\infty$ und $(b_n)_{n\in\mathbb{N}}$ eine Folge ist mit $b_n \in [a,b)$ für alle $n \in \mathbb{N}$ und $\lim_{n\to\infty} b_n = b$.

- Seien $f : [a,\infty) \longrightarrow \mathbb{R}$ eine stetige Funktion und $(b_n)_{n\in\mathbb{N}}$ eine Folge mit $b_n \in [a,\infty)$ für alle $n \in \mathbb{N}$ und $\lim_{n\to\infty} b_n = \infty$. Der Grenzwert

$$\lim_{n\to\infty} \int_a^{b_n} f(x)\,dx = \int_a^{\infty} f(x)\,dx$$

heißt **uneigentliches Integral** von f über dem Intervall $[a,\infty)$.

- Analog heißt der Grenzwert

$$\lim_{n\to\infty} \int_{a_n}^b f(x)\,dx = \int_{-\infty}^b f(x)\,dx$$

uneigentliches Integral von f über dem Intervall $(-\infty,b]$, wobei $f : (-\infty,b] \longrightarrow \mathbb{R}$ eine stetige Funktion ist und $(a_n)_{n\in\mathbb{N}}$ eine Folge ist mit $a_n \in (-\infty,b]$ für alle $n \in \mathbb{N}$ und $\lim_{n\to\infty} a_n = -\infty$.

- Seien $f : \mathbb{R} \longrightarrow \mathbb{R}$ eine stetige Funktion und $a \in \mathbb{R}$.

Die Funktion f heißt **uneigentlich (Riemann–) integrierbar** über $\mathbb{R}$, falls die unbestimmten Integrale

$$\int_{-\infty}^a f(x)\,dx \quad \text{und} \quad \int_a^{\infty} f(x)\,dx$$

existieren und höchstens eines von beiden Integralen unendlich (oder minus unendlich) ist. Ist f uneigentlich (Riemann-) integrierbar über $\mathbb{R}$, so wird der Wert des Integrals definiert als:

$$\int_{-\infty}^{\infty} f(x)\,dx = \int_{-\infty}^a f(x)\,dx + \int_a^{\infty} f(x)\,dx.$$

Bemerkung

- Statt Folgen $(a_n)_{n\in\mathbb{N}}$ oder $(b_n)_{n\in\mathbb{N}}$ kann in der obigen Definition auch ein „stetiger" Grenzübergang durchgeführt werden, z.B.

$$\int_a^\infty f(x)\,dx = \lim_{b\to\infty} \int_a^b f(x)\,dx.$$

  Diese Vorgehensweise wird in der konkreten Berechnung im Allgemeinen verwendet.

- Die Voraussetzung der Stetigkeit in der vorhergehenden Definition kann wiederum abgeschwächt werden zur Voraussetzung der Stetigkeit bis auf endlich viele Sprungstellen $s_1,\ldots,s_m$.

In der Statistik heißt die Funktion f definiert durch $f(x) = \lambda e^{-\lambda x}$, $x \ge 0$, $\lambda > 0$, Dichte einer Exponentialverteilung mit Parameter λ. Nach den obigen Definitionen gilt nun:

$$\int_0^\infty f(x)\,dx = \lim_{b\to\infty}\int_0^b \lambda e^{-\lambda x}\,dx = \lim_{b\to\infty} -e^{-\lambda x}\Big|_0^b = \lim_{b\to\infty}(1 - e^{-\lambda b}) = 1.$$

Entsprechend wird das folgende Integral bestimmt:

$$\int_0^\infty x f(x)\,dx = \lim_{b\to\infty}\int_0^b \lambda x e^{-\lambda x}\,dx \overset{\text{Substitution}}{=} \frac{1}{\lambda}\lim_{b\to\infty}\int_0^{\lambda b} x e^{-x}\,dx,$$

$$= \frac{1}{\lambda}\lim_{b\to\infty}\Big[-(x+1)e^{-x}\Big]_0^{\lambda b} = \frac{1}{\lambda}\lim_{b\to\infty}\big(1-(\lambda b+1)e^{-\lambda b}\big) = \frac{1}{\lambda}$$

Es ist zu beachten, dass $\lim_{z\to\infty}(z+1)e^{-z} = 0$ ist. Dies kann etwa mit der Regel von l'Hospital nachgewiesen werden. In analoger Weise erhält man

$$\int_0^\infty x^2 f(x)\,dx = \frac{2}{\lambda^2}.$$

Dieses Resultat kann benutzt werden um das Integral

$$\int_0^\infty \left(x - \frac{1}{\lambda}\right)^2 f(x)\,dx$$

zu berechnen. Es gilt nämlich

$$\int_0^\infty \left(x - \frac{1}{\lambda}\right)^2 f(x)\,dx = \int_0^\infty \left(x^2 - \frac{2}{\lambda}x + \frac{1}{\lambda^2}\right) f(x)\,dx$$

$$= \int_0^\infty x^2 f(x)\,dx - \frac{2}{\lambda}\int_0^\infty x f(x)\,dx + \frac{1}{\lambda^2}\int_0^\infty f(x)\,dx$$

$$= \frac{2}{\lambda^2} - \frac{2}{\lambda}\cdot\frac{1}{\lambda} + \frac{1}{\lambda^2} = \frac{1}{\lambda^2}.$$

Das Integral $\int_0^\infty x f(x)\,dx$ wird als Erwartungswert, $\int_0^\infty \left(x - \frac{1}{\lambda}\right)^2 f(x)\,dx$ als Varianz der Exponentialverteilung bezeichnet.

Beispiele von Integralen mit Wert Unendlich können mit der Funktion $f(x) = \frac{1}{x}$ gebildet werden. Es werden folgende uneigentlichen Integrale betrachtet:

$$\int_0^1 \frac{1}{x}\, dx \quad \text{und} \quad \int_1^\infty \frac{1}{x}\, dx.$$

Die Stammfunktion zu f ist gegeben durch die Logarithmusfunktion $F(x) = \ln x$, so dass

$$\int_0^1 \frac{1}{x}\, dx = \lim_{a \to 0} \int_a^1 \frac{1}{x}\, dx = \lim_{a \to 0} \ln x \Big|_a^1 = \lim_{a \to 0} (-\ln a) = \infty.$$

Entsprechend erhält man für das Intervall $[1, \infty)$

$$\int_1^\infty \frac{1}{x}\, dx = \lim_{b \to \infty} \int_1^b \frac{1}{x}\, dx = \lim_{b \to \infty} \ln x \Big|_1^b = \lim_{b \to \infty} \ln b = \infty.$$

Aufgaben

Aufgabe 5.1

(a) Beweisen Sie mit Hilfe der vollständigen Induktion:

$$\sum_{i=1}^n i^3 = \frac{n^2(n+1)^2}{4} \quad \text{für alle } n \in \mathbb{N}.$$

(b) Berechnen Sie mit Hilfe der Formel aus (a) $\int_0^1 f(x)dx$ mit $f(x) = x^3$, indem Sie die Unter- bzw. Obersumme $S_u^{(n)}(f)$ bzw. $S_o^{(n)}(f)$ mit der Einteilung $x_i = \frac{i}{n}, 0 \leq i \leq n$, des Intervalls $[0, 1]$ sowie die jeweiligen Grenzwerte $\underline{S}$ und $\overline{S}$ bestimmen.

Aufgabe 5.2
Berechnen Sie die folgenden bestimmten Integrale:

(a) $\int_{-1}^1 (1 - x^4)dx$,   (b) $\int_1^2 \frac{x^2+1}{2x}\, dx$,   (c) $\int_1^3 \frac{2x-2}{x^2-2x+2}\, dx$.

Aufgabe 5.3
Berechnen Sie die folgenden bestimmten Integrale:

(a) $\int_1^e \frac{x^2-2x+1}{x^2(x-1)}\, dx$ (b) $\int_0^1 \frac{-2x}{e^{x^2+1}}\, dx$ (c) $\int_0^{\frac{1}{2}} \frac{-3x^2}{1-x^3}\, dx$

Aufgabe 5.4
Berechnen Sie die bestimmten Integrale

(a) $\int_0^1 (x^3 + \sqrt[3]{x})\, dx$,   (b) $\int_e^{e^3} (x^2 \ln x)\, dx$,

und zeigen Sie,

(c) dass der Wert von $\int_{\sqrt{2}-1}^e \frac{2x+2}{x^2+2x}\, dx$ durch $1 + \ln(2 + e)$ gegeben ist.

Aufgabe 5.5

Berechnen Sie die bestimmten Integrale

(a) $\int_0^1 (x^2 + x + 1)dx$ (b) $\int_0^1 (5\sqrt[4]{x} + 6\sqrt[5]{x})dx$ (c) $\int_1^e \frac{\ln x}{x^2}dx$

sowie das uneigentliche Integral

(d) $\int_1^\infty \frac{\ln x}{x^2}\, dx$.

Aufgabe 5.6

(a) Bestimmen Sie die Stammfunktionen zu den Funktionen g und h.

   (i) $g(x) = xe^x$ (ii) $h(x) = x^2 e^x$

(b)   (i) Ermitteln Sie den Inhalt der Fläche, die zwischen den Nullstellen der Funktion f, gegeben durch $f(x) = \left(x^2 - \frac{3}{2}x\right) e^x$, von dem Graphen von f und der x−Achse eingeschlossen wird.

   (ii) Bestimmen Sie das uneigentliche Integral $\int_{-\infty}^0 \left(x^2 - \frac{3}{2}x\right) e^x\, dx$.

Aufgabe 5.7

(a) Gegeben sei die Funktion f mit $f(x) = \frac{(x^2-1)(x+2)}{x(x-1)}$. Führen Sie eine Kurvendiskussion für f in den folgenden Schritten durch:

   (i) Legen Sie den Definitionsbereich fest.

   (ii) Ermitteln Sie die (einseitigen) Grenzwerte von f an den Definitionslücken und für $x \to +\infty$, $x \to -\infty$. Bestimmen Sie die Art der Definitionslücken und die Asymptote(n) von f.

   (iii) Beschreiben Sie das Monotonieverhalten von f.

   (iv) Ermitteln Sie die lokalen Extrema von f.

   (v) In welchen Intervallen ist die Funktion konvex oder konkav?

(b) Berechnen Sie den Flächeninhalt der Fläche, die zwischen der x-Achse und dem Graphen der Funktion g mit $g(x) = \frac{(x+1)(x+2)}{x}$ im Intervall $(1, e)$ eingeschlossen wird.

Weitere Aufgaben

Aufgabe (Lösung s. AL 11.1)

Bestimmen Sie jeweils eine zugehörige Stammfunktion zu den folgenden durch $f(x)$ gegebenen Funktionen:

a) $f(x) = 3x^2 + 2x + 1$ b) $f(x) = 1 - x^2 + x^4$ c) $f(x) = 4x + 3 + \frac{5}{x}$

d) $f(x) = \sqrt[4]{x}$ e) $f(x) = \frac{1}{3\sqrt[3]{x}}$ f) $f(x) = 3x\sqrt[3]{x+3}$

g) $f(x) = e^x$ h) $f(x) = xe^{-x}$ i) $f(x) = 4x^3 e^{x^4}$

j) $f(x) = 2^x$ k) $f(x) = \frac{e^x}{1+e^x}$ l) $f(x) = \frac{3x+4}{\sqrt{x}}$

m) $f(x) = \frac{e^x + 2x}{e^x + x^2}$ n) $f(x) = (x-b)e^{-\frac{1}{2}(x-b)^2/a^2}, a, b \in \mathbb{R}, a \neq 0$

o) $f(x) = \frac{1}{x^2-1}$ (es gilt: $\frac{1}{x^2-1} = \frac{1}{2}\left(\frac{1}{x-1} - \frac{1}{x+1}\right)$)

Aufgabe (Lösung s. AL 11.4)

Berechnen Sie folgende bestimmte Integrale:

a) $\int_1^3 \left(6x^2 + 4 - \frac{1}{\sqrt{x}}\right) dx$ b) $\int_0^2 (2x+4)e^{x^2+4x} dx$ c) $\int_1^2 \frac{(\sqrt{x}+3)^3}{\sqrt{x}} dx$

d) $\int_1^e \left(x^3 + 3x^2 - \frac{2}{x}\right) dx$ e) $\int_1^2 \frac{1-2xe^{-x^2}}{x+e^{-x^2}} dx$ f) $\int_0^2 xe^{2x} dx$

g) $\int_{-1}^1 (e^{0.5x} + x^2) dx$ h) $\int_{e-4}^{-1} \frac{1}{(x+4)\ln(x+4)} dx$ i) $\int_0^1 \left(xe^{x^2/2} - \sqrt{x}\right) dx$

Aufgabe (Lösung s. AL 11.8)

Berechnen Sie jeweils die von der Parabel $y = -x^2 + 4x + 5$ bzw. $y = x^2 - 7x + 6$ mit der x-Achse eingeschlossene Fläche.

Aufgabe (Lösung s. AL 11.10)

Bestimmen Sie die Koeffizienten a, b, c und d des durch

$$f(x) = ax^3 + bx^2 + cx + d$$

definierten Polynoms 3. Grades so, dass f im Nullpunkt einen Wendepunkt hat, im Punkt $\left(\frac{\sqrt{3}}{3}, f\left(\frac{\sqrt{3}}{3}\right)\right)$ die Steigung 0 besitzt, wobei $f\left(\frac{\sqrt{3}}{3}\right) > 0$ ist, und mit dem positiven Teil der x-Achse eine Fläche mit Inhalt $\frac{3}{4}$ einschließt.

6 Funktionen mehrerer Variablen

Einführung in die Begriffe

Im Rahmen der Analyse von Funktionen einer Variablen wurde der mit einem Produkt zu erzielende Umsatz oder Gewinn in Abhängigkeit von der Absatzmenge des Produkts dargestellt. In der Regel gehen jedoch mehrere Produkte oder Dienstleistungen in die Gewinn- und Verlustrechnung eines Unternehmens ein. Eine Analyse dieser Situation erfordert daher eine Modellierung mittels Funktionen mit mehreren Variablen. Eine Schwierigkeit bei der Analyse von Funktionen mehrerer Variablen besteht darin, dass die Anschauung i.a. verloren geht. Hängt die Funktion jedoch von zwei Variablen x und y ab, so ist eine graphische Darstellung möglich. Der Graph der Funktion $f : \mathbb{R}^2 \longrightarrow \mathbb{R}$ mit $f(x,y) = e^{-x^2 - y^2}$ hat folgendes Aussehen (zur besseren Veranschaulichung ist der Graph „aufgeschnitten").

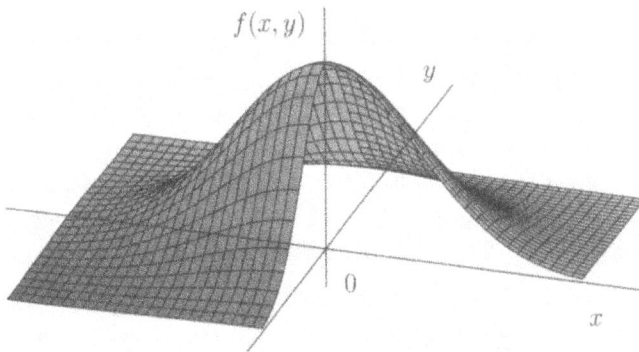

Graph einer Funktion von zwei Variablen

Es wird hier durchgehend das in der folgenden Abbildung angedeutete Wachstumsverhalten an den Koordinatenachsen betrachtet.

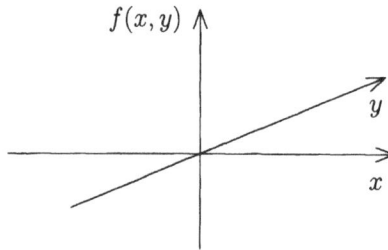

Koordinatensystem im $\mathbb{R}^3$

Das einführende Beispiel stellt eine Umsatzfunktion in Abhängigkeit von zwei miteinander konkurrierenden Produkten dar. In Abänderung zu den in der Literatur typischerweise verwendeten linearen Funktionen (s. z.B. O. Opitz) wird für die Nachfragezahlen eine quadratische Abhängigkeit vom Preis unterstellt. Dies hat zur Folge, dass die Umsatzfunktion kubisch ist, d. h. sie enthält Potenzen mit dem größten Exponenten drei.

B Ein Unternehmen fertigt ein Produkt in zwei unterschiedlichen Ausstattungen A_1 und A_2. Aus der Erfahrung ist bekannt, dass sich die Umsätze x_1 und x_2 bezüglich der Produktausprägungen in Abhängigkeit von den Preisen p_1 und p_2 darstellen lassen:

$$x_1 = x_1(p_1, p_2) = 34 - 6p_2 - 3p_1^2 \quad \text{und} \quad x_2 = x_2(p_1, p_2) = 24 - 3p_1 - 3p_2^2.$$

Da mit wachsenden Preisen p_1, p_2 die Nachfragezahlen x_1, x_2 fallen, heißen die Produkte auch komplementäre Güter.

Die Umsatzfunktion u setzt sich zusammen aus den Einzelumsätzen zu A_1 und zu A_2. Sie ist somit eine Funktion zweier Variablen p_1 und p_2 und bildet die Preiskombination (p_1, p_2) ab auf den durch sie erzielbaren Umsatz $u(p_1, p_2)$:

$$u : \mathbb{R} \times \mathbb{R} \longrightarrow \mathbb{R} \qquad \text{mit}$$
$$u(p_1, p_2) = p_1 x_1 + p_2 x_2 = 34p_1 - 6p_1 p_2 - 3p_1^3 + 24p_2 - 3p_1 p_2 - 3p_2^3.$$

Zielgröße des Unternehmens sei die Umsatzmaximierung, wobei für jede der beiden Produktausstattungen A_1 und A_2 ein Preis von maximal 2 € als am Markt realisierbar betrachtet wird. Die Betrachtung der Umsatzfunktion u wird daher auf den Bereich $[0, 2] \times [0, 2]$ eingeschränkt.

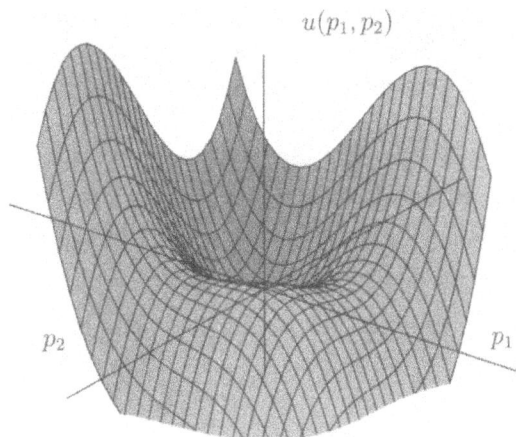

$$u(p_1, p_2)$$

$$p_2 \qquad\qquad\qquad\qquad p_1$$

Graph der Umsatzfunktion u

Da in obigem Beispiel eindimensionale Methoden zur Maximierung von Funktionen nicht anwendbar sind, besteht die Notwendigkeit, andere mathematische Verfahren zur Lösung bereitzustellen. Diese müssen so allgemein gehalten sein, dass sowohl eine beliebige endliche Anzahl $n \in \mathbb{N}$ von Einflussfaktoren (Variablen) als auch an diese gestellte Restriktionen berücksichtigt werden können. Ziel ist es daher, mehrdimensionale Optimierungsprobleme sowohl ohne als auch mit Nebenbedingungen zu lösen.

Zur Behandlung dieser Fragestellungen werden im Folgenden die mathematischen Grundlagen bereitgestellt. Zunächst wird der Begriff der Konvergenz von Folgen im $\mathbb{R}^n$ eingeführt.

Bezeichnung

- Eine Funktion $x : \mathbb{N} \longrightarrow \mathbb{R}^n$ heißt **Folge** im $\mathbb{R}^n$. Statt der Notation $x(1), x(2), \ldots$ wird $x_1, x_2, \ldots$ bzw. $(x_k)_{k \in \mathbb{N}}$ geschrieben. Jedes Folgenglied x_k ist dabei ein n-Tupel: $x_k = (x_{k1}, x_{k2}, \ldots, x_{kn}) \in \mathbb{R}^n$.

- Die Folge $(x_k)_{k \in \mathbb{N}}$ heißt **beschränkt**, falls

$$\exists\, M > 0 \,\forall\, k \in \mathbb{N}: \quad |x_k| = \sqrt{\sum_{i=1}^{n} x_{ki}^2} \leq M.$$

- Die Folge $(x_k)_{k \in \mathbb{N}}$ heißt **endlich konvergent** mit Grenzwert $x_0 \in \mathbb{R}^n$, falls sie komponentenweise endlich konvergent ist; d. h. ist $x_0 = (x_{01}, \ldots, x_{0n})$, so gilt für jede Komponentenfolge $(x_{ki})_{k \in \mathbb{N}}$: $\lim_{k \to \infty} x_{ki} = x_{0i}$, $1 \leq i \leq n$.

Schreibweise: $\lim_{k \to \infty} x_k = x_0$.

Im Folgenden werden spezielle Teilmengen des $\mathbb{R}^n$ verwendet, die eine Übertragung des Intervallbegriffs darstellen. Dazu werden n-Tupel $a = (a_1, \ldots, a_n), b = (b_1, \ldots, b_n) \in \mathbb{R}^n$ betrachtet, deren i-te Komponenten a_i und b_i geordnet sind: $a_i \leq b_i$ für alle $1 \leq i \leq n$. Die Menge

$$[a, b] = \{x \in \mathbb{R}^n \mid a_i \leq x_i \leq b_i \ \forall i \in \{1, \ldots, n\}\} \subseteq \mathbb{R}^n$$

heißt **abgeschlossenes Intervall** mit den Endpunkten a und b, die Menge

$$(a, b) = \{x \in \mathbb{R}^n \mid a_i < x_i < b_i \ \forall i \in \{1, \ldots, n\}\} \subseteq \mathbb{R}^n$$

heißt **offenes Intervall** mit den Endpunkten a und b.

In den folgenden Abbildungen sind Intervalle im $\mathbb{R}^2$ (Rechtecke) und im $\mathbb{R}^3$ (Quader) abgebildet.

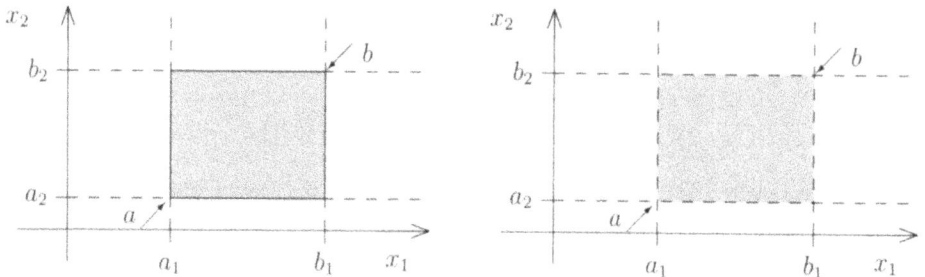

Intervalle $[a, b]$ bzw. (a, b) im $\mathbb{R}^2$

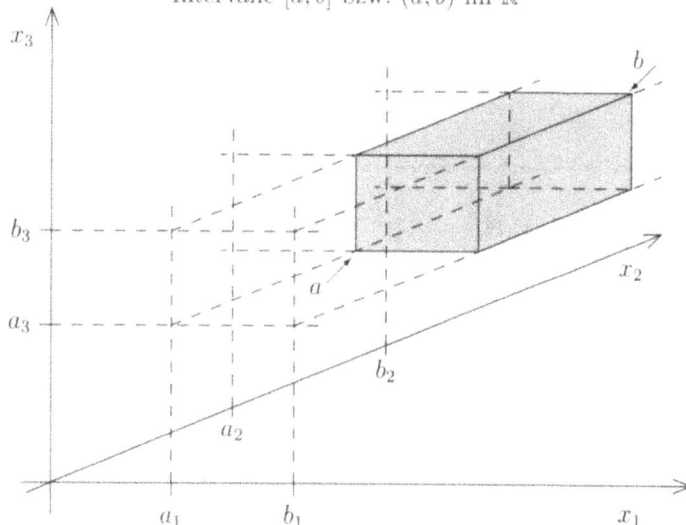

Intervall $[a, b]$ im $\mathbb{R}^3$

Mit diesen Vorbemerkungen kann nun der Begriff der Funktion von n Variablen eingeführt werden. Zudem werden die Eigenschaften Konvergenz und Stetigkeit übertragen.

Bezeichnung

- Für eine Teilmenge $D \subseteq \mathbb{R}^n$ heißt eine Abbildung $f : D \longrightarrow \mathbb{R}$ (reelle) **Funktion von n Variablen**. D heißt **Definitionsbereich**.

- Die Funktion f heißt **konvergent** für x gegen x_0 mit Grenzwert $y_0 \in \mathbb{R}$, falls für alle Folgen $(x_k)_{k \in \mathbb{N}}$ mit $x_k \in D \ \forall k \in \mathbb{N}$ und $\lim_{k \to \infty} x_k = x_0$ gilt:
$$\lim_{k \to \infty} f(x_k) = y_0.$$
In diesem Fall wird die Schreibweise $y_0 = \lim_{x \to x_0} f(x)$ verwendet.

- Die Funktion f heißt **stetig im Punkt** $x_0 \in D$, falls $\lim_{x \to x_0} f(x) = f(x_0)$.

Sie heißt **stetig auf** D, falls f stetig in jedem Punkt $x_0 \in D$ ist.

Ziel der Überlegungen ist die Bereitstellung von Methoden zur Lösung von Optimierungsproblemen. Wie im Fall einer Variablen dienen die Verfahren der Identifikation lokaler Extremalstellen, d. h. sie liefern Kriterien für Extremalstellen im Inneren des Definitionsbereichs. Um entscheiden zu können, ob es sich um globale Extrema handelt, müssen zusätzlich die Funktionswerte der untersuchten Funktion auf dem Rand des Definitionsbereichs D (bzw. die Grenzwerte der Funktion bei Annäherung an den Rand von D) in Betracht gezogen werden und mit den Funktionswerten an den lokalen Extremalstellen verglichen werden. Da diese Entscheidung aber sehr stark von den betrachteten Funktionen und deren Definitionsbereichen abhängt, erfordert dies eine jeweils problemspezifische Behandlung. Im Folgenden werden daher nur Methoden zum Auffinden von lokalen Extremalstellen vorgestellt.

Differentiation

Im Fall von Funktionen einer Variablen dient die Differentialrechnung dem Auffinden lokaler Extrema. Daher ist es naheliegend, diese Vorgehensweise geeignet zu erweitern. Wie im Eindimensionalen liefert die Anschauung die Grundidee zur Konstruktion der Methode. In der folgenden Graphik sind verschiedene Tangenten an den Graphen der Funktion $f : \mathbb{R}^2 \longrightarrow \mathbb{R}$ mit $f(x,y) = e^{-x^2-y^2}$ im Punkt $(0,0)$ eingezeichnet.

Bei einer Funktion von einer Variablen beschreibt die Tangente die Steigung in einem Punkt. Das notwendige Kriterium für ein Extremum in einem Punkt y ist eine Steigung der Tangente von Null in y: $f'(y) = 0$. Bei dieser Betrachtungsweise geht zunächst ein, dass die Annäherung an den Punkt y nur von rechts bzw. links erfolgen kann. Bereits für eine Funktion zweier Variablen gibt es aber beliebig viele Richtungen, sich an einer Stelle $y = (y_1, y_2)$ dem Punkt $(y, f(y))$ zu nähern. Liegt im Punkt $(y, f(y))$ ein Maximum der Funktion f, so darf keine Tangente an die Funktion f eine positive oder negative Steigung haben. Wäre dies nämlich der Fall, so könnte der Wert der Funktion noch vergrößert werden, indem der Wert von y ein wenig in die entsprechende Richtung der Tangente verändert würde. Daher müssen die Steigungen aller Tangenten in diesem Punkt Null sein!

$$f(x, y)$$

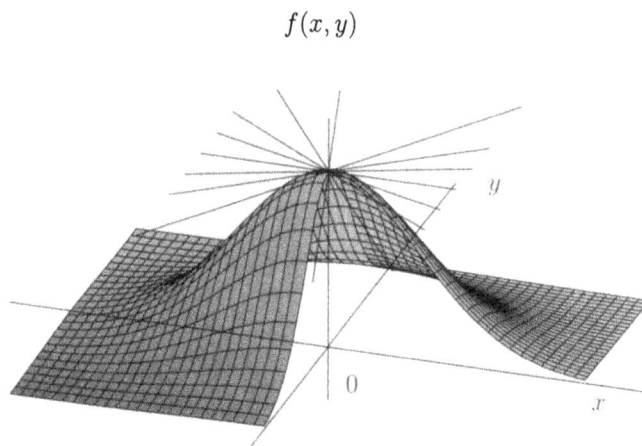

Tangenten bei einer Funktion zweier Variablen

Diese Idee führt zunächst zu folgender Verallgemeinerung des Differentiationsbegriffs:

Für einen Punkt $y_0 \in \mathbb{R}^n$, $y_0 = (y_{01}, \ldots, y_{0n})$, wird die Ableitung einer Funktion f in n Variablen $x_1, \ldots, x_n$ bei Annäherung entlang der i–ten Koordinate x_i gebildet. Die restlichen $n - 1$ Koordinaten $x_1, \ldots, x_{i-1}, x_{i+1}, \ldots, x_n$ werden festgehalten, und die Funktion f wird somit lediglich als Funktion der $\underline{\text{einen}}$ Variablen x_i aufgefasst. Diese Konstruktion überführt die Funktion f von n Variablen in n Funktionen $f_1, \ldots, f_n$ von einer Variablen:

$$f_i(x) = f(x_1, \ldots, x_{i-1}, \underbrace{x}_{i\text{-te Stelle}}, x_{i+1}, \ldots, x_n), \quad 1 \le i \le n.$$

Für jede Funktion f_i wird dann die (gewöhnliche) Ableitung gebildet. Zur formalen Einführung wird wie im Eindimensionalen ein Differenzenquotient betrachtet. Dazu wird ein Punkt $x \in \mathbb{R}^n$ gewählt, der sich lediglich in der i–ten Komponente von y_0 unterscheidet, d. h. es gilt: $x_j = y_{0j}$, falls $j \ne i$. Bezeichnet $h \in \mathbb{R}$ die Abweichung der Koordinate x_i von y_{0i}, d. h. $x = y_{0i} + h$, so gilt:

$$f_i(y_{0i} + h) = f(y_{01}, \ldots, y_{0,i-1}, \underbrace{y_{0i} + h}_{i\text{-te Stelle}}, y_{0,i+1}, \ldots, y_{0n}) = f(y_0 + he_i),$$

wobei $e_i = (0, \ldots, 0, \underbrace{1}_{i\text{-te Stelle}}, 0, \ldots, 0)$ der sogenannte i–te Einheitsvektor des $\mathbb{R}^n$ ist.

Eine Annäherung an $f(y_0)$ entlang der Koordinate x_i bedeutet daher nichts anderes, als den Wert von h gegen Null streben zu lassen. In der n–dimensionalen Situation verläuft die Annäherung damit parallel zum Einheitsvektor e_i bzw. zur i–ten Koordinatenachse. Dieser Ansatz führt zu einer Verallgemeinerung des Differentiationsbegriffs:

Bezeichnung

Seien $(a, b) \subseteq \mathbb{R}^n$ ein nichtleeres, offenes Intervall und $f : [a, b] \longrightarrow \mathbb{R}$ eine Funktion in n Variablen.

- Die Funktion f heißt **partiell differenzierbar** im Punkt $y_0 \in (a, b)$, wenn für jede Koordinate die Ableitung der Funktion f_i im Punkt y_{0i} existiert, d. h. wenn der Grenzwert

$$f_i'(y_{0i}) = \lim_{h \to 0} \frac{f_i(y_{0i} + h) - f_i(y_{0i})}{h} = \lim_{h \to 0} \frac{f(y_0 + he_i) - f(y_0)}{h}$$

  endlich existiert, $i \in \{1, \ldots, n\}$.

  Im Fall der endlichen Existenz heißt der Grenzwert **partielle Ableitung** in Richtung x_i an der Stelle y_0 und wird bezeichnet mit

$$\frac{\partial}{\partial x_i} f(y_0) \quad \text{oder} \quad f_{x_i}(y_0).$$

  Das Tupel der partiellen Ableitungen

$$\left(\frac{\partial}{\partial x_1} f(y_0), \ldots, \frac{\partial}{\partial x_n} f(y_0) \right)$$

  heißt **Gradient** von f im Punkt y_0. Dieser wird mit $\operatorname{grad} f(y_0)$ bezeichnet.

- f heißt **partiell differenzierbar** auf dem Intervall (a, b), falls f in jedem Punkt $y_0 \in (a, b)$ partiell differenzierbar ist. f heißt **partiell stetig differenzierbar**, falls zusätzlich alle partiellen Ableitungen $\frac{\partial}{\partial x_i} f$ stetig auf (a, b) sind.

- Die partiellen Ableitungen sind Funktionen von n Variablen. Daher kann die obige Vorgehensweise auch auf $\frac{\partial}{\partial x_j} f$ anstelle von f angewendet werden. Auf diese Weise werden partielle Ableitung höherer Ordnung definiert. Für die partiellen Ableitungen zweiter Ordnung lautet die Berechnungsvorschrift:

$$\frac{\partial^2}{\partial x_i \partial x_j} f(y_0) = \frac{\partial}{\partial x_i} \left(\frac{\partial}{\partial x_j} f \right) (y_0)$$

$$= \lim_{h \to 0} \frac{\frac{\partial}{\partial x_j} f(y_0 + he_i) - \frac{\partial}{\partial x_j} f(y_0)}{h}, \quad i, j \in \{1, \ldots, n\}.$$

  Als alternative Schreibweise wird $f_{x_i x_j} = \frac{\partial^2}{\partial x_i \partial x_j} f$ verwendet.

  Die Funktion f heißt daher zweifach partiell (stetig) differenzierbar, falls alle partiellen Ableitung zweiter Ordnung in jedem Punkt $y_0 \in (a, b)$ endlich existieren (und dort auch stetig sind).

Bei der Bildung von partiellen Ableitungen sind nach obigen Definitionen alle Ableitungsregeln anwendbar, die für Funktionen einer Variablen hergeleitet wurden: Faktorregel, Summenregel, Produktregel, Quotientenregel und Kettenregel. Es ist lediglich zu beachten, dass die Differentiation immer nach der gewählten Variablen x_i erfolgt, während die übrigen Variablen $x_1, \ldots, x_{i-1}, x_{i+1}, \ldots, x_n$ als Konstanten betrachtet werden.

B

Sei $f : \mathbb{R}^3 \longrightarrow \mathbb{R}$ definiert durch

$$f(x, y, z) = x^2 e^z + y^2(x + 2z)^4.$$

Dann gilt:

$$\frac{\partial}{\partial x} f(x, y, z) = 2x e^z + 4y^2(x + 2z)^3,$$

$$\frac{\partial}{\partial y} f(x, y, z) = 2y(x + 2z)^4,$$

$$\frac{\partial}{\partial z} f(x, y, z) = x^2 e^z + 8y^2(x + 2z)^3.$$

B

Cobb–Douglas–Produktionsfunktionen

Die Cobb–Douglas–Produktionsfunktionen sind eine Familie von Funktionen mehrerer Variablen, die eine funktionale Beziehung zwischen der zu produzierenden Menge eines Produktes P (Produktquantität) und den zur Produktion dieser Menge notwendigen n Faktormengen $x_1, \ldots, x_n$ (Produktionsfaktorquantitäten) beschreiben. Sie werden unter Verwendung von Konstanten $\alpha_0, \alpha_1, \ldots, \alpha_n \in [0, \infty)$ definiert durch:

$$f : [0, \infty)^n \longrightarrow \mathbb{R} \quad \text{mit}$$
$$f(x_1, \ldots, x_n) = \alpha_0 x_1^{\alpha_1} \cdot x_2^{\alpha_2} \cdots x_n^{\alpha_n} \quad \text{(Produktquantität)}$$

Die partiellen Ableitungen $\frac{\partial}{\partial x_i} f$ heißen partielle Grenzproduktivitäten. Sie sind gegeben durch:

$$\frac{\partial}{\partial x_i} f(x_1, \ldots, x_n) = \alpha_0 \alpha_i x_1^{\alpha_1} \cdots x_{i-1}^{\alpha_{i-1}} x_i^{\alpha_i - 1} x_{i+1}^{\alpha_{i+1}} \cdots x_n^{\alpha_n}.$$

Insbesondere gilt für die sogenannten partiellen Elastizitäten

$$\epsilon_{f;x_i}(x_1, \ldots, x_n) = x_i \cdot \frac{\frac{\partial}{\partial x_i} f(x_1, \ldots, x_n)}{f(x_1, \ldots, x_n)} = \alpha_i.$$

Dies sind die Elastizitäten bezüglich der Funktion f aufgefasst jeweils als Funktion einer Variablen. Ein zusätzlicher Einsatz von einer Einheit des Faktors i erhöht somit die Produktion von P um etwa α_i Einheiten.

Diese Familie von Funktionen geht zurück auf Originalarbeiten von Cobb (1875–1949) und Douglas (1892–1976) mit $n = 2$ und den Produktionsfaktoren „Arbeit A" und „Kapital K". Die übliche Notation ist

$$Y = f(A, K) = bA^k K^{1-k}, \qquad 0 < k < 1.$$

Die partielle Grenzproduktivität des Faktors Arbeit ist somit

$$\frac{\partial}{\partial A} f(A, K) = bkA^{k-1}K^{1-k} = bk \left(\frac{A}{K} \right)^{k-1},$$

d. h. die Grenzproduktivität des Faktors Arbeit ändert sich nicht, falls A und K um denselben Faktor steigen bzw. sinken.

Zur Motivation der partiellen Ableitungen wurde die Möglichkeit der Annäherung an einen Punkt $(y_0, f(y_0))$ aus jeder beliebigen Richtung erwähnt. In der obigen Definition wurden jedoch nur die Richtungen der Koordinatenachsen, beschrieben durch die Einheitsvektoren, berücksichtigt. Unter den nachfolgend getroffenen Voraussetzungen reicht die Kenntnis der partiellen Ableitungen aus, um die **Richtungsableitung** von f in eine beliebige Richtung berechnen zu können.

Seien $[a, b] \subseteq \mathbb{R}^n$, $f : [a, b] \longrightarrow \mathbb{R}$ eine auf (a, b) partiell stetig differenzierbare Funktion, $z = (z_1, \ldots, z_n) \in \mathbb{R}^n$ mit $|z| = 1$ und $y_0 \in (a, b)$.
Die Richtungsableitung von f in y_0 in Richtung von z ist gegeben durch

$$\lim_{h \to 0} \frac{f(y_0 + hz) - f(y_0)}{h} = \sum_{i=1}^{n} \frac{\partial}{\partial x_i} f(y_0) \cdot z_i$$

$\left(= (\text{grad } f(y_0)) \begin{pmatrix} z_1 \\ \vdots \\ z_n \end{pmatrix} \right.$ als sogenanntes Skalarprodukt in der Schreibweise der linearen Algebra; s. Kapitel 7).

Sind daher alle partiellen Ableitungen bekannt, so kann eine beliebige Richtungsableitung durch die obige gewichtete Summe berechnet werden. Das Wachstumsverhalten der Funktion entlang einer bestimmten Richtung z ist daher durch das Wachstumsverhalten entlang der Koordinatenachsen eindeutig bestimmt. Insbesondere folgt aus dieser Beziehung, dass alle Richtungsableitungen an einer Stelle y_0 gleich Null sind, wenn die partiellen Ableitung gleich Null sind bzw. der Gradient mit $(0, \ldots, 0)$ übereinstimmt. Dieses Kriterium wird im Folgenden von Bedeutung sein.

Eine weitere Vereinfachung der Berechnung von partiellen Ableitungen zweiter Ordnung gilt im Fall zweifacher partieller stetiger Differenzierbarkeit:

Ist die Funktion f zweimal partiell stetig differenzierbar in einem Punkt y_0, so ist die Reihenfolge der Ableitungen vertauschbar, d. h.

$$\frac{\partial^2}{\partial x_i \partial x_j} f(y_0) = \frac{\partial^2}{\partial x_j \partial x_i} f(y_0), \quad i, j \in \{1, \ldots, n\}.$$

Optimierung: Zwei Variablen

Ehe die Methoden zur Berechnung von lokalen Extremalstellen bereitgestellt werden, ist zunächst der Begriff eines lokalen Extremums zu definieren. Er ist eine direkte Übertragung aus dem Eindimensionalen.

Bezeichnung

Seien $D \subseteq \mathbb{R}^n$ und $f : D \longrightarrow \mathbb{R}$.
Gibt es ein offenes Intervall $(a, b) \subseteq D$ und einen Punkt $x_0 \in (a, b)$, so dass

$$f(x) \geq f(x_0) \qquad (f(x) \leq f(x_0))$$

für alle $x \in (a, b)$, so heißt x_0 eine **lokale Minimalstelle (Maximalstelle)** von f. In beiden Fällen heißt x_0 auch lokale **Extremalstelle**. Der Funktionswert $f(x_0)$ heißt lokales **Minimum (Maximum)** bzw. lokales **Extremum** der Funktion f.

Die Anschauung legt die Idee nahe, dass eine lokale Extremalstelle in einem Punkt y_0 nur vorliegen kann, wenn alle partiellen Ableitungen in y_0 gleich Null sind. Diese Aussage ist in folgender Merkregel präzisiert:

Seien $[a, b] \subseteq \mathbb{R}^n$, $f : [a, b] \longrightarrow \mathbb{R}$ eine partiell stetig differenzierbare Funktion und $x_0 \in (a, b)$ eine lokale Extremalstelle von f. Dann gilt:

$$\text{grad } f(x_0) = \mathbf{0} = (0, \ldots, 0) \in \mathbb{R}^n \quad \text{bzw.} \quad \frac{\partial}{\partial x_i} f(x_0) = 0 \text{ für alle } i \in \{1, \ldots, n\}.$$

Wie im Fall einer Funktion von einer Variablen werden daher Kandidaten für lokale Extremalstellen durch Lösung der Gleichung $\text{grad } f(x_0) = \mathbf{0}$ gewonnen. Diese heißen **stationäre Punkte** und sind die möglichen lokalen Extremalstellen. Wie im Eindimensionalen bedarf es aber eines weiteren Kriteriums, um entscheiden zu können, ob es sich tatsächlich um lokale Extremalstellen handelt.

Im einführenden Beispiel wurde die Umsatzfunktion

$$u : [0, 2] \times [0, 2] \longrightarrow \mathbb{R},$$
$$u(p_1, p_2) = 34p_1 + 24p_2 - 9p_1 p_2 - 3p_1^3 - 3p_2^3$$

betrachtet. Zielgröße des Unternehmens war die Maximierung des Umsatzes in Abhängigkeit von den Preisen p_1 und p_2. Zur Behandlung des Problems werden nun zunächst Kandidaten für lokale Extremalstellen im Inneren des Intervalls $[(0, 0), (2, 2)]$ gesucht. Nach der oben beschriebenen Vorgehensweise sind daher zunächst die partiellen Ableitungen zu berechnen:

$$\frac{\partial}{\partial p_1} u(p_1, p_2) = 34 - 9p_2 - 9p_1^2, \qquad \frac{\partial}{\partial p_2} u(p_1, p_2) = 24 - 9p_1 - 9p_2^2.$$

Anschließend sind diese Null zu setzen, so dass das Gleichungssystem

$$\begin{cases} 34 - 9p_2 - 9p_1^2 = 0 \\ 24 - 9p_1 - 9p_2^2 = 0 \end{cases}$$

zu lösen ist. Auflösen der zweiten Gleichung nach p_1 und Einsetzen dieses Resultats in die erste Gleichung liefert

$$p_1 = \tfrac{8}{3} - p_2^2 \quad \text{und} \quad 34 - 9p_2 - 9\left(\tfrac{8}{3} - p_2^2\right)^2 = 0.$$

Man erhält die Gleichung vierten Grades:

$$3p_2^4 - 16p_2^2 + 3p_2 + 10 = 0.$$

Dieses Polynom hat die Nullstellenmenge $\{1, 2, -\tfrac{3}{2} - \sqrt{\tfrac{7}{12}}, -\tfrac{3}{2} + \sqrt{\tfrac{7}{12}}\}$. Damit erhält man zunächst als Kandidaten für lokale Extremalstellen die Punkte:

$$P_1 = \left(\tfrac{5}{3}, 1\right), \quad P_2 = \left(-\tfrac{4}{3}, 2\right), \quad P_3 = \left(-\tfrac{1}{6} - 3\sqrt{\tfrac{7}{12}}, -\tfrac{3}{2} - \sqrt{\tfrac{7}{12}}\right),$$

$$P_4 = \left(-\tfrac{1}{6} + 3\sqrt{\tfrac{7}{12}}, -\tfrac{3}{2} + \sqrt{\tfrac{7}{12}}\right).$$

Da jedoch $P_2, P_3, P_4 \notin [0,2] \times [0,2]$, verbleibt in diesem Beispiel nur P_1 als mögliche Extremalstelle.

In obigem Beispiel konnten zwar Kandidaten für lokale Extremalstellen berechnet werden, aber mit den bisher bereitgestellten Methoden ist es nicht möglich zu entscheiden, ob es sich jeweils um eine lokale Extremalstelle handelt. Zudem ist bei Vorliegen einer lokalen Extremalstelle auch zu untersuchen, ob es sich um eine Minimal- oder Maximalstelle handelt.

Im Fall einer Funktion zweier Veränderlicher lässt sich ein einfaches Kriterium angeben, das diese Frage beantwortet. Bei mehr als zwei Variablen sei auf Kapitel 11 verwiesen.

Ausgangspunkt zur Herleitung des Kriteriums ist der Fall einer Variablen. In dieser Situation wurde ein Kriterium mittels der zweiten Ableitung der Funktion formuliert, das für eine lokale Minimalstelle (Maximalstelle) den Nachweis der Konvexität (Konkavität) in einem kleinen Intervall um den Kandidaten x_0 erforderte:

Seien $f : (a, b) \longrightarrow \mathbb{R}$ eine Funktion einer Variablen und $x_0 \in (a, b)$ mit $f'(x_0) = 0$ Kandidat für eine lokale Extremalstelle. Als hinreichendes Kriterium für eine lokale Extremalstelle wurde formuliert:

$$x_0 \text{ ist lokale} \begin{cases} \text{Minimalstelle} \\ \text{Maximalstelle} \end{cases} \Longleftrightarrow f \text{ ist} \begin{cases} \text{konvex} \\ \text{konkav} \end{cases} \text{in einem kleinen Intervall um } x_0.$$

Ein einfaches Kriterium zur Bestimmung der Konvexitätsbereiche (Konkavitätsbereiche) ist durch die zweite Ableitung gegeben. Ist die Funktion f auf dem gesamten Definitionsbereich konvex (konkav), so kann mittels dieses Verfahrens sogar auf globale Extremalstellen geschlossen werden.

Dieser Ansatz über die zweite Ableitung wird auf Funktionen mit zwei Variablen übertragen, wobei die Entscheidungsregeln etwas aufwendiger sind als im Fall einer Variablen.

Hinreichende Bedingung für lokale Extrema bei zwei Variablen

Seien $(a, b) \subseteq \mathbb{R}^2$ ein nichtleeres Intervall, $f : [a, b] \longrightarrow \mathbb{R}$ eine auf (a, b) zweimal partiell stetig differenzierbare Funktion zweier Variablen und $\widetilde{x} \in (a, b)$ mit $\operatorname{grad} f(\widetilde{x}) = 0$.

Gilt

$$\frac{\partial^2}{\partial x_1 \partial x_1} f(\widetilde{x}) \cdot \frac{\partial^2}{\partial x_2 \partial x_2} f(\widetilde{x}) - \left(\frac{\partial^2}{\partial x_1 \partial x_2} f(\widetilde{x}) \right)^2 > 0, \qquad (*)$$

so hat die Funktion f an der Stelle $\widetilde{x}$ eine lokale Extremalstelle. Diese ist eine

$$\text{lokale} \begin{cases} \text{Minimalstelle} \\ \text{Maximalstelle} \end{cases}, \quad \text{falls} \quad \frac{\partial^2}{\partial x_1 \partial x_1} f(\widetilde{x}) \begin{cases} > 0 \\ < 0 \end{cases}. \qquad (**)$$

Es liegt keine Extremalstelle vor, falls der Ausdruck in $(*)$ negativ ist.

Ist der Ausdruck gleich Null, so kann mit diesem Hilfsmittel keine Entscheidung getroffen werden.

Gelten die Aussage von $(*)$ und eine der Aussagen aus $(**)$ für jeden Punkt $x \in (a, b)$, so ist die Funktion f auf (a, b) konvex bzw. konkav. In dieser Situation liefert die gefundene Extremalstelle auch das globale Extremum.

Zur Formulierung einer hinreichenden Bedingung für das Vorliegen einer lokalen Extremalstelle bei mehr als zwei Variablen sind Kenntnisse aus der Matrizenrechnung notwendig. Eine Fortsetzung dieser Thematik findet sich in Kapitel 11.

Optimierung: Beispiele

B

Die Funktion f von zwei Variablen mit

$$f(x_1, x_2) = 18x_1 + 9x_2 - 3x_1 x_2 - \tfrac{9}{2} x_1^2 - x_2^2 + 10, \quad (x_1, x_2) \in \mathbb{R}^2,$$

ist auf lokale und globale Extremalstellen zu untersuchen. Zum Auffinden der stationären Punkte werden zunächst die partiellen Ableitungen gebildet:

$$\frac{\partial}{\partial x_1} f(x_1, x_2) = 18 - 3x_2 - 9x_1, \quad \frac{\partial}{\partial x_2} f(x_1, x_2) = 9 - 3x_1 - 2x_2$$

und dann das Gleichungssystem

$$\begin{cases} 18 - 3x_2 - 9x_1 = 0 \\ 9 - 3x_1 - 2x_2 = 0 \end{cases}$$

gelöst. Das dreifache der zweiten von der ersten Gleichung subtrahiert ergibt $x_2 = 3$ und damit $x_1 = 1$ als einzige Lösung. Eine mögliche Extremalstelle von f liegt also bei $(x_1, x_2) = (1, 3)$.

Zur Anwendung des hinreichenden Kriteriums sind die zweiten partiellen Ableitungen zu bilden:

$$\frac{\partial^2}{\partial x_1 \partial x_1} f(x_1, x_2) = -9,$$

$$\frac{\partial^2}{\partial x_2 \partial x_2} f(x_1, x_2) = -2 \quad \text{und} \quad \frac{\partial^2}{\partial x_1 \partial x_2} f(x_1, x_2) = -3.$$

Damit ist

$$\frac{\partial^2}{\partial x_1 \partial x_1} f(x_1, x_2) \cdot \frac{\partial^2}{\partial x_2 \partial x_2} f(x_1, x_2) - \left(\frac{\partial^2}{\partial x_1 \partial x_2} f(x_1, x_2) \right)^2 = 18 - 9 = 9 > 0, \qquad (*)$$

und f besitzt an der Stelle $\tilde{x} = (1, 3)$ ein lokales Extremum. Dies ist ein lokales Maximum, weil

$$\frac{\partial^2}{\partial x_1 \partial x_1} f(x_1, x_2) = -9 < 0. \qquad (**)$$

Da die Aussagen $(*)$ und $(**)$ für jeden Punkt $(x_1, x_2) \in \mathbb{R}^2$ gelten (die zweiten partiellen Ableitungen sind in diesem Beispiel konstant), liegt an der Stelle $(1, 3)$ auch das globale Maximum der Funktion f.

Ein globales Minimum existiert nicht, da f an den Rändern des Definitionsbereichs beliebig klein wird (gegen $-\infty$ strebt).

Die Fortsetzung des Umsatzbeispiels liefert für die zweiten partiellen Ableitungen

$$\frac{\partial^2}{\partial p_1 \partial p_1} u(p_1, p_2) = -18 p_1, \quad \frac{\partial^2}{\partial p_2 \partial p_2} u(p_1, p_2) = -18 p_2,$$

$$\frac{\partial^2}{\partial p_1 \partial p_2} u(p_1, p_2) = -9 \quad \left(= \frac{\partial^2}{\partial p_2 \partial p_1} u(p_1, p_2) \right).$$

Das Kriterium $(*)$ führt somit für $(p_1, p_2) \in \mathbb{R}^2$ zur notwendigen Bedingung

$$\frac{\partial^2}{\partial p_1 \partial p_1} u(p_1, p_2) \cdot \frac{\partial^2}{\partial p_2 \partial p_2} u(p_1, p_2) - \left(\frac{\partial^2}{\partial p_1 \partial p_2} u(p_1, p_2) \right)^2$$

$$= 18^2 p_1 p_2 - 81 = 81(4 p_1 p_2 - 1) \overset{!}{>} 0.$$

In diesen Ausdruck müssen nun die stationären Punkte eingesetzt werden, um mit obiger Regel über Extrema zu entscheiden. $P_1 = (\frac{5}{3}, 1)$ ist, wie bereits auf S. 187 gesehen, der einzige in Frage kommende stationäre Punkt. Wegen $4 p_1 p_2 - 1 = \frac{17}{3} > 0$ ist P_1 somit die einzige lokale Extremalstelle. Da die zweite partielle Ableitung $\frac{\partial^2}{\partial p_1 \partial p_1} u(p_1, p_2)$ an der Stelle P_1 negativ ist, liegt dort nach $(**)$ eine lokale Maximalstelle.

Nach Voraussetzung sind die Preise p_1 und p_2 jeweils aus dem Bereich $[0,2]$. Da $P_1 \in [0,2] \times [0,2]$, kommt P_1 als (globales) Maximum in diesem Bereich in Frage. Der zugehörige Funktionswert ist $u(\frac{5}{3}, 1) = 48\frac{7}{9}$. Um zu überprüfen, ob P_1 in dem genannten Intervall auch das globale Maximum ist, muss der Rand des Intervalls noch gesondert untersucht werden. Dazu muss die Umsatzfunktion auf den Rand eingeschränkt werden. Gesondert sind zu betrachten:

$$R_1 = \{0\} \times [0,2], \quad R_2 = \{2\} \times [0,2], \qquad R_3 = [0,2] \times \{0\}, \quad R_4 = [0,2] \times \{2\}.$$

Für den Rand R_1 erhält man die Funktion $u_1(p_2) = 24p_2 - 3p_2^3$. Diese hat im Intervall $(0,2)$ ein lokales Maximum an der Stelle $p_2 = \frac{2}{3}\sqrt{6}$ mit Funktionswert $\frac{32\sqrt{6}}{3} \approx 26.128 < 48\frac{7}{9}$. Für R_2 folgt $u_2(p_2) = 44 + 6p_2 - 3p_2^3$. Diese Funktion hat ein lokales Maximum bei $\sqrt{\frac{2}{3}} \approx 0.816$ mit Funktionswert $u_2\left(\sqrt{\frac{2}{3}}\right) = 44 + 4\sqrt{\frac{2}{3}} \approx 47.266$. Für die Ränder R_3 und R_4 erhält man die Funktionen $u_3(p_1) = 34p_1 - 3p_1^3$ (lokales Maximum bei $\frac{\sqrt{34}}{3}$ mit Wert $\frac{68}{9}\sqrt{34} \approx 44.056$) und $u_4(p_1) = 24 + 16p_1 - 3p_1^3$ (lokales Maximum bei $\frac{4}{3}$ mit Wert $38 + \frac{2}{9} \approx 38.222$). Damit liegt das globale Maximum im Inneren des Intervalls $[(0,0),(2,2)]$ bei P_1. Der im Bereich $[0,2] \times [0,2]$ maximal erzielbare Umsatz beträgt somit $48\frac{7}{9}$ €.

Betrachtet man – herausgelöst aus dem oben diskutierten Kontext – lokale Extrema der Funktion u im Bereich $\mathbb{R}^2$, so sind alle ermittelten stationären Punkte zu berücksichtigen. Eine Vorüberlegung vereinfacht den Rechenaufwand. Die Ungleichung $(*)$ ist genau dann erfüllt, wenn $p_1 p_2 > \frac{1}{4}$. Insbesondere müssen daher die Koordinaten p_1 und p_2 eines Kandidaten für eine lokale Extremalstelle dasselbe Vorzeichen haben. Damit kommen die Punkte P_2 und P_4 nicht in Frage. Für P_1 bzw. P_3 gilt:

$$P_1: \ \tfrac{5}{3} \cdot 1 = \tfrac{5}{3} > \tfrac{1}{4}, \qquad P_3: \ \left(-\tfrac{1}{6} - 3\sqrt{\tfrac{7}{12}}\right) \cdot \left(-\tfrac{3}{2} - \sqrt{\tfrac{7}{12}}\right) = 2 + \tfrac{7}{3}\sqrt{\tfrac{7}{3}} > \tfrac{1}{4}.$$

Also sind P_1 und P_3 lokale Extremalstellen. An der Stelle P_1 liegt – wie bereits gesehen – eine lokale Maximalstelle, während P_3 eine lokale Minimalstelle ist.

Das Kriterium $(*)$ ist ein hinreichendes Kriterium, aber kein notwendiges, d. h. es muss nicht zwingend erfüllt sein, wenn ein lokales Minimum vorliegt. Für die Funktion $f : \mathbb{R}^2 \longrightarrow \mathbb{R}$ definiert durch $f(x,y) = x^2 y^2$ gilt:

$$\frac{\partial}{\partial x} f(x,y) = 2xy^2, \quad \frac{\partial}{\partial y} f(x,y) = 2x^2 y,$$

so dass alle Punkte mit $xy = 0$ stationäre Punkte sind. Für die zweiten partiellen Ableitungen gilt nun:

$$\frac{\partial^2}{\partial x \partial x} f(x,y) = 2y^2, \quad \frac{\partial^2}{\partial y \partial y} f(x,y) = 2x^2, \quad \frac{\partial^2}{\partial x \partial y} f(x,y) = 4xy,$$

so dass das Kriterium $(*)$ liefert:

$$\frac{\partial^2}{\partial x \partial x} f(x,y) \cdot \frac{\partial^2}{\partial y \partial y} f(x,y) - \left(\frac{\partial^2}{\partial x \partial y} f(x,y)\right)^2 = -12x^2 y^2.$$

Für jeden stationären Punkt erhält man somit den Wert Null. Da aber die Funktion f offenbar nach unten durch Null beschränkt ist und für jeden stationären Punkt (x^*, y^*) die Gleichung $f(x^*, y^*) = 0$ gilt, sind alle stationären Punkte lokale (globale) Minimalstellen, obwohl keiner das Kriterium $(*)$ erfüllt.

Ausgangspunkt für mathematische Analysen ist häufig, dass ein Zusammenhang zwischen einer Zielgröße y und einer Einflussgröße x vermutet wird, der sich durch eine Funktion f ausdrücken lässt: $y = f(x)$. Beispiele für die Größen x und y sind etwa:

- Preis x / Menge y

- Angebot x / Absatz y

- Stückzahl x / Kosten y usw.

In der Praxis ist die Gestalt der Funktion f i.a. aber nicht oder nur teilweise bekannt, so dass etwa Prognosen über die bei der Produktion einer Menge x entstehenden Kosten y auf diesem Kenntnisstand nur bedingt möglich sind. Mittels der Anwendung statistischer Methodik können jedoch Informationen über die Funktion f gewonnen werden, die derartige Prognosen erleichtern. Zur Umsetzung wird eine spezielle Struktur der sogenannten **Regressionsfunktion** f unterstellt. An dieser Stelle soll exemplarisch (und im Vorgriff auf die Statistik als wichtigen Bestandteil eines wirtschaftswissenschaftlichen Studiums) eine lineare Gestalt der Regressionsfunktion gewählt werden, d. h.

$$y = f(x) = a + bx$$

wobei die Parameter a und b als unbekannt angenommen werden. Über die Erhebung von Datenpaaren (x, y) wird versucht, diese Parameter möglichst gut festzulegen, d. h. dem Datenmaterial anzupassen. Bei m Messungen von Ziel- und Einflussgröße liegen daher die Daten $(x_1, y_1), \ldots, (x_m, y_m)$ vor. Das folgende Zahlenbeispiel illustriert eine mögliche Anwendungssituation.

Die Werbeabteilung einer Unternehmung stellt die Kosten x_i (in 1 000 €) der letzten zehn Werbeaktionen den Verkaufsergebnissen (Umsätzen) y_i (in Mio €) der jeweils folgenden Quartale gegenüber:

i	1	2	3	4	5	6	7	8	9	10
Kosten x_i	50	65	73	88	76	73	65	79	70	61
Umsatz y_i	1.6	1.7	1.7	1.85	1.7	1.67	1.84	1.93	1.75	1.81

Der Zusammenhang zwischen den Größen *Kosten* und *Umsatz* soll durch eine lineare Regressionsfunktion ausgedrückt werden. In der folgenden Abbildung sind zusätzlich zur gesuchten Regressionsgeraden die Datenpaare (x_i, y_i) für $i \in \{1, \ldots, 10\}$ jeweils durch ein Kreuz $\times$ dargestellt. Die Abweichungen der durch die Regressionsfunktion ermittelten Werte $f(x_i)$ von den tatsächlich gemessenen Werten y_i werden durch senkrechte Linien angedeutet. Für das Datenpaar $(x_8, y_8) = (79, 193)$ sind die Werte auf Abszisse und Ordinate abgetragen.

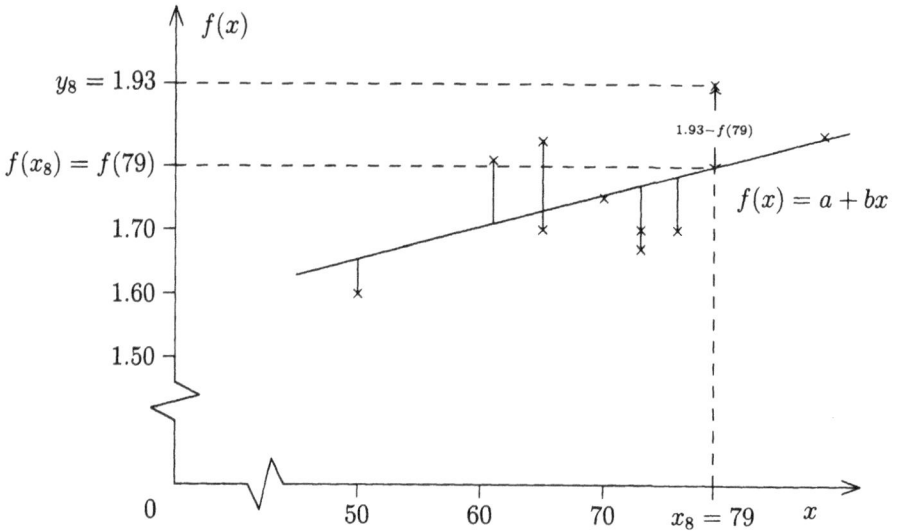

Lineare Regression

Ziel der statistischen Untersuchung ist es, aus den m Datenpaaren $(x_1, y_1), \ldots, (x_m, y_m)$ die bestmögliche Wahl für die Parameter a, b zu bestimmen. Dabei heißt „bestmöglich" hier, dass die Parameter nach der **Methode der kleinsten Quadrate** bestimmt werden.

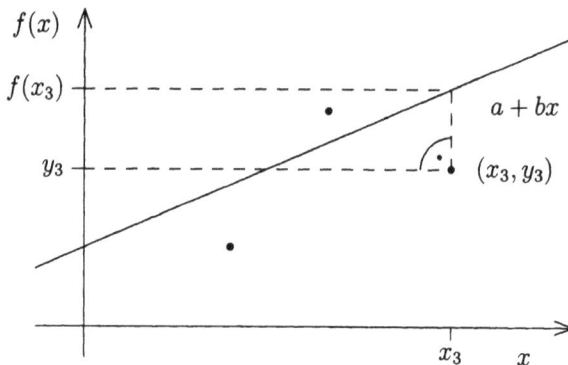

Methode der kleinsten Quadrate

Der Abstand des Punkts (x_3, y_3) zur anzupassenden Geraden ist in Richtung der Ordinate durch $|f(x_3) - y_3| = |a + bx_3 - y_3|$ gegeben. Die Grundidee der Methode der kleinsten Quadrate (siehe Abbildung) besteht darin, dass die Summe der Quadrate der Abstände $|f(x_i) - y_i|$ (i.e. die Abweichung der Messung y_i von einem durch die Funktion

f gegebenen Wert bei Vorliegen von x_i) minimiert wird. Als Zielgröße erhält man somit die Funktion zweier Variablen a und b

$$Q(a,b) = \sum_{i=1}^{m}(a + bx_i - y_i)^2, \qquad a, b \in \mathbb{R},$$

die bzgl. der Variablen a und b zu minimieren ist. Als Voraussetzung wird im Folgenden benötigt, dass mindestens zwei der Messpunkte $x_1, \ldots, x_m$ verschieden sind.

Mit dem bereitgestellten Verfahren kann nun die optimale Lösung bestimmt werden. Zur Abkürzung der Notation werden noch die arithmetischen Mittel $\bar{x} = \frac{1}{m}\sum_{i=1}^{m} x_i$ und

$\bar{y} = \frac{1}{m}\sum_{i=1}^{m} y_i$ definiert. Dann sind die partiellen Ableitungen von Q gegeben durch

$$\frac{\partial}{\partial a}Q(a,b) = \sum_{i=1}^{m}2(a + bx_i - y_i) = 2am + 2bm\bar{x} - 2m\bar{y},$$

$$\frac{\partial}{\partial b}Q(a,b) = \sum_{i=1}^{m}2(a + bx_i - y_i)x_i = 2am\bar{x} + 2b\sum_{i=1}^{m}x_i^2 - 2\sum_{i=1}^{m}x_iy_i.$$

Die Gradientenbedingung $\mathbf{grad}\,Q(a,b) = \mathbf{0}$ liefert daher das Gleichungssystem

$$a + b\bar{x} - \bar{y} = 0 \qquad\qquad\qquad \text{(I)}$$

$$a\bar{x} + b\frac{1}{m}\sum_{i=1}^{m}x_i^2 - \frac{1}{m}\sum_{i=1}^{m}x_iy_i = 0. \qquad\qquad \text{(II)}$$

Aus (I) erhält man sofort die Beziehung $a = \bar{y} - b\bar{x}$. Einsetzen dieser Darstellung in Gleichung (II) ergibt

$$(\bar{y} - b\bar{x})\bar{x} + b\frac{1}{m}\sum_{i=1}^{m}x_i^2 - \frac{1}{m}\sum_{i=1}^{m}x_iy_i = 0$$

$$\iff \quad b\left(\frac{1}{m}\sum_{i=1}^{m}x_i^2 - \bar{x}^2\right) = \frac{1}{m}\sum_{i=1}^{m}x_iy_i - \bar{x}\,\bar{y}$$

$$\iff \quad b = \frac{\frac{1}{m}\sum_{i=1}^{m}x_iy_i - \bar{x}\,\bar{y}}{\frac{1}{m}\sum_{i=1}^{m}x_i^2 - \bar{x}^2} = b_0.$$

Die mögliche Extremalstelle liegt daher bei (a_0, b_0), wobei $a_0 = \bar{y} - b_0\bar{x}$.

Die hinreichende Bedingung für eine Extremalstelle ergibt sich durch Bildung der zweiten partiellen Ableitungen:

$$\frac{\partial^2}{\partial a \partial a}Q(a,b) = 2m \quad (> 0),$$

$$\frac{\partial^2}{\partial b \partial b}Q(a,b) = 2\sum_{i=1}^{m} x_i^2, \qquad \frac{\partial^2}{\partial a \partial b}Q(a,b) = 2m\overline{x}.$$

Das Kriterium $(*)$ liefert:

$$\frac{\partial^2}{\partial a \partial a}Q(a,b) \cdot \frac{\partial^2}{\partial b \partial b}Q(a,b) - \left(\frac{\partial^2}{\partial a \partial b}Q(a,b)\right)^2 = 2m \cdot 2\sum_{i=1}^{m} x_i^2 - (2m\overline{x})^2.$$

Division dieses Ausdrucks durch $4m$ zeigt, dass dieser genau dann positiv ist, falls $\sum_{i=1}^{m} x_i^2 - m\overline{x}^2 > 0$ gilt. Dies ist aber erfüllt, da

$$0 < \sum_{i=1}^{m}(x_i - \overline{x})^2 = \sum_{i=1}^{m}\left(x_i^2 - 2x_i\overline{x} + \overline{x}^2\right) = \sum_{i=1}^{m} x_i^2 - 2\overline{x}\underbrace{\sum_{i=1}^{m} x_i}_{=m\overline{x}} + m\overline{x}^2 = \sum_{i=1}^{m} x_i^2 - m\overline{x}^2,$$

und mindestens zwei x_i's verschieden sind. Daher hat Q an der Stelle (a_0, b_0) sogar ein globales Minimum.

Die bestmögliche Regressionsgerade (Ausgleichsgerade) bzw. die bestmögliche Anpassung einer linearen Funktion an vorgegebene Datenpunkte ist somit gegeben durch

$$f(x) = a_0 + b_0 x.$$

Im Zahlenbeispiel erhält man die (gerundeten) Werte $b_0 = 0.005$ und $a_0 = 1.402$, so dass $f(x) = 1.402 + 0.005x$. Diese Information kann nun genutzt werden um den Umsatz bei einem gegebenen Werbeaufwand zu prognostizieren. Würde z.B. eine bisher nicht realisierte Werbeaktion mit Aufwendungen in Höhe von $x = 60$ verbunden sein, so ergäbe sich eine Umsatzprognose von

$$f(60) = 1.402 + 0.005 \cdot 60 = 1.702.$$

Die geschätzten Umsatzzahlen betragen daher 1.702 Mio €.

Gesucht werden die Extremalstellen der Funktion f definiert durch

B

$$f(x,y) = x^4 - 3x^2 - 2y^2 + 2x^2 y, \quad x,y \in \mathbb{R}.$$

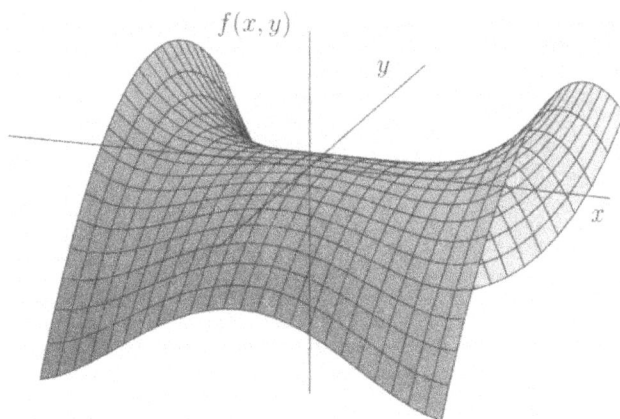

Graph der Funktion f

Die aus den partiellen Ableitungen resultierenden Gleichungen sind:

$$\frac{\partial}{\partial x}f(x,y) = 4x^3 + 4xy - 6x \overset{!}{=} 0, \qquad \frac{\partial}{\partial y}f(x,y) = -4y + 2x^2 \overset{!}{=} 0.$$

Die zweite Gleichung führt zu dem Ausdruck $y = \frac{1}{2}x^2$.

Setzt man diesen in die erste Gleichung ein, so resultiert die Bedingung

$$4x^3 + 2x^3 - 6x = 0 \quad \Longleftrightarrow \quad x = 0 \ \lor \ x^2 = 1.$$

Die Lösungen und Kandidaten für Extremalstellen sind somit

$$(0,0), \quad (-1, \tfrac{1}{2}), \quad (1, \tfrac{1}{2}).$$

Die zweiten partiellen Ableitungen berechnen sich aus den obigen Ergebnissen zu

$$\frac{\partial^2}{\partial x \partial x}f(x,y) = 12x^2 + 4y - 6 = f_{xx}(x,y),$$

$$\frac{\partial^2}{\partial y \partial y}f(x,y) = -4 = f_{yy}(x,y), \qquad \frac{\partial^2}{\partial x \partial y}f(x,y) = 4x = f_{xy}(x,y).$$

Die Kriterien $(*)$ und $(**)$ werden nun für jeden stationären Punkt ausgewertet. Exemplarisch wird dies für den Punkt $(x,y) = (0,0)$ durchgeführt. Zunächst gilt

$$f_{xx}(0,0)f_{yy}(0,0) - (f_{xy}(0,0))^2 = (-6)\cdot(-4) - 0^2 = 24 > 0,$$

so dass an der Stelle ein lokales Extremum vorliegt. Wegen $f_{xx}(0,0) = -6$ ist dies eine lokale Maximalstelle. Der zugehörige Funktionswert ist $f(0,0) = 0$.

Die Resultate der Auswertungen an allen stationären Punkten sind in folgender Tabelle zusammengefasst.

(x,y)	$f_{xx}(x,y)$	$f_{yy}(x,y)$	$f_{xy}(x,y)$	$f_{xx}(x,y)f_{yy}(x,y)$ $-(f_{xy}(x,y))^2$	
$(0,0)$	-6	-4	0	24	lokales Maximum
$(-1,\frac{1}{2})$	8	-4	-4	-48	kein Extremum
$(1,\frac{1}{2})$	8	-4	4	-48	kein Extremum

Die Funktion f besitzt kein globales Maximum, da z.B. bei festem $y = 0$ die Funktion f die Form $f(x,0) = x^4 - 3x^2$ besitzt, die für $x \to \infty$ gegen Unendlich strebt.

Optimierungsprobleme mit Nebenbedingungen

In den vorhergehenden Überlegungen wurden keine Restriktionen an die Variablen $x_1, \ldots, x_n$ betrachtet. In der Praxis sind Ressourcen aber in der Regel beschränkt (z.B. durch vorgegebene Produktionskapazitäten oder Rohstoffvorräte), so dass diese Einschränkungen durch Nebenbedingungen in die Modellierung einfließen müssen. Sind sowohl die Zielfunktion (z.B. Gewinn, Umsatz etc.) als auch alle Nebenbedingungen lineare Gleichungen oder Ungleichungen in den Variablen $x_1, \ldots, x_n$, so kann die optimale Lösung mittels des Simplexverfahrens gefunden werden (siehe Kapitel 10). Im Folgenden werden Lösungsansätze für Probleme vorgestellt, in denen nichtlineare Funktionen auftreten. Das Optimierungsproblem lautet allgemein:

$$\max_{x_1, \ldots, x_n} f(x_1, \ldots, x_n) \qquad \text{(OP)}$$

unter den Nebenbedingungen:

$$g_1(x_1, \ldots, x_n) = 0, \ldots, g_m(x_1, \ldots, x_n) = 0.$$

Entsprechend können natürlich Minimierungsprobleme behandelt werden.

Variablensubstitution

Das Optimierungsproblem mit Nebenbedingungen kann möglicherweise in eines ohne Nebenbedingungen überführt werden. Es wird vorausgesetzt, dass keine Gleichungen redundant sind. Ist das durch die Nebenbedingungen gegebene Gleichungssystem

$$\begin{cases} g_1(x_1, \ldots, x_n) & = 0 \\ \quad \vdots \\ g_m(x_1, \ldots, x_n) & = 0 \end{cases}$$

nach den Variablen $x_1, \ldots, x_m$ auflösbar, d. h. für jedes $i \in \{1, \ldots, m\}$ gibt es eine Funktion $\widetilde{g}_i$ mit

$$\begin{cases} x_1 = & \widetilde{g}_1(x_{m+1}, \ldots, x_n) \\ \vdots \\ x_m = & \widetilde{g}_m(x_{m+1}, \ldots, x_n), \end{cases} \tag{NB}$$

(die Variablen $x_1, \ldots, x_m$ sind also in Abhängigkeit der Variablen $x_{m+1}, \ldots, x_n$ darstellbar) so können diese Darstellungen direkt in die Zielfunktion f eingesetzt werden:

$$\begin{aligned} f(x_1, \ldots, x_n) &\stackrel{(NB)}{=} f(\widetilde{g}_1(x_{m+1}, \ldots, x_n), \ldots, \widetilde{g}_m(x_{m+1}, \ldots, x_n), x_{m+1}, \ldots, x_n)) \\ &= \widetilde{f}(x_{m+1}, \ldots, x_n). \end{aligned}$$

Die Funktion $\widetilde{f}$ hängt nur noch von den Variablen $x_{m+1}, \ldots, x_n$ ab. Im weiteren Verlauf der Optimierung sind keine Nebenbedingungen mehr zu berücksichtigen, da diese bereits in der Funktion $\widetilde{f}$ enthalten sind. Diese Vorgehensweise wird an zwei Beispielen erläutert.

Die Produktion eines Gutes basierend auf zwei Rohstoffen werde beschrieben durch eine Cobb–Douglas–Produktionsfunktion

$$f(x_1, x_2) = \sqrt{x_1 x_2}, \qquad x_1, x_2 \geq 0,$$

wobei x_i die eingesetzte Menge von Rohstoff R_i [in Tonnen] bezeichne. Ein Hersteller möchte eine möglichst große Menge des Endprodukts fertigen, wobei ihm ein Budget in Höhe von 12 [in 1 000 €] zur Beschaffung der Rohstoffe zur Verfügung steht. Dieses soll vollständig verbraucht werden. Die Kosten pro Tonne von Rohstoff R_1 betragen 4 [in 1 000 €], die von Rohstoff R_2 belaufen sich auf 3 [in 1 000 €]. Die durch das beschränkte Budget auferlegte Nebenbedingung lautet daher

$$g(x_1, x_2) = 4x_1 + 3x_2 - 12 = 0.$$

Der Graph der Funktion f ist in der folgenden Abbildung dargestellt. Die Punkte, die für die Optimierung in Frage kommen (d. h. die Tupel $(x_1, x_2, f(x_1, x_2))$ mit $g(x_1, x_2) = 0$), sind fett markiert.

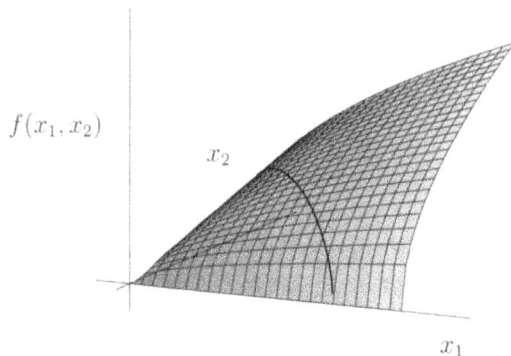

Graph der Funktion f und Funktionswerte unter der Nebenbedingung $g(x_1, x_2) = 0$

Die Nebenbedingung ist auflösbar, z.B. ist

$$x_1 = 3 - \tfrac{3}{4}x_2.$$

Einsetzen dieser Bedingung in die Zielfunktion f führt zu

$$\widetilde{f}(x_2) = \sqrt{\left(3 - \tfrac{3}{4}x_2\right)x_2}, \qquad 0 \le x_2 \le 4,$$

wobei die Bedingung $x_2 \le 4$ dadurch zustande kommt, dass $x_1 \ge 0$ sein muss.

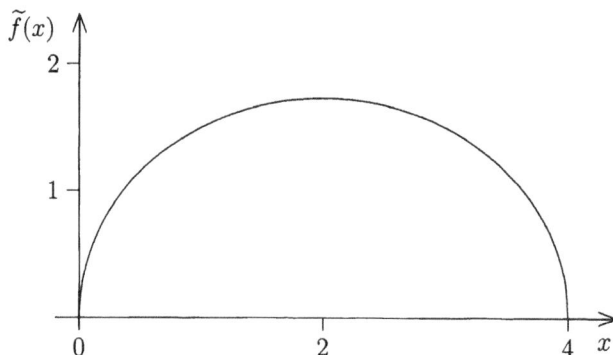

Graph der Funktion $\widetilde{f}$

Differenzieren der Funktion $\widetilde{f}$ ergibt:

$$\widetilde{f}'(x_2) = \frac{6 - 3x_2}{4\sqrt{\left(3 - \frac{3}{4}x_2\right)x_2}},$$

$$\widetilde{f}''(x_2) = \frac{-3 \cdot 4\sqrt{\left(3 - \frac{3}{4}x_2\right)x_2} - (6 - 3x_2)(3 - \frac{3}{2}x_2)\frac{4}{2\sqrt{(3-\frac{3}{4}x_2)x_2}}}{\left[4\sqrt{\left(3 - \frac{3}{4}x_2\right)x_2}\right]^2}$$

$$= \frac{-12\left(3 - \frac{3}{4}x_2\right)x_2 - 2(6 - 3x_2)(3 - \frac{3}{2}x_2)}{16\left[\left(3 - \frac{3}{4}x_2\right)x_2\right]^{3/2}}$$

$$= (-36x_2 + 9x_2^2 - 36 + 18x_2 + 18x_2 - 9x_2^2) \cdot \frac{1}{16}\left[\left(3 - \frac{3}{4}x_2\right)x_2\right]^{-3/2}$$

$$= -\frac{9}{4}\left[\left(3 - \frac{3}{4}x_2\right)x_2\right]^{-3/2}.$$

Da $\widetilde{f}'(x_2) = 0 \iff x_2 = 2$, ist $x_2 = 2$ einziger Kandidat für eine Extremalstelle. Wegen $\widetilde{f}''(2) = -\frac{\sqrt{3}}{4} < 0$ liegt an dieser Stelle ein lokales Maximum. Als Anteil von Rohstoff R_1 erhält man daher die Menge $x_1 = 3 - \frac{3}{4} \cdot 2 = \frac{3}{2}$. An den Rändern $x_2 = 0$ bzw. $x_2 = 4$ erhält man jeweils eine Produktionsmenge des Endprodukts von 0. Die gelieferte Maximalmenge ist daher $f(\frac{3}{2}, 2) = \sqrt{3}$ Tonnen.

Die Nebenbedingungen müssen aber nicht notwendig linear sein, um die Variablensubstitution anwenden zu können. Dies zeigt das folgende Beispiel.

Ein Unternehmen hat die Möglichkeit, ein Produkt durch die Kombination zweier Produktionsfaktoren X und Y herzustellen (z.B. manuelle und maschinelle Fertigung [in Minuten]; Produktion aus zwei Vorprodukten [etwa in kg] in unterschiedlicher Qualität). Die Gesamtmenge des produzierten Gutes ergebe sich durch eine Cobb–Douglas–Produktionsfunktion g mit

$$g(x, y) = dx^k y^{1-k}, \quad 0 \le k < 1, x, y > 0, d > 0,$$

wobei x den Mengeneinsatz von Produktionsfaktor X und y den von Y bezeichne. Die Gesamtkosten der Herstellung werden durch eine lineare Funktion

$$f(x, y) = ax + by + c$$

beschrieben, wobei

a: Kosten einer Einheit von Produktionsfaktor X, $a > 0$,
b: Kosten einer Einheit von Produktionsfaktor Y, $b > 0$,
c: fixe Kosten, $c > 0$.

Gesucht werden die minimalen Kosten, die zur Herstellung einer vorgegebenen Menge M notwendig sind. Daher resultiert das Optimierungsproblem:

$$\min_{x,y} f(x, y) \qquad \text{unter der Nebenbedingung: } g(x, y) = M.$$

Zur Lösung wird die Nebenbedingung nach der Variablen y aufgelöst:

$$g(x,y) = M \iff dx^k y^{1-k} = M \iff y^{1-k} = \frac{M}{dx^k} \iff y = (y(x) =) \left(\frac{M}{dx^k}\right)^{\frac{1}{1-k}}.$$

Einsetzen dieses Resultats in f liefert:

$$\widetilde{f}(x) = f(x, y(x)) = ax + b\left(\frac{M}{dx^k}\right)^{\frac{1}{1-k}} + c.$$

Diese Funktion muss nun bezüglich der <u>einen</u> Variablen x minimiert werden! Differenzieren ergibt:

$$\frac{\partial}{\partial x}\widetilde{f}(x) = \widetilde{f}'(x) = a + b\left(\frac{M}{d}\right)^{\frac{1}{1-k}}\left(\frac{\partial}{\partial x}x^{-\frac{k}{1-k}}\right)$$

$$= a + b\left(\frac{M}{d}\right)^{\frac{1}{1-k}}\left(-\frac{k}{1-k}x^{-\frac{k}{1-k}-1}\right)$$

$$= a - b\left(\frac{M}{d}\right)^{\frac{1}{1-k}}\frac{k}{1-k}x^{-\frac{1}{1-k}} \overset{!}{=} 0$$

$$\implies \quad x = \left[\frac{a}{b}\left(\frac{d}{M}\right)^{\frac{1}{1-k}}\frac{1-k}{k}\right]^{-(1-k)} = \left(\frac{b}{a}\right)^{1-k}\frac{M}{d}\left(\frac{k}{1-k}\right)^{1-k} = x_0 \quad (> 0).$$

x_0 ist daher einziger Kandidat für eine Extremalstelle. Wegen

$$\widetilde{f}''(x) = b\left(\frac{M}{d}\right)^{\frac{1}{1-k}}\frac{k}{1-k}\frac{1}{1-k}x^{-\frac{1}{1-k}-1} > 0 \quad (\text{für } x > 0)$$

liegt an der Stelle x_0 ein lokales Minimum. Eine Untersuchung der Grenzwerte $\lim\limits_{x\to 0}\widetilde{f}(x)$ und $\lim\limits_{x\to\infty}\widetilde{f}(x)$ zeigt, dass es sich um ein globales Minimum handelt.

Alternativ wird mittels einer Monotonieuntersuchung nachgewiesen, dass an der Stelle x_0 ein globales Minimum liegt. Wegen $\frac{1}{2}x_0 < x_0 < 2x_0$ und

$$\widetilde{f}'(\alpha x_0) = a - b\left(\frac{M}{d}\right)^{\frac{1}{1-k}}\frac{k}{1-k}\alpha^{-\frac{1}{1-k}}\left(\frac{b}{a}\right)^{-1}\left(\frac{M}{d}\right)^{-\frac{1}{1-k}}\left(\frac{k}{1-k}\right)^{-1}$$

$$= a\left(1 - \alpha^{-\frac{1}{1-k}}\right)$$

folgt somit

$$\widetilde{f}'(\tfrac{1}{2}x_0) = a\left(1 - 2^{\frac{1}{1-k}}\right) < 0, \qquad \widetilde{f}'(2x_0) = a\left(1 - 2^{-\frac{1}{1-k}}\right) > 0.$$

Daher ist f monoton fallend in $(0, x_0)$ und monoton wachsend in (x_0, ∞).

Lagrange-Methode

Die obige Lösungsmethode setzt voraus, dass die Nebenbedingungen auflösbar sind. Im Folgenden wird ein Lösungsansatz vorgestellt, der auch bei nicht auflösbaren Nebenbedingungen, z.B. $g(x, y) = e^{x+y} + a(x + y) + b = 0$, zumindest Kandidaten für Extremalstellen (stationäre Punkte) liefert: die **Lagrange-Methode**. In Kapitel 11 werden ergänzende Kriterien bereitgestellt, mit denen überprüft werden kann, ob es sich bei einem stationären Punkt um eine Extremalstelle handelt und wenn ja, ob es eine Minimal- oder Maximalstelle ist.

Die Lagrange-Methode ist der Variablensubstitution insofern ähnlich, als dass ein Problem mit Nebenbedingungen in eines ohne Nebenbedingungen überführt wird. Mittels der vorliegenden Funktionen wird für das Problem (OP)

$$\max_{x_1,\ldots,x_n} f(x_1, \ldots, x_n)$$

unter den Nebenbedingungen:

$$g_1(x_1, \ldots, x_n) = 0, \ldots, g_m(x_1, \ldots, x_n) = 0.$$

eine Funktion L, die sogenannte **Lagrange-Funktion**, definiert:

$$L(x_1, \ldots, x_n; \lambda_1, \ldots, \lambda_m) = f(x_1, \ldots, x_n) + \sum_{i=1}^{m} \lambda_i g_i(x_1, \ldots, x_n).$$

Für jede Nebenbedingung, die notwendig in der Normalform $g_i(x_1, \ldots, x_n) = 0$ vorliegen muss, wird eine neue Variable λ_i, ein sogenannter **Lagrange-Multiplikator**, eingeführt. Dies führt dazu, dass statt n Variablen nun $n + m$ Variablen zu berücksichtigen sind.

Zwischen der Lagrange-Funktion und dem Optimierungsproblem (OP) besteht folgender Zusammenhang:

- Existieren $\lambda^* \in \mathbb{R}^m$ und $x^* \in \mathbb{R}^n$ mit $g_i(x^*) = 0$ für alle $i \in \{1, \ldots, m\}$, derart, dass $(x^*, \lambda^*) \in \mathbb{R}^{n+m}$ eine Maximalstelle (Minimalstelle) der Lagrange-Funktion L ist, so ist x^* auch Maximalstelle (Minimalstelle) von f unter den Nebenbedingungen, d. h. x^* löst das Optimierungsproblem (OP).

- Die Funktionen $f, g_1, \ldots, g_m$ seien nach allen Variablen partiell stetig differenzierbar. Ferner sei $(x^*, \lambda^*) \in \mathbb{R}^{n+m}$ mit $g_i(x^*) = 0$ für alle $i \in \{1, \ldots, m\}$, eine lokale Maximalstelle (Minimalstelle) von L für ein $\lambda^* \in \mathbb{R}^m$. Dann gilt:

$$\frac{\partial}{\partial x_j} L(x^*, \lambda^*) = \frac{\partial}{\partial x_j} f(x^*) + \sum_{i=1}^{m} \lambda_i^* \cdot \frac{\partial}{\partial x_j} g_i(x^*) = 0, \quad j \in \{1, \ldots, n\}.$$

Die zweite Aussage liefert daher für die $n + m$ Unbekannten $x_1, \ldots, x_n, \lambda_1, \ldots, \lambda_m$ insgesamt $n + m$ Gleichungen:

- n Gleichungen durch die partiellen Ableitungen der Lagrange-Funktion nach den Ausgangsvariablen $x_1, \ldots, x_n$ und

- m Gleichungen aus den m Nebenbedingungen. Diese sind identisch mit den partiellen Ableitungen der Lagrange-Funktion nach den Hilfsvariablen $\lambda_1, \ldots, \lambda_m$.

Ist somit (x_0, λ_0) eine Lösung dieses Gleichungssystems, also ein stationärer Punkt, so ist (x_0, λ_0) eine mögliche Extremalstelle der Lagrange-Funktion L. x_0 ist dann eine mögliche Extremalstelle von (OP).

Im folgenden Beispiel ist prinzipiell eine Variablensubstitution durchführbar, da die Nebenbedingung nach jeder der beiden Variablen auflösbar ist. Zur Veranschaulichung wird jedoch das Lagrange-Verfahren zur Lösung herangezogen. Anschließend folgt ein Beispiel mit der (nichtlinearen) Nebenbedingung $x^2 + 2y^2 = 1$. Diese kann nur noch abschnittsweise nach einer Variablen aufgelöst werden ($x^2 = a \iff x = \sqrt{a} \lor x = -\sqrt{a}$). Daher ist die Lagrange-Methode der geeignete Lösungsansatz.

B In einem Unternehmen wird ein Produkt an zwei verschiedenen Produktionsstellen P und Q gefertigt. Die Kostenfunktionen sind gegeben durch

$$c_P(x_1) = x_1^2 - x_1 + c \quad \text{und} \quad c_Q(x_2) = \tfrac{1}{2}x_2^2 + 4x_2 + d,$$

wobei x_1 und x_2 die jeweils produzierten Mengen des Gutes und $c, d > 0$ die anfallenden Fixkosten sind. Die Gesamtkostenfunktion ist somit

$$f(x_1, x_2) = c_P(x_1) + c_Q(x_2) = x_1^2 + \tfrac{1}{2}x_2^2 - x_1 + 4x_2 + c + d.$$

Gesucht ist die kostenminimale Aufteilung der Produktion auf die Produktionsstellen bei einer Gesamtproduktion von 100 Einheiten. Daher lautet die Nebenbedingung $x_1 + x_2 = 100$ bzw. in Normalform: $g_1(x_1, x_2) = x_1 + x_2 - 100 = 0$.

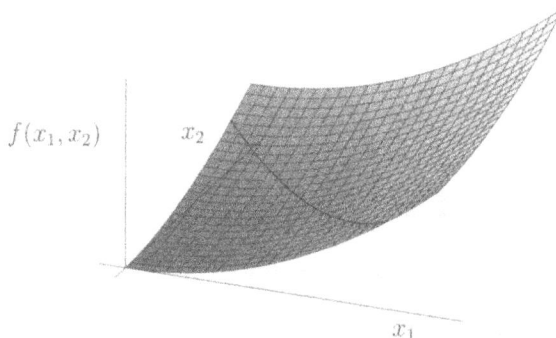

Graph der Funktion f und Funktionswerte unter der Nebenbedingung (inklusive Nichtnegativitätsbedingungen $x_1, x_2 \geq 0$)

Die Lagrange-Funktion ist gegeben durch

$$L(x_1, x_2; \lambda) = x_1^2 + \tfrac{1}{2}x_2^2 - x_1 + 4x_2 + c + d + \lambda(x_1 + x_2 - 100).$$

Die Berechnung der partiellen Ableitungen führt zu den Gleichungen

$$\frac{\partial}{\partial x_1} L(x_1, x_2; \lambda) = 2x_1 - 1 + \lambda \overset{!}{=} 0 \qquad \Longrightarrow \qquad \lambda = 1 - 2x_1$$

$$\frac{\partial}{\partial x_2} L(x_1, x_2; \lambda) = x_2 + 4 + \lambda \overset{!}{=} 0 \qquad \Longrightarrow \qquad \lambda = -x_2 - 4$$

$$\frac{\partial}{\partial \lambda} L(x_1, x_2; \lambda) = x_1 + x_2 - 100 \overset{!}{=} 0.$$

Dies liefert das Gleichungssystem

$$\lambda = 1 - 2x_1 \quad \wedge \quad 2x_1 - x_2 = 5 \quad \wedge \quad x_1 + x_2 = 100.$$

Die Addition der beiden letzten Gleichungen liefert

$$3x_1 = 105 \qquad \text{und damit} \qquad x_1 = 35,$$

so dass sich als stationärer Punkt der Lagrange-Funktion

$$(x_1, x_2, \lambda) = (35, 65, -69)$$

ergibt. Die mögliche Minimalstelle liegt daher bei der Mengenkombination $x_1 = 35$ und $x_2 = 65$ ($\lambda = -69$). Der Wert der Hilfsvariablen λ ist für die Lösung des Ausgangsproblems unerheblich. Eine Überprüfung, ob ein Minimum vorliegt, wird in Kapitel 11 vorgenommen.

Alternativ kann mit der Methode der Variablensubstitution nachgewiesen werden, dass es sich tatsächlich um ein Minimum handelt. Die minimalen Kosten betragen $3\,562.5 + c + d$.

Gesucht sind die möglichen Extremalstellen der Funktion f von zwei Variablen mit $f(x, y) = 3x + 2y + 5$ unter der Nebenbedingung $x^2 + 2y^2 = 1$ bzw. die stationären Punkte der zugehörigen Lagrange-Funktion. Mit

$$L(x, y; \lambda) = f(x, y) + \lambda(x^2 + 2y^2 - 1)$$

folgt aus dem Gleichungssystem

$$\frac{\partial}{\partial x} L(x, y; \lambda) = 3 + 2\lambda x \overset{!}{=} 0 \tag{I}$$

$$\frac{\partial}{\partial y} L(x, y; \lambda) = 2 + 4\lambda y \overset{!}{=} 0 \tag{II}$$

$$\frac{\partial}{\partial \lambda} L(x, y; \lambda) = x^2 + 2y^2 - 1 \overset{!}{=} 0 \tag{III}$$

der zu Null gesetzten partiellen Ableitungen zunächst $\lambda \neq 0$, da sonst Widersprüche in den Gleichungen (I) und (II) entstehen. Daher erhält man aus (I) die Gleichung $x = -\frac{3}{2\lambda}$, (II) führt zu $y = -\frac{1}{2\lambda}$. Einsetzen dieser Resultate in (III) ergibt:

$$\frac{9}{4\lambda^2} + \frac{2}{4\lambda^2} = 1 \implies 4\lambda^2 = 11 \implies \lambda = -\frac{\sqrt{11}}{2} \vee \lambda = \frac{\sqrt{11}}{2}.$$

Die Lösung $\lambda = -\frac{\sqrt{11}}{2}$ führt zu $(x,y) = \left(\frac{3}{\sqrt{11}}, \frac{1}{\sqrt{11}}\right)$, $\lambda = \frac{\sqrt{11}}{2}$ liefert den Punkt $(x,y) = \left(-\frac{3}{\sqrt{11}}, -\frac{1}{\sqrt{11}}\right)$ als mögliche Extremalstelle von f. Die stationären Punkte der Lagrange-Funktion sind also

$$(x,y,\lambda) = \left(\frac{3}{\sqrt{11}}, \frac{1}{\sqrt{11}}, -\frac{\sqrt{11}}{2}\right) \quad \text{und} \quad (x,y,\lambda) = \left(-\frac{3}{\sqrt{11}}, -\frac{1}{\sqrt{11}}, \frac{\sqrt{11}}{2}\right).$$

Abschließend folgt ein Beispiel mit zwei Nebenbedingungen, dessen vollständige Lösung in Kapitel 11 zu finden ist.

Die Funktion $f : \mathbb{R}^3 \longrightarrow \mathbb{R}$ mit $f(x,y,z) = 2x^2 + y^2 + 5z^2$ soll unter den Nebenbedingungen

$$2x + y + 3z = 480, \qquad x + 2y + z = 240$$

minimiert werden. Dazu wird die Lagrange-Funktion

$$L(x,y,z; \lambda_1, \lambda_2) = 2x^2 + y^2 + 5z^2 + \lambda_1(2x + y + 3z - 480) + \lambda_2(x + 2y + z - 240)$$

gebildet, deren partiellen Ableitungen gegeben sind durch:

$$\frac{\partial}{\partial x}L(x,y,z; \lambda_1, \lambda_2) = 4x + 2\lambda_1 + \lambda_2, \qquad \frac{\partial}{\partial y}L(x,y,z; \lambda_1, \lambda_2) = 2y + \lambda_1 + 2\lambda_2,$$

$$\frac{\partial}{\partial z}L(x,y,z; \lambda_1, \lambda_2) = 10z + 3\lambda_1 + \lambda_2,$$

$$\frac{\partial}{\partial \lambda_1}L(x,y,z; \lambda_1, \lambda_2) = 2x + y + 3z - 480, \qquad \frac{\partial}{\partial \lambda_2}L(x,y,z; \lambda_1, \lambda_2) = x + 2y + z - 240.$$

Das Nullsetzen der partiellen Ableitungen und die Lösung des entstehenden Gleichungssystems liefern als einzige mögliche Extremalstelle den Punkt

$$(x,y,z,\lambda_1,\lambda_2) = (115, 25, 75, -290, 120).$$

Der Herleitung dieser Lösung mit dem Gaußverfahren der linearen Algebra zur Lösung linearer Gleichungssysteme wird ebenso auf Kapitel 11 verschoben, wie die Überprüfung, ob es sich bei dem angegebenen Punkt um eine lokale Extremalstelle handelt.

Exkurs: Lineare Differenzengleichungen

In vielen ökonomischen Anwendungen werden sogenannte Zeitreihen betrachtet, d.h. die Werte einer oder mehrerer interessierender Größen werden in festen Zeitabständen notiert und anschließend analysiert. Beispiele derartiger Daten sind Unternehmensdaten zu Absatz oder Kosten in spezifizierten Segmenten, Börsendaten oder sonstige Wirtschaftsdaten.

Die erhobenen Daten zur Startzeit $t = 0$ und den folgenden Zeitpunkten $t \in \mathbb{N}$ werden zu einer Folge $(y_t)_{t \in \mathbb{N}_0}$ zusammengefasst, die dann im Rahmen statistischer Analysen als Zeitreihe bezeichnet wird (s. z.B. E. Cramer, U. Kamps (2008), Grundlagen der Wahrscheinlichkeitsrechnung und Statistik, Springer, Berlin, Kapitel A 9).

Werden in einem ökonomischen Modell die Folgenglieder y_t, $t \in \mathbb{N}_0$, durch einen funktionalen Zusammenhang beschrieben in dem Sinn, dass für ein fest gewähltes $d \in \mathbb{N}$ der Wert y_{t+d} für jedes $t \in \mathbb{N}_0$ von den jeweils d vorherigen Werten $y_t, \ldots, y_{t+d-1}$ und der Zeit t über eine Funktion f abhängt, so wird die Beziehung

$$y_{t+d} = f(t, y_t, \ldots, y_{t+d-1}), \quad t \in \mathbb{N}_0,$$

als **Differenzengleichung d-ter Ordnung** bezeichnet. Dabei ist $f : \mathbb{R}^{d+1} \longrightarrow \mathbb{R}$ eine Funktion der $d + 1$ Variablen $t, y_t, \ldots, y_{t+d-1}$.

Eine **Differenzengleichung 1. Ordnung** (d.h. $d = 1$) der Form

$$y_{t+1} = f(t, y_t), \quad t \in \mathbb{N}_0,$$

besteht also aus den unendlich vielen Gleichungen oder wird, anders ausgedrückt, gebildet durch die Rekursion

$$
\begin{aligned}
y_1 &= f(0, y_0), \\
y_2 &= f(1, y_1) = f\big(1, f(0, y_0)\big), \\
y_3 &= f(2, y_2) = f(2, f(1, y_1)) = f\Big(2, f\big(1, f(0, y_0)\big)\Big),
\end{aligned}
$$

$$\vdots$$

Ist die Funktion f linear in allen Variablen $y_t, \ldots, y_{t+d-1}$ und die Differenzengleichung somit von der Form

$$y_{t+d} = \sum_{j=t}^{t+d-1} a_j y_j + b_t, \quad t \in \mathbb{N}_0,$$

mit gegebenen Folgen $(a_t)_{t \in \mathbb{N}_0}$ und $(b_t)_{t \in \mathbb{N}_0}$ reeller Zahlen, so wird die Bezeichnung **lineare Differenzengleichung der Ordnung d** verwendet.

Eine **lineare Differenzengleichung 1. Ordnung** hat die Gestalt

$$y_{t+1} = a_t y_t + b_t, \quad t \in \mathbb{N}_0,$$

mit bekannten Folgen $(a_t)_{t\in\mathbb{N}_0}$ und $(b_t)_{t\in\mathbb{N}_0}$.

Eine Differenzengleichung ist daher eine rekursive oder iterative Darstellung einer Folge, d.h. der Wert y_{t+d} zur Zeit $t+d$ wird mittels der zeitlich vorher liegenden Werte definiert. Die Ordnung gibt an, wie viele Werte der „Vergangenheit" in die Berechnung des aktuellen Wertes eingehen.

Ein Ziel der Analyse von Differenzengleichungen ist die explizite Darstellung jedes Wertes $y_t, t \in \mathbb{N}_0$ (vgl. Anfang von Kapitel 2 zu rekursiv definierten Folgen).

In diesem Abschnitt wird nur ein sehr kurzer Einblick in die Struktur spezieller Differenzengleichungen gegeben. Für eine ausführlichere Darstellung sei z.B. auf das im Vorwort erwähnte Buch von O. Opitz verwiesen.

┌── B   Die lineare Differenzengleichung 1. Ordnung sei gegeben durch die spezielle Wahl der Folgen $(a_t)_{t\in\mathbb{N}_0}$ und $(b_t)_{t\in\mathbb{N}_0}$ zu $a_t = a$, $t \in \mathbb{N}_0$, und $b_t = 0$, $t \in \mathbb{N}_0$:

$$y_{t+1} = ay_t, \quad t \in \mathbb{N}_0. \tag{$*$}$$

Ein konkretes Beispiel für diese Situation ist in Kapitel 2 gegeben: Das Anfangskapital $y_0 = K_0$ wird über mehrere Zeitperioden hinweg nachschüssig verzinst. Das Kapital K_n nach Ablauf von $n \in \mathbb{N}$ Zinsperioden entsteht aus dem Kapital K_{n-1} durch Multiplikation mit dem Aufzinsungsfaktor q: $K_n = qK_{n-1}$, $n \in \mathbb{N}$.

Aus der rekursiven Darstellung für y_{t+1}, $t \in \mathbb{N}_0$, in $(*)$ folgt:

$$y_{t+1} = ay_t = a^2 y_{t-1} = \cdots = a^{t+1} y_0, \quad t \in \mathbb{N}_0.$$

Damit ist eine explizite Darstellung für alle y_t, $t \in \mathbb{N}_0$, gegeben, die im obigen konkreten Beispiel zur expliziten Berechnungsvorschrift

$$K_n = K_0 \cdot q^n, \quad n \in \mathbb{N},$$

└──   führt.

Für die lineare Differenzengleichung 1. Ordnung der Form

$$y_{t+1} = ay_t + b_t, \quad t \in \mathbb{N}_0,$$

mit $a \in \mathbb{R}$ und einer Folge $(b_t)_{t\in\mathbb{N}_0} \subseteq \mathbb{R}$ kann mit vollständiger Induktion die Gültigkeit der expliziten Darstellung

$$y_t = a^t y_0 + \sum_{j=1}^{t} a^{t-j} b_{j-1}, \quad t \in \mathbb{N},$$

gezeigt werden.

In der obigen linearen Differenzengleichung mit dem konstanten Koeffizienten $a \in \mathbb{R}$ gilt im Spezialfall $b_t = b \in \mathbb{R}$, $t \in \mathbb{N}_0$:

$$y_t = \begin{cases} a^t \left(y_0 + \frac{b}{a-1}\right) - \frac{b}{a-1}, & a \neq 1 \\ y_0 + bt, & a = 1 \end{cases}, \quad t \in \mathbb{N}_0.$$

Die Darstellung ist im Fall $a = 1$ offensichtlich. Für $a \neq 1$ folgt mit der Anwendung der Formel für eine geometrische Reihe (s. Kapitel 2):

$$y_t = a^t y_0 + b \sum_{j=1}^{t} a^{t-j} = a^t y_0 + b \sum_{j=0}^{t-1} a^j$$

$$= a^t y_0 + b \frac{a^t - 1}{a - 1} = a^t \left(y_0 + \frac{b}{a - 1}\right) - \frac{b}{a - 1}.$$

In der Interpretation von Kapitalveränderungen und mit den Bezeichnungen (für $n \in \mathbb{N}$)

$y_n = K_n$ (Kapital nach Ablauf von n Zinsperioden bei nachschüssiger Verzinsung),

$a = q \, (= 1 + i)$ (zeitlich konstanter Aufzinsungsfaktor),

$b = Z > 0$ (zeitlich konstante nachschüssige Einzahlung am Ende jeder Zinsperiode),

wurde in Kapitel 2 die Formel

$$K_n = K_0 q^n + Z \frac{q^n - 1}{q - 1}$$

vorgestellt, die mit obiger expliziter Darstellung für y_n, $n \in \mathbb{N}$, übereinstimmt.

Man kann sich nun die Frage nach dem Verhalten der Werte y_t für große t stellen, d.h. das Grenzwertverhalten der Folge $(y_t)_{t \in \mathbb{N}_0}$ wird für $t \longrightarrow \infty$ betrachtet. Exemplarisch wird diese Untersuchung an der speziellen linearen Differenzengleichung

$$y_{t+1} = a y_t + b, \quad t \in \mathbb{N}_0, \quad a, b \in \mathbb{R},$$

durchgeführt. Sei dazu zunächst $|a| < 1$. Dann folgt aus der obigen expliziten Darstellung:

$$\lim_{t \to \infty} y_t = \frac{b}{1 - a} = y^*.$$

Aus der rekursiven Beziehung $y_{t+1} = a y_t + b$ ergibt sich für y^* die Gültigkeit der Gleichung

$$y^* = \lim_{t \to \infty} y_{t+1} = \lim_{t \to \infty} (a y_t + b) = a(\lim_{t \to \infty} y_t) + b = a y^* + b.$$

Der Grenzwert y^* wird daher auch als Gleichgewichtszustand bezeichnet.

Insgesamt erhält man für das asymptotische Verhalten von $(y_t)_{t \in \mathbb{N}_0}$:

$$
\begin{cases}
\text{Konvergenz gegen } \infty, & \text{falls } a > 1 \text{ und } y_0 + \frac{b}{a-1} > 0 \\
\text{Konvergenz gegen } -\infty, & \text{falls } a > 1 \text{ und } y_0 + \frac{b}{a-1} < 0 \\
\text{Konvergenz gegen } y^*, & \text{falls } a > 1 \text{ und } y_0 + \frac{b}{a-1} = 0 \\
\text{Konvergenz gegen } y^*, & \text{falls } |a| < 1 \\
\text{Konvergenz gegen } \infty, & \text{falls } a = 1 \text{ und } b > 0 \\
\text{Konvergenz gegen } -\infty, & \text{falls } a = 1 \text{ und } b < 0 \\
\text{Konvergenz gegen } y_0, & \text{falls } a = 1 \text{ und } b = 0 \\
\text{Divergenz}, & \text{falls } a < -1
\end{cases}
$$

Eine Differenzengleichung mit endlich konvergenter Folge $(y_t)_{t \in \mathbb{N}_0}$ heißt **stabil**.

Ein weiteres wichtiges Beispiel für eine lineare Differenzengleichung 1. Ordnung ergibt sich aus folgendem Marktmodell, das als **Cobweb-Modell** bekannt ist (*Cobweb*: engl. für Spinnennetz). In diesem ökonomischen Modell werden Zyklen im Zusammenspiel von Preis und Absatzmenge eines Produkts beschrieben.

B

Im **Cobweb-Modell** werden folgende Annahmen und Festlegungen getroffen:

- Die Produktionskosten für x Einheiten des betrachteten Produkts werden über die Funktion K mit

$$K(x) = ax + bx^2, \quad x > 0,$$

und (gegebenen) Konstanten $a > 0$, $b > 0$ beschrieben.

- Die Nachfragefunktion N sei in Abhängigkeit vom Preis p gegeben durch

$$N(p) = c - dp, \quad p > a,$$

mit weiteren Konstanten $c > 0$ und $d > 0$.

- Insgesamt werden n konkurrierende Produktionsstätten für dieses Produkt betrachtet, die jeweils das Ziel der Gewinnmaximierung (bei identischen Produktions- und Absatzbedingungen) verfolgen.

- Die resultierende Gewinnfunktion G einer Produktionsstätte wird als

$$G(x) = px - K(x) = (p - a)x - bx^2$$

modelliert. G besitzt ein lokales (globales) Maximum an der Stelle $x = \frac{p-a}{2b}$.

- Die auf dem Markt angebotene Menge des Produkts wird über die Angebotsfunktion A in Abhängigkeit vom Preis p beschrieben durch

$$A(p) = n \frac{p - a}{2b}, \quad p > a.$$

Sie unterstellt, dass alle n Marktteilnehmer jeweils den maximal möglichen Gewinn realisieren möchten.

• Ferner sei der Produktionszeitraum zu 1 normiert (eine Zeiteinheit).

Nun soll die Verkaufs- und Herstellungsmenge für die Zeit $t+1$ auf der Basis der (aktuellen) Zeit t geplant werden. Der Preis p_t zur Zeit $t(\in \mathbb{N})$ ist bekannt. Geht man von einem gleichbleibenden Preis p_{t+1} in Periode $t+1$ aus, d.h. $p_{t+1} = p_t$, so wären die angebotenen Mengen gleich, d.h.

$$A(p_{t+1}) = A(p_t).$$

Mit der Bezeichnung $x_{t+1} = A(p_{t+1})$ für die angebotene Menge des Produkts zur Zeit $t+1$ gilt also:

$$x_{t+1} = A(p_{t+1}) = A(p_t) = n\,\frac{p_t - a}{2b}.$$

Ein Gleichgewicht von Angebot und Nachfrage zur Zeit $t+1$ würde beschrieben durch die Beziehung

$$x_{t+1} = N(p_{t+1}).$$

Daraus ergibt sich mit der Äquivalenz (jeweils für $t \in \mathbb{N}_0$)

$$n\,\frac{p_t - a}{2b} = c - dp_{t+1} \iff p_{t+1} = -\frac{n}{2bd}p_t + \frac{na + 2bc}{2bd}$$

eine lineare Differenzengleichung 1. Ordnung für $(p_t)_{t\in\mathbb{N}_0}$. Die obige Darstellung für p_{t+1} kann durch anderes Zusammenfassen zu

$$p_{t+1} = \frac{c}{d} + \frac{1}{d}\left(\frac{na}{2b} - \frac{n}{2b}p_t\right) = \frac{c}{d} - \frac{1}{d}A(p_t)$$

modifiziert werden. Aufgrund der Annahme $A(p_t) = A(p_{t+1})$ und wegen $x_{t+1} = A(p_{t+1})$ ist dann der Preis zur Zeit $t+1$ bestimmt durch

$$p_{t+1} = \frac{c}{d} - \frac{1}{d}A(p_{t+1}) = \frac{c}{d} - \frac{x_{t+1}}{d}.$$

Ein aus der linearen Differenzengleichung resultierender Gleichgewichtszustand existiert wegen der allgemeinen Vorüberlegungen für lineare Differenzengleichungen 1. Ordnung, falls $(0 <)\frac{n}{2bd} < 1$ gilt, d.h. für $n < 2bd$. In diesem Fall ist dies ein Gleichgewichtspreis, der durch

$$p^* = \frac{\frac{na+2bc}{2bd}}{1 + \frac{n}{2bd}} = \frac{na + 2bc}{2bd} \cdot \frac{2bd}{n + 2bd} = \frac{na + 2bc}{n + 2bd}$$

gegeben ist. Insbesondere gilt $\lim\limits_{t\to\infty} p_t = p^*$.

Geht man nun davon aus, dass am Beginn der Betrachtung (d.h. zur Zeit $t = 0$) die Marktsituation gekennzeichnet ist durch den Anfangspreis p_0 des Produkts und die anfänglich angebotene Menge x_0 des Produkts, so werden die nachfolgenden Preise und Mengen folgendermaßen ermittelt: Aufgrund des Modells ($x_1 = A(p_0)$) bestimmt der Preis p_0 die angebotene Menge x_1 des Produkts zur Zeit $t = 1$ mit $x_1 = n\,\frac{p_0-a}{2b}$. In der Folge wird aufgrund der Angebotsmenge x_1 der Preis p_1 über die Relation $x_1 = N(p_1)$ eingestellt, etc.

Menge x

$A(p) = \frac{n}{2b} \cdot p - \frac{na}{2b}$

$N(p) = c - d \cdot p$

p Preis

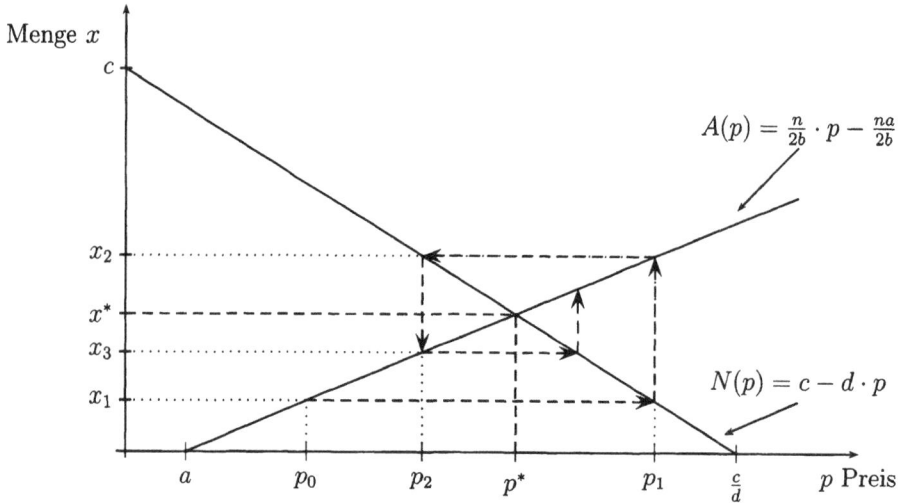

Cobweb-Modell (Aus der Gleichung $x = N(p) = c - dp$ folgt $p = \frac{c}{d} - \frac{x}{d}$).

Unter der Voraussetzung $n < 2bd$ konvergiert dieser Prozess sich gegenseitig bedingender Angebotspreise und -mengen zum Gleichgewicht (p^*, x^*) mit $x^* = A(p^*)$, einem Gleichgewicht von Angebot und Nachfrage. Ein derartiges stabiles Verhalten wird zusammen mit dem Weg zum Gleichgewicht in der obigen Grafik veranschaulicht.

Aufgaben

Aufgabe 6.1
Bestimmen Sie die lokalen Minima und Maxima der Funktion f definiert durch $f(x,y) = 12x - x^3 - 12xy^2$, $x, y \in \mathbb{R}$.

Aufgabe 6.2
Gegeben sei die Funktion f mit $f(x,y) = x^3 + x^2 y + \frac{2}{3}y^2 - y - 3x + 2$, $x, y \in \mathbb{R}$.

(a) Bestimmen Sie alle stationären Punkte von f.

(b) Handelt es sich bei den in (a) gefundenen Punkten um lokale Extrema?

(c) Hat die Funktion f globale Extrema?

Aufgabe 6.3
(a) Ermitteln Sie einen stationären Punkt der Lagrange-Funktion zur Optimierung der durch $f(x,y) = 2x^2 + 5y^2 + xy$, $(x,y) \in \mathbb{R}^2$, gegebenen Funktion f unter der Nebenbedingung $x + y = 1$.

(b) Untersuchen Sie die Funktion f aus (a) auf lokale Extrema auf dem gesamten $\mathbb{R}^2$.

(c) Bestimmen Sie das globale Minimum der Funktion f aus (a) unter der Nebenbedingung $x + y = 1$.

Aufgabe 6.4

Bestimmen Sie alle möglichen lokalen Extrema der Funktion f, definiert durch $f(x, y) = 4x^2 + 8y + 4xy + 3y^2 + \frac{3}{7}$ unter der Nebenbedingung $4x + y = 2$. Verwenden Sie dazu das Lagrange-Verfahren.

Aufgabe 6.5

(a) Bestimmen Sie die stationären Punkte sowie die lokalen Extrema der Funktion f gegeben durch: $f(x, y) = x^2 + e^{x+y} - 2y$, $x, y \in \mathbb{R}$.

(b) Ermitteln Sie die stationären Punkte der Lagrange-Funktion zur Bestimmung der Extrema von f gegeben durch $f(x, y) = 3x + 2xy - 2y$ unter der Nebenbedingung $x + y^2 = 1$ $x, y \in \mathbb{R}$.

Aufgabe 6.6

(a) Bestimmen Sie zu der durch $f(x, y) = x^2 + y^2 + 2xy$, $(x, y) \in \mathbb{R}^2$, gegebenen Funktion f unter der Nebenbedingung $3x^2 + y^2 = 1$ alle stationären Punkte der zugehörigen Lagrange-Funktion.

(b) Bestimmen Sie die Menge aller stationären Punkte der Funktion f aus (a).

Aufgabe 6.7

(a) Berechnen Sie für die durch $f(x, y) = \frac{1}{2}x\,(x + 1) + y\,(y + 2)$, $(x, y) \in \mathbb{R}^2$, gegebene Funktion unter der Nebenbedingung $\frac{1}{2}x^2 = 1 - y^2$ alle stationären Punkte der zugehörigen Lagrange-Funktion.

(b) Untersuchen Sie die Funktion f aus (a) auf relative Extrema auf dem ganzen $\mathbb{R}^2$.

Weitere Aufgaben

Aufgabe (Lösung s. AL 8.14)

Eine Funktion $z = f(x, y)$ heißt linear homogen, falls $f(\lambda x, \lambda y) = \lambda f(x, y)$ gilt für alle Paare $(x, y) \in D(f)$ und für alle $\lambda > 0$ mit $(\lambda x, \lambda y) \in D(f)$ ($D(f)$ ist der Definitionsbereich von f).

a) Zeigen Sie, dass folgende Funktionen linear homogen in den Variablen x und y sind:

   i) $z = ax + by$ ii) $z = \sqrt{ax^2 + 2bxy + cy^2}$

   iii) $z = \frac{ax^2 + 2bxy + cy^2}{dx + ey}$ iv) $z = \sqrt[3]{x^2 y}$

   $(a, b, c, d, e \in \mathbb{R}$ konstante Koeffizienten$)$

b) Zeigen Sie, dass die Cobb-Douglas-Produktionsfunktion $X = AL^\alpha K^\beta$, $\alpha + \beta = 1$, (X ist der Output, A eine Konstante, L der Arbeitsinput, K der Kapitalinput) eine linear homogene Produktionsfunktion in den Variablen L und K ist.

Aufgabe (Lösung s. AL 9.9)

Bestimmen Sie die partiellen Ableitungen f_x und f_y der folgenden durch $f(x,y)$ gegebenen Funktionen:

a) $f(x,y) = \sqrt[7]{47^y + 11}$, $\forall x \in \mathbb{R}$ b) $f(x,y) = \sqrt[3]{e^{-x} + 47y^{12}}$

c) $f(x,y) = \frac{1}{x^2 + y^4 + 5}$ d) $f(x,y) = e^{e^x} - \frac{1}{y}$, $y \neq 0$

e) $f(x,y) = x^y$, $x > 0$ f) $f(x,y) = \ln e$, $\forall(x,y) \in \mathbb{R}^2$

Aufgabe (Lösung s. AL 10.15)

Ermitteln Sie für die Funktion f zu $f(x,y) = x^2y - 9y - 2x^2 + 5$ alle stationären Punkte.

Aufgabe (Lösung s. AL 10.16)

Untersuchen Sie die durch

$$f(x,y) = x^2 + y^2 - 6x - 2y + 10, (x,y) \in \mathbb{R}^2, \text{ und } g(x,y) = e^{(x-e)^2 + y^2}, (x,y) \in \mathbb{R}^2,$$

gegebenen Funktionen auf Extremwerte.

Aufgabe (Lösung s. AL 10.17)

Bestimmen Sie die möglichen Extrema der durch $f(x,y) = x(x+1) + 2y(y+2)$, $(x,y) \in \mathbb{R}^2$, gegebenen Funktion unter der Nebenbedingung $x^2 = 1 - 2y^2$.

Aufgabe (Lösung s. AL 10.19)

Ermitteln Sie mit Hilfe der Lagrangeschen Multiplikatoren-Methode die stationären Punkte von $f(x,y) = 3x^2 + 4y^2 + 6xy$ unter der Nebenbedingung $x + 2y = 4$.

Teil II: Lineare Algebra

7 Vektoren und Matrizen

In diesem Kapitel werden Vektoren und Matrizen als Hilfsmittel eingeführt und untersucht. Sie ermöglichen eine systematische und effiziente Lösung linearer Gleichungssysteme. Deren Lösungsmengen können auf einfache Weise durch Vektoren angegeben werden (s. Kapitel 8).

Einführende Beispiele

Zunächst werden anhand einiger Beispiele unterschiedliche Situationen vorgestellt, die auf lineare Gleichungssysteme führen. Die durch Vektoren und Matrizen erzeugte kompakte Schreibweise erlaubt eine übersichtliche Darstellung der mathematischen Aufgaben und erweist sich insbesondere bei deren Lösung als sinnvoll. Die nachfolgend eingeführten Begriffe, Bezeichnungen und Schreibweisen werden hier bereits im Sinne eines Ausblicks verwendet. Somit dienen diese Ausführungen auch „rückwirkend", d. h. nach dem Lesen der nächsten Kapitel, als Anwendungsbeispiele. Die beiden ersten Beispiele sind dem Lehrbuch von O. Opitz entnommen.

In einem Produktionsprozess werden die beiden Produkte P_1, P_2 mittels dreier Produktionsfaktoren F_1, F_2 und F_3 hergestellt. Dabei gehen in die Produktion einer jeden Mengeneinheit (ME) von P_j, $j \in \{1, 2\}$, gerade a_{ij} ME von F_i, $i \in \{1, 2, 3\}$, ein.

Der Verbrauch von Produktionsfaktoren wird durch die Matrix $A = (a_{ij})_{\substack{i=1,2,3 \\ j=1,2}} = \begin{pmatrix} a_{11} & a_{12} \\ a_{21} & a_{22} \\ a_{31} & a_{32} \end{pmatrix}$ beschrieben mit der Interpretation

	für	
Verbrauch	P_1	P_2
von F_1	a_{11}	a_{12}
F_2	a_{21}	a_{22}
F_3	a_{31}	a_{32}

Weiterhin seien die Kosten c_i pro ME von F_i, $i \in \{1, 2, 3\}$, und der Verkaufspreis p_j für eine ME von P_j, $j \in \{1, 2\}$, gegeben.

Werden nun x_j Einheiten von Produkt P_j hergestellt und verkauft, so gilt für den Verbrauch y_i des Faktors F_i, $i \in \{1, 2, 3\}$:

$$y_1 = a_{11}x_1 + a_{12}x_2$$
$$y_2 = a_{21}x_1 + a_{22}x_2$$
$$y_3 = a_{31}x_1 + a_{32}x_2$$

In Kurzform wird dies später geschrieben als

$$y = \begin{pmatrix} y_1 \\ y_2 \\ y_3 \end{pmatrix} = Ax \text{ mit } x = \begin{pmatrix} x_1 \\ x_2 \end{pmatrix}.$$

Daraus entstehen die Beschaffungskosten K:

$$K = c_1 y_1 + c_2 y_2 + c_3 y_3$$
$$= c_1(a_{11}x_1 + a_{12}x_2) + c_2(a_{21}x_1 + a_{22}x_2) + c_3(a_{31}x_1 + a_{32}x_2).$$

Diese Beziehung lautet in Kurzform:

$$K = (c_1, c_2, c_3) \begin{pmatrix} y_1 \\ y_2 \\ y_3 \end{pmatrix} = c'y = c'Ax$$

mit $c = \begin{pmatrix} c_1 \\ c_2 \\ c_3 \end{pmatrix}$ und $c' = (c_1, c_2, c_3)$. Die Bezeichnung „c'" wird gelesen als „c transponiert".
Für den Umsatz U ergibt sich:

$$U = p_1 x_1 + p_2 x_2 = p'x \quad \text{mit} \quad p = \begin{pmatrix} p_1 \\ p_2 \end{pmatrix}.$$

Der Gewinn G, d. h. die Differenz von Umsatz und Kosten, ist dann gegeben durch:

$$G = U - K = p_1 x_1 + p_2 x_2 - c_1 y_1 - c_2 y_2 - c_3 y_3$$
$$= (p_1 - c_1 a_{11} - c_2 a_{21} - c_3 a_{31})x_1 + (p_2 - c_1 a_{12} - c_2 a_{22} - c_3 a_{32})x_2$$
$$= p'x - c'y = p'x - c'Ax = (p' - c'A)x = (p - A'c)'x.$$

Dabei ist $A' = \begin{pmatrix} a_{11} & a_{21} & a_{31} \\ a_{12} & a_{22} & a_{32} \end{pmatrix}$ die **Transponierte** der Matrix A. Die verwendeten Rechenregeln werden nachfolgend erklärt.

Modelle dieses Typs werden z.B. in der Produktionswirtschaft bzw. der Industriebetriebslehre behandelt.

Eine wesentliche Motivation zur Verwendung von Matrizen liegt in der durch sie ermöglichten kompakten Notation. Sie dienen der übersichtlichen Darstellung und Auswertung von Daten und Informationen in tabellarischer Anordnung sowie der Beschreibung linearer Zusammenhänge zwischen verschiedenen Größen.

In der Input-Output-Analyse wird eine Volkswirtschaft in Wirtschaftssektoren aufgeteilt. Ziel ist die Modellierung und Analyse von Leistungsverflechtungen. Drei Sektoren S_1, S_2, S_3 seien durch wertmäßige Lieferströme miteinander verbunden. Die Menge x_{ij} bezeichne die Lieferquantität von Sektor S_i an Sektor S_j, die Menge y_i die von S_i an die privaten Haushalte abgegebene Produktion, $i, j \in \{1, 2, 3\}$.

Die Gesamtheit der privaten Haushalte (PH) kann als vierter Sektor aufgefasst werden, der ausschließlich Lieferungen erhält.

		an			
Lieferung		S_1	S_2	S_3	PH
	S_1	x_{11}	x_{12}	x_{13}	y_1
von	S_2	x_{21}	x_{22}	x_{23}	y_2
	S_3	x_{31}	x_{32}	x_{33}	y_3

Die Lieferströme sind in folgender Graphik dargestellt.

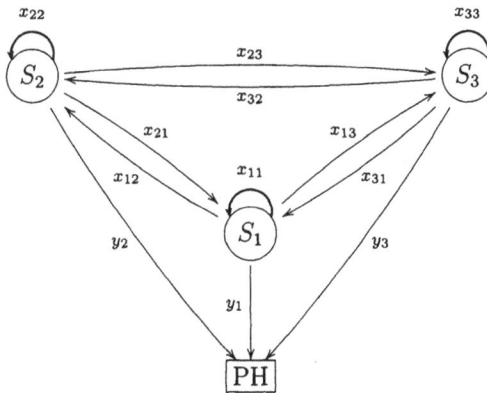

Darstellung der Lieferströme zwischen Sektoren einer Volkswirtschaft und dem Gesamtverbrauch der privaten Haushalte

Die Lieferströme werden durch Pfeile dargestellt, die mit der jeweiligen Quantität beschriftet sind. Ein Lieferstrom von S_i nach S_j mit der Quantität Null (d. h. es fließt keine Leistung von S_i an S_j) wird dabei nicht eingezeichnet.

Der Gesamtoutput x_i des Sektors S_i (der als positiv vorausgesetzt ist), $i \in \{1, 2, 3\}$, ist somit gegeben durch:

$$x_1 = x_{11} + x_{12} + x_{13} + y_1$$
$$x_2 = x_{21} + x_{22} + x_{23} + y_2$$
$$x_3 = x_{31} + x_{32} + x_{33} + y_3$$

Mit den relativen Lieferquantitäten a_{ij} von S_i an S_j, bei denen x_{ij} auf den Gesamtoutput von S_j bezogen wird, d. h.

$$a_{ij} = \frac{x_{ij}}{x_j} \quad \left(\Longleftrightarrow \quad x_{ij} = a_{ij}x_j \right), \quad i,j \in \{1,2,3\},$$

ist dann x_i darstellbar in der Form

$$x_i = a_{i1}x_1 + a_{i2}x_2 + a_{i3}x_3 + y_i, \quad i \in \{1,2,3\}.$$

Durch Auflösen nach y_1, y_2 und y_3 erhält man die Gleichungen

$$y_1 = (1 - a_{11})x_1 - a_{12}x_2 - a_{13}x_3$$
$$y_2 = -a_{21}x_1 + (1 - a_{22})x_2 - a_{23}x_3$$
$$y_3 = -a_{31}x_1 - a_{32}x_2 + (1 - a_{33})x_3$$

Diese Umformungen führen auf ein Gleichungssystem der Form

$$y = Ax \text{ mit } y = \begin{pmatrix} y_1 \\ y_2 \\ y_3 \end{pmatrix}, x = \begin{pmatrix} x_1 \\ x_2 \\ x_3 \end{pmatrix} \text{ und } A = \begin{pmatrix} 1 - a_{11} & -a_{12} & -a_{13} \\ -a_{21} & 1 - a_{22} & -a_{23} \\ -a_{31} & -a_{32} & 1 - a_{33} \end{pmatrix}.$$

Für bekannte Input-Output-Koeffizienten a_{ij} lässt sich der Gesamtverbrauch der privaten Haushalte aus den Gesamtoutputs berechnen.

Ist andererseits der Gesamtverbrauch der privaten Haushalte vorgegeben und sind alle a_{ij} bekannt, so können die Mengen x_1, x_2, x_3 über ein lineares Gleichungssystem ermittelt werden.

Komplexere Modelle und weitergehende Fragestellungen – und damit Modelle von höherer Praxisrelevanz – werden in der sogenannten Input-Output-Analyse behandelt.

Die Vorgehensweise kann ebenso auf andere Situationen angewendet werden. Innerbetriebliche Leistungsverflechtungen, etwa in einem Produktionsprozess, weisen dieselbe Struktur auf.

Ein lineares Gleichungssystem kann eine eindeutige Lösung, eine Schar von Lösungen oder auch keine Lösung besitzen. Die Situation mehrerer Lösungen liegt im folgenden Beispiel vor.

In einer Produktionssituation (s. erstes Beispiel dieses Kapitels) gehen zwei Rohstoffe R_1 und R_2 in die Herstellung von fünf Produkten $P_1, \ldots, P_5$ ein. Der Verbrauch der Rohstoffe wird durch die Matrix $A = \left(\begin{smallmatrix} a_{11} & a_{12} & a_{13} & a_{14} & a_{15} \\ a_{21} & a_{22} & a_{23} & a_{24} & a_{25} \end{smallmatrix} \right)$ beschrieben. Sollen die Mengen b_1 und b_2 der Rohstoffe R_1 und R_2 vollständig verbraucht werden und bezeichnen $x_1, \ldots, x_5$ die Produktionsmengen von $P_1, \ldots, P_5$, so lassen sich die Produktionsbedingungen durch das lineare Gleichungssystem

$$\begin{cases} a_{11}x_1 + a_{12}x_2 + a_{13}x_3 + a_{14}x_4 + a_{15}x_5 & = b_1 \\ a_{21}x_1 + a_{22}x_2 + a_{23}x_3 + a_{24}x_4 + a_{25}x_5 & = b_2 \end{cases}$$

beschreiben. (Für die Mengen a_{ij} und b_i, $i \in \{1,2\}$, $j \in \{1,2,3,4,5\}$, wird dabei dieselbe Maßeinheit angenommen.)

Das lineare Gleichungssystem mit zwei Gleichungen und fünf Variablen ist im Fall der Lösbarkeit unterbestimmt und besitzt folglich eine Schar von Lösungen, d. h. unendlich viele Lösungen. Eine einfache und übersichtliche Darstellung dieser Lösungen ist Teil des Inhalts von Kapitel 8. Alle Lösungen mit nichtnegativen Komponenten sind mögliche Produktionsprogramme, in denen jeweils die verfügbaren Mengen der beiden Rohstoffe vollständig verbraucht werden.

Auch im nächsten Beispiel tritt ein Gleichungssystem bzw. zunächst ein System von linearen Ungleichungen auf. Probleme dieser Art werden im Kapitel 10 behandelt. Als Ausblick wird ein konkretes Zahlenbeispiel bereits hier vorgestellt.

Ein lineares Optimierungsproblem (LO)

Ein Produktionsprozess zur Herstellung der beiden Produkte P_1 und P_2 auf Anlagen des Typs M_1, M_2 und M_3 wird tabellarisch dargestellt. Zur Analyse des Prozesses werden nur die Maschinenbelegungsstunden herangezogen. Die Bearbeitungszeit einer Einheit von P_j auf einer Maschine vom Typ M_i sei t_{ij} (Stunden), $i \in \{1,2,3\}$, $j \in \{1,2\}$.

t_{ij}	P_1	P_2
M_1	1	1
M_2	2	3
M_3	5	3

Die für die Produktion verfügbaren Wochenkapazitäten (in Stunden) auf den Maschinen sind $b_1 = 70$ für Maschinen des Typs M_1, $b_2 = 180$ für Typ M_2 und $b_3 = 300$ für M_3. Mit x_1 und x_2 werden die pro Woche produzierten Einheiten von P_1 bzw. P_2 bezeichnet.

Diese Beschränkungen lassen sich zu den Nebenbedingungen

$$\begin{cases} x_1 + x_2 \leq 70 \\ 2x_1 + 3x_2 \leq 180 \\ 5x_1 + 3x_2 \leq 300 \end{cases}$$

in Form eines linearen Ungleichungssystems mit zwei Variablen und drei Ungleichungen sowie den offensichtlichen Forderungen $x_1 \geq 0$ und $x_2 \geq 0$ zusammenfassen. Alle Mengenkombinationen (x_1, x_2), die diese Restriktionen erfüllen, sind mögliche, zulässige Produktionsprogramme. Eine graphische Veranschaulichung aller zulässigen Produktionsprogramme als Fläche in der Ebene wird in Kapitel 10 vorgestellt.

Durch die Einführung dreier nichtnegativer Variablen s_1, s_2 und s_3, die die verbleibenden Kapazitäten in den drei Teilprozessen beschreiben, wird das obige System der Ungleichungen zu einem linearen Gleichungssystem mit drei Gleichungen und fünf Variablen:

$$\begin{cases} x_1 + x_2 + s_1 & = 70 \\ 2x_1 + 3x_2 + s_2 & = 180 \\ 5x_1 + 3x_2 + s_3 & = 300 \end{cases}$$

Das Gleichungssystem ist so beschaffen, dass jeweils zwei Variablen frei gewählt werden können, womit dann die drei übrigen Variablen eindeutig bestimmt sind. Eine Darstellung aller Lösungen bei freier Wahl von s_1 und s_2 wird in Kapitel 8 angegeben.

Werden unter den zulässigen Produktionsprogrammen eines oder mehrere gesucht, das bzw. die im Sinne eines Zielkriteriums optimal ist bzw. sind, so stehen zur Behandlung dieser Fragestellung bisher keine Hilfsmittel zur Verfügung. Ein mögliches Zielkriterium ist beispielsweise die Maximierung einer Gewinnfunktion. Ein Verfahren zur Maximierung einer linearen Gewinnfunktion der Form $G = c_1 x_1 + c_2 x_2 = 3x_1 + 4x_2$ unter Beachtung der formulierten Restriktionen und damit die Angabe eines optimalen Produktionsprogramms, ist Gegenstand von Kapitel 10. c_1 und c_2 bezeichnen den Gewinn (in einer Geldeinheit) je produzierter Einheit von P_1 bzw. P_2.

Nachfolgend werden zunächst Vektoren und Matrizen als grundlegende mathematische Objekte eingeführt und die zugehörigen Rechenoperationen erläutert. Anschließend wird die Inverse einer Matrix betrachtet und als Hilfsmittel in einer wirtschaftswissenschaftlichen Anwendung, einem Beispiel zur Input-Output-Analyse, verwendet.

Vektoren

In der Analysis werden Punkte der Ebene, d. h. Punkte im $\mathbb{R}^2$, als Tupel (x_1, x_2) oder $\binom{x_1}{x_2}$ geschrieben mit $x_1, x_2 \in \mathbb{R}$. Elemente des $\mathbb{R}^n$ werden in der linearen Algebra als Vektoren bezeichnet.

Bezeichnung

Seien $x_1, \dots, x_n \in \mathbb{R}$, $n \in \mathbb{N}$.

Jedes Element $x = \begin{pmatrix} x_1 \\ \vdots \\ x_n \end{pmatrix} \in \mathbb{R}^n$ heißt **Spaltenvektor** oder auch kurz **Vektor**. Zur Abgrenzung wird ein Element in Zeilenschreibweise $(x_1, \dots, x_n)$ als **Zeilenvektor** bezeichnet.

Für ein $i \in \{1, \dots, n\}$ heißt der i-te Eintrag x_i eines Vektors $x \in \mathbb{R}^n$ die **i-te Komponente** des Vektors x, n heißt die **Dimension** des Vektors x.

Im speziellen Fall $n = 1$ besteht der Vektor x nur aus der Komponente x_1.

Jeder Vektor x kann durch seinen zugehörigen **Ortsvektor** repräsentiert werden. Dies ist ein Pfeil, der im Nullpunkt des Koordinatensystems beginnt und im Punkt mit den Komponenten von x als Koordinaten endet. In der Physik werden Vektoren (im $\mathbb{R}^2$ und $\mathbb{R}^3$)

z.B. zur Darstellung von Kräften verwendet. Die Richtung des Vektors korrespondiert zu der Richtung, in die eine Kraft wirkt, und die Länge eines Vektors ist proportional zum Betrag der Kraft.

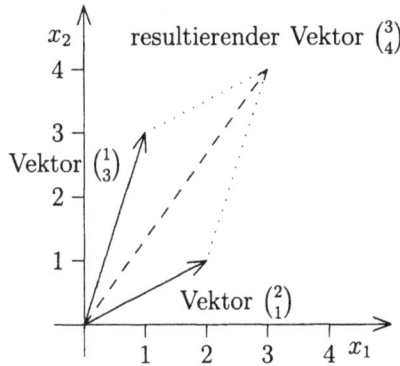

Kräfteparallelogramm: Addition zweier Vektoren im $\mathbb{R}^2$

Im Beispiel sind die Kraftvektoren $\binom{2}{1}$ und $\binom{1}{3}$ eingezeichnet. Der aus dem Zusammenwirken beider Kräfte resultierende Kraftvektor wird durch „Aneinandersetzen" der Vektoren (Parallelverschiebung einer der Ortsvektoren im sogenannten Kräfteparallelogramm) dargestellt. So entsteht $\binom{3}{4} = \binom{2}{1} + \binom{1}{3}$ als resultierender Vektor, der rechnerisch durch die komponentenweise Addition gewonnen wird.

Aus der Interpretation einer Kraft heraus erscheint es sinnvoll, dass die Multiplikation eines Vektors mit einem **Skalar** (in diesem Zusammenhang ist dies die Bezeichnung für eine Zahl $\alpha \in \mathbb{R}$) durch $\alpha \cdot \binom{2}{1} = \binom{\alpha \cdot 2}{\alpha \cdot 1}$, einem Vektor derselben Richtung wie $\binom{2}{1}$, jedoch mit α-facher Länge erklärt ist.

Definition

Seien $\alpha \in \mathbb{R}$ und $x = \begin{pmatrix} x_1 \\ \vdots \\ x_n \end{pmatrix} \in \mathbb{R}^n$, $y = \begin{pmatrix} y_1 \\ \vdots \\ y_n \end{pmatrix} \in \mathbb{R}^n$ für ein $n \in \mathbb{N}$. Dann ist

- $x + y = \begin{pmatrix} x_1 + y_1 \\ \vdots \\ x_n + y_n \end{pmatrix}$ die **Summe von x und y**,

- $\alpha x = \begin{pmatrix} \alpha x_1 \\ \vdots \\ \alpha x_n \end{pmatrix}$ das **Produkt eines Vektors mit einem Skalar**,

- $x' = (x_1, \ldots, x_n)$ der (zu x) **transponierte Vektor** (hier ein Zeilenvektor). (Es sind auch die Bezeichnungen x^t und x^T gebräuchlich.)

- $x = y \Longleftrightarrow x_i = y_i$ für alle $i \in \{1, \ldots, n\}$.

Die letzte Beziehung besagt, dass zwei Vektoren des $\mathbb{R}^n$ genau dann übereinstimmen, wenn sie komponentenweise gleich sind.

Ein Minuszeichen vor einem Vektor bedeutet, dass alle Komponenten mit einem Minus-zeichen versehen werden:

$$-x = -\begin{pmatrix} x_1 \\ \vdots \\ x_n \end{pmatrix} = (-1) \cdot \begin{pmatrix} x_1 \\ \vdots \\ x_n \end{pmatrix} = \begin{pmatrix} -x_1 \\ \vdots \\ -x_n \end{pmatrix}.$$

Für die Addition und die Multiplikation von Vektoren mit Skalaren gelten die folgenden Regeln.

Seien $\alpha, \beta \in \mathbb{R}$, $x, y, z \in \mathbb{R}^n$. Dann gilt:

- $x + y = y + x$ (Kommutativität),

- $x + (y + z) = (x + y) + z$ (Assoziativität),

- $\alpha(x + y) = \alpha x + \alpha y$ (Distributivität für Vektoren),

- $(\alpha + \beta)x = \alpha x + \beta x$ (Distributivität für Skalare),

- $\alpha(\beta x) = (\alpha\beta)x$ (Assoziativität).

Spezielle, häufig verwendete Vektoren werden mit eigenen Bezeichnungen versehen. Alle Komponenten des **Nullvektors** $0 = 0_n = \begin{pmatrix} 0 \\ \vdots \\ 0 \end{pmatrix} \in \mathbb{R}^n$ sind gleich Null. Entsprechend besitzt der **Eins(er)vektor** $1 = 1_n = \begin{pmatrix} 1 \\ \vdots \\ 1 \end{pmatrix} \in \mathbb{R}^n$ nur Komponenten mit Wert Eins. Der Index n, der die Dimension des Vektors angibt, wird weggelassen, wenn diese aus dem Zusammenhang ersichtlich ist. Für $i \in \{1, \ldots, n\}$ ist der **i-te Einheitsvektor** im $\mathbb{R}^n$ durch

$$e_i = \begin{pmatrix} 0 \\ \vdots \\ 0 \\ 1 \\ 0 \\ \vdots \\ 0 \end{pmatrix} \leftarrow i\text{-te Stelle}$$

gegeben. Die i-te Komponente des Einheitsvektors hat den Wert Eins, alle übrigen Ein-träge sind gleich Null.

Bezeichnung

Jede Summe $\sum_{i=1}^{k} \alpha_i \widetilde{x}_i$ mit $\alpha_1, \ldots, \alpha_k \in \mathbb{R}$ und $\widetilde{x}_1, \ldots, \widetilde{x}_k \in \mathbb{R}^n$ heißt **Linearkombi-nation** der Vektoren $\widetilde{x}_1, \ldots, \widetilde{x}_k$.

Definition

Die Vektoren $\widetilde{x}_1, \ldots, \widetilde{x}_k \in \mathbb{R}^n$ heißen **linear unabhängig**, falls für Skalare $\alpha_1, \ldots, \alpha_k \in \mathbb{R}$ aus der Gleichung

$$\alpha_1 \widetilde{x}_1 + \ldots + \alpha_k \widetilde{x}_k = 0$$

stets folgt:
$$\alpha_1 = \ldots = \alpha_k = 0.$$

Zur Feststellung der linearen Unabhängigkeit der Vektoren $\widetilde{x}_1, \ldots, \widetilde{x}_k$ ist also zu überprüfen, ob $\alpha_1 = \ldots = \alpha_k = 0$ die einzige Lösung des Gleichungssystems $\alpha_1 \widetilde{x}_1 + \ldots + \alpha_k \widetilde{x}_k = 0$ ist. Mit den Bezeichnungen $\widetilde{x}_1 = \begin{pmatrix} x_{11} \\ \vdots \\ x_{n1} \end{pmatrix}, \ldots, \widetilde{x}_k = \begin{pmatrix} x_{1k} \\ \vdots \\ x_{nk} \end{pmatrix}$ $(x_{ij} \in \mathbb{R}, i \in \{1, \ldots, n\}, j \in \{1, \ldots, k\}$ erhält dieses Gleichungssystem die Gestalt

$$\alpha_1 \begin{pmatrix} x_{11} \\ \vdots \\ x_{n1} \end{pmatrix} + \ldots + \alpha_k \begin{pmatrix} x_{1k} \\ \vdots \\ x_{nk} \end{pmatrix} = 0$$

bzw.

$$\begin{pmatrix} \alpha_1 x_{11} & + & \ldots & + & \alpha_k x_{1k} \\ & \vdots & & \vdots & \\ \alpha_1 x_{n1} & + & \ldots & + & \alpha_k x_{nk} \end{pmatrix} = 0$$

bzw.

$$\begin{cases} \alpha_1 x_{11} & + & \ldots & + & \alpha_k x_{1k} & = & 0 \\ & \vdots & & \vdots & & & \vdots \\ \alpha_1 x_{n1} & + & \ldots & + & \alpha_k x_{nk} & = & 0 \end{cases}$$

für $\alpha_1, \ldots, \alpha_k \in \mathbb{R}$. Ist $\alpha_1 = \ldots = \alpha_k = 0$ die einzige Lösung dieses Gleichungssystems, so sagt man auch: „Der Nullvektor lässt sich aus den gegebenen Vektoren nur trivial kombinieren". Die Vektoren $\widetilde{x}_1, \ldots \widetilde{x}_k$ sind dann linear unabhängig.

Bezeichnung

Gibt es eine Lösung des obigen Gleichungssystems, in der nicht alle Skalare $\alpha_1, \ldots, \alpha_k$ den Wert Null haben, so heißen die Vektoren $\widetilde{x}_1, \ldots, \widetilde{x}_k$ **linear abhängig**.

Im Fall der linearen Abhängigkeit von Vektoren gibt es somit Konstanten, die nicht alle gleich Null sind, derart, dass der Nullvektor aus den gegebenen Vektoren linear kombiniert werden kann.

B Der Begriff der linearen Abhängigkeit wird am Beispiel der Vektoren $\widetilde{x}_1 = -\left(\begin{smallmatrix} 1 \\ 2 \end{smallmatrix}\right)$ und $\widetilde{x}_2 = \left(\begin{smallmatrix} 2 \\ 4 \end{smallmatrix}\right)$ erläutert. Wegen $2\widetilde{x}_1 + \widetilde{x}_2 = \mathbf{0}$ sind die Vektoren $\widetilde{x}_1$ und $\widetilde{x}_2$ linear abhängig (Die korrespondierenden Ortsvektoren liegen auf einer Geraden).

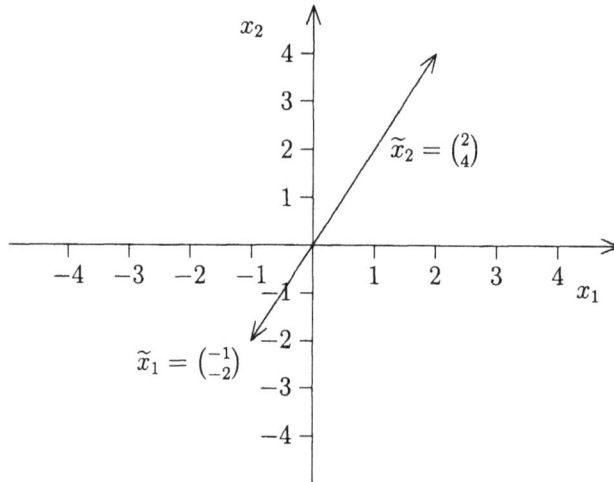

Lineare Abhängigkeit zweier Vektoren im $\mathbb{R}^2$

Andererseits gilt für Vektoren der Dimension Zwei allgemein: Liegen die zu $\widetilde{x}_1$ und $\widetilde{x}_2$ gehörenden Ortsvektoren nicht auf einer Geraden, so sind die Vektoren im $\mathbb{R}^2$ linear unabhängig.

Zwei Bemerkungen verdeutlichen den Begriff der linearen Abhängigkeit.

> • Jede Menge von Vektoren, die den Nullvektor enthält, ist eine Menge linear abhängiger Vektoren.
>
> • Die Vektoren $\widetilde{x}_1, \ldots, \widetilde{x}_k$ mit $\widetilde{x}_i \neq \mathbf{0}$, $i \in \{1, \ldots, k\}$, sind genau dann linear abhängig, wenn es einen Vektor $\widetilde{x}_{i_0}$ aus der Menge der Vektoren gibt, der sich als Linearkombination der übrigen darstellen lässt, d.h.
>
> $$\exists\, i_0 \in \{1, \ldots, k\}\ \exists\, \beta_1, \ldots, \beta_k \in \mathbb{R}: \quad \widetilde{x}_{i_0} = \sum_{\substack{i=1 \\ i \neq i_0}}^{k} \beta_i \widetilde{x}_i.$$

Die letzte Gleichung kann äquivalent als

$$\sum_{\substack{i=1 \\ i \neq i_0}}^{k} \beta_i \widetilde{x}_i + (-1) \cdot \widetilde{x}_{i_0} = \mathbf{0}$$

dargestellt werden, woraus die lineare Abhängigkeit der Vektoren nach der obigen Definition abzulesen ist.

Hat eine Menge von Vektoren des $\mathbb{R}^n$ die Eigenschaft, dass jeder beliebige Vektor des $\mathbb{R}^n$ daraus linear kombiniert werden kann, und kann dabei auf keinen der Vektoren verzichtet werden, so wird dafür der Begriff der Basis eingeführt.

Bezeichnung

Jede kleinstmögliche Menge von Vektoren des $\mathbb{R}^n$, aus denen alle Vektoren des $\mathbb{R}^n$ linear kombiniert werden können, heißt **Basis**. Die Vektoren einer Basis, die **Basisvektoren**, sind stets linear unabhängig.
Die **Standardbasis** des $\mathbb{R}^n$ ist durch die Einheitsvektoren $e_1, \ldots, e_n$ des $\mathbb{R}^n$ gegeben.

Die Standardbasis des $\mathbb{R}^3$ ist also durch $e_1 = \begin{pmatrix} 1 \\ 0 \\ 0 \end{pmatrix}$, $e_2 = \begin{pmatrix} 0 \\ 1 \\ 0 \end{pmatrix}$ und $e_3 = \begin{pmatrix} 0 \\ 0 \\ 1 \end{pmatrix}$ gegeben.

Im Zusammenhang mit einer Basis sind die beiden folgenden Aussagen wichtig.

- Für eine vorgegebene Basis besitzt jeder Vektor eine eindeutige Darstellung als Linearkombination der Basisvektoren.

- Jeweils n linear unabhängige Vektoren des $\mathbb{R}^n$ bilden eine Basis des $\mathbb{R}^n$.

Der Vektor $\begin{pmatrix} 1 \\ 2 \\ 3 \end{pmatrix} \in \mathbb{R}^3$ lässt sich direkt über die Standardbasis des $\mathbb{R}^3$ darstellen:

$$\begin{pmatrix} 1 \\ 2 \\ 3 \end{pmatrix} = 1 \cdot e_1 + 2 \cdot e_2 + 3 \cdot e_3.$$

Eine weitere Basis des $\mathbb{R}^3$ besteht z. B. aus den Vektoren

$$\begin{pmatrix} 1 \\ 1 \\ 1 \end{pmatrix}, \begin{pmatrix} 1 \\ 1 \\ 0 \end{pmatrix} \text{ und } \begin{pmatrix} 1 \\ 0 \\ 0 \end{pmatrix}.$$

Zum Nachweis, dass diese drei Vektoren eine Basis bilden, ist deren lineare Unabhängigkeit zu zeigen. Das Gleichungssystem

$$\alpha_1 \begin{pmatrix} 1 \\ 1 \\ 1 \end{pmatrix} + \alpha_2 \begin{pmatrix} 1 \\ 1 \\ 0 \end{pmatrix} + \alpha_3 \begin{pmatrix} 1 \\ 0 \\ 0 \end{pmatrix} = \mathbf{0}$$

oder in Zeilenform als

$$\begin{cases} \alpha_1 + \alpha_2 + \alpha_3 = 0 \\ \alpha_1 + \alpha_2 = 0 \\ \alpha_1 = 0 \end{cases}$$

geschrieben, besitzt offenbar nur die Lösung $\alpha_1 = \alpha_2 = \alpha_3 = 0$. Damit ist die lineare Unabhängigkeit der Vektoren nachgewiesen. Die drei Vektoren des $\mathbb{R}^3$ bilden also eine Basis.

Daher kann jeder Vektor des $\mathbb{R}^3$ eindeutig als Linearkombination dieser Vektoren geschrieben werden. Dies trifft insbesondere auf den Vektor $\begin{pmatrix} 1 \\ 2 \\ 3 \end{pmatrix}$ zu. Unter Verwendung dieser zweiten Basis des $\mathbb{R}^3$ lautet der Ansatz zur Darstellung des Vektors als Linearkombination der Basisvektoren $(a, b, c \in \mathbb{R})$:

$$\begin{pmatrix} 1 \\ 2 \\ 3 \end{pmatrix} = a \begin{pmatrix} 1 \\ 1 \\ 1 \end{pmatrix} + b \begin{pmatrix} 1 \\ 1 \\ 0 \end{pmatrix} + c \begin{pmatrix} 1 \\ 0 \\ 0 \end{pmatrix}$$

$$\left(\iff \begin{cases} 1 &= a + b + c \\ 2 &= a + b \\ 3 &= a \end{cases} \iff \begin{cases} c &= -1 \\ b &= -1 \\ a &= 3 \end{cases} \right).$$

Die Berechnung der Koeffizienten a, b, c ist daher gleichbedeutend mit der Lösung eines linearen Gleichungssystems.

Die Vektoren $x = \begin{pmatrix} 1 \\ 1 \\ 0 \end{pmatrix}$, $y = \begin{pmatrix} 1 \\ 2 \\ 1 \end{pmatrix}$ und $z = \begin{pmatrix} 2 \\ 2 \\ 1 \end{pmatrix}$ sollen auf lineare Unabhängigkeit im $\mathbb{R}^3$ untersucht werden. Aufgrund der Definition setzt man an: $a_1 x + a_2 y + a_3 z = \mathbf{0}$ mit den Koeffizienten $a_1, a_2, a_3 \in \mathbb{R}$. Dies liefert die drei Gleichungen

$$\begin{cases} a_1 &+& a_2 &+& 2a_3 &= 0 \quad &\text{(I)} \\ a_1 &+& 2a_2 &+& 2a_3 &= 0 \quad &\text{(II)} \\ && a_2 &+& a_3 &= 0 \quad &\text{(III)} \end{cases}$$

$$\overset{\text{(II)-(I)}}{\Longrightarrow} \begin{cases} a_1 &+& a_2 &+& 2a_3 &= 0 \\ && a_2 && &= 0 \\ && a_2 &+& a_3 &= 0 \end{cases}$$

Es folgt notwendig $a_2 = 0$. Dies impliziert mit der dritten Gleichung $a_3 = 0$ und gemäß der ersten Gleichung $a_1 = 0$. Die einzige Lösung des Gleichungssystems ist also $a_1 = a_2 = a_3 = 0$. Die Vektoren x, y, z sind somit linear unabhängig im $\mathbb{R}^3$ und bilden eine Basis des $\mathbb{R}^3$.

Das obige Gleichungssystem kann in der sogenannten Matrixschreibweise notiert werden:

$$\begin{pmatrix} 1 & 1 & 2 \\ 1 & 2 & 2 \\ 0 & 1 & 1 \end{pmatrix} \begin{pmatrix} a_1 \\ a_2 \\ a_3 \end{pmatrix} = \mathbf{0}.$$

Dabei werden die Koeffizienten in einer „Matrix" und die Variablen a_1, a_2, a_3 in einem Vektor zusammengefasst. Diese Kurzform ermöglicht übersichtliche und kompakte Rechnungen.

Das folgende Beispiel motiviert die Definition des Produkts zweier Vektoren.

Bei drei Produkten mit den Mengen x_1, x_2, x_3 und den zugehörigen Preisen p_1, p_2, p_3 gilt
für den Umsatz: $U = x_1 p_1 + x_2 p_2 + x_3 p_3$.
In der Vektorschreibweise wird der Ausdruck zu $U = x'p$ mit $x = \begin{pmatrix} x_1 \\ x_2 \\ x_3 \end{pmatrix}$ und $p = \begin{pmatrix} p_1 \\ p_2 \\ p_3 \end{pmatrix}$.

Das Produkt zweier Vektoren des $\mathbb{R}^n$ wird entsprechend definiert.

Bezeichnung

Seien $x = (x_1, \ldots, x_n)' \in \mathbb{R}^n$ und $y = (y_1, \ldots, y_n)' \in \mathbb{R}^n$ Vektoren.

- $x'y = \sum_{i=1}^{n} x_i y_i \ (\in \mathbb{R})$ heißt **Skalarprodukt** (oder inneres Produkt) der Vektoren x und y.

- x und y heißen **orthogonal**, falls $x'y = 0$ gilt.

- $|x| = \sqrt{x'x} = \sqrt{\sum_{i=1}^{n} x_i^2}$ heißt **Länge (Norm)** von x.

Zwei Vektoren derselben Dimension werden also multipliziert, indem die Einträge der
Vektoren komponentenweise multipliziert und die Ergebnisse aufsummiert werden. In der
Darstellung wird stets ein Spaltenvektor von links mit einem Zeilenvektor multipliziert,
d.h. „Zeilenvektor · Spaltenvektor".

Mit $x = \begin{pmatrix} 1 \\ 2 \end{pmatrix}$ und $y = \begin{pmatrix} -2 \\ 1 \end{pmatrix}$ ist $x'y = 1 \cdot (-2) + 2 \cdot 1 = 0$, so dass x und y orthogonal
sind. Zeichnet man die Vektoren als Ortsvektoren in ein Koordinatensystem, so entsteht
zwischen ihnen ein rechter Winkel.

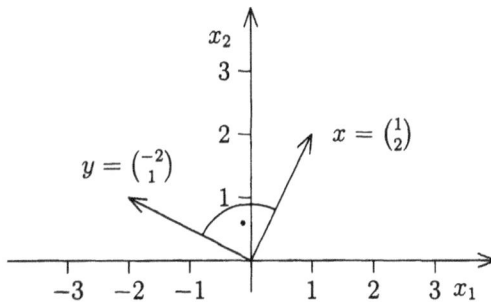

Orthogonalität zweier Vektoren im $\mathbb{R}^2$

Die Länge des Vektors x ist $\left| \begin{pmatrix} 1 \\ 2 \end{pmatrix} \right| = \sqrt{1^2 + 2^2} = \sqrt{5}$. Dies entspricht auch der Anschauung, denn diese Länge ergibt sich (s. Graphik) unmittelbar aus dem Satz von Pythagoras.

Für das Rechnen mit dem Skalarprodukt gelten die folgenden Regeln.

Seien $x, y, z \in \mathbb{R}^n$. Dann gilt:

- $x'y = y'x$ (Kommutativität),
- $(x + y)'z = (x' + y')z = x'z + y'z$,

  $x'(y + z) = x'y + x'z$ (Distributivität).

Ergänzend werden noch einige Eigenschaften von Vektoren angegeben, die den Begriff der linearen Unabhängigkeit bzw. Abhängigkeit betreffen. Insbesondere wird die dritte Eigenschaft bei der Lösung linearer Gleichungssysteme wichtig werden.

Für Systeme linear unabhängiger bzw. abhängiger Vektoren mit $\tilde{x}_1, \ldots, \tilde{x}_m \in \mathbb{R}^n$ ($m \leq n$) gilt:

- $\tilde{x}_1, \ldots, \tilde{x}_k, \tilde{x}_{k+1}, \ldots, \tilde{x}_m$ linear unabhängig $\Longrightarrow$ $\tilde{x}_1, \ldots, \tilde{x}_k$ linear unabhängig.

  (Jede Auswahl aus einer Menge linear unabhängiger Vektoren ist wieder eine Menge linear unabhängiger Vektoren.)

- $\tilde{x}_1, \ldots, \tilde{x}_k$ linear abhängig $\Longrightarrow$ $\tilde{x}_1, \ldots, \tilde{x}_k, \tilde{x}_{k+1}, \ldots, \tilde{x}_m$ linear abhängig.

  (Die Vektoren in jeder Obermenge einer Menge linear abhängiger Vektoren sind linear abhängig.)

- $\tilde{x}_1, \ldots, \tilde{x}_i, \ldots, \tilde{x}_j, \ldots, \tilde{x}_m$ linear unabhängig, $\lambda \in \mathbb{R} \setminus \{0\}$

  $\Longrightarrow$ $\tilde{x}_1, \ldots, \lambda\tilde{x}_i, \ldots, \tilde{x}_m$ linear unabhängig und
  $\tilde{x}_1, \ldots, \tilde{x}_i, \ldots, \tilde{x}_j + \lambda\tilde{x}_i, \ldots, \tilde{x}_m$ linear unabhängig.

  (Die Multiplikation eines Vektors mit einer von Null verschiedenen Zahl sowie die Addition des Vielfachen eines Vektors zu einem anderen ändern nichts an der linearen Unabhängigkeit der Vektoren.)

Matrizen

In den einführenden Beispielen wurde der Begriff „Matrix" bereits erwähnt. Umschreibend kann eine Matrix als eine schematische Anordnung reeller Zahlen bezeichnet werden.

Bezeichnung

Eine Anordnung von $m \cdot n$ Zahlen $a_{ij} \in \mathbb{R}$, $i \in \{1, \ldots, m\}$, $j \in \{1, \ldots, n\}$, der Form

$$A = \begin{pmatrix} a_{11} & a_{12} & \cdots & a_{1n} \\ a_{21} & a_{22} & \cdots & a_{2n} \\ \vdots & \vdots & & \vdots \\ a_{m1} & a_{m2} & \cdots & a_{mn} \end{pmatrix} = (a_{ij})_{\substack{1 \leq i \leq m \\ 1 \leq j \leq n}}$$

mit m Zeilen und n Spalten heißt (reelle) $(m \times n)$-**Matrix**.

Abkürzend wird auch die Notation $(a_{ij})_{i,j}$ verwendet.

Mit $\mathcal{M}_{m,n}$ wird die Menge aller $(m \times n)$-Matrizen bezeichnet.

Der erste Index in der Notation $(a_{ij})_{i,j}$ (hier i) heißt **Zeilenindex**, der zweite (hier j) wird als **Spaltenindex** bezeichnet.

Der Eintrag a_{ij} der Matrix A befindet sich also in der i-ten Zeile und der j-ten Spalte von A für ein $i \in \{1, \ldots, m\}$ und ein $j \in \{1, \ldots, n\}$.

Es ist zur Übersichtlichkeit ferner üblich, das Format der Matrix („$m \times n$") bei Bedarf dem Schema anzufügen.

Die Notation $A \in \mathcal{M}_{m,n}$ wird daher gelesen: A ist eine Matrix aus der Menge $\mathcal{M}_{m,n}$ aller Matrizen mit m Zeilen und n Spalten.

Wie bereits vorher eingeführt, wird eine $(1 \times n)$-Matrix $(b_1, \ldots, b_n)$ als Zeilenvektor und eine $(m \times 1)$-Matrix $\begin{pmatrix} c_1 \\ \vdots \\ c_m \end{pmatrix}$ als Spaltenvektor bezeichnet.

Häufig werden im Folgenden einzelne Zeilen oder Spalten der Matrix A angesprochen.

Bezeichnung

Für eine Matrix $A = (a_{ij})_{i,j} \in \mathcal{M}_{m,n}$ heißen die Vektoren $\begin{pmatrix} a_{1j} \\ \vdots \\ a_{mj} \end{pmatrix}$, $j \in \{1, \ldots, n\}$, **Spaltenvektoren** von A, und die Vektoren $(a_{i1}, \ldots, a_{in})$, $i \in \{1, \ldots, m\}$, **Zeilenvektoren** von A.

In Analogie zur Addition und Skalarmultiplikation von Vektoren werden Rechenvorschriften für Matrizen eingeführt. Weiterhin werden, wie für Vektoren, die Gleichheit zweier Matrizen und der Begriff der transponierten Matrix definiert.

Definition

Seien $A = (a_{ij})_{i,j}$, $B = (b_{ij})_{i,j}$ $(m \times n)$-Matrizen, d. h. $A, B \in \mathcal{M}_{m,n}$.

- Die Summe der Matrizen A und B ist definiert durch

$$A + B = (a_{ij} + b_{ij})_{i,j} = \begin{pmatrix} a_{11} + b_{11} & \cdots & a_{1n} + b_{1n} \\ \vdots & & \vdots \\ a_{m1} + b_{m1} & \cdots & a_{mn} + b_{mn} \end{pmatrix} \in \mathcal{M}_{m,n}.$$

(Es ist zu beachten, dass die Addition $A + B$ nur für Matrizen desselben „Formats" definiert ist. Die Addition zweier Matrizen ist elementweise erklärt, d. h. die jeweils an derselben Stelle befindlichen Einträge von A und B werden addiert.)

- Die Multiplikation einer Matrix mit einem Skalar $\alpha \in \mathbb{R}$ ist definiert durch

$$\alpha A = \alpha(a_{ij})_{i,j} = \begin{pmatrix} \alpha a_{11} & \cdots & \alpha a_{1n} \\ \vdots & & \vdots \\ \alpha a_{m1} & \cdots & \alpha a_{mn} \end{pmatrix} \in \mathcal{M}_{m,n}.$$

(Bei der Multiplikation einer Matrix mit einem Skalar (einer reellen Zahl) wird jeder Eintrag von A mit dieser Zahl multipliziert.)

- Die Matrix $A' = (a_{ji})_{i,j}$ heißt die zu A **transponierte Matrix**:

$$A' = \begin{pmatrix} a_{11} & a_{21} & \cdots & a_{m1} \\ a_{12} & a_{22} & \cdots & a_{m2} \\ \vdots & \vdots & & \vdots \\ a_{1n} & a_{2n} & \cdots & a_{mn} \end{pmatrix} \in \mathcal{M}_{n,m}.$$

Alternativ wird A' auch mit A^t, A^T bezeichnet.

(Beim Transponieren einer Matrix werden die Zeilen von A zu den Spalten von A' und damit die Spalten von A zu den Zeilen von A'.)

- $A = B \Longleftrightarrow a_{ij} = b_{ij}$ für alle $i \in \{1, \ldots, m\}$ und für alle $j \in \{1, \ldots, n\}$.

Zwei Matrizen sind daher genau dann gleich, wenn die Einträge an jeder Stelle (i, j) übereinstimmen.

(Es gilt somit: $A \neq B \Longleftrightarrow$ Es gibt ein Paar (i, j) mit $a_{ij} \neq b_{ij}$.)

Die obigen Definitionen werden an folgenden Beispielen erläutert.

Seien $A = \begin{pmatrix} 1 & 4 \\ 2 & 5 \\ 3 & 6 \end{pmatrix}, B = \begin{pmatrix} 6 & 3 \\ 5 & 2 \\ 4 & 1 \end{pmatrix} \in \mathcal{M}_{3,2}$. Dann gilt:

$$A' = \begin{pmatrix} 1 & 2 & 3 \\ 4 & 5 & 6 \end{pmatrix} \in \mathcal{M}_{2,3}, \qquad A + B = \begin{pmatrix} 7 & 7 \\ 7 & 7 \\ 7 & 7 \end{pmatrix} = 7 \begin{pmatrix} 1 & 1 \\ 1 & 1 \\ 1 & 1 \end{pmatrix}.$$

Analog zu den Regeln für Vektoren ergeben sich die folgenden Regeln für das Rechnen mit Matrizen. Die Regeln für Vektoren sind als Spezialfälle enthalten.

Seien $A, B, C \in \mathcal{M}_{m,n}$, $\alpha, \beta \in \mathbb{R}$. Dann gilt:

- $A + B = B + A$ (Kommutativität),

- $A + (B + C) = (A + B) + C = A + B + C$ (Assoziativität),

- $\alpha(A + B) = \alpha A + \alpha B$ (Distributivität für Matrizen),

- $(\alpha + \beta)A = \alpha A + \beta A$ (Distributivität für Skalare),

- $(A')' = A$, $A' + B' = (A + B)'$, $(\alpha A)' = (A\alpha)' = \alpha A' = A'\alpha$, $(\alpha A + \beta B)' = \alpha A' + \beta B'$.

Speziellen Matrizen, d. h. speziell strukturierten Matrizen, werden eigene Bezeichnungen zugewiesen.

Sei $A = (a_{ij})_{i,j} \in \mathcal{M}_{m,n}$. Die Matrix A heißt

- **Nullmatrix**, falls $a_{ij} = 0$ für alle i, j; Bezeichnung: $\mathbf{0}_{m \times n}$ oder $\mathbf{0}$.

- **quadratische Matrix**, falls $m = n$ (falls also die Anzahl der Zeilen mit der Anzahl der Spalten von A übereinstimmt). Die Einträge $a_{11}, \ldots, a_{nn}$ heißen Diagonalelemente.

- **Einheitsmatrix**, falls $m = n$ und $a_{ii} = 1$ für alle $i \in \{1, \ldots, n\}$ und $a_{ij} = 0$ für alle Indizes i und j mit $i \neq j$ gilt. Das bedeutet, dass alle Diagonalelemente gleich Eins und alle Nicht-Diagonalelemente gleich Null sind.

  Bezeichnung: $I_m = \begin{pmatrix} 1 & 0 & \cdots & 0 \\ 0 & \ddots & & \vdots \\ \vdots & & \ddots & 0 \\ 0 & \cdots & 0 & 1 \end{pmatrix}_{m \times m}$

Ist die Dimension m aus dem Kontext ersichtlich, so wird der Index m gelegentlich weggelassen und kurz I für die Einheitsmatrix geschrieben. Für $m = 3$ gilt

$$I_3 = \begin{pmatrix} 1 & 0 & 0 \\ 0 & 1 & 0 \\ 0 & 0 & 1 \end{pmatrix}$$

- **Diagonalmatrix**, falls $m = n$, a_{ii} beliebig, $i \in \{1, \ldots, n\}$, und $a_{ij} = 0$ für alle i und j mit $i \neq j$ gilt. Die Diagonalelemente sind also beliebig und die Nicht-Diagonalelemente sind alle gleich Null. Die Matrix

$$\begin{pmatrix} 1 & 0 & 0 \\ 0 & 2 & 0 \\ 0 & 0 & 3 \end{pmatrix}$$

ist eine (3×3)-Diagonalmatrix.

- **obere bzw. untere Dreiecksmatrix**, falls die Struktur der Matrizen durch

$$\begin{pmatrix} * & * & \cdots & * \\ 0 & \ddots & & \vdots \\ \vdots & & \ddots & * \\ 0 & \cdots & 0 & * \end{pmatrix}_{n \times n} \quad \text{bzw.} \quad \begin{pmatrix} * & 0 & \cdots & 0 \\ * & \ddots & & \vdots \\ \vdots & & \ddots & 0 \\ * & \cdots & * & * \end{pmatrix}_{n \times n}$$

gegeben ist. Die Sterne symbolisieren beliebige reelle Einträge. Die Diagonalelemente $a_{11}, \ldots, a_{nn}$ bilden sie sogenannte Hauptdiagonale. Unterhalb bzw. oberhalb der Hauptdiagonalen sind alle Einträge der Matrix gleich Null.

- **symmetrische Matrix**, falls $m = n$ und $A = A'$, d. h. $a_{ij} = a_{ji}$ für alle $i, j \in \{1, \ldots, n\}$ gilt. Die Matrix A stimmt also mit der eigenen Transponierten überein. Im Beispiel

$$A = \begin{pmatrix} 1 & 2 & 3 & 4 \\ 2 & 1 & 4 & 3 \\ 3 & 4 & 1 & 2 \\ 4 & 3 & 2 & 1 \end{pmatrix}$$

einer symmetrischen Matrix erkennt man, dass die Einträge von A an der Hauptdiagonalen „gespiegelt" sind.

- **in „Treppengestalt"**, falls A eine Struktur der folgenden Art aufweist:

$$\begin{pmatrix} * & * & \cdots & * & \cdots & & & & & & * \\ 0 & 0 & \cdots & 0 & * & \cdots & & & & & \vdots \\ 0 & 0 & \cdots & 0 & 0 & * & * & * & \cdots & & \\ 0 & & \cdots & & & & 0 & * & \cdots & & \\ 0 & & \cdots & & & & & 0 & * & \cdots & * \\ 0 & & \cdots & & & & & & & & 0 \\ \vdots & & & & & & & & & & \vdots \\ 0 & & \cdots & & & & & & & & 0 \end{pmatrix}$$

Oberhalb einer abfallenden „Treppe" finden sich beliebige Einträge der Matrix. Unterhalb dieser gedachten Treppenlinie sind ausschließlich Nulleinträge vorhanden. Diese Form wird später bei der Lösung von linearen Gleichungssystemen mit geeigneten Umformungen angestrebt.

- **Blockmatrix** oder **partitionierte Matrix**, falls die Matrix (sinnvoll) unter Verwendung eines (gedachten) Gitters in „Blöcke" zerfällt. Als Beispiel sei die Matrix A in vier Blöcke aufgeteilt

$$A = \begin{pmatrix} B_1 & B_2 \\ B_3 & B_4 \end{pmatrix} \in \mathcal{M}_{m,n},$$

wobei $B_1, \ldots, B_4$ Matrizen der folgenden Struktur sind: $B_1 \in \mathcal{M}_{m_1,n_1}$, $B_2 \in \mathcal{M}_{m_1,n_2}$, $B_3 \in \mathcal{M}_{m_2,n_1}$, $B_4 \in \mathcal{M}_{m_2,n_2}$ mit $n_1 + n_2 = n$ und $m_1 + m_2 = m$.

Die Anzahl der Zeilen stimmt also bei B_1 und B_2 sowie bei B_3 und B_4 überein, die Anzahl der Spalten stimmt bei B_1 und B_3 sowie bei B_2 und B_4 überein. Die Matrix A wird in vier Teilmatrizen aufgespalten. Dies nutzt man zur Beschreibung immer dann, wenn einzelne Teilmatrizen spezielle Strukturen aufweisen. Die folgenden Darstellungen der Matrix A sind gleichwertig:

$$A = \begin{pmatrix} 1 & 0 & 1 & 0 \\ 0 & 1 & 0 & 1 \\ 0 & 0 & 1 & 0 \\ 0 & 0 & 0 & 1 \end{pmatrix}, \qquad A = \begin{pmatrix} I_2 & I_2 \\ 0_{2 \times 2} & I_2 \end{pmatrix}.$$

Multiplikation einer Matrix mit einem (Spalten-)Vektor

Bei der Darstellung eines linearen Gleichungssystems in Matrixschreibweise wurde bereits angedeutet, dass dazu eine Matrix A mit einem Vektor x multipliziert wird. Nach einem Beispiel wird zunächst diese Multiplikation definiert. Anschließend wird das Produkt zweier Matrizen eingeführt. Ein Beispiel zur Matrixmultiplikation schließt sich an.

In die Herstellung dreier Körperpflegeprodukte P_1, P_2 und P_3 gehen zwei Zusatzstoffe Z_1 und Z_2 ein. Die nachfolgende Tabelle zeigt den Verbrauch an diesen Zusatzstoffen [in ml] für jeweils einen Liter der Produkte.

	für		
Verbrauch	P_1	P_2	P_3
von Z_1	3	9	5
Z_2	15	10	20

Das neue Produktionsprogramm sieht die Herstellung von x_i Litern des Produkts P_i vor, $i \in \{1,2,3\}$. Dabei entsteht der Verbrauch $3x_1 + 9x_2 + 5x_3 (= b_1)$ von Z_1 und $15x_1 + 10x_2 + 20x_3 (= b_2)$ von Z_2.

Unter Verwendung der Matrixschreibweise mit

$$A = \begin{pmatrix} 3 & 9 & 5 \\ 15 & 10 & 20 \end{pmatrix}, \quad b = \begin{pmatrix} b_1 \\ b_2 \end{pmatrix} \quad \text{und} \quad x = \begin{pmatrix} x_1 \\ x_2 \\ x_3 \end{pmatrix}$$

wird der Verbrauch durch die Vektorprodukte $(3, 9, 5) \begin{pmatrix} x_1 \\ x_2 \\ x_3 \end{pmatrix}$ und $(15, 10, 20) \begin{pmatrix} x_1 \\ x_2 \\ x_3 \end{pmatrix}$ bzw. durch $Ax \, (= b)$ (s. nächste Definition) beschrieben.

Ist ein Produktionsprogramm unter (vollständiger) Nutzung der am Lager vorhandenen Mengen b_1 und b_2 der Zusatzstoffe zu bestimmen, so ist ein lineares Gleichungssystem in den Variablen x_1, x_2 und x_3 zu lösen.

Definition

Das Produkt einer Matrix $A \in \mathcal{M}_{m,n}$ mit einem Vektor $x \in \mathcal{M}_{n,1}$ ist definiert durch

$$\begin{pmatrix} a_{11} & \cdots & a_{1n} \\ \vdots & & \vdots \\ a_{m1} & \cdots & a_{mn} \end{pmatrix} \begin{pmatrix} x_1 \\ \vdots \\ x_n \end{pmatrix} = \begin{pmatrix} b_1 \\ \vdots \\ b_m \end{pmatrix}$$

mit $b_i = (a_{i1}, \ldots, a_{in}) \begin{pmatrix} x_1 \\ \vdots \\ x_n \end{pmatrix} = a_{i1}x_1 + \ldots + a_{in}x_n = \sum\limits_{j=1}^{n} a_{ij}x_j$ für alle $i \in \{1, \ldots, m\}$.

Die Multiplikation einer Matrix mit einem Vektor wird zurückgeführt auf die Multiplikation von Vektoren. Der i-te Eintrag im Ergebnisvektor entsteht durch Multiplikation des i-ten Zeilenvektors von A mit dem Vektor x.

In Kapitel 10 wird die Multiplikation partitionierter Matrizen mit Vektoren benötigt.

Bemerkung

Für eine Matrix $A = (A_1|A_2) \in \mathcal{M}_{m,n}$ mit $A_1 \in \mathcal{M}_{m,n_1}$, $A_2 \in \mathcal{M}_{m,n_2}$ und $n_1 + n_2 = n$ sowie einen Vektor $z = \begin{pmatrix} x \\ y \end{pmatrix} = (x_1, \ldots, x_{n_1}, y_1, \ldots, y_{n_2})'$ (mit $x = (x_1, \ldots, x_{n_1})', y = (y_1, \ldots, y_{n_2})'$) gilt aufgrund der Definition des Produkts einer Matrix mit einem Vektor:

$$Az = (A_1|A_2) \begin{pmatrix} x \\ y \end{pmatrix} = A_1 x + A_2 y.$$

Zerfällt die Matrix $B \in \mathcal{M}_{m,n}$ in vier Blöcke, d. h. ist B von der Form $B = \begin{pmatrix} B_1 & B_2 \\ B_3 & B_4 \end{pmatrix}$ mit $B_1 \in \mathcal{M}_{m_1,n_1}, B_2 \in \mathcal{M}_{m_1,n_2}, B_3 \in \mathcal{M}_{m_2,n_1}, B_4 \in \mathcal{M}_{m_2,n_2}$ und $m_1 + m_2 = m, n_1 + n_2 = n$, so erhält man

$$Bz = \begin{pmatrix} B_1 & B_2 \\ B_3 & B_4 \end{pmatrix} \begin{pmatrix} x \\ y \end{pmatrix} = \begin{pmatrix} B_1 x + B_2 y \\ B_3 x + B_4 y \end{pmatrix}.$$

Allgemeiner benötigt man die Multiplikation von Matrizen. Diese wird ebenfalls auf die Multiplikation von Vektoren zurückgeführt.

Definition

Für $A = (a_{ij})_{i,j} \in \mathcal{M}_{m,n}$ und $B = (b_{jk})_{j,k} \in \mathcal{M}_{n,r}$ wird das Produkt $A \cdot B$ definiert durch:

$$A \cdot B = (c_{ik})_{i,k} \in \mathcal{M}_{m,r}$$

mit $c_{ik} = (a_{i1}, \ldots, a_{in}) \begin{pmatrix} b_{1k} \\ \vdots \\ b_{nk} \end{pmatrix} = \sum_{j=1}^{n} a_{ij}b_{jk}$, $i \in \{1, \ldots, m\}$, $k \in \{1, \ldots, r\}$.

Bemerkung

- Üblicherweise wird auf das Multiplikationszeichen verzichtet und AB für das Produkt der Matrizen A und B geschrieben.

- Das Element c_{ik} in der i-ten Zeile und k-ten Spalte von AB ist das Skalarprodukt des i-ten Zeilenvektors von A und des k-ten Spaltenvektors von B.

- Die Matrixmultiplikation ist nur definiert, falls die Spaltenzahl von A mit der Zeilenzahl von B übereinstimmt ($A \in \mathcal{M}_{m,n}$, $B \in \mathcal{M}_{n,r}$ in obiger Definition).

- Speziell für $r = 1$ ist dies die Multiplikation einer Matrix mit einem Vektor.

Die Matrixmultiplikation lässt sich in folgendem Schema darstellen.

Multiplikation der Matrizen $A = (a_{ij})_{i,j} \in \mathcal{M}_{m,n}$ und $B = (b_{jk})_{j,k} \in \mathcal{M}_{n,r}$.

Mit $A = \left(\begin{smallmatrix} 1 & 2 & 3 \\ 4 & 5 & 6 \end{smallmatrix}\right)$ und $B = \left(\begin{smallmatrix} 1 & 0 & 1 & 0 \\ 0 & 2 & 1 & 2 \\ 0 & 0 & 1 & -1 \end{smallmatrix}\right)$ ist $AB = \left(\begin{smallmatrix} 1 & 4 & 6 & 1 \\ 4 & 10 & 15 & 4 \end{smallmatrix}\right)$.

In diesem Beispiel ist schon erkennbar,

- dass die Multiplikation mit einer Einheitsspalte (erster Einheitsvektor in der ersten Spalte von B) die erste Spalte von A unverändert lässt (siehe erste Spalte von AB),

- dass die Multiplikation mit dem Doppelten der Einheitsspalte (Zweifaches des zweiten Einheitsvektors in der zweiten Spalte von B) die Einträge der zweiten Spalte von A verdoppelt (s. zweite Spalte von AB)

- dass die Multiplikation der Zeilen von A mit dem Einservektor in der dritten Spalte von B die Summen der Einträge der Zeilen von A liefert (siehe dritte Spalte von AB).

In einem zweistufigen Produktionsprozess werden aus den Rohstoffen R_1, R_2, R_3 die Zwischenprodukte Z_1, Z_2, Z_3 und daraus die Endprodukte E_1 und E_2 hergestellt.

Für die Herstellung einer Produktionseinheit (PE) Z_1 werden 0.1 Mengeneinheiten (ME) von R_1, 0.4 ME von R_2 und 0.8 ME von R_3, für eine Produktionseinheit von Z_2 werden 0.3 ME von R_1 und 0.3 ME von R_3 und für die Herstellung einer Produktionseinheit von Z_3 werden 0.2 ME von R_1, 0.7 ME von R_2 und 0.3 ME von R_3 benötigt.

Weiterhin gehen 0.1 PE von Z_1, 0.9 PE von Z_2 und 0.3 PE von Z_3 in die Herstellung einer Tonne des Endprodukts E_1 sowie 0.2 PE von Z_1 und 0.3 PE von Z_3 in die Produktion einer Tonne von E_2 ein.

Als Ziele werden formuliert:

(i) Übersichtliche Beschreibung der Produktionsstufen durch Produktionsmatrizen,

(ii) Beschreibung des gesamten Produktionsprozesses durch eine Matrix,

(iii) Angabe der benötigten Rohstoffmengen zur Produktion von 100 Tonnen E_1 und 200 Tonnen E_2.

Diese Aufgaben werden mittels der bereitgestellten Notationen und Methoden gelöst.

(i) Die zu den Tabellen

	Z_1	Z_2	Z_3
R_1	0.1	0.3	0.2
R_2	0.4	0	0.7
R_3	0.8	0.3	0.3

und

	E_1	E_2
Z_1	0.1	0.2
Z_2	0.9	0
Z_3	0.3	0.3

gehörenden Matrizen $A = \begin{pmatrix} 0.1 & 0.3 & 0.2 \\ 0.4 & 0 & 0.7 \\ 0.8 & 0.3 & 0.3 \end{pmatrix}$ und $B = \begin{pmatrix} 0.1 & 0.2 \\ 0.9 & 0 \\ 0.3 & 0.3 \end{pmatrix}$ werden als Produktionsmatrix für die erste bzw. für die zweite Produktionsstufe bezeichnet.

(ii) Die Gesamtproduktionsmatrix ist gegeben als Produkt der Matrizen A und B:

$$G = \begin{pmatrix} 0.1 & 0.3 & 0.2 \\ 0.4 & 0 & 0.7 \\ 0.8 & 0.3 & 0.3 \end{pmatrix} \begin{pmatrix} 0.1 & 0.2 \\ 0.9 & 0 \\ 0.3 & 0.3 \end{pmatrix} = \begin{pmatrix} 0.34 & 0.08 \\ 0.25 & 0.29 \\ 0.44 & 0.25 \end{pmatrix}.$$

Diese Matrix gibt direkt die zur Produktion einer Tonne von E_k, $k \in \{1,2\}$, benötigte Rohstoffmenge R_i, $i \in \{1,2,3\}$, an.

Eine Übersetzung in die tabellarische Darstellung führt zu der Tabelle

	E_1	E_2
R_1	0.34	0.08
R_2	0.25	0.29
R_3	0.44	0.25

Alternativ und möglicherweise angenehmer lässt sich G bestimmen, indem vor der Matrixmultiplikation jeweils der Faktor $\frac{1}{10}$ aus den Produktionsmatrizen der Stufen „ausgeklammert" wird:

$$G = \frac{1}{10} \begin{pmatrix} 1 & 3 & 2 \\ 4 & 0 & 7 \\ 8 & 3 & 3 \end{pmatrix} \cdot \frac{1}{10} \begin{pmatrix} 1 & 2 \\ 9 & 0 \\ 3 & 3 \end{pmatrix} = \frac{1}{100} \begin{pmatrix} 34 & 8 \\ 25 & 29 \\ 44 & 25 \end{pmatrix}.$$

(iii) Die benötigten Rohstoffmengen zur Produktion von 100 Tonnen von E_1 und 200 Tonnen von E_2 erhält man durch die Multiplikation der Gesamtproduktionsmatrix G mit dem Vektor der Produktionsmengen:

$$G \begin{pmatrix} 100 \\ 200 \end{pmatrix} = \frac{1}{100} \begin{pmatrix} 34 & 8 \\ 25 & 29 \\ 44 & 25 \end{pmatrix} \begin{pmatrix} 100 \\ 200 \end{pmatrix} = \begin{pmatrix} 34 & 8 \\ 25 & 29 \\ 44 & 25 \end{pmatrix} \begin{pmatrix} 1 \\ 2 \end{pmatrix} = \begin{pmatrix} 50 \\ 83 \\ 94 \end{pmatrix}.$$

Es werden demnach 50 ME von R_1, 83 ME von R_2 und 94 ME von R_3 benötigt.

Bei den Berechnungen wurde bereits eines der nachfolgend formulierten Assoziativgesetze verwendet.

Seien $A \in \mathcal{M}_{m,n}, B, C \in \mathcal{M}_{n,k}, D \in \mathcal{M}_{k,r}, \lambda \in \mathbb{R}$.

- $A I_n = I_m A = A$

  (Die Multiplikation der Matrix A von links oder von rechts mit einer passenden Einheitsmatrix lässt die Matrix unverändert.)

- $(AB)D = A(BD)$

  $\lambda(AB) = (\lambda A)B \, (= (A\lambda)B = A(\lambda B))$ (Assoziativgesetze)

- $A(B+C) = AB + AC$

  $(B+C)D = BD + CD$ (Distributivgesetze)

- $(AB)' = B'A'$

- $B = C \implies BD = CD$

  $B = C \implies AB = AC$

Es ist zu beachten, dass die Matrixmultiplikation im Allgemeinen nicht kommutativ ist (bis auf Spezialfälle gilt $AB \neq BA$) und dass das Produkt BA eventuell nicht gebildet werden kann, obwohl das Produkt AB wohldefiniert ist. Ein einfaches Beispiel ist

$$A = \begin{pmatrix} 1 & 0 \end{pmatrix}, \quad B = \begin{pmatrix} 1 & 2 & 3 \\ 4 & 5 & 6 \end{pmatrix}, \quad AB = \begin{pmatrix} 1 & 2 & 3 \end{pmatrix}.$$

Das Produkt $B \cdot A$ kann <u>nicht</u> gebildet werden, da $B \in \mathcal{M}_{2,3}$ und $A \in \mathcal{M}_{1,2}$, d. h. die Spaltenanzahl von B stimmt nicht mit der Zeilenanzahl von A überein. Dies ist aber eine notwendige Voraussetzung zur Bildung des Produkts.

Diese Überlegungen zeigen, dass eine gleichzeitige Bildung der Produkte AB und BA möglich ist, wenn $A \in \mathcal{M}_{n,m}$ und $B \in \mathcal{M}_{m,n}$ gilt. Aber selbst in diesem Fall gilt kein Kommutativgesetz, wie dieses Gegenbeispiel zeigt:

$$\begin{pmatrix} 1 & 0 \\ 0 & 0 \end{pmatrix} \begin{pmatrix} 1 & 2 \\ 3 & 4 \end{pmatrix} = \begin{pmatrix} 1 & 2 \\ 0 & 0 \end{pmatrix} \neq \begin{pmatrix} 1 & 0 \\ 3 & 0 \end{pmatrix} = \begin{pmatrix} 1 & 2 \\ 3 & 4 \end{pmatrix} \begin{pmatrix} 1 & 0 \\ 0 & 0 \end{pmatrix}.$$

Die oben genannten Implikationen findet später Anwendung auf lineare Gleichungssysteme der Form $Ax = b$. Gibt es nämlich eine Matrix A^{-1} mit der Eigenschaft $A^{-1}A = I$, so ist

$$Ax = b \implies A^{-1}Ax = A^{-1}b \iff Ix = A^{-1}b \iff x = A^{-1}b.$$

Damit ist die Lösung des Gleichungssystem in x gefunden, wenn gezeigt werden kann, dass an die Stelle der Implikation auch eine Äquivalenz gesetzt werden kann.

Elementare Zeilenumformungen

Bei der aus der Schule bekannten Vorgehensweise zur Lösung linearer Gleichungssysteme können Zeilen vertauscht, einzelne Gleichungen mit einer reellen Zahl (verschieden von Null) „durchmultipliziert" und insbesondere Vielfache von Zeilen zu anderen Gleichungen addiert werden. Diese Operationen werden als **elementare Zeilenumformungen** bezeichnet. Die Zeilen werden dabei z.B. mit römischen Ziffern gekennzeichnet, die zur Beschreibung der durchgeführten Umformungen verwendet werden können.

B

Gegeben sei das lineare Gleichungssystem $Ax = b$ mit

$$A = \begin{pmatrix} 2 & 1 & -2 \\ -2 & 0 & 2 \\ 1 & 1 & 0 \end{pmatrix}, \quad x = \begin{pmatrix} x_1 \\ x_2 \\ x_3 \end{pmatrix}, \quad b = \begin{pmatrix} 1 \\ 2 \\ 3 \end{pmatrix}.$$

In der Notation des Gleichungssystems sind die Gleichungen mit römischen Ziffern nummeriert. Die durchgeführten Rechenoperationen sind mit Hilfe dieser Ziffern jeweils vor dem neuen Gleichungssystem angegeben.

$$\begin{cases} 2x_1 + x_2 - 2x_3 = 1 \quad \text{(I)} \\ -2x_1 + 2x_3 = 2 \quad \text{(II)} \\ x_1 + x_2 = 3 \quad \text{(III)} \end{cases}$$

$$
\begin{array}{c}
\text{(II)} + \text{(I)} \\
\longrightarrow \\
\text{(III)} - \frac{1}{2}\text{(I)}
\end{array}
\left\{
\begin{array}{rcl}
2x_1 + x_2 - 2x_3 &=& 1 \qquad \text{(I}') \\
x_2 &=& 3 \qquad \text{(II}') \\
\frac{1}{2}x_2 + x_3 &=& \frac{5}{2} \qquad \text{(III}')
\end{array}
\right.
$$

$$
\begin{array}{c}
\text{(I}') - \text{(II}') \\
\longrightarrow \\
\text{(III}') - \frac{1}{2}\text{(II}')
\end{array}
\left\{
\begin{array}{rcl}
2x_1 - 2x_3 &=& -2 \qquad \text{(I}'') \\
x_2 &=& 3 \qquad \text{(II}'') \\
x_3 &=& 1 \qquad \text{(III}'')
\end{array}
\right.
$$

$$
\begin{array}{c}
\frac{1}{2}\text{(I}'') + \text{(III}'') \\
\longrightarrow
\end{array}
\left\{
\begin{array}{rcl}
x_1 &=& 0 \\
x_2 &=& 3 \\
x_3 &=& 1
\end{array}
\right.
$$

Durch „scharfes Hinsehen" ist im voranstehenden Beispiel eine schnellere Lösung möglich. Um bei großen Gleichungssystemen jedoch nicht die Übersicht zu verlieren, ist eine systematische Vorgehensweise sinnvoll. Insbesondere bei der Programmierung eines Algorithmus zur Lösung linearer Gleichungssysteme ist eine systematische Vorgehensweise unverzichtbar. Diese wurde in obigem Beispiel verwendet und nimmt das noch vorzustellende Verfahren vorweg.

Das zur Lösung verwendete Verfahren kann folgendermaßen beschrieben werden: Zunächst wurde die Variable x_1 aus der zweiten und dritten Zeile entfernt, so dass x_1 nur noch in der ersten Gleichung des modifizierten Gleichungssystems auftritt. Die zweite Zeile (II') wird nun zur Elimination der Variablen x_2 aus der ersten und dritten Gleichung verwendet. Auf diese Weise entsteht die neue Zeile (III''), die nur noch die Variable x_3 enthält. Diese ermöglicht es, die Variable x_3 aus der Gleichung (I'') zu entfernen. Als Endresultat erhält man drei Gleichungen, die jeweils nur von einer Variablen abhängen. Die Ergebnisse können direkt abgelesen werden.

Offensichtlich können die vorgenommenen „Zeilenumformungen" abkürzend in einem Matrixschema durchgeführt werden. Die Namen der Variablen (hier x_1, x_2, x_3) sind beliebig und dienen lediglich der Identifikation der Variablen. Sie tragen nichts zur Lösung des Problems bei, so dass auf ihre Notation verzichtet werden kann. Diese Beobachtung legt die Verwendung der Matrixschreibweise nahe.

Bezeichnung

Sei $A = (a_{ij})_{i,j} \in \mathcal{M}_{m,n}$ eine Matrix.

Unter **elementaren Zeilenumformungen** (Zeilentransformationen) werden die folgenden Umformungen der Matrix A verstanden. Nachfolgend werden für die notwendigen Umformungsschritte durchgehend die angegebenen Notationen verwendet.

1. **Vertauschen der i-ten und j-ten Zeile**

   Die Umformungsvorschrift

$$
\begin{pmatrix}
\cdots \\
i\text{-te Zeile} \\
\cdots \\
j\text{-te Zeile} \\
\cdots
\end{pmatrix}
$$

   bedeutet: Die i-te Zeile wird mit der j-ten Zeile vertauscht.

Allgemein:
$$
\begin{pmatrix}
\cdots \\
a_{i1} \cdots a_{in} \\
\cdots \\
a_{j1} \cdots a_{jn} \\
\cdots
\end{pmatrix}
\longrightarrow
\begin{pmatrix}
\cdots \\
a_{j1} \cdots a_{jn} \\
\cdots \\
a_{i1} \cdots a_{in} \\
\cdots
\end{pmatrix}
$$

Beispiel:
$$
\begin{pmatrix}
1 & 2 & 3 \\
4 & 5 & 6 \\
7 & 8 & 9
\end{pmatrix}
\longrightarrow
\begin{pmatrix}
7 & 8 & 9 \\
4 & 5 & 6 \\
1 & 2 & 3
\end{pmatrix}
$$

2. **Multiplikation der i-ten Zeile mit $\lambda \in \mathbb{R}$ ($\lambda \neq 0$)**

   Die Umformungsvorschrift

$$
\begin{pmatrix}
\cdots \\
i\text{-te Zeile} \\
\cdots
\end{pmatrix} \; | \cdot \lambda
$$

   bedeutet: Jedes Element der i-ten Zeile wird mit λ multipliziert.

Allgemein:
$$
\begin{pmatrix}
\cdots \\
a_{i1} \cdots a_{in} \\
\cdots
\end{pmatrix} \; | \cdot \lambda
\longrightarrow
\begin{pmatrix}
\cdots \\
\lambda \cdot a_{i1} \cdots \lambda \cdot a_{in} \\
\cdots
\end{pmatrix}
$$

Beispiele:
$$\begin{pmatrix} 1 & 2 & 3 \\ 4 & 5 & 6 \\ 7 & 8 & 9 \end{pmatrix} \begin{matrix} \cdot(-3) \\ \\ \end{matrix} \longrightarrow \begin{pmatrix} -3 & -6 & -9 \\ 4 & 5 & 6 \\ 7 & 8 & 9 \end{pmatrix}$$

$$\begin{pmatrix} 1 & 2 & 3 \\ 4 & 5 & 6 \\ 7 & 8 & 9 \end{pmatrix} \begin{matrix} \\ :2 \\ \end{matrix} \longrightarrow \begin{pmatrix} 1 & 2 & 3 \\ 2 & \frac{5}{2} & 3 \\ 7 & 8 & 9 \end{pmatrix}$$

---

3. Addition des λ-fachen der i-ten Zeile zur j-ten Zeile ($\lambda \in \mathbb{R}, \lambda \neq 0, i \neq j$)

Die Umformungsvorschrift

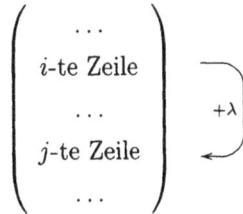

$$\begin{pmatrix} \cdots \\ i\text{-te Zeile} \\ \cdots \\ j\text{-te Zeile} \\ \cdots \end{pmatrix} +\lambda$$

bedeutet: Jedes Element der i-ten Zeile wird mit λ multipliziert und zum entsprechenden Element der j-ten Zeile (d. h. jeweils zum Element derselben Spalte) addiert. Die i-te Zeile bleibt bei diesem Umformungsschritt unverändert.

Allgemein:
$$\begin{pmatrix} \cdots \\ a_{i1} \cdots a_{in} \\ \cdots \\ a_{j1} \cdots a_{jn} \\ \cdots \end{pmatrix} +\lambda \longrightarrow \begin{pmatrix} \cdots \\ a_{i1} & \cdots & a_{in} \\ \cdots \\ a_{j1} + \lambda \cdot a_{i1} & \cdots & a_{jn} + \lambda \cdot a_{in} \\ \cdots \end{pmatrix}$$

Beispiele:
$$\begin{pmatrix} 1 & 2 & 3 \\ 4 & 5 & 6 \\ 7 & 8 & 9 \end{pmatrix} {-4} \longrightarrow \begin{pmatrix} 1 & 2 & 3 \\ 0 & -3 & -6 \\ 7 & 8 & 9 \end{pmatrix}$$

$$\begin{pmatrix} 1 & 2 & 3 \\ 4 & 5 & 6 \\ 7 & 8 & 9 \end{pmatrix} +1 \longrightarrow \begin{pmatrix} 8 & 10 & 12 \\ 4 & 5 & 6 \\ 7 & 8 & 9 \end{pmatrix}$$

Abkürzend führt man gegebenenfalls mehrere Umformungen „in einem Schritt" durch. Die Notation

$$\begin{pmatrix} \cdot & \cdot & \cdot \\ \cdot & \cdot & \cdot \\ \cdot & \cdot & \cdot \end{pmatrix} \Big|{\cdot 2} \quad {}^{-1} \quad {}_{+3}$$

beschreibt drei Umformungsschritte in zeitlicher Abfolge:

$$\begin{pmatrix} \cdot & \cdot & \cdot \\ \cdot & \cdot & \cdot \\ \cdot & \cdot & \cdot \end{pmatrix} \Big|{\cdot 2} \longrightarrow \begin{pmatrix} \cdot & \cdot & \cdot \\ \cdot & \cdot & \cdot \\ \cdot & \cdot & \cdot \end{pmatrix} {}^{-1} \longrightarrow \begin{pmatrix} \cdot & \cdot & \cdot \\ \cdot & \cdot & \cdot \\ \cdot & \cdot & \cdot \end{pmatrix} {}_{+3}$$

Die Operationsfolge

$$\begin{pmatrix} 1 & 2 & 3 \\ 4 & 5 & 6 \\ 7 & 8 & 9 \end{pmatrix} {}^{-4} \quad {}^{-7} \Big|{:(-3)} \longrightarrow \begin{pmatrix} 1 & 2 & 3 \\ 0 & 1 & 2 \\ 0 & -6 & -12 \end{pmatrix}$$

entspricht:

$$\begin{pmatrix} 1 & 2 & 3 \\ 4 & 5 & 6 \\ 7 & 8 & 9 \end{pmatrix} {}^{-4} \longrightarrow \begin{pmatrix} 1 & 2 & 3 \\ 0 & -3 & -6 \\ 7 & 8 & 9 \end{pmatrix} {}^{-7}$$

$$\longrightarrow \begin{pmatrix} 1 & 2 & 3 \\ 0 & -3 & -6 \\ 0 & -6 & -12 \end{pmatrix} \Big|{:(-3)} \longrightarrow \begin{pmatrix} 1 & 2 & 3 \\ 0 & 1 & 2 \\ 0 & -6 & -12 \end{pmatrix}$$

Zur Beschreibung von Umformungsvorschriften für Zeilen von Matrizen werden auch (wie oben) Zeilennummern verwendet. Beispielsweise bedeutet

$$(\mathrm{III'}) = (\mathrm{III}) + 2(\mathrm{I})$$

in obiger Notation, dass die neue dritte Zeile durch $\begin{pmatrix} \cdot & \cdot & \cdot \\ \cdot & \cdot & \cdot \\ \cdot & \cdot & \cdot \end{pmatrix} {}_{+2}$ entsteht. Der

Übergang von einer Matrix zu einer anderen mittels elementarer Zeilenumformungen wird durch einen Pfeil symbolisiert. Will man den Übergang in Gleichungsform schreiben

– und das wird zum Verständnis noch wichtig – macht man sich klar, dass die elementaren Zeilenumformungen durch Matrixmultiplikationen dargestellt werden können. Der Übergang zur umgeformten Matrix kann in Gleichungsform durch die Multiplikation von links mit einer geeigneten quadratischen Matrix, die als Hilfsmatrix bezeichnet wird, beschrieben werden. Die zu den elementaren Zeilenumformungen gehörigen Hilfsmatrizen werden nun eingeführt.

Zur 1. Umformung: Vertauschen der i-ten und j-ten Zeile

$$
\begin{pmatrix}
1 & & & & & & \\
 & \ddots & & & & & \\
 & & 1 & & & & \\
 & & & 0 & & 1 & \\
 & & & & 1 & & \\
 & & & & & \ddots & \\
 & & & 1 & & 0 & \\
 & & & & & & 1 \\
 & & & & & & & \ddots \\
 & & & & & & & & 1
\end{pmatrix}_{m\times m}
\begin{pmatrix}
a_{11} & \cdots & a_{1n} \\
\vdots & & \vdots \\
a_{i1} & \cdots & a_{in} \\
\vdots & & \vdots \\
a_{j1} & \cdots & a_{jn} \\
\vdots & & \vdots \\
a_{m1} & \cdots & a_{mn}
\end{pmatrix}_{m\times n}
=
\begin{pmatrix}
a_{11} & \cdots & a_{1n} \\
\vdots & & \vdots \\
a_{j1} & \cdots & a_{jn} \\
\vdots & & \vdots \\
a_{i1} & \cdots & a_{in} \\
\vdots & & \vdots \\
a_{m1} & \cdots & a_{mn}
\end{pmatrix}_{m\times n}
$$

Alle weiteren Einträge der Hilfsmatrix sind Nullen.

Die Multiplikation mit der Hilfsmatrix bewirkt das Vertauschen von erster und dritter Zeile:

$$
\begin{pmatrix}
0 & 0 & 1 \\
0 & 1 & 0 \\
1 & 0 & 0
\end{pmatrix}
\begin{pmatrix}
1 & 2 & 3 \\
4 & 5 & 6 \\
7 & 8 & 9
\end{pmatrix}
=
\begin{pmatrix}
7 & 8 & 9 \\
4 & 5 & 6 \\
1 & 2 & 3
\end{pmatrix}.
$$

B

Zur 2. Umformung: Multiplikation der i-ten Zeile mit λ

$$
\begin{pmatrix}
1 & & & & & \\
 & \ddots & & & & \\
 & & 1 & & & \\
 & & & \lambda & & \\
 & & & & 1 & \\
 & & & & & \ddots \\
 & & & & & & 1
\end{pmatrix}_{m\times m}
\begin{pmatrix}
a_{11} & \cdots & a_{1n} \\
\vdots & & \vdots \\
a_{i1} & \cdots & a_{in} \\
\vdots & & \vdots \\
a_{m1} & \cdots & a_{mn}
\end{pmatrix}_{m\times n}
=
\begin{pmatrix}
a_{11} & \cdots & a_{1n} \\
\vdots & & \vdots \\
\lambda a_{i1} & \cdots & \lambda a_{in} \\
\vdots & & \vdots \\
a_{m1} & \cdots & a_{mn}
\end{pmatrix}_{m\times n}
$$

Alle weiteren Einträge der Hilfsmatrix sind Nullen.

Die Multiplikation mit der Hilfsmatrix bewirkt die Multiplikation der ersten Zeile mit (-3).

B

$$
\begin{pmatrix}
-3 & 0 & 0 \\
0 & 1 & 0 \\
0 & 0 & 1
\end{pmatrix}
\begin{pmatrix}
1 & 2 & 3 \\
4 & 5 & 6 \\
7 & 8 & 9
\end{pmatrix}
=
\begin{pmatrix}
-3 & -6 & -9 \\
4 & 5 & 6 \\
7 & 8 & 9
\end{pmatrix}
$$

Zur 3. Umformung: Addition des λ-fachen der i-ten Zeile zur j-ten Zeile

$$
\begin{array}{c}
i\text{-te}\\
\text{Spalte}
\end{array}
$$

$$
\begin{array}{c}
\\
j
\end{array}
\begin{pmatrix}
1 & & & & \\
 & \ddots & & & \\
 & & 1 & & \\
 & & & \ddots & \\
 & & \lambda & 1 & \\
 & & & & \ddots \\
 & & & & & 1
\end{pmatrix}_{m\times m}
\begin{pmatrix}
a_{11} & \cdots & a_{1n}\\
\vdots & & \vdots\\
a_{i1} & \cdots & a_{in}\\
\vdots & & \vdots\\
a_{j1} & \cdots & a_{jn}\\
\vdots & & \vdots\\
a_{m1} & \cdots & a_{mn}
\end{pmatrix}_{m\times n}
=
\begin{pmatrix}
a_{11} & \cdots & a_{1n}\\
\vdots & & \vdots\\
a_{i1} & \cdots & a_{in}\\
\vdots & & \vdots\\
\lambda a_{i1}+a_{j1} & \cdots & \lambda a_{in}+a_{jn}\\
\vdots & & \vdots\\
a_{m1} & \cdots & a_{mn}
\end{pmatrix}_{m\times n}
$$

Alle weiteren Einträge der Hilfsmatrix sind Nullen.

Die Multiplikation mit der folgenden Hilfsmatrix bewirkt die Addition des (-4)-fachen (bzw. Subtraktion des 4-fachen) der ersten zur (bzw. von der) dritten Zeile.

$$
\begin{pmatrix}
1 & 0 & 0\\
0 & 1 & 0\\
-4 & 0 & 1
\end{pmatrix}
\begin{pmatrix}
1 & 2 & 3\\
4 & 5 & 6\\
7 & 8 & 9
\end{pmatrix}
=
\begin{pmatrix}
1 & 2 & 3\\
4 & 5 & 6\\
3 & 0 & -3
\end{pmatrix}
$$

Damit kann die Folge von Rechenoperationen und deren Ergebnis

$$
\begin{pmatrix}
1 & 2 & 3\\
4 & 5 & 6\\
7 & 8 & 9
\end{pmatrix}
\xrightarrow[\;\;|:(-3)\;\;]{\;-4\quad -7\;}
\begin{pmatrix}
1 & 2 & 3\\
0 & 1 & 2\\
0 & -6 & -12
\end{pmatrix}
$$

geschrieben werden als Ergebnis eines Matrixprodukts

$$
\begin{pmatrix}
1 & 0 & 0\\
0 & 1 & 0\\
-7 & 0 & 1
\end{pmatrix}
\begin{pmatrix}
1 & 0 & 0\\
0 & -\frac{1}{3} & 0\\
0 & 0 & 1
\end{pmatrix}
\begin{pmatrix}
1 & 0 & 0\\
-4 & 1 & 0\\
0 & 0 & 1
\end{pmatrix}
\begin{pmatrix}
1 & 2 & 3\\
4 & 5 & 6\\
7 & 8 & 9
\end{pmatrix}
=
\begin{pmatrix}
1 & 2 & 3\\
0 & 1 & 2\\
0 & -6 & -12
\end{pmatrix}.
$$

Nutzen und Anwendung

Bei Gleichungssystemen $Ax = b$, $A \in \mathcal{M}_{m,n}$, $x \in \mathbb{R}^n$, $b \in \mathbb{R}^m$, führt man dieselben Operationen auch auf der rechten Seite durch. Die Multiplikation mit Hilfsmatrizen $M_1, \ldots, M_l$ führt (falls geeignet gewählt) auf eine einfachere Gestalt von A. Es gilt:

$$
Ax = b \quad \Longrightarrow \quad M_l \cdot \ldots \cdot M_1 Ax = M_l \cdot \ldots \cdot M_1 b.
$$

Diese Idee wird später ausführlich erläutert.

Jede $(m \times n)$-Matrix A kann durch endlich viele elementare Zeilenumformungen in eine Matrix $\widetilde{A}$ in Treppengestalt überführt werden, d. h. die Matrix $\widetilde{A}$ hat die Form

$$
\widetilde{A} = \begin{pmatrix}
0 & \cdots & 0 & \boxed{\widetilde{a}_{1l_1} \quad * \quad \cdots} & & & & & & * \\
\vdots & & \vdots & 0 & \boxed{\widetilde{a}_{2l_2} \quad * \quad \cdots} & & & & & \vdots \\
& & & & 0 & \boxed{\cdots} & & & & \\
& & & & & & \cdots & & & \\
& & & & & & \boxed{\widetilde{a}_{kl_k} \quad * \quad \cdots \quad *} & & & \\
0 & \cdots & 0 & & \cdots & & 0 & \cdots & 0 & \\
\vdots & & \vdots & & & & \vdots & & \vdots & \\
0 & \cdots & 0 & & \cdots & & 0 & \cdots & 0 &
\end{pmatrix} \left.\begin{array}{c} \\ \\ \\ \end{array}\right\} \begin{array}{l}\text{evtl.}\\\text{Nullzeilen}\end{array}
$$

$\underbrace{}_{\text{evtl. Nullspalten}}$

wobei

- $1 \leq l_1 < \cdots < l_k \leq n$,

- alle Elemente unterhalb der Stufen gleich Null sind,

- die Elemente $\widetilde{a}_{1l_1}, \ldots, \widetilde{a}_{kl_k}$ an den Stufenkanten von Null verschieden sind.

Gegebenenfalls treten Nullspalten und Nullzeilen auf. Ein „*" steht für einen beliebigen Eintrag bzw. für beliebige Einträge innerhalb des angedeuteten Bereichs. Alle Einträge von $\widetilde{A}$ links und unterhalb der angedeuteten, absteigenden Treppenlinie sind Null.

Die einer Matrix A zugeordnete Matrix $\widetilde{A}$ in Treppengestalt ist natürlich nicht eindeutig. Jede Zeile kann mit einer beliebigen, von Null verschiedenen Zahl multipliziert werden, ohne dass sich die Struktur der Treppengestalt ändert.

Die Vorgehensweise zum Erreichen der Treppengestalt wird noch mehrfach in diesem und dem nächsten Kapitel an Beispielen demonstriert und beschrieben.

An dieser durch elementare Zeilenumformungen aus A gewonnenen Matrix $\widetilde{A}$ lässt sich eine Kennzahl der Matrix A ablesen.

Bezeichnung

Aus einer Matrix $A \in \mathcal{M}_{m,n}$ sei unter Verwendung elementarer Zeilenumformungen die Matrix $\widetilde{A}$ in Treppengestalt entstanden.

Die Anzahl der Zeilen von $\widetilde{A}$ mit mindestens einem von Null verschiedenen Eintrag heißt **Rang** von A, kurz $\mathbf{rg}\,(A)$.

Im obigen Schema ist also $\mathbf{rg}\,(A) = k$.

Zwischen dem Rang einer Matrix A und den Zeilenvektoren von A kann folgender Zusammenhang hergestellt werden.

Gemäß der abschließenden Bemerkung zu Vektoren ändert sich die Anzahl der linear unabhängigen Zeilenvektoren bei elementaren Zeilenumformungen nicht. Die Anzahl linear unabhängiger Zeilenvektoren stimmt daher in A und $\widetilde{A}$ überein. Liegt $\widetilde{A}$ in Treppengestalt vor, so ist $\mathbf{rg}\,(\widetilde{A}) = k$ die Anzahl der linear unabhängigen Zeilenvektoren von $\widetilde{A}$. Das Gleichungssystem

$$\lambda_1 \begin{pmatrix} 0 \\ \vdots \\ 0 \\ \widetilde{a}_{1l_1} \\ * \\ \vdots \\ \vdots \\ * \end{pmatrix} + \ldots + \lambda_k \begin{pmatrix} 0 \\ \vdots \\ \vdots \\ \vdots \\ 0 \\ \widetilde{a}_{kl_k} \\ * \\ \vdots \\ * \end{pmatrix} = 0$$

hat nämlich als einzige Lösung $\lambda_1 = \ldots = \lambda_k = 0$, da $\widetilde{a}_{1l_1}, \ldots, \widetilde{a}_{kl_k} \neq 0$ sind. Somit hat A dieselbe Anzahl $(= k)$ linear unabhängiger Zeilenvektoren, d. h. $\mathbf{rg}\,(A) = k$. Diese Zahl ist für die Beurteilung der Lösbarkeit von linearen Gleichungssystemen von Bedeutung.

Bemerkung

Analog können elementare Spaltenoperationen eingeführt werden. Es gilt für den Rang einer Matrix A:

$$\mathbf{rg}\,(A) \overset{\text{s.o.}}{=} \text{maximale Anzahl linear unabhängiger Zeilenvektoren}$$
$$= \text{maximale Anzahl linear unabhängiger Spaltenvektoren}$$

B

$$A = \begin{pmatrix} 1 & -2 & 1 & 6 & 3 & -3 & 0 \\ 0 & 0 & 1 & 3 & 1 & -1 & 1 \\ -1 & 2 & 1 & 4 & -1 & 1 & -10 \\ -2 & 4 & 0 & -5 & -4 & 4 & -1 \end{pmatrix} \quad \substack{+1 \\ +2}$$

$$\longrightarrow \begin{pmatrix} 1 & -2 & 1 & 6 & 3 & -3 & 0 \\ 0 & 0 & 1 & 3 & 1 & -1 & 1 \\ 0 & 0 & 2 & 10 & 2 & -2 & -10 \\ 0 & 0 & 2 & 7 & 2 & -2 & -1 \end{pmatrix} \quad \substack{-2 \\ -2}$$

$$\longrightarrow \begin{pmatrix} 1 & -2 & 1 & 6 & 3 & -3 & 0 \\ 0 & 0 & 1 & 3 & 1 & -1 & 1 \\ 0 & 0 & 0 & 4 & 0 & 0 & -12 \\ 0 & 0 & 0 & 1 & 0 & 0 & -3 \end{pmatrix} \xleftarrow{\cdot\left(-\frac{1}{4}\right)}$$

$$\longrightarrow \begin{pmatrix} 1 & -2 & 1 & 6 & 3 & -3 & 0 \\ 0 & 0 & 1 & 3 & 1 & -1 & 1 \\ 0 & 0 & 0 & 4 & 0 & 0 & -12 \\ 0 & 0 & 0 & 0 & 0 & 0 & 0 \end{pmatrix} = \widetilde{A}$$

Mit den obigen Bezeichnungen ist

$$l_1 = 1, \quad \widetilde{a}_{1l_1} = \widetilde{a}_{11} = 1$$
$$l_2 = 3, \quad \widetilde{a}_{2l_2} = \widetilde{a}_{23} = 1$$
$$l_3 = 4, \quad \widetilde{a}_{3l_3} = \widetilde{a}_{34} = 4$$

und $\mathbf{rg}\,(A) = \mathbf{rg}\,(\widetilde{A}) = 3$.

Für den Rang einer Matrix erhält man die folgenden Eigenschaften.

Seien $A \in \mathcal{M}_{m,n}, B \in \mathcal{M}_{n,r}$. Dann gilt:

- $\mathbf{rg}\,(A) = \mathbf{rg}\,(\widetilde{A})$ mit $\widetilde{A}$ in Treppengestalt,

- $\mathbf{rg}\,(A) = \mathbf{rg}\,(A')$,

- $\mathbf{rg}\,(A) \leq \min\{m, n\}$,

- $\mathbf{rg}\,(A \cdot B) \leq \min\{\mathbf{rg}\,(A), \mathbf{rg}\,(B)\}$.

Bemerkung

Werden neben den elementaren Zeilenumformungen noch Spaltenvertauschungen zuge-lassen, so lässt sich jede Matrix $A \in \mathcal{M}_{m,n}$ $(A \neq 0_{m \times n})$ in eine der folgenden vier Formen überführen:

(I) $\widetilde{A} = \left(\begin{smallmatrix} I_k & B \\ 0 & 0 \end{smallmatrix} \right), k < \min\{m, n\}, B \in \mathcal{M}_{k,n-k}$ $(\mathbf{rg}\,(A) = k)$,

(II) $\widetilde{A} = (I_m | B), m < n, B \in \mathcal{M}_{m,n-m}$ $(\mathbf{rg}\,(A) = m)$,

(III) $\widetilde{A} = \left(\begin{smallmatrix} I_n \\ 0 \end{smallmatrix} \right), m > n$ $(\mathbf{rg}\,(A) = n)$,

(IV) $\widetilde{A} = I_n, m = n$ $(\mathbf{rg}\,(A) = m = n)$.

> **Bezeichnung**
>
> Das Verfahren, die Matrix A in Treppengestalt bzw. mit Spaltenvertauschungen in eine der Typen (I) bis (IV) zu überführen, heißt **Gaußsches Eliminationsverfahren**, **Gauß-Verfahren** oder **Gauß-Algorithmus**.

Vorgehensweise beim Gauß-Verfahren

Die Ausgangssituation sei eine Matrix A, die nicht mit Nullspalten beginnt. Das Verfahren startet prinzipiell in der ersten Zeile.

- Ist $a_{11} \neq 0$, so erzeugt man mit elementaren Zeilenumformungen (Addition von Zeilen) Nullen in den nachfolgenden Zeilen der ersten Spalte. Dann geht man über zur zweiten Spalte.

$$\begin{pmatrix} a_{11} & * & \cdots & \cdots & * \\ 0 & \tilde{a}_{22} & * & \cdots & * \\ \vdots & * & \cdots & \cdots & * \\ \vdots & \vdots & & & \vdots \\ 0 & * & \cdots & \cdots & * \end{pmatrix}$$

  Ist $a_{11} = 0$, so sucht man ein Element der ersten Spalte $a_{k1} \neq 0$ und vertauscht die erste mit der k-ten Zeile. Dann führt man die beschriebenen Umformungen aus.

- Ist auf diese Weise eine absteigende Treppenform vorgegeben, so werden unterhalb des ersten von Null verschiedenen Eintrags der zweiten Zeile wiederum Nullen erzeugt. Möglicherweise sind vorher Zeilenvertauschungen notwendig. Das Verfahren wird also mit der (grau markierten) Teilmatrix

$$\begin{pmatrix} \tilde{a}_{11} & * & \cdots & \cdots & * \\ 0 & \tilde{a}_{22} & * & \cdots & * \\ \vdots & * & \cdots & \cdots & * \\ \vdots & \vdots & & & \vdots \\ 0 & * & \cdots & \cdots & * \end{pmatrix} \quad \text{bzw.} \quad \begin{pmatrix} \tilde{a}_{11} & \cdots & * & & & * \\ 0 & \cdots & 0 & \tilde{a}_{2l_2} & * & \cdots & * \\ \vdots & & \vdots & * & \cdots & \cdots & * \\ \vdots & & \vdots & \vdots & & & \vdots \\ 0 & \cdots & 0 & * & \cdots & \cdots & * \end{pmatrix}$$

  wie oben beschrieben fortgesetzt.

B Wie oben erläutert kann es zu Beginn oder im Verlauf des Verfahrens vorkommen, dass „zu viele" Nullen am Beginn eines Zeilenvektors nicht erlauben, die Schritte des Verfahrens in der vorgegebenen Reihenfolge durchzuführen. Die absteigende Treppenform ist möglicherweise nicht direkt gegeben. Ein einfaches Beispiel zeigt den Sonderfall $a_{11} = 0$ beim Start des Verfahrens.

$$A = \begin{pmatrix} 0 & 1 & 1 \\ 1 & 0 & 1 \\ 1 & 1 & 0 \end{pmatrix}$$

Eine Zeilenvertauschung (erste Zeile gegen zweite Zeile) liefert

$$A = \begin{pmatrix} 0 & 1 & 1 \\ 1 & 0 & 1 \\ 1 & 1 & 0 \end{pmatrix} \longrightarrow \begin{pmatrix} 1 & 0 & 1 \\ 0 & 1 & 1 \\ 1 & 1 & 0 \end{pmatrix} \quad -1$$

$$\longrightarrow \begin{pmatrix} 1 & 0 & 1 \\ 0 & 1 & 1 \\ 0 & 1 & -1 \end{pmatrix} \overset{-1)}{\underset{\longleftarrow}{\supset}} \longrightarrow \begin{pmatrix} 1 & 0 & 1 \\ 0 & 1 & 1 \\ 0 & 0 & -2 \end{pmatrix}$$

Alternativ können im ersten Rechenschritt z.B. die zweite oder dritte Zeile zur ersten addiert werden.

Die Matrix $A = \begin{pmatrix} 1 & 2 & 3 \\ 0 & 0 & 1 \\ 2 & 2 & 0 \end{pmatrix}$ wird in Treppengestalt überführt.

B

$$A = \begin{pmatrix} 1 & 2 & 3 \\ 0 & 0 & 1 \\ 2 & 2 & 0 \end{pmatrix} \overset{-2}{\underset{\longleftarrow}{\supset}} \longrightarrow \begin{pmatrix} 1 & 2 & 3 \\ 0 & 0 & 1 \\ 0 & -2 & -6 \end{pmatrix} \overset{}{\underset{\longleftarrow}{\supset}} \longrightarrow \begin{pmatrix} 1 & 2 & 3 \\ 0 & -2 & -6 \\ 0 & 0 & 1 \end{pmatrix}$$

Im zweiten Schritt ist keine Treppenform vorgegeben. Sie kann z.B. (wie hier geschehen) durch Vertauschen der zweiten und dritten Zeile hergestellt werden.

Bemerkung
Bei der Lösung von linearen Gleichungssystemen der Form $Ax = b$ sind Spaltenvertauschungen immer möglich, falls gleichzeitig der Vektor x entsprechend „umsortiert"
wird:

$$Ax = b \Longleftrightarrow \begin{pmatrix} & a_{1i} & \cdots & a_{1j} & \\ \cdots & \vdots & & \vdots & \cdots \\ & a_{mi} & \cdots & a_{mj} & \end{pmatrix}_{m \times n} \begin{pmatrix} \vdots \\ x_i \\ \vdots \\ x_j \\ \vdots \end{pmatrix}_{n \times 1} = b$$

$$\Longleftrightarrow \begin{pmatrix} & a_{1j} & \cdots & a_{1i} & \\ \cdots & \vdots & & \vdots & \cdots \\ & a_{mj} & \cdots & a_{mi} & \end{pmatrix}_{m \times n} \begin{pmatrix} \vdots \\ x_j \\ \vdots \\ x_i \\ \vdots \end{pmatrix}_{n \times 1} = b.$$

Auf die „rechte Seite" b hat dieser Vorgang keine Auswirkungen.

Die vorgestellte Vertauschung wird in folgendem Gleichungssystem angewendet.

B

$$\begin{cases} 2x_1 & +x_2 & -2x_3 & = & 1 \\ -2x_1 & & +2x_3 & = & 2 \\ x_1 & +x_2 & & = & 3 \end{cases} \Longleftrightarrow \begin{cases} x_2 & +2x_1 & -2x_3 & = & 1 \\ & -2x_1 & +2x_3 & = & 2 \\ x_2 & +x_1 & & = & 3 \end{cases}$$

bzw.

$$\begin{pmatrix} 2 & 1 & -2 \\ -2 & 0 & 2 \\ 1 & 1 & 0 \end{pmatrix} \begin{pmatrix} x_1 \\ x_2 \\ x_3 \end{pmatrix} = \begin{pmatrix} 1 \\ 2 \\ 3 \end{pmatrix} \iff \begin{pmatrix} 1 & 2 & -2 \\ 0 & -2 & 2 \\ 1 & 1 & 0 \end{pmatrix} \begin{pmatrix} x_2 \\ x_1 \\ x_3 \end{pmatrix} = \begin{pmatrix} 1 \\ 2 \\ 3 \end{pmatrix}$$

Inverse einer Matrix

Zu jeder Zahl $a \in \mathbb{R}, a \neq 0$ gibt es eine inverse (reziproke) Zahl $a^{-1} = \frac{1}{a}$ mit $aa^{-1} = a^{-1}a = 1$. Es ist naheliegend zu fragen, ob es ein Analogon für Matrizen gibt.

Definition

Sei $A \in \mathcal{M}_{n,n}$ eine quadratische Matrix.
Die Matrix $A^{-1} \in \mathcal{M}_{n,n}$ heißt die zu A **inverse Matrix** oder kurz **Inverse**, falls gilt:

$$AA^{-1} = A^{-1}A = I_n.$$

Existiert zu A eine Inverse, so heißt A **invertierbar** oder **regulär**.

Es existieren Matrizen $A \in \mathcal{M}_{n,n}$, die keine Inverse besitzen. Diese Aussage wird durch folgende Äquivalenz begründet.

- $A \in \mathcal{M}_{n,n}$ besitzt genau dann eine Inverse, wenn $\mathbf{rg}\,(A) = n$ ist.

- Ist A invertierbar, so ist die Inverse A^{-1} eindeutig bestimmt.

Das obige Kriterium besagt, dass eine quadratische Matrix A invertierbar ist, wenn der Rang der Matrix A gleich der Dimension n ist. Diese Aussage wird mit „Die Matrix **A hat vollen Rang**" beschrieben.

Die Inverse der Matrix $A = \begin{pmatrix} 1 & 0 & 1 \\ 0 & 1 & -\frac{1}{2} \\ 0 & -1 & 2 \end{pmatrix}$ ist $A^{-1} = \begin{pmatrix} 1 & -1 & -1 \\ 0 & 2 & 1 \\ 0 & 1 & 1 \end{pmatrix}$, denn

$$AA^{-1} = A^{-1}A = \begin{pmatrix} 1 & 0 & 0 \\ 0 & 1 & 0 \\ 0 & 0 & 1 \end{pmatrix}.$$

Für $A = \begin{pmatrix} a & 0 & 0 \\ 0 & b & 0 \\ 0 & 0 & c \end{pmatrix}$ mit $a, b, c \neq 0$ gilt: $A^{-1} = \begin{pmatrix} \frac{1}{a} & 0 & 0 \\ 0 & \frac{1}{b} & 0 \\ 0 & 0 & \frac{1}{c} \end{pmatrix}$, denn $AA^{-1} = A^{-1}A = I_3$.

Ist $A = \begin{pmatrix} a & b \\ c & d \end{pmatrix}$, wobei $ad - bc \neq 0$ erfüllt sei, so gilt für die Inverse: $A^{-1} = \frac{1}{ad-bc} \begin{pmatrix} d & -b \\ -c & a \end{pmatrix}$. Eine einfache Rechnung zeigt $AA^{-1} = A^{-1}A = I_2$.

Zum Nachweis, dass eine Matrix A^{-1} die Inverse einer Matrix A ist, sind gemäß der Definition die Gleichungen $AA^{-1} = I$ und $A^{-1}A = I$ zu bestätigen. Aus den folgenden Regeln ergibt sich, dass nur eine der Gleichungen $AA^{-1} = I$ und $A^{-1}A = I$ nachgerechnet werden muss. Ist eine der Gleichungen wahr, so ist die andere ebenfalls wahr.

Sei $A \in \mathcal{M}_{n,n}$ eine reguläre Matrix. Dann gilt:

- Aus $AB = I_n$ für ein $B \in \mathcal{M}_{n,n}$ folgt $B = A^{-1}$.

- Aus $CA = I_n$ für ein $C \in \mathcal{M}_{n,n}$ folgt $C = A^{-1}$.

- $(A^{-1})^{-1} = A$, $(\alpha A)^{-1} = \frac{1}{\alpha} A^{-1}$ für $\alpha \neq 0$.

- Ist A symmetrisch, so ist auch A^{-1} symmetrisch.

- Ist $B \in \mathcal{M}_{n,n}$ regulär, so sind AB und BA regulär, und es gilt:

$$(AB)^{-1} = B^{-1}A^{-1}, (BA)^{-1} = A^{-1}B^{-1}.$$

- $(A')^{-1} = (A^{-1})'$.

Nutzen der Inversen

Ist $Ax = b$ ein lineares Gleichungssystem mit regulärer Matrix A, so ist

$$Ax = b \implies A^{-1}Ax = A^{-1}b \implies Ix = A^{-1}b \implies x = A^{-1}b$$

und andererseits

$$x = A^{-1}b \implies Ax = AA^{-1}b \implies Ax = b.$$

Damit ergibt sich die Äquivalenz

$$Ax = b \iff x = A^{-1}b$$

und folglich die Lösung des Gleichungssystems.

Gesucht ist die Lösung des Gleichungsystems $Ax = b$ mit $A = \begin{pmatrix} 1 & 0 & 1 \\ 0 & 1 & -1 \\ 0 & -1 & 2 \end{pmatrix}$ und $b = \begin{pmatrix} 3 \\ 2 \\ 1 \end{pmatrix}$. Da nach obigen Überlegungen $A^{-1} = \begin{pmatrix} 1 & -1 & -1 \\ 0 & 2 & 1 \\ 0 & 1 & 1 \end{pmatrix}$ gilt, erhält man sofort: $Ax = b \iff x = A^{-1}b \iff x = \begin{pmatrix} 0 \\ 5 \\ 3 \end{pmatrix}$.

Bemerkung

Diese Lösungsmöglichkeit für Gleichungssysteme mit regulärer Matrix A ist von Vorteil, wenn verschiedene „rechte Seiten", d. h. verschiedene Vektoren b, betrachtet werden sollen. Diese Situation tritt etwa dann auf, wenn das Gleichungssystem einen Produktionsprozess beschreibt, und die Festlegung von Produktionsprogrammen x für unterschiedliche Kapazitätsvektoren b von Interesse ist.

Mit regulären Matrizen können Matrixgleichungen durch Matrixmultiplikationen äquivalent umgeformt werden.

Sind A_1 und A_2 regulär und gilt $B = C$, dann ist

$$B = C \iff A_1 B = A_1 C$$
$$\iff B A_2 = C A_2,$$

wobei die Matrixprodukte als wohldefiniert vorausgesetzt sind.

Die Begründung dieser Regel ist einfach:

$$B = C \overset{\text{s.o.}}{\Longrightarrow} A_1 B = A_1 C \overset{A_1 \text{regulär}}{\Longrightarrow} \underbrace{A_1^{-1} A_1}_{I} B = \underbrace{A_1^{-1} A_1}_{I} C \Longrightarrow B = C$$

Damit gilt also: $B = C \iff A_1 B = A_1 C$. Die zweite Äquivalenz folgt analog.

Zur Darstellung von elementaren Zeilenumformungen wurden Hilfsmatrizen M_i eingeführt, die bei der Lösung von Gleichungssystemen in der folgenden Implikation auftreten:

$$Ax = b \Longrightarrow M_l \cdot \ldots \cdot M_1 Ax = M_l \cdot \ldots \cdot M_1 b$$

Einfache Überlegungen zeigen, dass diese Hilfsmatrizen stets regulär sind. Aus der Gültigkeit der rechten Gleichung in der obigen Implikation folgt daher:

$$\underbrace{M_l^{-1} M_l}_{I} \cdot \ldots \cdot M_1 Ax = \underbrace{M_l^{-1} M_l}_{I} \cdot \ldots \cdot M_1 b$$
$$\Longrightarrow \quad M_{l-1} \cdot \ldots \cdot M_1 Ax = M_{l-1} \cdot \ldots \cdot M_1 b$$
$$\Longrightarrow \quad \ldots \Longrightarrow Ax = b.$$

Also gilt die Äquivalenz:

$$Ax = b \iff M_l \cdot \ldots \cdot M_1 Ax = M_l \cdot \ldots \cdot M_1 b.$$

Bestimmung der Inversen

Seien $M_1, \ldots, M_l$ die Hilfsmatrizen, die die reguläre Matrix A durch elementare Zeilenumformungen in $\widetilde{A} = I$ überführen, d. h. :

$$M_l \cdot \ldots \cdot M_1 A = I \quad (= A^{-1} A).$$

Durch Multiplikation mit A^{-1} von rechts erhält man:

$$M_l \cdot \ldots \cdot M_1 I = A^{-1}.$$

Das bedeutet, dass dieselben Umformungen angewendet auf die Einheitsmatrix I die Inverse A^{-1} liefern, falls diese existiert. Diese Beobachtung liefert ein Berechnungsverfahren für die Inverse einer Matrix.

> Die Berechnung der Inversen erfolgt mit dem Gauß-Algorithmus im erweiterten
> Schema: $(A|I) \longrightarrow \ldots \longrightarrow (I|A^{-1})$.

Sei $A = \begin{pmatrix} 1 & 0 & 1 \\ 0 & 1 & -1 \\ 0 & -1 & 2 \end{pmatrix} \in \mathcal{M}_{3,3}$. Mit dem genannten Verfahren wird die Inverse von A berechnet.   **B**

$$(A|I_3) = \begin{pmatrix} 1 & 0 & 1 & \bigm| & 1 & 0 & 0 \\ 0 & 1 & -1 & \bigm| & 0 & 1 & 0 \\ 0 & -1 & 2 & \bigm| & 0 & 0 & 1 \end{pmatrix}$$

$$\longrightarrow \begin{pmatrix} 1 & 0 & 1 & \bigm| & 1 & 0 & 0 \\ 0 & 1 & -1 & \bigm| & 0 & 1 & 0 \\ 0 & 0 & 1 & \bigm| & 0 & 1 & 1 \end{pmatrix}$$

$$\longrightarrow \begin{pmatrix} 1 & 0 & 0 & \bigm| & 1 & -1 & -1 \\ 0 & 1 & 0 & \bigm| & 0 & 2 & 1 \\ 0 & 0 & 1 & \bigm| & 0 & 1 & 1 \end{pmatrix} = (I_3|A^{-1}).$$

Diese Rechnung bestätigt das bereits bekannte Ergebnis $A^{-1} \overset{\text{s.o.}}{=} \begin{pmatrix} 1 & -1 & -1 \\ 0 & 2 & 1 \\ 0 & 1 & 1 \end{pmatrix}$.

Bei der Anwendung dieses Schemas wird gleichzeitig erkannt, <u>ob</u> A eine Inverse besitzt. Dies ist nur dann der Fall, wenn im linken Teil des erweiterten Schemas durch die Anwendung elementarer Zeilenumformungen schließlich die Einheitsmatrix erzeugt wird.

Der Gauß-Algorithmus kann früher abgebrochen werden, wenn erkennbar ist, dass die Matrix A nicht den vollen Rang besitzt und daher nicht invertierbar ist.

Wird jedoch bei einer $(n \times n)$-Matrix eine Treppenform mit n Stufenabsätzen erreicht, deren Einträge nicht gleich Null sind, so hat die Matrix A offenbar vollen Rang ($\mathbf{rg}\,(A) = n$) und ist invertierbar. Es werden wiederum elementare Zeilenumformungen dazu verwendet, im vorderen Teil des erweiterten Schemas die Einheitsmatrix zu erzeugen. Durch entsprechende Multiplikationen der Zeilen mit Konstanten können die Einsen auf den Stufenkanten erzeugt werden. Dann verwendet man sukzessive den 3. Umformungsschritt, jetzt mit dem n-ten Eintrag der n-ten Zeile beginnend, um Nullen oberhalb der Stufenabsätze und damit die Einheitsmatrix zu erzeugen.

Die Matrixinversion kann zur Lösung von linearen Gleichungssystemen natürlich nicht immer eingesetzt werden, denn die Koeffizientenmatrix ist möglicherweise nicht quadratisch oder die Inverse existiert nicht. Mehr dazu findet sich im nächsten Kapitel im Rahmen der Lösung beliebiger linearer Gleichungssysteme.

Alle Vektoren des $\mathbb{R}^3$ können durch die Basis   **B**

$$\left\{ \begin{pmatrix} 1 \\ 1 \\ 1 \end{pmatrix}, \begin{pmatrix} 1 \\ 1 \\ 0 \end{pmatrix}, \begin{pmatrix} 1 \\ 0 \\ 0 \end{pmatrix} \right\}$$

des $\mathbb{R}^3$ in eindeutiger Weise als Linearkombination dargestellt werden. Für einen Vektor $\begin{pmatrix} x_1 \\ x_2 \\ x_3 \end{pmatrix}$ des $\mathbb{R}^3$ lautet diese:

$$\begin{pmatrix} x_1 \\ x_2 \\ x_3 \end{pmatrix} = \begin{pmatrix} 1 \\ 1 \\ 1 \end{pmatrix} a_1 + \begin{pmatrix} 1 \\ 1 \\ 0 \end{pmatrix} a_2 + \begin{pmatrix} 1 \\ 0 \\ 0 \end{pmatrix} a_3$$

$$\Longleftrightarrow \quad \underbrace{\begin{pmatrix} 1 & 1 & 1 \\ 1 & 1 & 0 \\ 1 & 0 & 0 \end{pmatrix}}_{A} \begin{pmatrix} a_1 \\ a_2 \\ a_3 \end{pmatrix} = \begin{pmatrix} x_1 \\ x_2 \\ x_3 \end{pmatrix}.$$

Für einen vorgegeben Vektor $(x_1, x_2, x_3)'$ sind die zugehörigen Werte der Parameter a_1, a_2 und a_3 gesucht. Da jeder Vektor des $\mathbb{R}^3$ durch eine Basis des $\mathbb{R}^3$ eindeutig darstellbar ist, kann die Lösung über die Inverse der Matrix A erfolgen.

$$(A|I_3) = \left(\begin{array}{ccc|ccc} 1 & 1 & 1 & 1 & 0 & 0 \\ 1 & 1 & 0 & 0 & 1 & 0 \\ 1 & 0 & 0 & 0 & 0 & 1 \end{array} \right)$$

$$\longrightarrow \left(\begin{array}{ccc|ccc} 1 & 1 & 1 & 1 & 0 & 0 \\ 0 & 0 & -1 & -1 & 1 & 0 \\ 0 & -1 & -1 & -1 & 0 & 1 \end{array} \right)$$

$$\longrightarrow \left(\begin{array}{ccc|ccc} 1 & 1 & 1 & 1 & 0 & 0 \\ 0 & 1 & 0 & 0 & 1 & -1 \\ 0 & -1 & -1 & -1 & 0 & 1 \end{array} \right)$$

$$\longrightarrow \left(\begin{array}{ccc|ccc} 1 & 1 & 1 & 1 & 0 & 0 \\ 0 & 1 & 0 & 0 & 1 & -1 \\ 0 & 0 & 1 & 1 & -1 & 0 \end{array} \right)$$

$$\longrightarrow \left(\begin{array}{ccc|ccc} 1 & 0 & 0 & 0 & 0 & 1 \\ 0 & 1 & 0 & 0 & 1 & -1 \\ 0 & 0 & 1 & 1 & -1 & 0 \end{array} \right) = (I_3|A^{-1})$$

Das Problem der fehlenden Treppenform nach der ersten Umformung wird hier so gelöst, dass die dritte Zeile von der zweiten subtrahiert wird. Dann kann der Gauß-Algorithmus fortgesetzt werden.

Eine Alternative ist in diesem Beispiel eine Zeilenvertauschung.

$$\left(\begin{array}{ccc|ccc} 1 & 1 & 1 & 1 & 0 & 0 \\ 1 & 1 & 0 & 0 & 1 & 0 \\ 1 & 0 & 0 & 0 & 0 & 1 \end{array}\right)$$

$$\longrightarrow \left(\begin{array}{ccc|ccc} 1 & 1 & 1 & 1 & 0 & 0 \\ 0 & 0 & -1 & -1 & 1 & 0 \\ 0 & -1 & -1 & -1 & 0 & 1 \end{array}\right)$$

$$\longrightarrow \left(\begin{array}{ccc|ccc} 1 & 1 & 1 & 1 & 0 & 0 \\ 0 & -1 & -1 & -1 & 0 & 1 \\ 0 & 0 & -1 & -1 & 1 & 0 \end{array}\right) \begin{array}{c} \\ \\ |\cdot(-1) \end{array}$$

$$\longrightarrow \left(\begin{array}{ccc|ccc} 1 & 1 & 0 & 0 & 1 & 0 \\ 0 & -1 & 0 & 0 & -1 & 1 \\ 0 & 0 & 1 & 1 & -1 & 0 \end{array}\right) \begin{array}{c} \\ |\cdot(-1) \\ \\ \end{array}$$

$$\longrightarrow \left(\begin{array}{ccc|ccc} 1 & 0 & 0 & 0 & 0 & 1 \\ 0 & 1 & 0 & 0 & 1 & -1 \\ 0 & 0 & 1 & 1 & -1 & 0 \end{array}\right) = (I_3 | A^{-1})$$

Daher gilt: $\begin{pmatrix} a_1 \\ a_2 \\ a_3 \end{pmatrix} = A^{-1} \begin{pmatrix} x_1 \\ x_2 \\ x_3 \end{pmatrix}$.

Für $\begin{pmatrix} x_1 \\ x_2 \\ x_3 \end{pmatrix} = \begin{pmatrix} 1 \\ 2 \\ 3 \end{pmatrix}$ wie im obigen Beispiel gilt somit $A^{-1} \begin{pmatrix} 1 \\ 2 \\ 3 \end{pmatrix} = \begin{pmatrix} 3 \\ -1 \\ -1 \end{pmatrix}$.

Bemerkung

- Eine Zeilenvertauschung verhilft im obigen Beispiel zur schnelleren Berechnung der Lösung des Gleichungssystems. Setzt man nämlich $B = \begin{pmatrix} 1 & 0 & 0 \\ 1 & 1 & 0 \\ 1 & 1 & 1 \end{pmatrix}$, so erhält man das Gleichungssystem $B \begin{pmatrix} a_1 \\ a_2 \\ a_3 \end{pmatrix} = \begin{pmatrix} x_3 \\ x_2 \\ x_1 \end{pmatrix}$.

  Die erste und dritte Zeile sind gegenüber dem Ansatz

  $$A \begin{pmatrix} a_1 \\ a_2 \\ a_3 \end{pmatrix} = \begin{pmatrix} x_1 \\ x_2 \\ x_3 \end{pmatrix}$$

  vertauscht. Dann ist wegen

  $$(B|I_3) = \left(\begin{array}{ccc|ccc} 1 & 0 & 0 & 1 & 0 & 0 \\ 1 & 1 & 0 & 0 & 1 & 0 \\ 1 & 1 & 1 & 0 & 0 & 1 \end{array}\right)$$

$$\longrightarrow \left(\begin{array}{ccc|ccc} 1 & 0 & 0 & 1 & 0 & 0 \\ 0 & 1 & 0 & -1 & 1 & 0 \\ 0 & 0 & 1 & 0 & -1 & 1 \end{array} \right) = (I_3|B^{-1})$$

der Vektor $\left(\begin{smallmatrix} a_1 \\ a_2 \\ a_3 \end{smallmatrix} \right)$ gegeben durch $B^{-1} \left(\begin{smallmatrix} 3 \\ 2 \\ 1 \end{smallmatrix} \right) = \left(\begin{smallmatrix} 3 \\ -1 \\ -1 \end{smallmatrix} \right)$.

- Soll die Inverse A^{-1} im obigen Beispiel bestimmt werden, führt auch hier eine Zeilenvertauschung schneller zum Ziel.

Der dritte Zeilenvektor von A ist der transponierte erste Einheitsvektor, der in der Berechnung angestrebt wird. Tauscht man diesen in die erste Zeile, so muss er nicht mehr verändert werden und wird auch im Verlauf des Gauß-Algorithmus nicht mehr verändert.

$$(A|I_3) = \left(\begin{array}{ccc|ccc} 1 & 1 & 1 & 1 & 0 & 0 \\ 1 & 1 & 0 & 0 & 1 & 0 \\ 1 & 0 & 0 & 0 & 0 & 1 \end{array} \right)$$

$$\longrightarrow \left(\begin{array}{ccc|ccc} 1 & 0 & 0 & 0 & 0 & 1 \\ 1 & 1 & 0 & 0 & 1 & 0 \\ 1 & 1 & 1 & 1 & 0 & 0 \end{array} \right)$$

$$\longrightarrow \left(\begin{array}{ccc|ccc} 1 & 0 & 0 & 0 & 0 & 1 \\ 0 & 1 & 0 & 0 & 1 & -1 \\ 0 & 0 & 1 & 1 & -1 & 0 \end{array} \right) = (I_3|A^{-1})$$

Abweichend von dem bisher strikten Vorgehen bei der Anwendung der elementaren Zeilenumformungen (für die Zeilen in ihrer Reihenfolge: „von oben nach unten") führen die Umformungen des zweiten Schritts zu einem verringerten Rechenaufwand. Es ist jedoch nicht möglich, allgemeine Regeln zu formulieren, wann etwa Zeilenvertauschungen den nachfolgenden Rechenaufwand verringern. Ein „scharfes Hinsehen" kann die Arbeit oft erleichtern.

B In diesem Beispiel wird demonstriert, dass mit dem Gauß-Verfahren erkannt wird, dass die Inverse einer Matrix nicht existiert. Sei dazu $A = \left(\begin{smallmatrix} 1 & 2 & 1 \\ 2 & 5 & 1 \\ 0 & 1 & -1 \end{smallmatrix} \right)$.

Die Durchführung des Gauß-Verfahrens ergibt:

$$(A|I_3) = \left(\begin{array}{ccc|ccc} 1 & 2 & 1 & 1 & 0 & 0 \\ 2 & 5 & 1 & 0 & 1 & 0 \\ 0 & 1 & -1 & 0 & 0 & 1 \end{array} \right)$$

$$\longrightarrow \left(\begin{array}{ccc|ccc} 1 & 2 & 1 & 1 & 0 & 0 \\ 0 & 1 & -1 & -2 & 1 & 0 \\ 0 & 1 & -1 & 0 & 0 & 1 \end{array} \right) \underset{\sim}{\overset{-1)}{\curvearrowleft}}$$

$$\longrightarrow \left(\begin{array}{ccc|ccc} 1 & 2 & 1 & 1 & 0 & 0 \\ 0 & 1 & -1 & -2 & 1 & 0 \\ 0 & 0 & 0 & 2 & -1 & 1 \end{array} \right)$$

Die Inverse zu A existiert nicht, da $\mathbf{rg}\,(A) = 2 < 3$ ist. („Scharfes Hinsehen" verringert den Arbeitsaufwand erheblich, denn das Doppelte des 1. Zeilenvektors von A vom 2. Zeilenvektor von A subtrahiert ergibt den 3. Zeilenvektor; die Zeilenvektoren sind also linear abhängig, und der Rang von A ist damit kleiner als 3.)

Zur Interpretation dieses Verfahrens

In der Gestalt eines Gleichungssystems mit

$$I_3 = (e_1, e_2, e_3), \quad e_1 = \begin{pmatrix} 1 \\ 0 \\ 0 \end{pmatrix}, e_2 = \begin{pmatrix} 0 \\ 1 \\ 0 \end{pmatrix}, e_3 = \begin{pmatrix} 0 \\ 0 \\ 1 \end{pmatrix}$$

ist die Matrixgleichung $AX = I_3$ für die Matrixvariable $X = (x_{ij})_{i,j}$ zu lösen. (Falls eine Lösungsmatrix X existiert, so ist $X = A^{-1}$.)

$$AX = I_3 \iff A \begin{pmatrix} x_{11} \\ x_{21} \\ x_{31} \end{pmatrix} = e_1 \wedge A \begin{pmatrix} x_{12} \\ x_{22} \\ x_{32} \end{pmatrix} = e_2 \wedge A \begin{pmatrix} x_{13} \\ x_{23} \\ x_{33} \end{pmatrix} = e_3.$$

Die Berechnung der Inversen ist daher äquivalent zur Lösung dreier linearer Gleichungssysteme.

Zur Berechnung von A^{-1} werden <u>simultan</u> elementare Zeilenumformungen durchgeführt, etwa $M_1, \ldots, M_l$. Damit ist

$$A \begin{pmatrix} x_{11} \\ x_{21} \\ x_{31} \end{pmatrix} = e_1 \iff M_l \cdot \ldots \cdot M_1 A \begin{pmatrix} x_{11} \\ x_{21} \\ x_{31} \end{pmatrix} = M_l \cdot \ldots \cdot M_1 e_1.$$

Im Beispiel ergibt dies: $\begin{pmatrix} 1 & 2 & 1 \\ 0 & 1 & -1 \\ 0 & 0 & 0 \end{pmatrix} \begin{pmatrix} x_{11} \\ x_{21} \\ x_{31} \end{pmatrix} = \begin{pmatrix} 1 \\ -2 \\ 2 \end{pmatrix}$

Die letzte Zeile dieses Gleichungssystems lautet $0 \cdot x_{11} + 0 \cdot x_{21} + 0 \cdot x_{31} = 2$ und führt zum Widerspruch, so dass das Gleichungssystem keine Lösung besitzt. Die Nichtexistenz einer Inversen ist also gleichbedeutend damit, dass eines der Gleichungssysteme nicht lösbar ist.

Beispiel zur Input-Output-Analyse

Die volkswirtschaftliche Input-Output-Analyse wurde von W. Leontief begründet. Im makroökonomischen Modell geht es um die Modellierung und die Analyse der Leistungsverflechtung von Wirtschaftssektoren. Das Konzept ist ebenso anwendbar auf innerbetriebliche Leistungsverflechtungen. In Produktionsprozessen werden etwa Zwischenprodukte zur weiteren Bearbeitung an andere Abteilungen geleitet. Untersucht wird z.B. ein Produktionsbetrieb, bei dem ein Teil der hergestellten Produkte wieder in die eigene Produktion eingeht (z.B. chemische Industrie). Der Betrieb stelle n Produkte $P_1, \dots, P_n$ her. Eine Beschreibung der Verflechtung erfolgt durch die sogenannte Eigenbedarfsmatrix (auch Direktbedarfsmatrix) $A = (a_{ij})_{i,j} \in \mathcal{M}_{n,n}$. Dabei bezeichnet a_{ij} die Anzahl der Mengeneinheiten von P_i, die zur Herstellung einer Mengeneinheit von P_j benötigt werden ($a_{ij} \geq 0$, $i, j \in \{1, \dots, n\}$). Die Einträge von A werden auch als Inputkoeffizienten bezeichnet. Die Verflechtung wird im sogenannten **Gozinto-Graphen** (Kunstwort von „goes into") veranschaulicht.

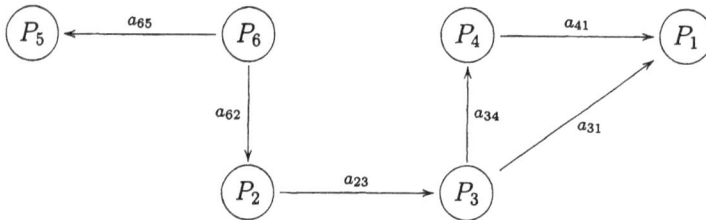

Gozinto-Graph

(Ein fehlender Pfeil zwischen P_i und P_j bedeutet $a_{ij} = 0$, hier ist z.B. $a_{14} = 0$.)

Es werde nun angenommen, dass eine Bestellung über die Mengen $x_1, \dots, x_n$ von $P_1, \dots, P_n$ eingeht ($x_i \geq 0$, $i \in \{1, \dots, n\}$).

Dies führt zu der Aufgabe, die tatsächlich zu produzierenden Mengen (Bruttoproduktionsmengen) $y_1, \dots, y_n$ von $P_1, \dots, P_n$ ($y_i \geq 0$, $i \in \{1, \dots, n\}$), zu bestimmen. Die Bruttoproduktionsmengen setzen sich aus dem Eigenbedarf und den Auslieferungsmengen $x_1, \dots, x_n$ zusammen.

Zur Lösung der Aufgabe wird die Matrix $M \in \mathcal{M}_{n,n}$ mit $M \begin{pmatrix} x_1 \\ \vdots \\ x_n \end{pmatrix} = \begin{pmatrix} y_1 \\ \vdots \\ y_n \end{pmatrix}$ bestimmt.

Dabei gilt, wie nachfolgend begründet wird: $M = (I_n - A)^{-1}$.

Zunächst gilt für die von P_i benötigte Menge y_i:

$$y_i = \sum_{j=1}^{n} a_{ij} y_j + x_i \text{ für } i \in \{1, \dots, n\},$$

da diese Menge interpretiert werden kann als

$$y_i = \text{Eigenverbrauch } + \text{ auszuliefernde Menge von } P_i.$$

Zur Produktion von y_1 Einheiten von $P_1, \ldots,$ und y_n Einheiten von P_n werden jeweils $y_1 a_{i1} + \cdots + y_n a_{in} = \sum\limits_{j=1}^{n} a_{ij} y_j$ Einheiten von P_i benötigt, $i \in \{1, \ldots, n\}$.

Dies ergibt das lineare Gleichungssystem:

$$\begin{pmatrix} y_1 \\ \vdots \\ y_n \end{pmatrix} = \begin{pmatrix} \sum\limits_{j=1}^{n} a_{1j} y_j \\ \vdots \\ \sum\limits_{j=1}^{n} a_{nj} y_j \end{pmatrix} + \begin{pmatrix} x_1 \\ \vdots \\ x_n \end{pmatrix}$$

$$\iff \begin{pmatrix} y_1 \\ \vdots \\ y_n \end{pmatrix} = \begin{pmatrix} a_{11} & \cdots & a_{1n} \\ \vdots & & \vdots \\ a_{n1} & \cdots & a_{nn} \end{pmatrix} \begin{pmatrix} y_1 \\ \vdots \\ y_n \end{pmatrix} + \begin{pmatrix} x_1 \\ \vdots \\ x_n \end{pmatrix}$$

$$\iff \begin{pmatrix} y_1 \\ \vdots \\ y_n \end{pmatrix} - A \begin{pmatrix} y_1 \\ \vdots \\ y_n \end{pmatrix} = \begin{pmatrix} x_1 \\ \vdots \\ x_n \end{pmatrix} \iff (I_n - A) \begin{pmatrix} y_1 \\ \vdots \\ y_n \end{pmatrix} = \begin{pmatrix} x_1 \\ \vdots \\ x_n \end{pmatrix}$$

$$\iff \begin{pmatrix} y_1 \\ \vdots \\ y_n \end{pmatrix} = (I_n - A)^{-1} \begin{pmatrix} x_1 \\ \vdots \\ x_n \end{pmatrix}, \text{ falls } I_n - A \text{ regulär ist.}$$

Die Matrix $(I_n - A)^{-1}$ wird als **Gesamtbedarfsmatrix** und die Matrix $(I_n - A)$ als **technologische Matrix** bezeichnet.

Für die Produkte $P_1, \ldots, P_5$ ist die Leistungsverflechtung im Produktionsprozess beschrieben durch den Gozinto-Graphen:

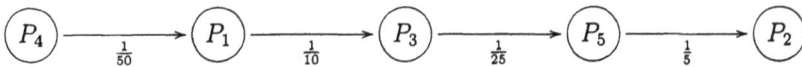

Die Eigenbedarfsmatrix ist also gegeben durch

$$A = \begin{pmatrix} 0 & 0 & \frac{1}{10} & 0 & 0 \\ 0 & 0 & 0 & 0 & 0 \\ 0 & 0 & 0 & 0 & \frac{1}{25} \\ \frac{1}{50} & 0 & 0 & 0 & 0 \\ 0 & \frac{1}{5} & 0 & 0 & 0 \end{pmatrix}$$

Zur Bestimmung von $(I_5 - A)^{-1}$ beginnt man im erweiterten Schema $(I_5 - A|I_5)$:

$$
\left(
\begin{array}{ccccc|ccccc}
1 & 0 & -\frac{1}{10} & 0 & 0 & 1 & 0 & 0 & 0 & 0 \\
0 & 1 & 0 & 0 & 0 & 0 & 1 & 0 & 0 & 0 \\
0 & 0 & 1 & 0 & -\frac{1}{25} & 0 & 0 & 1 & 0 & 0 \\
-\frac{1}{50} & 0 & 0 & 1 & 0 & 0 & 0 & 0 & 1 & 0 \\
0 & -\frac{1}{5} & 0 & 0 & 1 & 0 & 0 & 0 & 0 & 1
\end{array}
\right)
$$

$$
\longrightarrow
\left(
\begin{array}{ccccc|ccccc}
1 & 0 & 0 & 0 & -\frac{1}{250} & 1 & 0 & \frac{1}{10} & 0 & 0 \\
0 & 1 & 0 & 0 & 0 & 0 & 1 & 0 & 0 & 0 \\
0 & 0 & 1 & 0 & -\frac{1}{25} & 0 & 0 & 1 & 0 & 0 \\
0 & 0 & -\frac{1}{500} & 1 & 0 & \frac{1}{50} & 0 & 0 & 1 & 0 \\
0 & 0 & 0 & 0 & 1 & 0 & \frac{1}{5} & 0 & 0 & 1
\end{array}
\right)
$$

$$
\longrightarrow
\left(
\begin{array}{ccccc|ccccc}
1 & 0 & 0 & 0 & 0 & 1 & \frac{1}{1250} & \frac{1}{10} & 0 & \frac{1}{250} \\
0 & 1 & 0 & 0 & 0 & 0 & 1 & 0 & 0 & 0 \\
0 & 0 & 1 & 0 & 0 & 0 & \frac{1}{125} & 1 & 0 & \frac{1}{25} \\
0 & 0 & 0 & 1 & 0 & \frac{1}{50} & \frac{1}{62500} & \frac{1}{500} & 1 & \frac{1}{12500} \\
0 & 0 & 0 & 0 & 1 & 0 & \frac{1}{5} & 0 & 0 & 1
\end{array}
\right) = \left(I_5 | (I_5 - A)^{-1}\right)
$$

Geht eine Bestellung von $(x_1, \ldots, x_5) = (10, 20, 20, 0, 10)$ ein, so ist der Vektor der Brut-toproduktionsmengen gegeben durch

$$
\begin{pmatrix} y_1 \\ \vdots \\ y_5 \end{pmatrix} = (I_5 - A)^{-1} \begin{pmatrix} x_1 \\ \vdots \\ x_5 \end{pmatrix} = \begin{pmatrix} 12.056 \\ 20 \\ 20.56 \\ 0.24112 \\ 14 \end{pmatrix}
$$

Modelle dieser Art werden in der Industriebetriebslehre oder Produktionswirtschaft be-trachtet. Hier wurde ein Leontief-Modell als ein sogenanntes linear-limitationales Modell angesetzt. Dabei werden feste Faktormengenkombinationen vorausgesetzt, wobei kein Faktor durch einen anderen oder durch eine Kombination anderer Faktoren substituiert werden kann. Ist die Menge eines Faktors fest vorgegeben, so limitiert dieser Faktor die Ausbringung. Die Linearität bezieht sich auf die (linearen) Gleichungen zur Beschreibung der Leistungsverflechtungen.

Aufgaben

Aufgabe 7.1

(a) Sind die Vektoren $(2, 1, 0)'$, $(1, 4, 1)'$ und $(3, 1, 3)'$ linear unabhängig im $\mathbb{R}^3$?

(b) Für welche $x \in \mathbb{R}$ sind die Vektoren $\begin{pmatrix} 1 \\ 2 \\ 3 \end{pmatrix}$, $\begin{pmatrix} 2 \\ 0 \\ 5 \end{pmatrix}$, $\begin{pmatrix} 3 \\ 2 \\ x \end{pmatrix}$ im $\mathbb{R}^3$ linear unabhängig?

Aufgabe 7.2

Ein Unternehmen fertigt aus drei Rohstoffen R_1, R_2 und R_3 drei Zwischenprodukte Z_1, Z_2 und Z_3, die in die Produktion der beiden Endprodukte E_1 und E_2 eingehen. Die beiden Stufen der Produktion werden durch die folgenden Matrizen beschrieben:

$$A = (a_{ij})_{i,j} = \begin{pmatrix} 3 & 2 & 2 \\ 4 & 1 & 3 \\ 1 & 1 & 1 \end{pmatrix}, \qquad B = (b_{jk})_{j,k} = \begin{pmatrix} 2 & 1 \\ 1 & 1 \\ 0 & 4 \end{pmatrix}$$

(d. h. a_{ij} ist die Anzahl der Mengeneinheiten (ME) von Rohstoff R_i, die für die Produktion einer ME des Zwischenprodukts Z_j benötigt werden, b_{jk} ist die Anzahl der ME von Zwischenprodukt Z_j, die für die Produktion einer ME des Endprodukts E_k gebraucht werden).

(a) Bestimmen Sie die Gesamtproduktionsmatrix.

(b) Welcher Bedarf an Rohstoffen ergibt sich bei einer Produktion von 15 ME E_1 und 20 ME E_2?

(c) Es stehen 760 ME R_1, 950 ME R_2 und 330 ME R_3 zur Verfügung. Wie viele Mengeneinheiten der Endprodukte können damit hergestellt werden?

Aufgabe 7.3

Ein zweistufiger Produktionsprozess mit den Rohstoffen R_1, R_2, den Zwischenprodukten Z_1, Z_2, Z_3 und den Endprodukten E_1 und E_2 wird durch die folgenden Produktionstabellen beschrieben:

	Z_1	Z_2	Z_3
R_1	2	1	0
R_2	1	4	5

	E_1	E_2
Z_1	1	0
Z_2	0	2
Z_3	3	4

(a) Bestimmen Sie die Produktionsmatrix der Gesamtproduktion.

(b) Es sollen 20 Einheiten E_1 und 75 Einheiten E_2 hergestellt werden. Berechnen Sie den Rohstoffbedarf.

(c) Der Rohstoffpreisvektor sei $(8, 7)$, der Preisvektor für die Endprodukte sei $(200, 320)$ [in €]. Berechnen Sie für die Produktionsmengen in (b) die Kosten der Gesamtproduktion, den Umsatz und den Gewinn.

(d) Bei welchen Produktionsmengen von E_1 und E_2 wird der Lagerbestand von 44 Einheiten R_1 und 472 Einheiten R_2 restlos verbraucht?

Aufgabe 7.4
Bringen Sie die Matrix

$$D = \begin{pmatrix} 1 & 2 & 2 & 3 & -1 & 0 & -2 \\ 2 & 4 & 5 & 7 & -4 & 1 & -8 \\ 3 & 6 & 7 & 11 & -1 & 3 & -3 \\ 1 & 2 & 2 & 4 & 3 & 2 & 5 \\ -3 & -6 & -7 & -10 & 5 & -1 & 10 \end{pmatrix}$$

auf Normalform, und bestimmen Sie den Rang von D.

Aufgabe 7.5
Gegeben seien die Matrizen $A = \begin{pmatrix} 1 & 0 & 1 \\ 2 & 1 & 1 \\ 0 & 0 & 1 \end{pmatrix}$, $B = \begin{pmatrix} -1 & 0 & 0 \\ 1 & 0 & 1 \\ 3 & 2 & 1 \end{pmatrix}$ und $C = \begin{pmatrix} 1 & 0 & 1 \\ 1 & 1 & 1 \\ 0 & 1 & 1 \end{pmatrix}$.

Bestimmen Sie jeweils die Lösungsmatrix X der folgenden Gleichungen:

(a) $CX = C - A + B$,

(b) $(A + B)X = AB$.

Aufgabe 7.6
Ein Betrieb stellt vier Produkte P_1, P_2, P_3 und P_4 her, von denen jeweils eine Teilproduktion wieder für die Herstellung selbst verbraucht wird. Die zum Produktionsprozess gehörende Eigenbedarfsmatrix ist

$$A = \begin{pmatrix} 0 & 2 & 1 & 0 \\ 0 & 0 & 1 & 0 \\ 0 & 0 & 0 & 0 \\ 3 & 0 & 3 & 0 \end{pmatrix} = (a_{ij})_{i,j},$$

wobei a_{ij} die Anzahl der Mengeneinheiten (ME) von P_i ist, die zur Herstellung einer ME von P_j benötigt wird.

(a) Zeichnen Sie den zugehörigen Gozinto-Graphen.

(b) Es geht eine Bestellung über 20 ME P_1, 30 ME P_2, 40 ME P_3 und 50 ME P_4 ein. Wie viele Mengeneinheiten der Produkte müssen tatsächlich produziert werden?

Aufgabe 7.7
Die von einem Betrieb hergestellten Mengen der fünf Produkte P_1, P_2, P_3, P_4 und P_5 gehen zum Teil wieder in die eigene Produktion ein. Die zu dem Produktionsprozess gehörende Eigenbedarfsmatrix ist:

$$A = \begin{pmatrix} 0 & 0 & 2 & 4 & 0 \\ 1 & 0 & 0 & 0 & 1 \\ 0 & 0 & 0 & 2 & 0 \\ 0 & 0 & 0 & 0 & 2 \\ 0 & 0 & 0 & 0 & 0 \end{pmatrix}.$$

(a) Zeichnen Sie den zur Matrix A gehörenden Gozinto-Graphen.

(b) Bestimmen Sie die Gesamtbedarfsmatrix.

(c) Bei obigem Betrieb geht eine Bestellung über 10 ME P_1, 10 ME P_2, 5 ME P_3 und 1 ME P_5 ein. Wie viele ME von P_1, P_2, P_3, P_4 und P_5 müssen für diese Bestellung unter Berücksichtigung des bei der Produktion entstehenden Eigenbedarfs tatsächlich hergestellt werden?

Aufgabe 7.8
Ein Betrieb stellt fünf Produkte P_1, P_2, P_3, P_4 und P_5 her, wobei ein Teil der hergestellten Erzeugnisse selbst wieder in die Produktion eingeht. Die den Produktionsprozess beschreibende Eigenbedarfsmatrix A ist gegeben durch

$$A = \begin{pmatrix} 0 & 1 & 2 & 0 & 0 \\ 0 & 0 & 0 & 3 & 0 \\ 0 & 0 & 0 & 1 & 0 \\ 0 & 0 & 0 & 0 & 4 \\ 0 & 0 & 0 & 0 & 0 \end{pmatrix}.$$

(a) Zeichnen Sie den zugehörigen Gozinto-Graphen.

(b) Bestimmen Sie die Gesamtbedarfsmatrix.

(c) Bei einer Bestellung über jeweils x_i Mengeneinheiten von P_i, $i \in \{1, 2, 3, 4, 5\}$, sind die tatsächlich (d.h. unter Berücksichtigung des Eigenbedarfs) zu produzierenden Mengeneinheiten y_i der Produkte P_i, $i \in \{1, 2, 3, 4, 5\}$, durch den Vektor $y = (85, 35, 20, 5, 0)'$ gegeben.

Welche Mengen der Produkte sind bestellt worden?

Weitere Aufgaben

Aufgabe (Lösung s. AL 15.2)

a) Untersuchen Sie, ob die Vektoren v_1, v_2 und v_3 linear abhängig oder linear unabhängig sind:

i) $v_1 = \begin{pmatrix} 1 \\ 1 \\ 0 \end{pmatrix}, v_2 = \begin{pmatrix} 0 \\ 1 \\ 0 \end{pmatrix}, v_3 = \begin{pmatrix} 2 \\ 0 \\ 2 \end{pmatrix}$ ii) $v_1 = \begin{pmatrix} 2 \\ 1 \\ 0 \end{pmatrix}, v_2 = \begin{pmatrix} 1 \\ 0 \\ 2 \end{pmatrix}, v_3 = \begin{pmatrix} 1 \\ 1 \\ 2 \end{pmatrix}$

iii) $v_1 = \begin{pmatrix} 1 \\ 0 \\ 5 \end{pmatrix}, v_2 = \begin{pmatrix} 2 \\ 2 \\ 1 \end{pmatrix}, v_3 = \begin{pmatrix} 4 \\ 4 \\ 2 \end{pmatrix}$ iv) $v_1 = \begin{pmatrix} 1 \\ 3 \\ 4 \end{pmatrix}, v_2 = \begin{pmatrix} 0 \\ 2 \\ 6 \end{pmatrix}, v_3 = \begin{pmatrix} 1 \\ 2 \\ 2 \end{pmatrix}$

b) Gegeben sind drei linear unabhängige Vektoren $a_1, a_2, a_3 \in \mathcal{M}_{n,1}$, $n \geq 3$. Für welches $k \in \mathbb{R}$ sind die Vektoren $b_1 = a_2 + a_3 - 2a_1$, $b_2 = a_3 + a_1 - 2a_2$, $b_3 = a_1 + a_2 - ka_3$ linear abhängig?

Aufgabe (Lösung s. AL 12.3)

Berechnen Sie mit Hilfe der Matrizen $A = \begin{pmatrix} 1 & 3 \\ 0 & 2 \end{pmatrix}$, $B = \begin{pmatrix} 0 & -1 \\ 2 & 4 \end{pmatrix}$ und $C = \begin{pmatrix} -1 & 2 \\ 3 & -2 \end{pmatrix}$ ein Beispiel zum

a) Assoziativgesetz $(A \cdot B) \cdot C = A \cdot (B \cdot C)$,

b) Distributivgesetz $A \cdot (B + C) = A \cdot B + A \cdot C$.

Aufgabe (Lösung s. AL 12.5)

a) Ermitteln Sie die Summe der Matrizen A und B:

   i) $A = \begin{pmatrix} 2 & 0 \\ 1 & 1 \\ 3 & 0 \end{pmatrix}, B = \begin{pmatrix} 3 & 1 \\ 1 & 2 \\ 1 & 2 \end{pmatrix}$ ii) $A = \begin{pmatrix} 3 & 1 & 5 \\ 2 & 4 & 0 \\ 3 & 7 & 8 \end{pmatrix}, B = \begin{pmatrix} -2 & 2 & -3 \\ 1 & 0 & 4 \\ 2 & -4 & -5 \end{pmatrix}$

   iii) $A = \begin{pmatrix} 1 & 8 & 4 & 1 \\ 2 & 1 & 2 & 1 \\ 2 & 5 & 0 & -1 \\ 3 & 4 & -1 & 2 \end{pmatrix}, B = \begin{pmatrix} 2 & -2 & 0 & 2 \\ 0 & 1 & 2 & 2 \\ 0 & -1 & 2 & 4 \\ 1 & 2 & 4 & 1 \end{pmatrix}$

b) Bilden Sie jeweils die transponierte Matrix zu B aus a) i), ii), iii).

c) Bestimmen Sie für die Matrizen A und B aus a) i) die Matrix $X \in \mathcal{M}_{3,2}$, für die gilt: $A - X = 3 \cdot B$.

d) Bilden Sie die folgenden Matrixprodukte für die Matrizen A und B aus a) ii): $A \cdot B, A \cdot B', B' \cdot A'$; ermitteln Sie ferner $(A \cdot B)'$.

Aufgabe (Lösung s. AL 12.9)

Die Lagerbestände der in den Lagern L_1, L_2 und L_3 vorrätigen vier verschiedenen Erzeugnisse E_1, E_2, E_3 und E_4 werden durch die Tabelle

	E_1	E_2	E_3	E_4
L_1	100	200	300	500
L_2	600	500	300	200
L_3	100	250	400	1000

bzw. durch die Matrix $A = \left(a_{ij} \right)_{i,j} = \begin{pmatrix} 100 & 200 & 300 & 500 \\ 600 & 500 & 300 & 200 \\ 100 & 250 & 400 & 1000 \end{pmatrix}$ beschrieben. (Im Lager L_i liegen also a_{ij} kg des Erzeugnisses E_j).

Jedem Lager L_i sollen dreimal b_{ij} kg von E_j und zweimal c_{ij} kg von E_j entnommen werden, $1 \le i \le 3, 1 \le j \le 4$.

a) Welche Bedingungen müssen unter dieser Voraussetzung an die Matrizen $A, B = \left(b_{ij} \right)_{i,j}$ und $C = \left(c_{ij} \right)_{i,j}$ gestellt werden?

b) Ist die Beziehung für $B = \begin{pmatrix} 10 & 20 & 12 & 50 \\ 100 & 100 & 100 & 50 \\ 0 & 10 & 25 & 200 \end{pmatrix}$ und $C = \begin{pmatrix} 25 & 0 & 20 & 10 \\ 150 & 100 & 0 & 25 \\ 45 & 10 & 20 & 50 \end{pmatrix}$ gültig?

c) Seien A und B wie oben. Wie lautet die Matrix C, wenn jedes Lager L_i durch zweimalige Entnahme von c_{ij} kg von E_j und dreimalige Entnahme von b_{ij} kg von E_j vollständig geleert werden soll, $1 \le i \le 3, 1 \le j \le 4$?

d) Die Bestände der Erzeugnisse E_j werden in allen drei Lagern auf das d_j-fache geändert $(d_j > 0, 1 \le j \le 4)$. Stellen Sie eine Matrixgleichung auf, die diesen Sachverhalt beschreibt, indem Sie die Matrix der geänderten Bestände $E \in \mathcal{M}_{3,4}$ als Produkt der Matrix A mit einer geeigneten Matrix D darstellen.

Aufgabe (Lösung s. AL 12.13)

Ein Produktionsbetrieb stellt aus den zwei Rohstoffen R_1 und R_2 drei Zwischenprodukte Z_1, Z_2, Z_3 her, die dann zu den beiden Endprodukten E_1 und E_2 weiterverarbeitet werden. Dieser zweistufige Produktionsprozess wird durch die folgenden Produktionstabellen beschrieben:

	Z_1	Z_2	Z_3
R_1	3	4	2
R_2	7	6	9

	E_1	E_2
Z_1	6	4
Z_2	3	0
Z_3	4	2

(Dies bedeutet etwa, dass zur Herstellung einer Einheit Z_3 genau 9 Einheiten von Rohstoff R_2 eingesetzt werden.) Die Rohstoffpreise betragen 3 € pro Einheit R_1 und 5 € pro Einheit R_2.

a) Bestimmen Sie die Gesamtproduktionsmatrix.

b) Welche Rohstoffkosten entstehen je Einheit der Endprodukte?

c) Welche Rohstoffmengen benötigen Sie zur Produktion von 20 Einheiten des ersten und 10 Einheiten des zweiten Endprodukts?

Aufgabe (Lösung s. AL 15.4)

a) Bestimmen Sie jeweils den Rang der Matrizen A, B, C und D:

$$A = \begin{pmatrix} 2 & 1 & 3 \\ -1 & 3 & -5 \\ 3 & 4 & 2 \\ 2 & 2 & 2 \end{pmatrix}, \quad B = \begin{pmatrix} 1 & 2 & 4 & 1 \\ 2 & 1 & 5 & 8 \\ 1 & 4 & 6 & -3 \end{pmatrix}, \quad C = \begin{pmatrix} 2 & 4 & 0 & 6 \\ 1 & 2 & 0 & 3 \\ 3 & 1 & 5 & -1 \\ 2 & -2 & 6 & -6 \\ -1 & 3 & -5 & 7 \end{pmatrix}, \quad D = \begin{pmatrix} 1 & 2 & -2 & 3 \\ 2 & 5 & -4 & 6 \\ 1 & -3 & 2 & -2 \\ -1 & -20 & 14 & -18 \end{pmatrix}.$$

b) Bestimmen Sie für die Matrizen A, B, C und D jeweils ein maximales System linear unabhängiger Spaltenvektoren, und stellen Sie die jeweils übrigbleibenden Spaltenvektoren als Linearkombinationen dieser Vektoren dar.

Aufgabe (Lösung s. AL 13.3)

Es seien a und b Zahlen mit $a \neq 0, a \neq 1, b \neq 0$.

Untersuchen Sie mit Hilfe elementarer Zeilenumformungen, ob die Matrizen

$$A = \begin{pmatrix} 3 & -1 & -1 \\ -9 & 5 & 15 \\ 15 & -9 & -29 \end{pmatrix} \quad \text{bzw.} \quad B = \begin{pmatrix} 1-a & b & 0 \\ a & 0 & 0 \\ a & 0 & b \end{pmatrix}$$

regulär sind, und bestimmen Sie gegebenenfalls ihre Inversen.

Aufgabe (Lösung s. AL 13.7)

Invertieren Sie die folgenden Matrizen:

$$A = \begin{pmatrix} 1 & 2 & 3 \\ 3 & 1 & 4 \\ 2 & 5 & 2 \end{pmatrix}, \quad B = \begin{pmatrix} 1 & 2 & 1 \\ 0 & -1 & 1 \\ 1 & 0 & 1 \end{pmatrix}, \quad C = \begin{pmatrix} 1 & 1 & 2 & 0 \\ 2 & 3 & 0 & -1 \\ 1 & 1 & 3 & -2 \\ 2 & 2 & 4 & 1 \end{pmatrix}.$$

Aufgabe (Lösung s. AL 13.16)

Bestimmen Sie jeweils die Lösungsmatrizen X der folgenden Gleichungen:

a) $X'(A + B) = C + (A'X)'$, $\quad A, B, C \in \mathcal{M}_{n,n}$ regulär.

b) $((A'X)' - B)C = D$, $\quad A, B, C, D, X \in \mathcal{M}_{n,n}$ regulär.

c) $X'(A' - B') = (BX)'$, $\quad A, B \in \mathcal{M}_{n,m}, X \in \mathcal{M}_{m,1}$.

Aufgabe (Lösung s. AL 13.21)

Ein Betrieb stellt fünf Produkte $P_1, \ldots, P_5$ her. Ein Teil der Erzeugnisse wird jedoch für die Produktion selbst verbraucht. Die zu dem Produktionsprozess gehörige Eigenbedarfsmatrix ist:

$$
\begin{pmatrix}
0 & 0 & 0 & 0 & 0 \\
2 & 0 & 0 & 0 & 1 \\
0 & 0 & 0 & 0 & 4 \\
0 & 3 & 2 & 0 & 0 \\
0 & 0 & 0 & 0 & 0
\end{pmatrix}.
$$

a) Zeichnen Sie den zur Matrix A gehörenden Gozinto-Graphen.

b) Bei obigem Betrieb geht eine Bestellung über 30 Einheiten P_1, 10 Einheiten P_2, 40 Einheiten P_3 und 20 Einheiten P_4 ein. Wie viele Einheiten von $P_1, \ldots, P_5$ müssen für diese Bestellung unter Berücksichtigung des bei der Produktion entstehenden Eigenbedarfs tatsächlich produziert werden?

8 Lineare Gleichungssysteme

In Kapitel 7 wurde die Lösung eines Gleichungssystems $Ax = b$ behandelt, falls A eine reguläre Matrix ist (Lösung: $x = A^{-1}b$). Nun werden allgemeine lineare Gleichungssysteme mit m Gleichungen und n Variablen betrachtet.

Anwendung des Gauß-Verfahrens

Zur Umformung einer beliebigen Matrixgleichung $Ax = b$ werden elementare Zeilenumformungen eingesetzt, dargestellt etwa durch die Hilfsmatrizen $M_1, M_2, \ldots$ Dabei wird so lange umgeformt, bis die Matrix auf der linken Seite der Gleichung folgende Gestalt hat:

$$
\begin{pmatrix}
0 & \cdots & 0 & 1 & * & \cdots & * & 0 & * & & & * & 0 & * & \cdots & * \\
 & & & & 1 & * & \cdots & * & 0 & * & & & * & 0 & * & & * \\
 & & & & & & \ddots & & & & & & & & & & \\
 & & & & & & & \ddots & & & & & 0 & & & & \\
 & & & & & & & & 1 & * & \cdots & * & & & & & \\
0 & \cdots & 0 & & \cdots & & & & & & \cdots & 0 & & & \cdots & 0 \\
\vdots & & \vdots & & & & & & & & & & & & & \\
0 & \cdots & 0 & & \cdots & & & & & & \cdots & 0 & & & \cdots & 0
\end{pmatrix}
\left.\begin{matrix} \\ \\ \\ \\ \end{matrix}\right\} \text{evtl. Nullzeilen}
$$

$$
\underbrace{\qquad}_{\text{evtl. Nullspalten}} \qquad l_1 \qquad\qquad l_2 \qquad \cdots \qquad l_k \qquad\qquad \text{Spalte Nr.}
$$

Diese spezielle Treppengestalt mit „Nullen oberhalb der Einsen" (grau markiert) wird hier **Normalform** genannt. Der Begriff ist in der Literatur nicht einheitlich!

Durch elementare Zeilenumformungen ist diese Form stets erreichbar. Das Verfahren wurde in Kapitel 7 beschrieben und heißt Gaußsches Eliminationsverfahren oder Gauß-Algorithmus. Die Nullen in den Zeilen oberhalb einer Eins werden ausgehend von der Treppengestalt sukzessiv „von unten her" erzeugt (s. Beispiele) beginnend mit der letzten Zeile, die (gegebenenfalls nach entsprechender Multiplikation) eine Eins auf der Treppenstufe enthält.

Sei l die Anzahl der benötigten elementaren Zeilenumformungen bis zum Erreichen der Normalform $\widetilde{A}$ von A repräsentiert durch die Hilfsmatrizen $M_1, \ldots, M_l$. Damit erhält man:

$$Ax = b \Longleftrightarrow M_l \cdot \ldots \cdot M_1 A x = M_l \cdot \ldots \cdot M_1 b.$$

Da auf beiden Seiten der Gleichung $Ax = b$ <u>dieselben</u> Umformungen durchgeführt werden, erfolgen die Berechnungen im erweiterten Schema $(A|b)$ (vgl. $(A|I) = (A|e_1, \ldots, e_n)$ bei der Bestimmung einer Inversen).

Hier wird folgende Sprechweise vereinbart:

Bezeichnung

Eine Matrixgleichung $Ax = b$ auf Normalform zu bringen heißt, solange elementare Zeilenumformungen durchzuführen, bis die äquivalente Gleichung $\widetilde{A}x = \widetilde{b}$ mit $\widetilde{A}$ in Normalform entsteht.

B

Gegeben seien drei Produktionsfaktoren F_1, F_2, F_3 zur Herstellung von zwei Produkten P_1 und P_2. a_{ij} gibt den Verbrauch von Faktor F_i für eine Mengeneinheit des Produkts P_j an, $i \in \{1, 2, 3\}, j \in \{1, 2\}$.

Wie viele Einheiten x_j von $P_j, j \in \{1, 2\}$, müssen hergestellt werden, um den Verbrauch b_1, b_2, b_3 der Produktionsfaktoren zu erreichen?

$$\begin{cases} x_1 + x_2 = 3 \\ 4x_1 + 5x_2 = 14 \\ 2x_1 + x_2 = 5 \end{cases} \Longleftrightarrow \begin{pmatrix} 1 & 1 \\ 4 & 5 \\ 2 & 1 \end{pmatrix} \begin{pmatrix} x_1 \\ x_2 \end{pmatrix} = \begin{pmatrix} 3 \\ 14 \\ 5 \end{pmatrix} \Longleftrightarrow Ax = b$$

Die Lösung wird im erweiterten Schema durchgeführt, wobei schließlich $\widetilde{A}$ in Normalform vorliegt:

$$(A|b) = \left(\begin{array}{cc|c} 1 & 1 & 3 \\ 4 & 5 & 14 \\ 2 & 1 & 5 \end{array} \right) \begin{array}{c} \\ {\scriptstyle -4} \\ {\scriptstyle -2} \end{array}$$

$$\longrightarrow \left(\begin{array}{cc|c} 1 & 1 & 3 \\ 0 & 1 & 2 \\ 0 & -1 & -1 \end{array} \right) \begin{array}{c} \\ {\scriptstyle -1} \\ {\scriptstyle +1} \end{array}$$

$$\longrightarrow \left(\begin{array}{cc|c} 1 & 0 & 1 \\ 0 & 1 & 2 \\ 0 & 0 & 1 \end{array} \right) = (\widetilde{A}|\widetilde{b})$$

Das Gleichungssystem ist aufgrund der dritten Zeile nicht lösbar: $0 \cdot x_1 + 0 \cdot x_2 = 1$ (f).

Die neue rechte Seite $b = \begin{pmatrix} 3 \\ 14 \\ 4 \end{pmatrix}$ führt auf $\begin{pmatrix} 1 & 0 & | & 1 \\ 0 & 1 & | & 2 \\ 0 & 0 & | & 0 \end{pmatrix}$. In diesem Fall ist das Gleichungs-

system eindeutig lösbar mit den Mengen $x_1 = 1$ und $x_2 = 2$.

Gegeben sei das Gleichungssystem

$$\begin{cases} x_1 + 2x_2 + 3x_3 + 4x_4 = -1 \\ 2x_1 + 3x_2 + 4x_3 + x_4 = 1 \\ 3x_1 + 4x_2 + x_3 + 2x_4 = 7 \end{cases} \iff \underbrace{\begin{pmatrix} 1 & 2 & 3 & 4 \\ 2 & 3 & 4 & 1 \\ 3 & 4 & 1 & 2 \end{pmatrix}}_{A} \underbrace{\begin{pmatrix} x_1 \\ x_2 \\ x_3 \\ x_4 \end{pmatrix}}_{x} = \underbrace{\begin{pmatrix} -1 \\ 1 \\ 7 \end{pmatrix}}_{b}$$

Die Lösung im erweiterten Schema ergibt:

$$(A|b) = \begin{pmatrix} 1 & 2 & 3 & 4 & | & -1 \\ 2 & 3 & 4 & 1 & | & 1 \\ 3 & 4 & 1 & 2 & | & 7 \end{pmatrix} \begin{matrix} -2 \\ -3 \end{matrix}$$

$$\longrightarrow \begin{pmatrix} 1 & 2 & 3 & 4 & | & -1 \\ 0 & -1 & -2 & -7 & | & 3 \\ 0 & -2 & -8 & -10 & | & 10 \end{pmatrix} \begin{matrix} |\cdot(-1) \\ -2 \end{matrix}$$

$$\longrightarrow \begin{pmatrix} 1 & 2 & 3 & 4 & | & -1 \\ 0 & 1 & 2 & 7 & | & -3 \\ 0 & 0 & -4 & 4 & | & 4 \end{pmatrix} |:(-4)$$

$$\longrightarrow \begin{pmatrix} 1 & 2 & 3 & 4 & | & -1 \\ 0 & 1 & 2 & 7 & | & -3 \\ 0 & 0 & 1 & -1 & | & -1 \end{pmatrix}$$

Das Gleichungssystem ist also nicht eindeutig lösbar. Zur Angabe der Lösungsmenge wird aus Gründen der Übersichtlichkeit weiter umgeformt bis zum Erreichen der Normalform $\widetilde{A}$ von A.

$$\longrightarrow \begin{pmatrix} 1 & 2 & 3 & 4 & | & -1 \\ 0 & 1 & 2 & 7 & | & -3 \\ 0 & 0 & 1 & -1 & | & -1 \end{pmatrix} \begin{matrix} -3 \\ -2 \end{matrix}$$

$$\longrightarrow \left(\begin{array}{cccc|c} 1 & 2 & 0 & 7 & 2 \\ 0 & 1 & 0 & 9 & -1 \\ 0 & 0 & 1 & -1 & -1 \end{array}\right) \overset{\curvearrowleft}{-2}$$

$$\longrightarrow \left(\begin{array}{cccc|c} 1 & 0 & 0 & -11 & 4 \\ 0 & 1 & 0 & 9 & -1 \\ 0 & 0 & 1 & -1 & -1 \end{array}\right) = (\widetilde{A}|\widetilde{b}).$$

Damit ist erreicht: $Ax = b \iff \widetilde{A}x = \widetilde{b}$ mit $\widetilde{A}$ in Normalform, d.h. $\widetilde{A}x = \widetilde{b}$ ist die Normalform der Matrixgleichung $Ax = b$.

Ausführlich geschrieben bedeutet $\widetilde{A}x = \widetilde{b}$:

$$\begin{cases} x_1 & -11x_4 = & 4 \\ & x_2 & + 9x_4 = -1 \\ & x_3 - & x_4 = -1 \end{cases}$$

Hier erkennt man nochmals, dass das Gleichungssystem nicht eindeutig lösbar ist. Eine Variable ist frei wählbar. Der verwendete Algorithmus legt nahe, die letzte Variable als frei wählbar anzusetzen.

Sei $x_4 \in \mathbb{R}$ beliebig. Dann folgt durch Umformung des vorherigen Gleichungssystems

$$\begin{cases} x_1 = & 4 + 11x_4 \\ x_2 = -1 - & 9x_4 \\ x_3 = -1 + & x_4 \end{cases}$$

Die übrigen Variablen x_1, x_2 und x_3 werden in Abhängigkeit der frei zu wählenden Variablen x_4 dargestellt. Die Lösungsmenge des Gleichungssystems ist somit:

$$\mathbb{L} = \{x; Ax = b\} = \left\{\begin{pmatrix} 4+11y \\ -1-9y \\ -1+y \\ y \end{pmatrix}; y \in \mathbb{R}\right\} = \left\{\begin{pmatrix} 4 \\ -1 \\ -1 \\ 0 \end{pmatrix} + \begin{pmatrix} 11 \\ -9 \\ 1 \\ 1 \end{pmatrix} y; y \in \mathbb{R}\right\}.$$

In der zweiten Version der Beschreibung der Lösungsmenge wird der konstante Anteil des Lösungsvektors vom variablen Teil getrennt. Für jede Wahl von $y \in \mathbb{R}$ entsteht also ein Lösungsvektor des Gleichungssystems. Der Vektor $\begin{pmatrix} 4 \\ -1 \\ -1 \\ 0 \end{pmatrix}$ (für $y = 0$) ist ebenso ein Lösungsvektor wie $\begin{pmatrix} 15 \\ -10 \\ 0 \\ 1 \end{pmatrix}$ (für $y = 1$) oder $\begin{pmatrix} -7 \\ 8 \\ -2 \\ -1 \end{pmatrix}$ (für $y = -1$).

Ein grundsätzliches Problem bei der Behandlung von Gleichungssystemen ist die Frage, wann überhaupt ein Gleichungssystem mit der Koeffizientenmatrix A, d.h. für welche „rechten Seiten" $b = (b_1, \ldots, b_m)'$, eine Lösung besitzt.

In einem Produktionsbeispiel beschreibt die Matrix A den Produktionsprozess, der Vektor x die herzustellenden Mengen und der Vektor b die vorhandenen Kapazitäten (z.B. Maschinenstunden oder Rohstoffmengen). Dann lautet die Frage: Für welche Kapazitätsvektoren b ist das zugehörige Gleichungssystem lösbar bzw. für welche Struktur des Vektors b gibt es ein Produktionsprogramm $x_1, \ldots, x_n$, so dass die Kapazitäten vollständig verbraucht werden?

Ist die Produktion durch ein lineares Gleichungssystem der Form $Ax = b$ zu beschreiben mit

$$A = \begin{pmatrix} 1 & 2 & 3 \\ 2 & 3 & 4 \\ 3 & 4 & 1 \\ 4 & 1 & 2 \end{pmatrix} \quad \text{und } b = \begin{pmatrix} b_1 \\ b_2 \\ b_3 \\ b_4 \end{pmatrix}$$

(„allgemeine rechte Seite"), so wird die Berechnung ebenfalls im erweiterten Schema $(A|b)$ durchgeführt.

$$(A|b) = \left(\begin{array}{ccc|c} 1 & 2 & 3 & b_1 \\ 2 & 3 & 4 & b_2 \\ 3 & 4 & 1 & b_3 \\ 4 & 1 & 2 & b_4 \end{array} \right)$$

$$\longrightarrow \left(\begin{array}{ccc|c} 1 & 2 & 3 & b_1 \\ 0 & -1 & -2 & b_2 - 2b_1 \\ 0 & -2 & -8 & b_3 - 3b_1 \\ 0 & -7 & -10 & b_4 - 4b_1 \end{array} \right)$$

$$\longrightarrow \left(\begin{array}{ccc|c} 1 & 2 & 3 & b_1 \\ 0 & -1 & -2 & b_2 - 2b_1 \\ 0 & 0 & -4 & b_3 - 2b_2 + b_1 \\ 0 & 0 & 4 & b_4 - 7b_2 + 10b_1 \end{array} \right)$$

$$\longrightarrow \left(\begin{array}{ccc|c} 1 & 2 & 3 & b_1 \\ 0 & -1 & -2 & b_2 - 2b_1 \\ 0 & 0 & -4 & b_3 - 2b_2 + b_1 \\ 0 & 0 & 0 & b_4 + b_3 - 9b_2 + 11b_1 \end{array} \right)$$

Die ausgeschriebene vierte Gleichung lautet: $0 \cdot x_1 + 0 \cdot x_2 + 0 \cdot x_3 = b_4 + b_3 - 9b_2 + 11b_1$, so dass das Gleichungssystem <u>nur</u> lösbar ist, falls $b_4 + b_3 - 9b_2 + 11b_1 = 0$ gilt. Ist dies der Fall, so ist $Ax = b$ eindeutig lösbar.

Bemerkung

Es ist möglich, dass in der Koeffizientenmatrix und damit auch in der Normalform die erste Spalte eine Nullspalte ist bzw. die ersten Spalten Nullspalten sind.

Betrachtet man ein solches Gleichungssystem

$$\begin{pmatrix} 0 & 0 & 1 & 1 & 1 \\ 0 & 0 & 1 & 2 & 2 \\ 0 & 0 & 1 & 2 & 3 \end{pmatrix} \begin{pmatrix} x_1 \\ \vdots \\ x_5 \end{pmatrix} = \begin{pmatrix} b_1 \\ b_2 \\ b_3 \end{pmatrix},$$

so sieht man, dass die zu den Nullspalten gehörigen Variablen beliebig wählbar sind. Hier sind x_1 und x_2 beliebig. Dann geht man über zum reduzierten Gleichungssystem

$$\begin{pmatrix} 1 & 1 & 1 \\ 1 & 2 & 2 \\ 1 & 2 & 3 \end{pmatrix} \begin{pmatrix} x_3 \\ x_4 \\ x_5 \end{pmatrix} = \begin{pmatrix} b_1 \\ b_2 \\ b_3 \end{pmatrix}$$

für die verbleibenden Variablen x_3, x_4 und x_5.

Lösbarkeit und Lösungsmenge

Den Zusammenhang zwischen der Lösbarkeit von $Ax = b$ und dem Rang-Begriff liefert der folgende Satz.

Seien $L = \{x; Ax = b\}$ mit $A \in \mathcal{M}_{m,n}$. Dann gilt:

$$L \neq \emptyset \Longleftrightarrow \mathbf{rg}(A) = \mathbf{rg}(A|b).$$

Dabei ist (wie oben) $(A|b) \in \mathcal{M}_{m,n+1}$ die Matrix, die aus A durch Hinzufügen von b als $(n+1)$-ter Spalte entsteht.

Ein lineares Gleichungssystem der Form $Ax = b$ ist also immer dann lösbar, wenn der Rang der Koeffizientenmatrix A mit dem Rang der erweiterten Matrix $(A|b)$ übereinstimmt. Dies wurde bereits am obigen Beispiel mit der allgemeinen rechten Seite deutlich.

B Das Gleichungssystem $Ax = b$ mit $A = \begin{pmatrix} -1 & 2 & 1 & 0 & -1 \\ 1 & -1 & 0 & 3 & 1 \\ 2 & -3 & -1 & 3 & 2 \end{pmatrix}$ und $b = \begin{pmatrix} b_1 \\ b_2 \\ b_3 \end{pmatrix}$ ist auf Lösbarkeit zu untersuchen. Dazu wird im erweiterten Schema $(A|b)$ bis zur Treppengestalt $\widehat{A}$ von A umgeformt.

$$(A|b) = \begin{pmatrix} -1 & 2 & 1 & 0 & -1 & \bigg| & b_1 \\ 1 & -1 & 0 & 3 & 1 & \bigg| & b_2 \\ 2 & -3 & -1 & 3 & 2 & \bigg| & b_3 \end{pmatrix}$$

$$\longrightarrow \begin{pmatrix} -1 & 2 & 1 & 0 & -1 & \bigg| & b_1 \\ 0 & 1 & 1 & 3 & 0 & \bigg| & b_1 & +b_2 \\ 0 & 1 & 1 & 3 & 0 & \bigg| & 2b_1 & +b_3 \end{pmatrix} \overset{-1}{\underset{\longleftarrow}{}}$$

$$\longrightarrow \begin{pmatrix} -1 & 2 & 1 & 0 & -1 & \bigg| & b_1 \\ 0 & 1 & 1 & 3 & 0 & \bigg| & b_1 & +b_2 \\ 0 & 0 & 0 & 0 & 0 & \bigg| & b_1 & -b_2 & +b_3 \end{pmatrix} = (\widehat{A}|\,\widehat{b})$$

Es ist $\mathbf{rg}\,(A) = \mathbf{rg}\,(\widehat{A}) = 2$ und $\mathbf{rg}\,(A|b) = \mathbf{rg}\,(\widehat{A}|\widehat{b}) = 2 \Longleftrightarrow b_1 - b_2 + b_3 = 0$. Das lineare Gleichungssystem ist daher nur dann lösbar, falls $b_1 - b_2 + b_3 = 0$ gilt.

Sei speziell $b = \begin{pmatrix} 1 \\ 2 \\ 1 \end{pmatrix}$, dann ist $b_1 - b_2 + b_3 = 0$ und somit $\mathbf{rg}\,(A) = \mathbf{rg}\,(A|b)$.

Das Gleichungssystem ist für diese spezielle rechte Seite lösbar. Zur Ermittlung der Lösungsmenge wird das Gleichungssystem auf Normalform gebracht.

$$(\widehat{A}|\,\widehat{b}) = \begin{pmatrix} -1 & 2 & 1 & 0 & -1 & \bigg| & 1 \\ 0 & 1 & 1 & 3 & 0 & \bigg| & 3 \\ 0 & 0 & 0 & 0 & 0 & \bigg| & 0 \end{pmatrix} \overset{-2}{\underset{\longleftarrow}{}} \quad |\cdot(-1)$$

$$\longrightarrow \begin{pmatrix} 1 & 0 & 1 & 6 & 1 & \bigg| & 5 \\ 0 & 1 & 1 & 3 & 0 & \bigg| & 3 \\ 0 & 0 & 0 & 0 & 0 & \bigg| & 0 \end{pmatrix} = (\widetilde{A}|\,\widetilde{b})$$

$\widetilde{A}$ ist die Normalform von A.

Drei Variablen sind frei wählbar. Man spricht von drei freien Parametern oder drei Freiheitsgraden. Zur einfachen Darstellung werden die drei letzten Variablen x_3, x_4 und x_5 ausgewählt. Die Lösungsmenge ist damit gegeben durch

$$\mathbb{L} = \{x;\, Ax = b\} = \left\{ \begin{pmatrix} 5 - x_3 - 6x_4 - x_5 \\ 3 - x_3 - 3x_4 \\ x_3 \\ x_4 \\ x_5 \end{pmatrix} ;\, x_3, x_4, x_5 \in \mathbb{R} \right\}$$

$$= \left\{ \begin{pmatrix} 5 \\ 3 \\ 0 \\ 0 \\ 0 \end{pmatrix} + \begin{pmatrix} -1 \\ -1 \\ 1 \\ 0 \\ 0 \end{pmatrix} x_3 + \begin{pmatrix} -6 \\ -3 \\ 0 \\ 1 \\ 0 \end{pmatrix} x_4 + \begin{pmatrix} -1 \\ 0 \\ 0 \\ 0 \\ 1 \end{pmatrix} x_5;\, x_3, x_4, x_5 \in \mathbb{R} \right\}.$$

In der letzten Darstellung der Lösungsmenge werden die Lösungsvektoren des Gleichungssystems als Linearkombination dreier Vektoren dargestellt, zu der noch der konstante Vektor $(5, 3, 0, 0, 0)'$ addiert wird.

> Die Anzahl der freien Parameter in einem lösbaren Gleichungssystem $Ax = b$ mit $A \in \mathcal{M}_{m,n}$ ist stets durch $n - \mathbf{rg}\,(A)$ gegeben.

Die in der Darstellung der Lösungsmenge eines linearen Gleichungssystems $Ax = b$ auftretenden $n - \mathbf{rg}\,(A)$ Vektoren in der Linearkombination (zu der noch ein konstanter Vektor addiert wird) sind stets linear unabhängig. Der konstante Vektor ist dabei immer die spezielle Lösung, die durch die Wahl der freien Parameter als Nullen entsteht.

B Die Lösungsmenge wird im obigen Beispiel gebildet aus allen Linearkombinationen der linear unabhängigen Vektoren

$$\begin{pmatrix} -1 \\ -1 \\ 1 \\ 0 \\ 0 \end{pmatrix}, \begin{pmatrix} -6 \\ -3 \\ 0 \\ 1 \\ 0 \end{pmatrix}, \begin{pmatrix} -1 \\ 0 \\ 0 \\ 0 \\ 1 \end{pmatrix},$$

zu denen der Vektor $(5, 3, 0, 0, 0)'$ addiert wird. Dieser konstante Anteil ist eine spezielle Lösung des linearen Gleichungssystems mit der erlaubten Setzung $x_3 = x_4 = x_5 = 0$.

B **Fortsetzung von Beispiel (LO)**

Die Angabe der Lösungsmenge zum einführenden Beispiel aus der linearen Optimierung beinhaltet die Angabe aller zulässigen Produktionsprogramme. Mit

$$A = \begin{pmatrix} 1 & 1 & 1 & 0 & 0 \\ 2 & 3 & 0 & 1 & 0 \\ 5 & 3 & 0 & 0 & 1 \end{pmatrix},$$

dem Vektor $x = (x_1, x_2, s_1, s_2, s_3)'$, dem Vektor $b = (70, 180, 300)'$ und der <u>zusätzlichen</u> Restriktion $x \geq \mathbf{0}$ (d. h. $x_1, x_2, s_1, s_2, s_3 \geq 0$) ist die Lösungsmenge des linearen Gleichungssystems $Ax = b$ gesucht. Durch Spaltenvertauschungen entsteht das äquivalente Gleichungssystem

$$\begin{pmatrix} 1 & 0 & 0 & 1 & 1 \\ 0 & 1 & 0 & 2 & 3 \\ 0 & 0 & 1 & 5 & 3 \end{pmatrix} \begin{pmatrix} s_1 \\ s_2 \\ s_3 \\ x_1 \\ x_2 \end{pmatrix} = b$$

in Normalform. Offenbar ist das Gleichungssystem mit einer Koeffizientenmatrix vom Rang drei stets lösbar.

Jedoch führt hier die Angabe der Lösungsmenge in der vorgestellten Form nicht zu neuen Erkenntnissen. Schwierigkeiten macht die zusätzliche Restriktion $x \geq \mathbf{0}$.

Die Lösungsmenge wird durch zwei freie Parameter beschrieben, die hier zu x_1 und x_2 gehören.

Mit dem Ziel, s_1 und s_2 frei zu wählen, wird das äquivalente Gleichungssystem

$$\begin{pmatrix} 1 & 1 & 0 & 1 & 0 \\ 2 & 3 & 0 & 0 & 1 \\ 5 & 3 & 1 & 0 & 0 \end{pmatrix} \begin{pmatrix} x_1 \\ x_2 \\ s_3 \\ s_1 \\ s_2 \end{pmatrix} = b$$

mit der Koeffizientenmatrix D betrachtet, das aus $Ax = b$ durch Spaltenvertauschungen entsteht. Das erweiterte Schema $(D|b)$ wird bis zum Erreichen der Normalform $(\tilde{D}|\tilde{b})$ umgeformt.

$$(D|b) = \begin{pmatrix} 1 & 1 & 0 & 1 & 0 & | & 70 \\ 2 & 3 & 0 & 0 & 1 & | & 180 \\ 5 & 3 & 1 & 0 & 0 & | & 300 \end{pmatrix}$$

$$\longrightarrow \begin{pmatrix} 1 & 1 & 0 & 1 & 0 & | & 70 \\ 0 & 1 & 0 & -2 & 1 & | & 40 \\ 0 & -2 & 1 & -5 & 0 & | & -50 \end{pmatrix}$$

$$\longrightarrow \begin{pmatrix} 1 & 0 & 0 & 3 & -1 & | & 30 \\ 0 & 1 & 0 & -2 & 1 & | & 40 \\ 0 & 0 & 1 & -9 & 2 & | & 30 \end{pmatrix} = (\tilde{D}|\tilde{b})$$

Bezeichnet N die Menge aller Vektoren $(x_1, x_2, s_3, s_1, s_2)$, deren Komponenten alle nichtnegativ sind, d. h.

$$N = \left\{ (x_1, x_2, s_3, s_1, s_2)' \in \mathbb{R}^5; x_1 \geq 0, x_2 \geq 0, s_3 \geq 0, s_1 \geq 0, s_2 \geq 0 \right\},$$

so ist die zugehörige Lösungsmenge unter Beachtung der Nichtnegativität aller Variablen gegeben durch

$$\mathbb{L} = \left\{ \begin{pmatrix} x_1 \\ x_2 \\ s_3 \\ s_1 \\ s_2 \end{pmatrix}; D \begin{pmatrix} x_1 \\ x_2 \\ s_3 \\ s_1 \\ s_2 \end{pmatrix} = b \right\} \cap N$$

$$= \left\{ \begin{pmatrix} 30 \\ 40 \\ 30 \\ 0 \\ 0 \end{pmatrix} + \begin{pmatrix} -3 \\ 2 \\ 9 \\ 1 \\ 0 \end{pmatrix} s_1 + \begin{pmatrix} 1 \\ -1 \\ -2 \\ 0 \\ 1 \end{pmatrix} s_2; s_1, s_2 \in \mathbb{R} \right\} \cap N$$

Eine übersichtliche Angabe aller Lösungen gelingt wegen der Nichtnegativitätsbedingung an die Variablen nicht.

Eine spezielle Lösung ist mit der Wahl von $s_1 = 0$ und $s_2 = 0$ durch $x_1 = 30, x_2 = 40$ und $s_3 = 30$ gegeben. In diesem Produktionsprogramm werden 30 Einheiten von P_1 und 40 Einheiten von P_2 hergestellt. Dabei verbleibt auf den Maschinen des Typs 3 eine ungenutzte Restkapazität von 30 Stunden. Auch durch andere Wahlen von s_1 und s_2 in $\mathbb{L}$ entstehen zulässige Produktionsprogramme. Alle zulässigen Produktionsprogramme zu diesem Beispiel werden im Kapitel 10 graphisch dargestellt.

Das Ziel des folgenden Beispiels ist die Angabe der Lösungsmenge eines linearen Gleichungssystems mit allgemeiner rechter Seite b.

Hier ist zur Demonstration der Struktur ein Beispiel so gewählt, dass alle Umformungsschritte lediglich Subtraktionen von Zeilen sind.

$$(A\,|\,b) = \begin{pmatrix} 1 & 1 & 1 & 1 & 2 & 3 & b_1 \\ 1 & 2 & 2 & 2 & 3 & 4 & b_2 \\ 1 & 2 & 3 & 3 & 4 & 5 & b_3 \\ 1 & 2 & 3 & 4 & 5 & 6 & b_4 \end{pmatrix}$$

$$\longrightarrow \begin{pmatrix} 1 & 1 & 1 & 1 & 2 & 3 & b_1 \\ 0 & 1 & 1 & 1 & 1 & 1 & b_2 - b_1 \\ 0 & 1 & 2 & 2 & 2 & 2 & b_3 - b_1 \\ 0 & 1 & 2 & 3 & 3 & 3 & b_4 - b_1 \end{pmatrix}$$

$$\longrightarrow \begin{pmatrix} 1 & 1 & 1 & 1 & 2 & 3 & b_1 \\ 0 & 1 & 1 & 1 & 1 & 1 & b_2 - b_1 \\ 0 & 0 & 1 & 1 & 1 & 1 & b_3 - b_2 \\ 0 & 0 & 1 & 2 & 2 & 2 & b_4 - b_2 \end{pmatrix}$$

$$\longrightarrow \begin{pmatrix} 1 & 1 & 1 & 1 & 2 & 3 & b_1 \\ 0 & 1 & 1 & 1 & 1 & 1 & b_2 - b_1 \\ 0 & 0 & 1 & 1 & 1 & 1 & b_3 - b_2 \\ 0 & 0 & 0 & 1 & 1 & 1 & b_4 - b_3 \end{pmatrix}$$

$$\longrightarrow \begin{pmatrix} 1 & 1 & 1 & 0 & 1 & 2 & b_1 - b_4 + b_3 \\ 0 & 1 & 1 & 0 & 0 & 0 & b_2 - b_1 - b_4 + b_3 \\ 0 & 0 & 1 & 0 & 0 & 0 & 2b_3 - b_2 - b_4 \\ 0 & 0 & 0 & 1 & 1 & 1 & b_4 - b_3 \end{pmatrix}$$

$$\longrightarrow \left(\begin{array}{cccccc|c} 1 & 1 & 0 & 0 & 1 & 2 & b_1 + b_2 - b_3 \\ 0 & 1 & 0 & 0 & 0 & 0 & 2b_2 - b_1 - b_3 \\ 0 & 0 & 1 & 0 & 0 & 0 & 2b_3 - b_2 - b_4 \\ 0 & 0 & 0 & 1 & 1 & 1 & b_4 - b_3 \end{array}\right) \overset{\curvearrowright}{_{-1)}}$$

$$\longrightarrow \left(\begin{array}{cccccc|c} 1 & 0 & 0 & 0 & 1 & 2 & 2b_1 - b_2 \\ 0 & 1 & 0 & 0 & 0 & 0 & 2b_2 - b_1 - b_3 \\ 0 & 0 & 1 & 0 & 0 & 0 & 2b_3 - b_2 - b_4 \\ 0 & 0 & 0 & 1 & 1 & 1 & b_4 - b_3 \end{array}\right) = (\widetilde{A}|\widetilde{b}) \text{ mit } \widetilde{A} \text{ in Normalform.}$$

In der obigen Rechnung wurde der beim Gauß-Algorithmus vorgeschlagene, „sichere" Weg zum Erreichen der Normalform gewählt. In den letzten Tableaus werden die Einheitsspalten „von unten her" erzeugt. Die rechts angedeuteten Alternativen führen bei der hier vorliegenden speziellen Gestalt der Matrix A schneller zum Ziel. („Scharfes Hinsehen" lohnt sich in diesem Fall sehr!)

Es gilt stets: $\mathbf{rg}\,(A) = \mathbf{rg}\,(A|b) = 4$. Es existiert also eine Lösung des linearen Gleichungssystems. Es existieren sogar unendlich viele Lösungen, da $6 - \mathbf{rg}\,(A) = 2$ Freiheitsgrade vorhanden sind. Die Lösungsmenge ist gegeben durch

$$\mathbb{L} = \{x\,;\,Ax = b\} = \left\{ \begin{pmatrix} 2b_1 - b_2 \\ -b_1 + 2b_2 - b_3 \\ -b_2 + 2b_3 - b_4 \\ -b_3 + b_4 \\ 0 \\ 0 \end{pmatrix} + \begin{pmatrix} -1 \\ 0 \\ 0 \\ -1 \\ 1 \\ 0 \end{pmatrix} x_5 + \begin{pmatrix} -2 \\ 0 \\ 0 \\ -1 \\ 0 \\ 1 \end{pmatrix} x_6\,;\,x_5, x_6 \in \mathbb{R} \right\}.$$

> Die freien Parameter gehören zu den Variablen, die nicht die Nummer einer Stufenkante $(l_1, \dots, l_k)$ tragen. Die Variablen $x_{l_1}, \dots, x_{l_k}$, die zu den Nummern der Stufenabsätze gehören, werden durch die übrigen eindeutig festgelegt.

Die freien Parameter sind natürlich nicht stets durch die (von den Nummern her) letzten Variablen eines Gleichungssystems gegeben.

Zu der Normalform des Gleichungssystems $\left(\begin{array}{cccc|c} 1 & 1 & 0 & 0 & 1 \\ 0 & 0 & 1 & 1 & 1 \end{array}\right)$ gehört die Lösungsmenge

$$\mathbb{L} = \left\{ \begin{pmatrix} 1 - x_2 \\ x_2 \\ 1 - x_4 \\ x_4 \end{pmatrix} ;\, x_2, x_4 \in \mathbb{R} \right\}$$

$$= \left\{ \begin{pmatrix} 1 \\ 0 \\ 1 \\ 0 \end{pmatrix} + \begin{pmatrix} -1 \\ 1 \\ 0 \\ 0 \end{pmatrix} x_2 + \begin{pmatrix} 0 \\ 0 \\ -1 \\ 1 \end{pmatrix} x_4\,;\,x_2, x_4 \in \mathbb{R} \right\}.$$

B Wird das vorherige Beispiel in der Weise abgeändert, dass $(1, 1, 1, 1)'$ als weitere Spalte zwischen der ersten und zweiten Spalte von A hinzukommt, dann ist die Normalform des neuen Gleichungssystems durch

$$\left(\begin{array}{ccccccc|c} 1 & 1 & 0 & 0 & 0 & 1 & 2 & 2b_1 - b_2 \\ 0 & 0 & 1 & 0 & 0 & 0 & 0 & 2b_2 - b_1 - b_3 \\ 0 & 0 & 0 & 1 & 0 & 0 & 0 & 2b_3 - b_2 - b_4 \\ 0 & 0 & 0 & 0 & 1 & 1 & 1 & b_4 - b_3 \end{array}\right)$$

gegeben. Die freien Parameter zur Beschreibung der Lösungsmenge gehören zu den Variablen x_2, x_6 und x_7.

Zum Erreichen der Normalform können – wie schon früher beschrieben – Zeilenvertauschungen sinnvoll sein.

B Gegeben sei das Gleichungssystem $Ax = b$ mit $A = \left(\begin{smallmatrix} 0 & 1 \\ 2 & 1 \end{smallmatrix}\right)$ und $b = \left(\begin{smallmatrix} 2 \\ 4 \end{smallmatrix}\right)$.

$$(A|\, b) \longrightarrow \left(\begin{array}{cc|c} 2 & 1 & 4 \\ 0 & 1 & 2 \end{array}\right) \; \overset{\curvearrowright}{_{-1}} \; \longrightarrow \left(\begin{array}{cc|c} 2 & 0 & 2 \\ 0 & 1 & 2 \end{array}\right) \; \overset{|:2}{\longrightarrow} \left(\begin{array}{cc|c} 1 & 0 & 1 \\ 0 & 1 & 2 \end{array}\right)$$

Zur Motivation einer alternativen Lösungsmöglichkeit für lineare Gleichungssysteme mit allgemeiner rechter Seite sei nochmals auf die Inverse verwiesen (falls diese existiert). Seien also A regulär und $Ax = b$ vorgegeben.

Die Bestimmung von A^{-1} erfolgt im Schema $(A|I) \longrightarrow (I|A^{-1})$; dann ist $x = A^{-1}b$ die eindeutig bestimmte Lösung des Gleichungssystems. Der Vorteil gegenüber einer Lösung mit dem erweiterten Schema $(A|b)$ ist, dass für ein neues Gleichungssystem mit verändertem b nur noch eine Matrixmultiplikation $A^{-1}b$ auszuführen ist.

Es wird nun noch eine ähnliche Vorgehensweise bei beliebigen Gleichungssystemen vorgestellt.

Aus den obigen Beispielen wird klar, dass im Vergleich zu einer speziellen rechten Seite die Lösung mit beliebiger rechter Seite aufwendig ist.

Lösungsmöglichkeit für lineare Gleichungssysteme mit allgemeiner „rechter Seite"

Gegeben sei das Gleichungssystem $Ax = b$ mit $A \in \mathcal{M}_{m,n}$. In Anlehnung an die Berechnung einer Inversen wird folgende Vorgehensweise angewendet:

Es werden so lange elementare Zeilenumformungen im Schema $(A|I_m)$ durchgeführt, bis $(\widetilde{A}|H)$ mit $\widetilde{A}$ in Normalform entsteht.

Werden dabei die Hilfsmatrizen $M_1, \ldots, M_l$ zu der Umformung $M_l \cdot \ldots \cdot M_1 \cdot A = \widetilde{A}$ benötigt, so ist H gegeben durch $H = M_l \cdot \ldots \cdot M_1 \cdot I_m$ (d. h. $\widetilde{A} = HA$).

Für das Gleichungssystem bedeutet dieses:

$$Ax = b$$

$$\iff \quad \underbrace{M_l \cdot \ldots \cdot M_1 A}_{\tilde{A}} \; x = M_l \cdot \ldots \cdot M_1(I_m) \cdot b$$

$$\iff \quad \tilde{A}x = Hb.$$

Sind $m = n$ und A regulär, so ist dies die bekannte Lösung über eine Inverse, denn $\tilde{A} = I$ und $H = A^{-1}$. Der Fall $m \neq n$ wird am Beispiel erläutert.

(Fortsetzung des Beispiels von S. 270)

B

$$(A|I_3) = \left(\begin{array}{ccccc|ccc} -1 & 2 & 1 & 0 & -1 & 1 & 0 & 0 \\ 1 & -1 & 0 & 3 & 1 & 0 & 1 & 0 \\ 2 & -3 & -1 & 3 & 2 & 0 & 0 & 1 \end{array} \right) \begin{array}{l} +1 \\ \\ \\ \end{array} \begin{array}{l} \\ +2 \\ \\ \end{array}$$

$$\longrightarrow \left(\begin{array}{ccccc|ccc} -1 & 2 & 1 & 0 & -1 & 1 & 0 & 0 \\ 0 & 1 & 1 & 3 & 0 & 1 & 1 & 0 \\ 0 & 1 & 1 & 3 & 0 & 2 & 0 & 1 \end{array} \right) \begin{array}{l} \\ -2 \\ -1 \end{array} \quad |\cdot(-1)$$

$$\longrightarrow \left(\begin{array}{ccccc|ccc} 1 & 0 & 1 & 6 & 1 & 1 & 2 & 0 \\ 0 & 1 & 1 & 3 & 0 & 1 & 1 & 0 \\ 0 & 0 & 0 & 0 & 0 & 1 & -1 & 1 \end{array} \right) = (\tilde{A}|H)$$

Damit gilt: $Ax = b \iff \tilde{A}x = Hb$ und $Hb = H \begin{pmatrix} b_1 \\ b_2 \\ b_3 \end{pmatrix} = \begin{pmatrix} b_1 + 2b_2 \\ b_1 + b_2 \\ b_1 - b_2 + b_3 \end{pmatrix}$.

Das Gleichungssystem ist lösbar (s.o.), falls $b_1 - b_2 + b_3 = 0$. Man erspart sich hier das Rechnen (die elementaren Zeilenumformungen) mit den Variablen der rechten Seite. Speziell ergibt sich mit $b = \begin{pmatrix} 1 \\ 2 \\ 1 \end{pmatrix}$ (s.o.):

$$\tilde{A} \begin{pmatrix} x_1 \\ \vdots \\ x_5 \end{pmatrix} = (Hb =) \begin{pmatrix} 5 \\ 3 \\ 0 \end{pmatrix}$$

Also entsteht das Gleichungssystem (in Normalform)

$$\left\{ \begin{array}{l} x_1 \quad\; + x_3 + 6x_4 + x_5 = 5 \\ \quad x_2 + x_3 + 3x_4 \quad\;\; = 3 \end{array} \right. ,$$

dessen Lösungsmenge auf S. 271 angegeben ist.

Abschließend sei noch die folgende Alternative bei „mehreren rechten Seiten" erwähnt. Es seien etwa drei lineare Gleichungssysteme mit derselben Koeffizientenmatrix A zu lösen:

$$Ax = \widetilde{b}_1, Ax = \widetilde{b}_2, Ax = \widetilde{b}_3.$$

Dies kann simultan dargestellt werden als Gleichung

$$AX = B \text{ mit } X = \begin{pmatrix} x_{11} & x_{12} & x_{13} \\ x_{21} & x_{22} & x_{23} \\ x_{31} & x_{32} & x_{33} \end{pmatrix} \text{ und } B = (\widetilde{b}_1, \widetilde{b}_2, \widetilde{b}_3).$$

Die Lösung erfolgt im System $(A|B) \longrightarrow (\widetilde{A}|HB)$ (Im Prinzip ist dies schon bekannt, falls $B = I$ gilt; für reguläres A entspricht dies der Bestimmung von A^{-1}). Dann gilt:

$$AX = B \iff \widetilde{A}X = HB$$

$$\iff \widetilde{A}\begin{pmatrix} x_{11} \\ x_{21} \\ x_{31} \end{pmatrix} = H\widetilde{b}_1 \wedge \widetilde{A}\begin{pmatrix} x_{12} \\ x_{22} \\ x_{32} \end{pmatrix} = H\widetilde{b}_2 \wedge \widetilde{A}\begin{pmatrix} x_{13} \\ x_{23} \\ x_{33} \end{pmatrix} = H\widetilde{b}_3.$$

B
Drei Gleichungssysteme mit Koeffizientenmatrix $A = \begin{pmatrix} 1 & 2 & 0 \\ 1 & 1 & 2 \\ 2 & 4 & 4 \\ 0 & -1 & 2 \end{pmatrix}$ und den rechten Seiten $\widetilde{b}_1 = (3, 4, 10, 1)'$, $\widetilde{b}_2 = (0, 4, 8, 4)'$ und $\widetilde{b}_3 = (5, 6, 10, 1)'$ sollen gelöst werden. Die Lösung erfolgt im erweiterten Schema:

$$(A|B) = \left(\begin{array}{ccc|ccc} 1 & 2 & 0 & 3 & 0 & 5 \\ 1 & 1 & 2 & 4 & 4 & 6 \\ 2 & 4 & 4 & 10 & 8 & 10 \\ 0 & -1 & 2 & 1 & 4 & 1 \end{array} \right)$$

$$\longrightarrow \left(\begin{array}{ccc|ccc} 1 & 2 & 0 & 3 & 0 & 5 \\ 0 & -1 & 2 & 1 & 4 & 1 \\ 0 & 0 & 4 & 4 & 8 & 0 \\ 0 & -1 & 2 & 1 & 4 & 1 \end{array} \right) \quad |\cdot(-1) \\ |:4$$

$$\longrightarrow \left(\begin{array}{ccc|ccc} 1 & 2 & 0 & 3 & 0 & 5 \\ 0 & 1 & -2 & -1 & -4 & -1 \\ 0 & 0 & 1 & 1 & 2 & 0 \\ 0 & 0 & 0 & 0 & 0 & 0 \end{array} \right)$$

$$\longrightarrow \left(\begin{array}{ccc|ccc} 1 & 0 & 0 & 1 & 0 & 7 \\ 0 & 1 & 0 & 1 & 0 & -1 \\ 0 & 0 & 1 & 1 & 2 & 0 \\ 0 & 0 & 0 & 0 & 0 & 0 \end{array} \right)$$

Damit ist die Lösung des Gleichungssystems

$$\begin{aligned} Ax &= \tilde{b}_1 \quad \text{der Vektor } x = (1,1,1)', \\ Ax &= \tilde{b}_2 \quad \text{der Vektor } x = (0,0,2)' \text{ und} \\ Ax &= \tilde{b}_3 \quad \text{der Vektor } x = (7,-1,0)'. \end{aligned}$$

Zusammenfassung

Das Ziel der vorstehenden Überlegungen ist die Lösung des Gleichungssystem $Ax = b$ mit $A \in \mathcal{M}_{m,n}$, d. h. die Lösung eines linearen Gleichungssystems mit m Gleichungen und n Unbekannten.

Zunächst wird die Normalform erzeugt:

Zeile Nr.

Spalte Nr. l_1 l_2 $\cdots$ l_k Nummern der
                                                                     Stufenabsätze

Auf das Mitführen von Nullspalten als erste Spalten von A kann – wie bereits gesehen – verzichtet werden. Die Treppengestalt wird mit elementaren Zeilenumformungen erreicht, indem man beginnend mit der ersten Zeile Nulleinträge unterhalb der Stufenabsätze erzeugt.

Die Normalform entsteht daraus, indem die Spalten der Stufenabsätze, d. h. die Spalten $l_1, l_2, \ldots, l_k$, zu Einheitsspalten transformiert werden. Dabei wird mit Zeile k begonnen.

Es existiert eine Lösung bzw. es existieren Lösungen, falls

$$\mathbf{rg}\,(\widetilde{A}) = \mathbf{rg}\,(A) = \mathbf{rg}\,(A|b) = \mathbf{rg}\,(\widetilde{A}|\widetilde{b}) \quad (= k)$$

gilt, d. h. nur dann, falls $\widetilde{b}_{k+1} = \ldots = \widetilde{b}_m = 0$.

Entstehen noch vor dem Erreichen der Normalform innerhalb einer Zeile Nullen in den ersten n Spalten und ein von Null verschiedener Eintrag in der $(n+1)$-ten Spalte derselben Zeile, dann ist $\mathbf{rg}\,(A) \neq \mathbf{rg}\,(A|b)$. Das Gauß-Verfahren kann abgebrochen werden, es existiert keine Lösung.

Zur Anzahl der Lösungen kann folgendes festgehalten werden:

- $\mathbf{rg}\,(A) = \mathbf{rg}\,(A|b) = n \Longrightarrow$ Es gibt genau eine Lösung von $Ax = b$.

- $\mathbf{rg}\,(A) = \mathbf{rg}\,(A|b) < n \Longrightarrow$ Das lineare Gleichungssystem $Ax = b$ ist mehrdeutig lösbar mit $n - \mathbf{rg}\,(A)$ freien Parametern. Die allgemeine Lösung ist darstellbar als Linearkombination von $n - \mathbf{rg}\,(A)$ linear unabhängigen Vektoren, zu der ein konstanter Vektor (die spezielle Lösung) addiert wird.

  Die freien Parameter gehören zu den Variablen, die nicht „Stufenvariablen" $x_{l_1}, x_{l_2}, \ldots, x_{l_k}$ sind. Die Stufenvariablen werden mittels der übrigen Variablen eindeutig festgelegt.

Aufgaben

Aufgabe 8.1

Ein zweistufiger Produktionsprozess mit den Rohstoffen R_1, R_2, R_3, den Zwischenprodukten Z_1, Z_2, Z_3 und den Endprodukten P_1 und P_2 wird durch die folgenden Produktionstabellen beschrieben:

	Z_1	Z_2	Z_3
R_1	3	1	2
R_2	0	3	1
R_3	4	0	1

	P_1	P_2
Z_1	2	1
Z_2	7	2
Z_3	1	3

(a) Bestimmen Sie die Produktionsmatrix der Gesamtproduktion.

(b) Berechnen Sie den Rohstoffbedarf zur Produktion von 25 Mengeneinheiten (ME) P_1 und 40 ME P_2.

(c) Es stehen 370 ME R_1, 400 ME R_2 und 230 ME R_3 zur Verfügung. Wie viele Einheiten der Endprodukte können damit hergestellt werden?

Aufgabe 8.2

Ein zweistufiger Produktionsprozess mit den Rohstoffen R_1, R_2, R_3, den Zwischenprodukten Z_1, Z_2, Z_3 und den Endprodukten P_1, P_2, P_3 wird durch die folgenden Produktionsmatrizen beschrieben:

$$A = \begin{pmatrix} 2 & 2 & 0 \\ 0 & 4 & 1 \\ 1 & 1 & 1 \end{pmatrix}, \ B = \begin{pmatrix} 2 & 1 & 5 \\ 1 & 4 & 1 \\ 2 & 2 & 0 \end{pmatrix}$$

(Matrix $A = (a_{ij})_{i,j}$, a_{ij} = Anzahl der Mengeneinheiten (ME) von R_i, die für die Produktion einer ME Z_j benötigt werden, Matrix $B = (b_{jk})_{j,k}$, b_{jk} = Anzahl der ME von Z_j für die Produktion einer ME P_k, $(i, j, k \in \{1, 2, 3\})$)

(a) Bestimmen Sie die Gesamtproduktionsmatrix.

(b) Von den Rohstoffen stehen 94 ME R_1, 142 ME R_2 und 65 ME R_3 zur Verfügung, die vollständig verbraucht werden sollen. Wie viele Mengeneinheiten der Endprodukte kann man damit herstellen?

Aufgabe 8.3

(a) Lösen Sie das Gleichungssystem

$$\begin{array}{rcrcrcl} 3x_1 & + & 6x_2 & + & 9x_3 & = & 15 \\ 9x_1 & + & 3x_2 & + & 12x_3 & = & 0 \\ 2x_1 & + & 5x_2 & + & 2x_3 & = & 18 \end{array}$$

in Matrixschreibweise.

(b) Welchen Wert hat $a \in \mathbb{R}$, wenn $(x_1, x_2, -1, x_4)$ mit $x_4 \neq 0$ ein Lösungsvektor des folgenden Gleichungssystems ist:

$$\begin{array}{rcrcrcrcl} 3x_1 & + & 6x_2 & + & 9x_3 & + & 6x_4 & = & 15 \\ 9x_1 & + & 3x_2 & + & 12x_3 & + & 3x_4 & = & 0 \\ 2x_1 & + & 5x_2 & + & 2x_3 & + & ax_4 & = & 18 \end{array}$$

(c) Gegeben ist das Gleichungssystem

$$\begin{array}{rcrcrcrcl} x_1 & + & x_2 & + & x_3 & + & 2x_4 & = & 10 \\ x_1 & - & x_2 & + & x_3 & - & 2x_4 & = & 2 \\ 4x_1 & + & 3x_2 & + & 2x_3 & + & 2x_4 & = & 30 \\ 2x_1 & + & 3x_2 & & & + & 2x_4 & = & 18 \end{array}$$

Ermitteln Sie die Normalform der zugehörigen Matrixgleichung, und geben Sie die Menge der Lösungsvektoren des Gleichungssystems an.

Aufgabe 8.4

Gegeben sind die Matrizen $A = \begin{pmatrix} 1 & 1 & 2 \\ 2 & 1 & 4 \\ 3 & 0 & 3 \\ 4 & 0 & 0 \end{pmatrix}$ und $B = \begin{pmatrix} 1 & 0 & 2 \\ 0 & 1 & \alpha \\ 1 & 3 & 3 \end{pmatrix}$ mit $\alpha \in \mathbb{R}$ sowie der Vektor $c = (1, 1, 4)'$.

(a) Sind die Spaltenvektoren der Matrix A linear unabhängig?

(b) Wann ist das Gleichungssystem $Bx = c$ $(x \in \mathbb{R}^3)$

(i) eindeutig lösbar ?

(ii) mehrdeutig lösbar?

Geben Sie in beiden Fällen die Lösungsmenge an.

Aufgabe 8.5

Gegeben seien die Matrizen $A = \begin{pmatrix} 3 & 6 & -3 & 0 \\ 2 & 1 & 1 & 6 \\ 0 & 3 & 7 & 4 \end{pmatrix}$ und $B = \begin{pmatrix} 4 & 2 & 2 \\ 0 & r & 2 \\ 1 & 1 & 1 \end{pmatrix}$ mit $r \in \mathbb{R}$.

(a) Sind die Zeilenvektoren der Matrix A linear unabhängig?

(b) Geben Sie die Lösungsmenge des Gleichungssystems $Ax = (3, 2, 10)'$ an.

(c) Für welche $r \in \mathbb{R}$ ist das Gleichungssystem $Bx = (8, 2, 3)'$ lösbar?

Aufgabe 8.6

(a) Gegeben sei die Matrix $A = \begin{pmatrix} 1 & 2 & 0 \\ 0 & 1 & 0 \\ 1 & 1 & 1 \end{pmatrix}$.

Für welche Vektoren $b = (b_1, b_2, b_3)' \in \mathbb{R}^3$ ist das Gleichungssystem $Ax = b$ lösbar? Geben Sie gegebenenfalls die Lösung(en) an.

(b) Lösen Sie das folgende Gleichungssystem, und geben Sie die zugehörige Lösungsmenge an:

$$\begin{pmatrix} 1 & 0 & 1 & -2 \\ 0 & 1 & 0 & 1 \\ -1 & 1 & 1 & -1 \end{pmatrix} \begin{pmatrix} x_1 \\ x_2 \\ x_3 \\ x_4 \end{pmatrix} = \begin{pmatrix} 1 \\ 2 \\ 5 \end{pmatrix}.$$

(c) Stellen Sie die zur Lösung des Gleichungssystems

$$\begin{pmatrix} 1 & 0 & 0 \\ 2 & 2 & 0 \\ 3 & 2 & 1 \end{pmatrix} \begin{pmatrix} x_1 \\ x_2 \\ x_3 \end{pmatrix} = \begin{pmatrix} 1 \\ 4 \\ 7 \end{pmatrix}$$

notwendigen Zeilenumformungen durch Matrixmultiplikation mit den entsprechenden Hilfsmatrizen dar.

Aufgabe 8.7

Gegeben sind die Matrizen $A = \begin{pmatrix} 2 & 4 \\ 3 & 7 \\ 1 & 2 \end{pmatrix}$, $B = \begin{pmatrix} 1 & 2 & 3 & 4 \\ 0 & 1 & 1 & 1 \\ 1 & -2 & 1 & 3 \end{pmatrix}$ und $C = \begin{pmatrix} 1 & 2 & 3 \\ 0 & 1 & 1 \\ 2 & 4 & 4 \\ 1 & 3 & 1 \end{pmatrix}$.

(a) Bestimmen Sie die Lösung des Gleichungssystems $Ax = \begin{pmatrix} 2 \\ 1 \\ 1 \end{pmatrix}$.

(b) Lösen Sie das Gleichungssystem $Bx = \begin{pmatrix} 1 \\ 1 \\ 3 \end{pmatrix}$, und geben Sie die Lösungsmenge an.

(c) Für welche $b \in \mathbb{R}^4$ ist das Gleichungssystem $Cx = b$ lösbar?

Aufgabe 8.8

Gegeben seien die Matrizen $A = \begin{pmatrix} 1 & 2 & 0 & -1 \\ 4 & 1 & 1 & 3 \\ 0 & 0 & 2 & 0 \end{pmatrix}$ und $B = \begin{pmatrix} 1 & 3 & 2 & 0 \\ 0 & 0 & 4 & 0 \\ 2 & 1 & 0 & 1 \\ 0 & -1 & 3 & 5 \end{pmatrix}$.

(a) Wählen Sie drei Spaltenvektoren der Matrix A, und prüfen Sie diese auf lineare Unabhängigkeit.

(b) Lösen Sie folgende Gleichungssysteme, und geben Sie jeweils die Lösungsmenge an:

   (i) $Bx = (6, 4, 4, 7)'$,

   (ii) $Bx = (1, -4, 1, -4)'$.

Weitere Aufgaben

Aufgabe (Lösung s. AL 14.3)

Stellen Sie fest, welche der Gleichungssysteme $Ax = b$ (evtl. eindeutig) lösbar sind, und geben Sie gegebenenfalls eine Lösung an:

a) $A = \begin{pmatrix} 1 & 1 \\ 4 & 5 \\ 2 & 1 \end{pmatrix}, b = \begin{pmatrix} 1 \\ 2 \\ 5 \end{pmatrix}$,   b) $A = \begin{pmatrix} 1 & 1 \\ 4 & 5 \\ 2 & 1 \end{pmatrix}, b = \begin{pmatrix} -1 \\ -6 \\ 0 \end{pmatrix}$,   c) $A = \begin{pmatrix} -1 & 3 \\ 2 & -6 \\ -3 & 9 \end{pmatrix}, b = \begin{pmatrix} 2 \\ -4 \\ 6 \end{pmatrix}$.

Aufgabe (Lösung s. AL 15.8)

Untersuchen Sie die folgenden Gleichungssysteme $Ax = b$ auf Lösbarkeit, indem Sie die Ränge von A und $(A|b)$ bestimmen:

a) $A = \begin{pmatrix} 1 & 2 & 3 & 2 \\ 2 & 3 & 5 & 1 \\ 1 & 3 & 4 & 5 \end{pmatrix}, b = \begin{pmatrix} 2 \\ 4 \\ 5 \end{pmatrix}$,   b) $A = \begin{pmatrix} 1 & 2 & 1 & 2 \\ 1 & 3 & 2 & 2 \\ 2 & 4 & 3 & 4 \\ 3 & 7 & 4 & 6 \end{pmatrix}, b = \begin{pmatrix} 1 \\ -1 \\ 0 \\ 1 \end{pmatrix}$,

c) $A = \begin{pmatrix} 1 & 5 & 3 & 7 \\ 4 & 1 & -7 & -10 \\ 2 & 0 & -4 & -6 \end{pmatrix}, b = \begin{pmatrix} 2 \\ -1 \\ -1 \end{pmatrix}$.

Aufgabe (Lösung s. AL 14.17)

Zur Produktion der Erzeugnisse E_1, E_2 und E_3 werden die Vorerzeugnisse V_1, V_2 und V_3 eingesetzt. Dabei entsteht pro Einheit der Erzeugnisse ein Verbrauch in Höhe von (in kg):

	V_1	V_2	V_3
E_1	1.5	9	6
E_2	3	3	15
E_3	4.5	12	6

Der Lagerbestand an Vorerzeugnissen beträgt momentan

V_1	V_2	V_3
37.5	75	150

und soll vollständig verbraucht werden. Lösen Sie das zugehörige Gleichungssystem. Wie viele Einheiten von welchen Erzeugnissen können so produziert werden?

Aufgabe (Lösung s. AL 14.6)

Bestimmen Sie zu den folgenden Matrizengleichungen der Form $Ax = b$ jeweils die Lösungsmenge:

a) $\begin{pmatrix} 1 & 1 & 1 \\ 1 & 2 & -1 \\ 1 & -1 & 5 \end{pmatrix} \begin{pmatrix} x_1 \\ x_2 \\ x_3 \end{pmatrix} = \begin{pmatrix} 4 \\ 5 \\ 2 \end{pmatrix}$ b) $\begin{pmatrix} 1 & -1 & -3 & 1 \\ -1 & 4 & 3 & -1 \\ 2 & 1 & -6 & 2 \end{pmatrix} \begin{pmatrix} x_1 \\ x_2 \\ x_3 \\ x_4 \end{pmatrix} = \begin{pmatrix} -2 \\ 11 \\ 5 \end{pmatrix}$,

c) $\begin{pmatrix} 3 & -6 & 3 & 0 \\ 0 & 1 & 0 & 2 \\ 1 & 1 & 1 & 2 \end{pmatrix} \begin{pmatrix} x_1 \\ x_2 \\ x_3 \\ x_4 \end{pmatrix} = \begin{pmatrix} 0 \\ 3 \\ 5 \end{pmatrix}$

Aufgabe (Lösung s. AL 14.8)

a) Bestimmen Sie die Lösungsmenge des folgenden Gleichungssystems:

$$\begin{array}{rrrrcr} x_1 & +2x_2 & +3x_3 & +4x_4 & = & 0 \\ -3x_1 & -6x_2 & -8x_3 & +13x_4 & = & 2 \\ 2x_1 & +4x_2 & +7x_3 & +x_4 & = & -4 \end{array}$$

b) Für welche $t \in \mathbb{R}$ ist das Gleichungssystem $\begin{pmatrix} 1 & 1 & 1 \\ 3 & 2 & 1 \\ 2 & 1 & t \end{pmatrix} \begin{pmatrix} x_1 \\ x_2 \\ x_3 \end{pmatrix} = \begin{pmatrix} 1 \\ 3 \\ 4 \end{pmatrix}$ lösbar?

Aufgabe (Lösung s. AL 14.11)

Gegeben sei das Gleichungssystem $Ax = (a, a^2, a)'$ mit $A = \begin{pmatrix} 1 & 1 & 2 & 2 \\ 8 & 10 & 16 & 14 \\ -1 & 1 & -2 & -4 \end{pmatrix}$, $x \in \mathbb{R}^4$, $a \in \mathbb{R}$.

a) Für welche $a \in \mathbb{R}$ ist die Lösungsmenge des obigen Gleichungssystems nicht leer?

b) Geben Sie für diese Werte von a jeweils die Lösungsmenge an.

9 Transportprobleme

Die hier betrachteten Transportprobleme sind Spezialfälle von linearen Optimierungsproblemen, die in Kapitel 10 behandelt werden. Da sie jedoch eine sehr spezielle Struktur aufweisen, können auch einfachere Lösungsverfahren verwendet werden, die die Eigenarten des Transportproblems direkt berücksichtigen.

Problembeschreibung

Die Grundstruktur des Transportproblems für ein Gut P ist gegeben durch m Orte $A_1, \ldots, A_m$ (z.B. Produktionsstätten oder Warenlager des Produkts P; im Folgenden als Lager bezeichnet), von denen aus dieses Produkt zu n anderen Orten $B_1, \ldots, B_n$ (z.B. Märkte, Einzelhändler, Filialen eines Unternehmens; im Folgenden als Märkte bezeichnet) transportiert werden soll. Jedes Lager A_i hat eine verfügbare Menge a_i des Gutes P ($i \in \{1, \ldots, m\}$), jeder Markt B_j eine Nachfragemenge b_j ($j \in \{1, \ldots, n\}$). Zunächst wird vorausgesetzt, dass die gesamte Nachfrage der Summe der vorhandenen Lagerbestände entspricht, d. h.

$$\sum_{i=1}^{m} a_i = \sum_{j=1}^{n} b_j.$$

Auf diese Einschränkung kann jedoch durch eine einfache Modifikation des Problems verzichtet werden (s. Ende des Kapitels). Die Mengenangaben sind Einheiten des Produkts und werden daher als natürliche Zahlen angenommen. Zudem soll der Transport von Lager A_i zum Markt B_j mit bekannten Kosten c_{ij} [Geldeinheiten] verbunden sein, die pro transportierter Einheit des Produkts P anfallen. Werden daher 6 Einheiten des Gutes P von A_i nach B_j transportiert, so fallen $6 \cdot c_{ij}$ Geldeinheiten als Kosten an. In diesem einfachen Kostenmodell werden die Kosten c_{ij} als unabhängig von der Anzahl der von P transportierten Einheiten vorausgesetzt. Es wird ferner angenommen, dass zwischen den Lagern $A_1, \ldots, A_m$ wie auch zwischen den Märkten $B_1, \ldots, B_n$ keinerlei Güteraustausch stattfindet.

Praxisnähere Modelle werden in den Arbeitsgebieten „Logistik" oder „Operations Research (Unternehmensforschung)" behandelt.

Schematisch lässt sich die Situation wie folgt darstellen:

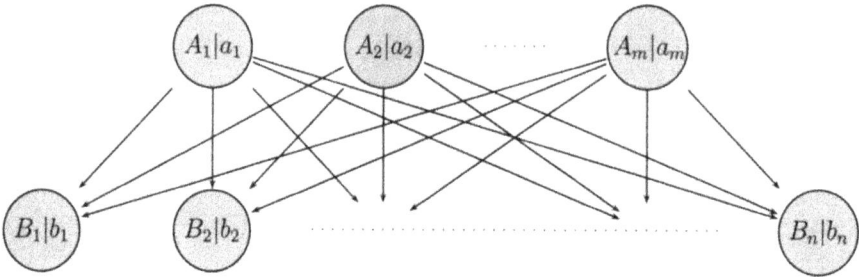

Wie die Graphik andeutet, kann jeder Markt aus jedem Lager beliefert werden.

Die Transportaufgabe besteht in der Bestimmung eines kostenoptimalen (-minimalen) Transportplans, d. h. das Gut P soll zu geringst möglichen Kosten von den Lagern zu den Märkten transportiert werden. Dabei soll auf jedem Markt die Nachfrage befriedigt, an jedem Ort das Lager geräumt werden.

Die Kosten c_{ij} für $i \in \{1, \ldots, m\}$ und $j \in \{1, \ldots, n\}$ werden zur **Einheitstransport-kostenmatrix** $C = (c_{ij})_{i,j}$ zusammengefasst. Deren Einträge c_{ij}, die Lagerbestände $a_1, \ldots, a_m \in \mathbb{N}$ und die Nachfragen $b_1, \ldots, b_n \in \mathbb{N}$ werden in einem Transportschema dargestellt:

c_{ij}	B_1	B_2	$\cdots$	B_n	a_i
A_1	c_{11}	c_{12}	$\cdots$	c_{1n}	a_1
A_2	c_{21}	c_{22}	$\cdots$	c_{2n}	a_2
$\vdots$	$\vdots$		$\ddots$	$\vdots$	$\vdots$
A_m	c_{m1}	c_{m2}	$\cdots$	c_{mn}	a_m
b_j	b_1	b_2	$\cdots$	b_n	$\sum\limits_{i=1}^{m} a_i = \sum\limits_{j=1}^{n} b_j$

Eine formale Beschreibung des Problems der Bestimmung eines optimalen Transportplans ist folgendermaßen gegeben:

Mit x_{ij} wird die Menge des Gutes P bezeichnet, die von Lager A_i zum Markt B_j transportiert wird, $i \in \{1, \ldots, m\}$, $j \in \{1, \ldots, n\}$.

Transportaufgabe (TA)

Minimiere die Kostenfunktion $\quad K = \sum\limits_{i=1}^{m} \sum\limits_{j=1}^{n} c_{ij} x_{ij}$

unter den Nebenbedingungen: $\quad$ (1) $\quad \sum\limits_{i=1}^{m} x_{ij} = b_j, \quad j \in \{1, \ldots, n\},$

$\qquad\qquad\qquad\qquad\qquad$ (2) $\quad \sum\limits_{j=1}^{n} x_{ij} = a_i, \quad i \in \{1, \ldots, m\},$

$\qquad\qquad\qquad\qquad\qquad$ (3) $\quad x_{ij} \geq 0, \qquad i \in \{1, \ldots, m\}, j \in \{1, \ldots, n\}.$

Die n Restriktionen (1) besagen, dass alle von den Märkten benötigten Mengen des Produkts auch geliefert werden, d. h. die gesamte Nachfrage wird erfüllt. Die Nebenbedingungen (2) garantieren, dass alle Lager nach Auslieferung des Gutes P geräumt sind. (3) stellt sicher, dass nur nichtnegative Mengen des Produkts betrachtet werden.

Zulässige Transportpläne

Bezeichnung

Eine Matrix $(t_{ij})_{i,j}$ von Transportmengen, deren Einträge die Nebenbedingungen (1), (2) und (3) der Transportaufgabe (TA) erfüllen, heißt **Transportplan** oder **zulässige Lösung**.

Ein Transportplan mit minimalen Kosten heißt **optimaler Transportplan**.

Ist $(t_{ij})_{i,j}$ ein Transportplan mit höchstens $m+n-1$ positiven Transportmengen, so heißen die zu diesen positiven Mengen gehörigen Variablen **Basisvariablen**. Diese bilden einen **Basisplan**.

Bemerkung

Ein Basisplan mit $m + n - 1$ Variablen heißt **Basislösung** oder kurz **Basis**.

Enthält ein Basisplan weniger als $m + n - 1$ Variablen, so muss er durch Hinzufügen geeigneter Variablen zu einer Basislösung ergänzt werden, die immer aus $m + n - 1$ Variablen besteht. Alle Elemente einer Basislösung heißen **Basisvariablen**, die anderen **Nichtbasisvariablen**. Nachfolgend werden zwei Verfahren vorgestellt, die zu einer Basislösung führen.

In der Formulierung der Transportaufgabe wird zunächst nicht ausgeschlossen, dass Bruchteile von Einheiten des Produkts P transportiert werden. Ein mathematischer Satz sagt aus, dass auf eine entsprechende Voraussetzung verzichtet werden kann, da alle optimalen Basislösungen aus ganzzahligen Transportmengen bestehen. Außerdem ist jedes Transportproblem lösbar.

Das Optimierungsproblem (TA) besitzt immer einen optimalen Basisplan
$P = \left\{ x_{ij}^* \mid i \in I \subseteq \{1, \ldots, m\}, j \in J \subseteq \{1, \ldots, n\} \right\}$ mit $|P| \leq m + n - 1$.
Für jeden optimalen Basisplan gilt:

$$x_{ij}^* \in \mathbb{N}_0 \text{ für alle } i \in \{1, \ldots, m\},\ j \in \{1, \ldots, n\}.$$

Da für einen optimalen Basisplan stets $x_{ij}^* \in \mathbb{N}_0$ gilt, sind nur endlich viele Transportpläne miteinander zu vergleichen. Damit ließe sich der optimale Plan durch Enumeration
aller Pläne finden, d. h. es werden alle in Frage kommenden Pläne systematisch abgesucht
und hinsichtlich ihre Kosten bewertet. Für große Anzahlen n und m ist diese Vorgehensweise in der Regel sehr aufwendig. Daher muss ein geeignetes Verfahren bereitgestellt
werden, das eine einfache und schnelle Methode zur Generierung der optimalen Lösung
sichert. Dazu werden auf dem Weg zur Lösung einer Transportaufgabe drei Teilaufgaben
bearbeitet:

(1) **Erzeugung** einer zulässigen Lösung,

(2) **Verbesserung** des vorliegenden Transportplans (Übergang zu einem kostengünstigeren Transportplan),

(3) **Überprüfung**, ob der Plan bereits optimal ist.

Der Ablauf des Verfahrens ist in folgendem Schema dargestellt:

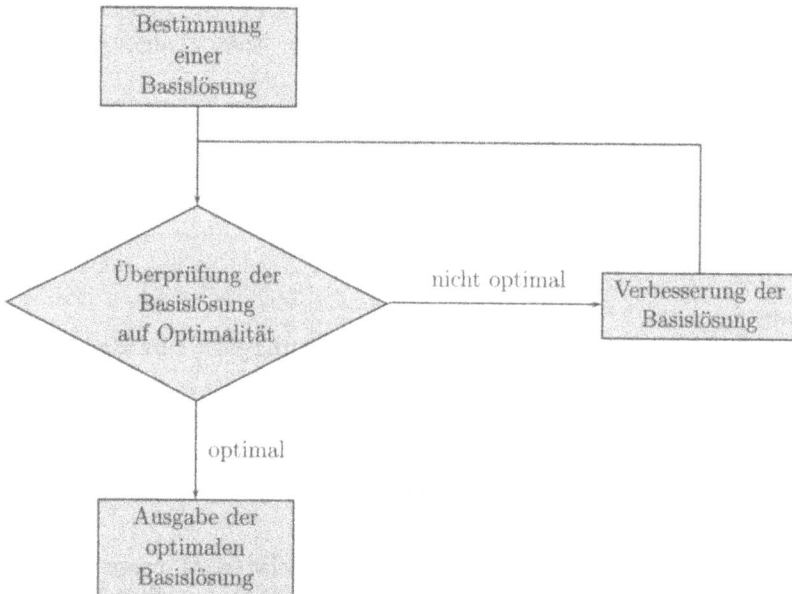

Die verschiedenen Bestandteile des oben formulierten Algorithmus werden im Folgenden
anhand eines Beispiels aufgezeigt.

Ein Gut soll von den drei Lagern A_1, A_2 und A_3 zu den Märkten B_1, B_2, B_3, B_4 und B_5 transportiert werden. Die Einheitstransportkostenmatrix $(c_{ij})_{1\leq i\leq 3;1\leq j\leq 5}$, die Lagerbestände a_1, a_2, a_3 und die Nachfragemengen $b_1, \ldots, b_5$ sind in folgender Tabelle zusammengefasst:

c_{ij}	B_1	B_2	B_3	B_4	B_5	a_i
A_1	1	5	2	2	6	45
A_2	4	7	3	5	0	30
A_3	6	4	0	1	3	25
b_j	10	30	10	15	35	100

Graphisch lässt sich die Situation wie folgt darstellen:

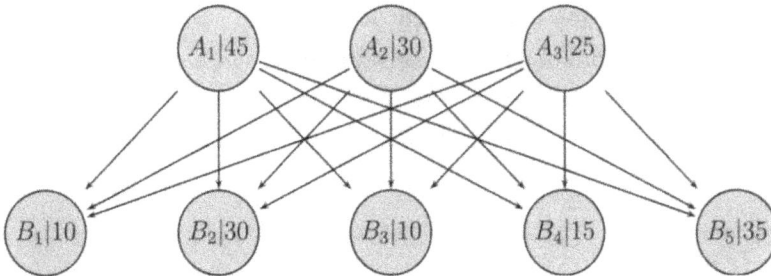

Die Transportpläne werden im Folgenden in einer entsprechenden Tabelle notiert, wobei anstelle der Kosten c_{ij} die transportierten Mengen x_{ij} eingetragen werden. Das leere Tableau sind dann wie folgt aus:

x_{ij}	B_1	B_2	B_3	B_4	B_5	a_i
A_1						45
A_2						30
A_3						25
b_j	10	30	10	15	35	100

Bestimmung einer Basislösung: Nordwesteckenregel

Die **Nordwesteckenregel** ist ein Verfahren, mit dem eine Basislösung generiert werden kann. Die zur Verfügung stehenden Lagerbestände werden sukzessiv auf die Märkte aufgeteilt. Begonnen wird mit Lager A_1 und Markt B_1 (obere linke Ecke in der Tabelle $\hat{=}$ „Nordwestecke").

Aus Lager A_1 wird entweder die Menge nach B_1 transportiert, die B_1 benötigt oder der gesamte verfügbare Lagerbestand:

$$x_{11} = \min(a_1, b_1) = \min(45, 10) = 10.$$

Damit ist der Bedarf von B_1 gedeckt, Lager A_1 hat noch eine Restkapazität $a_1' = a_1 - x_{11} = 35$ Einheiten. Daraus folgt sofort, dass B_1 keine Lieferung aus Lager A_2 oder A_3 erhält: $x_{21} = 0$, $x_{31} = 0$. Als nächster Markt wird B_2 aus Lager A_1 bedient, so dass

$$x_{12} = \min(a_1', b_2) = \min(35, 30) = 30.$$

B_2 erhält daher seine gesamte Nachfrage auch aus A_1. In A_1 verbleibt ein Rest von $a_1'' = 5$ Einheiten. Damit bekommt nun B_3 diese 5 Einheiten des Gutes plus 5 weitere Einheiten aus Lager A_2, so dass $x_{13} = 5$ und $x_{23} = 5$ gilt. Dieses Verfahren wird fortgesetzt, bis alle Lager leer sind. Da die Gesamtnachfrage gleich dem Gesamtlagerbestand ist, sind damit gleichzeitig auch alle Nachfragen erfüllt.

Das Schema zur Bestimmung eines Transportplans wird also treppenförmig, beginnend an der „Nordwestecke", abgearbeitet. Es weist jedem Feld dieser absteigenden Treppe jeweils möglichst viele Transporteinheiten zu.

Ein Transportplan für das obige Transportproblem ist somit gegeben durch:

x_{ij}	B_1	B_2	B_3	B_4	B_5	a_i
A_1	10 $\longrightarrow$	30 $\longrightarrow$	5	0	0	45
A_2	0	0	5 $\longrightarrow$	15 $\longrightarrow$	10	30
A_3	0	0	0	0	25	25
b_j	10	30	10	15	35	100

(T)

Die Kosten dieses Plans betragen

$$
\begin{aligned}
K &= c_{11} \cdot 10 + c_{12} \cdot 30 + c_{13} \cdot 5 + c_{23} \cdot 5 + c_{24} \cdot 15 + c_{25} \cdot 10 + c_{35} \cdot 25 \\
&= 1 \cdot 10 + 5 \cdot 30 + 2 \cdot 5 + 3 \cdot 5 + 5 \cdot 15 + 0 \cdot 10 + 3 \cdot 25 = 335.
\end{aligned}
$$

Das Grundprinzip des oben exemplarisch eingeführten Verfahrens lässt sich somit wie folgt beschreiben:

Zunächst werden der Lagerbestand von A_1 und die Nachfrage von B_1 miteinander verglichen. Der Transportplan erhält die kleinere der beiden Mengen als Wert zugewiesen. Dann gibt es zwei Möglichkeiten:

(1) Der Lagerbestand a_1 von Lager A_1 ist geringer als die Nachfrage von B_1: $a_1 < b_1$. In diesem Fall wird die gesamte Lagermenge a_1 zum Markt B_1 transportiert. Da das Lager damit leer ist, wird es im weiteren nicht mehr berücksichtigt. Der Bedarf von B_1 sinkt durch die Lieferung von a_1 Einheiten auf $b_1' = b_1 - a_1 > 0$ Einheiten. Als nächstes Lager wird nun A_2 angefragt und das Vorgehen wiederholt. In der Tabelle entspricht dieser Vorgang einem Wechsel von der Variablen x_{11} nach **unten** zu der Variablen x_{21}.

(2) Die Nachfrage b_1 von B_1 kann allein aus dem Lager A_1 befriedigt werden, d. h. B_1 kann aus der weiteren Planung ausgeschlossen werden. Zudem bedeutet dies, dass der Lagerbestand von A_1 größer oder gleich der Nachfrage b_1 war. Die neue Lagerkapazität von A_1 wird nun auf den Wert $a_1' = a_1 - b_1$ gesetzt. Nun sind zwei Fälle zu unterscheiden:

(a) $a_1' > 0$: Das Lager hat somit noch einen positiven Bestand. Als nächster Markt wird daher B_2 aus dem Lager A_1 bedient. In der Tabelle bedeutet dies, dass nach **rechts** zum Feld (A_1, B_2) gewechselt wird. Das gleiche Vorgehen wird nun mit dem Lagerbestand a_1' und der Nachfrage b_2 wiederholt.

(b) $a_1' = 0$: In diesem Fall ist sowohl die Nachfrage b_1 von B_1 erfüllt als auch das Lager A_1 vollständig geräumt. Somit spielen beide Orte für die weitere Planung keine Rolle mehr. Sie werden aus dem weiteren Planungsverlauf gestrichen. Das Verfahren wird mit Lager A_2 und Markt B_2 fortgesetzt. Aus technischen Gründen (Erzeugung einer Basislösung) wird die Liefermenge x_{12} von A_1 nach B_2 mit Wert Null zur Basisvariablen (oder alternativ die Liefermenge x_{21} von A_2 nach B_1 mit Wert Null). Im Tableau wechselt man daher **diagonal** von Feld (A_1, B_1) zu Feld (A_2, B_2).

Nach Abschluss der Zuweisung für die Zelle (A_1, B_1) wird das Verfahren für die Zellen (A_2, B_1) (Fall 1), (A_1, B_2) (Fall 2a) bzw. (A_2, B_2) (Fall 2b) wiederholt. Der Algorithmus wird so lange fortgesetzt, bis die untere rechte Ecke des Tableaus erreicht ist, d. h. bis $x_{m,n}$ bestimmt ist.

In einem Ablaufdiagramm lässt sich der Vorgang bei Start in Zelle (A_i, B_j) folgendermaßen darstellen. Da der Bestand von A_i bzw. die Nachfrage von B_j bereits in vorhergehenden Berechnungen angepasst worden sein können, werden sie nicht mit der Ausgangsbezeichnung a_i, b_j, sondern mit $\tilde{a}_i$, $\tilde{b}_j$ bezeichnet.

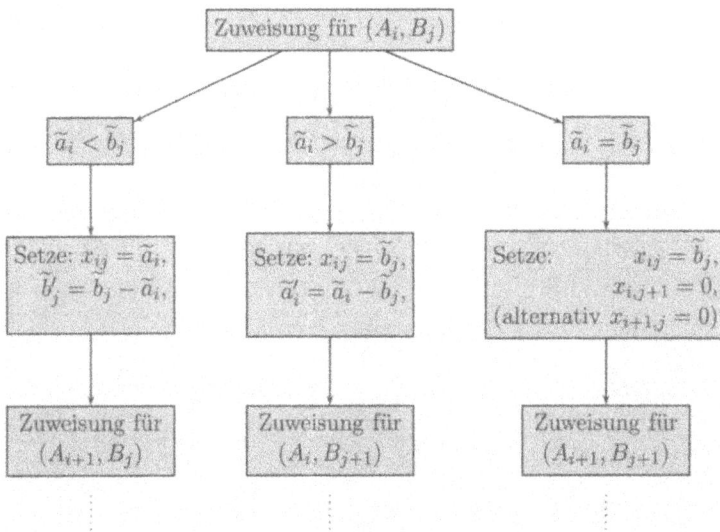

Wird das Verfahren in der oben dargestellten Weise durchgeführt, so erhält man insgesamt $n+m-1$ Basisvariablen x_{ij}, wobei einige durchaus den Wert Null erhalten können. Diese bilden eine Basislösung. Es ist jedoch wichtig, dass alle Basisvariablen im Tableau markiert werden. In Tableau (T) sind diese grau unterlegt.

Bestimmung einer Basislösung: Vogelsche Approximationsmethode

Die Nordwesteckenregel ist ein einfaches Verfahren zur Bestimmung eines Transportplans, das die Verteilung der Lagerbestände auf die Märkte vornimmt und auf diese Weise einen zulässigen Ausgangsplan erzeugt. Die Transportkosten werden durch das Verfahren überhaupt nicht berücksichtigt. Ein alternatives Verfahren, das zwar aufwendiger ist, dafür aber in der Regel einen kostengünstigeren Plan als die Nordwesteckenregel liefert, ist die **Vogelsche Approximationsmethode**. Sie basiert auf der Einheitstransportkostenmatrix und bezieht die Kostenerhöhungen pro transportierter Einheit in die Überlegungen mit ein. Die Methode wird wiederum an obigem Beispiel erläutert.

Ein mit der Nordwesteckenregel bestimmter erster Transportplan muss mit einigem Aufwand zu einem optimalen Transportplan verbessert werden. Die Verwendung der Vogelschen Approximationsmethode führt aufgrund der Kostenüberlegungen häufig zu einem kostengünstigeren Ausgangsplan, der dem optimalen Plan sehr nahe kommt. In diesem Sinne handelt es sich um eine heuristische Regel.

B Bei der Vogelschen Approximationsmethode betrachtet man zunächst getrennt für jedes Lager die Lieferkosten an die Märkte. Dabei wird zuerst der Markt, zu dem mit den geringsten Kosten transportiert werden kann, identifiziert (grau unterlegt), dann der mit den zweitniedrigsten Kosten (grau unterlegt mit Rahmen) und schließlich deren Differenz D_1 berechnet.

c_{ij}	B_1	B_2	B_3	B_4	B_5	a_i	D_1
A_1	1	5	2	2	6	45	1
A_2	4	7	3	5	0	30	3
A_3	6	4	0	1	3	25	1
b_j	10	30	10	15	35		

Anschließend werden für jeden Markt die Transportkosten von einem der Lager zu diesem Markt in entsprechender Weise bestimmt und wiederum die Differenz berechnet.

c_{ij}	B_1	B_2	B_3	B_4	B_5	a_i	D_1
A_1	1	5	2	2	6	45	1
A_2	4	7	3	5	0	30	3
A_3	6	4	0	1	3	25	1
b_j	10	30	10	15	35		
D_1	3	1	2	1	3		

Von diesen Differenzen wird die größte ausgewählt. Da mehrere Differenzen den maximalen Wert 3 annehmen, wird als eine Möglichkeit die erste Spalte genommen. Ebenso können die fünfte Spalte bzw. die zweite Zeile verwendet werden.

Die Idee, Differenzen zwischen den jeweils niedrigsten und zweitniedrigsten Kosten als Entscheidungskriterium zu nutzen, reflektiert, was als zusätzliche Kosten in Kauf genommen werden müsste, wenn nur die zweitbeste Lösung realisiert wird. Um bei einer erneuten Zuweisung einen hohen Kostensprung möglichst zu vermeiden, wird in einer Zeile oder Spalte mit maximaler Differenz eine möglichst große Menge dem Transportweg mit den niedrigsten Transportkosten zugewiesen.

In der ersten Spalte wird der Eintrag mit den geringsten Kosten ausgewählt: $c_{11} = 1$. Die Liefermenge x_{11} wird größtmöglich, also gleich dem Minimum von a_1 und b_1 gesetzt: $x_{11} = \min(a_1, b_1) = \min(45, 10) = 10$. Damit ist die Nachfrage von B_1 befriedigt, und B_1 wird aus den weiteren Planungen ausgeschlossen. Außerdem wird der Lagerbestand von A_1 um b_1 verringert: $a'_1 = a_1 - b_1$. Anschließend wird das Verfahren mit dem aktualisierten Tableau wiederholt. Die festgelegte Liefermenge ist in einem Kreis dargestellt. Der aktualisierte Lagerbestand und die aktualisierte Nachfragemenge sind fett markiert.

Nun wird – ohne Berücksichtigung der zu B_1 gehörenden Spalte (hellgraue Einträge) – die Differenzbildung zwischen den zweitniedrigsten und niedrigsten Einheitstransportkosten in jeder Zeile und Spalte des Resttableaus wiederholt.

c_{ij}	B_1	B_2	B_3	B_4	B_5	a_i	D_1	D_2
A_1	(10)	5	2	2	6	**35**	1	0
A_2	1	7	3	5	0	30	3	3
A_3	6	4	0	1	3	25	1	1
b_j	**0**	30	10	15	35			
D_1	3	1	2	1	3			
D_2		1	2	1	3			

Diesmal wird die fünfte Spalte ausgewählt und aufgrund minimaler Transportkosten der Weg von A_2 nach B_5 festgelegt. x_{25} wird die maximal mögliche Menge zugewiesen, d. h. es wird $x_{25} = 30$ gesetzt. Damit ist das Lager A_2 geräumt und kann im Tableau gestrichen werden. Der Bedarf von B_5 wird auf die Restmenge 5 angepasst. Die bis zur Festlegung eines Transportplans zu bestimmenden Tableaus werden in derselben Weise berechnet.

c_{ij}	B_1	B_2	B_3	B_4	B_5	a_i	D_1	D_2	D_3
A_1	(10)	5	2	2	6	35	1	0	0
A_2	1	7	3	5	(30)	0	3	3	
A_3	6	4	0	1	3	25	1	1	1
b_j	0	30	10	15	5				
D_1	3	1	2	1	3				
D_2		1	2	1	3				
D_3		1	2	1	3				

c_{ij}	B_1	B_2	B_3	B_4	B_5	a_i	D_1	D_2	D_3	D_4
A_1	(10)	5	2	2	6	35	1	0	0	0
A_2	4	7	3	5	(30)	0	3	3		
A_3	6	4	0	1	(5)	20	1	1	1	1
b_j	0	30	10	15	0					
D_1	3	1	2	1	3					
D_2		1	2	1	3					
D_3		1	2	1	3					
D_4		1	2	1						

c_{ij}	B_1	B_2	B_3	B_4	B_5	a_i	D_1	D_2	D_3	D_4	D_5
A_1	(10)	5	2	2	6	35	1	0	0	0	3
A_2	4	7	3	5	(30)	0	3	3			
A_3	6	4	(10)	1	(5)	10	1	1	1	1	3
b_j	0	30	0	15	0						
D_1	3	1	2	1	3						
D_2		1	2	1	3						
D_3		1	2	1	3						
D_4		1	2	1							
D_5		1		1							

c_{ij}	B_1	B_2	B_3	B_4	B_5	a_i	D_1	D_2	D_3	D_4	D_5	D_6
A_1	(10)	5	2	2	6	35	1	0	0	0	3	3
A_2	4	7	3	5	(30)	0	3	3				
A_3	6	4	(10)	(10)	(5)	0	1	1	1	1	3	
b_j	0	30	0	5	0							
D_1	3	1	2	1	3							
D_2		1	2	1	3							
D_3		1	2	1	3							
D_4		1	2	1								
D_5		1		1								
D_6												

Im obigen Tableau kann eine Differenz lediglich für die erste Zeile berechnet werden, da in den Spalten 2 und 4 nur ein Eintrag übrig geblieben ist. Weil ein Transportplan alle Lagerbestände verteilen muss, resultieren aus dieser Forderung die Liefermengen $x_{12} = 30$, $x_{14} = 5$. Dies ergibt den Plan:

x_{ij}	B_1	B_2	B_3	B_4	B_5	a_i
A_1	10	30	0	5	0	45
A_2	0	0	0	0	30	30
A_3	0	0	10	10	5	25
b_j	10	30	10	15	35	100

Dieser Transportplan weist Kosten in Höhe von 195 Geldeinheiten aus und ist damit deutlich günstiger als der mit der Nordwesteckenregel erzeugte Plan. Er ist sogar optimal!

Bei der konkreten Durchführung der Vogelschen Approximationsmethode wird natürlich nicht in jedem Schritt ein neues Tableau erzeugt. Es werden jeweils eine Zeile und eine Spalte von Differenzen an das Tableau angefügt, die Restriktionen angepasst und die Zeilen bzw. Spalten mit Mengen Null gestrichen. Dies erlaubt eine äußerst kompakte Darstellung, so dass nur das letzte Tableau benötigt wird. Die hellgrau dargestellten Zahlen stehen in den jeweils gestrichenen Zeilen und Spalten.

Zusammenfassend wird die Vogelsche Approximationsmethode wie folgt durchgeführt. Ausgangspunkt ist die um die Lagerbestände und Nachfragemengen zu dem folgenden Tableau ergänzte Einheitstransportkostenmatrix:

	B_1	$\cdots$	B_n	a_i
A_1	c_{11}	$\cdots$	c_{1n}	a_1
$\vdots$	$\vdots$		$\vdots$	$\vdots$
A_m	c_{m1}	$\cdots$	c_{mn}	a_m
b_j	b_1	$\cdots$	b_n	

- Man berechnet in jeder Zeile und Spalte die Differenz zwischen dem kleinsten und zweitkleinsten Kosteneintrag.

- Man wählt die Zeile oder Spalte mit der größten Kostendifferenz aus. Gibt es mehrere Zeilen und/oder Spalten, die die größte Kostendifferenz haben, so wählt man eine von ihnen aus.

- Man bestimmt in der ausgewählten Zeile/Spalte den kleinsten Kosteneintrag c_{ij}. Auf dem Weg von A_i nach B_j wird die (maximal mögliche) Menge $x_{ij} = \min(\tilde{a}_i, \tilde{b}_j)$ zugewiesen. Anschließend werden der Lagerbestand $\tilde{a}'_i = \tilde{a}_i - x_{ij}$ und die Nachfrage $\tilde{b}'_j = \tilde{b}_j - x_{ij}$ angepasst. Die Zeile bzw. Spalte, in der nun ein Lagerbestand bzw. eine Nachfrage von Null entsteht, wird gestrichen. Nach dem Konstruktionsprinzip ist mindestens eine Null erzeugt worden. Sind sowohl Lagerbestand als auch Nachfrage auf Null gesetzt worden, so werden die zugehörige Zeile und die zugehörige Spalte gestrichen. **In diesem Fall ist nach Beendigung des Verfahrens eine Variable in der betreffenden Zeile bzw. Spalte als Basisvariable zu wählen und mit der Transportmenge Null zu versehen!** Dies ist aus technischen Gründen notwendig, damit am Ende des Verfahrens $m + n - 1$ Basisvariablen in der Basislösung enthalten sind.

- Ist nur noch eine Zeile oder Spalte übrig, so werden die verbliebenen Liefermengen auf die noch nicht gestrichenen Einträge verteilt. Andernfalls beginnt ein neuer Durchlauf des Verfahrens.

Die Vogelsche Approximationsmethode ist ein heuristisches Verfahren und liefert in der Regel einen „relativ guten", aber nicht notwendig einen optimalen Transportplan. In den meisten Fällen führt sie aber zumindest zu einer kostengünstigeren Ausgangslösung als die Nordwesteckenregel.

Erzeugung weiterer Basislösungen: Stepping–Stone–Methode

Die mittels der vorstehend diskutierten Verfahren erzeugten Basislösungen sind nicht notwendig optimal. Ehe ein Kriterium zur Überprüfung der Optimalität vorgestellt wird, soll ein Verfahren erläutert werden, mit dem aus einem vorliegenden Transportplan ein weiterer generiert wird, der möglichst kostengünstiger ist, aber keinesfalls zu höheren Kosten führt: die Stepping–Stone–Methode. Dazu wird das obige Beispiel herangezogen.

Ausgangspunkt der Überlegungen ist eine **Nichtbasisvariable** des mittels der Nordwesteckenregel ermittelten Transportplans. Exemplarisch sei x_{15} gewählt. Es sei nun angenommen, dass eine Menge $M > 0$ von A_1 nach B_5 transportiert werden soll, d. h. es soll aus der vorliegenden Basislösung eine neue Basislösung $\{x'_{ij} \mid i \in I \subseteq \{1,2,3\}, j \in J \subseteq \{1,\dots,5\}\}$ konstruiert werden mit $x'_{15} = M$. Im weiteren Verlauf der Stepping–Stone–Methode werden ausschließlich **Basisvariablen** in Betracht gezogen. Dies bedeutet, dass nur die Werte von Interesse sind, die in Tableau (T) grau unterlegt sind. Dieser Ansatz führt zunächst zu folgendem Tableau:

x_{ij}	B_1	B_2	B_3	B_4	B_5	a_i
A_1	10	30	5		M	45
A_2			5	15	10	30
A_3					25	25
b_j	10	30	10	15	35	100

Es ist zu erkennen, dass dieser Transportplan nicht zulässig ist, da z.B. die Restriktion $\sum_{i=1}^{3} x_{i5} = 35 + M > 35 = b_5$ verletzt ist. Somit muss eine der bestehenden Liefermengen an B_5 reduziert werden. Dazu kommen x_{25} und x_{35} in Frage. Eine Veränderung von x_{35} scheidet aus, da in dieser Zeile keine weitere Basisvariable vorhanden ist. Eine Reduzierung der Menge x_{35} um M Einheiten hätte zur Folge, dass die Restriktion $\sum_{j=1}^{5} x_{3j} = 25$ verletzt wäre. Da keine weiteren Basisvariablen in dieser Zeile vorliegen, deren Werte entsprechend erhöht werden könnten, kann die Restriktion nicht mehr erfüllt werden. Der Transportplan würde daher unzulässig. Daher wird zunächst x_{25} um M reduziert: $x'_{25} = x_{25} - M = 10 - M$ (M darf also nicht größer als 10 sein!).

x_{ij}	B_1	B_2	B_3	B_4	B_5	a_i
A_1	10	30	5		M $\downarrow$	45
A_2			5	15	10 - M	30
A_3					25	25
b_j	10	30	10	15	35	100

Da nun wegen $\sum_{j=1}^{5} x_{2j} = 30 - M < 30 = a_2$ die Nebenbedingung der zweiten Zeile nicht mehr erfüllt ist, muss eine der Liefermengen von A_2, die nicht an B_5 erfolgen, abgeändert werden. Dazu kommen die Basisvariablen x_{23} und x_{24} in Frage. Eine Abänderung von x_{24}

ist nicht erlaubt, da dies die Restriktion $\sum_{i=1}^{3} x_{i4} = 15$ verletzt und nicht „repariert" werden kann. Die Gültigkeit kann nicht wiederhergestellt werden, da die Variablen x_{14}, x_{34} nicht in der Basis enthalten sind und deshalb nicht verändert werden dürfen. Daher muss x_{23} um M vergrößert werden ($x'_{23} = x_{23} + M = 5 + M$), was automatisch eine Verringerung von x_{13} um M nach sich zieht: $x'_{13} = x_{13} - M = 5 - M$. Nach diesem Schritt sind alle Restriktionen an Bestände und Nachfragen wieder erfüllt. Das Tableau lautet:

x_{ij}	B_1	B_2	B_3	B_4	B_5	a_i
A_1	10	30	$5 - M$ ⟶		M	45
			↑		↓	
A_2			$5 + M$ ← ~~15~~		$10 - M$	30
A_3					25	25
b_j	10	30	10	15	35	100

Ausgehend von dem Wunsch, auf einem bestimmten Weg (der von einer aktuellen Nichtbasisvariablen ausgeht) eine gewisse Menge des Gutes zu transportieren, ist ein geschlossener Weg über Basisvariablen zu finden, der wieder in der Nichtbasisvariablen endet. Die Transportmengen sind dann auf diesem Weg geeignet abzuändern. Danach sind wieder alle Nebenbedingungen erfüllt. Eine Vorgehensweise, die dieses sicherstellt, wird nun erläutert.

Zum Abschluss sind noch die Restriktionen an die Liefermengen x'_{ij} zu beachten, die nicht negativ sein dürfen, d. h. es ist festzulegen, wie groß M sein darf, damit alle Liefermengen diese Forderung erfüllen. Es reicht diejenigen Variablen zu betrachten, von denen M subtrahiert wird. Für diese muss sichergestellt werden, dass

$$\min(5 - M, 10 - M) = 5 - M \geq 0$$

gilt. Daher kann M maximal als 5 gewählt werden. Dies ergibt den Transportplan:

x_{ij}	B_1	B_2	B_3	B_4	B_5	a_i
A_1	10	30	0	0	5	45
A_2	0	0	10	15	5	30
A_3	0	0	0	0	25	25
b_j	10	30	10	15	35	100

Die Variable x_{15} wird somit in die Basis aufgenommen, während x_{13} die Basis verlässt. Die Kosten dieses Plans betragen 370 (Geldeinheiten). Damit ist der Transport sogar noch teurer als bei Umsetzung des durch die Nordwesteckenmethode ermittelten Plans.

Der bei Aufnahme der Variablen x_{15} resultierende Austauschweg hatte eine sehr einfache Struktur. Ein Weg kann aber durchaus komplizierter sein. Soll statt x_{15} etwa die Variable x_{32} in die Basis aufgenommen werden, so verläuft der Weg wie folgt:

$$x_{32} \longrightarrow x_{12} \longrightarrow x_{13} \longrightarrow x_{23} \longrightarrow x_{25} \longrightarrow x_{35} (\longrightarrow x_{32}).$$

Im Tableau sieht dies folgendermaßen aus:

x_{ij}	B_1	B_2	B_3	B_4	B_5	a_i
A_1	10	$30-M$ ⟶	$5+M$			45
A_2			$5-M$ ⟶	15 ⟶	$10+M$	30
A_3		M ⟵			$25-M$	25
b_j	10	30	10	15	35	100

Die maximal austauschbare Menge ist wiederum $M = 5$. Diesmal verlässt x_{23} die Basis.

Soll ein bestehender Transportplan in der Weise abgeändert werden, dass eine Nichtbasisvariable positiv wird, so muss zunächst ein Weg über Basisvariablen gefunden werden. Auf diesem müssen anschließend alle Transportmengen unter Beachtung der Zulässigkeit entsprechend abgeändert werden. Die Modifikation aller auf dem Weg liegenden Transportmengen ist notwendig, damit alle Zeilen- und Spaltenrestriktionen erfüllt bleiben.

Gegeben sei ein Transportplan. Eine Folge von Variablen x_{ij}, $i \in \{1, \ldots, m\}$, $j \in \{1, \ldots, n\}$, heißt **Weg**, falls

- die erste Variable eine Nichtbasisvariable ist,

- alle weiteren Variablen Basisvariablen sind,

- je zwei aufeinanderfolgende Variablen zu derselben Zeile oder zu derselben Spalte des Transportplans gehören,

- mit zwei (aufeinanderfolgenden) Variablen derselben Zeile bzw. derselben Spalte die nächste (dritte) Variable jeweils zu der Spalte bzw. Zeile der vorhergehenden (zweiten) Variable gehört. Dieses Verfahren garantiert einen Weg, in dem sich horizontale und vertikale Wegstücke abwechseln, z.B.

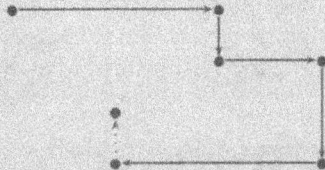

- die letzte Basisvariable zu derselben Spalte bzw. Zeile wie die Nichtbasisvariable gehört, wenn die zweite Variable (die der Nichtbasisvariablen folgende Basisvariable) zu derselben Zeile bzw. Spalte wie die Nichtbasisvariable gehört.

Die folgende Graphik zeigt einen einfachen, über drei Basisvariablen führenden Weg. Gleiche Symbole zeigen jeweils einen übereinstimmenden Index an.

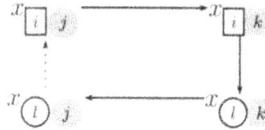

Der mittels der Stepping–Stone–Methode konstruierte Weg ist für jede Nichtbasisvariable (bis auf die Umlaufrichtung) eindeutig bestimmt.

Die Stepping–Stone–Methode kann folgendermaßen beschrieben werden:

- Man wähle eine **Nichtbasisvariable** x_{ij} mit Wert Null aus. Diese wird auf die Menge $M > 0$ abgeändert.

- Man suche unter den **Basisvariablen** einen Weg, der von x_{ij} ausgeht und wieder in der ausgewählten Nichtbasisvariablen endet:

$$x_{ij}, v_1, v_2, \ldots, v_{k-1}, v_k, x_{ij}$$

Diese Variablen werden abwechselnd um M vergrößert bzw. verringert:

$$x_{ij} + M, v_1 - M, v_2 + M, \ldots, v_{k-1} + M, v_k - M.$$

- Da alle Transportmengen nichtnegativ sind, ist der maximale Wert von M bestimmt durch $M = \min(v_1, v_3, \ldots, v_{k-2}, v_k)$. Sei $v_s \in \{v_1, v_3, \ldots, v_{k-2}, v_k\}$ eine Basisvariable mit Wert $v_s = M$.

- Anschließend werden die neue Variable x_{ij} in die Basis aufgenommen und die Variable v_s aus der Basis entfernt. Sollte es mehrere dieser Variablen geben, so ist eine von diesen auszuwählen. Die anderen bleiben, trotz eines Werts von Null, in der Basis. Dies garantiert, dass die Anzahl der Basisvariablen nicht verändert wird und auch nach dem Basistausch $n + m - 1$ beträgt.

Zur Lösung des gestellten Transportproblems sind noch folgende Fragen offen:

- Wie kann ein Transportplan mittels der Stepping-Stone-Methode zu einem kostengünstigeren Transportplan verändert werden, und welche Nichtbasisvariable soll dazu zur Basisvariablen werden?

- Wie kann die Optimalität eines Transportplans erkannt werden?

Optimale Transportpläne

Überprüfung einer Basislösung auf Optimalität

Der im Beispiel mittels der Stepping–Stone–Methode konstruierte Transportplan wies höhere Kosten auf als der Ausgangsplan, so dass hinsichtlich der Bestimmung eines optimalen Transportplans kein Fortschritt erzielt wurde. Die in die Basis aufzunehmende bisherige Nichtbasisvariable sollte somit jeweils geeignet gewählt werden. Zudem ist mit den vorgestellten Verfahren keine Aussage über die Optimalität der konstruierten Pläne möglich. Dazu müssen notwendigerweise die Transportkosten in die Überlegungen eingehen. Bisher wurden diese bei der Durchführung der Stepping–Stone–Methode nicht berücksichtigt.

Es ist im Allgemeinen nicht zu erwarten, dass ein durch die Nordwesteckenregel ermittelter Ausgangsplan optimal ist. Es wird daher zunächst ein Kriterium angegeben, das die Auswahl einer Nichtbasisvariablen ermöglicht, die bei Aufnahme in die Menge der Basisvariablen auf jeden Fall zu einer Verbesserung des Zielfunktionswerts (Gesamttransportkosten) führt.

Zur Formulierung des Kriteriums wird die Einheitstransportkostenmatrix $(c_{ij})_{i,j}$ herangezogen. Für jede Nichtbasisvariable x_{ij} wird zunächst nach der Stepping–Stone–Methode der (bis auf die Umlaufrichtung eindeutig bestimmte) Austauschweg ermittelt. Danach werden die Kosten bzw. wird die Kostenersparnis für diesen Weg durch eine entsprechende Abänderung des bisherigen Transportplans berechnet, wenn (zunächst) eine Einheit des Gutes P von A_i nach B_j transportiert wird. Diese Werte werden im Folgenden mit k_{ij} bezeichnet; k_{ij} heißt **Kostenkonsequenz** der Aufnahme von x_{ij} in die Basislösung.

> Die Kostenkonsequenz k_{ij} zu einer Nichtbasisvariablen x_{ij} eines Transportplans wird bestimmt durch alternierendes Addieren und Subtrahieren der Einheitstransportkosten, die zu den Variablen des Weges gehören.
> Beispielsweise führt der Weg $x_{ij} \longrightarrow x_{ik} \longrightarrow x_{lk} \longrightarrow x_{lj}(\longrightarrow x_{ij})$ zur Kostenkonsequenz $k_{ij} = c_{ij} - c_{ik} + c_{lk} - c_{lj}$.
> Für den Weg $x_{32} \longrightarrow x_{12} \longrightarrow x_{13} \longrightarrow x_{23} \longrightarrow x_{25} \longrightarrow x_{35}(\longrightarrow x_{32})$ resultiert die Kostenkonsequenz $k_{32} = c_{32} - c_{12} + c_{13} - c_{23} + c_{25} - c_{35}$.

Im obigen Beispiel ist $k_{32} = 4-5+2-3+0-3 = -5$, so dass die Aufnahme der Variablen x_{32} in die Menge der Basisvariablen eine Kostenersparnis in Höhe von 5 [Geldeinheiten] je (von A_3 nach B_2) transportierter Einheit des Gutes P nach sich zieht. Daher sollte möglichst viel transportiert werden, d. h. M maximal gewählt werden.

Eine positive Kostenkonsequenz k_{ij} zeigt an, dass bei Abänderung des bisherigen Transportplans durch die Aufnahme des Transports von A_i nach B_j jede dort transportierte Einheit von P eine Erhöhung der Gesamttransportkosten von k_{ij} [Geldeinheiten] verursacht.

Eine Kostenkonsequenz k_{ij} mit Wert Null besagt, dass ein weiterer Transportplan mit denselben Gesamttransportkosten gefunden werden kann.

Ein Transportplan ist optimal, wenn alle Kostenkonsequenzen nichtnegativ sind.

Zur Verbesserung eines gegebenen Transportplans werden zu allen Nichtbasisvariablen die Kostenkonsequenzen berechnet und der neue Transportweg mittels der kleinsten aller negativen Kostenkonsequenzen bestimmt. Auf diesem neuen Weg wird möglichst viel (maximales M) transportiert und dadurch ein neuer Transportplan erzeugt. Der erneuten Bestimmung der aktuellen Kostenkonsequenzen und der Optimalitätsprüfung folgt dann gegebenenfalls ein weiterer Iterationsschritt mit dem Stepping-Stone-Verfahren.

Das konkrete Transportproblem wird im nachstehenden Beispiel gemäß der beschriebenen Schritte gelöst. Anschließend wird der gesamte Algorithmus zum Auffinden eines optimalen Transportplans zusammengefasst.

Zunächst wird die Kostenkonsequenz bei Aufnahme der Variablen x_{15} in die Basis bestimmt. Der Weg verläuft über die Basisvariablen x_{25}, x_{23} und x_{13} zurück nach x_{15}. Bei Erhöhung der Transportmenge fallen zusätzliche Kosten an (für x_{15}, x_{23}), während bei einer Verringerung Kosten wegfallen (für x_{25}, x_{13}):

x_{15}	x_{25}	x_{23}	x_{13}
$+6$	-0	$+3$	-2

Die Kostenkonsequenz dieses Basistauschs ist gegeben durch

$$k_{15} = c_{15} - c_{25} + c_{23} - c_{13} = +6 - 0 + 3 - 2 = +7.$$

Eine Aufnahme eines Transports von A_1 nach B_5 ist daher mit zusätzlichen Kosten von 7 pro transportierter Einheit verbunden. Somit ist es nicht verwunderlich, dass der auf diese Weise ermittelte Transportplan höhere Kosten aufweist als der Ausgangsplan. Da kostengünstigere Pläne gesucht werden, ist es nur sinnvoll, solche Nichtbasisvariablen in den Plan aufzunehmen, die eine Kostenersparnis zur Folge haben, d. h. die zugehörige Kostenkonsequenz muss negativ sein. Die Berechnung aller Kostenkonsequenzen ergibt:

$$
\begin{aligned}
k_{14} &= c_{14} - c_{24} + c_{23} - c_{13} & &= 2 - 5 + 3 - 2 & &= -2 \\
k_{15} &= c_{15} - c_{25} + c_{23} - c_{13} & &= 6 - 0 + 3 - 2 & &= 7 \\
k_{21} &= c_{21} - c_{11} + c_{13} - c_{23} & &= 4 - 1 + 2 - 3 & &= 2 \\
k_{22} &= c_{22} - c_{12} + c_{13} - c_{23} & &= 7 - 5 + 2 - 3 & &= 1 \\
k_{31} &= c_{31} - c_{11} + c_{13} - c_{23} + c_{25} - c_{35} & &= 6 - 1 + 2 - 3 + 0 - 3 & &= 1 \\
k_{32} &= c_{32} - c_{12} + c_{13} - c_{23} + c_{25} - c_{35} & &= 4 - 5 + 2 - 3 + 0 - 3 & &= -5 \\
k_{33} &= c_{33} - c_{23} + c_{25} - c_{35} & &= 0 - 3 + 0 - 3 & &= -6 \\
k_{34} &= c_{34} - c_{24} + c_{25} - c_{35} & &= 1 - 5 + 0 - 3 & &= -7
\end{aligned}
$$

In der Tabelle sind neben den Transportmengen (grau unterlegt) die Kostenkonsequenzen des betrachteten Planes eingetragen, da sich diese nicht überlappen. Diese Notation dient zur Reduzierung des Aufwands.

x_{ij}	B_1	B_2	B_3	B_4	B_5	a_i
A_1	10	30	5	-2	$+7$	45
A_2	$+2$	$+1$	5	15	10	30
A_3	$+1$	-5	-6	-7	25	25
b_j	10	30	10	15	35	100

Eine Kostenersparnis wird nur erreicht, wenn eine Variable mit negativem Wert in die Basis aufgenommen wird. Es wird diejenige Nichtbasisvariable aufgenommen, die die größte Kostenersparnis bringt. Dies ist die Variable x_{34} mit $k_{34} = -7$. Der Austauschweg verläuft gemäß

$$x_{34} \longrightarrow x_{24} \longrightarrow x_{25} \longrightarrow x_{35} \, (\longrightarrow x_{34}) \, .$$

Der maximale Wert von x_{34} ist 15, da

$$M = \min(x_{24}, x_{35}) = \min(15, 25) = 15.$$

Somit wird x_{34} mit Wert 15 in die Basislösung aufgenommen, x_{24} fällt heraus. Der neue Transportplan ist somit:

x_{ij}	B_1	B_2	B_3	B_4	B_5	a_i
A_1	10	30	5			45
A_2			5		25	30
A_3				15	10	25
b_j	10	30	10	15	35	100

Die Kosten dieses Plans betragen 230 Geldeinheiten. Die Reduktion der Kosten um 105 Geldeinheiten resultiert daraus, dass nun 15 Einheiten von P mit einer Kostenersparnis von je sieben Geldeinheiten von A_3 nach B_4 transportiert werden, die vorher von A_2 nach B_4 befördert wurden: $7 \cdot 15 = 105$.

Diese Vorgehensweise wird wiederholt bis alle Kostenkonsequenzen nichtnegativ sind. Für den obigen Plan erhält man die Kostenkonsequenzen:

$$
\begin{aligned}
k_{14} &= c_{14} - c_{34} + c_{35} - c_{25} + c_{23} - c_{13} & = 2 - 1 + 3 - 0 + 3 - 2 & = & 5 \\
k_{15} &= c_{15} - c_{25} + c_{23} - c_{13} & = 6 - 0 + 3 - 2 & = & 7 \\
k_{21} &= c_{21} - c_{11} + c_{13} - c_{23} & = 4 - 1 + 2 - 3 & = & 2 \\
k_{22} &= c_{22} - c_{12} + c_{13} - c_{23} & = 7 - 5 + 2 - 3 & = & 1 \\
k_{24} &= c_{24} - c_{25} + c_{35} - c_{34} & = 5 - 0 + 3 - 1 & = & 7 \\
k_{31} &= c_{31} - c_{11} + c_{13} - c_{23} + c_{25} - c_{35} & = 6 - 1 + 2 - 3 + 0 - 3 & = & 1 \\
k_{32} &= c_{32} - c_{12} + c_{13} - c_{23} + c_{25} - c_{35} & = 4 - 5 + 2 - 3 + 0 - 3 & = & -5 \\
k_{33} &= c_{33} - c_{23} + c_{25} - c_{35} & = 0 - 3 + 0 - 3 & = & -6
\end{aligned}
$$

Dies liefert das Tableau:

x_{ij}	B_1	B_2	B_3	B_4	B_5	a_i
A_1	10	30	5	5	7	45
A_2	2	1	5	7	25	30
A_3	1	−5	−6	15	10	25
b_j	10	30	10	15	35	100

Daher wird x_{33} mit Wert 5 in die Basis aufgenommen. Man erhält somit das Tableau (inklusive der neuen Kostenkonsequenzen; Kosten: 200 Geldeinheiten):

x_{ij}	B_1	B_2	B_3	B_4	B_5	a_i
A_1	10	30	5	−1	1	45
A_2	8	7	6	7	30	30
A_3	7	1	5	15	5	25
b_j	10	30	10	15	35	100

Somit wird x_{14} mit Wert 5 in die Menge der Basisvariablen aufgenommen. Es resultiert das Tableau:

x_{ij}	B_1	B_2	B_3	B_4	B_5	a_i
A_1	10	30	1	5	2	45
A_2	7	6	6	7	30	30
A_3	6	0	10	10	5	25
b_j	10	30	10	15	35	100

Alle Kostenkonsequenzen sind nun nichtnegativ, so dass ein optimaler Transportplan vorliegt. Die minimalen Gesamtkosten für den Transport betragen 195 Geldeinheiten.

Bei Betrachtung der Kostenkonsequenzen fällt auf, dass $k_{32} = 0$ gilt. Dies bedeutet, dass eine Aufnahme von x_{32} in die Basislösung kostenneutral wäre. Wird nämlich ein Basistausch entlang des Weges

$$x_{32} \longrightarrow x_{12} \longrightarrow x_{14} \longrightarrow x_{34} (\longrightarrow x_{32})$$

durchgeführt, so erhält man pro ausgetauschter Einheit Kosten von Null. Die maximal austauschbare Menge ist 10, so dass das zugehörige Tableau (mit Kostenkonsequenzen) gegeben ist durch:

x_{ij}	B_1	B_2	B_3	B_4	B_5	a_i
A_1	10	20	1	15	2	45
A_2	7	6	6	7	30	30
A_3	6	10	10	0	5	25
b_j	10	30	10	15	35	100

Ein weiterer Tausch durch Aufnahme von x_{34} als Basisvariable führt wieder auf den vorhergehenden Transportplan. Es entsteht also ein weiterer optimaler Transportplan mit den Gesamtkosten von 195 Geldeinheiten. Somit konnten mittels der Stepping–Stone–Methode zwei optimale Transportpläne berechnet werden.

Bemerkung

Gibt es zwei optimale Transportpläne, so bedeutet dies sogar (ohne es hier zu begründen), dass jede Konvexkombination der beiden Pläne optimal ist. Bezeichnen $(s_{ij})_{i,j}$ die Transportmengen des ersten und $(t_{ij})_{i,j}$ die des zweiten optimalen Plans, so ist jeder Transportplan $(r_{ij})_{i,j}$ der Form

$$r_{ij} = \alpha s_{ij} + (1-\alpha)\, t_{ij}, \quad i \in \{1,\dots,m\}, j \in \{1,\dots,n\}, \quad \alpha \in [0,1],$$

ein optimaler Transportplan mit minimalen Kosten, der (für $\alpha \in (0,1)$) jedoch $m+n$ Transportwege mit positiven Mengen besitzen kann. Die mit der Stepping-Stone-Methode gefundenen Pläne weisen hingegen höchstens $m+n-1$ Transportwege mit positiven Mengen auf. Im obigen Beispiel erhält man für $\alpha = \frac{1}{2}$ den (neuen) Transportplan (mit acht positiven Transportmengen):

x_{ij}	B_1	B_2	B_3	B_4	B_5	a_i
A_1	10	25		10		45
A_2					30	30
A_3		5	10	5	5	25
b_j	10	30	10	15	35	100

Die gesamten Transportkosten belaufen sich wiederum auf 195 Geldeinheiten.

In dieser Situation können auch (optimale) Pläne entstehen, die zu Transporten von Bruchteilen des Gutes P führen. Für $\alpha = \frac{1}{4}$ wird etwa die Menge $r_{32} = 7.5$ von A_3 nach B_2 transportiert.

Das Verfahren zur Berechnung eines optimalen Transportplans setzt sich aus folgenden Schritten zusammen:

(1) Man ermittelt eine Ausgangslösung mittels der Nordwesteckenregel oder der Vogelschen Approximationsmethode.

(2) Man berechnet für alle Nichtbasisvariablen die Kostenkonsequenzen.

(3) Sind alle Kostenkonsequenzen nichtnegativ, so ist ein optimaler Transportplan gefunden.

(4) Gibt es negative Kostenkonsequenzen, so wählt man die kleinste aus und führt einen Basistausch mittels der Stepping–Stone–Methode durch. Dann beginnt man erneut mit Punkt (2).

Das folgende kleine Beispiel verdeutlicht den Nutzen einer „guten" Ausgangslösung.

Ein Unternehmen unterhält drei Lager A_1, A_2 und A_3. Ein Produkt P soll zu den Filialen B_1, B_2 und B_3 transportiert werden. Das erweiterte Kostentableau ist gegeben durch:

c_{ij}	B_1	B_2	B_3	a_i
A_1	3	5	6	24
A_2	2	2	4	58
A_3	7	1	8	38
b_j	35	42	43	120

Die Nordwesteckenregel erzeugt folgende (nicht optimale) Ausgangslösung (Kosten: 502 Geldeinheiten).

x_{ij}	B_1	B_2	B_3	a_i
A_1	24	2	1	24
A_2	11	42	5	58
A_3	1	-5	38	38
b_j	35	42	43	120

Mit der Vogelschen Approximationsmethode erhält man das Arbeitstableau:

c_{ij}	B_1	B_2	B_3	a_i	D_1	D_2	D_3	D_4
A_1	24	5	6	24	2	2	3	
A_2	11	4	43	58	0	0	2	2
A_3	7	38	8	38	6			
b_j	35	42	43					
D_1	1	1	2					
D_2	1	3	2					
D_3	1		2					
D_4								

Dies ergibt den optimalen Transportplan (Kosten: 312 Geldeinheiten):

x_{ij}	B_1	B_2	B_3	a_i
A_1	24	2	1	24
A_2	11	4	43	58
A_3	6	38	5	38
b_j	35	42	43	120

Aus der mit der Nordwesteckenregel erhaltenen Ausgangslösung wird mittels der Stepping–Stone–Methode eine optimale Lösung berechnet. Da $k_{32} = -5 < 0$ ist, wird x_{32} mit Wert 38 in die Basis aufgenommen. Ein Basistausch liefert den optimalen Transportplan, der bereits durch die Vogelsche Approximationsmethode erzeugt worden ist.

Transportprobleme, falls $\sum_{i=1}^{m} a_i \neq \sum_{j=1}^{n} b_j$

Bei der Anwendung der obigen Lösungsmethode zur Bestimmung eines optimalen Transportplans wurde davon ausgegangen, dass die Bedingung

$$\sum_{i=1}^{m} a_i = \sum_{j=1}^{n} b_j$$

erfüllt ist.

Diese Einschränkung lässt sich jedoch leicht beheben, indem ein fiktives Lager (falls „<" gilt) oder ein fiktiver Markt (falls „>" gilt) mit zugehörigen Einheitstransportkosten Null eingeführt wird. Mit dieser Erweiterung (fiktives Lager bzw. fiktiver Markt) wird das gestellte Transportproblem wie bisher gelöst, und das Verfahren generiert einen optimalen Transportplan. Das fiktive Lager bzw. der fiktive Markt stehen als „Platzhalter" für die Restnachfrage bzw. den Restbestand. Bei der Umsetzung des optimalen Transportproblems verbleibt dann der Restbestand in den Lagern bzw. die Nachfragen der Märkte werden nicht voll befriedigt. Diese Vorgehensweise soll abschließend an einem Beispiel erläutert werden.

Ein Anbieter beliefert drei Kunden aus zwei Lagern. Die erweiterte Kostenmatrix ist gegeben durch:

c_{ij}	B_1	B_2	B_3	a_i
A_1	1	4	4	30
A_2	3	1	2	30
b_j	30	20	30	

Da die Nachfragemengen (=80) höher sind als die Lagerbestände (=60), wird ein fiktives Lager A_3^* mit Lagerbestand $a_3 = 20$ eingeführt. Alle Transportkosten von diesem Lager zu den Kunden werden auf Null gesetzt:

c_{ij}	B_1	B_2	B_3	a_i
A_1	1	4	4	30
A_2	3	1	2	30
A_3^*	0	0	0	20
b_j	30	20	30	80

Zur Erzeugung einer Ausgangslösung wird die Vogelsche Approximationsmethode verwendet. Dabei ist zu beachten, dass gleich zu Beginn sowohl die erste Spalte als auch die erste Zeile gestrichen werden. Daher muss am Ende des Verfahrens eine Variable aus der ersten Zeile bzw. ersten Spalte mit dem Wert Null in die Basislösung aufgenommen werden (hier: x_{21}). Das Arbeitstableau lautet:

c_{ij}	B_1	B_2	B_3	a_i	D_1	D_2	D_3
A_1	(30)	1	1	30	3		
A_2	(0)	(20)	(10)	30	1	1	1
A_3^*	0	0	(20)	20	0	0	
b_j	30	20	30				
D_1	1	1	2				
D_2		1	2				
D_3							

Der zugehörige Transportplan mit Kostenkonsequenzen lautet (Kosten: 70 Geldeinheiten):

x_{ij}	B_1	B_2	B_3	a_i
A_1	30	5	4	30
A_2	0	20	10	30
A_3^*	-1	1	20	20
b_j	30	20	30	80

Damit ist eine Kostenkonsequenz negativ und x_{31} wird in die Basis aufgenommen. Der Austausch verläuft entlang des Weges:

$$x_{31} \longrightarrow x_{21} \longrightarrow x_{23} \longrightarrow x_{33} \left(\longrightarrow x_{31} \right).$$

Die maximal austauschbare Menge ist Null, so dass das neue Tableau lautet:

x_{ij}	B_1	B_2	B_3	a_i
A_1	30	4	3	30
A_2	1	20	10	30
A_3^*	0	1	20	20
b_j	30	20	30	80

Damit sind alle Kostenkonsequenzen nichtnegativ, so dass der zugehörige Transportplan optimal ist. Im Ausgangsproblem werden daher folgende Lieferungen vorgenommen:

x_{ij}	B_1	B_2	B_3	a_i
A_1	30	4	3	30
A_2	1	20	10	30
b_j	30	20	30	

Kunde B_3 erhält somit nur 10 der gewünschten 30 Einheiten. Die Gesamttransportkosten betragen 70 Geldeinheiten.

Im letzten Beispiel tritt der Sonderfall auf, dass bereits der erste Transportplan optimal ist (s. Gesamtkosten), aber aufgrund einer negativen Kostenkonsequenz nicht als solcher erkannt wird. Dies wird durch eine Basisvariable mit Wert Null bewirkt. Im Iterationsschritt des Stepping-Stone-Verfahrens werden die Transportmengen aber nicht verändert (Änderung um Null), sondern lediglich Basisvariablen mit Wert Null getauscht. Die resultierenden Transportschemata sind in beiden Transportplänen identisch.

Aufgaben

Aufgabe 9.1
Von drei Betrieben B_1, B_2 und B_3 wird eine Ware hergestellt, die zu den Märkten M_1, M_2, M_3 und M_4 transportiert werden muss. Die Kapazitäten der Betriebe betragen:

$$b_1 = 12, \quad b_2 = 9, \quad b_3 = 17.$$

Die Märkte haben folgenden Bedarf:

$$m_1 = 7, \quad m_2 = 6, \quad m_3 = 12, \quad m_4 = 8.$$

Die Kosten c_{ij} für den Transport einer Mengeneinheit der Ware von Betrieb B_i zum Markt M_j ($i \in \{1, 2, 3\}$, $j \in \{1, 2, 3, 4\}$) sind der folgenden Tabelle zu entnehmen:

c_{ij}	M_1	M_2	M_3	M_4
B_1	2	5	7	2
B_2	5	3	4	6
B_3	1	2	6	3

(a) Ermitteln Sie einen Transportplan (Basislösung).

(b) Führen Sie mit Hilfe der Stepping-Stone-Methode einen Basistausch durch, so dass ein kostengünstigerer Transportplan entsteht, und geben Sie die neue Basislösung an.

Aufgabe 9.2

(a) Von den Lagern L_1, L_2 und L_3 wird eine Ware W zu den Betrieben B_1, B_2, B_3 und B_4 transportiert. Die Lagerkapazitäten b_i ($i \in \{1, 2, 3\}$), der Bedarf a_j ($j \in \{1, 2, 3, 4\}$) (jeweils in Mengeneinheiten von W), sowie die Kosten c_{ij} für den Transport einer Einheit W von L_i nach B_j sind in der folgenden Tabelle zusammengestellt:

c_{ij}	B_1	B_2	B_3	B_4	b_i
L_1	3	2	4	7	12
L_2	2	2	1	5	8
L_3	6	2	1	1	5
a_j	3	10	5	7	

Eine Basislösung des Transportproblems ist gegeben durch:

$$x_{11} = 3, \ x_{12} = 9, \ x_{22} = 1, \ x_{23} = 5, \ x_{24} = 2, \ x_{34} = 5.$$

Überprüfen Sie, ob dieser Transportplan optimal ist.

(b) Von den Lagern L_1, L_2, L_3 und L_4 wird eine Ware W zu den Verkaufsstellen V_1, V_2, V_3 und V_4 transportiert. Die Lagerkapazitäten betragen: $l_1 = 12, l_2 = 15, l_3 = 10, l_4 = 13$ (jeweils Einheiten von W). In den Verkaufsstellen besteht folgender Bedarf: $v_1 = 7, v_2 = 23, v_3 = 8, v_4 = 12$ (jeweils Einheiten von W).

Die Transportkostenmatrix ist gegeben durch:

$$(c_{ij})_{i,j} = \begin{pmatrix} 3 & 7 & 2 & 1 \\ 4 & 6 & 1 & 1 \\ 5 & 1 & 3 & 9 \\ 2 & 2 & 1 & 3 \end{pmatrix}.$$

Ermitteln Sie einen Transportplan (Basislösung). Führen Sie <u>einen</u> Basistausch durch, so dass ein kostengünstigerer Transportplan entsteht, und geben Sie die neue Basislösung an.

Aufgabe 9.3

(a) Zwei Betriebe B_1 und B_2 liefern ein Produkt an drei Abnehmer A_1, A_2 und A_3. Die Lagerbestände der Betriebe betragen:

$$b_1 = 37, \ b_2 = 23.$$

Die Abnehmer haben den folgenden Bedarf:

$$a_1 = 15, \ a_2 = 20, \ a_3 = 25$$

(jeweils in Mengeneinheiten).

Weiterhin ist die folgende Entfernungstabelle gegeben:

c_{ij}	A_1	A_2	A_3
B_1	10	12	15
B_2	11	14	20

Bestimmen Sie einen Transportplan, so dass die zurückgelegten Gesamtkilometer minimal sind.

(b) Von den Lagern L_1, L_2 und L_3 wird eine Ware W zu den Verkaufsstellen V_1, V_2, V_3 und V_4 geliefert. Die Lagerbestände in den Lagern sind 20 Mengeneinheiten (ME), 23 ME bzw. 27 ME. Die Verkaufsstellen haben einen Bedarf von 17 ME, 20 ME, 18 ME bzw. 15 ME.

Für den Transport einer ME der Ware vom Lager L_i ($i \in \{1, 2, 3\}$) zur Verkaufsstelle V_j ($j \in \{1, 2, 3, 4\}$) entstehen Kosten c_{ij}, die der folgenden Tabelle zu entnehmen sind:

c_{ij}	V_1	V_2	V_3	V_4
L_1	8	3	1	5
L_2	4	2	2	9
L_3	3	2	1	1

Bestimmen Sie eine Ausgangslösung mit Hilfe der Vogelschen Approximationsmethode. Bestimmen Sie den optimalen Transportplan, und geben Sie die Gesamtkosten im Optimum an.

Aufgabe 9.4

Bestimmen Sie für den Transport eines Gutes von A_1 und A_2 nach M_1, M_2, M_3, M_4 und M_5 mit Beständen a_1, a_2 und Nachfragen b_1, b_2, b_3, b_4, b_5 gemäß Tabelle einen Transportplan nach der Nordwesteckenregel, und ermitteln Sie unter Berücksichtigung der zugehörigen Einheitstransportkosten $(c_{ij})_{i=1,2;1 \leq j \leq 5}$ zwei verschiedene kostenoptimale Transportpläne.

	M_1	M_2	M_3	M_4	M_5	a_i
A_1						35
A_2						35
b_j	10	20	10	10	20	

c_{ij}	1	2	3	4	5
1	1	2	3	3	1
2	2	1	4	4	0

Bestimmen Sie die Transportkosten eines kostengünstigsten Transportplans.

Aufgabe 9.5

(a) Von zwei Betrieben A_1 und A_2 wird Baumaterial zu drei Baustellen B_1, B_2 und
B_3 transportiert. Die Entfernungen von den Betrieben zu den Baustellen sind in
folgender Tabelle zusammengestellt:

	B_1	B_2	B_3
A_1	5	7	3
A_2	8	4	5

Der Betrieb A_1 hat einen Lagerbestand von 12 Mengeneinheiten (ME), der Betrieb
A_2 von 15 ME. Baustelle B_1 hat einen Bedarf von 10 ME, Baustelle B_2 von 9 ME
und Baustelle B_3 von 8 ME.

Bestimmen sie einen Transportplan, so dass die insgesamt zurückzulegende Ent-
fernung minimal wird.

(b) Von drei Lagern L_1, L_2 und L_3 wird eine Ware zu drei Verkaufsstellen V_1, V_2
und V_3 transportiert. Die Kapazitäten a_i der Lager L_i, der jeweilige Bedarf b_j der
Verkaufsstellen V_j, sowie die Kosten c_{ij} für den Transport einer Mengeneinheit der
Ware von L_i nach V_j ($i, j \in \{1, 2, 3\}$) sind der folgenden Tabelle zu entnehmen:

c_{ij}	V_1	V_2	V_3	a_i
L_1	2	4	1	10
L_2	7	3	9	12
L_3	5	6	6	18
b_j	12	15	8	

Ermitteln Sie eine Basislösung mit der Nordwesteckenregel, und führen Sie mit
Hilfe der Stepping-Stone-Methode einen Basistausch durch, so dass ein kostengün-
stigerer Transportplan entsteht. Welche Gesamtkosten entstehen bei dem neuen
Transportplan?

(c) Bestimmen Sie zu dem Transportproblem aus Aufgabenteil (b) eine Ausgangslösung mit der Vogelschen Approximationsmethode. Welche Gesamtkosten entstehen
bei dieser Ausgangslösung?

10 Lineare Optimierung

Beispiel und Problembeschreibung

Vielfach lassen sich Optimierungsaufgaben, die in der betrieblichen Praxis entstehen, exakt oder näherungsweise als lineare Optimierungsaufgaben beschreiben und lösen. Dazu gehören die bereits diskutierten Transportprobleme ebenso wie sehr unterschiedliche Probleme der optimalen Fertigung.

Ein Problem der linearen Optimierung ist gekennzeichnet durch eine lineare Zielfunktion, die unter einem System von linearen Ungleichungen minimiert oder maximiert werden soll.

Nachfolgend wird eine auf G. Danzig (1947) zurückgehende algorithmische Lösungsmethode, der sogenannte Simplexalgorithmus, zur Lösung derartiger Problemstellungen vorgestellt. Die Darstellung der linearen Optimierung in diesem Kapitel ist angelehnt an Texte von H.-J. Zimmermann.

Zunächst wird das Beispiel zur linearen Optimierung aus Kapitel 7 wiederholt.

Fortsetzung von Beispiel (LO)

B

Die Produktionsmengen x_1 bzw. x_2 zweier Produkte P_1 und P_2 eines Produktionsprozesses sollen so festgelegt werden, dass die Gewinnfunktion (Zielfunktion) $G = G(x_1, x_2) = 3x_1 + 4x_2 \ (= c_1 x_1 + c_2 x_2)$ ihr Maximum annimmt, wobei die – durch den Produktionsprozess und begrenzte Maschinenkapazitäten bedingten – Restriktionen

$$
\begin{aligned}
x_1 &+ x_2 &\leq 70 \quad (= b_1) \\
2x_1 &+ 3x_2 &\leq 180 \quad (= b_2) \\
5x_1 &+ 3x_2 &\leq 300 \quad (= b_3)
\end{aligned}
$$

sowie die Nichtnegativitätsbedingungen $x_1 \geq 0$ und $x_2 \geq 0$ einzuhalten sind.

Dieses Beispiel mit den beiden Entscheidungsvariablen x_1 und x_2 kann auf graphische Weise gelöst werden. Die Gesamtheit der Nebenbedingungen legt den zulässigen Bereich von Mengenkombinationen $(x_1, x_2) \in \mathbb{R}^2$ fest.

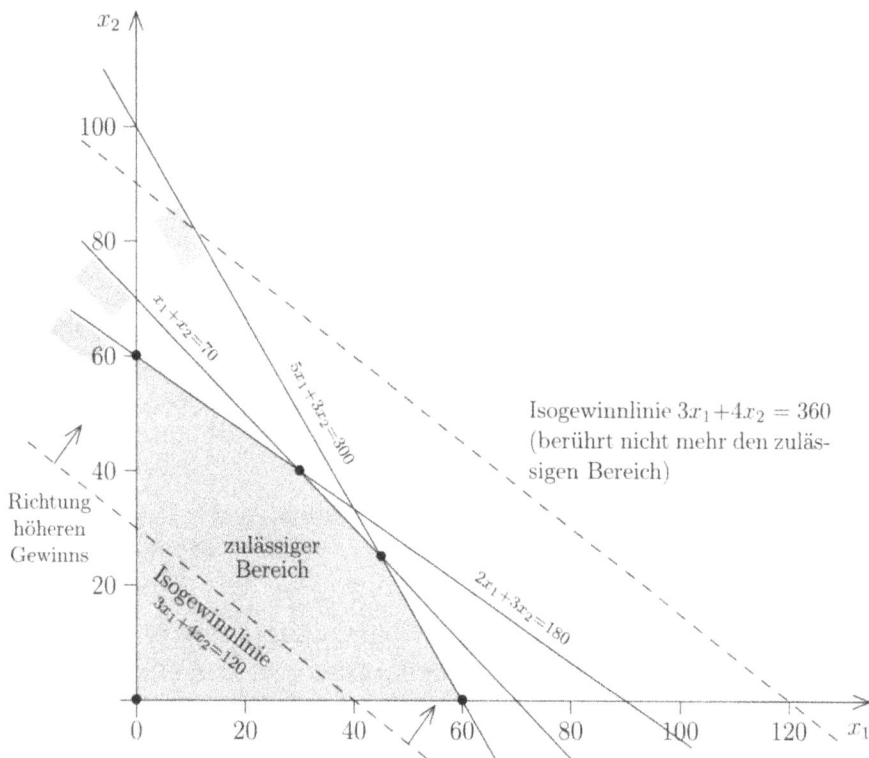

(GLO)   Lineares Optimierungsproblem mit zulässigem Bereich

Bei der graphischen Lösung von Problemen mit zwei Entscheidungsvariablen werden
die Ungleichungsrestriktionen zunächst als Gleichungen aufgefasst und die Geraden in
ein (x_1, x_2)-Koordinatensystem eingezeichnet. Da eine Gerade die Ebene in zwei Hälften
teilt, die sogenannten Halbebenen, kann etwa durch Einsetzen von Punkten der Ebene
(z.B. $(0,0)$) entschieden werden, welche Halbebenen jeweils durch die zugehörigen Ungleichungen beschrieben werden (der entsprechende Bereich der Ebene ist jeweils durch
ein graues Feld   an der Geraden angedeutet). Zusammen mit den Nichtnegativitätsbedingungen $x_1 \geq 0$ und $x_2 \geq 0$ wird der **zulässige Bereich**, d.h. die Menge aller
Punkte $(x_1, x_2) \in \mathbb{R}^2$, die allen Bedingungen genügen, festgelegt. Dieser hat in der Regel
die Form eines Vielecks, kann aber auch leer oder unbeschränkt sein.

Im Beispiel (LO) ist der zulässige Bereich (oder auch Lösungsraum) durch fünf Ecken
begrenzt (s. • in Abbildung (GLO)). Diese Ecken entstehen als Schnittpunkte je zweier
(oder mehrerer) Geraden, die zu den Restriktionsungleichungen und den Nichtnegativitätsbedingungen (i.e. die Koordinatenachsen) gehören.

Die Zielfunktion ist ebenfalls eine lineare Funktion. Durch den Ansatz eines hypothe-
tischen Gewinns g resultiert eine Geradengleichung (Im Beispiel: $3x_1 + 4x_2 = g$). Für

verschiedene Werte von g entstehen parallele Geraden, sogenannte **Isogewinnlinien**. Ist die Richtung höheren Gewinns identifiziert, wird eine Isogewinnlinie, die durch den zulässigen Bereich führt, so lange parallel in Richtung höheren Gewinns verschoben, bis sie gerade noch den zulässigen Bereich berührt. Damit ist anschaulich klar, dass in einer Ecke des zulässigen Bereichs ein Optimalpunkt zu finden ist (wenn es ihn gibt). Ein Optimalpunkt muss – auch das ist der Abbildung (GLO) zu entnehmen – nicht eindeutig sein. Es ist möglich, dass die weitestmögliche Parallelverschiebung einer Isogewinnlinie in Richtung höheren Gewinns zu einer Berührung des zulässigen Bereichs entlang einer Strecke (zwischen zwei Ecken dieses Bereichs) führt. Dann sind offenbar alle Punkte auf dieser den Lösungsraum begrenzenden Strecke optimal, und unterschiedliche Produktionsprogramme liefern denselben optimalen Wert der Zielfunktion. Andererseits kommen Punkte aus dem „Inneren" des zulässigen Bereichs nicht als Optimalpunkte in Frage, denn der Zielfunktionswert könnte durch Parallelverschiebung der zugehörigen Isogewinnlinie noch verbessert werden.

Der Graphik (GLO) ist zu entnehmen, dass im Produktionsbeispiel das optimale Programm durch $x_1^* = 30$ und $x_2^* = 40$ gegeben ist, was zu einem Wert der Zielfunktion von $G^* = 3x_1^* + 4x_2^* = 250$ führt.

Eine graphische Lösung ist natürlich nur möglich bzw. sinnvoll für Probleme mit zwei Entscheidungsvariablen. Prinzipiell könnte auch die vollständige Auflistung (Enumeration) der Ecken vorgenommen werden. Dazu wären für zwei Entscheidungsvariablen folgende Schritte notwendig:

- Bestimmung der Schnittpunkte je zweier Geraden (die zu den Restriktionen gehören, inklusive der Geraden $x_1 = 0$ und $x_2 = 0$).
- Jeder berechnete Schnittpunkt wird in die Restriktionen eingesetzt. Erfüllt er alle Nebenbedingungen, so ist er Eckpunkt des zulässigen Bereichs.
- Für jeden Eckpunkt des zulässigen Bereichs wird der Gewinn ermittelt, und die optimale Lösung durch Vergleich der jeweiligen Gewinne bestimmt.

Fortsetzung von Beispiel (LO)

- Schnittpunkt von $x_1 = 0$ und $x_2 = 0$: $(0,0)$ ist Ecke des zulässigen Bereichs mit $G(0,0) = 0$,
- Schnittpunkt von $x_1 = 0$ und $2x_1 + 3x_2 = 180$: $(0,60)$ ist Ecke des zulässigen Bereichs mit $G(0,60) = 240$,
- Schnittpunkt von $2x_1 + 3x_2 = 180$ und $x_1 + x_2 = 70$: $(30,40)$ ist Ecke des zulässigen Bereichs mit $G(30,40) = 250$,
- Schnittpunkt von $2x_1 + 3x_2 = 180$ und $5x_1 + 3x_2 = 300$: $(40, 33\frac{1}{3})$ ist <u>keine</u> Ecke des zulässigen Bereichs, da die Restriktion $x_1 + x_2 \leq 70$ verletzt ist, usw.

Diese Vorgehensweise ist offenbar umständlich und aufwendig. Sie ist zudem für größere Probleme (mit mehr Entscheidungsvariablen und einer größeren Anzahl von Restriktionen) nicht praktikabel. Einem rechnerischen Verfahren, dem sogenannten Simplexalgorithmus, liegt die Idee zugrunde, die Ecken des zulässigen Bereichs gezielt in Richtung höheren Gewinns abzusuchen.

Ehe das Verfahren vorgestellt wird, wird die geometrische Gestalt des zulässigen Bereichs erläutert.

Für zwei Entscheidungsvariablen ist der zulässige Bereich durch Geraden begrenzt (bei Problemen mit drei Entscheidungsvariablen sind es Ebenen). Allgemein, d. h. für lineare Optimierungsprobleme mit n Entscheidungsvariablen, begrenzen geometrische Gebilde der Dimension $n-1$, sogenannte Hyperebenen, den zulässigen Bereich.

Die folgenden Feststellungen sind im obigen Beispiel anschaulich klar und gelten allgemein.

- Der zulässige Bereich oder Lösungsraum ist (falls nichtleer und beschränkt) ein konvexes Polyeder (Vieleck). Ein Polyeder ist ein durch Hyperebenen begrenzter Teilraum des $\mathbb{R}^n$. Als konvex wird eine Menge bezeichnet, wenn die Verbindungsstrecken beliebiger Punkte der Menge ganz innerhalb der Menge verlaufen.

konvexe Menge   nichtkonvexe Menge

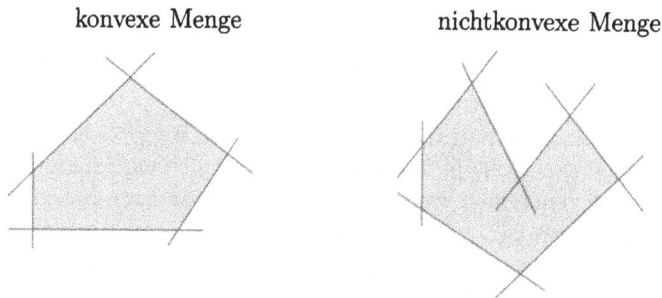

Bemerkung
Die obigen Mengen sind durch Hyperebenen (Geraden) begrenzt. Es gibt jedoch auch konvexe Mengen mit „gekrümmten Rändern".

konvexe Menge   nichtkonvexe Menge

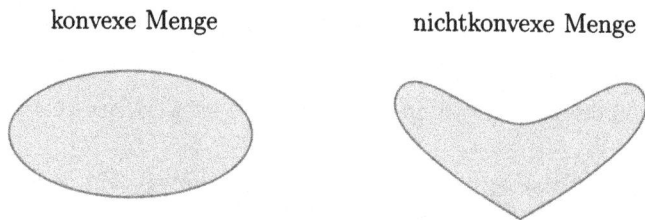

- Lösungen mit demselben Zielfunktionswert liegen auf Hyperebenen (im Beispiel auf Geraden, den Isogewinnlinien). Für unterschiedliche Zielfunktionswerte verlaufen diese Hyperebenen parallel.

- Optimale Lösungen liegen, falls sie vorhanden sind, am Rand des zulässigen Bereichs und zwar

  - in einer Ecke im Fall einer eindeutigen Lösung oder

  - zwischen optimalen Ecken.

Im zweiten Fall gibt es unendlich viele optimale Lösungen. Bei zwei Entscheidungsvariablen ist bei Vorliegen zweier optimaler Ecken auch jeder Punkt auf der

Verbindungsstrecke eine optimale Lösung. Die Isogewinnlinien verlaufen dann parallel zu dieser Strecke. Sind beispielsweise bei einem linearen Optimierungsproblem mit drei Entscheidungsvariablen gleich drei Ecken optimal, so sind alle Punkte des Dreiecks, das diese Punkte als Eckpunkte besitzt, optimale Lösungen des Problems.

Grundmodell

Im Ausgangsproblem der linearen Optimierung wird eine lineare Funktion unter „$\leq$"-Nebenbedingungen zusammen mit den Nichtnegativitätsbedingungen an die Entscheidungsvariablen maximiert.

Der Simplexalgorithmus wird zunächst für das folgende Grundmodell enwickelt. Anschließend erlauben geeignete Modifikationen, sowohl „$\leq$" als auch „$\geq$" (und „$=$") Nebenbedingungen bzw. negative Komponenten des Kapazitätenvektors b zuzulassen und die entsprechenden Optimierungsprobleme zu lösen.

Grundmodell der linearen Optimierung (Standard-Maximumproblem) **(GM1)**

$$\text{maximiere } z = c'x \quad \left(= (c_1, \ldots, c_n) \begin{pmatrix} x_1 \\ \vdots \\ x_n \end{pmatrix} = \sum_{i=1}^{n} c_i x_i\right)$$

$$\text{unter den Nebenbedingungen} \quad Ax \leq b$$

$$\text{und} \quad x \geq 0,$$

wobei $c = (c_1, \ldots, c_n)' \in \mathbb{R}^n$, $x = (x_1, \ldots, x_n)' \in \mathbb{R}^n$, $b = (b_1, \ldots, b_m)' \in \mathbb{R}^m$, $b \geq 0$ (d. h. $b_1 \geq 0, \ldots, b_m \geq 0$) und $A \in \mathcal{M}_{m,n}$.

Bezeichnungen:

$z :$ Zielfunktion

$c :$ Vektor der Zielkoeffizienten

$x :$ Vektor der Entscheidungsvariablen (Strukturvariablen)

$A :$ Koeffizientenmatrix

$b :$ Kapazitätenvektor („rechte Seite")

$x \geq 0$ ($x_1 \geq 0, \ldots, x_n \geq 0$): Nichtnegativitätsbedingungen

Die Notation $Ax \leq b$ ist komponentenweise zu verstehen, d. h. $Ax \leq b \iff$
$(a_{i1}, \ldots, a_{in}) \begin{pmatrix} x_1 \\ \vdots \\ x_n \end{pmatrix} \leq b_i$ für alle $i \in \{1, \ldots, m\}$, wobei $(a_{i1}, \ldots, a_{in})$ die i-te Zeile von A ist.

Die Ungleichungen $Ax \leq b$ und $x \geq 0$ beschreiben den Raum der zulässigen Lösungen, den sogenannten zulässigen Bereich oder Lösungsraum.

Im Beispiel (LO) ist also $x = (x_1, x_2)'$, $c = (c_1, c_2)' = (3, 4)'$, $A = \begin{pmatrix} 1 & 1 \\ 2 & 3 \\ 5 & 3 \end{pmatrix}$, $b = (b_1, b_2, b_3)' = (70, 180, 300)'$.

Ein konstanter additiver Term in der Zielfunktion ist für die Optimierung irrelevant. Er wird gegebenenfalls zunächst weggelassen und nach der Bestimmung einer Optimallösung wieder addiert.

Zur Beschreibung der Eigenschaften des zulässigen Bereichs wird der Begriff der (Un-) **Beschränktheit** einer Menge benötigt: Eine Menge $M \subseteq \mathbb{R}^n$ heißt **beschränkt**, falls ein Intervall $[a, b] \subseteq \mathbb{R}^n$, $a \leq b$, existiert mit $M \subseteq [a, b]$. Andernfalls heißt M **unbeschränkt**.

Die Nebenbedingungen $Ax \leq b$, $A \in \mathcal{M}_{m,n}$ (mit zunächst keiner Einschränkung von b) und $x \geq 0$ beschreiben stets eine konvexe Teilmenge des $\mathbb{R}^n$. Diese kann jedoch

- unbeschränkt sein.

  Ist der zulässige Bereich in Richtung wachsender Zielfunktionswerte unbeschränkt, so existiert kein Optimalpunkt. Die Zielfunktionswerte wachsen unbeschränkt. In der Praxis deutet dies auf eine oder mehrere fehlende Restriktionen hin.

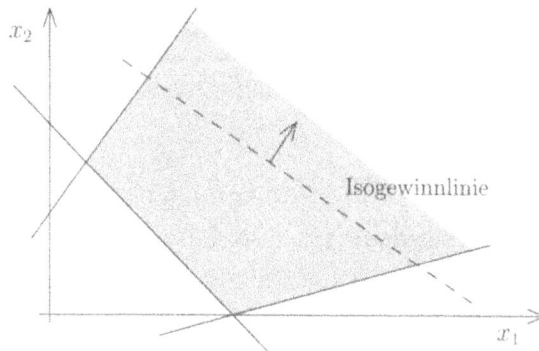

  In allgemeinen Problemen der linearen Optimierung ist es auch möglich, dass der zulässige Bereich zwar unbeschränkt ist, aber dennoch eine optimale Lösung existiert.

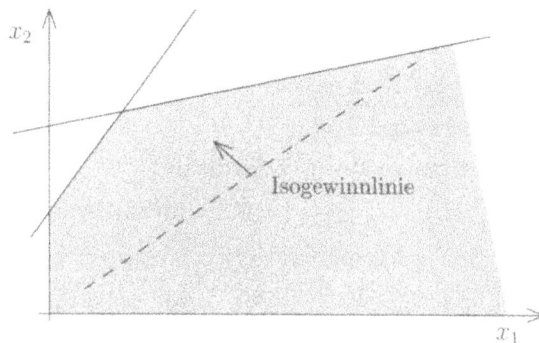

- leer sein.

  Die Restriktionen widersprechen sich, d. h. es gibt kein $x \in \mathbb{R}^n$, das alle Nebenbedingungen erfüllt. Als Beispiel dient hier ein System von Ungleichungen zusammen mit einer Nebenbedingung vom Typ $x_2 \geq a$, die etwa eine Mindestproduktionsmenge beschreibt. Es gibt keine Lösung der gestellten Optimierungsaufgabe.

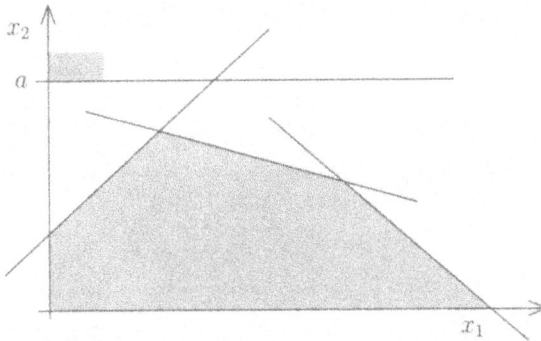

Eine derartige Situation kann bei „$\geq$"-Nebenbedingungen bzw. bei negativen Komponenten des Kapazitätenvektors vorkommen und wird daher später behandelt.

Wie schon im Kapitel 7 angedeutet, wird das System $Ax \leq b$ der Restriktionen durch Addition von nichtnegativen Variablen $s_1, \ldots, s_m$ in ein Gleichungssystem überführt.

Bezeichnung

Die beim Übergang von $Ax \leq b$, $A \in \mathcal{M}_{m,n}$, zu $Ax + s = b$, $s = (s_1, \ldots, s_m) \geq 0$ ($s_1 \geq 0, \ldots, s_m \geq 0$), eingeführten Variablen $s_1, \ldots, s_m$ heißen **Schlupfvariablen**.

Fortsetzung von Beispiel (LO)

B

Das System der Restriktionen wird durch die Einführung der Schlupfvariablen $s_1 \geq 0$, $s_2 \geq 0$ und $s_3 \geq 0$ zu

$$
\begin{aligned}
x_1 + \ x_2 + s_1 \quad\quad\quad &= 70 \\
2x_1 + 3x_2 \quad + s_2 \quad &= 180 \\
5x_1 + 3x_2 \quad\quad\quad + s_3 &= 300
\end{aligned}
$$

Jede Schlupfvariable gibt die in der entsprechenden Restriktion verbleibende freie Kapazität an.

Der Zusammenhang zwischen dem Ungleichungssystem $Ax \leq b$ und dem Gleichungssystem $Ax + s = b$, $A \in \mathcal{M}_{m,n}$, kann wie folgt beschrieben werden.

Seien $A \in \mathcal{M}_{m,n}$, $b \geq 0$, $x_0 \in \mathbb{R}^n$, $x_0 \geq 0$ und $s_0 \in \mathbb{R}^m$, $s_0 \geq 0$.

- Ist x_0 eine zulässige Lösung von $Ax \leq b$, so existiert ein Vektor s_0 mit der Eigenschaft, dass $\binom{x_0}{s_0}$ eine Lösung von $Ax + s = b$ ist.

- Ist $\binom{x_0}{s_0}$ eine Lösung von $Ax + s = b$, so ist x_0 eine zulässige Lösung von $Ax \leq b$.

Die Werte der Schlupfvariablen im Vektor s_0 geben für die feste Wahl x_0 des Vektors der Entscheidungsvariablen die nicht in Anspruch genommenen Kapazitäten an.

Weiterhin gelten folgende Äquivalenzaussagen bezüglich eines leeren bzw. unbeschränkten zulässigen Bereichs ZB. Dabei kann auf die Forderung der Nichtnegativität der beteiligten Vektoren verzichtet werden (s. O. Opitz, Kapitel 5.3).

> Seien $A \in \mathcal{M}_{m,n}$, $x \in \mathbb{R}^n$ und $s = (s_1, \ldots, s_m)' \in \mathbb{R}^m$.
>
> - $ZB = \{x \in \mathbb{R}^n; \ Ax \le b\} = \emptyset \iff$ In jeder Lösung $\binom{x}{s}$ von $Ax + s = b$ gibt es mindestens ein $i \in \{1, \ldots, m\}$ mit $s_i < 0$.
>
> - Sei $ZB = \{x \in \mathbb{R}^n; \ Ax \le b\} \neq \emptyset$. Dann gilt:
> ZB ist unbeschränkt $\iff$ Es gibt ein $x \neq 0$ mit $Ax \le 0$.

Besitzt somit das Gleichungssystem $Ax + s = b$ nur Lösungen $\binom{x}{s}$, bei denen mindestens eine der Komponenten von s negativ ist, so ist der zulässige Bereich ZB leer und umgekehrt. Ist ZB nichtleer, dann ist ZB genau dann unbeschränkt, wenn es einen Vektor $x \in \mathbb{R}^n$ gibt, der nicht identisch mit dem Nullvektor ist und für den $Ax \le 0$ gilt.

Der für die Anwendungen wichtige Fall ist, dass der zulässige Bereich ZB weder leer noch unbeschränkt ist. In diesem Fall hat der Lösungsraum die Gestalt eines endlichen konvexen Polyeders. Aus den obigen Aussagen folgt:

> $ZB = \{x \in \mathbb{R}^n; \ Ax \le b\}$ ist ein nichtleeres, endliches konvexes Polyeder
> $\iff$ Es existiert ein Vektor $\binom{x}{s}$ mit $s \ge 0$ und der Eigenschaft $Ax + s = b$. Für $s \ge 0$ ist $\binom{x}{s} = \binom{0}{0}$ die einzige Lösung von $Ax + s = 0$.

Durch die Einführung von Schlupfvariablen wird das Grundmodell (GM1) zum

> ## Grundmodell der linearen Optimierung (GM2)
>
> maximiere $\qquad z = c'x$
>
> unter $\qquad Ax + I_m s = b$
>
> $\qquad\qquad x \ge 0, \ s \ge 0.$
>
> Dabei sind $c, x \in \mathbb{R}^n$, $b, s \in \mathbb{R}^m$, $b \ge 0$, $A \in \mathcal{M}_{m,n}$ und I_m die $(m \times m)$-Einheitsmatrix.

Offenbar gilt: Ist $\binom{x_0}{s_0}$ eine optimale Lösung von Problem (GM2), so ist x_0 eine optimale Lösung des Problems (GM1). Die Zielfunktionswerte der optimalen Lösungen stimmen überein, denn die Werte der Schlupfvariablen gehen nicht in die Zielfunktion ein.

Im Folgenden werden die Schlupfvariablen zur Vereinfachung der Notation umbenannt. Man verwendet sinnvollerweise die Bezeichnungen $x_{n+1}, \ldots, x_{n+m}$ statt $s_1, \ldots, s_m$.

> **Bezeichnung**
>
> Die Schlupfvariablen $s_1, \ldots, s_m$ werden umbenannt zu
>
> $$x_{n+j} = s_j, \quad j \in \{1, \ldots, m\}.$$

Das System der „$\leq$"-Bedingungen im Grundmodell (GM1) der linearen Optimierung erhält so die Gestalt:

$$(A \mid I_m) \begin{pmatrix} x_1 \\ \vdots \\ x_{n+m} \end{pmatrix} = b.$$

Für die Herleitung und die Beschreibung des Lösungsalgorithmus für Aufgaben der linearen Optimierung sind noch Begriffe und Schreibweisen einzuführen.

> **Bezeichnung**
>
> - Jede Auswahl von m Spaltenvektoren der Matrix $D = (A|I_m)$, die eine reguläre $(m \times m)$-Matrix B bilden, heißt **Basis** von (GM1) (kurz: Basis B).
>
> - Die Basis B heißt **zulässig**, falls $B^{-1}b \geq 0$.
>
> - Die Inverse B^{-1} einer Basis B heißt **Basisinverse**.

I_m ist natürlich stets eine Basis, deren Spalten zu den Schlupfvariablen gehören. Jede Basis beschreibt einen Schnittpunkt von Hyperebenen, die durch das System der Nebenbedingungen vorgegeben sind. Zulässige Basen beschreiben die Ecken des zulässigen Bereichs. Bilden etwa die ersten n Spalten von D eine Basis und bezeichnet man die restlichen Spalten von D mit N, so lässt sich das Restriktionssystem $(A|I_m) \begin{pmatrix} x_1 \\ \vdots \\ x_{n+m} \end{pmatrix} = b$

äquivalent in der Form $(B|N) \begin{pmatrix} x_1 \\ \vdots \\ x_{n+m} \end{pmatrix} = b$ schreiben. Besteht die betrachtete Basis nicht

aus den ersten Spalten von D, so kann diese Darstellung durch Spaltenvertauschung erreicht werden. Dabei ist zu beachten, dass die Variablen $x_1, \ldots, x_{n+m}$ entsprechend umsortiert werden müssen.

Da B eine reguläre Matrix ist, kann die letzte Gleichung auf beiden Seiten mit der Inversen B^{-1} von links multipliziert werden. Dies ergibt die äquivalenten Gleichungen

$$(B^{-1}B \mid B^{-1}N) \begin{pmatrix} x_1 \\ \vdots \\ x_{n+m} \end{pmatrix} = B^{-1}b \iff I_m \begin{pmatrix} x_1 \\ \vdots \\ x_m \end{pmatrix} + B^{-1}N \begin{pmatrix} x_{m+1} \\ \vdots \\ x_{n+m} \end{pmatrix} = B^{-1}b.$$

Die Variablen $x_1, \ldots, x_m$ beschreiben die Basis und heißen **Basisvariablen**. Die obige Gleichung ist erfüllbar, wenn die Nichtbasisvariablen $x_{m+1}, \ldots, x_{n+m}$ zu Null gesetzt werden. Dann resultiert die Gleichung $B^{-1}b = \begin{pmatrix} x_1 \\ \vdots \\ x_m \end{pmatrix}$, und die Variablen sind bei Wahl einer zulässigen Basis nichtnegativ. Für $x_1, \ldots, x_m$ sind dann die Restriktionen erfüllt, und $(x_1, \ldots, x_m)' = B^{-1}b$ ist demnach Eckpunkt des zulässigen Bereichs.

Bezeichnung

Für eine Basis B bezeichne N die Matrix der restlichen Spalten von D, die nicht Spalten von B sind. Zur Vereinfachung der Schreibweise bestehe B aus den ersten Spalten von D. (Anderenfalls nimmt man, wie oben beschrieben, eine Umsortierung der Spalten von D zusammen mit der entsprechenden Umsortierung der Variablen vor.)

Mit x_B, x_N, c_B und c_N werden die entsprechenden Bestandteile der Vektoren x und c bezeichnet. Die zu x_B gehörenden Variablen werden **Basisvariablen**, die zu x_N gehörenden Variablen **Nichtbasisvariablen** genannt.

Unter Verwendung dieser Schreibweise wird das Grundmodell (GM1) weiter umgeformt, so dass aus (GM2) die folgende, äquivalente Formulierung entsteht:

Grundmodell der linearen Optimierung (GM3)

$$\text{maximiere} \quad z = (c_B', c_N')\begin{pmatrix} x_B \\ x_N \end{pmatrix}$$

$$\text{unter} \quad (B \mid N)\begin{pmatrix} x_B \\ x_N \end{pmatrix} = b$$

$$x_B \geq \mathbf{0}, \ x_N \geq \mathbf{0}.$$

Die ursprüngliche Zielfunktion $z = c'x$ mit $x, c \in \mathbb{R}^n$ kann unter Verwendung der Schlupfvariablen (mit zugehörigen Zielkoeffizienten von Null) geschrieben werden als

$$z = (c_1, \ldots, c_n, 0, \ldots, 0)(x_1, \ldots, x_n, x_{n+1}, \ldots, x_{n+m})' = c'\begin{pmatrix} x_1 \\ \vdots \\ x_n \end{pmatrix} + \mathbf{0}'\begin{pmatrix} x_{n+1} \\ \vdots \\ x_{n+m} \end{pmatrix}.$$

Die Umsortierung der Variablen im Restriktionssystem muss auf die Zielfunktion übertragen werden, da eine Umsortierung der Variablen eine Umsortierung des Vektors $(c_1, \ldots, c_n, 0, \ldots, 0)$ nach sich zieht. Entsprechend der Aufteilung des Vektors der Strukturvariablen in den Vektor x_B der Basisvariablen und den Vektor x_N der Nichtbasisvariablen ist dann auch der ebenso veränderte Vektor der Zielkoeffizienten in c_B und c_N aufzuteilen.

Hat bezüglich einer Basis B eine Schlupfvariable den Wert Null, so ist für die aktuellen Werte der Strukturvariablen die zugehörige Restriktion mit Gleichheit erfüllt. Es verbleibt in dieser Nebenbedingung also keine ungenutzte Kapazität. Die Restriktion wird dann als **bindend** bezeichnet.

Fortsetzung von Beispiel (LO)

Als Beispiel zu Gleichungssystemen wurde bereits in Kapitel 7 die Gleichung

$$\begin{pmatrix} 1 & 1 & 0 & 1 & 0 \\ 2 & 3 & 0 & 0 & 1 \\ 5 & 3 & 1 & 0 & 0 \end{pmatrix}\begin{pmatrix} x_1 \\ x_2 \\ s_3 \\ s_1 \\ s_2 \end{pmatrix} = b$$

betrachtet. Es handelt sich hier um eine Beschreibung des Beispiels (LO) in der Form $(B|N)\left(\begin{smallmatrix}x_B\\x_N\end{smallmatrix}\right) = b$, wobei die Basis aus den Variablen x_1, x_2 und s_3 besteht. Mit der Umbenennung $s_1 = x_3$, $s_2 = x_4$ und $s_3 = x_5$ gilt: $x_B = \left(\begin{smallmatrix}x_1\\x_2\\x_5\end{smallmatrix}\right)$, $x_N = \left(\begin{smallmatrix}x_3\\x_4\end{smallmatrix}\right)$.

Der zugehörige Vektor (c'_B, c'_N) der Zielkoeffizienten ist durch $c_B = \left(\begin{smallmatrix}3\\4\\0\end{smallmatrix}\right)$ und $c_N = \left(\begin{smallmatrix}0\\0\end{smallmatrix}\right)$ gegeben. Damit ist $(c'_B, c'_N)\left(\begin{smallmatrix}x_B\\x_N\end{smallmatrix}\right) = c'_B x_B + c'_N x_N = 3x_1 + 4x_2$.

Die im Beispiel aus Kapitel 7 vorgenommene äquivalente Umformung entspricht mit $B = \left(\begin{smallmatrix}1&1&0\\2&3&0\\5&3&1\end{smallmatrix}\right)$ der Darstellung

$$(B^{-1}B \mid B^{-1}N)\begin{pmatrix}x_B\\x_N\end{pmatrix} = B^{-1}b.$$

Durch Nullsetzen der Nichtbasisvariablen ($x_N = \mathbf{0}$) entsteht eine Ecke des zulässigen Bereichs, die durch $x_B = B^{-1}b = \left(\begin{smallmatrix}30\\40\\30\end{smallmatrix}\right)$ beschrieben ist.

Multipliziert man die Gleichung $(B|N)\left(\begin{smallmatrix}x_B\\x_N\end{smallmatrix}\right) = b$ aus (GM3) auf beiden Seiten von links mit der Basisinversen B^{-1}, so erhält man äquivalent

$$(I_m \mid B^{-1}N)\begin{pmatrix}x_B\\x_N\end{pmatrix} = B^{-1}b \iff I_m x_B + B^{-1}N x_N = B^{-1}b$$

$$\iff x_B = B^{-1}b - B^{-1}N x_N.$$

Der Vektor der Basisvariablen kann also dargestellt werden über die Nichtbasisvariablen. Als Funktion von x_N drückt man diese Abhängigkeit in der Form $x_B(x_N)$ aus.

Werden die Komponenten von x_B in der Form $x_B = (x_{B_1}, \ldots, x_{B_m})'$ nummeriert, so lässt sich die letzte Gleichung komponentenweise schreiben als

$$x_{B_i} = b_i^* - \sum_{j=m+1}^{m+n} a_{ij}^* x_j, \qquad 1 \le i \le m,$$

wobei b_i^* die i-te Komponente von $B^{-1}b$ und a_{ij}^* das Element in Zeile i und Spalte j der Matrix $B^{-1}N \in \mathcal{M}_{m,n}$ bezeichnet ($1 \le i \le m$, $m+1 \le j \le m+n$).

(Es wurde oben vereinbart, dass aus Gründen einer vereinfachten Schreibweise angenommen wird, dass die Basis B aus den ersten Spalten von D besteht. Es ist also $x_{B_i} = x_i$, $1 \le i \le m$. Eine andere Wahl der Basis macht aufgrund der notwendigen Umsortierungen von Spalten und damit auch von Basisvariablen die entstehenden Gleichungen unnötig kompliziert.)

Bezeichnung

$x_B = B^{-1}b - B^{-1}N x_N$ heißt **Basisdarstellung** aller Lösungen bezüglich B, die $(B|N)\left(\begin{smallmatrix}x_B\\x_N\end{smallmatrix}\right) = b$ genügen.

Bezeichnung
Der Vektor $\left(\begin{smallmatrix} x_B(0) \\ 0 \end{smallmatrix}\right) = \left(\begin{smallmatrix} B^{-1}b \\ 0 \end{smallmatrix}\right) \in \mathbb{R}^{n+m}$ heißt **Basislösung** von (GM3) bezüglich B.

In der Basislösung sind alle Nichtbasisvariablen zu Null gesetzt. Gilt $x_B(0) = B^{-1}b \geq 0$, so ist $\left(\begin{smallmatrix} x_B(0) \\ 0 \end{smallmatrix}\right)$ eine zulässige Basislösung und entspricht einer Ecke des zulässigen Bereichs. Mit der Gesamtheit aller möglichen Basen werden auf diese Weise alle Ecken des Lösungsraums beschrieben.

Die bisherigen Umformungen des Grundmodells (GM1) waren:

$$\text{maximiere} \quad z = c'x \quad \text{unter} \quad Ax \leq b \quad , \quad x \geq 0$$

$$\downarrow \qquad\qquad\qquad\qquad \downarrow$$

$$z = c'x + 0's \quad \text{unter} \quad Ax + I_m s = b \quad , \quad x \geq 0,\ s \geq 0$$

$$\downarrow \qquad\qquad\qquad\qquad \downarrow$$

$$z = (c'_B, c'_N)\left(\begin{smallmatrix} x_B \\ x_N \end{smallmatrix}\right) \quad \text{unter} \quad (B \mid N)\left(\begin{smallmatrix} x_B \\ x_N \end{smallmatrix}\right) = b \quad , \quad x_B \geq 0,\ x_N \geq 0$$

$$\downarrow$$

$$x_B = B^{-1}b - B^{-1}N x_N$$

Für das nachfolgend vorgestellte Simplexverfahren zur Lösung linearer Optimierungsaufgaben wird noch eine wichtige technische Veraussetzung gemacht.

Es wird gefordert, dass in jeder Basislösung bei m Restriktionen (und den Nichtnegativitätsbedingungen) genau m Komponenten (die Komponenten von x_B) von Null verschieden sind. Ansonsten wird eine Basislösung als degeneriert bezeichnet. Dieser Fall tritt bei einer Ecke des zulässigen Bereichs dann auf, wenn dieser Punkt zu mehr Hyperebenen des $\mathbb{R}^n$ gehört, als zur eindeutigen Festlegung des Punktes notwendig sind. Bei zwei Strukturvariablen bedeutet dies, dass drei oder mehr Geraden, die zu Restriktionen gehören, sich in einer Ecke schneiden. Degeneriertheit von Ecken wird nachfolgend stets ausgeschlossen. In einer solchen Situation führen nämlich verschiedene Basen zu verschiedenen zulässigen Basislösungen, die wiederum unterschiedliche Ecken des zulässigen Bereichs beschreiben.

Ein im Simplexverfahren durchgeführter Basiswechsel ähnelt dem beim Transportalgorithmus bereits verwendeten Verfahren: Beim Übergang zu einer neuen zulässigen Basislösung erhält eine bisherige Basisvariable den Wert Null und verlässt die Basis. An ihrer Stelle wird eine bisherige Nichtbasisvariable mit positivem Wert in die Basis aufgenommen. In den zugehörigen Darstellungen des Restriktionssystems wird eine Spalte der bisherigen Einheitsmatrix verändert, und die zur aufzunehmenden Variable gehörende Spalte von $B^{-1}N$ wird zur Einheitsspalte.

Simplexverfahren

Ausgangspunkt der Berechnungen im Simplexverfahren oder Simplexalgorithmus ist eine zulässige Basislösung. Dann wird ein Basistausch vorgenommen, in dem eine Basisvariable der aktuellen Basis durch eine Nichtbasisvariable ersetzt wird. Dies erfolgt durch Übergang zu einer benachbarten Ecke des zulässigen Bereichs, die einen besseren (genauer: nicht-schlechteren) Zielfunktionswert liefert.

Zur Umsetzung dieses Schrittes werden eine Aufnahme- und eine Eliminationsregel verwendet. Die **Aufnahmeregel** legt die Nichtbasisvariable fest, die in die neue Basis aufgenommen wird. Sie garantiert, dass keine Verschlechterung des Zielfunktionswerts eintritt, und führt in der Regel zu seiner Verbesserung. Auf dem Weg zum Optimum kann es notwendig sein, einen Basistausch vorzunehmen, der nicht zu einer wirklichen Verbesserung führt. Die **Eliminationsregel** bestimmt die Variable, die die Basis verlässt. Diese Regel stellt sicher, dass die nächste Basislösung zulässig ist.

Zur Präzisierung des Simplexverfahrens sind daher die Aufnahmeregel, die Eliminationsregel und Abbruchkriterien festzulegen. Zudem ist eine Ausgangsbasis bereitzustellen.

Ausgangsbasislösung

Die Spalten der Schlupfvariablen bilden eine $(m \times m)$-Einheitsmatrix und damit eine Basis. Der Vektor $\left(\begin{smallmatrix} x \\ s \end{smallmatrix}\right) = \left(\begin{smallmatrix} 0 \\ b \end{smallmatrix}\right)$ erfüllt stets die Nebenbedingungen und die Nichtnegativitätsbedingungen. Anschaulich startet man bei der Suche nach der optimalen Ecke im Nullpunkt $(x = 0)$ des Koordinatensystems. Dies ist im Sinne der Zielfunktion natürlich die ungünstigste Ecke, da sie den Zielfunktionswert Null liefert (falls die Zielfunktion keinen konstanten Anteil besitzt). Andererseits bedarf es keiner Rechnung, um eine Basislösung für den Start des Verfahrens zu erhalten.

Aufnahmeregel

Es folgt die Herleitung einer Regel, wie im Sinne der oben beschriebenen Verfahrensweise die aufzunehmende Nichtbasisvariable bestimmt wird.

Seien dazu B die aktuelle Basis und $\tilde{B}$ die neue, noch unbekannte Basis. Für die zulässigen Basislösungen $\left(\begin{smallmatrix} x_B(0) \\ 0 \end{smallmatrix}\right)$ und $\left(\begin{smallmatrix} x_{\tilde{B}}(0) \\ 0 \end{smallmatrix}\right)$ soll gelten

$$z_B = c_B' x_B(0) \leq c_{\tilde{B}}' x_{\tilde{B}}(0) = z_{\tilde{B}},$$

d. h. die neue Basis soll möglichst zu einem besseren, nicht aber zu einem schlechteren Zielfunktionswert führen.

Unter Verwendung der Basisdarstellung ist der Wert der Zielfunktion für eine beliebige Lösung $\left(\begin{smallmatrix} x_B \\ x_N \end{smallmatrix}\right)$ des Gleichungssystems $(B|N)\left(\begin{smallmatrix} x_B \\ x_N \end{smallmatrix}\right) = b$ gegeben durch

$$z = c_B' x_B + c_N' x_N = c_B'(B^{-1}b - B^{-1}Nx_N) + c_N' x_N$$

$$= c_B' B^{-1}b + (c_N' - c_B' B^{-1}N)x_N$$

bzw. in Komponentenschreibweise

$$z = \sum_{i=1}^{m} c_{B_i} b_i^* + \sum_{j=m+1}^{m+n} \left(c_j - \sum_{i=1}^{m} c_{B_i} a_{ij}^* \right) x_j = z_B + \sum_{j=m+1}^{m+n} \Delta z_j \cdot x_j \,,$$

wobei z_B der Zielfunktionswert der aktuellen Basislösung und $(a_{1j}^*, \ldots, a_{mj}^*)'$ die j-te Spalte von $B^{-1}N$ sind.

Insbesondere ist auch die neue Basislösung $\left(\begin{smallmatrix} x_{\widetilde{B}}(0) \\ 0 \end{smallmatrix} \right)$ eine Lösung des zu $(B|N)\left(\begin{smallmatrix} x_B \\ x_N \end{smallmatrix} \right) = b$ äquivalenten Gleichungssystems $(\widetilde{B}|\widetilde{N})\left(\begin{smallmatrix} x_{\widetilde{B}} \\ x_{\widetilde{N}} \end{smallmatrix} \right) = b$.

In der neuen Basislösung $\left(\begin{smallmatrix} x_{\widetilde{B}}(0) \\ 0 \end{smallmatrix} \right)$ soll genau eine der bisherigen Nichtbasisvariablen positiv werden. Diese wird nach folgendem Verfahren bestimmt:

Der bisherige Zielfunktionswert z_B kann nur durch die Aufnahme einer Nichtbasisvariablen x_j, $j \in \{m+1, \ldots, m+n\}$, verbessert werden, für die $\Delta z_j > 0$ gilt. Δz_j gibt den Beitrag zum Zielfunktionswert an, wenn x_j um Eins erhöht wird. Der Zielfunktionswert bleibt unverändert, wenn eine Nichtbasisvariable x_j mit $\Delta z_j = 0$ in die neue Basis aufgenommen wird. Wie bereits erwähnt, kann es im Verlauf des Simplexverfahrens notwendig sein, einen Basistausch vorzunehmen, bei dem sich der Zielfunktionswert nicht ändert.

Sei $\ell \in \{m+1, \ldots, m+n\}$ ein Index (einer aktuellen Nichtbasisvariablen) mit $\Delta z_\ell \geq 0$, so dass die Aufnahme der Variablen x_ℓ in die neue Basis zu keiner Verschlechterung des Zielfunktionswerts führt. Geschieht dies mit dem Wert ϑ, so erhöht sich der bisherige Zielfunktionswert z_B um den Betrag $\Delta z_\ell \cdot \vartheta$, da bis auf x_ℓ alle weiteren Komponenten von x_N nach wie vor den Wert Null haben. Die neue Basis $\widetilde{B}$ entsteht also durch Aufnahme von x_ℓ mit einem noch zu bestimmenden Wert ϑ. Eine bisherige Basisvariable x_k verlässt die Basis B. Diese wird im Eliminationskriterium festgelegt.

> Jede Nichtbasisvariable x_j mit $\Delta z_j \geq 0$ kann in die neue Basis aufgenommen werden und führt zu einer Verbesserung (Nicht-Verschlechterung) des Zielfunktionswerts. Nach einer in der Praxis bewährten heuristischen Regel wird diejenige Nichtbasisvariable x_ℓ zur Aufnahme in die neue Basis gewählt, die den größten Δz_j-Wert, $j \in \{m+1, \ldots, m+n\}$, besitzt:
>
> $$\Delta z_\ell = \max\{\Delta z_j; \ m+1 \leq j \leq m+n, \ \Delta z_j \geq 0\}$$

Die neue Basis $\widetilde{B}$ besteht damit aus $m-1$ Spalten von B und der zu x_ℓ gehörigen Spalte.

Eliminationsregel

Der einfachen Schreibweise wegen wird wiederum angenommen, dass die Basis B aus den ersten m Spalten von $(A|I)$ besteht. Die Basisdarstellung liefert

$$x_{B_i} = b_i^* - \sum_{j=m+1}^{m+n} a_{ij}^* x_j, \qquad 1 \leq i \leq m\,.$$

Sei x_ℓ die Nichtbasisvariable, die nach dem Aufnahmekriterium zur Basisvariablen werden soll. Ihr muss noch ein Wert zugewiesen werden; dieser sei zunächst $\vartheta > 0$.

Da alle anderen Nichtbasisvariablen den Wert Null behalten, vereinfachen sich die obigen Gleichungen zu

$$x_{B_i} = b_i^* - a_{i\ell}^* \vartheta, \qquad 1 \leq i \leq m\,.$$

Es ist sicherzustellen, dass die Nichtnegativitätsbedingungen an die Struktur- und Schlupfvariablen nicht verletzt werden. Der Wert ϑ ist also so zu bestimmen, dass $x_{B_i} \geq 0$ für alle $1 \leq i \leq m$ gilt und dass zudem eine bisherige Basisvariable Null wird und die Basis verlässt.

Die Nichtnegativitätsbedingung für eine Basisvariable x_{B_i} kann nur verletzt werden, wenn der Koeffizient $a_{i\ell}^*$ positiv ist. Gibt es eine oder mehrere solcher Zahlen, so betrachtet man den kleinsten Quotienten der Form $b_i^*/a_{i\ell}^*$, $1 \leq i \leq m$, und setzt

$$\vartheta = \min\left\{\vartheta_i = \frac{b_i^*}{a_{i\ell}^*};\ 1 \leq i \leq m,\ a_{i\ell}^* > 0\right\}\,.$$

Wird das Minimum für den Index $k \in \{1,\dots,m\}$ erreicht, so ist offenbar

$$x_{B_k} = b_k^* - a_{k\ell}^* \vartheta = 0\,.$$

Ist der Index k eindeutig, so wird die Basisvariable x_{B_k} eliminiert. Die Nummer B_k der bisherigen Basisvariablen x_{B_k} wird mit $\widetilde{k}$ bezeichnet. Ansonsten wird einer der Indizes gewählt, für die das Minimum erreicht wird.

Die Eliminationsregel stellt sicher, dass die nächste Basislösung wieder zulässig ist, d. h. eine Ecke des zulässigen Bereichs beschreibt.

Die eingeführten Bezeichnungen werden nun im Ausgangstableau für den Simplexalgorithmus am Beispiel (LO) verdeutlicht sowie die Aufnahme- und die Eliminationsregel mit dem Ziel des ersten Basistauschs angewendet.

Fortsetzung von Beispiel (LO)

Das lineare Optimierungsproblem wird im folgenden Ausgangstableau zusammengefasst.

x_{B_i} / x_j	x_1	x_2	x_3	x_4	x_5	b_i^*	ϑ_i
x_3	1	1	1	0	0	70	$\frac{70}{1} = 70$
x_4	2	3	0	1	0	180	$\frac{180}{3} = 60$ ← Pivotzeile:
x_5	5	3	0	0	1	300	$\frac{300}{3} = 100$
Δz_j	3	4					0

Basisvariablen (Zeilen x_3, x_4, x_5)

Pivotzeile: x_4 wird aus der Basis eliminiert, d. h. $k = 4$, $\widetilde{k} = 2$ (Die zweite Zeile des Mitteltableaus gehört zur vierten Variablen.)

Pivotspalte: x_2 wird in die Basis aufgenommen, d. h. $\ell = 2$

Einheitsspalten der Ausgangsbasis

aktueller (negativer) Zielfunktionswert

Die Bestandteile des obigen Tableaus werden nun erläutert:

In der Kopfzeile eines Tableaus zum Simplexverfahren finden sich alle Struktur- und Schlupfvariablen. Die Mittelzeilen (zweite bis vorletzte Zeile) des Tableaus gehören zu den Basisvariablen, in der letzten Zeile werden die Δz_j-Werte der Nichtbasisvariablen notiert. In der vorletzten Spalte findet man die b_i^*-Werte, die letzte Spalte dient den Berechnungen zur Durchführung der Eliminationsregel.

Im Schema dargestellt ist das Gleichungssystem

$$(I \mid B^{-1}N) \begin{pmatrix} x_B \\ x_N \end{pmatrix} = B^{-1}b\,.$$

Die Ausgangsbasis wird (wie oben vorgeschlagen) durch die Schlupfvariablen x_3, x_4, x_5 festgelegt. Da im Tableau die Spalten in der ursprünglichen Nummerierung der Variablen beibehalten werden, sind die Spalten des obigen Gleichungssystems und damit auch die Variablen umsortiert in der Form

$$(B^{-1}N \mid I) \begin{pmatrix} x_1 \\ x_2 \\ x_3 \\ x_4 \\ x_5 \end{pmatrix} = B^{-1}b\,.$$

Die aktuelle Basis B besteht aber gerade aus den zu x_3, x_4 und x_5 gehörenden Einheitsspalten, also: $B = I$.

Im Ausgangstableau sind also die Einträge a_{ij}^* gerade die Koeffizienten der Nichtbasisvariablen im System der Restriktionen. In der b_i^*-Spalte findet man daher zunächst die rechte Seite des Ungleichungssystems.

Der Δz_j-Wert einer Nichtbasisvariablen x_j ist definiert durch

$$\Delta z_j = c_j - \sum_{i=1}^{m} c_{B_i} a_{ij}^*\,.$$

Die Ausgangsbasis besteht aus allen Schlupfvariablen, deren zugehörige Zielfunktionskoeffizienten als Null angenommen werden. Daher gilt im Ausgangstableau: $\Delta z_j = c_j$ für die Nichtbasisvariablen, d. h. $\Delta z_1 = c_1 = 3$ und $\Delta z_2 = c_2 = 4$. Die Δz_j-Werte der Basisvariablen sind immer Null. Deshalb werden die zugehörigen Felder des Tableaus nicht ausgefüllt.

Im unteren rechten Feld findet man den (aus rechnerischen Gründen) negativen Wert der Zielfunktion bei der aktuellen Basis. In der Ausgangsbasis sind $x_1 = 0$ und $x_2 = 0$, so dass $z = 0$ gilt.

Die Anwendung der Aufnahmeregel lässt die Aufnahme von entweder x_1 oder x_2 zu. Gemäß der heuristischen Regel wird das größte positive Δz_j ausgesucht. Demnach tritt die Variable x_2 in die Basis ein. Die zugehörige Spalte wird als **Pivotspalte** bezeichnet.

Für alle positiven Einträge dieser Spalte werden nun gemäß der Eliminationsregel die paarweisen Quotienten gebildet. Der kleinste ϑ_i-Wert legt die Variable fest, die die Basis verlässt (hier x_4). Die zugehörige Zeile wird als **Pivotzeile** bezeichnet. Der im Schnittpunkt von Pivotzeile und Pivotspalte liegende Eintrag heißt **Pivotelement**.

Ausgehend von diesem Ausgangstableau wird der erste Basistausch durchgeführt.

Basistausch

Zur allgemeinen Erläuterung des Basistauschs wird (abweichend vom obigen Beispiel) wieder angenommen, dass die Basis B aus den ersten m Spalten von $(A|I_m)$ besteht. Die Multiplikation des Gleichungssystems $(B|N)\left(\begin{smallmatrix}x_B\\x_N\end{smallmatrix}\right) = b$ auf beiden Seiten von links mit der Basisinversen liefert $(I_m|B^{-1}N)\left(\begin{smallmatrix}x_B\\x_N\end{smallmatrix}\right) = b^*(= B^{-1}b)$.

Dieses System wird so umgeformt, dass die zu x_ℓ gehörende Spalte zu einer Einheitsspalte wird, in der das Pivotelement den Wert Eins erhält.

Die zu x_ℓ gehörende Spalte wird somit zur Einheitsspalte und übernimmt die Rolle der zu x_k gehörenden Spalte. Letztere wird gemäß der nachfolgend erklärten Rechnung verändert.

Bezeichnung	
a_{ij}^*:	Element des Mitteltableaus in der i-ten Zeile und j-ten Spalte, $1 \leq i \leq m$, $1 \leq j \leq m+n$
Pivotzeile $\widetilde{k}$,	d. h. x_k wird eliminiert.
Pivotspalte ℓ,	d. h. x_ℓ wird in die neue Basis aufgenommen.
$a_{\widetilde{k}\ell}^*$	Pivotelement.

Schema des Tableaus $(I_m|B^{-1}N)\left(\begin{smallmatrix}x_B\\x_N\end{smallmatrix}\right) = b^*$

x_{B_i} \ x_j	x_1	$\cdots$	x_k	$\cdots$	x_m	x_{m+1}	$\cdots$	x_ℓ	$\cdots$	x_{m+n}	b_i^*	ϑ_i (sofern $a_{i\ell}^* > 0$)
x_1	1	0	$\cdots$	0	$\cdots$	0	$a_{1,m+1}^*$	$\cdots$	$a_{1\ell}^*$	$\cdots$ $a_{1,m+n}^*$	b_1^*	$b_1^*/a_{1\ell}^*$
	0	$\ddots$										
$\vdots$	$\vdots$			$\vdots$		$\vdots$		$\vdots$		$\vdots$	$\vdots$	$\vdots$
x_k	0	$\cdots$ 0	1	0 $\cdots$	0	$a_{k,m+1}^*$	$\cdots$	$a_{k\ell}^*$	$\cdots$	$a_{k,m+n}^*$	b_k^*	$b_k^*/a_{k\ell}^*$
$\vdots$	$\vdots$			$\vdots$		$\vdots$		$\vdots$		$\vdots$	$\vdots$	$\vdots$
			$\ddots$	0								
x_m	0	$\cdots$			0 1	$a_{m,m+1}^*$	$\cdots$	$a_{m\ell}^*$	$\cdots$	$a_{m,m+n}^*$	b_m^*	$b_m^*/a_{m\ell}^*$
Δz_j						Δz_{m+1}	$\cdots$	Δz_ℓ	$\cdots$	Δz_{m+n}	$-z^*$	

↑
Pivotspalte mit
nichtnegativem Δz_ℓ

Die Indizes $\widetilde{k}$ und k stimmen im dargestellten Tableau überein, da angenommen wird, dass die ersten m Variablen $x_1, \ldots, x_m$ die Basisvariablen sind.

Die Pivotzeile und die Pivotspalte sind grau unterlegt. Das Pivotelement liegt im Kreuzungspunkt der Balken. Auf die fehlenden Einträge der Δz_j-Zeile wird noch Bezug genommen. Diese werden zu Null gesetzt und meistens weggelassen.

Der Basistausch kann mit Zeilenumformungen (wie im Gauß-Algorithmus) oder mit einer komponentenweisen Umformung geschehen. Die Anzahl der wirklichen Rechenschritte ist in der zweiten Variante geringer und wird daher hier bevorzugt. Der Vorteil der ersten Variante (s. O. Opitz) ist, dass die Rechenoperation bereits vertraut ist. Sie wird hier nur kurz dargestellt.

Das Ziel des Basistauschs ist oben formuliert. Die Pivotspalte soll zur Einheitsspalte transformiert werden, wobei der Einseintrag an der Stelle des Pivotelements entsteht.

Zeilentransformationen (Pivotisieren)

- Dividiere die Pivotzeile (k-te Zeile) durch das Pivotelement.

- Multipliziere die so gewonnene Zeile mit dem i-ten Eintrag ($i \neq k$) der Pivotspalte, und

- subtrahiere diese Zeile von der i-ten Zeile, $1 \leq i \leq m$, $i \neq k$.

Die Zeilentransformationen werden sowohl in der b_i^*-Spalte als auch in der Δz_j-Zeile durchgeführt. Fehlende Einträge in der Δz_j-Zeile des allgemeinen Schemas werden durch Nullen besetzt.

Nun wird erläutert, wie ein Simplextableau nach einem Basistausch mit der **Kreisregel** aktualisiert werden kann. Die Einträge im resultierenden Tableau werden mit Querbalken notiert, also mit $\overline{a}_{ij}^*$, $\overline{b}_i^*$, $\overline{\Delta z}_j$ bezeichnet.

Komponentenweise Umformung (Kreisregel)

- Im neuen Tableau wird die bisherige Basisvariable x_k durch die neue Basisvariable x_ℓ ersetzt.

- Die Pivotspalte wird im neuen Tableau zur Einheitsspalte mit einer Eins an der Stelle des Pivotelements und Nullen an den übrigen $m-1$ Stellen.

- Alle übrigen Spalten, die zu Basisvariablen der neuen Basis gehören, bleiben Einheitsspalten. Die bisherige Einheitsspalte, die zu x_k gehört, wird noch verändert.

- Die verbleibenden Einträge in der k-ten Zeile (Pivotzeile) des neuen Tableaus entstehen mittels Division der alten Einträge durch das Pivotelement:

$$\overline{a}_{kj}^* = \frac{a_{kj}^*}{a_{k\ell}^*}, \quad \overline{b}_k^* = \frac{b_k^*}{a_{k\ell}^*}$$

- Die übrigen Einträge $\bar{a}_{ij}^*$ und $\bar{b}_i^*$ des neuen Tableaus erhält man mit der Kreisregel:

$$\bar{a}_{ij}^* = a_{ij}^* - \frac{a_{i\ell}^* a_{kj}^*}{a_{k\ell}^*} \qquad (1 \le i \le m,\ i \ne k,\ 1 \le j \le m+n,\ j \ne \ell)$$

$$\bar{b}_i^* = b_i^* - \frac{a_{i\ell}^*}{a_{k\ell}^*}\, b_k^* \qquad (1 \le i \le m,\ i \ne k)$$

(Diese Regeln gelten auch für die Transformation der obigen Einheitsspalten; diese sollten sinnvollerweise jedoch vorher eingetragen werden.)

- Die Δz_j-Zeile wird ebenfalls auf diese Weise transformiert. An den Stellen der Basisvariablen stehen Nullen, die meist weggelassen werden.

Für alle Nichtbasisvariablen lautet der neue Eintrag in der Δz_j-Zeile:

$$\overline{\Delta z_j} = \Delta z_j - \frac{a_{kj}^*}{a_{k\ell}^*} \Delta z_\ell \qquad (1 \le j \le m+n)$$

(Der alte Eintrag in der Spalte der Variable x_k, die zur Nichtbasisvariablen wird, war $\Delta z_k = 0$.)

- Der (negative) Zielfunktionswert zur neuen Basis berechnet sich aus

$$-\bar{z}^* = -z^* - \frac{b_k^*}{a_{k\ell}^*} \Delta z_\ell\,.$$

Die Pivotzeilen und -spalten werden im Folgenden grau unterlegt hervorgehoben.

An einer Umformung mit der Kreisregel sind stets vier Einträge des alten Tableaus beteiligt. Als Beispiel wird ein Ausschnitt aus dem allgemeinen Schema genommen.

$$
\begin{array}{ccc}
a_{1\ell}^* & \cdots & a_{1,m+n}^* \\
\vdots & & \vdots \\
a_{k\ell}^* & \cdots & a_{k,m+n}^*
\end{array}
$$

Der Eintrag $\bar{a}_{1,m+n}^*$ im neuen Tableau, der den Eintrag $a_{1,m+n}^*$ des alten ersetzt, wird bestimmt durch

$$\bar{a}_{1,m+n}^* = a_{1,m+n}^* - \frac{a_{1\ell}^* \cdot a_{k,m+n}^*}{a_{k\ell}^*}\,.$$

Die erste Umformung eines Tableaus wird am Beispiel (LO) schrittweise erläutert.

Fortsetzung von Beispiel (LO)

Das Ausgangstableau lautet:

x_{B_i} \ x_j	x_1	x_2	x_3	x_4	x_5	b_i^*
x_3	1	1	1	0	0	70
x_4	2	3	0	1	0	180
x_5	5	3	0	0	1	300
Δz_j	3	4				0

Die Umformungsschritte zur Erzeugung des zweiten Tableaus werden in diesem ersten Beispiel in ihrer Reihenfolge einzeln durchgeführt.

Die neue Basisvariable x_2 nimmt den Platz von x_4 ein. Die Pivotspalte wird zur Einheitsspalte, die Spalten zu den Basisvariablen x_3 und x_5 bleiben als Einheitsspalten erhalten.

x_{B_i} \ x_j	x_1	x_2	x_3	x_4	x_5	b_i^*
x_3		0	1		0	
x_2		1	0		0	
x_5		0	0		1	
Δz_j		0	0		0	

$\longrightarrow$ Die Nullen in den Spalten der Basisvariablen werden nachfolgend weggelassen.

Die verbleibenden Einträge der Pivotzeile werden bestimmt.

x_{B_i} \ x_j	x_1	x_2	x_3	x_4	x_5	b_i^*
x_3		0	1		0	
x_2	$\frac{2}{3}$	1	0	$\frac{1}{3}$	0	60
x_5		0	0		1	
Δz_j						

Alle noch fehlenden Einträge werden mit der Kreisregel ermittelt.

x_{B_i} \ x_j	x_1	x_2	x_3	x_4	x_5	b_i^*
x_3	$\frac{1}{3}$	0	1	$-\frac{1}{3}$	0	10
x_2	$\frac{2}{3}$	1	0	$\frac{1}{3}$	0	60
x_5	3	0	0	-1	1	120
Δz_j	$\frac{1}{3}$			$-\frac{4}{3}$		-240

In der neuen Basis, die aus den Basisvariablen x_2, x_3 und x_5 gebildet wird, haben die Variablen die folgenden Werte:

$$x_3 = 10, \quad x_2 = 60, \quad x_5 = 120,$$

$$x_1 = 0, \quad x_4 = 0 \quad \text{(da } x_1 \text{ und } x_4 \text{ Nichtbasisvariablen sind).}$$

Für den zugrundeliegenden Produktionsprozess mit den Entscheidungsvariablen x_1 und x_2 bedeutet dies, dass $(x_1, x_2) = (0, 60)$ ein zulässiges Produktionsprogramm ist, das einen Gewinn von 240 realisiert. In der ersten Restriktion verbleibt eine ungenutzte Kapazität von $x_3 = 10$ (Stunden), die zweite Restriktion ist bindend, und bezüglich der dritten Restriktion gibt es 120 Stunden freie Kapazität.

Am positiven Wert von Δz_1 ist jedoch zu erkennen, dass durch die Aufnahme von x_1 in die Menge der Basisvariablen ein höherer Gewinn zu erzielen ist. Jede produzierte Einheit von P_1 erhöht den bisherigen Gewinn um $\frac{1}{3}$.

Das oben erhaltene zweite Tableau wird daher als Ausgangspunkt für einen weiteren Basistausch hergenommen. Die Pivotspalte, die Pivotzeile und damit das Pivotelement werden festgelegt

x_{B_i} \ x_j	x_1	x_2	x_3	x_4	x_5	b_i^*	ϑ_i
x_3	$\frac{1}{3}$	0	1	$-\frac{1}{3}$	0	10	$\frac{10}{\frac{1}{3}} = 30$
x_2	$\frac{2}{3}$	1	0	$\frac{1}{3}$	0	60	$\frac{60}{\frac{2}{3}} = 90$
x_5	3	0	0	-1	1	120	$\frac{120}{3} = 40$
Δz_j	$\frac{1}{3}$			$-\frac{4}{3}$		-240	

und der Basistausch durchgeführt:

x_{B_i} \ x_j	x_1	x_2	x_3	x_4	x_5	b_i^*
x_1	1	0	3	-1	0	30
x_2	0	1	-2	1	0	40
x_5	0	0	-9	2	1	30
			-1	-1		-250

Die aktuellen Werte der Struktur- und Schlupfvariablen lassen sich ablesen:

$$x_1 = 30, \quad x_2 = 40, \quad x_5 = 30,$$

$$x_3 = x_4 = 0 \quad \text{(da } x_3 \text{ und } x_4 \text{ Nichtbasisvariablen sind).}$$

Das Produktionsprogramm sieht also die Fertigung von 30 Einheiten P_1 und 40 Einheiten P_2 bei einem Gewinn von 250 vor. Der Gewinn hat sich gegenüber dem vorherigen Produktionsprogramm offenbar um $x_1 \cdot \Delta z_1 = 30 \cdot \frac{1}{3} = 10$ erhöht. Die beiden ersten

Restriktionen im Ausgangsproblem werden bei diesem Produktionsprogramm bindend, in der dritten Restriktion verbleibt eine freie Kapazität von 30 (Stunden).

Offensichtlich kann aufgrund negativer Δz_j-Werte der Nichtbasisvariablen ($\Delta z_3 = -1$, $\Delta z_4 = -1$) keine Verbesserung des Zielfunktionswerts mehr erreicht werden. Das (im Sinne der Zielfunktion) optimale Produktionsprogramm ist also mit $(x_1^*, x_2^*) = (30, 40)$ und einem zugehörigen, optimalen Zielfunktionswert von 250 gefunden.

Zur vollständigen Beschreibung des Simplexverfahrens sind schließlich noch Abbruchkriterien zu formulieren, die das Verfahren beenden.

Abbruchkriterien
Das Simplexverfahren ist abzubrechen, falls

- alle Δz_j-Werte (der Nichtbasisvariablen) kleiner oder gleich Null sind.

  In diesem Fall ist eine optimale Basislösung gefunden. Diese ist eindeutig, falls alle Δz_j-Werte der Nichtbasisvariablen negativ sind.

  Ist ein Δz_j-Wert oder sind mehrere Δz_j-Werte der Nichtbasisvariablen gleich Null, so kann zwar der Wert der Zielfunktion nicht verbessert werden. Es gibt aber andere zulässige Basislösungen, die auf denselben (optimalen) Zielfunktionswert führen.

- es in einer Spalte zu einer Nichtbasisvariablen mit einem nichtnegativen Δz_j-Wert keinen positiven Eintrag $a_{i\ell}^*$ gibt. Die Spalte wäre dann als Pivotspalte geeignet, es kann aber keine Pivotzeile festgelegt werden.

  In diesem Fall existiert keine zulässige optimale Basislösung. Der Lösungsraum ist in Richtung wachsender Zielfunktion unbeschränkt.

Führt ein Problem der linearen Optimierung auf mehrere optimale zulässige Basislösungen, so sind nicht nur die erhaltenen Basislösungen, sondern alle Konvexkombinationen der zugehörigen Punkte des $\mathbb{R}^m$ optimale Lösungen.

In einem Beispiel mit zwei Strukturvariablen und zwei optimalen Lösungen $\begin{pmatrix} x_1^{*(1)} \\ x_2^{*(1)} \end{pmatrix}$ und $\begin{pmatrix} x_1^{*(2)} \\ x_2^{*(2)} \end{pmatrix}$ sind dann anschaulich auch alle Punkte auf der Verbindungsstrecke der Optimalpunkte optimal. Alle Punkte führen auf denselben Wert der Zielfunktion. Die Isogewinnlinien verlaufen parallel zu dieser Verbindungsstrecke. Die Punkte dieser Strecke lassen sich als Konvexkombination der Ecken beschreiben:

$$\begin{pmatrix} x_1^* \\ x_2^* \end{pmatrix} = \lambda \begin{pmatrix} x_1^{*(1)} \\ x_2^{*(1)} \end{pmatrix} + (1 - \lambda) \begin{pmatrix} x_1^{*(2)} \\ x_2^{*(2)} \end{pmatrix} \qquad \text{mit } \lambda \in [0, 1].$$

Ein konkretes Beispiel wird später als Modifikation des Beispiels (LO) behandelt. Der Fall von mehr als zwei Strukturvariablen ist komplizierter. Für n Strukturvariablen

$x_1, \ldots, x_n$ und nicht eindeutiger optimaler Lösung werden zunächst so lange Basistausche durchgeführt, bis alle optimalen Ecken (etwa r Ecken) ermittelt sind. Die zugehörigen Werte der Strukturvariablen seien bezeichnet mit $(x_1^{*(j)}, \ldots, x_n^{*(j)})'$, $1 \leq j \leq r$. Alle Konvexkombinationen

$$\sum_{j=1}^{r} \lambda_j \big(x_1^{*(j)}, \ldots, x_n^{*(j)}\big)' \quad \text{mit } \lambda_j \in [0,1] \text{ für alle } j \in \{1, \ldots, r\} \text{ und } \sum_{j=1}^{r} \lambda_j = 1$$

sind optimale Lösungen des linearen Optimierungsproblems.

Bei der Ermittlung eines optimalen Produktionsprogramms kann es sehr nützlich sein, alle optimalen Lösungen zu beschreiben. Aus innerbetrieblichen Erwägungen und Präferenzen, die nicht in der Zielfunktion oder den Restriktionen abgebildet sind, kann dann die Auswahl eines optimalen Programms erfolgen.

Zusammenfassend ergibt sich folgendes Ablaufdiagramm:

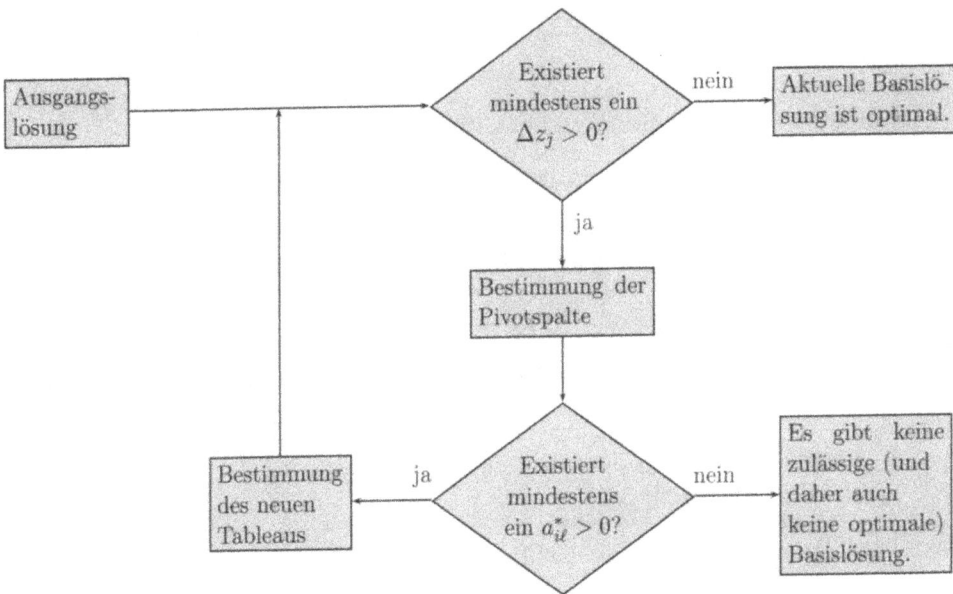

Ablaufdiagramm für das Simplexverfahren zur Lösung eines Standard-Maximumprogramms

Bemerkungen zur Vorgehensweise beim Simplexverfahren

- Wie oben beschrieben und am Beispiel ausgeführt, kann der jeweilige Wert der Zielfunktion mitbestimmt und aktualisiert werden. Dieser Rechenaufwand kann noch reduziert werden, wenn der Wert der Zielfunktion erst bei Erreichen einer optimalen Lösung bestimmt wird.

  Im Beispiel gilt: $G(x_1^*, x_2^*) = G(30, 40) = 3 \cdot 30 + 4 \cdot 40 = 250$.

- Die Einträge a_{ij}^* im optimalen Tableau werden für die Angabe des Ergebnisses nicht benötigt. Als Konsequenz dieser Beobachtung können bei der Aktualisierung des Tableaus zunächst die Δz_j-Werte bestimmt werden. Sind diese nichtpositiv, ist eine Optimallösung gefunden. Zur Berechnung dieser Lösung sind dann nur noch die aktualisierten Einträge der b_i^*-Spalte zu bestimmen. Diese reduzierte Darstellung des Optimaltableaus wird nachfolgend benutzt, d. h. die zu a_{ij}^* gehörigen Felder werden im Optimaltableau nicht mehr ausgefüllt.

Das verkürzte Tableau beim Simplexverfahren

Wie bei der Berechnung des Beispiels (LO) gesehen, wird in den Tableaus stets eine Einheitsmatrix mitgeführt, die keine zusätzliche Information enthält und somit lediglich zusätzlichen Schreibaufwand erfordert.

Mit einer leichten Abänderung der Regeln zum Basistausch ist ein Rechnen in einem verkürzten Tableau möglich. In der Kopfzeile werden nur noch die Nichtbasisvariablen notiert.

Komponentenweise Umformung im verkürzten Tableau

- Im neuen Tableau tauschen die Basisvariable x_k und die Nichtbasisvariable x_ℓ die Rollen.

- Das Pivotelement wird durch seinen Kehrwert (die reziproke Zahl) ersetzt.

- Die restlichen Einträge der Pivotzeile werden durch das Pivotelement dividiert.

- Die restlichen Einträge der Pivotspalte werden durch das negative Pivotelement dividiert.

- Alle übrigen Einträge des neuen Tableaus werden mit der bereits erläuterten Kreisregel bestimmt.

Die obigen Regeln werden am Beispiel (LO) demonstriert.

Fortsetzung von Beispiel (LO)

B

Nachfolgend sind die Rechenschritte bis zum Erreichen des Optimalstableaus angegeben.

x_{B_i} \ x_{N_j}	x_1	x_2	b_i^*	ϑ_i
x_3	1	1	70	70
x_4	2	3	180	60
x_5	5	3	300	100
Δz_j	3	4	0	

$\longrightarrow$

x_{B_i} \ x_{N_j}	x_1	x_4	b_i^*
x_3		$-\frac{1}{3}$	
x_2	$\frac{2}{3}$	$\frac{1}{3}$	60
x_5		-1	
Δz_j		$-\frac{4}{3}$	

x_{N_j} / x_{B_i}	x_1	x_4	b_i^*	ϑ_i
x_3	$\frac{1}{3}$	$-\frac{1}{3}$	10	30
x_2	$\frac{2}{3}$	$\frac{1}{3}$	60	90
x_5	3	-1	120	40
Δz_j	$\frac{1}{3}$	$-\frac{4}{3}$		

$\longrightarrow$

x_{N_j} / x_{B_i}	x_3	x_4	b_i^*
x_1			30
x_2			40
x_5			30
Δz_j	-1	-1	

Im Beispiel führt die Eckensuche des Simplexalgorithmus ausgehend vom Nullpunkt $(x_1, x_2) = (0,0)$ über die Ecke $(0,60)$ zur optimalen Ecke $(30,40)$. Eine Modifikation des Beispiels (LO) durch Einfügung einer weiteren Restriktion zeigt eine Verlängerung des Wegs und damit verbunden einen höheren Rechenaufwand. Das Simplexverfahren kann in jedem Schritt nur zu einer benachbarten Ecke übergehen.

Das Beispiel (LO) wird dahingehend verändert, dass $x_2 \leq 50$ (eine Höchstproduktionsmenge für Produkt P_2) als weitere Restriktion hinzukommt.

B

An der Graphik (GLO) ist bereits zu erkennen, dass zwar durch die weitere Ecke der zulässige Bereich verkleinert, der Optimalpunkt jedoch nicht verändert wird.

Die Einführung der Schlupfvariablen x_3, x_4, x_5 und x_6 führt auf das folgende Ausgangstableau und die sich anschließenden Umformungen im verkürzten Tableau des Simplexverfahrens:

x_{N_j} / x_{B_i}	x_1	x_2	b_i^*
x_3	1	1	70
x_4	2	3	180
x_5	5	3	300
x_6	0	1	50
Δz_j	3	4	0

x_{N_j} / x_{B_i}	x_1	x_6	b_i^*
x_3	1	-1	20
x_4	2	-3	30
x_5	5	-3	150
x_2	0	1	50
Δz_j	3	-4	-200

$\longrightarrow$

x_{N_j} / x_{B_i}	x_4	x_6	b_i^*
x_3	$-\frac{1}{2}$	$\frac{1}{2}$	5
x_1	$\frac{1}{2}$	$-\frac{3}{2}$	15
x_5	$-\frac{5}{2}$	$\frac{9}{2}$	75
x_2	0	1	50
Δz_j	$-\frac{3}{2}$	$\frac{1}{2}$	-245

x_{N_j} / x_{B_i}	x_4	x_3	b_i^*
x_6	-1	2	10
x_1		3	30
x_5		-9	30
x_2		-2	40
Δz_j	-1	-1	-250

$\longrightarrow$

Das optimale Tableau ist gefunden mit der Lösung

$$x_1 = 30, \quad x_2 = 40, \quad x_5 = 30, \quad x_6 = 10 \quad \text{und} \quad x_3 = x_4 = 0.$$

Die optimalen Werte der Strukturvariablen x_1 und x_2 sind gegenüber Beispiel (LO) unverändert. Der Weg zum Optimalpunkt führt in diesem modifizierten Beispiel vom Nullpunkt über die Ecken $(0, 50)$ und $(15, 50)$.

Das nächste Beispiel mit vier Strukturvariablen weist einen in Richtung wachsender Zielfunktion unbeschränkten zulässigen Bereich auf. Es existiert also keine optimale zulässige Basislösung.

Es wird folgendes Maximierungsproblem betrachtet:

$$\text{maximiere} \qquad 4x_1 + 2x_2 + 3x_3 + x_4$$

$$\text{unter} \qquad \begin{aligned} x_1 - 2x_2 + 2x_3 - x_4 &\leq 30 \\ 2x_1 + x_2 - 3x_4 &\leq 70 \\ -2x_1 + 5x_2 + x_3 + 2x_4 &\leq 80 \end{aligned}$$

$$\text{und} \qquad x_1, x_2, x_3, x_4 \geq 0$$

Das Ausgangstableau in verkürzter Schreibweise mit den Schlupfvariablen x_5, x_6 und x_7 lautet:

$x_{B_i} \backslash x_{N_j}$	x_1	x_2	x_3	x_4	b_i^*
x_5	1	-2	2	-1	30
x_6	2	1	0	-3	70
x_7	-2	5	1	2	80
Δz_j	4	2	3	1	

$\longrightarrow$

$x_{B_i} \backslash x_{N_j}$	x_5	x_2	x_3	x_4	b_i^*
x_1	1	-2	2	-1	30
x_6	-2	5	-4	-1	10
x_7	2	1	5	0	140
Δz_j	-4	10	-5	5	

Nach der heuristischen Aufnahmeregel wird die zu x_2 gehörige Spalte zur Pivotspalte und x_2 in die Menge der Basisvariablen aufgenommen. Die zu x_4 gehörige Spalte kann ebenso Pivotspalte werden. In dieser Spalte ist jedoch kein positiver Eintrag vorhanden, so dass keine Pivotzeile bestimmt werden kann.

Bereits an dieser Stelle greift eines der Abbruchkriterien für das Simplexverfahren mit dem Ergebnis, dass für das gestellte Problem der linearen Optimierung keine zulässige optimale Basislösung existiert. Der zulässige Bereich ist in Richtung wachsender Werte der Zielfunktion unbeschränkt.

Es wurde zu Beginn des Kapitels bemerkt, dass für einen nichtleeren zulässigen Bereich die Unbeschränktheit gleichbedeutend ist mit der Existenz eines Vektors $(x_1, x_2, x_3, x_4)' \neq \mathbf{0}$ mit der Eigenschaft $Ax \leq \mathbf{0}$, wobei A die im Tableau eingetragene Koeffizientenmatrix bezeichnet. Ein solcher Vektor ist im obigen Beispiel leicht zu finden. Der Vektor $(1, 0, 0, 1)'$ liefert $A(1, 0, 0, 1)' = (0, -1, 0)$.

Neben der Nichtexistenz einer optimalen Lösung wurde bereits der Sonderfall einer nicht eindeutigen optimalen Lösung eines linearen Optimierungsproblems angesprochen. Zur Illustration wird das Beispiel (LO) leicht modifiziert, indem der Koeffizient c_2 von x_2 in der Zielfunktion um Eins verringert wird.

Gesucht sind alle Lösungen des linearen Optimierungsproblems

maximiere $\qquad 3x_1 + 3x_2$

unter $\qquad\quad x_1 + \;\; x_2 \le 70$

$\qquad\qquad\quad 2x_1 + 3x_2 \le 180$

$\qquad\qquad\quad 5x_1 + 3x_2 \le 300$

und $\qquad\qquad x_1 \ge 0,\, x_2 \ge 0.$

Die Isogewinnlinien verlaufen nun parallel zu der den Lösungsraum begrenzenden Geraden $x_1 + x_2 = 70$.

Das Simplexverfahren im verkürzten Tableau ergibt mit den Schlupfvariablen x_3, x_4 und x_5:

x_{B_i} \ x_{N_j}	x_1	x_2	b_i^*
x_3	1	1	70
x_4	2	3	180
x_5	5	3	300
Δz_j	3	3	0

$\longrightarrow$

x_{B_i} \ x_{N_j}	x_1	x_4	b_i^*
x_3	$\frac{1}{3}$	$-\frac{1}{3}$	10
x_2	$\frac{2}{3}$	$\frac{1}{3}$	60
x_5	3	-1	120
Δz_j	1	-1	-180

$\longrightarrow$

x_{B_i} \ x_{N_j}	x_3	x_4	b_i^*
x_1	3	-1	30
x_2	-2	1	40
x_5	-9	2	30
Δz_j	-3	0	-210

Ein Optimaltableau ist erreicht mit der optimalen Lösung $\left(x_1^{*(1)}, x_2^{*(1)}\right) = (30, 40)$. Da der Δz_j-Wert für x_4 jedoch Null ist, ist ein weiterer Basistausch ohne Veränderung des Zielfunktionswerts möglich.

x_{B_i} \ x_{N_j}	x_3	x_4	b_i^*
x_1	3	-1	30
x_2	-2	1	40
x_5	-9	2	30
Δz_j	-3	0	-210

$\longrightarrow$

x_{B_i} \ x_{N_j}	x_3	x_5	b_i^*
x_1			45
x_2			25
x_4			15
Δz_j			-210

Es entsteht ein weiteres optimales Tableau mit der Lösung $\left(x_1^{*(2)}, x_2^{*(2)}\right) = (45, 25)$. Wiederum ist ein Basistausch möglich, der jedoch wieder zurück zum vorherigen Optimaltableau mit den Basisvariablen x_1, x_2 und x_5 führt.

Mit den beiden optimalen Lösungen sind alle optimalen Ecken gefunden, alle Punkte auf der Verbindungsstrecke sind optimal und liefern denselben Zielfunktionswert. Die Gesamtheit aller Lösungen wird beschrieben durch die Konvexkombination

$$\begin{pmatrix} x_1^* \\ x_2^* \end{pmatrix} = \lambda \begin{pmatrix} 30 \\ 40 \end{pmatrix} + (1 - \lambda) \begin{pmatrix} 45 \\ 25 \end{pmatrix} \qquad \text{für } \lambda \in [0, 1].$$

Die Wahl von $\lambda = 0$ und $\lambda = 1$ liefert die Eckpunkte. Für z.B. $\lambda = \frac{1}{3}$ entsteht ebenso eine optimale Lösung

$$\begin{pmatrix} x_1^* \\ x_2^* \end{pmatrix} = \frac{1}{3} \begin{pmatrix} 30 \\ 40 \end{pmatrix} + \frac{2}{3} \begin{pmatrix} 45 \\ 25 \end{pmatrix} = \begin{pmatrix} 40 \\ 30 \end{pmatrix} \qquad \text{mit } G(40, 30) = 210,$$

wie auch für die Wahl $\lambda = \frac{2}{3}$

$$\begin{pmatrix} x_1^* \\ x_2^* \end{pmatrix} = \frac{2}{3} \begin{pmatrix} 30 \\ 40 \end{pmatrix} + \frac{1}{3} \begin{pmatrix} 45 \\ 25 \end{pmatrix} = \begin{pmatrix} 35 \\ 35 \end{pmatrix} \qquad \text{mit } G(35, 35) = 210.$$

Allgemeine lineare Optimierungsprobleme

Bisher wurden Standard-Maximierungsaufgaben behandelt. Andere Aufgaben sind für die Praxis relevant und können durch eine Erweiterung des Simplexalgorithmus gelöst werden. Dazu gehören die Minimierung einer Zielfunktion (z.B. einer Kostenfunktion) unter linearen Nebenbedingungen und lineare Optimierungsprobleme mit beliebigem $b \in \mathbb{R}^m$ bzw. „$\geq$"-Nebenbedingungen. Solche Restriktionen treten etwa bei zu produzierenden Mindestmengen auf, zu deren Lieferung sich ein Unternehmen bereits vertraglich verpflichtet hat.

In einem Beispiel mit zwei Entscheidungsvariablen x_1 und x_2 entstehen aus solchen Vorgaben Nebenbedingungen der Form $x_1 \geq a$, $x_2 \geq b$. Diese Restriktionen führen zu einem zulässigen Bereich ZB, der den Nullpunkt nicht enthält. Da dieser bisher als Ausgangslösung zum Start des Simplexverfahrens verwendet wurde, ist der Simplexalgorithmus in der vorliegenden Form nicht anwendbar.

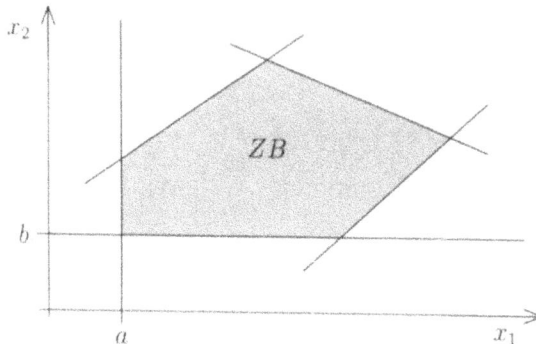

Bei Vorliegen einer „$\geq$"-Nebenbedingung kann die folgende Vorgehensweise gewählt werden: Die Bedingung $x_2 \geq b$ wird umgeformt zu einer „$\leq$"-Nebenbedingung der Form $-x_2 \leq -b$. Es werden also negative rechte Seiten zugelassen. Mit einer nichtnegativen Schlupfvariablen s entsteht die Gleichung $-x_2 + s = -b$. Die wichtige Konsequenz ist, dass $x_2 = 0$ nicht mehr Bestandteil der Ausgangslösung sein kann, denn $x_2 = 0$ impliziert $s = -b < 0$, was die Nichtnegativitätsforderung an s verletzt.

Eine weitere, sehr wichtige Problemklasse, zu deren Lösung der gleiche Lösungsansatz verwendet werden kann, sind lineare Optimierungsprobleme, in denen Nebenbedingungen in Gleichungsform auftreten. Solche Gleichungen entstehen, wenn beispielsweise die Ausschöpfung bestimmter Kapazitäten in der Aufgabenstellung verlangt wird. Es ist daher eine Vorgehensweise zur Lösung der Optimierungsaufgabe anzubieten, wenn das Restriktionensystem durch $Ax \leq b$ und $Cx = d$ mit $x \geq 0$ gegeben ist.

Bildet die Gesamtheit der Schlupfvariablen keine Ausgangslösung, so muss eine andere zulässige Basislösung gefunden werden. Das bedeutet, in der Koeffizientenmatrix eine der Anzahl der Zeilen entsprechende reguläre Teilmatrix zu finden. Die Bestimmung einer Ausgangslösung durch Ausprobieren ist nur bei kleinen Problemen ein sinnvoller Weg. Das Auffinden einer zulässigen Basislösung kann rechnerisch mit einem modifizierten Simplexverfahren geschehen.

Als Ausgangspunkt wird folgendes Modell mit Restriktionen in Gleichheitsform gewählt. Dabei sind in Gedanken alle Nebenbedingungen in Ungleichungsform bereits mittels Schlupfvariablen in Gleichungsform transformiert und die Schlupfvariablen dem Vektor x angefügt worden. Es wird ferner angenommen, dass alle Komponenten des Vektors b, der rechten Seite, nichtnegativ sind. Dies kann bei einer Gleichung mit negativer rechter Seite durch eine Multiplikation der Gleichung auf beiden Seiten mit (-1) stets erreicht werden.

Modell (Mo1)

    maximiere $z = c'x$

    unter $Ax = b$

    und $x \geq \mathbf{0}$,

wobei $c, x \in \mathbb{R}^n$, $b \in \mathbb{R}^m$, $b = (b_1, \ldots, b_m)'$ mit $b_1 \geq 0, \ldots, b_m \geq 0$, und $A \in \mathcal{M}_{m,n}$.

Die Matrix A enthalte keine Einheitsmatrix als Teilmatrix. (In diesem Fall wäre eine zulässige Ausgangslösung offensichtlich, in der die Variablen zu den Einheitsspalten die Basis bilden.) Andererseits enthalte die Matrix m linear unabhängige Spalten und mindestens eine weitere Spalte (die nicht nur Nulleinträge hat), um Trivialfälle auszuschließen.

Das Modell (Mo1) wird durch Einfügen neuer Variablen $h_1, \ldots, h_m$, zusammengefasst zum Vektor h, zum neuen Modell

---

Modell der linearen Optimierung mit Hilfsvariablen (Mo2)

maximiere $\qquad z = (c', c'_h) \begin{pmatrix} x \\ h \end{pmatrix} \quad (= c'x + c'_h h)$

unter $\qquad (A \mid I_m) \begin{pmatrix} x \\ h \end{pmatrix} \quad (= Ax + I_m h) = b \quad (\geq 0)$

und $\qquad x \geq 0, h \geq 0.$

Es wird „künstlich" eine Einheitsmatrix zusammen mit einem nichtnegativen Vektor h eingeführt. Die Komponenten des Vektors $h = (h_1, \ldots, h_m)' \in \mathbb{R}^m$ heißen **Hilfsvariablen**.

Durch die obige Konstruktion wird zwar einerseits eine Ausgangslösung aus den Hilfsvariablen (mit $h = b \geq 0$) gebildet, andererseits aber das Ausgangsproblem in entscheidender Weise verändert.

> Die Modelle (Mo1) und (Mo2) sind genau dann verschieden, wenn in (Mo2) $h \neq 0$ gilt!

Dieser Vorgehensweise liegt die Idee zugrunde, dass die Hilfsvariablen lediglich eine rechentechnische Hilfe im Simplexverfahren darstellen. Durch sukzessiven Basistausch wird versucht, die Hilfsvariablen aus der Basis zu eliminieren. Gelingt dies, haben diese Variablen als Nichtbasisvariablen den Wert Null, und die Probleme (Mo1) und (Mo2) stimmen überein.

> Ist mit dem Simplexalgorithmus eine Eliminierung aller Hilfsvariablen aus der Basis nicht möglich und verbleibt mindestens eine Hilfsvariable mit positivem Wert in der Basis, so existiert keine zulässige Lösung des Ausgangsproblems (Mo1). Der zugehörige zulässige Bereich ist leer. Wenn bei Erreichen des Optimaltableaus noch Hilfsvariablen in der Basis sind, die den Wert Null haben, werden die entsprechenden Zeilen ignoriert und die Lösung des Ausgangsproblems abgelesen.

Bei der Anwendung des Simplexverfahrens zur Eliminierung der Hilfsvariablen wird durch einen „Trick" die Wiederaufnahme einer Hilfsvariablen in die neue Basis über die Aufnahmeregel verhindert. Die zugehörige Methode wird als **M-Methode** bezeichnet. Bevor das Verfahren vorgestellt wird, wird noch die Vorgehensweise bei „$\geq$"-Restriktionen diskutiert.

Eine lineare Optimierungsaufgabe der Form

maximiere $\qquad z = c'x$

unter $\qquad Ax \geq b$

und $\qquad x \geq 0,$

(mit $c, x \in \mathbb{R}^n$, $b \in \mathbb{R}^m$, $b \geq 0$, $A \in \mathcal{M}_{m,n}$)

wird durch Einführen von Schlupfvariablen umgeformt zu

maximiere $\quad z = c'x$

unter $\qquad (A \mid -I_m) \begin{pmatrix} x \\ s \end{pmatrix} (= Ax - I_m s) = b$

und $\qquad x \geq \mathbf{0},\, s \geq \mathbf{0}.$

Mit dem Ziel einer „bequemen" Ausgangslösung wird dieses Problem durch die Einfügung von Hilfsvariablen modifiziert:

maximiere $\quad z = (c', \mathbf{0}', c_h') \begin{pmatrix} x \\ s \\ h \end{pmatrix} \quad (= c'x + c_h'h)$

unter $\qquad (A \mid -I_m \mid I_m) \begin{pmatrix} x \\ s \\ h \end{pmatrix} = b$

und $\qquad x \geq \mathbf{0},\, s \geq \mathbf{0},\, h \geq \mathbf{0}.$

Für das nachfolgende, modifizierte Simplexverfahren steht dann eine aus den Hilfsvariablen gebildete Ausgangsbasis zur Verfügung.

Mit diesen Vorbemerkungen kann nun ein Verfahren formuliert werden, mit dem ein lineares Optimierungsproblem gelöst werden kann, das Restriktionen in Form von „$\leq$"-, „$\geq$"- und „$=$"-Nebenbedingungen besitzt.

Zunächst wird das System der m Nebenbedingungen so transformiert, dass auf der rechten Seite nur nichtnegative Werte auftreten. Dies wird durch die Multiplikation der entsprechenden Nebenbedingungen mit (-1) erreicht.

Dann wird mit dem Ziel einer einfachen Ausgangslösung, die durch eine Einheitsmatrix in der Koeffizientenmatrix des Problems charakterisiert ist,

- jede „$\leq$"-Restriktion durch das Einführen einer nichtnegativen Schlupfvariablen in eine Gleichheitsbedingung umgeformt,

- jede Gleichheitsbedingung durch das Einfügen einer Hilfsvariablen verändert,

- jede „$\geq$"-Restriktion durch das Einführen einer Schlupfvariablen (Subtraktion dieser Schlupfvariablen) und das Einfügen einer Hilfsvariablen in eine Gleichheitsbedingung überführt.

Nach Umsetzung dieser Schritte entsteht in jeder Zeile des Restriktionensystems eine Variable (Schlupf- oder Hilfsvariable) die den Koeffizienten Eins besitzt und in keiner anderen Restriktion vorkommt. Im Ausgangsschema für das Simplexverfahren entsteht daher in der Spalte dieser Variablen eine Einheitsspalte. Die Gesamtheit dieser m Variablen bildet eine Ausgangsbasis, die zugehörigen Einheitsspalten bilden in geeigneter Umsortierung eine Einheitsmatrix I_m.

Die Vorgehensweise wird an einem Beispiel demonstriert. Dazu wird Beispiel (LO) durch das Hinzufügen einer „$\geq$"-Restriktion modifiziert.

Modifikation von Beispiel (LO)

B

Ein Liefervertrag führt zu einer Mindestfertigung der Produkte P_1 und P_2, die durch die Restriktion $x_1 + x_2 \geq 20$ beschrieben wird. Diese Restriktion schließt den Nullpunkt aus dem bisherigen zulässigen Bereich aus.

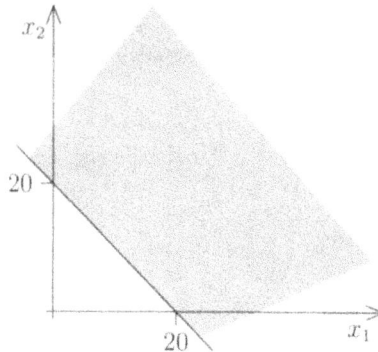

Das resultierende lineare Optimierungsproblem lautet:

maximiere $3x_1 + 4x_2$

unter
$$x_1 + \ x_2 \leq \ 70$$
$$2x_1 + 3x_2 \leq 180$$
$$5x_1 + 3x_2 \leq 300$$
$$x_1 + \ x_2 \geq \ 20$$
und
$$x_1, x_2 \geq \ \ 0$$

und wird unter Einführen der Schlupfvariablen s_1, s_2, s_3 und s_4 sowie der Hilfsvariablen h in das Problem

maximiere $3x_1 + 4x_2$

unter
$$x_1 + \ x_2 + s_1 \qquad\qquad\qquad = \ 70$$
$$2x_1 + 3x_2 \qquad + s_2 \qquad\qquad = 180$$
$$5x_1 + 3x_2 \qquad\qquad + s_3 \qquad = 300$$
$$x_1 + \ x_2 \qquad\qquad\qquad - s_4 + h = \ 20$$
und
$$x_1, x_2, s_1, s_2, s_3, s_4, h \geq 0$$

überführt, bei dem im zugehörigen Tableau Einheitsspalten bei den Variablen s_1, s_2, s_3 und h entstehen, die damit eine einfache Ausgangsbasis bilden.

Im nächsten Beispiel wird das vorherige, und damit Beispiel (LO), weiter modifiziert, indem zusätzlich eine Gleichheitsbedingung aufgenommen wird.

Etwa aus technischen Gründen werde eine weitere Nebenbedingung der Form $5x_1 + 4x_2 = 200$ gestellt. Damit sind zulässige Lösungen nur noch auf dieser Geraden zu finden, und der zulässige Bereich des Problems wird stark eingeschränkt. Auch eine Optimallösung ist natürlich nur auf dieser Geraden zu finden.

Das Beispiel ist offensichtlich unrealistisch, weil man die Restriktion nach einer Variablen auflösen und in die anderen Nebenbedingungen sowie in die Zielfunktion einsetzen würde.

Bei großen Problemen wird man diese Vorgehensweise nicht wählen. Das Beispiel wird hier aus anschaulichen Gründen trotzdem diskutiert, weil es als Modifikation eines bekannten Problems die Vorgehensweise gut verdeutlicht, bei zwei Strukturvariablen geometrisch verständlich ist und zudem ohne großen Aufwand zu berechnen ist.

Schlupf- und Hilfsvariablen werden wiederum fortlaufend als $x_{n+1}, x_{n+2}, \ldots$ bezeichnet.

Beispiel (M)   (Weitere Modifikation von Beispiel (LO))

Das Problem der linearen Optimierung

$$\text{maximiere} \quad 3x_1 + 4x_2$$

$$\begin{aligned}
\text{unter} \quad x_1 + x_2 &\le 70 \\
2x_1 + 3x_2 &\le 180 \\
5x_1 + 3x_2 &\le 300 \\
x_1 + x_2 &\ge 20 \\
5x_1 + 4x_2 &= 200 \\
\text{und} \quad x_1, x_2 &\ge 0
\end{aligned}$$

wird unter Einführen der Schlupfvariablen x_3, x_4, x_5 und x_6 umgeformt zu

$$\text{maximiere} \quad 3x_1 + 4x_2$$

$$\begin{aligned}
\text{unter} \quad x_1 + x_2 + x_3 &= 70 \\
2x_1 + 3x_2 + x_4 &= 180 \\
5x_1 + 3x_2 + x_5 &= 300 \\
x_1 + x_2 - x_6 &= 20 \\
5x_1 + 4x_2 &= 200 \\
\text{und} \quad x_1, \ldots, x_6 &\ge 0,
\end{aligned}$$

und anschließend durch Einfügen der Hilfsvariablen x_7 und x_8 verändert zu maximiere $3x_1 + 4x_2$

unter $x_1 + x_2 + \boxed{x_3}$ $= 70$

$2x_1 + 3x_2 + \boxed{x_4}$ $= 180$

$5x_1 + 3x_2 + \boxed{x_5}$ $= 300$

$x_1 + x_2 - x_6 + \boxed{x_7}$ $= 20$

$5x_1 + 4x_2 + \boxed{x_8} = 200$

und $x_1, \ldots, x_8 \geq 0.$

Die Ausgangsbasis wird mit den Variablen x_3, x_4, x_5, x_7 und x_8 gebildet.

Das Verfahren zur Lösung des Ausgangsproblems unter Verwendung des Hilfsproblems wird an diesem Beispiel aufgezeigt. Zunächst ist Ziel des Verfahrens, die Hilfsvariablen x_7 und x_8 aus der Basis zu eliminieren.

Die M-Methode zur Eliminierung von Hilfsvariablen

Die M-Methode beruht darauf, den Hilfsvariablen große negative Gewichte in der Zielfunktion zuzuweisen und auf diese Weise das Vorhandensein von Hilfsvariablen in der Basis wie auch deren Wiederaufnahme in eine neue Basis zu „bestrafen". Derartige Korrekturterme werden in der englischsprachigen Literatur als „penalty"-Terme bezeichnet. Gelingt es, die Hilfsvariablen aus der Basis zu eliminieren, so haben diese den Wert Null und spielen in der modifizierten Zielfunktion keine Rolle mehr. Zudem ist dann eine zulässige Basislösung des ursprünglichen, linearen Optimierungsproblems gefunden.

Liegen in der Formulierung eines Optimierungsproblems r Hilfsvariablen $h_1, \ldots, h_r$ vor, so wird eine neue, weiterhin zu maximierende Zielfunktion eingeführt:

$$z = c'x + \sum_{i=1}^{r} c_{h_i} \cdot h_i.$$

Die zu den Hilfsvariablen gehörenden Koeffizienten $c_{h_1}, \ldots, c_{h_r}$ der Zielfunktion werden negativ gewählt. Dies hat zur Folge, dass sich eine in der Basis befindende Hilfsvariable verringernd auf den Zielfunktionswert auswirkt.

Vorgehensweise

Das vorstehend formulierte Ersatz- oder Hilfsproblem mit der neuen Zielfunktion und mit den nach der oben beschriebenen Vorgehensweise erzeugten Restriktionen in Gleichungsform wird nun gelöst.

Die Zielkoeffizienten der Hilfsvariablen $c_{h_1}, \ldots, c_{h_r}$ werden nicht fest gewählt, sondern alle gleich einer Variablen gesetzt: $c_{h_i} = -M$, $i \in \{1, \ldots, r\}$, $M > 0$. Somit gilt $z = c'x - M \sum_{i=1}^{r} h_i$. In allen Schritten des Simplexverfahrens wird angenommen, dass der Wert von M jeweils größer ist als die Werte, mit denen er verglichen wird. Der Variablen M wird also kein fester Wert zugewiesen, sondern sie wird in jedem Schritt des Simplexverfahrens als so groß betrachtet, dass Hilfsvariablen nicht mehr in die neue Basislösung aufgenommen werden.

Eine positive Hilfsvariable senkt damit den Wert der Zielfunktion über beliebig hohe Strafkosten M. Aufgrund der Maximierungsaufgabe werden damit Hilfsvariablen mit positivem Wert in der Basis vermieden.

Wird nach Iterationen des Simplexverfahrens festgestellt, dass ein Optimaltableau erreicht ist, dann

- existiert keine Lösung des Ausgangsproblems (Mo1), falls noch eine Hilfsvariable oder Hilfsvariablen mit positivem Wert in der optimalen Lösung des Ersatzproblems (Mo2) vorhanden sind.

- ist dies auch das Optimaltableau für das Ausgangsproblem (Mo1), falls alle Hilfsvariablen den Wert Null haben (d. h. Nichtbasisvariablen oder Basisvariablen mit Wert Null sind).

Die zu den Hilfsvariablen gehörenden Komponenten des Optimalpunkts werden gestrichen.

Fortsetzung von Beispiel (M)

Das Ausgangstableau für den Simplexalgorithmus ist gegeben durch

x_{B_i} \ x_j	x_1	x_2	x_3	x_4	x_5	x_6	x_7	x_8	b_i^*
x_3	1	1	1	0	0	0	0	0	70
x_4	2	3	0	1	0	0	0	0	180
x_5	5	3	0	0	1	0	0	0	300
x_7	1	1	0	0	0	-1	1	0	20
x_8	5	4	0	0	0	0	0	1	200
Δz_j	$3{+}6M$	$4{+}5M$				$-M$			

Die Einträge der Δz_j-Zeile im Ausgangstableau der M-Methode werden für die Nichtbasisvariablen wie folgt bestimmt:

$$\Delta z_j = c_j - \sum_{i=1}^{m} c_{B_i} a_{ij}^*, \qquad \text{wobei} \quad c_{B_i} = \begin{cases} -M, & \text{falls } x_{B_i} \text{ Hilfsvariable} \\ 0, & \text{falls } x_{B_i} \text{ Schlupfvariable} \end{cases}$$

Dies bedeutet: Der Wert Δz_j für eine Nichtbasisvariable x_j wird berechnet, indem vom Zielkoeffizienten c_j eine Summe subtrahiert wird, in der nur die Zielkoeffizienten der Variablen aus der Ausgangsbasis auftreten. Diese sind jedoch entweder Null (bei Schlupfvariablen) oder gleich $-M$ (bei Hilfsvariablen). Zu multiplizieren sind diese Zielkoeffizienten mit den jeweiligen Einträgen der j-ten Spalte.

Fortsetzung von Beispiel (M)

B

Zur Bestimmung der Δz_j-Werte werden die Zielkoeffizienten der modifizierten Zielfunktion benötigt. Im Beispiel gilt:

c_1	c_2	c_3	c_4	c_5	c_6	c_7	c_8
3	4	0	0	0	0	$-M$	$-M$

In der Basis sind nur x_3, x_4, x_5, x_7 und x_8 vorhanden, also ist nur die Tabelle

c_3	c_4	c_5	c_7	c_8
0	0	0	$-M$	$-M$

zusammengefasst zum Zeilenvektor $\tilde{c} = (0, 0, 0, -M, -M)$ von Bedeutung. Fasst man die Spalte einer Nichtbasisvariablen im Ausgangstableau als Vektor $(a_{1j}^*, \ldots, a_{mj}^*)'$ auf, hier $(a_{1j}^*, \ldots, a_{5j}^*)'$, so berechnet sich für jede Nichtbasisspalte j der Wert Δz_j als Differenz von c_j und dem Skalarprodukt der beiden Vektoren $\tilde{c}$ und $(a_{1j}^*, \ldots, a_{mj}^*)'$. Im Beispiel gilt somit:

$$\Delta z_1 = c_1 - (0,0,0,-M,-M)(1,2,5,1,5)' = 3 + 6M$$

$$\Delta z_2 = c_2 - (0,0,0,-M,-M)(1,3,3,1,4)' = 4 + 5M$$

$$\Delta z_6 = c_6 - (0,0,0,-M,-M)(0,0,0,-1,0)' = 0 - M = -M$$

Als Pivotspalten können die zu x_1 und x_2 gehörigen Spalten gewählt werden. Nach der heuristischen Regel (M ist als große positive Zahl angenommen!) wird x_1 als in die Basis aufzunehmende Variable festgelegt. Die Eliminationsregel schreibt dann vor, dass die Hilfsvariable x_7 die Basis verlässt.

Der zugehörige Basistausch mit dem Simplexverfahren ergibt das neue Tableau:

x_{B_i} \ x_j	x_1	x_2	x_3	x_4	x_5	x_6	x_7	x_8	b_i^*
x_3	0	0	1	0	0	1	-1	0	50
x_4	0	1	0	1	0	2	-2	0	140
x_5	0	-2	0	0	1	5	-5	0	200
x_1	1	1	0	0	0	-1	1	0	20
x_8	0	-1	0	0	0	5	-5	1	100
Δz_j		$1-M$				$3+5M$	$-3-6M$		

($\Delta z_2 = 4 + 5M - \frac{(3+6M)\cdot 1}{1}$, $\Delta z_6 = -M - \frac{(3+6M)\cdot(-1)}{1}$; der für die Berechnung von Δz_7 fehlende alte Wert ist (wie bei allen fehlenden Δz_j-Werten) als Null anzusetzen: $\Delta z_7 = 0 - \frac{(3+6M)\cdot 1}{1}$)

Im nächsten Basistausch verlässt die zweite Hilfsvariable x_8 die Basis.

x_{B_i} \ x_j	x_1	x_2	x_3	x_4	x_5	x_6	x_7	x_8	b_i^*
x_3	0	$\frac{1}{5}$	1	0	0	0	0	$-\frac{1}{5}$	30
x_4	0	$\frac{7}{5}$	0	1	0	0	0	$-\frac{2}{5}$	100
x_5	0	-1	0	0	1	0	0	-1	100
x_1	1	$\frac{4}{5}$	0	0	0	0	0	$\frac{1}{5}$	40
x_6	0	$-\frac{1}{5}$	0	0	0	1	-1	$\frac{1}{5}$	20
Δz_j		$\frac{8}{5}$					$-M$	$-\frac{3}{5}-M$	

Beim nächsten Basistausch tritt die Variable x_2 an die Stelle von x_1.

x_{B_i} \ x_j	x_1	x_2	x_3	x_4	x_5	x_6	x_7	x_8	b_i^*
x_3									20
x_4									30
x_5									150
x_2									50
x_6									30
Δz_j	-2						$-M$	$-1-M$	

Das Optimaltableau ist erreicht, da die Δz_j-Werte aller Nichtbasisvariablen negativ sind. Die Hilfsvariablen gehören nicht zur Basis und haben daher jeweils den Wert Null.

Damit ist auch die Optimallösung des Ausgangsproblems in Beispiel (M) gefunden. Sie lautet

$$x_2 = 50, \quad x_3 = 20, \quad x_4 = 30 \quad x_5 = 150, \quad x_6 = 30$$
$$x_1 = 0 \quad \text{(da Nichtbasisvariable)}.$$

Die Hilfsvariablen haben den Wert Null und werden nicht mehr benötigt.

Das optimale Produktionsprogramm sieht die ausschließliche Herstellung von Produkt P_2 mit 50 Einheiten vor. Der optimale Zielfunktionswert ist durch $3 \cdot 0 + 4 \cdot 50 = 200$ gegeben.

Der Simplexalgorithmus für das Standard-Maximierungsproblem erlaubt zusammen mit der M-Methode die Lösung beliebiger linearer Optimierungsaufgaben, bei denen die Zielfunktion zu maximieren ist.

Minimierungsprobleme der linearen Optimierung

Die Minimierung einer linearen Zielfunktion (z.B. einer Kostenfunktion) unter beliebigen linearen Nebenbedingungen in Gleichungs- oder Ungleichungsform wird auf sehr einfache

Weise auf ein Maximierungsproblem zurückgeführt. Es wird ausgenutzt, dass die Minimierung einer Zielfunktion identisch mit der Maximierung der negativen Zielfunktion ist, wobei bei der Angabe der Lösung das Vorzeichen des optimalen Zielfunktionswerts zu vertauschen ist.

Es wird also nicht die Aufgabe

„minimiere $z = c'x$ unter Nebenbedingungen"

sondern

„maximiere $-z$ unter Nebenbedingungen"

betrachtet, wobei der im Optimum vorliegende Wert der Zielfunktion mit (-1) zu multiplizieren ist.

Gesucht ist die Lösung des Minimierungsproblems

| B

minimiere $\qquad -2x_1 - x_2 + 2x_3$

unter $\qquad x_1 - x_2 + x_3 \leq 12$

$\qquad\qquad -x_1 + 2x_2 - x_3 \leq 10$

und $\qquad x_1, x_2, x_3 \geq 0.$

Das Zielkriterium wird abgeändert zu

maximiere $\qquad 2x_1 + x_2 - 2x_3$

und das entstandene Standard-Maximumproblem gelöst:

	x_1	x_2	x_3	b_i^*
x_4	1	-1	1	12
x_5	-1	2	-1	10
Δz_j	2	1	-2	0

$\longrightarrow$

	x_4	x_2	x_3	b_i^*
x_1	1	-1	1	12
x_5	1	1	0	22
Δz_j	-2	3	-4	-24

$\longrightarrow$

	x_4	x_5	x_3	b_i^*
x_1				34
x_2				22
Δz_j	-5	-3	-4	-90

Die optimalen Werte der Struktur- und Schlupfvariablen sind $x_1 = 34$, $x_2 = 22$, $x_3 = x_4 = x_5 = 0$ mit dem optimalen Zielfunktionswert 90 für das Ersatzproblem. Das gestellte Ausgangsproblem hat bei denselben optimalen Variablenwerten den minimalen Wert -90 der Zielfunktion.

In einem weiteren Beispiel zu einem Minimierungsproblem, in dem Hilfsvariablen und damit die M-Methode verwendet werden, wird erkannt, dass das Ausgangsproblem keine Lösung besitzt.

Minimierungsproblem der linearen Optimierung und M-Methode

minimiere $2x_1 - x_2 - x_3$

unter $2x_1 + 4x_2 + x_3 \leq 17$

$x_2 - x_3 \geq 1$

$x_1 + 2x_2 \quad\quad \geq 9$

und $x_1, x_2, x_3 \geq 0.$

Dieses Minimierungsproblem wird durch ein Hilfsproblem ersetzt, in dem die Zielfunktion verändert, drei Schlupfvariablen x_4, x_5 und x_6 sowie Hilfsvariablen x_7 und x_8 eingeführt werden:

maximiere $-2x_1 + x_2 + x_3 - M(x_7 + x_8)$

unter $2x_1 + 4x_2 + x_3 + x_4 \quad\quad\quad\quad\quad\quad = 17$

$x_2 - x_3 \quad\quad - x_5 \quad\quad + x_7 \quad\quad = 1$

$x_1 + 2x_2 \quad\quad\quad\quad - x_6 \quad\quad + x_8 = 9$

und $x_1, \ldots, x_8 \geq 0.$

Damit lautet das Ausgangstableau für den Simplexalgorithmus (M-Methode):

x_{B_i} \ x_j	x_1	x_2	x_3	x_4	x_5	x_6	x_7	x_8	b_i^*
x_4	2	4	1	1	0	0	0	0	17
x_7	0	1	-1	0	-1	0	1	0	1
x_8	1	2	0	0	0	-1	0	1	9
Δz_j	$-2+M$	$1+3M$	$1-M$		$-M$	$-M$			

x_{B_i} \ x_j	x_1	x_2	x_3	x_4	x_5	x_6	x_7	x_8	b_i^*
x_4	2	0	5	1	4	0	-4	0	13
x_2	0	1	-1	0	-1	0	1	0	1
x_8	1	0	2	0	2	-1	-2	1	7
Δz_j	$-2+M$		$2+2M$		$1+2M$	$-M$	$-1-3M$		

$\longrightarrow$

x_{B_i} \ x_j	x_1	x_2	x_3	x_4	x_5	x_6	x_7	x_8	b_i^*
x_3	$\frac{2}{5}$	0	1	$\frac{1}{5}$	$\frac{4}{5}$	0	$-\frac{4}{5}$	0	$\frac{13}{5}$
x_2	$\frac{2}{5}$	1	0	$\frac{1}{5}$	$-\frac{1}{5}$	0	$\frac{1}{5}$	0	$\frac{18}{5}$
x_8	$\frac{1}{5}$	0	0	$-\frac{2}{5}$	$\frac{2}{5}$	-1	$-\frac{2}{5}$	1	$\frac{9}{5}$
Δz_j	$-\frac{14}{5}+\frac{1}{5}M$			$-\frac{2}{5}-\frac{2}{5}M$	$-\frac{4}{5}+\frac{2}{5}M$	$-M$	$\frac{3}{5}-\frac{7}{5}M$		

$\longrightarrow$

Der zur Variablen x_5 gehörige Δz_j-Wert ist positiv, weil M als große positive Zahl angenommen wird. Daher kann x_5 in die Basis aufgenommen werden. Das nächste Tableau ist gegeben durch:

x_{B_i} \\ x_j	x_1	x_2	x_3	x_4	x_5	x_6	x_7	x_8	b_i^*
x_5									
x_2									
x_8									$\frac{1}{2}$
Δz_j	$-\frac{5}{2}$		$\frac{3}{4}-\frac{1}{2}M$	$-\frac{1}{4}-\frac{1}{2}M$		$-M$	$-M$		

Das Optimaltableau ist erreicht, und die Hilfsvariable x_8 verbleibt mit positivem Wert in der Basis.

Damit hat das ursprüngliche Minimierungsproblem keine Lösung. Der zugehörige Lösungsraum ist leer. Dies bedeutet, dass die Restriktionen einander widersprechen. In diesem kleinen Beispiel ist dies leicht einzusehen, denn aufgrund der dritten Restriktion gilt $x_1 + 2x_2 \geq 9$. Das doppelte der linken Seite kommt aber in der ersten Restriktion vor, und zusätzlich wird noch die nichtnegative Variable x_3 addiert. Der Wert der linken Seite ist also mindestens 18, was zum Widerspruch führt. In großen Problemen führt nur der rechnerische Weg zu einer sinnvollen Bearbeitung. Das Simplexverfahren mit der M-Methode signalisiert dann die Lösbarkeit des Ausgangsproblems.

Die Durchführung der M-Methode kann ebenso im verkürzten Tableau des Simplexalgorithmus erfolgen.

B

Beispiel (DO)

Gesucht ist die Lösung des Minimierungsproblems

minimiere $\qquad 70y_1 + 180y_2 + 300y_3$

unter $\qquad y_1 + 2y_2 + 5y_3 \geq 3$

$\qquad\qquad y_1 + 3y_2 + 3y_3 \geq 4$

und $\qquad\qquad y_1, y_2, y_3 \geq 0$

Mit der Abänderung des Zielkriteriums in eine Maximierungsaufgabe sowie dem Einführen der Schlupfvariablen y_4, y_5 und der Hilfsvariablen y_6 und y_7 entsteht das (verkürzte) Ausgangstableau für den Simplexalgorithmus mit der M-Methode. Die Nichtbasisvariablen werden in diesem Beispiel in der Kopfzeile der Tabelle geordnet angegeben.

	y_1	y_2	y_3	y_4	y_5	b_i^*
y_6	1	2	5	-1	0	3
y_7	1	3	3	0	-1	4
Δz_j	$-70+2M$	$-180+5M$	$-300+8M$	$-M$	$-M$	

Es ist wieder zu beachten, dass M als eine große positive Zahl angenommen wird. Die erste Spalte wird aufgrund des einfachen Pivotelements als Pivotspalte ausgewählt.

	y_2	y_3	y_4	y_5	y_6	b_i^*
y_1	2	5	-1	0	1	3
y_7	1	-2	1	-1	-1	1
Δz_j	$-40+M$	$50-2M$	$-70+M$	$-M$	$70-2M$	

$\longrightarrow$

	y_3	y_4	y_5	y_6	y_7	b_i^*
y_1						1
y_2						1
Δz_j	-30	-30	-40	$30-M$	$40-M$	

$\longrightarrow$

Das Optimaltableau für das Ersatzproblem ist erreicht. Da die beiden Hilfsvariablen y_6 und y_7 nicht mehr in der Basis sind, liegt damit auch das Optimaltableau der gestellten Minimierungsaufgabe vor.

Die optimale Wahl der Strukturvariablen ist $y_1 = 1$, $y_2 = 1$ und $y_3 = 0$. Sie führt auf den minimalen Wert 250 der Zielfunktion unter den gegebenen Restriktionen. Beide Schlupfvariablen haben in der optimalen Lösung den Wert Null, d. h. die Restriktionen sind bindend.

Dualität

Die Dualitätsbetrachtung stellt einen sehr engen Zusammenhang zwischen zunächst sehr unterschiedlichen Problemen der linearen Optimierung her.

Als Konsequenz der nachfolgenden Überlegungen kann zur Lösung eines Problems jeweils auch das zugehörige (möglicherweise mit geringerem Aufwand lösbare) Ersatzproblem, das sogenannte duale Problem, betrachtet werden.

Der Lösungsaufwand für das folgende, sehr einfache Minimierungsproblem ist relativ hoch.

B

Beispiel (D)

Das lineare Optimierungsproblem

      minimiere $y_1 + y_2$

      unter $2y_1 + 4y_2 \geq 12$

                          $4y_1 + 2y_2 \geq 12$

      und $y_1, y_2 \geq \; 0$

kann in folgender Abbildung dargestellt werden.

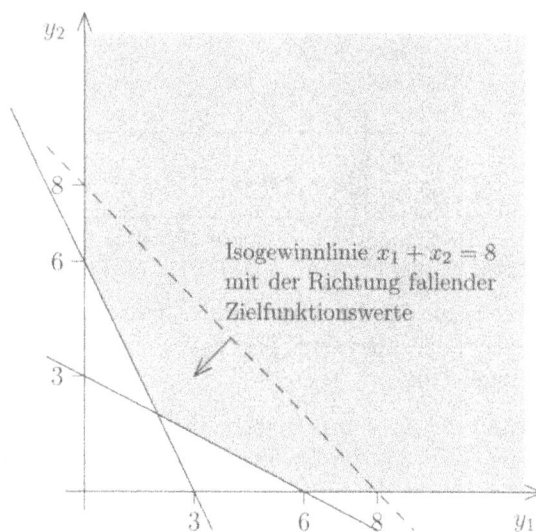

Das Minimierungsproblem wird mit den bisherigen Methoden mittels Schlupfvariablen y_3, y_4 und Hilfsvariablen y_5, y_6 in das Ersatzproblem

      maximiere $-y_1 - y_2 - M(y_5 + y_6)$

      unter $2y_1 + 4y_2 - y_3 \qquad + y_5 \qquad = 12$

                          $4y_1 + 2y_2 \qquad - y_4 \qquad + y_6 = 12$

      und $y_1, \ldots, y_6 \geq 0$

überführt, das dann mit der M-Methode gelöst wird.

Beginnend mit dem Ausgangstableau liefern die folgenden Rechenschritte das optimale Tableau des Ersatzproblems:

y_{B_i} ╲ y_j	y_1	y_2	y_3	y_4	y_5	y_6	b_i^*
y_5	2	4	-1	0	1	0	12
y_6	4	2	0	-1	0	1	12
Δz_j	$-1+6M$	$-1+6M$	$-M$	$-M$			

$\longrightarrow$

y_{B_i} ╲ y_j	y_1	y_2	y_3	y_4	y_5	y_6	b_i^*
y_5	0	3	-1	$\frac{1}{2}$	1	$-\frac{1}{2}$	6
y_1	1	$\frac{1}{2}$	0	$-\frac{1}{4}$	0	$\frac{1}{4}$	3
Δz_j		$-\frac{1}{2}+3M$	$-M$	$-\frac{1}{4}+\frac{1}{2}M$		$\frac{1}{4}-\frac{3}{2}M$	

$\longrightarrow$

y_{B_i} ╲ y_j	y_1	y_2	y_3	y_4	y_5	y_6	b_i^*
y_2							2
y_1							2
Δz_j			$-\frac{1}{6}$	$-\frac{1}{6}$	$\frac{1}{6}-M$	$\frac{1}{6}-M$	

Da die Hilfsvariablen nicht mehr in der Basis enthalten sind, ist auch das Ausgangsproblem gelöst. Die optimale Wahl der Strukturvariablen ist $y_1 = 2$ und $y_2 = 2$. Dies führt zu einem Wert der Zielfunktion von 4.

Den Ausgangspunkt der Dualitätsbetrachtung bildet ein Standard-Maximumproblem, das nun primales Problem genannt wird, wobei allerdings die rechte Seite b auch negative Komponenten haben darf.

Primales Problem der linearen Optimierung (PP)

maximiere $z = c'x$

unter $Ax \leq b$

und $x \geq 0$

mit $c, x \in \mathbb{R}^n$, $b \in \mathbb{R}^m$, $A \in \mathcal{M}_{m,n}$.

In (PP) wird nicht gefordert, dass $b \geq 0$ gilt. Die Form $Ax \leq b$ des Restriktionensystems mit ausschließlich „$\leq$"-Nebenbedingungen kann stets erreicht werden, in dem „$\geq$"-Restriktionen mit (-1) multipliziert werden. Weiterhin können auch Gleichheitsbedingungen in das Restriktionensystem des primalen Problems einbezogen werden. Dazu wird folgender „Trick" angewendet.

Eine Gleichheitsnebenbedingung der Form

$$a_{i1}x_1 + \ldots + a_{in}x_n = b_i$$

wird äquivalent geschrieben als

$$a_{i1}x_1 + \ldots + a_{in}x_n \leq b_i \quad \wedge \quad a_{i1}x_1 + \ldots + a_{in}x_n \geq b_i$$

oder äquivalent als

$$a_{i1}x_1 + \ldots + a_{in}x_n \leq b_i \quad \wedge \quad -a_{i1}x_1 - \ldots - a_{in}x_n \leq -b_i \, .$$

Da in der Struktur des primalen Problems (PP) nur „$\leq$"-Restriktionen auftreten, werden Gleichheitsrestriktionen durch zwei Nebenbedingungen in „$\leq$"-Form ersetzt.

Dem obigen primalen Problem wird mit denselben Bezeichnungen ein duales Problem zugeordnet mit möglicherweise verringertem Lösungsaufwand und neuen Interpretationsmöglichkeiten.

Duales Problem der linearen Optimierung (DP) (zu (PP))

minimiere $\quad \tilde{z} = b'y$

unter $\quad A'y \geq c$

und $\quad y \geq 0$

mit $y \in \mathbb{R}^m$ und denselben Bezeichnungen wie in (PP).

Den Übergang zwischen diesen Problemen beschreiben die folgenden Zuordnungsregeln.

Zuordnungsregeln vom primalen zum dualen Problem
Es wird

- ein Problem mit n Entscheidungsvariablen zu einem Problem mit m Entscheidungsvariablen.

- der Zielvektor zum Kapazitätenvektor und umgekehrt.

- aus dem Maximierungsproblem ein Minimierungsproblem.

- die Koeffizientenmatrix transponiert.

- aus einem „$\leq$"-System von Restriktionen ein „$\geq$"-System.

Diese Regeln sind ebenso in der umgekehrten Richtung von einem Maximierungsproblem unter „$\geq$"-Restriktionen zu einem Minimierungsproblem mit „$\leq$"-Restriktionen anwendbar.

Das jeweilige Ausgangsproblem bezeichnet man üblicherweise (und verwirrenderweise) als primales Problem. Geht man also von (DP) zu (PP), so kehrt sich die Bezeichnung der Probleme um.

Das Dualisieren eines Problems wird an zwei Beispielen demonstriert:

Fortsetzung von Beispiel (M)

Da, wie oben gesehen, auch Gleichheitsrestriktionen nach entsprechender Umformung in zwei „$\leq$"-Restriktionen bei der Dualisierung mitbehandelt werden können, kann das duale Problem zum im Beispiel (M) betrachteten primalen Problem formuliert werden.

PRIMALES PROBLEM:

maximiere $\quad 3x_1 + 4x_2$

unter

$$x_1 + \ x_2 \leq \ 70$$
$$2x_1 + 3x_2 \leq 180$$
$$5x_1 + 3x_2 \leq 300$$

$$x_1 + \ x_2 \geq \ 20 \iff \quad -x_1 - x_2 \ \leq \ -20$$
$$5x_1 + 4x_2 = 200 \iff \begin{cases} 5x_1 + 4x_2 \leq \ 200 \\ \wedge -5x_1 - 4x_2 \leq -200 \end{cases}$$

und $\quad x_1, x_2 \geq 0.$

Das zugehörige DUALE PROBLEM lautet:

minimiere $\quad 70y_1 + 180y_2 + 300y_3 - 20y_4 + 200y_5 - 200y_6$

unter $\quad y_1 + 2y_2 + 5y_3 - y_4 + 5y_5 - 5y_6 \geq 3$
$$y_1 + 3y_2 + 3y_3 - y_4 + 4y_5 - 4y_6 \geq 4$$

und $\quad y_1, \ldots, y_6 \geq 0.$

Fortsetzung von Beispiel (LO)

Primales Problem	$\longrightarrow$	Duales Problem

maximiere $\quad 3x_1 + 4x_2$ $\qquad$ minimiere $\quad 70y_1 + 180y_2 + 300y_3$

unter
$$\begin{aligned} x_1 + \ x_2 &\leq \ 70 \\ 2x_1 + 3x_2 &\leq 180 \\ 5x_1 + 3x_2 &\leq 300 \end{aligned}$$

unter
$$\begin{aligned} y_1 + 2y_2 + 5y_3 &\geq 3 \\ y_1 + 3y_2 + 3y_3 &\geq 4 \end{aligned}$$

und $\quad x_1, x_2 \geq 0$ $\qquad$ und $\quad y_1, y_2, y_3 \geq 0$

Mit dem Simplexverfahren ist das primale Problem deutlich einfacher zu lösen. Für die Lösung des dualen Problems ist die M-Methode mit zwei Hilfsvariablen anzuwenden.

Den engen Zusammenhang zwischen primalem und dualem Problem zeigt der folgende Satz auf, den die Mathematik liefert.

- Das duale Problem zum dualen Problem ist wieder das primale Problem. (Das erneute Dualisieren eines primalen Problems führt also zu diesem zurück.)

- Hat eines der Probleme (PP) oder (DP) eine zulässige optimale Lösung, dann gilt dies auch für das (dann) duale Problem. Die optimalen Zielfunktionswerte sind identisch.

- Besitzt das primale Problem keine zulässige Lösung, dann besitzt das duale Problem keine optimale Lösung.

Auch für die Lösungen selbst, d. h. für die Werte der jeweiligen Struktur- und Schlupf-variablen besteht ein enger Zusammenhang. Aus einem optimalen Tableau des primalen Problems können die optimalen Werte aller Struktur- und Schlupfvariablen des dualen Problems abgelesen werden.

Im optimalen Tableau für das primale Problem stimmen die negativen Δz_j-Werte in den Spalten primaler Schlupfvariablen mit den Werten der Entscheidungsvariablen der optimalen dualen Lösung überein.

Die Werte der Schlupfvariablen in der optimalen Lösung des dualen Problems findet man mit (-1) multipliziert in der Δz_j-Zeile in den Spalten der primalen Strukturvariablen.

Genauer gilt für die Werte der Variablen im optimalen Tableau des primalen Problems:

Gegeben sei das volle Optimaltableau des primalen Problems mit Spalten für alle Strukturvariablen $x_1, \ldots, x_n$ und Schlupfvariablen $s_1, \ldots, s_m$ und mit den zugehö-rigen Δz_j-Werten $\Delta z_1, \ldots, \Delta z_n, \Delta z_{n+1}, \ldots, \Delta z_{n+m}$. Weiterhin seien $y_1^*, \ldots, y_m^*$ und $t_1^*, \ldots, t_n^*$ die Struktur- bzw. Schlupfvariablen der zugehörigen Lösung des dualen Problems. Dann gilt:

$$y_j^* = -\Delta z_{n+j}, \quad 1 \leq j \leq m, \qquad \text{und} \qquad t_i^* = -\Delta z_i, \quad 1 \leq i \leq n.$$

Die optimalen Werte der Struktur- und Schlupfvariablen des dualen Problems sind of-fenbar ebenso aus der verkürzten Form des Simplextableaus abzulesen. Zur Erinnerung sei vermerkt, dass im vollen Tableau die Δz_j-Werte der Basisvariablen den Wert Null haben.

Bei der obigen Gegenüberstellung des primalen Problems im Beispiel (LO) mit dem zugehörigen dualen Problem liegt der Vorteil der Vorgehensweise beim „Rückwärtslesen". Wie schon bemerkt, ist die primale Maximierungsaufgabe einfacher zu lösen.

In diesem Zusammenhang und zur Illustration des Ablesens der optimalen dualen Lösung eines Problems wird das Beispiel (D) erneut betrachtet.

Fortsetzung von Beispiel (D)

B

Das vorliegende Minimierungsproblem wird als primales Problem aufgefasst und duali-
siert. Das zugeordnete duale Problem hat die Gestalt

maximiere $12x_1 + 12x_2$

unter $2x_1 + 4x_2 \leq 1$

              $4x_1 + 2x_2 \leq 1$

und $x_1, x_2 \geq 0$

und ist damit ein Standard-Maximumproblem. Die Lösung des dualen Problems

	x_1	x_2	b_i^*
x_3	2	4	1
x_4	4	2	1
Δz_j	12	12	0

$\longrightarrow$

	x_4	x_2	b_i^*
x_3	$-\frac{1}{2}$	3	$\frac{1}{2}$
x_1	$\frac{1}{4}$	$\frac{1}{2}$	$\frac{1}{4}$
Δz_j	-3	6	-3

$\longrightarrow$

	x_4	x_3	b_i^*
x_2			$\frac{1}{6}$
x_1			$\frac{1}{6}$
Δz_j	-2	-2	-4

ist wesentlich einfacher als der direkte Lösungsweg mit der M-Methode, die im Beispiel (D) durchgeführt wurde.

Als die optimalen Werte der dualen Struktur- und Schlupfvariablen erhält man $x_1^* = \frac{1}{6}$,
$x_2^* = \frac{1}{6}$, $x_3^* = x_4^* = 0$.

Die optimalen Werte des zugehörigen primalen Problems lassen sich aus diesem verkürzten Tableau ebenso ablesen wie aus dem vollen Optimaltableau:

	x_1	x_2	x_3	x_4	b_i^*
x_2					$\frac{1}{6}$
x_1					$\frac{1}{6}$
Δz_j	0	0	-2	-2	

Es ist

$$y_1^* = -\Delta z_3 = 2, \qquad y_2^* = -\Delta z_4 = 2,$$
$$s_1^* = y_3 = -\Delta z_1 = 0, \quad s_2^* = y_4 = -\Delta z_2 = 0.$$

Umgekehrt lässt sich aus der im Beispiel (D) berechneten Lösung unmittelbar die obige
Optimallösung $x_1^* = x_2^* = \frac{1}{6}$, $x_3^* = x_4^* = 0$ ablesen.

Die optimalen Werte der Zielfunktionen in den Problemen stimmen überein.

Abschließend wird ein weiteres Beispiel zur Dualitätsbetrachtung angegeben.

B

Fortsetzung von Beispiel (DO)

Die im Beispiel (DO) gestellte und mit der M-Methode gelöste Minimierungsaufgabe ist das duale Problem zum Ausgangsbeispiel (LO), einem Standard-Maximierungsproblem.

In der Gegenüberstellung der zugehörigen optimalen Tableaus

Primales Optimaltableau

x_{B_i} \\ x_j	$x_1\ x_2\ x_3\ x_4\ x_5$	b_i^*
x_1		30
x_2		40
x_5		30
Δz_j	$0\ \ 0\ -1 -1\ 0$	

und

Duales Optimaltableau

y_{B_i} \\ y_j	$y_1\ y_2\ y_3\ y_4\ y_5\ (y_6\ y_7)$	b_i^*
y_1		1
y_2		1
Δz_j	$0\ \ 0\ -30\ -30\ -40$	

sind die Entsprechungen der primalen und dualen Variablen ersichtlich.

- Die dualen Strukturvariablen $\begin{Bmatrix} y_1 \\ y_2 \\ y_3 \end{Bmatrix}$ mit $-\Delta z_j$-Werten $\begin{Bmatrix} 0 \\ 0 \\ 30 \end{Bmatrix}$ entsprechen den Werten der primalen Schlupfvariablen $\begin{Bmatrix} x_3 \\ x_4 \\ x_5 \end{Bmatrix}$.

- Die dualen Schlupfvariablen $\begin{Bmatrix} y_4 \\ y_5 \end{Bmatrix}$ mit $-\Delta z_j$-Werten $\begin{Bmatrix} 30 \\ 40 \end{Bmatrix}$ entsprechen den Werten der primalen Strukturvariablen $\begin{Bmatrix} x_1 \\ x_2 \end{Bmatrix}$.

Umgekehrt gilt:

- Die primalen Strukturvariablen $\begin{Bmatrix} x_1 \\ x_2 \end{Bmatrix}$ mit $-\Delta z_j$-Werten $\begin{Bmatrix} 0 \\ 0 \end{Bmatrix}$ entsprechen den Werten der dualen Schlupfvariablen $\begin{Bmatrix} y_4 \\ y_5 \end{Bmatrix}$.

- Die primalen Schlupfvariablen $\begin{Bmatrix} x_3 \\ x_4 \\ x_5 \end{Bmatrix}$ mit $-\Delta z_j$-Werten $\begin{Bmatrix} 1 \\ 1 \\ 0 \end{Bmatrix}$ entsprechen den Werten der dualen Strukturvariablen $\begin{Bmatrix} y_1 \\ y_2 \\ y_3 \end{Bmatrix}$.

Aufgaben

Aufgabe 10.1

Ein mittelständisches Unternehmen stellt die Produkte P_1 und P_2 her. Der Verkaufspreis für je ein Stück des Produkts P_1 beträgt 110 Geldeinheiten (GE), der für je ein Stück von P_2 50 GE. Die Herstellungszeit von P_2 beträgt 4 Stunden pro Stück, die von P_1 16 Stunden pro Stück. Die Produktion soll innerhalb von 320 Stunden abgewickelt werden. Die gesamte Lagerkapazität des Unternehmens ist auf 50 Stück beschränkt. Gesucht ist ein Produktionsprogramm mit maximalem Umsatz.

(a) Formulieren Sie das zugehörige Optimierungsproblem.

(b) Stellen Sie den zulässigen Bereich graphisch dar.

(c) Lösen Sie das Problem mit Hilfe der Simplexmethode.

Aufgabe 10.2

(a) Maximieren Sie die lineare Zielfunktion $\quad z = 2x_1 + 3x_2 + x_3$

unter den Nebenbedingungen

$$x_1 - x_2 + x_3 \leq 7$$
$$7x_1 + x_2 - x_3 \leq 4$$
$$x_2 + x_3 \leq 2$$

$$x_1, x_2, x_3 \geq 0$$

(b) Ein Betrieb fertigt die Produkte P_1 und P_2, die unterschiedliche Deckungsbeiträge je Mengeneinheit (ME) erbringen. Bei ihrer Fertigung durchlaufen sie die Anlagen A_1 und A_2. Die Kapazitäten der Anlagen betragen fünf Stunden (A_1) bzw. acht Stunden (A_2). Die Produktion einer Mengeneinheit von P_1 benötigt eine halbe Stunde auf Anlage A_1, zwei Stunden auf Anlage A_2, die Produktion einer ME P_2 jeweils eine Stunde pro Anlage. P_1 liefert einen Deckungsbeitrag von 150 Geldeinheiten pro ME, P_2 von 100 Geldeinheiten pro ME.

Wie viele Einheiten von P_1 und P_2 sollen hergestellt werden, um einen möglichst hohen Deckungsbeitrag zu erzielen?

Aufgabe 10.3

Gegeben ist das Optimierungsproblem:

$$\text{Maximiere} \quad z = x_1 + 2x_2 + 4x_3$$

unter den Nebenbedingungen

$$2x_1 + \qquad 4x_3 \leq 32$$
$$x_1 + 2x_2 + 4x_3 \leq 40$$
$$2x_1 + 3x_2 + 4x_3 \leq 60$$

$$x_1, x_2, x_3 \geq 0$$

Ermitteln Sie eine optimale Lösung des Problems. Gibt es mehrere optimale Lösungen?

Aufgabe 10.4

(a) Lösen Sie das folgende Optimierungsproblem mit dem Simplexverfahren.

$$\text{Maximiere} \quad z = 2x_1 + 4x_2$$

unter den Nebenbedingungen

$$6x_1 + 5x_2 \leq 40$$
$$2x_1 + 5x_2 \leq 20$$
$$2x_1 + 3x_2 \leq 22$$

$$x_1, x_2 \geq 0$$

Geben Sie die Werte der Schlupfvariablen in der optimalen Lösung an, und erläutern Sie deren Bedeutung.

(b) Gegeben ist folgendes Optimierungsproblem:

$$\text{Maximiere} \quad z = 4x_1 + 7x_2 + 3x_3$$

$$\text{unter den Nebenbedingungen} \quad 3x_1 + x_2 + 2x_3 \geq 12$$

$$x_1 + 2x_2 \leq 10$$

$$x_2 + x_3 = 3$$

$$x_1, x_2, x_3 \geq 0$$

Stellen Sie das Ausgangstableau für die M-Methode auf, und führen Sie <u>einen</u> Basiswechsel so durch, dass x_2 zur Basisvariablen wird.

(c) Zur Lösung einer Standard-Maximumaufgabe der linearen Optimierung werde das Simplexverfahren verwendet. Woran erkennen Sie, dass es mehr als eine optimale Lösung gibt?

Aufgabe 10.5
Gegeben ist das folgende lineare Optimierungsproblem:

$$\text{Maximiere} \quad z = 4x_1 + 2x_2 + 5x_3$$

$$\text{unter den Nebenbedingungen} \quad x_1 + x_2 + x_3 \geq 1$$

$$x_1 + \tfrac{1}{2}x_2 + \tfrac{1}{2}x_3 \leq 2$$

$$x_1 + \tfrac{1}{2}x_2 + x_3 = 3$$

$$x_1, x_2, x_3 \geq 0$$

(a) Stellen Sie das Ausgangstableau für die M-Methode auf.

(b) Bestimmen Sie mit Hilfe des Simplexverfahrens eine optimale Lösung.

Aufgabe 10.6
Gegeben ist folgendes Optimierungsproblem:

$$\text{Maximiere} \quad z = 2x_1 + 4x_2 + x_3$$

$$\text{unter den Nebenbedingungen} \quad x_1 + x_2 + x_3 \leq 5$$

$$2x_1 + 2x_3 \geq 3$$

$$2x_2 + 2x_3 = 12$$

$$x_1, x_2, x_3 \geq 0$$

(a) Stellen Sie das Ausgangstableau für die M-Methode auf.

(b) Weisen Sie mit Hilfe des Simplexalgorithmus nach, dass das Ausgangsproblem keine optimale Lösung hat.

Aufgabe 10.7

(a) Ermitteln Sie unter Verwendung des Simplexverfahrens <u>alle</u> optimalen Lösungen der Maximierungsaufgabe:

$$\text{Maximiere} \quad z = 3x_1 + 6x_2$$

$$\text{unter den Nebenbedingungen} \quad x_1 + 2x_2 \leq 6$$

$$x_1 + x_2 \leq 4$$

$$x_1 \quad\;\; \leq 3$$

$$x_1, x_2 \geq 0$$

(b) Maximieren Sie mittels des Simplexverfahrens die Zielfunktion $3x_1 + 4x_2$ unter den in (a) aufgeführten Nebenbedingungen.

(c) Geben Sie das zur Maximierungsaufgabe in (b) duale Modell der linearen Optimierung an.

(d) Geben Sie das Starttableau zur Lösung der folgenden Minimierungsaufgabe (M-Methode) an, und ermitteln Sie dann die optimale Lösung:

$$\text{Minimiere} \quad z = 6y_1 + 4y_2 + 3y_3$$

$$\text{unter den Nebenbedingungen} \quad y_1 + y_2 + y_3 \geq 3$$

$$2y_1 + y_2 \quad\;\; \geq 4$$

$$y_1, y_2, y_3 \geq 0$$

Weitere Aufgaben

Aufgabe (Lösung s. AL 17.2)

Die chemischen Erzeugnisse E_1 und E_2 werden in den drei Aufbereitungsanlagen A_1, A_2 und A_3 hergestellt. Die für jede Tonne von E_1 und E_2 benötigten Maschinenstunden, die Maximalkapazitäten der Anlagen sowie die Erlöse und Kosten für die Erzeugnisse in € pro Tonne können der folgenden Tabelle entnommen werden:

Erzeugnis	Maschinenstunden pro t auf Anlage			Erlös	Kosten
	A_1	A_2	A_3	€/t	€/t
E_1	4	1	1	6 000	3 000
E_2	3	2	4	10 000	2 000
Maximalkapazität der Anlage in Stunden	30	10	16		

Wie viele Tonnen der Erzeugnisse E_1 und E_2 sollen zur Gewinnmaximierung hergestellt werden? Lösen Sie das Problem graphisch und mit dem Simplexverfahren.

Aufgabe (Lösung s. AL 17.6)

Ein Lager von 75 m³ Größe soll mit den Gütern A_1, A_2, A_3 und A_4 gefüllt werden. Raumbedarf (in m³), Wert (in €) und Gewicht (in kg) pro Einheit dieser Güter betragen:

	A_1	A_2	A_3	A_4
Raum	0.15	0.048	0.3	0.225
Wert	30	12	120	65
Gewicht	45	21	150	115.5

Wie viele Einheiten jedes Gutes müssen gelagert werden, um den Gesamtwert in diesem Lager zu maximieren, wenn von A_1 mindestens das dreifache der Menge von A_3 im Lager enthalten sein muss und statische Beschränkungen ein Gesamtgewicht von höchstens 30 Tonnen zulassen?

Aufgabe (Lösung s. AL 17.4)

Gegeben sei das lineare Optimierungsproblem:

Maximiere $f(x_1, x_2) = 5x_1 + 4x_2 + 1$ unter den Nebenbedingungen:

$$-\tfrac{3}{2}x_1 - x_2 \leq -5$$
$$x_1 - 5x_2 \leq -8$$
$$\tfrac{3}{2}x_1 - 3x_2 \geq -15$$
$$-x_1 - \tfrac{3}{4}x_2 \geq -\tfrac{37}{4}$$

a) Zeichnen Sie den zulässigen Bereich M.

b) Berechnen Sie $f(x_1, x_2)$ für sämtliche Eckpunkte (x_1, x_2) von M.

c) Bestimmen Sie das Maximum der Zielfunktion f aus den in b) errechneten Werten.

d) Ermitteln Sie die Lösung mit Hilfe des Simplexverfahrens.

Teil III: Ergänzungen

11 Optimierung bei Funktionen mehrerer Variablen

In Kapitel 6 wurde die Bestimmung stationärer Punkte, d. h. die Bestimmung von Kandidaten für lokale Extremalstellen, erläutert. Im Fall zweier Variablen wurde ein hinreichendes Kriterium vorgestellt, um zu entscheiden, ob ein stationärer Punkt eine lokale Extremalstelle ist. In diesem Abschnitt wird für eine beliebige Anzahl $n \in \mathbb{N}$ von Variablen ein Kriterium angegeben, mit dem geprüft werden kann, ob lokale Extrema vorliegen.

Dazu sei $f : \mathbb{R}^n \longrightarrow \mathbb{R}$ eine zweimal partiell stetig differenzierbare Funktion von n Variablen und $x_0 \in \mathbb{R}^n$ ein stationärer Punkt, d. h. $\operatorname{grad} f(x_0) = \mathbf{0}$. Im Fall $n = 2$ wurden die zweiten partiellen Ableitungen herangezogen, um die stationären Punkte weiter zu untersuchen. Dabei ergaben sich die Kriterien $(*)$ und $(**)$ (s. S. 188). Dieser Ansatz wird nun verallgemeinert. Das bereitgestellte Verfahren beruht auf der **Hesse–Matrix** H der zweiten partiellen Ableitungen der Funktion f, die definiert ist durch

$$H(x) = \begin{pmatrix} \frac{\partial^2}{\partial x_1 \partial x_1} f(x) & \frac{\partial^2}{\partial x_2 \partial x_1} f(x) & \cdots & \frac{\partial^2}{\partial x_n \partial x_1} f(x) \\ \frac{\partial^2}{\partial x_1 \partial x_2} f(x) & \frac{\partial^2}{\partial x_2 \partial x_2} f(x) & \cdots & \frac{\partial^2}{\partial x_n \partial x_2} f(x) \\ \vdots & \vdots & \ddots & \vdots \\ \frac{\partial^2}{\partial x_1 \partial x_n} f(x) & \frac{\partial^2}{\partial x_2 \partial x_n} f(x) & \cdots & \frac{\partial^2}{\partial x_n \partial x_n} f(x) \end{pmatrix} , \quad x \in \mathbb{R}^n.$$

Die Hesse–Matrix ist unter den getroffenen Annahmen eine symmetrische Matrix, da $\frac{\partial^2}{\partial x_i \partial x_j} f(x) = \frac{\partial^2}{\partial x_j \partial x_i} f(x)$, $1 \le i, j \le n$ (vgl. S. 185).

Im Fall einer Variablen liegt an der Stelle x_0 eine lokale Minimalstelle vor, falls die zweite Ableitung f'' an der Stelle x_0 positiv ist: $f''(x_0) > 0$. In Analogie erhält man ein Kriterium im Fall von n Variablen: es liegt ein lokales Minimum an der Stelle x_0 vor, wenn die Hesse–Matrix H an der Stelle x_0 positiv definit ist.

Bezeichnung

Sei A eine symmetrische $(n \times n)$-Matrix, d. h. $A^t = A$.

- A heißt **positiv definit**, falls gilt: $x^t A x > 0 \quad \forall\, x \in \mathbb{R}^n \backslash \{0\}$.

- A heißt **negativ definit**, falls gilt: $x^t A x < 0 \quad \forall\, x \in \mathbb{R}^n \backslash \{0\}$.

Zur Bereitstellung eines leicht nachprüfbaren Kriteriums genügt es, den Fall einer positiv definiten Matrix zu untersuchen, denn:

Eine $(n \times n)$-Matrix A ist genau dann negativ definit, wenn die Matrix $-A$ positiv definit ist.

Ehe nun das angekündigte Kriterium angegeben werden kann, muss der Begriff der **Determinante** einer Matrix A eingeführt werden.

Determinanten

In Kapitel 7 wurde jeder $(m \times n)$-Matrix eine Zahl $\mathbf{rg}\,(A) \in \mathbb{N}_0$ – der Rang – zugeordnet. Quadratischen Matrizen wird durch die so genannte Determinante eine weitere Kennzahl zugewiesen, die zu der Entscheidung herangezogen werden kann, ob eine (quadratische) Matrix vollen Rang besitzt, d. h. ob sie regulär ist (s. Bemerkung S. 371). Sie ist zudem ein wichtiges Hilfsmittel zur Bestimmung der Extrema von Funktionen mehrerer Veränderlicher (siehe folgende Abschnitte).

Bezeichnung

Für eine (2×2)-Matrix $A = \left(\begin{smallmatrix} a & b \\ c & d \end{smallmatrix}\right)$ heißt die reelle Zahl $ad - bc$ die **Determinante** von A. Sie wird mit $\det A$ bezeichnet:

$$\det A = \det \begin{pmatrix} a & b \\ c & d \end{pmatrix} = ad - bc.$$

Nachfolgend werden Determinanten einiger (2×2)-Matrizen berechnet.

$$\det \begin{pmatrix} 1 & 2 \\ 3 & 7 \end{pmatrix} = 7 - 6 = 1, \qquad \det \begin{pmatrix} 0 & 2 \\ 7 & 1 \end{pmatrix} = 0 - 14 = -14,$$

$$\det \begin{pmatrix} 3 & 2 \\ 0 & 1 \end{pmatrix} = 3 - 0 = 3, \qquad \det \begin{pmatrix} 4 & 2 \\ 2 & 1 \end{pmatrix} = 4 - 4 = 0.$$

Die Berechnung der Determinante einer beliebigen quadratischen Matrix lässt sich auf die Berechnung von Determinanten von (2×2)-Matrizen zurückführen. Für eine $(n \times n)$-Matrix $A = (a_{ij})_{1 \leq i,j \leq n}$ $(n > 2)$ bezeichne dazu $\widehat{A_{ij}}$ diejenige Matrix, die aus A durch Streichung der i-ten Zeile und der j-ten Spalte hervorgeht, d. h. aus

$$A = \begin{pmatrix} a_{11} & \cdots & a_{1,j-1} & a_{1j} & a_{1,j+1} & \cdots & a_{1n} \\ \vdots & \ddots & \vdots & \vdots & \vdots & & \vdots \\ a_{i-1,1} & \cdots & a_{i-1,j-1} & a_{i-1,j} & a_{i-1,j+1} & \cdots & a_{i-1,n} \\ a_{i1} & \cdots & a_{i,j-1} & a_{ij} & a_{i,j+1} & \cdots & a_{in} \\ a_{i+1,1} & \cdots & a_{i+1,j-1} & a_{i+1,j} & a_{i+1,j+1} & \cdots & a_{i+1,n} \\ \vdots & & \vdots & \vdots & \vdots & \ddots & \vdots \\ a_{n1} & \cdots & a_{n,j-1} & a_{nj} & a_{n,j+1} & \cdots & a_{nn} \end{pmatrix}$$

wird durch die angedeuteten Streichungen die $((n-1) \times (n-1))$-Matrix

$$\widehat{A_{ij}} = \begin{pmatrix} a_{11} & \cdots & a_{1,j-1} & a_{1,j+1} & \cdots & a_{1n} \\ \vdots & \ddots & \vdots & \vdots & & \vdots \\ a_{i-1,1} & \cdots & a_{i-1,j-1} & a_{i-1,j+1} & \cdots & a_{i-1,n} \\ a_{i+1,1} & \cdots & a_{i+1,j-1} & a_{i+1,j+1} & \cdots & a_{i+1,n} \\ \vdots & & \vdots & \vdots & \ddots & \vdots \\ a_{n1} & \cdots & a_{n,j-1} & a_{n,j+1} & \cdots & a_{nn} \end{pmatrix}.$$

Für die Matrix $A = \begin{pmatrix} 3 & 2 & 1 \\ 5 & 4 & 1 \\ 2 & 3 & 1 \end{pmatrix}$ erhält man beispielsweise:

B

$$A = \begin{pmatrix} 3 & 2 & 1 \\ 5 & 4 & 1 \\ 2 & 3 & 1 \end{pmatrix}, \widehat{A_{11}} = \begin{pmatrix} 4 & 1 \\ 3 & 1 \end{pmatrix}; \quad A = \begin{pmatrix} 3 & 2 & 1 \\ 5 & 4 & 1 \\ 2 & 3 & 1 \end{pmatrix}, \widehat{A_{22}} = \begin{pmatrix} 3 & 1 \\ 2 & 1 \end{pmatrix};$$

$$A = \begin{pmatrix} 3 & 2 & 1 \\ 5 & 4 & 1 \\ 2 & 3 & 1 \end{pmatrix}, \widehat{A_{23}} = \begin{pmatrix} 3 & 2 \\ 2 & 3 \end{pmatrix}; \quad A = \begin{pmatrix} 3 & 2 & 1 \\ 5 & 4 & 1 \\ 2 & 3 & 1 \end{pmatrix}, \widehat{A_{32}} = \begin{pmatrix} 3 & 1 \\ 5 & 1 \end{pmatrix}.$$

Da bei der Streichung jede Zeile von A mit jeder Spalte kombiniert werden kann, gibt es insgesamt neun Matrizen $\widehat{A_{ij}}$, die durch das beschriebene Verfahren aus A hervorgehen.

Die Determinante einer beliebigen quadratischen Matrix wird folgendermaßen berechnet.

Entwicklung der Determinante nach der ersten Zeile
Für eine $(n \times n)$-Matrix $A = (a_{ij})_{1 \leq i,j \leq n}$, $n \geq 2$, kann die Determinante von A wie folgt berechnet werden:

$$\det A = \sum_{j=1}^{n} (-1)^{1+j} a_{1j} \cdot \det \widehat{A_{1j}}.$$

Die aus A durch Streichung entstandenen Matrizen haben eine Zeile und eine Spalte weniger als A. Daher ist die Berechnung der Determinante einer $(n \times n)$-Matrix auf die Berechnung von Determinanten „kleinerer" Matrizen zurückgeführt worden:

Beginnend mit einer $(n \times n)$-Matrix A ist die Berechnung von n Determinanten von $((n-1) \times (n-1))$-Matrizen erforderlich. Zu deren Ermittlung müssen jeweils $n-1$ Determinanten von $((n-2) \times (n-2))$-Matrizen berechnet werden usw. Dieses Verfahren wird fortgesetzt bis schließlich nur noch die Berechnung der Determinanten von (2×2)-Matrizen erforderlich ist. Diese erhält man dann gemäß der vorgestellten Beziehung.

Das oben beschriebene Verfahren heißt **Entwicklung der Determinante nach der ersten Zeile**, da in die Berechnung nur die Koeffizienten der ersten Zeile sowie die Matrizen $\widehat{A}_{1j}$ (bei denen jeweils die erste Zeile und die j-te Spalte von A gestrichen wurde) eingehen. Es ist möglich, die Determinante nach jeder beliebigen Zeile oder Spalte zu entwickeln. Diese Vorgehensweise wird nachfolgend für den Fall einer Zeile noch erläutert. Die allgemeine Version der entsprechenden Regel ist in der Literatur als **Entwicklungssatz von Laplace** zu finden.

Beispiele zur Entwicklung einer Determinante nach der ersten Zeile:

$$\det \begin{pmatrix} 3 & 2 & 1 \\ 5 & 4 & 1 \\ 2 & 3 & 1 \end{pmatrix} = 3 \cdot \det \begin{pmatrix} 4 & 1 \\ 3 & 1 \end{pmatrix} - 2 \cdot \det \begin{pmatrix} 5 & 1 \\ 2 & 1 \end{pmatrix} + 1 \cdot \det \begin{pmatrix} 5 & 4 \\ 2 & 3 \end{pmatrix}$$

$$= 3(4-3) - 2(5-2) + (15-8) = 4,$$

$$\det \begin{pmatrix} 0 & 1 & 0 \\ 2 & 3 & 1 \\ 3 & 2 & 1 \end{pmatrix} = 0 \cdot \det \begin{pmatrix} 3 & 1 \\ 2 & 1 \end{pmatrix} - 1 \cdot \det \begin{pmatrix} 2 & 1 \\ 3 & 1 \end{pmatrix} + 0 \cdot \det \begin{pmatrix} 2 & 3 \\ 3 & 2 \end{pmatrix}$$

$$= -(2-3) = 1,$$

$$\det \begin{pmatrix} 1 & 2 & 2 & 1 \\ 0 & 3 & 2 & 1 \\ 2 & 5 & 4 & 1 \\ 0 & 2 & 3 & 1 \end{pmatrix} = \det \begin{pmatrix} 3 & 2 & 1 \\ 5 & 4 & 1 \\ 2 & 3 & 1 \end{pmatrix} - 2 \cdot \det \begin{pmatrix} 0 & 2 & 1 \\ 2 & 4 & 1 \\ 0 & 3 & 1 \end{pmatrix}$$

$$+ 2 \cdot \det \begin{pmatrix} 0 & 3 & 1 \\ 2 & 5 & 1 \\ 0 & 2 & 1 \end{pmatrix} - \det \begin{pmatrix} 0 & 3 & 2 \\ 2 & 5 & 4 \\ 0 & 2 & 3 \end{pmatrix}$$

$$\overset{(\text{s.o.})}{=} 4 - 2 \left[0 \cdot \det \begin{pmatrix} 4 & 1 \\ 3 & 1 \end{pmatrix} - 2 \cdot \det \begin{pmatrix} 2 & 1 \\ 0 & 1 \end{pmatrix} + \det \begin{pmatrix} 2 & 4 \\ 0 & 3 \end{pmatrix} \right]$$

$$+ 2 \left[0 \cdot \det \begin{pmatrix} 5 & 1 \\ 2 & 1 \end{pmatrix} - 3 \cdot \det \begin{pmatrix} 2 & 1 \\ 0 & 1 \end{pmatrix} + \det \begin{pmatrix} 2 & 5 \\ 0 & 2 \end{pmatrix} \right]$$

$$- \left[0 \cdot \det \begin{pmatrix} 5 & 4 \\ 2 & 3 \end{pmatrix} - 3 \cdot \det \begin{pmatrix} 2 & 4 \\ 0 & 3 \end{pmatrix} + 2 \cdot \det \begin{pmatrix} 2 & 5 \\ 0 & 2 \end{pmatrix} \right]$$

$$= 4 - 2(-4+6) + 2(-6+4) - (-18+8)$$
$$= 4 - 4 - 4 + 10 = 6.$$

Aufgrund des hohen Rechenaufwands ist das Verfahren nur für kleine Werte von n praktikabel. Durch Überführung einer Matrix in Dreiecksgestalt mittels elementarer Zeilenumformungen kann die Determinante einer Matrix alternativ bestimmt werden. Auf diese Berechnungsmethode wird hier jedoch nicht eingegangen.

Zur Berechnung der Determinante einer (2×2)-Matrizen kann die Methode der Entwicklung nach der ersten Zeile ebenfalls verwendet werden. Dabei wird für (1×1)-Matrizen $A = (a)$ die Determinante gleich dem (einzigen) Eintrag der Matrix gesetzt. Also ist in diesem Fall $\det A = \det(a) = a$. Auf diese Weise erhält man dann wiederum $\det \left(\begin{smallmatrix} a & b \\ c & d \end{smallmatrix} \right) = ad - bc$.

Für eine beliebige (3×3)-Matrix $A = \left(\begin{smallmatrix} a_{11} & a_{12} & a_{13} \\ a_{21} & a_{22} & a_{23} \\ a_{31} & a_{32} & a_{33} \end{smallmatrix} \right)$ liefert die Entwicklung nach der ersten Zeile:

$$
\begin{aligned}
\det A &= a_{11} \begin{pmatrix} a_{22} & a_{23} \\ a_{32} & a_{33} \end{pmatrix} - a_{12} \begin{pmatrix} a_{21} & a_{23} \\ a_{31} & a_{33} \end{pmatrix} + a_{13} \begin{pmatrix} a_{21} & a_{22} \\ a_{31} & a_{32} \end{pmatrix} \\
&= a_{11}(a_{22}a_{33} - a_{23}a_{32}) - a_{12}(a_{21}a_{33} - a_{23}a_{31}) + a_{13}(a_{21}a_{32} - a_{22}a_{31}) \\
&= a_{11}a_{22}a_{33} + a_{12}a_{23}a_{31} + a_{13}a_{21}a_{32} - a_{11}a_{23}a_{32} - a_{12}a_{21}a_{33} - a_{13}a_{22}a_{31}.
\end{aligned}
$$

Einprägsamer ist für eine (3×3)-Matrix die **Regel von Sarrus**. Zur Anwendung dieser Regel werden hilfsweise neben die Spalten der Matrix A nochmals die ersten beiden Spalten von A geschrieben. Dies führt zu folgendem Schema:

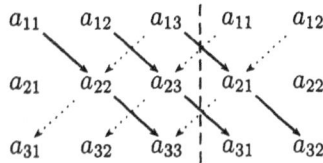

Dann bildet man – links oben beginnend – die Produkte der Zahlen entlang der drei mit einer durchgezeichneten Linie markierten Diagonalen und summiert diese auf:

$$ a_{11}a_{22}a_{33} + a_{12}a_{23}a_{31} + a_{13}a_{21}a_{32}. $$

Anschließend werden die Produkte der Zahlen entlang der gepunktet gezeichneten drei Diagonalen, die jeweils von rechts oben nach links unten führen, gebildet und aufsummiert:

$$ a_{13}a_{22}a_{31} + a_{11}a_{23}a_{32} + a_{12}a_{21}a_{33}. $$

Die Determinante von A ist dann die Differenz der so erhaltenen Werte, also:

$$ \det A = a_{11}a_{22}a_{33} + a_{12}a_{23}a_{31} + a_{13}a_{21}a_{32} - a_{13}a_{22}a_{31} - a_{11}a_{23}a_{32} - a_{12}a_{21}a_{33}. $$

Bei der Berechnung einer Determinanten durch die Entwicklung nach der ersten Zeile ist offensichtlich, dass der Rechenaufwand umso geringer wird, je mehr Nullen in der ersten Zeile vorhanden sind. Da die Zeile mit den meisten Nullen nicht unbedingt die erste Zeile einer Matrix ist, ist es wünschenswert, zur Berechnung der Determinante eine beliebige Zeile als Ausgangspunkt wählen zu dürfen. Die Entwicklung der Determinante nach einer beliebigen Zeile kann unter Verwendung folgender Resultate durchgeführt werden. Dazu wird noch eine Eigenschaft der Determinante benötigt.

> Sei A eine $(n \times n)$-Matrix. Ist die Matrix B durch Vertauschen zweier Zeilen aus A
> hervorgegangen, so gilt für die Determinanten die Beziehung
>
> $$\det A = - \det B.$$

Mit Hilfe dieser Aussage kann die Berechnung der Determinante durch die Entwicklung
nach einer beliebigen Zeile auf die Entwicklung nach der ersten Zeile zurückführt werden.

> **Entwicklung der Determinante nach der i-ten Zeile (1)**
> Zur Entwicklung der Determinante einer $(n \times n)$-Matrix A nach der i-ten Zeile
> $(i \neq 1)$ wird zunächst die i-te Zeile mit der ersten Zeile getauscht. Die Determinante
> der so erhaltenen Matrix B wird dann nach der ersten Zeile entwickelt. Für die
> Determinante von A gilt: $\det A = - \det B$.

Zur Berechnung von $\det \begin{pmatrix} 3 & 2 & 1 \\ 0 & 1 & 0 \\ 2 & 3 & 1 \end{pmatrix}$ soll die Determinante nach der zweiten Zeile entwickelt
werden. Dazu werden zunächst die zweite mit der ersten Zeile getauscht und die Deter-
minante der so erhaltenen Matrix nach der ersten Zeile entwickelt:

$$\det \begin{pmatrix} 3 & 2 & 1 \\ 0 & 1 & 0 \\ 2 & 3 & 1 \end{pmatrix} = - \det \begin{pmatrix} 0 & 1 & 0 \\ 3 & 2 & 1 \\ 2 & 3 & 1 \end{pmatrix}$$

$$= - \left[0 \cdot \det \begin{pmatrix} 2 & 1 \\ 3 & 1 \end{pmatrix} - \det \begin{pmatrix} 3 & 1 \\ 2 & 1 \end{pmatrix} + 0 \cdot \det \begin{pmatrix} 2 & 3 \\ 3 & 2 \end{pmatrix} \right]$$

$$= -(-(3-2)) = 1$$

Alternativ kann die folgende Lösung durchgeführt werden: Die gegebene Matrix ist aus
der schon betrachteten Matrix $\begin{pmatrix} 0 & 1 & 0 \\ 2 & 3 & 1 \\ 3 & 2 & 1 \end{pmatrix}$ durch zwei Zeilenvertauschungen (erste gegen
zweite, danach erste gegen dritte Zeile) entstanden. Daher stimmen die Determinanten
dieser Matrizen überein.

Als Alternative zur beschriebenen Entwicklung nach einer beliebigen Zeile ist in der
nächsten Regel die direkte Berechnung der Determinante unter Verwendung einer beliebigen Zeile – also ohne die Zeilen der Matrix vertauschen zu müssen – angegeben.

> **Entwicklung der Determinante nach der i-ten Zeile (2)**
> Sei $A = (a_{ij})_{1 \leq i,j \leq n}$, $n \geq 2$, eine $(n \times n)$-Matrix. Dann gilt für jedes i mit $1 \leq i \leq n$:
>
> $$\det A = \sum_{j=1}^{n} (-1)^{i+j} a_{ij} \cdot \det \widehat{A_{ij}}.$$

Mit Hilfe dieser Regel entwickelt man die Determinante der Matrix aus dem vorherigen Beispiel alternativ nach der zweiten Zeile:

$$\det \begin{pmatrix} 3 & 2 & 1 \\ 0 & 1 & 0 \\ 2 & 3 & 1 \end{pmatrix} = (-1)^{2+2} \cdot 1 \cdot \det \begin{pmatrix} 3 & 1 \\ 2 & 1 \end{pmatrix} = 3 - 2 = 1.$$

Bemerkung
Es besteht folgender Zusammenhang zwischen der linearen Unabhängigkeit der Zeilenvektoren (Spaltenvektoren) einer $(n \times n)$-Matrix A, der Invertierbarkeit von A, dem Rang und der Determinante von A:

>   Die Zeilenvektoren (Spaltenvektoren) von A sind linear unabhängig
>
>   (und bilden somit eine Basis des $\mathbb{R}^n$).
>
> $\iff$ A ist invertierbar.
>
> $\iff$ Der Rang von A ist gleich n: $\mathbf{rg}\,(A) = n$.
>
> $\iff$ Die Determinante von A ist ungleich 0: $\det A \neq 0$.

Unter Verwendung von Determinanten kann nun das angekündigte Kriterium für die positive Definitheit einer Matrix formuliert werden.

Kriterium für positive Definitheit
Sei A eine symmetrische $(n \times n)$-Matrix, d. h.

$$A = \begin{pmatrix} a_{11} & \cdots & a_{1n} \\ \vdots & \ddots & \vdots \\ a_{n1} & \cdots & a_{nn} \end{pmatrix} \qquad \text{mit } a_{ij} = a_{ji} \text{ für alle } i, j \in \{1, \ldots, n\}.$$

A ist genau dann positiv definit, wenn die Determinanten aller Teilmatrizen der Form

$$A_1 = (a_{11}), \qquad A_i = \begin{pmatrix} a_{11} & \cdots & a_{1i} \\ \vdots & \ddots & \vdots \\ a_{i1} & \cdots & a_{ii} \end{pmatrix}, \quad i \in \{2, \ldots, n\},$$

positiv sind, d. h. $\det A_i > 0$ für alle $i \in \{1, \ldots, n\}$.

Für die symmetrische (3×3)-Matrix $A = \begin{pmatrix} 2 & 3 & 1 \\ 3 & 5 & 0 \\ 1 & 0 & 6 \end{pmatrix}$ sind die in obiger Regel verwendeten Teilmatrizen (in A jeweils grau unterlegt) gegeben durch

$$A = \begin{pmatrix} 2 & 3 & 1 \\ 3 & 5 & 0 \\ 1 & 0 & 6 \end{pmatrix}, \quad A_1 = (2); \qquad A = \begin{pmatrix} 2 & 3 & 1 \\ 3 & 5 & 0 \\ 1 & 0 & 6 \end{pmatrix}, \quad A_2 = \begin{pmatrix} 2 & 3 \\ 3 & 5 \end{pmatrix};$$

$$A = \begin{pmatrix} 2 & 3 & 1 \\ 3 & 5 & 0 \\ 1 & 0 & 6 \end{pmatrix} = A_3.$$

Damit gilt nach den Rechenregeln für Determinanten:

$\det A_1 = 2 > 0$, $\det A_2 = 2 \cdot 5 - 3 \cdot 3 = 1 > 0$ und durch Entwicklung nach der letzten Zeile gilt für die Determinante von A_3

$$\det A_3 = 1 \cdot \det \begin{pmatrix} 3 & 1 \\ 5 & 0 \end{pmatrix} - 0 \cdot \begin{pmatrix} 2 & 1 \\ 3 & 0 \end{pmatrix} + 6 \cdot \begin{pmatrix} 2 & 3 \\ 3 & 5 \end{pmatrix} = -5 - 0 + 6 = 1 > 0.$$

Daher ist nach dem obigen Kriterium die Matrix A positiv definit.

Optimierung: n Variablen

Mit dem Begriff der Definitheit lässt sich das folgende Kriterium für Extremalstellen von Funktionen mehrerer Variablen ableiten.

Hinreichende Bedingung für Extremalstellen

Seien $(a, b) \subseteq \mathbb{R}^n$, $f : (a, b) \longrightarrow \mathbb{R}$ eine zweimal partiell stetig differenzierbare Funktion von n Variablen mit Hesse-Matrix H und $x_0 \in \mathbb{R}^n$ ein stationärer Punkt von f, d.h. $\operatorname{grad} f(x_0) = 0$.
Dann gilt:

- Ist $H(x_0)$ positiv definit, so ist x_0 eine lokale Minimalstelle von f.

  Ist $H(x)$ positiv definit für jedes $x \in (a, b)$, so ist x_0 sogar globales Minimum von f. Insbesondere ist die Funktion f konvex auf (a, b).

- Ist $H(x_0)$ negativ definit, so ist x_0 eine lokale Maximalstelle von f.

  Ist $H(x)$ negativ definit für jedes $x \in (a, b)$, so ist x_0 sogar globales Maximum von f. Insbesondere ist die Funktion f konkav auf (a, b).

Mit diesem Kriterium kann durch die Auswertung der Hesse-Matrix an der Stelle x_0 entschieden werden, ob eine lokale Extremalstelle vorliegt, sofern die positive oder negative Definitheit nachgewiesen werden kann.

Die hinreichende Bedingung für eine Extremalstelle einer Funktion mehrerer Variablen lässt sich unter Verwendung von Determinanten auch in der folgenden Form darstellen.

Seien x_0 ein stationärer Punkt und H die Hesse-Matrix der Funktion $f : \mathbb{R}^n \longrightarrow \mathbb{R}^1$.

Sind alle Determinanten der Teilmatrizen $H_1(x_0), \ldots, H_n(x_0)$ positiv, so liegt dort ein lokales Minimum vor.
Sind alle Determinanten der negativen Teilmatrizen $-H_1(x_0), \ldots, -H_n(x_0)$ positiv, so liegt ein lokales Maximum vor.

Unter Verwendung einer weiteren Regel für Determinanten kann das hinreichende Kriterium für ein lokales Maximum auch folgendermaßen formuliert werden.

Seien x_0 ein stationärer Punkt und H die Hesse–Matrix der Funktion $f : \mathbb{R}^n \longrightarrow \mathbb{R}^1$.
Ändern die Determinanten der Teilmatrizen $H_1(x_0), \ldots, H_n(x_0)$ ihr Vorzeichen gemäß

$$\det H_1(x_0) < 0, \quad \det H_2(x_0) > 0, \quad \det H_3(x_0) < 0, \quad \det H_4(x_0) > 0, \ldots$$

so liegt ein lokales Maximum vor.

Zur Illustration der obigen Entscheidungsregeln wird die Funktion $f : \mathbb{R}^n \longrightarrow \mathbb{R}$ definiert durch

$$f(x, y, z) = 2x^2 + 5y^2 + 5z^2 - 4xy - 2xz - 4yz + 2x - 8y + 8z + 5$$

auf lokale Extremalstellen untersucht. Die partiellen Ableitungen sind gegeben durch

$$\frac{\partial}{\partial x} f(x, y, z) = 4x - 4y - 2z + 2, \qquad \frac{\partial}{\partial y} f(x, y, z) = -4x + 10y - 4z - 8,$$

$$\frac{\partial}{\partial z} f(x, y, z) = -2x - 4y + 10z + 8.$$

Das Nullsetzen der partiellen Ableitungen führt auf das Gleichungssystem

$$\begin{pmatrix} 4 & -4 & -2 & \bigm| & -2 \\ -4 & 10 & -4 & \bigm| & 8 \\ -2 & -4 & 10 & \bigm| & -8 \end{pmatrix} \longrightarrow \begin{pmatrix} 4 & -4 & -2 & \bigm| & -2 \\ 0 & 6 & -6 & \bigm| & 6 \\ 0 & -6 & 9 & \bigm| & -9 \end{pmatrix}$$

$$\longrightarrow \begin{pmatrix} 1 & -1 & -\frac{1}{2} & \bigm| & -\frac{1}{2} \\ 0 & 1 & -1 & \bigm| & 1 \\ 0 & 0 & 1 & \bigm| & -1 \end{pmatrix} \longrightarrow \begin{pmatrix} 1 & 0 & 0 & \bigm| & -1 \\ 0 & 1 & 0 & \bigm| & 0 \\ 0 & 0 & 1 & \bigm| & -1 \end{pmatrix}$$

Damit erhält man den stationären Punkt $(-1, 0, -1)$. Weiteres Differenzieren liefert die Hesse–Matrix:

$$H(x, y, z) = \begin{pmatrix} 4 & -4 & -2 \\ -4 & 10 & -4 \\ -2 & -4 & 10 \end{pmatrix},$$

die hier unabhängig von den Variablen x, y und z ist. Die Berechnung der Determinanten ergibt: $\det H_1(x, y, z) = 4 > 0$, $\det H_2(x, y, z) = 4 \cdot 10 - (-4)^2 = 24 > 0$ und

$$\det H_3(x, y, z) = 4 \det \begin{pmatrix} 10 & -4 \\ -4 & 10 \end{pmatrix} - (-4) \det \begin{pmatrix} -4 & -4 \\ -2 & 10 \end{pmatrix} + (-2) \det \begin{pmatrix} -4 & 10 \\ -2 & -4 \end{pmatrix}$$

$$= 4 \cdot 84 + 4 \cdot (-48) - 2 \cdot 36 = 72 > 0.$$

Damit ist die Hesse–Matrix überall positiv definit, und an der Stelle $(-1, 0, -1)$ liegt das globale Minimum der Funktion f mit Funktionswert 0.

Die Kriterien für die Fälle $n = 1$ und $n = 2$ sind Spezialfälle des oben genannten allgemeinen Kriteriums. Für $n = 1$ reduziert sich die Forderung auf die Aussage, dass die zweite Ableitung an der Stelle x_0 positiv bzw. negativ sein muss. Ist $n = 2$, so erhält man als Kriterium für eine lokale Minimalstelle an der Stelle x_0:

$$\det H_1(x_0) = \frac{\partial^2}{\partial x \partial x} f(x_0) > 0$$

$$\det H_2(x_0) = \frac{\partial^2}{\partial x \partial x} f(x_0) \cdot \frac{\partial^2}{\partial y \partial y} f(x_0) - \left(\frac{\partial^2}{\partial x \partial y} f(x_0)\right)^2 > 0.$$

Dies entspricht den auf S. 188 angegebenen Kriterien $(*)$ und $(**)$.

Optimierung mit Nebenbedingungen

Mit den bisherigen Hilfsmitteln kann auch ein Kriterium für die Optimalität von Kandidatenstellen in Optimierungsproblemen mit Nebenbedingungen formuliert werden.

Seien L die aus dem Optimierungsproblem (OP) resultierende Lagrange-Funktion und $(x_1^*, \ldots, x_n^*, \lambda_1^*, \ldots, \lambda_m^*)$ ein stationärer Punkt von L. $L(x; \lambda^*)$ ist nach dem Einsetzen von $\lambda_1^*, \ldots, \lambda_m^*$ eine Funktion der Variablen $x_1, \ldots, x_n$.

Dann ist $(x_1^*, \ldots, x_n^*)$ eine lokale Minimalstelle (Maximalstelle) der Funktion f unter den genannten Nebenbedingungen, falls die Hesse–Matrix von L bzgl. der Variablen $(x_1, \ldots, x_n)$ bei gegebenem $\lambda^* = (\lambda_1^*, \ldots, \lambda_m^*)$

$$H(x|\lambda^*) = \begin{pmatrix} \frac{\partial^2}{\partial x_1 \partial x_1} L(x; \lambda^*) & \cdots & \frac{\partial^2}{\partial x_n \partial x_1} L(x; \lambda^*) \\ \frac{\partial^2}{\partial x_1 \partial x_2} L(x; \lambda^*) & \cdots & \frac{\partial^2}{\partial x_n \partial x_2} L(x; \lambda^*) \\ \vdots & \ddots & \vdots \\ \frac{\partial^2}{\partial x_1 \partial x_n} L(x; \lambda^*) & \cdots & \frac{\partial^2}{\partial x_n \partial x_n} L(x; \lambda^*) \end{pmatrix}$$

positiv (negativ) definit an der Stelle $x = (x_1^*, \ldots, x_n^*)$ ist.
Ist $H(x|\lambda^*)$ für jedes $x \in \mathbb{R}^n$ positiv (negativ) definit, so liegt eine globale Extremalstelle von f vor.

Auf Seite 202 wurde für die Lagrange-Funktion L mit

$$L(x_1, x_2; \lambda) = x_1^2 + \frac{1}{2}x_2^2 - x_1 + 4x_2 + c + d + \lambda(x_1 + x_2 - 100)$$

der stationäre Punkt $(x_1^*, x_2^*, \lambda^*) = (35, 65, -69)$ berechnet. Die Hesse–Matrix von L bzgl. der Variablen (x_1, x_2) bei gegebenem $\lambda^* = -69$ ist gegeben durch

$$H(x_1, x_2|\lambda^*) = \begin{pmatrix} 2 & 0 \\ 0 & 1 \end{pmatrix}.$$

Daraus erhält man det $H_1(x_1, x_2|\lambda^*) = 2$ und det $H_2(x_1, x_2|\lambda^*) = 2$. Da beide Determinanten größer Null sind, ist die Hesse–Matrix $H(x_1, x_2|\lambda^*)$ für alle $(x_1, x_2) \in \mathbb{R}^2$ positiv definit. Daher besitzt f unter der gegebenen Nebenbedingung an der Stelle $(35, 65)$ eine (globale) Minimalstelle.

Am Ende von Kapitel 6 (S. 204) wurde ein Optimierungsproblem mit zwei Nebenbedingungen behandelt. Die zu Null gesetzten partiellen Ableitungen führen auf das Gleichungssystem

$$
\left(
\begin{array}{ccccc|c}
4 & 0 & 0 & 2 & 1 & 0 \\
0 & 2 & 0 & 1 & 2 & 0 \\
0 & 0 & 10 & 3 & 1 & 0 \\
2 & 1 & 3 & 0 & 0 & 480 \\
1 & 2 & 1 & 0 & 0 & 240
\end{array}
\right)
$$

$$
\left(
\begin{array}{ccccc|c}
0 & -8 & -4 & 2 & 1 & -960 \\
0 & 2 & 0 & 1 & 2 & 0 \\
0 & 0 & 10 & 3 & 1 & 0 \\
0 & -3 & 1 & 0 & 0 & 0 \\
1 & 2 & 1 & 0 & 0 & 240
\end{array}
\right)
$$

$$
\left(
\begin{array}{ccccc|c}
0 & 0 & -4 & 6 & 9 & -960 \\
0 & 1 & 0 & \frac{1}{2} & 1 & 0 \\
0 & 0 & 10 & 3 & 1 & 0 \\
0 & 0 & 1 & \frac{3}{2} & 3 & 0 \\
1 & 0 & 1 & -1 & -2 & 240
\end{array}
\right)
$$

$$
\left(
\begin{array}{ccccc|c}
0 & 0 & 0 & 12 & 21 & -960 \\
0 & 1 & 0 & \frac{1}{2} & 1 & 0 \\
0 & 0 & 0 & -12 & -29 & 0 \\
0 & 0 & 1 & \frac{3}{2} & 3 & 0 \\
1 & 0 & 0 & -\frac{5}{2} & -5 & 240
\end{array}
\right)
$$

$$\begin{pmatrix} 0 & 0 & 0 & 0 & -8 & \bigm| & -960 \\ 0 & 1 & 0 & 0 & -\frac{5}{24} & \bigm| & 0 \\ 0 & 0 & 0 & 1 & \frac{29}{12} & \bigm| & 0 \\ 0 & 0 & 1 & 0 & -\frac{5}{8} & \bigm| & 0 \\ 1 & 0 & 0 & 0 & \frac{25}{24} & \bigm| & 240 \end{pmatrix}$$

$|:(-8)$ $\quad +5/24$ $\quad -29/12$ $\quad +5/8$ $\quad -25/24$

$$\begin{pmatrix} 0 & 0 & 0 & 0 & 1 & \bigm| & 120 \\ 0 & 1 & 0 & 0 & 0 & \bigm| & 25 \\ 0 & 0 & 0 & 1 & 0 & \bigm| & -290 \\ 0 & 0 & 1 & 0 & 0 & \bigm| & 75 \\ 1 & 0 & 0 & 0 & 0 & \bigm| & 115 \end{pmatrix}$$

Auf ein Vertauschen der Zeilen zur Erlangung der Normalform wird verzichtet.

Als Lösung erhält man somit den stationären Punkt $(115, 25, 75, -290, 120)$. Mittels der Hesse–Matrix (bei gegebenem $(\lambda_1^*, \lambda_2^*) = (-290, 120)$) wird nun überprüft, ob es sich um eine lokale Extremalstelle handelt:

$$H(x, y, z| -290, 120) = \begin{pmatrix} 4 & 0 & 0 \\ 0 & 2 & 0 \\ 0 & 0 & 10 \end{pmatrix}.$$

Die Matrix $H(x, y, z|-290, 120)$ ist für beliebige Punkte (x, y, z) positiv definit. Daher hat f unter den Nebenbedingungen ein globales Minimum bei $(x^*, y^*, z^*) = (115, 25, 75)$.

Abschließendes Beispiel

In Kapitel 6 wurde im Vorgriff auf die Statistik ein Regressionsmodell mit einer linearen Regressionsfunktion $f(x) = a + bx$ betrachtet. Dieses soll nun auf einen quadratischen Regressionsansatz erweitert werden. Dazu wird folgende Situation betrachtet:

Für eine Nachfragefunktion f wird in einem Intervall $I = [0, P]$ ein quadratischer Verlauf in Abhängigkeit vom Preis p unterstellt:

$$y = f(p) = a + bp + cp^2, \qquad p \in [0, P],$$

wobei die Parameter $a, b, c \in \mathbb{R}$ unbekannt sind und P eine bekannte obere Schranke für den Preis ist. Um eine Aussage über die Grenznachfrage f' und die Preiselastizität ϵ_f zu erhalten, wird auf m separierten Teilmärkten jeweils die Nachfrage in Abhängigkeit vom Preis p_i, $i \in \{1, \ldots, m\}$, ermittelt. Dies ergibt die Stichprobe $(p_1, y_1), \ldots, (p_m, y_m)$. Die Funktion f, die diese Punktepaare „bestmöglich" repräsentiert, soll durch die Methode der kleinsten Quadrate ermittelt werden. Dies bedeutet, dass die optimalen Parameter a_0, b_0, c_0 Lösung des Minimierungsproblems

$$\min_{a,b,c} Q(a,b,c), \quad \text{wobei } Q(a,b,c) = \sum_{i=1}^{m}(a + bp_i + cp_i^2 - y_i)^2$$

sind. Diese Aufgabe wird mittels der bereitgestellten Methodik gelöst. Zunächst werden die ersten partiellen Ableitungen gebildet:

$$\frac{\partial}{\partial a}Q(a,b,c) = 2\sum_{i=1}^{m}(a + bp_i + cp_i^2 - y_i)$$

$$= 2\left(am + b\sum_{i=1}^{m}p_i + c\sum_{i=1}^{m}p_i^2 - \sum_{i=1}^{m}y_i\right),$$

$$\frac{\partial}{\partial b}Q(a,b,c) = 2\sum_{i=1}^{m}(a + bp_i + cp_i^2 - y_i)p_i$$

$$= 2\left(a\sum_{i=1}^{m}p_i + b\sum_{i=1}^{m}p_i^2 + c\sum_{i=1}^{m}p_i^3 - \sum_{i=1}^{m}y_ip_i\right),$$

$$\frac{\partial}{\partial c}Q(a,b,c) = 2\sum_{i=1}^{m}(a + bp_i + cp_i^2 - y_i)p_i^2$$

$$= 2\left(a\sum_{i=1}^{m}p_i^2 + b\sum_{i=1}^{m}p_i^3 + c\sum_{i=1}^{m}p_i^4 - \sum_{i=1}^{m}y_ip_i^2\right).$$

Die Gradientenbedingung **grad** $Q(a,b,c) = \mathbf{0}$ führt auf das Gleichungssystem

$$\underbrace{\begin{pmatrix} m & \sum_{i=1}^{m}p_i & \sum_{i=1}^{m}p_i^2 \\ \sum_{i=1}^{m}p_i & \sum_{i=1}^{m}p_i^2 & \sum_{i=1}^{m}p_i^3 \\ \sum_{i=1}^{m}p_i^2 & \sum_{i=1}^{m}p_i^3 & \sum_{i=1}^{m}p_i^4 \end{pmatrix}}_{= A} \begin{pmatrix} a \\ b \\ c \end{pmatrix} = \begin{pmatrix} \sum_{i=1}^{m}y_i \\ \sum_{i=1}^{m}y_ip_i \\ \sum_{i=1}^{m}y_ip_i^2 \end{pmatrix}.$$

Eine einfache Rechnung zeigt, dass die Matrix A sich als Produkt BB^t darstellen lässt, wobei

$$B = \begin{pmatrix} 1 & \cdots & 1 \\ p_1 & \cdots & p_m \\ p_1^2 & \cdots & p_m^2 \end{pmatrix}.$$

Ferner ist die Lösung der obigen Gleichung gegeben durch

$$\begin{pmatrix} a_0 \\ b_0 \\ c_0 \end{pmatrix} = A^{-1} \begin{pmatrix} \sum_{i=1}^{m}y_i \\ \sum_{i=1}^{m}y_ip_i \\ \sum_{i=1}^{m}y_ip_i^2 \end{pmatrix},$$

sofern die Matrix A regulär ist. Aus der Mathematik ist bekannt, dass dies gewährleistet ist, wenn die Matrix B vollen Rang hat, d.h. $\mathbf{rg}\,(B) = 3$. Dazu ist notwendig, dass es mindestens drei Preise p_i, p_j und p_k gibt, die paarweise verschieden sind. Nimmt man also an, dass $p_1 \neq p_2$, $p_1 \neq p_3$ und $p_2 \neq p_3$ gilt (ansonsten werden die Datenpaare geeignet umsortiert), so folgt

$$\begin{pmatrix} 1 & 1 & 1 & \cdots & 1 \\ p_1 & p_2 & p_3 & \cdots & p_m \\ p_1^2 & p_2^2 & p_3^2 & \cdots & p_m^2 \end{pmatrix} \overset{-p_1)}{\underset{-p_1^2)}{\leftarrow}}$$

$$\begin{pmatrix} 1 & 1 & 1 & \cdots & 1 \\ 0 & p_2 - p_1 & p_3 - p_1 & \cdots & p_m - p_1 \\ 0 & p_2^2 - p_1^2 & p_3^2 - p_1^2 & \cdots & p_m^2 - p_1^2 \end{pmatrix} \overset{-(p_1 + p_2))}{\leftarrow}$$

$$\begin{pmatrix} 1 & 1 & 1 & \cdots & 1 \\ 0 & p_2 - p_1 & p_3 - p_1 & \cdots & p_m - p_1 \\ 0 & 0 & (p_3 - p_1)(p_3 - p_2) & \cdots & (p_m - p_1)(p_m - p_2) \end{pmatrix}$$

Da $p_1 \neq p_2$, gilt $p_2 - p_1 \neq 0$. Weiter folgt $(p_3 - p_1)(p_3 - p_2) \neq 0$, da $p_1 \neq p_3$ und $p_2 \neq p_3$. Daher ist der Rang von B gleich Drei. Die Matrix A ist also genau dann regulär (invertierbar), wenn es drei paarweise verschiedene Preise p_i, p_j und p_k in dieser Marktanalyse gibt. Dies soll im Folgenden vorausgesetzt werden. Aus diesen Überlegungen folgt, dass es nur den berechneten stationären Punkt (a_0, b_0, c_0) gibt. Nun soll überprüft werden, ob dieser auch eine lokale Minimalstelle liefert. Die Hesse–Matrix der Funktion Q ist gegeben durch

$$H(a, b, c) = 2 \begin{pmatrix} m & \sum_{i=1}^{m} p_i & \sum_{i=1}^{m} p_i^2 \\ \sum_{i=1}^{m} p_i & \sum_{i=1}^{m} p_i^2 & \sum_{i=1}^{m} p_i^3 \\ \sum_{i=1}^{m} p_i^2 & \sum_{i=1}^{m} p_i^3 & \sum_{i=1}^{m} p_i^4 \end{pmatrix} = 2A.$$

Die positive Definitheit dieser Matrix lässt sich durch direkte Anwendung der Definition zeigen. Sei dazu $v \in \mathbb{R}^3 \setminus \{0\}$ ein beliebiger Vektor, und setze $z = (z_1, \ldots, z_m) = B^t v$. Dann gilt

$$v^t H(a, b, c) v = v^t(2A)v = 2v^t BB^t v = 2(B^t v)^t (B^t v) = 2 \sum_{i=1}^{m} z_i^2 \geq 0.$$

Die Summe $\sum_{i=1}^{m} z_i^2$ kann dabei nur Null sein, wenn $z_1 = \cdots = z_m = 0$ ist bzw. wenn $B^t v = 0$ ist. Da aber B^t vollen Rang hat, ist dies nur möglich, wenn $v = 0$ ist. Daher gilt also für $v \neq 0$: $v^t H(a, b, c) v > 0$, d.h. die Hesse–Matrix ist für jeden Punkt (a, b, c) positiv definit. Somit ist die Funktion Q konvex. Sie hat an der Stelle (a_0, b_0, c_0) ihr globales Minimum.

Die obige Methode wird nun anhand eines Zahlenbeispiels illustriert. Als maximaler Preis wird $P = 9$ angenommen. Bei 15 Messungen von Preis und resultierender Nachfrage wurden folgende Datenpaare beobachtet:

$$(7, 36), \quad (8, 27), \quad (5, 44), \quad (5, 41), \quad (8, 24),$$
$$(6, 40), \quad (7, 36), \quad (4, 43), \quad (6, 41), \quad (4, 43),$$
$$(7, 34), \quad (4, 42), \quad (5, 41), \quad (9, 15), \quad (8, 24).$$

Dies ergibt das Gleichungssystem:

$$\left(\begin{array}{ccc|c} 15 & 93 & 615 & 531 \\ 93 & 615 & 4293 & 3105 \\ 615 & 4293 & 31287 & 19323 \end{array}\right) \quad \substack{-6.2 \\ -41}$$

$$\left(\begin{array}{ccc|c} 15 & 93 & 615 & 531 \\ 0 & 38.4 & 480 & -187.2 \\ 0 & 480 & 6072 & -2448 \end{array}\right) \quad \substack{-12.5} \quad \substack{:38.4 \\ :72}$$

$$\left(\begin{array}{ccc|c} 15 & 93 & 615 & 531 \\ 0 & 1 & 12.5 & -4.875 \\ 0 & 0 & 1 & -1.5 \end{array}\right) \quad \substack{:15 \\ -615 \\ -12.5}$$

$$\left(\begin{array}{ccc|c} 1 & 6.2 & 0 & 96.9 \\ 0 & 1 & 0 & 13.875 \\ 0 & 0 & 1 & -1.5 \end{array}\right) \quad \substack{-6.2}$$

$$\left(\begin{array}{ccc|c} 1 & 0 & 0 & 10.875 \\ 0 & 1 & 0 & 13.875 \\ 0 & 0 & 1 & -1.5 \end{array}\right)$$

Die geschätzte Nachfragefunktion f^* ist daher gegeben durch

$$f^*(p) = 10\tfrac{7}{8} + 13\tfrac{7}{8}p - \tfrac{3}{2}p^2.$$

Aus dieser Darstellung lassen sich z.B. Schätzungen für die Grenznachfrage

$$\frac{\partial}{\partial p}f^*(p) = 13\tfrac{7}{8} - 3p$$

und die Preiselastizität

$$\epsilon_{f^*}(p) = p\frac{\frac{\partial}{\partial p}f^*(p)}{f^*(p)} = \frac{13\frac{7}{8}p - 3p^2}{10\frac{7}{8} + 13\frac{7}{8}p - \frac{3}{2}p^2}$$

herleiten. Insbesondere reagiert die Nachfrage elastisch, falls

$$|\epsilon_{f^*}(p)| > 1.$$

Zur Behandlung dieser Fragestellung ist zunächst zu überprüfen, ob das Nennerpolynom (= f^*) Nullstellen innerhalb des vorgegebenen Bereichs $[0,9]$ besitzt. Eine quadratische Ergänzung liefert die Nullstellen $p_1 = \frac{37}{8} - \frac{1}{8}\sqrt{1833} \approx -0.727$ und $p_2 = \frac{37}{8} + \frac{1}{8}\sqrt{1833} \approx 9.977$. Damit liegen diese außerhalb des Definitionsbereichs $D = [0,9]$. Eine Überprüfung des Vorzeichens des Nennerpolynoms f^* an der Stelle $p = 0$ liefert den Wert $f^*(0) = 10\frac{7}{8}$, so dass $f^*(p) > 0$ für $p \in D$ gilt.

Das Zählerpolynom hat Nullstellen bei $p = 0$ und $p = \frac{37}{8} = 4.625$. Das Einsetzen der Stellen $p = 1$ und $p = 5$ ergibt $\epsilon_{f^*}(1) > 0$ und $\epsilon_{f^*}(5) < 0$. Damit ist $\epsilon_{f^*}(p) > 0$, falls $p \in (0, \frac{37}{8})$ und $\epsilon_{f^*}(p) < 0$, falls $p \in (\frac{37}{8}, 9)$. Die Nachfrage ist somit elastisch, falls

$$\left(13\frac{7}{8}p - 3p^2 > 10\frac{7}{8} + 13\frac{7}{8}p - \frac{3}{2}p^2 \quad \wedge \quad p \in (0, \frac{37}{8})\right)$$

$$\vee \quad \left(3p^2 - 13\frac{7}{8}p > 10\frac{7}{8} + 13\frac{7}{8}p - \frac{3}{2}p^2 \quad \wedge \quad p \in (\frac{37}{8}, 9)\right).$$

Dies ist äquivalent zu

$$\left(10\frac{7}{8} + \frac{3}{2}p^2 < 0 \wedge p \in (0, \frac{37}{8})\right) \quad \vee \quad \left(p^2 - \frac{37}{6}p - \frac{29}{12} > 0 \wedge p \in (\frac{37}{8}, 9)\right).$$

Die erste Bedingung ist nicht erfüllbar. Aus der zweiten Bedingung folgt

$$\left(p < \frac{37}{12} - \frac{1}{12}\sqrt{1717} \approx -0.370 \quad \vee \quad p > \frac{37}{12} + \frac{1}{12}\sqrt{1717} \approx 6.536\right) \quad \wedge \quad p \in (\frac{37}{8}, 9).$$

Im analysierten Bereich ist die Nachfrage daher elastisch, falls $p \in (\frac{37}{12} + \frac{1}{12}\sqrt{1717}, 9)$.

Der Graph der geschätzten Nachfragefunktion f^* ist in folgender Abbildung dargestellt.

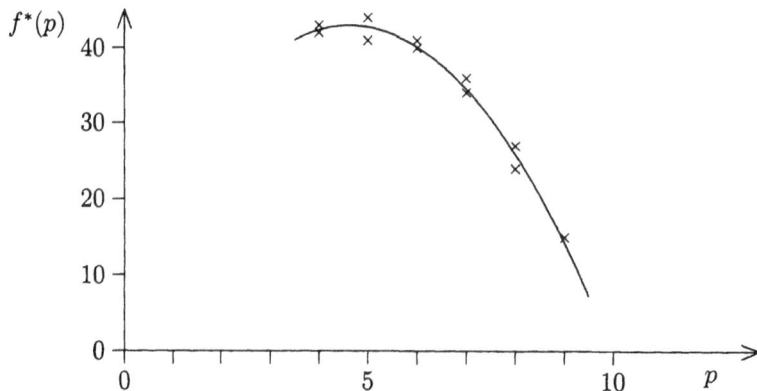

Geschätzte Nachfragefunktion f^*

12 Mehrfachintegrale

Problembeschreibung und iterierte Integrale

In Kapitel 5 wurden Integrale für Funktionen einer Variablen bestimmt. Motiviert wurde die Integration durch die Bestimmung von Flächeninhalten zwischen dem Graphen einer Funktion und der Abszisse oder allgemeiner zwischen den Graphen zweier Funktionen über einem Intervall.

Für Funktionen zweier Variablen (s. Kapitel 6) stellt sich analog die Frage, wie ein Volumeninhalt zwischen dem Graphen einer Funktion und der Grundebene, erzeugt durch den Definitionsbereich der beiden Variablen, über einem Rechteck (enthalten im Definitionsbereich) bestimmt werden kann.

Allgemeiner werden im Folgenden Mehrfachintegrale betrachtet, d.h. Integrale für Funktionen von zwei und mehr Variablen, die auf die mehrfache Anwendung des bekannten Falles der Integration einer Funktion einer Variablen zurückgeführt werden. Derartige Mehrfachintegrale sind in der Wahrscheinlichkeitsrechnung und Statistik im Zusammenhang mit sogenannten multivariaten Wahrscheinlichkeitsverteilungen von Bedeutung.

Im Rahmen dieser Einführung wird auf eine Herleitung des Integrals bei Funktionen mehrerer Variablen bewusst verzichtet und nur eine einfache Situation behandelt, in der Integrale miteinander vertauschbar sind. Details zur Definition und Berechnung mehrdimensionaler Riemann-Integrale können etwa dem Lehrbuch H. Heuser (2008), Lehrbuch der Analysis Teil 2, 14. Aufl., Vieweg+Teubner, Wiesbaden, entnommen werden.

Ist etwa eine Funktion f zweier Variablen über einem Rechteck R aus dem Definitionsbereich überall größer oder gleich Null, so gibt das Integral

$$\iint\limits_R f(x, y)\, d(x, y)$$

den Volumeninhalt zwischen dem Graphen von f und der (x, y)-Ebene über dem Rechteck R an. Auch für nicht-negative Funktionen von mehr als zwei Variablen bezeichnet man den Integralwert als Volumen.

Bezeichnung

Seien $f : D \longrightarrow \mathbb{R}$ mit $D \subseteq \mathbb{R}^n$ eine Funktion von n Variablen, $R \subseteq D$ ein abgeschlossenes Intervall (Rechteck) (s. S. 180) und f stetig auf R.

Dann wird mit

$$\int \cdots \int\limits_R f(x_1, \ldots, x_n)\, d(x_1, \ldots, x_n)$$

ein Mehrfachintegral bezeichnet.

Im Fall der Stetigkeit einer Funktion über einem abgeschlossenen Intervall kann ein Mehrfachintegral iteriert ermittelt werden.

Iterierte Integrale

Sei $f : D \longrightarrow \mathbb{R}$, $D \subseteq \mathbb{R}^n$, eine stetige Funktion auf $R = [a, b]$ mit $a = (a_1, \dots, a_n)$, $b = (b_1, \dots, b_n) \in \mathbb{R}^n$.
Dann gilt für $n = 2$:

$$\iint\limits_R f(x, y) d(x, y) = \int_{a_1}^{b_1} \left(\int_{a_2}^{b_2} f(x, y) dy \right) dx = \int_{a_2}^{b_2} \left(\int_{a_1}^{b_1} f(x, y) \, dx \right) dy. \quad (*)$$

Allgemein gilt:

$$\int_R \cdots \int f(x_1, \dots, x_n) \, d(x_1, \dots, x_n) = \int_{a_1}^{b_1} \left(\int_{R^*} \cdots \int f(x_1, \dots, x_n) \, d(x_2, \dots, x_n) \right) dx_1,$$

wobei $R^* = [a^*, b^*] \subseteq \mathbb{R}^{n-1}$ mit $a^* = (a_2, \dots, a_n)$, $b^* = (b_2, \dots, b_n)$.

In der obigen Regel zur Bestimmung von Mehrfachintegralen ist Folgendes anzumerken: Die allgemeine Regel gilt entsprechend für jede Wahl einer bestimmten Komponente, d.h. an Stelle von x_1 kann jede andere Variable x_j, $j \in \{2, \dots, n\}$, für die äußere Integration gewählt werden; im Inneren des Integrals ist dann eine Integration bezüglich der restlichen Variablen über dem entsprechenden Rechteck des $\mathbb{R}^{n-1}$ auszuführen. Im Fall $n = 2$ resultieren die in $(*)$ dargestellten Identitäten. Außerdem ist wichtig, dass die Reihenfolge der Integrationen beliebig gewählt werden kann. Mit der iterierten Berechnung wird also die Bestimmung eines Mehrfachintegrals (Integral bezüglich n Variablen) auf die Bestimmung von n Integralen für jeweils eine Funktion einer Variablen zurückgeführt.

Beispiele

B Seien $c \in \mathbb{R}$ eine Konstante und f mit $f(x, y) = c$ die konstante Funktion auf $R = [a, b]$ mit $a = (a_1, a_2)$ und $b = (b_1, b_2)$. Dann ist

$$\iint\limits_R c \, d(x, y) = \int_{a_1}^{b_1} \left(\int_{a_2}^{b_2} c \, dy \right) dx = \int_{a_2}^{b_2} \left(\int_{a_1}^{b_1} c \, dx \right) dy = c(b_1 - a_1)(b_2 - a_2).$$

Damit ist der Volumeninhalt für ein $c > 0$ gegeben durch das Produkt des Flächeninhalts des Rechtecks $[a, b]$ und der Konstante c. Es wird also der Volumeninhalt eines Quaders mit den Seitenlängen $b_1 - a_1$, $b_2 - a_2$ und c bestimmt.

Das nächste Beispiel illustriert die Integration einer Funktion von drei Variablen über einem Rechteck des $\mathbb{R}^3$. Genauer wird der Einheitswürfel

$$[0, 1]^3 = [0, 1] \times [0, 1] \times [0, 1]$$

als Integrationsbereich betrachtet.

Sei $f : [0,1]^3 \longrightarrow \mathbb{R}$ gegeben durch $f(x_1, x_2, x_3) = x_1 + x_2 + x_3$. Dann gilt mit $R = [0,1]^3$:

$$\iiint\limits_{R} (x_1 + x_2 + x_3)\, d(x_1, x_2, x_3) = \int_0^1 \left(\int_0^1 \left(\int_0^1 (x_1 + x_2 + x_3) dx_1 \right) dx_2 \right) dx_3$$

$$= \int_0^1 \left(\int_0^1 \left[\frac{x_1^2}{2} + (x_2 + x_3) x_1 \right]_0^1 dx_2 \right) dx_3$$

$$= \int_0^1 \left(\int_0^1 \left(\frac{1}{2} + x_2 + x_3 \right) dx_2 \right) dx_3$$

$$= \int_0^1 \left[\frac{x_2^2}{2} + \left(\frac{1}{2} + x_3 \right) x_2 \right]_0^1 dx_3 = \int_0^1 (1 + x_3) dx_3$$

$$= \left[x_3 + \frac{x_3^2}{2} \right]_0^1 = \frac{3}{2}.$$

Wenn die zu integrierende Funktion als Produkt von Funktionen dargestellt werden kann, die jeweils nur von verschiedenen Variablen abhängen, so vereinfacht sich die Mehrfachintegration. Die nachfolgende Regel gilt entsprechend für mehr als zwei Variablen.

Produktform des Integranden

Gilt für die Funktion $f : D \longrightarrow \mathbb{R}$ mit $D = [a,b] \subseteq \mathbb{R}^2$ die Darstellung

$$f(x_1, x_2) = f_1(x_1) \cdot f_2(x_2) \text{ für alle } x_1 \in [a_1, b_1] \text{ und } x_2 \in [a_2, b_2]$$

mit Funktionen $f_1 : [a_1, b_1] \longrightarrow \mathbb{R}$ und $f_2 : [a_2, b_2] \longrightarrow \mathbb{R}$, so gilt für das Doppelintegral ebenfalls eine Produktdarstellung:

$$\iint\limits_{D} f(x_1, x_2) d(x_1, x_2) = \left(\int_{a_1}^{b_1} f_1(x_1) dx_1 \right) \left(\int_{a_2}^{b_2} f_2(x_2) dx_2 \right).$$

Das Doppelintegral wird somit als Produkt der Integrale über die Funktionen f_1 bzw. f_2 von jeweils einer Variablen ermittelt.

Komplizierter wird die Integration von Funktionen mehrerer Variablen, wenn der Integrationsbereich „komplizierter" ist, also kein (abgeschlossenes) Intervall ist.

Auf eine ausführliche Behandlung dieses Sachverhalts wird hier verzichtet. Die Ausführung der Integration wird lediglich an einem Beispiel für eine Funktion zweier Variablen veranschaulicht. Dazu wird angenommen, dass der Integrationsbereich durch die Ungleichungen

$$x \geq 0, y \geq 0 \text{ und } x + y \leq 1$$

festgelegt sei. Es wird also über der Menge M mit

$$M = \{(x,y) \in \mathbb{R}^2 \mid x \geq 0, y \geq 0, x + y \leq 1\}$$

integriert. Alternativ kann die Menge auch geschrieben werden als

$$M = \{(x,y) \in \mathbb{R}^2 \mid 0 \leq x \leq 1, 0 \leq y \leq 1 - x\},$$

wodurch die Abhängigkeit der Variablen in einer anderen Form ausgedrückt wird. Ebenso ist

$$\{(x,y) \in \mathbb{R}^2 \mid 0 \leq x \leq 1 - y, 0 \leq y \leq 1\}$$

eine Darstellung von M. Die Menge M beschreibt somit ein Dreieck in der reellen Ebene:

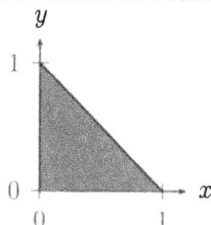

Integrationsbereich M

Die Rechenregel für das iterierte Ausrechnen von Integralen kann auch hier angewendet werden, allerdings nicht unmittelbar durch formales Vertauschen der Integrale.

Für die Integration einer Funktion $f : M \longrightarrow \mathbb{R}$ gilt:

$$\iint_M f(x,y)d(x,y) = \int_0^1 \left(\int_0^{1-x} f(x,y)dy \right) dx = \int_0^1 \left(\int_0^{1-y} f(x,y)dx \right) dy.$$

Die Integrationsgrenzen der inneren Integrale hängen also jeweils von der „äußeren" Integrationsvariablen ab. Diese Vorgehensweise wird an folgendem Beispiel illustriert.

B Die Funktion $f : [0,1] \times [0,1] \longrightarrow \mathbb{R}$ sei gegeben durch $f(x,y) = 6(1 - x - y)$. Gesucht ist der Wert des Integrals

$$\iint_M f(x,y)d(x,y).$$

Unter Ausnutzung des oben erläuterten Ansatzes erhält man:

$$\iint_M f(x,y)d(x,y) = 6 \int_0^1 \left(\int_0^{1-x} (1 - x - y)dy \right) dx$$

$$= 6 \int_0^1 \left[(1-x)y - \frac{y^2}{2} \right]_{y=0}^{y=1-x} dx$$

$$= 6 \int_0^1 \left((1-x)^2 - \frac{(1-x)^2}{2} \right) dx = 3 \int_0^1 (1-x)^2 dx$$

$$= -(1-x)^3 \Big|_0^1 = 1.$$

Alternativ kann gemäß der Vorbemerkung in umgekehrter Reihenfolge der Variablen integriert werden (mit demselben Ergebnis).

Wie bei der Integration mit Funktionen einer Variablen sind auch im mehrdimensionalen Fall uneigentliche Integrale von Bedeutung. Auch dieses Thema wird nicht ausführlich behandelt, sondern die Vorgehensweise nur an einem Beispiel verdeutlicht. Sind gewisse Regularitätsvoraussetzungen erfüllt, so können auch uneigentliche Integrale iteriert bestimmt werden.

Gegeben sei die Funktion $f : [0, \infty) \times [0, \infty) \longrightarrow \mathbb{R}$ mit

$$f(x, y) = 2e^{-(x+y)} \left(e^{-x} + e^{-y} - 2e^{-(x+y)}\right).$$

Dann gilt unter Verwendung der Bestimmung uneigentlicher Integrale (von einer Variablen):

$$\iint\limits_{[0,\infty)^2} f(x,y)d(x,y) = \int_0^\infty \left(\int_0^\infty \left(2e^{-(2x+y)} + 2e^{-(x+2y)} - 4e^{-2(x+y)} \right) dx \right) dy$$

$$= \int_0^\infty \left[-e^{-(2x+y)} - 2e^{-(x+2y)} + 2e^{-2(x+y)} \right]_0^\infty dy$$

$$= \int_0^\infty \left(e^{-y} + 2e^{-2y} - 2e^{-2y} \right) dy = \int_0^\infty e^{-y} dy = -e^{-y} \Big|_0^\infty = 1.$$

Die betrachtete Funktion f wird im Rahmen der Statistik als Dichtefunktion einer bivariaten Exponentialverteilung nach Gumbel bezeichnet.

Aufgaben

Aufgabe 12.1
Bestimmen Sie das Integral

$$\iint\limits_R f(x,y)d(x,y) \text{ mit } f(x,y) = 2(x + 3y^2), \quad (x,y) \in R = [0,1] \times [0,1].$$

Aufgabe 12.2
Bestimmen Sie das Integral

$$\iint\limits_R f(x,y) \, d(x,y) \text{ mit } f(x,y) = xy - x - y + 1, \quad (x,y) \in R = [1,2] \times [1,2].$$

Aufgabe 12.3
Integrieren Sie die Funktion $f : \mathbb{R}^2 \longrightarrow \mathbb{R}$ mit

$$f(x,y) = 3(x + y), \quad x, y \in \mathbb{R},$$

über der durch die Ungleichungen $x \geq 0$, $y \geq 0$ und $x + y \leq 2$ gegebenen Menge M.

Teil IV: Ausführliche Lösungen der Aufgaben

Kapitel 1

Lösung zu Aufgabe 1.1

Der Beweis von $(\overline{\mathcal{A} \wedge \mathcal{B}}) \wedge \mathcal{A} \iff \overline{\mathcal{B}} \wedge \mathcal{A}$ erfolgt mit Hilfe einer Wahrheitstafel:

$\mathcal{A}$	$\mathcal{B}$	$\mathcal{A} \wedge \mathcal{B}$	$\overline{\mathcal{A} \wedge \mathcal{B}}$	$(\overline{\mathcal{A} \wedge \mathcal{B}}) \wedge \mathcal{A}$	$\overline{\mathcal{B}}$	$\overline{\mathcal{B}} \wedge \mathcal{A}$
w	w	w	f	f	f	f
w	f	f	w	w	w	w
f	w	f	w	f	f	f
f	f	f	w	f	w	f

Ein Vergleich der Wahrheitswerte in den grau markierten Spalten liefert die behauptete Äquivalenz.

Lösung zu Aufgabe 1.2

(a) (i) Definitionsbereich: $D = \mathbb{R}$.

Wegen $x^4 - x^2 - 2 = 0 \iff (x^2 + 1)(x^2 - 2) = 0 \iff x^2 - 2 = 0$
$\iff x = \sqrt{2} \vee x = -\sqrt{2}$ ist die Lösungsmenge der Gleichung gegeben durch
$\mathbb{L} = \{-\sqrt{2}, \sqrt{2}\}$.

(ii) Bestimmung des Definitionsbereichs:
$x - 3 \geq 0 \wedge 3x - 1 \geq 0 \iff x \geq 3 \wedge x \geq \frac{1}{3} \iff x \geq 3, \text{d. h. } D = [3, \infty)$.
Bestimmung der Lösungsmenge:
$\sqrt{x - 3} = 1 + \sqrt{3x - 1} \Longrightarrow x - 3 = 1 + 2\sqrt{3x - 1} + 3x - 1$
$\iff -2x - 3 = 2\sqrt{3x - 1} \Longrightarrow 4x^2 + 12x + 9 = 4(3x - 1) \iff 4x^2 + 13 = 0$
Damit ist die Lösungsmenge $\mathbb{L} = \emptyset$.

(iii) $D = (0, \infty)$
Bestimmung der Lösungsmenge:
$\frac{1}{3} \log x^8 + 2 \log \sqrt[3]{x} + \log x^{-4/3} = 2(\log 2 + \log 4)$
$\iff \frac{8}{3} \log x + \frac{2}{3} \log x - \frac{4}{3} \log x = 2 \log 8 \iff 2 \log x = 2 \log 8 \iff x = 8$
Damit ist die Lösungsmenge $\mathbb{L} = \{8\}$.

(b) Die Ungleichung $|x - 2| + 3 \leq 2|2x - 2| - 2$ werde mit $(*)$ bezeichnet. Wegen
$|x - 2| = \begin{cases} x - 2, & \text{falls } x \geq 2 \\ -x + 2, & \text{falls } x < 2 \end{cases}$ und $|2x - 2| = \begin{cases} 2x - 2, & \text{falls } x \geq 1 \\ -2x + 2, & \text{falls } x < 1 \end{cases}$ sind drei
Fälle zu unterscheiden:

Fall 1: $x < 1 : (*) \iff 2 - x + 3 \leq 2(2 - 2x) - 2$

                                   $\iff 3x \leq -3 \iff x \leq -1$

                               d.h. $\mathbb{L}_1 = \{x \in \mathbb{R} \mid x < 1 \wedge x \leq -1\} = (\infty, -1]$

Fall 2: $1 \leq x < 2 : (*) \iff 2 - x + 3 \leq 2(2x - 2) - 2$

                                   $\iff 11 \leq 5x \iff x \geq \frac{11}{5}$

                               d.h. $\mathbb{L}_2 = \{x \in \mathbb{R} \mid 1 \leq x \leq 2 \wedge x \geq \frac{11}{5}\} = \emptyset$

Fall 3: $x \geq 2 : (*) \iff x - 2 + 3 \leq 2(2x - 2) - 2$

                                   $\iff 7 \leq 3x \iff x \geq \frac{7}{3}$

                               d.h. $\mathbb{L}_3 = \{x \in \mathbb{R} \mid x \geq 2 \wedge x \geq \frac{7}{3}\} = [\frac{7}{3}, \infty)$

Damit gilt: $\mathbb{L} = \mathbb{L}_1 \cup \mathbb{L}_2 \cup \mathbb{L}_3 = (\infty, -1] \cup [\frac{7}{3}, \infty)$.

Lösung zu Aufgabe 1.3

(a)   (i) $D = \mathbb{R}$

        $x^3 + 5x^2 - x = 5x \iff x(x^2 + 5x - 6) = 0 \iff x(x - 1)(x + 6) = 0$
        $\iff x = 0 \vee x = 1 \vee x = -6$

        Die Lösungsmenge ist $\mathbb{L} = \{-6, 0, 1\}$.

  (ii) Bestimmung des Definitionsbereichs:
        Wegen $4x - 7 \geq 0 \wedge 2x \geq 0 \iff x \geq \frac{7}{4} \wedge x \geq 0$ gilt: $D = [\frac{7}{4}, \infty)$.
        Bestimmung der Lösungsmenge:
            $\sqrt{4x - 7} - \sqrt{2x} = 1 \iff \sqrt{4x - 7} = 1 + \sqrt{2x}$
        $\implies 4x - 7 = 1 + 2\sqrt{2x} + 2x \iff 2x - 8 = 2\sqrt{2x}$
        $\implies x^2 - 8x + 16 = 2x \iff x^2 - 10x + 16 = 0$
        $\iff (x - 2)(x - 8) = 0 \iff x = 2 \vee x = 8$

        Da das Quadrieren keine Äquivalenzumformung ist, sind diese (möglichen) Lösungen in die Ausgangsgleichung einzusetzen, um zu prüfen, ob es sich tatsächlich um Lösungen der Gleichung handelt.

        Für $x = 8$ gilt $\sqrt{32 - 7} - \sqrt{16} = 1$, und für $x = 2$ gilt $\sqrt{8 - 7} - \sqrt{4} = -1 \neq 1$. Damit ist $x = 8$ die einzige Lösung, d.h. $\mathbb{L} = \{8\}$.

 (iii) $D = (0, \infty)$
        $2 \log x^4 + 12 \log \sqrt[4]{x} + 4 \log x = 15 \iff 8 \log x + 3 \log x + 4 \log x = 15$
        $\iff \log x = 1 \iff x = 10$. Also ist $\mathbb{L} = \{10\}$.

(b) Zur Bestimmung der Lösungsmenge von $\frac{|x-1|}{x+1} \geq 5$, $x \neq -1$, werden wegen
$|x - 1| = \begin{cases} x - 1, & x \geq 1 \\ -x + 1, & x < 1 \end{cases}$ und $x + 1 \begin{cases} > 0, & x > -1 \\ < 0, & x < -1 \end{cases}$ drei Fälle unterschieden:

Fall 1: $x < -1$: Dann gilt: $-x + 1 \leq 5x + 5 \iff -6x \leq 4 \iff x \geq -\frac{2}{3}$

d. h. $\mathbb{L}_1 = \{x \in \mathbb{R} \mid x < -1 \wedge x \geq -\frac{2}{3}\} = \emptyset$

Fall 2: $-1 < x < 1$: Dann gilt: $-x + 1 \geq 5x + 5 \iff -6x \geq 4 \iff x \leq -\frac{2}{3}$

d. h. $\mathbb{L}_2 = \{x \in \mathbb{R} \mid -1 < x < 1 \wedge x \leq -\frac{2}{3}\} = (-1, -\frac{2}{3}]$

Fall 3: $x \geq 1$: Dann gilt: $x - 1 \geq 5x + 5 \iff -4x \geq 6 \iff x \leq -\frac{3}{2}$

d. h. $\mathbb{L}_3 = \{x \in \mathbb{R} \mid 1 \leq x \wedge x \leq -\frac{3}{2}\} = \emptyset$

Die Lösungsmenge der Ungleichung ist damit gegeben durch:

$$\mathbb{L} = \mathbb{L}_1 \cup \mathbb{L}_2 \cup \mathbb{L}_3 = (-1, -\tfrac{2}{3}].$$

Lösung zu Aufgabe 1.4

Die Ungleichung ist nur definiert für $x \neq -2$. Bei $x = -2$ wechselt der Nenner des Bruchs auf der linken Seite das Vorzeichen. Außerdem ändert $x - 1$ das Vorzeichen bei $x = 1$. Damit sind drei Fälle zu unterscheiden:

Fall 1: $x < -2$: Dann gilt: $3x + 6 < 0$ und $|x - 1| = -x + 1$. Damit erhält man:

$\frac{-6}{3x+6} \leq (-x + 1) + x \iff -6 \geq 3x + 6 \iff x \leq -4$.

Die Lösungsmenge ist also $\mathbb{L}_1 = (-\infty, -2) \cap (-\infty, -4] = (-\infty, -4]$.

Fall 2: $-2 < x < 1$: Dann ist $3x + 6 > 0$ und $|x - 1| = -x + 1$.

Man erhält: $\frac{-6}{3x+6} \leq (-x + 1) + x \iff -6 \leq 3x + 6 \iff x \geq -4$

und somit $\mathbb{L}_2 = (-2, 1) \cap [-4, \infty) = (-2, 1)$.

Fall 3: $x \geq 1$: Dann ist $3x + 6 > 0$ und $|x - 1| = x - 1$ und man erhält:

$\frac{-6}{3x+6} \leq x - 1 + x \iff -6 \leq (2x - 1)(3x + 6)$

$\iff -6 \leq 6x^2 + 9x - 6 \iff 0 \leq 3x(2x + 3)$

Die letzte Ungleichung gilt für $x \geq 0$, so dass $\mathbb{L}_3 = [1, \infty) \cap [0, \infty) = [1, \infty)$.

Die Lösungsmenge der Ungleichung ist:

$$\mathbb{L} = \mathbb{L}_1 \cup \mathbb{L}_2 \cup \mathbb{L}_3 = (-\infty, -4] \cup (-2, 1) \cup [1, \infty) = (-\infty, -4] \cup (-2, \infty) = \mathbb{R} \backslash (-4, -2].$$

Lösung zu Aufgabe 1.5

(a) (i) $\ln(x + 4) = \frac{1}{3} \ln(x^3) + 2 \ln 3 \iff \ln(x + 4) - \ln x = 2 \ln 3$

$\iff \ln\left(\frac{x+4}{x}\right) = \ln 9 \iff \frac{x+4}{x} = 9 \iff (x + 4) = 9x \iff x = \frac{1}{2}$, d. h.

$\mathbb{L} = \{\frac{1}{2}\}$.

(ii) $\log_a\left(\frac{1}{7}\right) = -\log_a(x^2 - 114) \iff \log_a\left(\frac{1}{7}(x^2 - 114)\right) = 0$

$\iff \frac{1}{7}(x^2 - 114) = 1 \iff x^2 - 114 = 7$

$\iff x^2 - 121 = 0 \iff x = 11 \vee x = -11$, d. h. $\mathbb{L} = \{-11, 11\}$.

(iii) $\log_a x^2 - \log_a(c^2 - 4) + \log_a \frac{c-2}{x^3} = 0$

$\iff \log_a \frac{1}{x} = \log_a \frac{c^2-4}{c-2} \iff \frac{1}{x} = c + 2 \iff x = \frac{1}{c+2}$, d. h. $\mathbb{L} = \{\frac{1}{c+2}\}$.

(b) $\qquad |x^2 - 9| \leq |x - 3|$

$\iff |(x - 3)(x + 3)| \leq |x - 3| \iff x = 3 \vee |x + 3| \leq 1$

$\iff x = 3 \vee (x \geq -3 \wedge x + 3 \leq 1) \vee (x < -3 \wedge -x - 3 \leq 1)$

$\iff x = 3 \vee (x \geq -3 \wedge x \leq -2) \vee (x < -3 \wedge x \geq -4)$

$\implies \mathbb{L} = \{3\} \cup [-3, -2] \cup [-4, -3) = \{3\} \cup [-4, -2]$

Kapitel 2

Lösung zu Aufgabe 2.1

(a) Nachschüssige Rentenformel: $K_n = K_0 q^n + Z\frac{1-q^n}{1-q}$. Hier gilt: $K_0 = 17\,000$, $Z = 1\,500$, $q = 1.035$, $n = 15$, so dass

$K_{15} = 17\,000 \cdot 1.035^{15} + 1\,500 \cdot \frac{1-1.035^{15}}{1-1.035} \approx 28\,480.93 + 28\,943.52 = 57\,424.45$.

Frau M. hat nach 15 Jahren $57\,424.45$ € auf ihrem Konto.

(b) Für das notwendige Anfangskapital gilt:

$$K_n = K_0 q^n + Z\frac{1-q^n}{1-q} \iff K_0 q^n = K_n - Z\frac{1-q^n}{1-q}$$

$$\iff K_0 = \frac{1}{q^n}\left(K_n - Z\frac{1-q^n}{1-q}\right)$$

Mit $n = 15, K_{15} = 60\,000, q = 1.035$ und $Z = 1\,500$ erhält man

$$K_0 = \frac{1}{1.035^{15}}\left(60\,000 - 1\,500 \cdot \frac{1-1.035^{15}}{1-1.035}\right) \approx 18\,537.32.$$

Frau M. müsste ihr Konto um $18\,537.32$ €$-17\,000$ € $= 1\,537.32$ € aufstocken.

(c) $K_n = K_0 q^n + Z\frac{1-q^n}{1-q} \iff K_n = K_0 q^n + Z\frac{1}{1-q} - Z\frac{q^n}{1-q}$

$\iff \left(K_0 - \frac{Z}{1-q}\right)q^n = K_n - \frac{Z}{1-q}$

$\iff q^n = \frac{K_n(1-q) - Z}{K_0(1-q) - Z}$

$\iff n = \frac{\log\left(\frac{K_n(1-q)-Z}{K_0(1-q)-Z}\right)}{\log q} \qquad \left(= \frac{\log\left(\frac{K_n(q-1)+Z}{K_0(q-1)+Z}\right)}{\log q}\right).$

Mit $K_n = 100\,000, q = 1.035, K_0 = 17\,000$ und $Z = 1\,500$ erhält man:

$$n = \frac{\log\frac{5000}{2095}}{\log 1.035} \approx 25.29.$$

Frau M. hätte nach Ablauf von 26 Jahren erstmals mehr als $100\,000$ € auf ihrem Konto.

Lösung zu Aufgabe 2.2

(a) Das Kapital nach n Jahren ist: $K_n = K_0 q^n + Z\frac{1-q^n}{1-q}$. Da das Kapital restlos verbraucht werden soll, also $K_n = 0$ ist, ergibt sich daraus:

$$Z = -K_0 q^n \frac{1-q}{1-q^n} \left(= -K_0 q^n \frac{q-1}{q^n-1}\right).$$

Gegeben sind hier: $K_0 = 370\,000$, $p = 3$, also $q = 1.03$, und $n = 15$. Damit gilt:

$$Z = -370\,000 \cdot 1.03^{15} \cdot \frac{0.03}{1.03^{15}-1} \approx -30\,993.63$$

($Z < 0$, da der Betrag abgehoben wird.) Sie kann jährlich 30 993.63 € abheben.

(b) Die Berechnung von n aus $K_n = K_0 q^n + Z\frac{1-q^n}{1-q}$ ergibt nach Aufgabe 2.1:

$$n = \frac{\log\left(\frac{K_n(q-1)+Z}{K_0(q-1)+Z}\right)}{\log q}$$

Hier gilt: $K_0 = 370\,000$, $K_n = 160\,000$, $q = 1.03$, $Z = -20\,000$. Damit erhält man:

$$n = \frac{\log\left(\frac{160\,000\cdot 0.03-20\,000}{370\,000\cdot 0.03-20\,000}\right)}{\log 1.03} = \frac{\log\left(\frac{15\,200}{8\,900}\right)}{\log 1.03} \approx 18.1.$$

Sie kann den Betrag maximal 18 Jahre lang abheben.

Lösung zu Aufgabe 2.3

(a) $Z = (K_n - K_0 q^n)\frac{1-q}{1-q^n}$. Mit $n = 25$, $K_0 = -200\,000$, $p = 9.25$ und damit $q = 1.0925$, $K_{25} = 0$ erhält man:

$$Z = -(-200\,000) \cdot 1.0925^{25} \cdot \frac{-0.0925}{1-1.0925^{25}} \approx 20\,775.14.$$

Die jährlichen Raten betragen 20 775.14 €.

(b) $K_n = K_0 q^n + Z\frac{1-q^n}{1-q}$. Mit $n = 10$, $K_0 = -200\,000$, $q = 1.0925$, $Z = 20\,775.14$ € erhält man

$$K_{10} = -200\,000 \cdot 1.0925^{10} + 20\,775.14 \cdot \frac{1-1.0925^{10}}{-0.0925} \approx -165\,018.80.$$

Die Restschuld beträgt nach 10 Jahren 165 018.80 €.

(c) $n = \frac{\log\frac{K_n(1-q)-Z}{K_0(1-q)-Z}}{\log q}$ (s. Aufgabe 2.2)

Mit $K_0 = -200\,000$, $K_n = -100\,000$, $q = 1.0925$, $Z = 20\,775.14$ gilt:

$$n = \frac{\log\frac{-100\,000\cdot(-0.0925)-20\,775.14}{-200\,000(-0.0925)-20\,775.14}}{\log 1.0925} \approx 18.34.$$

Herr M. hat nach 19 Jahren mehr als die Hälfte seiner Schuld zurückgezahlt.

Lösung zu Aufgabe 2.4

(a) Sei K_n das Kapital nach Ablauf von n Jahren. Dann gilt mit $q = 1 + i$:

$$K_1 = C \cdot q$$
$$K_2 = (K_1 + C \cdot q) \cdot q = Cq^2 + Cq^2 = 2Cq^2$$
$$K_3 = (K_2 + C \cdot q^2) \cdot q = 2Cq^3 + Cq^3 = 3Cq^3$$
$$\vdots$$
$$K_* = K_6 = 6Cq^6$$

Für $C = 10000$ erhält man: $K_* = 6 \cdot 10\,000\,€ \cdot (1.04)^6 \approx 75\,919.14\,€$.

(b) Zu bestimmen ist R, so dass $K_* = R \cdot \frac{q(1-q^n)}{1-q}$ gilt:

$$K_* = R \cdot \frac{q(1-q^n)}{1-q} \stackrel{n=6}{\Longrightarrow} R = \frac{K_*(1-q)}{q(1-q^6)} \approx 11\,005.49$$

Es muss eine konstante Rate von $R \approx 11\,005.49\,€$ eingezahlt werden.

(c) Zu bestimmen ist der Betrag K_0, für den $K_* = K_0 \cdot q^n$ gilt:

$$K_* = K_0 \cdot q^6 \Longrightarrow K_0 = \frac{K_*}{q^6} \stackrel{(a)}{=} \frac{6Cq^6}{q^6} = 6C = 60\,000$$

Es muss ein Betrag von 60 000 € eingezahlt werden.

Lösung zu Aufgabe 2.5

(a) Induktionsanfang: $n = 1$.
Am Ende des ersten Jahres ist der Betrag C einmal verzinst worden, also gilt:

$$K_1 = Cq = Cq^2 q^{-1} = Cq^2 \sum_{i=1}^{1} iq^{-i}.$$

Induktionsvoraussetzung: Die Behauptung gelte für ein $n \geq 1$.
Induktionsschritt $(n \longrightarrow n+1)$:
Zu Beginn des $(n + 1)$-ten Jahres ist das Kapital K_n vorhanden zuzüglich der Einzahlung am Jahresanfang in Höhe von $(n+1)C$. Damit gilt für den Betrag am Ende des $(n + 1)$-ten Jahres:

$$K_{n+1} = (K_n + (n + 1)C)q = \left(Cq^{n+1} \sum_{i=1}^{n} iq^{-i} + (n + 1)C \right) q$$

$$= Cq^{(n+1)+1} \sum_{i=1}^{n} iq^{-i} + (n + 1)Cq^{n+2} q^{-(n+1)} = Cq^{(n+1)+1} \sum_{i=1}^{n+1} iq^{-i}$$

Damit gilt die Behauptung für alle $n \in \mathbb{N}$.

(b) Mit $C = 200$ und $q = 1.04$ ist $K_{10} = 200 \cdot (1.04)^{11} \sum_{i=1}^{10} i(1.04)^{-i} \approx 12\,929.03$

Kapitel 3

Lösung zu Aufgabe 3.1

(a) Die gebrochen rationale Funktion f ist an den Stellen nicht definiert, an denen das Nennerpolynom Null wird:

$$x^2 + x = 0 \iff x(x+1) = 0 \iff x = 0 \lor x = -1.$$

Also gilt: $D = \mathbb{R}\backslash\{-1, 0\}$.

(b) $f(x) = 0 \iff x^3 - 3x^2 = 0 \iff x^2(x-3) = 0 \iff x = 0 \lor x = 3$

Also ist $x = 3$ die einzige Nullstelle der Funktion, da $0 \notin D$.

(c) $x = 0$: $\displaystyle\lim_{x \to 0+} \frac{x^3 - 3x^2}{x^2 + x} = \lim_{x \to 0+} \frac{x^2 - 3x}{x+1} = 0$ und $\displaystyle\lim_{x \to 0-} f(x) = 0$

Also liegt bei $x = 0$ eine hebbare Lücke vor.

Für die einseitigen Grenzwerte bei $x = -1$ gilt mit $\tilde{f}(x) = \frac{x^2 - 3x}{x+1}$:

$$\lim_{x \to -1-} f(x) = \lim_{x \to -1-} \tilde{f}(x) = \lim_{\varepsilon \to 0+} \frac{(-1-\varepsilon)^2 - 3(-1-\varepsilon)}{-1-\varepsilon+1} = \lim_{\varepsilon \to 0+} \frac{4 + 5\varepsilon + \varepsilon^2}{-\varepsilon} = -\infty$$

$$\lim_{x \to -1+} f(x) = \lim_{x \to -1+} \tilde{f}(x) = \lim_{\varepsilon \to 0-} \frac{4 + 5\varepsilon + \varepsilon^2}{-\varepsilon} = \infty$$

Also ist die Gerade $x = -1$ eine senkrechte Asymptote.

(d) $\displaystyle\lim_{x \to \infty} f(x) = \lim_{x \to \infty} \frac{x^3 - 3x^2}{x^2 + x} = \lim_{x \to \infty} \frac{x - 3}{1 + \frac{1}{x}} = \infty$

$\displaystyle\lim_{x \to -\infty} f(x) = \lim_{x \to -\infty} \frac{x^3 - 3x^2}{x^2 + x} = \lim_{x \to -\infty} \frac{x - 3}{1 + \frac{1}{x}} = -\infty$

Mittels Polynomdivision erhält man die Asymptote:

$$(x^3 - 3x^2) : (x^2 + x) = x - 4 + \frac{4x}{x^2 + x}$$

Also ist $g(x) = x - 4$ eine Asymptote der Funktion f für $x \to \infty$ und für $x \to -\infty$.

Lösung zu Aufgabe 3.2

(a) Es sind die Nullstellen des Nennerpolynoms der Funktion f mit $f(x) = \frac{x^2 + x - 2}{x^4 - 2x^2 - 8}$ zu bestimmen. Durch die Substitution $y = x^2$ erhält man daraus die Bedingung $y^2 - 2y - 8 = 0$. Dies ist äquivalent zu $(y-4)(y+2) = 0$ bzw. $(x^2 - 4)(x^2 + 2) = 0$. Da der zweite Faktor immer positiv ist, resultiert die äquivalente Bedingung $x^2 - 4 = 0$ bzw. $x = 2 \lor x = -2$. Damit besitzt die Funktion f zwei Definitionslücken, d. h. $D = \mathbb{R} \backslash \{-2, 2\}$.

(b) Das Zählerpolynom von f hat die Nullstellen $x = 1$ und $x = -2$. Da -2 nicht im Definitionsbereich liegt, ist $x = 1$ die einzige Nullstelle der Funktion f.

(c) Aus den obigen Rechnungen folgt:

$$f(x) = \frac{(x-1)(x+2)}{(x-2)(x+2)(x^2+2)} = \frac{(x-1)}{(x-2)(x^2+2)}, \quad x \in D.$$

Es gilt $\lim\limits_{x \to -2-} f(x) = \lim\limits_{x \to -2+} f(x) = \frac{1}{8}$. Daher liegt an der Stelle $x = -2$ eine stetig hebbare Definitionslücke.

An der Stelle $x = 2$ liegt eine Polstelle mit $\lim\limits_{x \to 2-} f(x) = -\infty$ und $\lim\limits_{x \to 2+} f(x) = \infty$.

(d) Die Stetigkeitsbereiche von f sind $(-\infty, -2)$, $(-2, 2)$ und $(2, \infty)$.

(e) Da an der Stelle $x = 2$ eine Polstelle vorliegt, ist die Gerade $x = 2$ eine Asymptote. Weiterhin gilt $\lim\limits_{x \to -\infty} f(x) = \lim\limits_{x \to \infty} f(x) = 0$, da der größte Exponent des Zählerpolynoms kleiner ist als der des Nennerpolynoms. Somit ist die durch $y = 0$ gegebene Gerade eine Asymptote. Weitere Asymptoten gibt es nicht.

Kapitel 4

Lösung zu Aufgabe 4.1

(a) Es gilt $f(x) = \frac{(x+1)(x+2)}{(x+1)^2} = \frac{x+2}{x+1} = 1 + \frac{1}{x+1} = 1 + (x+1)^{-1}$, so dass für die erste Ableitung gilt (Kettenregel):

$$f'(x) = -(x+1)^{-2} = \frac{-1}{(x+1)^2}.$$

Mit Hilfe der Kettenregel erhält man hieraus:

$$f''(x) = 2(x+1)^{-3} = \frac{2}{(x+1)^3}$$

(b) Mit zweimaliger Anwendung der Produktregel sind die ersten beiden Ableitungen von $f(x) = x^3 e^{-x}$ gegeben durch:

$$f'(x) = 3x^2 e^{-x} + x^3 e^{-x} \cdot (-1) = (3x^2 - x^3)e^{-x}$$
$$f''(x) = (6x - 3x^2)e^{-x} + (3x^2 - x^3)(-e^{-x}) = (x^3 - 6x^2 + 6x)e^{-x}$$

(c) Die jeweilige Anwendung der Quotientenregel ergibt für $f(x) = \frac{1+\ln x}{x}$:

$$f'(x) = \frac{\frac{1}{x}x - (1 + \ln x) \cdot 1}{x^2} = \frac{-\ln x}{x^2}$$
$$f''(x) = \frac{-\frac{1}{x}x^2 - (-\ln x)2x}{x^4} = \frac{-x + 2x \ln x}{x^4} = \frac{2 \ln x - 1}{x^3}$$

Lösung zu Aufgabe 4.2

(a) Für $f(x) = \ln(x^2 - x - 2)$ gilt mit der Kettenregel: $f'(x) = \frac{2x-1}{x^2-x-2}$. Daraus erhält man mittels Quotientenregel:

$$f''(x) = \frac{2(x^2 - x - 2) - (2x - 1)(2x - 1)}{(x^2 - x - 2)^2}$$

$$= \frac{2x^2 - 2x - 4 - 4x^2 + 4x - 1}{(x^2 - x - 2)^2} = \frac{-2x^2 + 2x - 5}{(x^2 - x - 2)^2}.$$

Alternative: $f(x) = \ln((x + 1)(x - 2)) = \ln(x + 1) + \ln(x - 2)$

$$f'(x) = \frac{1}{x + 1} + \frac{1}{x - 2}$$

$$f''(x) = -\frac{1}{(x + 1)^2} - \frac{1}{(x - 2)^2}$$

(b) Mit der Kettenregel sowie der Kombination aus Ketten- und Produktregel erhält man für $f(x) = (x^3 + 1)^4 + 2x$:

$$f'(x) = 4(x^3 + 1)^3 \cdot 3x^2 + 2 = 12x^2(x^3 + 1)^3 + 2$$
$$f''(x) = 24x(x^3 + 1)^3 + 12x^2 \cdot 3(x^3 + 1)^2 \cdot 3x^2$$
$$= 12x(x^3 + 1)^2(2(x^3 + 1) + 9x^3) = 12x(x^3 + 1)^2(11x^3 + 2)$$

(c) Mit der Produktregel ergibt sich für $f(x) = (x^2 + 4x + 6)e^{-x}$:

$$f'(x) = (2x + 4)e^{-x} + (x^2 + 4x + 6)(-e^{-x}) = (-x^2 - 2x - 2)e^{-x}$$
$$f''(x) = (-2x - 2)e^{-x} + (-x^2 - 2x - 2)(-e^{-x}) = x^2e^{-x}$$

Lösung zu Aufgabe 4.3

(a) Die Berechnung der 1. Ableitung für $f(x) = (x^2 - 5)^5$ erfolgt mit der Kettenregel:

$$f'(x) = 5(x^2 - 5)^4 \cdot 2x = 10x(x^2 - 5)^4.$$

Mit Produkt- und Kettenregel ergibt sich für die 2. Ableitung:

$$f''(x) = 10(x^2 - 5)^4 + 10x \cdot 4(x^2 - 5)^3 \cdot 2x = 10(x^2 - 5)^4 + 80x^2(x^2 - 5)^3$$
$$= 10(x^2 - 5)^3(x^2 - 5 + 8x^2) = 10(x^2 - 5)^3(9x^2 - 5)$$

(b) Es gilt $f(x) = \ln(4x^3) = \ln 4 + 3\ln x$, so dass $f'(x) = \frac{3}{x}$ und $f''(x) = -\frac{3}{x^2}$.

(c) Mit der Quotientenregel ist für die 1. Ableitung von $f(x) = \frac{e^{x^2}}{x}$:

$$f'(x) = \frac{2xe^{x^2} \cdot x - e^{x^2} \cdot 1}{x^2} = \frac{(2x^2 - 1)e^{x^2}}{x^2}$$

Erneute Anwendung der Quotientenregel ergibt zusammen mit der Produktregel:

$$f''(x) = \frac{(4x \cdot e^{x^2} + (2x^2 - 1) \cdot 2xe^{x^2}) \cdot x^2 - (2x^2 - 1)e^{x^2} \cdot 2x}{x^4}$$

$$= \frac{(4x^2 + 4x^4 - 2x^2 - 4x^2 + 2)e^{x^2}}{x^3} = \frac{(4x^4 - 2x^2 + 2)e^{x^2}}{x^3}.$$

Lösung zu Aufgabe 4.4

(a) $a_n = \frac{3n^3 + 5}{(n^2 + 1)(n+1)} = \frac{3n^3 + 5}{n^3 + n^2 + n + 1} = \frac{3 + \frac{5}{n^3}}{1 + \frac{1}{n} + \frac{1}{n^2} + \frac{1}{n^3}} \longrightarrow 3$ für $n \to \infty$

(b) (i) $\lim\limits_{x \to 1-} \frac{\ln x}{x^2 - 1} \overset{\text{l'Hospital}}{=} \lim\limits_{x \to 1-} \frac{\frac{1}{x}}{2x} = \lim\limits_{x \to 1-} \frac{1}{2x^2} = \frac{1}{2}$; analog: $\lim\limits_{x \to 1+} f(x) = \frac{1}{2}$

   (ii) $\lim\limits_{x \to \infty} \frac{\ln x}{x^2 - 1} \overset{\text{l'Hospital}}{=} \lim\limits_{x \to \infty} \frac{\frac{1}{x}}{2x} = 0$

Lösung zu Aufgabe 4.5

(a) Die Elastizitätsfunktion ϵ_f von f ist gegeben durch

$$\epsilon_f(p) = p \cdot \frac{f'(p)}{f(p)} = p \cdot \frac{3p^2 + 10p + 4}{p^3 + 5p^2 + 4p} = \frac{3p^2 + 10p + 4}{p^2 + 5p + 4}.$$

(b) Die Nachfrage reagiert elastisch für alle p mit $|\epsilon_f(p)| > 1$. Da $\epsilon_f(p) > 0$ für alle $p > 0$, ist also nur $\epsilon_f(p) > 1$ zu betrachten.

$$\epsilon_f(p) > 1 \iff 3p^2 + 10p + 4 > p^2 + 5p + 4 \iff 2p^2 + 5p > 0$$

Da die letzte Ungleichung für alle $p > 0$ erfüllt ist, reagiert die Nachfrage für alle Preise $p > 0$ elastisch.

Lösung zu Aufgabe 4.6

(a) Die Elastizitätsfunktion ϵ_f von f ist gegeben durch $\epsilon_f(p) = p \cdot \frac{f'(p)}{f(p)}$. Mit

$$f'(p) = 2p \cdot e^{-p^2} + (p^2 + 1) \cdot e^{-p^2} \cdot (-2p)e^{-p^2}(2p - 2p^3 - 2p) = -2p^3 e^{-p^2}$$

gilt $\epsilon_f(p) = p \cdot \frac{-2p^3}{p^2 + 1} = -\frac{2p^4}{p^2 + 1}$.

(b) Die Nachfrage reagiert genau dann elastisch, wenn $|\epsilon_f(p)| > 1$. Wegen $p > 0$ gilt:

$$|\epsilon_f(p)| = \frac{2p^4}{p^2 + 1} > 1 \iff 2p^4 > p^2 + 1 \iff p^4 - \frac{1}{2}p^2 - \frac{1}{2} > 0$$

$$\iff (p^2 - 1)(p^2 + \frac{1}{2}) > 0 \iff p^2 > 1$$

$$\iff p > 1 \lor p < -1 \iff p > 1$$

Für $p > 1$ reagiert die Nachfrage elastisch.

Lösung zu Aufgabe 4.7

(a) Für $f(p) = p^a e^{-bp^c}$ ($a > 1$, $b, c > 0$, $p > 0$) gilt:

(i) Bestimmung des globalen Maximums der Funktion in $(0, \infty)$:

$$f'(p) = ap^{a-1}e^{-bp^c} + p^a e^{-bp^c}(-bcp^{c-1}) = e^{-bp^c}p^{a-1}(a - bcp^c)$$

(∗) Da $e^x > 0$ für alle $x \in \mathbb{R}$ und $p^{a-1} > 0$ (wegen $p > 0$), gilt:

$$f'(p) = 0 \iff a - bcp^c = 0 \iff p^c = \frac{a}{bc} \iff p = \left(\frac{a}{bc}\right)^{\frac{1}{c}}$$

Also ist $p^* = \left(\frac{a}{bc}\right)^{\frac{1}{c}}$ die mögliche Extremalstelle von f.

Monotonieverhalten von f:

$$f'(\tfrac{1}{2}p^*) = f'\left(\tfrac{1}{2}\left(\tfrac{a}{bc}\right)^{\frac{1}{c}}\right) > 0 \text{ (wegen (∗) und } a - \left(\tfrac{1}{2}\right)^c a > 0)$$

$$f'(2p^*) = f'\left(2\left(\tfrac{a}{bc}\right)^{\frac{1}{c}}\right) < 0 \text{ (wegen (∗) und } a - 2^c a < 0)$$

Damit liegt an der Stelle $p^* = \left(\frac{a}{bc}\right)^{\frac{1}{c}}$ ein globales Maximum vor, da f monoton steigend auf $(0, p^*)$ und monoton fallend auf (p^*, ∞) ist.

Die Nachfrage ist also für den Preis $p^* = \left(\frac{a}{bc}\right)^{\frac{1}{c}}$ maximal.

(ii) Die Elastizitätsfunktion ϵ_f von f ist gegeben durch

$$\epsilon_f(p) = p \cdot \frac{f'(p)}{f(p)} \overset{\text{(i)}}{=} p\frac{p^{a-1}(a - bcp^c)}{p^a} = a - bcp^c.$$

(iii) $\epsilon_f(p) < -1 \iff a - bcp^c < -1 \iff -bcp^c < -1 - a$

$$\iff p^c > \tfrac{-1-a}{-bc} \iff p > \left(\tfrac{1+a}{bc}\right)^{\frac{1}{c}}$$

$\epsilon_f(p) > 1 \iff a - bcp^c > 1$

$$\iff p^c < \tfrac{a-1}{bc} \iff p < \left(\tfrac{a-1}{bc}\right)^{\frac{1}{c}}$$

Die Nachfrage reagiert für alle $p > \left(\frac{1+a}{bc}\right)^{\frac{1}{c}}$ und für alle $p < \left(\frac{a-1}{bc}\right)^{\frac{1}{c}}$ elastisch.

(b) $\epsilon_{f+g}(p) = p \cdot \dfrac{(f+g)'(p)}{(f+g)(p)} = p \cdot \dfrac{f'(p) + g'(p)}{f(p) + g(p)} \overset{\text{(a)}}{=} p \cdot \dfrac{p^{a-1}(a - bcp^c) + p^{d-1}(d - bcp^c)}{p^a + p^d}$

$= \dfrac{p^a(a - bcp^c) + p^d(d - bcp^c)}{p^a + p^d} \qquad\qquad = \dfrac{-bcp^c(p^a + p^d) + ap^a + dp^d}{p^a + p^d}$

$= -bcp^c + \dfrac{ap^a + ap^d - ap^d + dp^d}{p^a + p^d} \qquad = -bcp^c + \dfrac{a(p^a + p^d)}{p^a + p^d} + \dfrac{-ap^d + dp^d}{p^a + p^d}$

$= a - bcp^c + (d - a)\dfrac{p^d}{p^a + p^d}$

Lösung zu Aufgabe 4.8

(a) Mit Polynomdivision folgt: $f(x) = 6(x-1)(x^2 - 3x + 2) = 6(x-1)^2(x-2)$, d.h. $x=1$ und $x=2$ sind die Nullstellen von f.

(b) Mit $f'(x) = 6(3x^2 - 8x + 5)$ ist

$$f'(x) = 0 \iff x^2 - \tfrac{8}{3}x + \tfrac{5}{3} = 0 \iff x = \tfrac{5}{3} \lor x = 1$$

Vorzeichen von $f'(x)$:

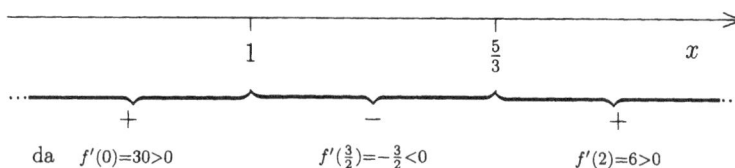

d.h. f ist streng monoton wachsend auf $(-\infty, 1)$ und auf $(\tfrac{5}{3}, \infty)$ sowie streng monoton fallend auf $(1, \tfrac{5}{3})$.

(c) Aus (b) folgt direkt:

$x=1$ ist lokale Maximalstelle; $f(1) = 0$ ist lokales Maximum der Funktion.
$x = \tfrac{5}{3}$ ist lokale Minimalstelle; $f(\tfrac{5}{3}) = -\tfrac{8}{9}$ ist lokales Minimum von f.

(d) Wegen $\lim\limits_{x \to \infty} f(x) = \infty$, $\lim\limits_{x \to -\infty} f(x) = -\infty$ sind die lokalen Extrema nicht global.

(e) Mit $f''(x) = 12(3x - 4)$ ist $f''(x) = 0 \iff x = \tfrac{4}{3}$.

Vorzeichen von $f''(x)$:

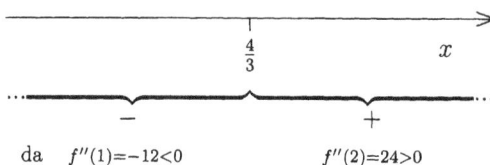

Also ist f konkav auf $(-\infty, \tfrac{4}{3})$ und konvex auf $(\tfrac{4}{3}, \infty)$.

(f) Aus (e) folgt: $x = \tfrac{4}{3}$ ist die einzige Wendestelle von f, da bei $x = \tfrac{4}{3}$ die zweite Ableitung von f ihr Vorzeichen wechselt. $f'(\tfrac{4}{3}) = -2$ ist die Steigung der Tangente an f im Wendepunkt $(\tfrac{4}{3}, f(\tfrac{4}{3}))$.

Lösung zu Aufgabe 4.9

Kurvendiskussion für $f(x) = \tfrac{1}{5}(x^4 - 8x^2 - 9)$:

(a) $D = \mathbb{R}$

(b) $\lim\limits_{x \to \infty} f(x) = \infty$, $\lim\limits_{x \to -\infty} f(x) = \infty$

(c) $f(x) = 0 \iff \frac{1}{5}(x^4 - 8x^2 - 9) = 0 \iff x^4 - 8x^2 - 9 = 0$

Substituiere $z = x^2$: $z^2 - 8z - 9 = 0 \iff (z+1)(z-9) = 0 \iff z = -1 \lor z = 9$
Die Rücksubstitution ergibt $x^2 = -1 \lor x^2 = 9$. Daher hat f die Nullstellen $x = 3$
und $x = -3$.

(d) $f'(x) = \frac{1}{5}(4x^3 - 16x) = 0 \iff 4x(x^2 - 4) = 0 \iff x = 0 \lor x = -2 \lor x = 2$

Vorzeichen von $f'(x)$:

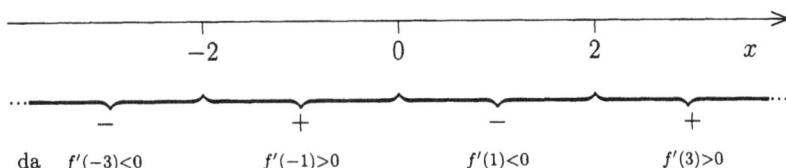

Die Funktion f ist streng monoton fallend in den Intervallen $(-\infty, -2)$ und $(0, 2)$
sowie streng monoton wachsend in den Intervallen $(-2, 0)$ und $(2, \infty)$.

(e) Die möglichen Extremalstellen sind $x = -2$, $x = 0$ und $x = 2$. Aufgrund des
in (d) untersuchten Monotonieverhaltens von f hat die Funktion lokale Minima
bei $x = -2$ und $x = 2$. Die Minimalpunkte sind $(-2, f(-2)) = (-2, -5)$ und
$(2, f(2)) = (2, -5)$. Ferner hat f ein lokales Maximum bei $x = 0$. Der Maximalpunkt ist $(0, f(0)) = (0, -\frac{9}{5})$.

(f) $f''(x) = \frac{1}{5}(12x^2 - 16) = 0$

$\iff 3x^2 - 4 = 0 \iff x = \sqrt{\frac{4}{3}} \lor x = -\sqrt{\frac{4}{3}} \iff x = \frac{2}{\sqrt{3}} \lor x = -\frac{2}{\sqrt{3}}$

Vorzeichen von $f''(x)$:

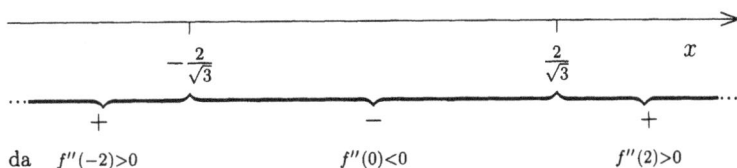

Die Funktion ist also konvex in $(-\infty, -\frac{2}{\sqrt{3}})$ und in $(\frac{2}{\sqrt{3}}, \infty)$ sowie konkav in
$(-\frac{2}{\sqrt{3}}, \frac{2}{\sqrt{3}})$.

(g) f hat an der Stelle x eine Wendestelle, falls in x die zweite Ableitung von f ihr
Vorzeichen wechselt. Also hat nach (f) die Funktion f Wendestellen in $x = -\frac{2}{\sqrt{3}}$
und in $x = \frac{2}{\sqrt{3}}$.

Mit $f(-\frac{2}{\sqrt{3}}) = \frac{1}{5}(\frac{16}{9} - 8 \cdot \frac{4}{3} - 9) = \frac{1}{5} \cdot \frac{16 - 96 - 81}{9} = -\frac{161}{45} = -3.5\overline{7} = f(\frac{2}{\sqrt{3}})$ erhält
man als Wendepunkte:

$$\left(-\frac{2}{\sqrt{3}}, -\frac{161}{45}\right) \approx (-1.15, -3.58) \text{ und } \left(\frac{2}{\sqrt{3}}, -\frac{161}{45}\right) \approx (1.15, -3.58).$$

Skizze des Graphen

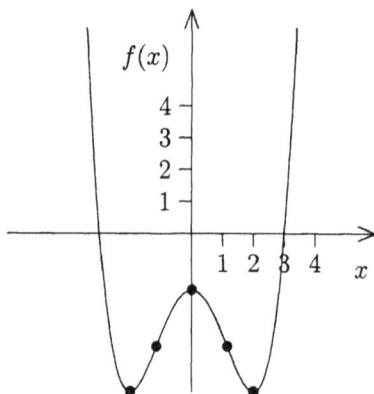

Lösung zu Aufgabe 4.10

Kurvendiskussion für $f(x) = \frac{e^x}{x^2}$

(a) $D = \mathbb{R}\backslash\{0\}$

(b) $\lim\limits_{x\to 0+} f(x) = \lim\limits_{x\to 0+} \frac{e^x}{x^2} = \infty$, $\lim\limits_{x\to 0-} f(x) = \lim\limits_{x\to 0-} \frac{e^x}{x^2} = \infty$

(c) Mit der Regel von l'Hospital erhält man:

$$\lim\limits_{x\to\infty} f(x) = \lim\limits_{x\to\infty} \frac{e^x}{x^2} = \lim\limits_{x\to\infty} \frac{e^x}{2x} = \lim\limits_{x\to\infty} \frac{e^x}{2} = \infty, \quad \lim\limits_{x\to-\infty} f(x) = \lim\limits_{x\to-\infty} \frac{e^x}{x^2} = 0$$

(d) Die Funktion hat keine Nullstelle, da $e^x > 0$ für alle $x \in \mathbb{R}$.

(e) Monotonieverhalten: $f'(x) = \frac{e^x x^2 - e^x 2x}{x^4} = \frac{e^x(x-2)}{x^3}$

Es gilt: $f'(x) = 0 \iff e^x(x-2) = 0 \iff x = 2$.

Vorzeichen von $f'(x)$:

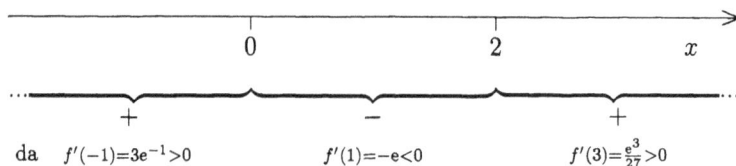

	0		2	x
$+$		$-$		$+$
da $f'(-1)=3e^{-1}>0$		$f'(1)=-e<0$		$f'(3)=\frac{e^3}{27}>0$

Also ist die Funktion f streng monoton steigend in $(-\infty, 0)$ und in $(2, \infty)$ sowie streng monoton fallend in $(0, 2)$.

(f) Aufgrund des in (e) untersuchten Monotonieverhaltens von f hat die Funktion an der Stelle $x = 2$ ein lokales Minimum. Der Minimalpunkt ist $(2, f(2)) = (2, \frac{1}{4}e^2)$.

(g) Krümmungsverhalten:

$$f''(x) = \frac{(e^x(x-2) + e^x)x^3 - e^x(x-2)3x^2}{x^6}$$

$$= \frac{(e^x(x-2) + e^x)x - 3e^x(x-2)}{x^4}$$

$$= \frac{e^x(x^2 - 2x + x - 3x + 6)}{x^4} = \frac{e^x(x^2 - 4x + 6)}{x^4}$$

Da $f''(x) = 0 \iff e^x(x^2 - 4x + 6) = 0 \iff x^2 - 4x + 6 = 0 \iff (x-2)^2 = -2$
hat f'' keine (reelle) Nullstelle.

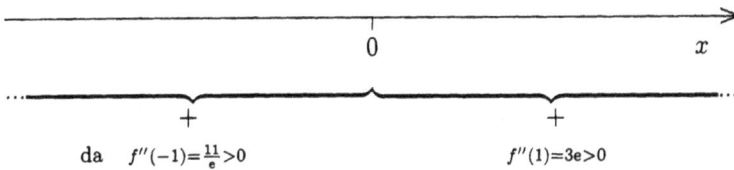

$$\text{da} \quad f''(-1) = \tfrac{11}{e} > 0 \qquad\qquad f''(1) = 3e > 0$$

Also ist die Funktion konvex auf dem gesamten Definitionsbereich.

(h) Die Funktion hat keine Wendepunkte, da die zweite Ableitung keine Nullstelle hat.

Skizze des Graphen

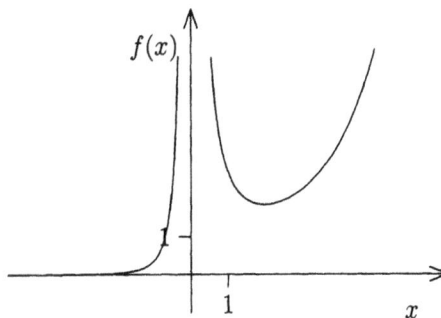

Kapitel 5

Lösung zu Aufgabe 5.1

(a) Die Behauptung lautet: $\sum_{i=1}^{n} i^3 = \frac{n^2(n+1)^2}{4}$ für alle $n \in \mathbb{N}$.

Induktionsanfang ($n = 1$): $\sum_{i=1}^{1} i^3 = 1^3 = 1 = \frac{1^2(1+1)^2}{4}$

Induktionsvoraussetzung: Die Gleichung gelte für ein $n \in \mathbb{N}$.

Induktionsschritt $(n \longrightarrow n + 1)$:

$$\sum_{i=1}^{n+1} i^3 = \sum_{i=1}^{n} i^3 + (n+1)^3 = \frac{n^2(n+1)^2}{4} + (n+1)^3$$

$$= \frac{n^2(n+1)^2}{4} + \frac{4(n+1)(n+1)^2}{4}$$

$$= \frac{(n+1)^2}{4}(n^2 + 4n + 4) = \frac{(n+1)^2(n+2)^2}{4}.$$

Also gilt die Gleichung für alle $n \in \mathbb{N}$.

(b) Untersumme:

$$S_u^{(n)}(f) = \sum_{i=1}^{n} \left(\frac{i-1}{n}\right)^3 \cdot \frac{1}{n} = \frac{1}{n^4} \sum_{i=1}^{n} (i-1)^3 = \frac{1}{n^4} \sum_{i=0}^{n-1} i^3$$

$$= \frac{1}{n^4} \sum_{i=1}^{n-1} i^3 = \frac{1}{n^4} \cdot \frac{(n-1)^2 n^2}{4} = \frac{1}{4} \cdot \frac{n^4 - 2n^3 + n^2}{n^4}$$

$$= \frac{1}{4}\left(1 - \frac{2}{n} + \frac{1}{n^2}\right) \xrightarrow{n \to \infty} \frac{1}{4} = \underline{S}$$

Obersumme:

$$S_o^{(n)}(f) = \sum_{i=1}^{n} \left(\frac{i}{n}\right)^3 \cdot \frac{1}{n} = \frac{1}{n^4} \sum_{i=1}^{n} i^3 = \frac{1}{n^4} \cdot \frac{n^2(n+1)^2}{4}$$

$$= \frac{1}{4} \cdot \frac{n^4 + 2n^3 + n^2}{n^4} = \frac{1}{4}\left(1 + \frac{2}{n} + \frac{1}{n^2}\right) \xrightarrow{n \to \infty} \frac{1}{4} = \overline{S}$$

Also gilt: $\underline{S} = \overline{S} = \frac{1}{4}$ und damit $\int_0^1 x^3 dx = \frac{1}{4}$.

Lösung zu Aufgabe 5.2

(a) $\int_{-1}^{1} (1 - x^4)\, dx = \left[x - \frac{x^5}{5}\right]_{-1}^{1} = \left(1 - \frac{1}{5}\right) - \left(-1 + \frac{1}{5}\right) = \frac{8}{5}$

(b) $\int_{1}^{2} \frac{x^2+1}{2x}\, dx = \int_{1}^{2} \left(\frac{1}{2}x + \frac{1}{2x}\right) dx = \int_{1}^{2} \left(\frac{1}{2}x + \frac{1}{2}x^{-1}\right) dx$

$\qquad = \left[\frac{x^2}{4} + \frac{1}{2}\ln|x|\right]_{1}^{2} = 1 + \frac{1}{2}\ln 2 - \left(\frac{1}{4} + 0\right) = \frac{3}{4} + \frac{1}{2}\ln 2 \approx 1.097$

(c) Der Integrand ist von der Form $\frac{f'(x)}{f(x)}$ mit
$f(x) = x^2 - 2x + 2 = (x-1)^2 + 1 > 0$ für alle $x \in \mathbb{R}$. Daher ist:

$$\int_{1}^{3} \frac{2x - 2}{x^2 - 2x + 2}\, dx = \ln\left(x^2 - 2x + 2\right)\Big|_{1}^{3} = \ln 5$$

Lösung zu Aufgabe 5.3

(a) $\int_1^e \frac{x^2-2x+1}{x^2(x-1)}\,dx = \int_1^e \frac{(x-1)^2}{x^2(x-1)}\,dx = \int_1^e \frac{x-1}{x^2}\,dx = \int_1^e \left(\frac{1}{x} - \frac{1}{x^2}\right) dx = \left[\ln x + \frac{1}{x}\right]_1^e = \frac{1}{e}$

(b) Substitution (mit $f(x) = x^2 + 1$, $g(y) = e^{-y}$) ergibt:

$$\int_0^1 \frac{-2x}{e^{x^2+1}}\,dx = -\int_0^1 g(f(x))f'(x)\,dx = -\int_{f(0)}^{f(1)} g(y)\,dy = -\int_1^2 e^{-y}\,dy = e^{-y}\big|_1^2 = \frac{1}{e^2} - \frac{1}{e}$$

(c) Der Integrand ist von der Form $\frac{f'(x)}{f(x)}$ mit $f(x) = 1 - x^3 > 0$ für alle $x \in (0, \frac{1}{2})$. Daher ist:

$$\int_0^{\frac{1}{2}} \frac{-3x^2}{1-x^3}\,dx = \ln(1-x^3)\Big|_0^{\frac{1}{2}} = \ln \tfrac{7}{8}$$

Lösung zu Aufgabe 5.4

(a) $\int_0^1 (x^3 + \sqrt[3]{x})\,dx = \int_0^1 \left(x^3 + x^{\frac{1}{3}}\right) dx = \left[\frac{1}{4}x^4 + \frac{3}{4}x^{\frac{4}{3}}\right]_0^1 = \frac{1}{4} + \frac{3}{4} = 1$

(b) Mittels partieller Integration erhält man:

$$\begin{aligned}
\int_e^{e^3} x^2 \ln x\,dx &= \frac{1}{3}x^3 \ln x\Big|_e^{e^3} - \int_e^{e^3} \frac{1}{3}x^2\,dx = \left(\frac{1}{3}x^3 \ln x - \frac{1}{9}x^3\right)\Big|_e^{e^3} \\
&= \frac{1}{3}e^9 \cdot 3 - \frac{1}{9}e^9 - \frac{1}{3}e^3 + \frac{1}{9}e^3 = \frac{8}{9}e^9 - \frac{2}{9}e^3 = \frac{2}{9}e^3(4e^6 - 1)
\end{aligned}$$

(c) Der Integrand ist von der Form $\frac{f'(x)}{f(x)}$ mit $f(x) = x^2 + 2x = x(x+2) > 0$ für alle $x > 0$. Daher gilt:

$$\begin{aligned}
\int_{\sqrt{2}-1}^e \frac{2x+2}{x^2+2x}\,dx &= \ln(x^2 + 2x)\big|_{\sqrt{2}-1}^e = \ln(e^2 + 2e) - \ln((\sqrt{2}-1)^2 + 2\sqrt{2} - 2) \\
&= \ln(e(e+2)) - \ln(2 - 2\sqrt{2} + 1 + 2\sqrt{2} - 2) \\
&= \ln e + \ln(e+2) - \ln 1 = 1 + \ln(e+2)
\end{aligned}$$

Lösung zu Aufgabe 5.5

(a) $\int_0^1 (x^2 + x + 1)\,dx = \left[\frac{x^3}{3} + \frac{x^2}{2} + x\right]_0^1 = \left(\frac{1}{3} + \frac{1}{2} + 1\right) - 0 = \frac{11}{6}$

(b) $\int_0^1 (5\sqrt[4]{x} + 6\sqrt[5]{x})\,dx = \int_0^1 \left(5x^{\frac{1}{4}} + 6x^{\frac{1}{5}}\right) dx = \left[4x^{\frac{5}{4}} + 5x^{\frac{6}{5}}\right]_0^1 = 4 + 5 - 0 = 9$

(c) Berechnung des Integrals mit partieller Integration ($f'(x) = x^{-2}$, $g(x) = \ln x$):

$$\begin{aligned}
\int_1^e \frac{\ln x}{x^2}\,dx &= \int_1^e x^{-2} \ln x\,dx = \int_1^e f'(x)g(x)\,dx \\
&= -x^{-1} \ln x\big|_1^e - \int_1^e -x^{-1}\frac{1}{x}\,dx = \left[-\frac{\ln x}{x}\right]_1^e + \int_1^e x^{-2}\,dx \\
&= \left[-\frac{\ln x}{x} - \frac{1}{x}\right]_1^e = -\left(\frac{1}{e} + \frac{1}{e}\right) + (0 + 1) = 1 - \frac{2}{e} \approx 0.264
\end{aligned}$$

(d) Unter Verwendung von Aufgabenteil (c) und der Regel von l'Hospital ist

$$\lim_{b\to\infty}\int_1^b \tfrac{\ln x}{x^2}dx = \lim_{b\to\infty}\left[-\tfrac{\ln x}{x}-\tfrac{1}{x}\right]_1^b = \lim_{b\to\infty}-\tfrac{\ln x+1}{x}\Big|_1^b$$

$$= \lim_{b\to\infty}-\tfrac{\ln b+1}{b}+1 = \lim_{b\to\infty}-\tfrac{\frac{1}{b}}{1}+1 = 1$$

Lösung zu Aufgabe 5.6

(a) (i) Bestimmung der Stammfunktion mittels partieller Integration:

$\int g(x)dx = \int xe^x\,dx = xe^x - \int e^x\,dx = xe^x - e^x = e^x(x-1)$

(ii) $\int x^2 e^x\,dx = x^2 e^x - 2\int xe^x\,dx \overset{(i)}{=} x^2 e^x - 2e^x(x-1) = e^x(x^2 - 2x + 2)$

(b) (i) Bestimmung der Nullstellen von f:

$$f(x) = 0 \iff x^2 - \tfrac{3}{2}x = 0 \iff x(x - \tfrac{3}{2}) = 0 \iff x = 0 \lor x = \tfrac{3}{2}$$

Da $f(1)$ negativ ist, verläuft der Graph der Funktion f zwischen den Nullstellen unterhalb der x-Achse. Daher ist der gesuchte Flächeninhalt $F = -\int_0^{\frac{3}{2}} f(x)\,dx$. Es gilt:

$$F = -\int_0^{\frac{3}{2}}(x^2 e^x - \tfrac{3}{2}xe^x)\,dx \overset{(a)}{=} -\left[e^x(x^2 - 2x + 2) - \tfrac{3}{2}e^x(x-1)\right]_0^{\frac{3}{2}}$$

$$= -\left[e^x(x^2 - \tfrac{7}{2}x + \tfrac{7}{2})\right]_0^{\frac{3}{2}} = -e^{\frac{3}{2}}\left(\tfrac{9}{4} - \tfrac{21}{4} + \tfrac{7}{2}\right) + \tfrac{7}{2} = \tfrac{7}{2} - \tfrac{1}{2}e^{\frac{3}{2}} \approx 1.26$$

Der Flächeninhalt beträgt also ungefähr 1.26 Flächeneinheiten.

(ii) Bestimmung des uneigentlichen Integrals:

$$\int_{-\infty}^0 \left(x^2 - \tfrac{3}{2}x\right)e^x\,dx = \lim_{a\to-\infty}\int_a^0\left(x^2 - \tfrac{3}{2}x\right)e^x\,dx \overset{(i)}{=} \lim_{a\to-\infty}\left[e^x(x^2 - \tfrac{7}{2}x + \tfrac{7}{2})\right]_a^0$$

$$= \tfrac{7}{2} - \lim_{a\to-\infty}\tfrac{a^2 - \frac{7}{2}a + \frac{7}{2}}{e^{-a}} = \tfrac{7}{2} - \lim_{a\to-\infty}\tfrac{2a - \frac{7}{2}}{-e^{-a}}$$

$$= \tfrac{7}{2} - \lim_{a\to-\infty}\tfrac{2}{e^{-a}} = \tfrac{7}{2},$$

wobei in den beiden letzten Schritten eine der Regeln von l'Hospital verwendet wird.

Lösung zu Aufgabe 5.7

Kurvendiskussion für $f(x) = \frac{(x^2-1)(x+2)}{x(x-1)}$:

(a) (i) $D = \mathbb{R}\backslash\{0,1\}$

(ii) Für alle $x \neq 1$ gilt: $f(x) = \frac{(x-1)(x+1)(x+2)}{x(x-1)} = \frac{(x+1)(x+2)}{x} = \tilde{f}(x)$.

Da $\widetilde{f}$ in $x = 1$ stetig ist, hat f in $x = 1$ eine stetig hebbare Lücke mit Wert $\lim\limits_{x\to 1-} f(x) = \lim\limits_{x\to 1+} f(x) = \widetilde{f}(1) = 6$.

$\lim\limits_{x\to 0-} f(x) = \lim\limits_{x\to 0-} \widetilde{f}(x) = \lim\limits_{x\to 0-} \frac{(x+1)(x+2)}{x} = -\infty$, $\lim\limits_{x\to 0+} f(x) = \infty$

Also ist die Gerade $x = 0$ eine senkrechte Asymptote.

Verhalten im Unendlichen:

$$\lim_{x\to\infty} f(x) = \lim_{x\to\infty} \widetilde{f}(x) = \lim_{x\to\infty} \frac{x^2+3x+2}{x} = \lim_{x\to\infty} \left(x + 3 + \tfrac{2}{x}\right) = \infty$$

$$\lim_{x\to -\infty} f(x) = -\infty$$

(iii) Da für $x \neq 1$ die Gleichheit $f(x) = \widetilde{f}(x) = \frac{x^2+3x+2}{x}$ gilt, genügt es, im Folgenden die Ersatzfunktion $\widetilde{f}$ zu untersuchen.

$$\widetilde{f}'(x) = \frac{(2x+3)x - (x^2+3x+2)}{x^2} = \frac{x^2-2}{x^2}$$

$$\widetilde{f}'(x) = 0 \iff x^2 - 2 = 0 \iff x = \sqrt{2} \lor x = -\sqrt{2}$$

Vorzeichen von $\widetilde{f}'(x)$:

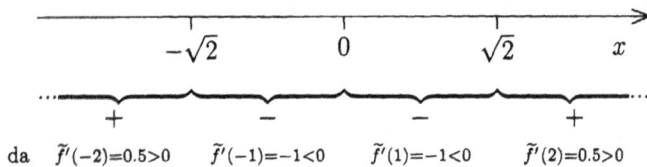

$$\text{da} \quad \widetilde{f}'(-2)=0.5>0 \qquad \widetilde{f}'(-1)=-1<0 \qquad \widetilde{f}'(1)=-1<0 \qquad \widetilde{f}'(2)=0.5>0$$

Da die Funktionen f und $\widetilde{f}$ auf D übereinstimmen, ist also f streng monoton fallend auf $(-\sqrt{2},0)$, $(0,\sqrt{2}) \setminus \{1\}$ sowie streng monoton wachsend auf $(-\infty, -\sqrt{2})$ und auf $(\sqrt{2}, \infty)$.

(iv) Aufgrund des in (iii) untersuchten Monotonieverhaltens hat die Funktion f ein lokales Maximum bei $x = -\sqrt{2}$. Der Maximalpunkt von f ist $(-\sqrt{2}, f(-\sqrt{2})) = (-\sqrt{2}, 3 - 2\sqrt{2})$.

Ebenfalls aufgrund von (iii) hat die Funktion ein lokales Minimum in $x = \sqrt{2}$. Der lokale Minimalpunkt ist $(\sqrt{2}, f(\sqrt{2})) = (\sqrt{2}, 3 + 2\sqrt{2})$.

(Die Extrema sind nicht global aufgrund von (ii).)

(v) Es ist $\widetilde{f}''(x) = \frac{2x^2-(x^2-2)2}{x^3} = \frac{4}{x^3}$. Da $\widetilde{f}''(x) < 0$ für alle $x \in (-\infty, 0)$ und $\widetilde{f}''(x) > 0$ für alle $x \in (0, \infty)$, gilt:

f ist konkav auf $(-\infty, 0)$ und konvex auf $(0, \infty)\setminus\{1\}$.

(b) Im Intervall $(1, \mathrm{e})$ liegt keine Nullstelle von f, und $f(x) > 0$ für alle $x \in (1, \mathrm{e})$. Daher gibt

$$\begin{aligned}
\int_1^{\mathrm{e}} \widetilde{f}(x)dx &= \int_1^{\mathrm{e}} \tfrac{x^2+3x+2}{x}dx = \int_1^{\mathrm{e}} \left(x + 3 + \tfrac{2}{x}\right) dx \\
&= \left[\tfrac{1}{2}x^2 + 3x + 2\ln x\right]_1^{\mathrm{e}} = \tfrac{1}{2}\mathrm{e}^2 + 3\mathrm{e} + 2\ln\mathrm{e} - \tfrac{1}{2} - 3 - 2\ln 1 \\
&= \tfrac{1}{2}\mathrm{e}^2 + 3\mathrm{e} - \tfrac{3}{2} = \mathrm{e}\left(\tfrac{1}{2}\mathrm{e} + 3\right) - \tfrac{3}{2}
\end{aligned}$$

den Flächeninhalt der eingeschlossenen Fläche an.

Kapitel 6

Lösung zu Aufgabe 6.1

Berechnung der partiellen Ableitungen:

$$\frac{\partial}{\partial x}f(x,y) = 12 - 3x^2 - 12y^2, \quad \frac{\partial}{\partial y}f(x,y) = -24xy.$$

Bestimmung der stationären Punkte (mögliche Extrema), d. h. Bestimmung der Lösungen von $\mathbf{grad}\, f(x,y) = (0,0)$:

$$\frac{\partial}{\partial y}f(x,y) = -24xy = 0 \iff x = 0 \lor y = 0.$$

$x = 0$ in $\frac{\partial}{\partial x}f(x,y) = 0$ eingesetzt ergibt $y^2 = 1 \iff y = 1 \lor y = -1$. Also erhält man hier die zwei stationären Punkte $(0,1)$ und $(0,-1)$.

$y = 0$ in $\frac{\partial}{\partial x}f(x,y) = 0$ eingesetzt ergibt $x^2 = 4 \iff x = 2 \lor x = -2$, und damit die weiteren stationären Punkte $(2,0)$ und $(-2,0)$.

Zur Überprüfung, ob Extrema vorliegen, berechnet man zunächst die zweiten partiellen Ableitungen:

$$\frac{\partial^2}{\partial x \partial x}f(x,y) = -6x, \quad \frac{\partial^2}{\partial y \partial y}f(x,y) = -24x, \quad \frac{\partial^2}{\partial x \partial y}f(x,y) = -24y.$$

Damit erhält man:

$$D(x,y) = \frac{\partial^2}{\partial x \partial x}f(x,y)\frac{\partial^2}{\partial y \partial y}f(x,y) - \left(\frac{\partial^2}{\partial x \partial y}f(x,y)\right)^2 = 144x^2 - 576y^2.$$

Dann gilt:

$D(0,1) = -576 < 0$, in $(0,1)$ liegt damit kein lokales Extremum vor;

$D(0,-1) = -576 < 0$, in $(0,-1)$ liegt damit kein lokales Extremum vor;

$D(2,0) = 576 > 0$, in $(2,0)$ liegt ein lokales Extremum vor, das wegen $\frac{\partial^2}{\partial x \partial x}f(2,0) = -12 < 0$ ein lokales Maximum ist;

$D(-2,0) = 576 > 0$, in $(-2,0)$ liegt ein lokales Extremum vor, das wegen $\frac{\partial^2}{\partial x \partial x}(-2,0) = 12 > 0$ ein lokales Minimum ist.

Lösung zu Aufgabe 6.2

(a) Zur Bestimmung der stationären Punkte von f setzt man $\mathbf{grad}\, f(x,y) = (0,0)$:

$$\frac{\partial}{\partial x}f(x,y) = 3x^2 + 2xy - 3 = 0$$

$$\frac{\partial}{\partial y}f(x,y) = x^2 + \tfrac{4}{3}y - 1 = 0 \iff y = \tfrac{3}{4}(1 - x^2)$$

In $\frac{\partial}{\partial x} f(x, y) = 0$ eingesetzt ergibt sich

$$3x^2 + \tfrac{3}{2}x(1 - x^2) - 3 = 0 \iff -\tfrac{3}{2}x^3 + 3x^2 + \tfrac{3}{2}x - 3 = 0$$
$$\iff x^3 - 2x^2 - x + 2 = 0 \iff \ldots \iff (x^2 - 1)(x - 2) = 0$$
$$\iff x = 1 \lor x = -1 \lor x = 2$$

Damit sind die stationären Punkte von f gegeben durch $(1, 0)$, $(-1, 0)$, $(2, -\tfrac{9}{4})$.

(b) Mit $\frac{\partial^2}{\partial x \partial x} f(x, y) = 6x + 2y$, $\frac{\partial^2}{\partial y \partial y} f(x, y) = \tfrac{4}{3}$ und $\frac{\partial^2}{\partial x \partial y} f(x, y) = 2x$ ist

$$D(x, y) = \frac{\partial^2}{\partial x \partial x} f(x, y) \frac{\partial^2}{\partial y \partial y} f(x, y) - \left(\frac{\partial^2}{\partial x \partial y} f(x, y) \right)^2 = \tfrac{4}{3}(6x + 2y) - 4x^2$$

Es gilt: $D(1, 0) = 8 - 4 > 0$, also liegt in $(1, 0)$ ein lokales Extremum vor. Dies ist ein lokales Minimum, da $\frac{\partial^2}{\partial x \partial x} f(1, 0) = 6 > 0$.

Weiterhin ist $D(-1, 0) = -8 - 4 < 0$ und $D\left(2, -\tfrac{9}{4}\right) = 10 - 16 < 0$. Also gibt es keine weiteren lokalen Extrema.

(c) f hat keine globalen Extrema, da für jedes feste y gilt: $\lim\limits_{x \to -\infty} f(x, y) = -\infty$ und $\lim\limits_{x \to \infty} f(x, y) = \infty$.

Lösung zu Aufgabe 6.3

(a) Die Lagrange-Funktion von f unter der gegebenen Nebenbedingung $x + y = 1$ lautet:

$$L(x, y; \lambda) = 2x^2 + 5y^2 + xy + \lambda(x + y - 1).$$

Zur Bestimmung der stationären Punkte von L löst man das Gleichungssystem $\operatorname{grad} L(x, y; \lambda) = (0, 0, 0)$, d. h.

$$\frac{\partial}{\partial x} L(x, y; \lambda) = 4x + y + \lambda \overset{!}{=} 0 \quad \text{(I)}$$
$$\frac{\partial}{\partial y} L(x, y; \lambda) = x + 10y + \lambda \overset{!}{=} 0 \quad \text{(II)}$$
$$\frac{\partial}{\partial \lambda} L(x, y; \lambda) = x + y - 1 \overset{!}{=} 0 \quad \text{(III)}$$

(II)−(I) ergibt: $9y - 3x = 0 \iff 3y = x$. Einsetzen in (III) ergibt: $4y = 1 \iff y = \tfrac{1}{4}$, und damit erhält man $x = \tfrac{3}{4}$, $\lambda = -\tfrac{13}{4}$. Also ist $(x, y, \lambda) = (\tfrac{3}{4}, \tfrac{1}{4}, -\tfrac{13}{4})$ der einzige stationäre Punkt von L. Damit liegt bei $(x, y) = (\tfrac{3}{4}, \tfrac{1}{4})$ ein mögliches Extremum von f unter der Nebenbedingung $x + y = 1$.

(b) Zur Bestimmung der lokalen Extrema bestimmt man zunächst die Lösungen von $\operatorname{grad} f(x, y) = (0, 0)$:

$$\frac{\partial}{\partial x} f(x, y) = 4x + y \overset{!}{=} 0 \iff y = -4x$$
$$\frac{\partial}{\partial y} f(x, y) = x + 10y \overset{!}{=} 0$$

Einsetzen von $y = -4x$ in die zweite Gleichung liefert $x - 40x = 0 \iff x = 0$. Also ist $(0, 0)$ der einzige stationäre Punkt von f.

Da $\frac{\partial^2}{\partial x \partial x} f(x,y) = 4$, $\frac{\partial^2}{\partial y \partial y} f(x,y) = 10$ und $\frac{\partial^2}{\partial x \partial y} f(x,y) = 1$ für alle $(x,y) \in \mathbb{R}^2$, ist

$$D(x,y) = \frac{\partial^2}{\partial x \partial x} f(x,y) \frac{\partial^2}{\partial y \partial y} f(x,y) - \left(\frac{\partial^2}{\partial x \partial y} f(x,y)\right)^2 = 39 > 0.$$

Also liegt im Punkt $(0,0)$ ein lokales Extremum vor. Da weiter $\frac{\partial^2}{\partial x \partial x} f(x,y) > 0$ ist, liegt bei $(x,y) = (0,0)$ ein lokales Minimum. Dies ist ein globales Minimum, da $D(x,y) > 0$ und $\frac{\partial^2}{\partial x \partial x} f(x,y) > 0$ für alle $(x,y) \in \mathbb{R}^2$ gilt.

(c) Einsetzen von $y = y(x) = 1 - x$ in $f(x,y)$ ergibt:

$$\widetilde{f}(x) = f(x,y(x)) = 2x^2 + 5(1-x)^2 + x(1-x) = 6x^2 - 9x + 5$$

Damit ist nur noch das globale Minimum einer Funktion **einer** Veränderlichen zu bestimmen: $\widetilde{f}'(x) = 0 \iff 12x - 9 = 0 \iff x = \frac{3}{4}$

Vorzeichen von $\widetilde{f}'(x)$: Wegen $\widetilde{f}'(0) = -9$ und $\widetilde{f}'(1) = 3$ ist die Funktion $\widetilde{f}$ streng monoton fallend auf $(-\infty, \frac{3}{4})$ sowie streng monoton wachsend auf dem Intervall $(\frac{3}{4}, \infty)$. Also liegt ein globales Minimum von $\widetilde{f}$ bei $x = \frac{3}{4}$, d. h. es befindet sich an der Stelle $(x,y) = (\frac{3}{4}, \frac{1}{4})$ ein globales Minimum der Ausgangsfunktion.

Lösung zu Aufgabe 6.4

Die Lagrange-Funktion von f unter der gegebenen Nebenbedingung ist

$$L(x,y;\lambda) = 4x^2 + 8y + 4xy + 3y^2 + \tfrac{3}{7} + \lambda(4x + y - 2).$$

Bestimmung der stationären Punkte von L:

$$\begin{cases} \frac{\partial}{\partial x} L(x,y;\lambda) = 8x + 4y + 4\lambda = 0 \\ \frac{\partial}{\partial y} L(x,y;\lambda) = 8 + 4x + 6y + \lambda = 0 \\ \frac{\partial}{\partial \lambda} L(x,y;\lambda) = 4x + y - 2 = 0 \end{cases} \iff \begin{cases} 2x + y + \lambda = 0 \\ 4x + 6y + \lambda = -8 \\ 4x + y = 2 \end{cases}$$

$$\iff \begin{cases} 2x + y + \lambda = 0 \\ 2x + 5y = -8 \\ 4x + y = 2 \end{cases} \iff \begin{cases} 2x + y + \lambda = 0 \\ 2x + 5y = -8 \\ -9y = 18 \end{cases} \iff \begin{cases} \lambda = 0 \\ x = 1 \\ y = -2 \end{cases}$$

Die Lagrange-Funktion hat den stationären Punkt $(1,-2,0)$, d. h. f hat unter der gegebenen Nebenbedingung ein mögliches Extremum im Punkt $(x,y) = (1,-2)$.

Lösung zu Aufgabe 6.5

(a) Bestimmung der stationären Punkte, d. h. Berechnung der Lösungen des Gleichungssystems $\operatorname{grad} f(x,y) = (0,0)$:

$$\frac{\partial}{\partial x} f(x,y) = 2x + e^{x+y} \overset{!}{=} 0 \iff e^{x+y} = -2x$$

$$\frac{\partial}{\partial y} f(x,y) = e^{x+y} - 2 \overset{!}{=} 0 \iff e^{x+y} = 2$$

Damit ist $-2x = 2 \iff x = -1$ und $y = 1 + \ln 2$.

Also ist der Punkt $(-1, 1 + \ln 2)$ der einzige stationäre Punkt von f und somit einziger möglicher Extremalpunkt.

$$\frac{\partial^2}{\partial x \partial x} f(x, y) = 2 + e^{x+y}, \quad \frac{\partial^2}{\partial y \partial y} f(x, y) = e^{x+y}, \quad \frac{\partial^2}{\partial x \partial y} f(x, y) = e^{x+y}$$

Wegen $(2 + e^{x+y})e^{x+y} - (e^{x+y})^2 = 2e^{x+y} > 0$, liegt in $(-1, 1 + \ln 2)$ ein Extremum vor. Da $\frac{\partial^2}{\partial x \partial x} f(x, y)$ positiv ist, handelt es sich um ein Minimum. (Dieses Minimum ist auch das globale Minimum von f.)

(b) Die Lagrange-Funktion von f unter der Nebenbedingung $x + y^2 = 1$ ist

$$L(x, y; \lambda) = 3x + 2xy - 2y + \lambda(x + y^2 - 1).$$

Bestimmung der stationären Punkte von L:

$\frac{\partial}{\partial x} L(x, y; \lambda) = 3 + 2y + \lambda \stackrel{!}{=} 0 \qquad \Longrightarrow \lambda = -2y - 3$

$\frac{\partial}{\partial y} L(x, y; \lambda) = 2x - 2 + 2\lambda y \stackrel{!}{=} 0 \qquad \Longrightarrow x = 2y^2 + 3y + 1$

$\frac{\partial}{\partial \lambda} L(x, y; \lambda) = x + y^2 - 1 \stackrel{!}{=} 0 \qquad \Longrightarrow 3y^2 + 3y = 0 \iff y = 0 \vee y = -1$

Die stationären Punkte der Lagrange-Funktion sind also $(x, y, \lambda) = (1, 0, -3)$ und $(x, y, \lambda) = (0, -1, -1)$.

Lösung zu Aufgabe 6.6

(a) Die Lagrange-Funktion von f unter der gegebenen Nebenbedingung ist:

$$L(x, y; \lambda) = x^2 + y^2 + 2xy + \lambda(1 - 3x^2 - y^2).$$

Die stationären Punkte von L sind die Lösungen des Gleichungssystems grad $L(x, y; \lambda) = (0, 0, 0)$:

$$\frac{\partial}{\partial x} L(x, y; \lambda) = 2x + 2y - 6\lambda x \stackrel{!}{=} 0 \quad \text{(I)}$$

$$\frac{\partial}{\partial y} L(x, y; \lambda) = 2x + 2y - 2\lambda y \stackrel{!}{=} 0 \quad \text{(II)}$$

$$\frac{\partial}{\partial \lambda} L(x, y; \lambda) = 1 - 3x^2 - y^2 \stackrel{!}{=} 0 \quad \text{(III)}$$

Die Subtraktion der Gleichungen (I) und (II) ergibt $\lambda(6x - 2y) = 0$ bzw. $\lambda = 0 \vee 3x = y$. Für $\lambda = 0$ folgt aus (I): $x = -y$. Einsetzen in (III) ergibt:

$$4x^2 = 1 \iff x = \frac{1}{2} \vee x = -\frac{1}{2}.$$

Stationäre Punkte von L sind also $(\frac{1}{2}, -\frac{1}{2}, 0)$ und $(-\frac{1}{2}, \frac{1}{2}, 0)$.
Die Gleichung $3x = y$ eingesetzt in (III) ergibt:
$3x^2 + 9x^2 = 1 \iff x = \frac{1}{\sqrt{12}} \vee x = -\frac{1}{\sqrt{12}} \iff x = \frac{1}{2\sqrt{3}} \vee x = -\frac{1}{2\sqrt{3}}$.

Damit erhält man für $x = \frac{1}{2\sqrt{3}}$: $y = \frac{\sqrt{3}}{2}$ und für $x = -\frac{1}{2\sqrt{3}}$: $y = -\frac{\sqrt{3}}{2}$.
Weitere stationäre Punkte von L sind also $(\frac{1}{2\sqrt{3}}, \frac{\sqrt{3}}{2}, \frac{4}{3})$ und $(-\frac{1}{2\sqrt{3}}, -\frac{\sqrt{3}}{2}, \frac{4}{3})$.

(b) Zu bestimmen sind die Lösungen von **grad** $f(x,y) = (0,0)$. Dies entspricht Aufgabenteil (a) mit $\lambda = 0$, wobei man aufgrund der fehlenden dritten Gleichung nur die Bedingung $x = -y$ für die stationären Punkte von f erhält. Damit ist die Menge der stationären Punkte von f gegeben durch $\mathbb{L} = \{(x, -x); x \in \mathbb{R}\}$.

Lösung zu Aufgabe 6.7

(a) Die Lagrange-Funktion von f unter der gegebenen Nebenbedingung ist:

$$L(x, y; \lambda) = \tfrac{1}{2}x\,(x+1) + y\,(y+2) + \lambda(y^2 + \tfrac{1}{2}x^2 - 1).$$

Die stationären Punkte von L sind die Lösungen des Gleichungssystems **grad** $L(x, y; \lambda) = (0, 0, 0)$:

$$\tfrac{\partial}{\partial x}L(x, y; \lambda) = x + \tfrac{1}{2} + \lambda x \overset{!}{=} 0 \quad \text{(I)}$$

$$\tfrac{\partial}{\partial y}L(x, y; \lambda) = 2y + 2 + 2\lambda y \overset{!}{=} 0 \quad \text{(II)}$$

$$\tfrac{\partial}{\partial \lambda}L(x, y; \lambda) = \tfrac{1}{2}x^2 + y^2 - 1 \overset{!}{=} 0 \quad \text{(III)}$$

Die Setzung $x = 0$ oder $y = 0$ führt zum Widerspruch in (I) bzw. (II). Für $x \neq 0$ und $y \neq 0$ folgt aus (I) und (II): $-\lambda = 1 + \tfrac{1}{2x}$ und $-\lambda = 1 + \tfrac{1}{y}$ und damit $1 + \tfrac{1}{2x} = 1 + \tfrac{1}{y}$, also $y = 2x$. Einsetzen in (III) ergibt: $1 - \tfrac{9}{2}x^2 = 0 \iff x = \tfrac{\sqrt{2}}{3} \lor x = -\tfrac{\sqrt{2}}{3}$. Damit sind die stationären Punkte von L gegeben durch die Punkte $(x, y, \lambda) = (\tfrac{\sqrt{2}}{3}, \tfrac{2\sqrt{2}}{3}, -1 - \tfrac{3}{2\sqrt{2}})$ und $(x, y, \lambda) = (-\tfrac{\sqrt{2}}{3}, -\tfrac{2\sqrt{2}}{3}, -1 + \tfrac{3}{2\sqrt{2}})$.

(b) Bestimmung der stationären Punkte von f, d. h. Lösung des Gleichungssystems **grad** $f(x, y) = (0, 0)$:

$$\tfrac{\partial}{\partial x}f(x, y) = x + \tfrac{1}{2} \overset{!}{=} 0 \iff x = -\tfrac{1}{2}$$

$$\tfrac{\partial}{\partial y}f(x, y) = 2y + 2 \overset{!}{=} 0 \iff y = -1$$

Da $\tfrac{\partial^2}{\partial x \partial y}f(x, y) = 0$, $\tfrac{\partial^2}{\partial x \partial x}f(x, y) = 1$ und $\tfrac{\partial^2}{\partial y \partial y}f(x, y) = 2$ für alle $(x, y) \in \mathbb{R}^2$ gilt, erhält man $\tfrac{\partial^2}{\partial x \partial x}f(x, y) \cdot \tfrac{\partial^2}{\partial y \partial y}f(x, y) - \left(\tfrac{\partial^2}{\partial x \partial y}f(x, y)\right)^2 = 2 > 0$ für alle $(x, y) \in \mathbb{R}^2$. Im Punkt $(x, y) = (-\tfrac{1}{2}, -1)$ liegt also ein lokales Minimum vor.

Kapitel 7

Lösung zu Aufgabe 7.1

(a) Die gegebenen Vektoren sind genau dann linear unabhängig, wenn das Gleichungssystem $a\begin{pmatrix}2\\1\\0\end{pmatrix} + b\begin{pmatrix}1\\4\\1\end{pmatrix} + c\begin{pmatrix}3\\1\\3\end{pmatrix} = \mathbf{0}$ als einzige Lösung $a = 0 \land b = 0 \land c = 0$ besitzt. Dazu wird das Gleichungssystem $\begin{pmatrix}2&1&3\\1&4&1\\0&1&3\end{pmatrix}\begin{pmatrix}a\\b\\c\end{pmatrix} = \begin{pmatrix}0\\0\\0\end{pmatrix}$ im erweiterten Schema

$\begin{pmatrix} 2 & 1 & 3 \\ 1 & 4 & 1 \\ 0 & 1 & 3 \end{pmatrix} \begin{pmatrix} | & 0 \\ | & 0 \\ | & 0 \end{pmatrix}$ gelöst. Alternativ kann über den Rang der Koeffizientenmatrix bzw. der aus den Spaltenvektoren gebildeten Matrix argumentiert werden.

Die Vektoren $\begin{pmatrix} 2 \\ 1 \\ 0 \end{pmatrix}, \begin{pmatrix} 1 \\ 4 \\ 1 \end{pmatrix}, \begin{pmatrix} 3 \\ 1 \\ 3 \end{pmatrix}$ sind linear unabhängig genau dann, wenn $\mathbf{rg}\begin{pmatrix} 2 & 1 & 3 \\ 1 & 4 & 1 \\ 0 & 1 & 3 \end{pmatrix} = 3$.

$$\begin{pmatrix} 2 & 1 & 3 \\ 1 & 4 & 1 \\ 0 & 1 & 3 \end{pmatrix} \longrightarrow \begin{pmatrix} 1 & 4 & 1 \\ 2 & 1 & 3 \\ 0 & 1 & 3 \end{pmatrix} \xrightarrow{-2} \begin{pmatrix} 1 & 4 & 1 \\ 0 & -7 & 1 \\ 0 & 1 & 3 \end{pmatrix} \xrightarrow{+7}$$

$$\longrightarrow \begin{pmatrix} 1 & 4 & 1 \\ 0 & 0 & 22 \\ 0 & 1 & 3 \end{pmatrix} \longrightarrow \begin{pmatrix} 1 & 4 & 1 \\ 0 & 1 & 3 \\ 0 & 0 & 22 \end{pmatrix}$$

Daher gilt $\mathbf{rg}\,(A) = 3$, d. h. die gegebenen Vektoren sind linear unabhängig (und bilden somit eine Basis des $\mathbb{R}^3$).

(b) Die Vektoren sind für alle $x \in \mathbb{R}$ linear unabhängig, für die die Matrix $A = \begin{pmatrix} 1 & 2 & 3 \\ 2 & 0 & 2 \\ 3 & 5 & x \end{pmatrix}$ den Rang 3 hat.

$$\begin{pmatrix} 1 & 2 & 3 \\ 2 & 0 & 2 \\ 3 & 5 & x \end{pmatrix} \xrightarrow[\quad -3\quad]{-2} \begin{pmatrix} 1 & 2 & 3 \\ 0 & -4 & -4 \\ 0 & -1 & x-9 \end{pmatrix} \xrightarrow{-\frac{1}{4}}$$

$$\longrightarrow \begin{pmatrix} 1 & 2 & 3 \\ 0 & -4 & -4 \\ 0 & 0 & x-8 \end{pmatrix}$$

Damit ist $\mathbf{rg}\,(A) = 3 \iff x \neq 8$. Also sind die gegebenen Vektoren für alle $x \in \mathbb{R} \setminus \{8\}$ linear unabhängig.

Lösung zu Aufgabe 7.2

(a) Die Gesamtproduktionsmatrix ist das Produkt der Matrizen der beiden Stufen des Produktionsprozesses, also:

$$G = A \cdot B = \begin{pmatrix} 8 & 13 \\ 9 & 17 \\ 3 & 6 \end{pmatrix}$$

(b) Wegen $G \cdot \begin{pmatrix} 15 \\ 20 \end{pmatrix} = \begin{pmatrix} 380 \\ 475 \\ 165 \end{pmatrix}$ werden zur Herstellung von 15 ME E_1 und 20 ME E_2 insgesamt 380 ME R_1, 475 ME R_2 und 165 ME R_3 benötigt.

(c) Aus (b) ergibt sich: Es können 30 ME E_1 und 40 ME E_2 hergestellt werden, da die doppelte Menge an Rohstoffen vorhanden ist, die für die Produktion in (b) benötigt wird. Alternativ kann der Ansatz $G\left(\begin{smallmatrix} x_1 \\ x_2 \end{smallmatrix}\right) = \left(\begin{smallmatrix} 760 \\ 950 \\ 330 \end{smallmatrix}\right)$ mit anschließender Lösung des Gleichungssystems verwendet werden.

Lösung zu Aufgabe 7.3

(a) Die Gesamtproduktionsmatrix ist: $C = \left(\begin{smallmatrix} 2 & 1 & 0 \\ 1 & 4 & 5 \end{smallmatrix}\right) \left(\begin{smallmatrix} 1 & 0 \\ 0 & 2 \\ 3 & 4 \end{smallmatrix}\right) = \left(\begin{smallmatrix} 2 & 2 \\ 16 & 28 \end{smallmatrix}\right)$.

(b) Wegen $C \cdot \left(\begin{smallmatrix} 20 \\ 75 \end{smallmatrix}\right) = \left(\begin{smallmatrix} 40+150 \\ 320+2100 \end{smallmatrix}\right) = \left(\begin{smallmatrix} 190 \\ 2420 \end{smallmatrix}\right)$ werden 190 Einheiten R_1 und 2 420 Einheiten R_2 benötigt.

(c) Die Kosten betragen $(8,7)\left(\begin{smallmatrix} 190 \\ 2420 \end{smallmatrix}\right) = 1\,520 + 16\,940 = 18\,460$, der Umsatz ist $(200,320)\left(\begin{smallmatrix} 20 \\ 75 \end{smallmatrix}\right) = 4\,000 + 24\,000 = 28\,000$. Damit hat man einen Gewinn von $28\,000 - 18\,460 = 9\,540$.

(d) Zu lösen ist das Gleichungssystem

$$C \cdot \begin{pmatrix} x_1 \\ x_2 \end{pmatrix} (= r) = \begin{pmatrix} 44 \\ 472 \end{pmatrix} \iff \begin{pmatrix} x_1 \\ x_2 \end{pmatrix} = C^{-1} r,$$

falls C regulär ist. Die Überprüfung der Regularität von C und – falls existent – die Berechnung der Inversen wird im erweiterten Schema ausgeführt:

$$(C|I_2) = \begin{pmatrix} 2 & 2 & | & 1 & 0 \\ 16 & 28 & | & 0 & 1 \end{pmatrix} \begin{matrix} |\cdot\frac{1}{2} \\ |\cdot\frac{1}{4} \end{matrix} \longrightarrow \begin{pmatrix} 1 & 1 & | & \frac{1}{2} & 0 \\ 4 & 7 & | & 0 & \frac{1}{4} \end{pmatrix}$$

$$\longrightarrow \begin{pmatrix} 1 & 1 & | & \frac{1}{2} & 0 \\ 0 & 3 & | & -2 & \frac{1}{4} \end{pmatrix} \begin{matrix} \\ |\cdot\frac{1}{3} \end{matrix} \longrightarrow \begin{pmatrix} 1 & 1 & | & \frac{1}{2} & 0 \\ 0 & 1 & | & -\frac{2}{3} & \frac{1}{12} \end{pmatrix}$$

$$\longrightarrow \begin{pmatrix} 1 & 0 & | & \frac{7}{6} & -\frac{1}{12} \\ 0 & 1 & | & -\frac{2}{3} & \frac{1}{12} \end{pmatrix} = (I_2|C^{-1}).$$

Als (2×2)-Matrix kann die Inverse von C auch direkt angegeben werden: $C^{-1} = \frac{1}{2\cdot28-2\cdot16}\left(\begin{smallmatrix} 28 & -2 \\ -16 & 2 \end{smallmatrix}\right) = \left(\begin{smallmatrix} \frac{7}{6} & -\frac{1}{12} \\ -\frac{2}{3} & \frac{1}{12} \end{smallmatrix}\right)$. Unter Benutzung dieses Resultats erhält man:

$$\begin{pmatrix} x_1 \\ x_2 \end{pmatrix} = \begin{pmatrix} \frac{7}{6} & -\frac{1}{12} \\ -\frac{2}{3} & \frac{1}{12} \end{pmatrix} \begin{pmatrix} 44 \\ 472 \end{pmatrix} = \begin{pmatrix} \frac{7\cdot44}{6} - \frac{472}{12} \\ -\frac{88}{3} + \frac{472}{12} \end{pmatrix} = \begin{pmatrix} \frac{144}{12} \\ \frac{120}{12} \end{pmatrix} = \begin{pmatrix} 12 \\ 10 \end{pmatrix}.$$

Es müssen daher 12 Einheiten von E_1 und 10 von E_2 produziert werden, um die Rohstoffe restlos zu verbrauchen.

Lösung zu Aufgabe 7.4

$$D = \begin{pmatrix} 1 & 2 & 2 & 3 & -1 & 0 & -2 \\ 2 & 4 & 5 & 7 & -4 & 1 & -8 \\ 3 & 6 & 7 & 11 & -1 & 3 & -3 \\ 1 & 2 & 2 & 4 & 3 & 2 & 5 \\ -3 & -6 & -7 & -10 & 5 & -1 & 10 \end{pmatrix}$$

$$\begin{pmatrix} 1 & 2 & 2 & 3 & -1 & 0 & -2 \\ 0 & 0 & 1 & 1 & -2 & 1 & -4 \\ 0 & 0 & 1 & 2 & 2 & 3 & 3 \\ 0 & 0 & 0 & 1 & 4 & 2 & 7 \\ 0 & 0 & -1 & -1 & 2 & -1 & 4 \end{pmatrix}$$

$$\begin{pmatrix} 1 & 2 & 2 & 3 & -1 & 0 & -2 \\ 0 & 0 & 1 & 1 & -2 & 1 & -4 \\ 0 & 0 & 0 & 1 & 4 & 2 & 7 \\ 0 & 0 & 0 & 1 & 4 & 2 & 7 \\ 0 & 0 & 0 & 0 & 0 & 0 & 0 \end{pmatrix}$$

$$\begin{pmatrix} 1 & 2 & 2 & 3 & -1 & 0 & -2 \\ 0 & 0 & 1 & 1 & -2 & 1 & -4 \\ 0 & 0 & 0 & 1 & 4 & 2 & 7 \\ 0 & 0 & 0 & 0 & 0 & 0 & 0 \\ 0 & 0 & 0 & 0 & 0 & 0 & 0 \end{pmatrix}$$

$$\begin{pmatrix} 1 & 2 & 2 & 0 & -13 & -6 & -23 \\ 0 & 0 & 1 & 0 & -6 & -1 & -11 \\ 0 & 0 & 0 & 1 & 4 & 2 & 7 \\ 0 & 0 & 0 & 0 & 0 & 0 & 0 \\ 0 & 0 & 0 & 0 & 0 & 0 & 0 \end{pmatrix}$$

$$\begin{pmatrix} 1 & 2 & 0 & 0 & -1 & -4 & -1 \\ 0 & 0 & 1 & 0 & -6 & -1 & -11 \\ 0 & 0 & 0 & 1 & 4 & 2 & 7 \\ 0 & 0 & 0 & 0 & 0 & 0 & 0 \\ 0 & 0 & 0 & 0 & 0 & 0 & 0 \end{pmatrix}$$

Der Rang der Matrix D ist somit 3.

Lösung zu Aufgabe 7.5

(a) Falls C invertierbar ist, gilt:

$$CX = C - A + B \iff X = C^{-1}(C - A + B).$$

Die Überprüfung der Regularität von C und – falls existent – die Berechnung der Inversen erfolgt im erweiterten Schema:

$$(C|I_3) = \begin{pmatrix} 1 & 0 & 1 \\ 1 & 1 & 1 \\ 0 & 1 & 1 \end{pmatrix} \; I_3 \;\right) \quad \longrightarrow \quad \begin{pmatrix} 1 & 0 & 1 & | & 1 & 0 & 0 \\ 0 & 1 & 0 & | & -1 & 1 & 0 \\ 0 & 1 & 1 & | & 0 & 0 & 1 \end{pmatrix}$$

$$\longrightarrow \begin{pmatrix} 1 & 0 & 1 & | & 1 & 0 & 0 \\ 0 & 1 & 0 & | & -1 & 1 & 0 \\ 0 & 0 & 1 & | & 1 & -1 & 1 \end{pmatrix} \longrightarrow \begin{pmatrix} & & & | & 0 & 1 & -1 \\ I_3 & & & | & -1 & 1 & 0 \\ & & & | & 1 & -1 & 1 \end{pmatrix} = (I_3|C^{-1}).$$

Mit $C - A + B = \begin{pmatrix} -1 & 0 & 0 \\ 0 & 0 & 1 \\ 3 & 3 & 1 \end{pmatrix}$ ist die Lösungsmatrix der obigen Gleichung gegeben durch

$$X = \begin{pmatrix} 0 & 1 & -1 \\ -1 & 1 & 0 \\ 1 & -1 & 1 \end{pmatrix} \begin{pmatrix} -1 & 0 & 0 \\ 0 & 0 & 1 \\ 3 & 3 & 1 \end{pmatrix} = \begin{pmatrix} -3 & -3 & 0 \\ 1 & 0 & 1 \\ 2 & 3 & 0 \end{pmatrix}.$$

(b) Ist $A + B$ regulär, so gilt $(A + B)X = AB \iff X = (A + B)^{-1}AB$. Die Überprüfung der Regularität von $A + B$ und – falls existent – die Berechnung der Inversen ergibt:

$$(A + B|I_3) = \begin{pmatrix} 0 & 0 & 1 \\ 3 & 1 & 2 \\ 3 & 2 & 2 \end{pmatrix} \; I_3 \;\right)$$

$$\longrightarrow \begin{pmatrix} 0 & 0 & 1 & | & 1 & 0 & 0 \\ 3 & 1 & 2 & | & 0 & 1 & 0 \\ 0 & 1 & 0 & | & 0 & -1 & 1 \end{pmatrix}$$

$$\longrightarrow \left(\begin{array}{ccc|ccc} 0 & 0 & 1 & 1 & 0 & 0 \\ 3 & 0 & 0 & -2 & 2 & -1 \\ 0 & 1 & 0 & 0 & -1 & 1 \end{array} \right) \quad |:3$$

$$\longrightarrow \left(\begin{array}{c|ccc} & -\frac{2}{3} & \frac{2}{3} & -\frac{1}{3} \\ I_3 & 0 & -1 & 1 \\ & 1 & 0 & 0 \end{array} \right) = (I_3|(A+B)^{-1}).$$

Mit $(A+B)^{-1} = \begin{pmatrix} -\frac{2}{3} & \frac{2}{3} & -\frac{1}{3} \\ 0 & -1 & 1 \\ 1 & 0 & 0 \end{pmatrix}$ und $AB = \begin{pmatrix} 2 & 2 & 1 \\ 2 & 2 & 2 \\ 3 & 2 & 1 \end{pmatrix}$ ist die Lösungsmatrix X gegeben durch:

$$X = \begin{pmatrix} -\frac{2}{3} & \frac{2}{3} & -\frac{1}{3} \\ 0 & -1 & 1 \\ 1 & 0 & 0 \end{pmatrix} \begin{pmatrix} 2 & 2 & 1 \\ 2 & 2 & 2 \\ 3 & 2 & 1 \end{pmatrix} = \begin{pmatrix} -1 & -\frac{2}{3} & \frac{1}{3} \\ 1 & 0 & -1 \\ 2 & 2 & 1 \end{pmatrix}.$$

Lösung zu Aufgabe 7.6

(a) Der zum Produktionsprozess gehörige Gozinto-Graph ist:

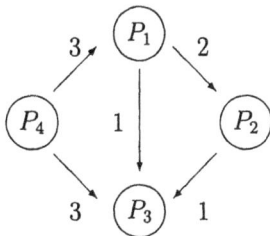

(b) Zur Bestimmung der tatsächlich zu produzierenden Mengeneinheiten der Produkte P_1 bis P_4 muss zunächst die Gesamtbedarfsmatrix (also die Inverse der technologischen Matrix, sofern diese existiert) berechnet werden:

$$(I_4 - A|I_4) = \left(\begin{array}{cccc|cccc} 1 & -2 & -1 & 0 & 1 & 0 & 0 & 0 \\ 0 & 1 & -1 & 0 & 0 & 1 & 0 & 0 \\ 0 & 0 & 1 & 0 & 0 & 0 & 1 & 0 \\ -3 & 0 & -3 & 1 & 0 & 0 & 0 & 1 \end{array} \right)$$

$$\longrightarrow \left(\begin{array}{cccc|cccc} 1 & -2 & 0 & 0 & 1 & 0 & 1 & 0 \\ 0 & 1 & 0 & 0 & 0 & 1 & 1 & 0 \\ 0 & 0 & 1 & 0 & 0 & 0 & 1 & 0 \\ -3 & 0 & 0 & 1 & 0 & 0 & 3 & 1 \end{array} \right)$$

$$\longrightarrow \left(\begin{array}{cccc|cccc} 1 & 0 & 0 & 0 & 1 & 2 & 3 & 0 \\ 0 & 1 & 0 & 0 & 0 & 1 & 1 & 0 \\ 0 & 0 & 1 & 0 & 0 & 0 & 1 & 0 \\ -3 & 0 & 0 & 1 & 0 & 0 & 3 & 1 \end{array}\right) {\scriptstyle +3}$$

$$\longrightarrow \left(\begin{array}{c|cccc} & 1 & 2 & 3 & 0 \\ & 0 & 1 & 1 & 0 \\ I_4 & 0 & 0 & 1 & 0 \\ & 3 & 6 & 12 & 1 \end{array}\right) = (I_4 | (I_4 - A)^{-1}).$$

Die Berechnung der tatsächlich zu produzierenden Mengeneinheiten ergibt:

$$(I_4 - A)^{-1} \begin{pmatrix} 20 \\ 30 \\ 40 \\ 50 \end{pmatrix} = \begin{pmatrix} 200 \\ 70 \\ 40 \\ 770 \end{pmatrix}.$$

Es müssen daher insgesamt 200 ME P_1, 70 ME P_2, 40 ME P_3 und 770 ME P_4 hergestellt werden.

Lösung zu Aufgabe 7.7

(a) Gozinto-Graph:

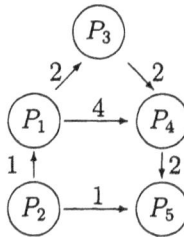

(b) Zu bestimmen ist die Gesamtbedarfsmatrix $(I_5 - A)^{-1}$. Die Berechnung der Inversen erfolgt im erweiterten Schema:

$$(I_5 - A | I_5) = \left(\begin{array}{ccccc|c} 1 & 0 & -2 & -4 & 0 & \\ -1 & 1 & 0 & 0 & -1 & \\ 0 & 0 & 1 & -2 & 0 & I_5 \\ 0 & 0 & 0 & 1 & -2 & \\ 0 & 0 & 0 & 0 & 1 & \end{array}\right) {\scriptstyle +1} {\scriptstyle +2}$$

$$\longrightarrow \left(\begin{array}{ccccc|ccccc}
1 & 0 & -2 & -4 & 0 & 1 & 0 & 0 & 0 & 0 \\
-1 & 1 & 0 & 0 & 0 & 0 & 1 & 0 & 0 & 1 \\
0 & 0 & 1 & -2 & 0 & 0 & 0 & 1 & 0 & 0 \\
0 & 0 & 0 & 1 & 0 & 0 & 0 & 0 & 1 & 2 \\
0 & 0 & 0 & 0 & 1 & 0 & 0 & 0 & 0 & 1
\end{array}\right)$$

$$\longrightarrow \left(\begin{array}{ccccc|ccccc}
1 & 0 & -2 & 0 & 0 & 1 & 0 & 0 & 4 & 8 \\
-1 & 1 & 0 & 0 & 0 & 0 & 1 & 0 & 0 & 1 \\
0 & 0 & 1 & 0 & 0 & 0 & 0 & 1 & 2 & 4 \\
0 & 0 & 0 & 1 & 0 & 0 & 0 & 0 & 1 & 2 \\
0 & 0 & 0 & 0 & 1 & 0 & 0 & 0 & 0 & 1
\end{array}\right)$$

$$\longrightarrow \left(\begin{array}{c|ccccc}
 & 1 & 0 & 2 & 8 & 16 \\
 & 1 & 1 & 2 & 8 & 17 \\
I_5 & 0 & 0 & 1 & 2 & 4 \\
 & 0 & 0 & 0 & 1 & 2 \\
 & 0 & 0 & 0 & 0 & 1
\end{array}\right) = (I_5|(I_5 - A)^{-1})$$

(c) Die tatsächlich herzustellenden Mengen erhält man als Einträge des aus der Multi-plikation der Gesamtbedarfsmatrix mit dem Bestellvektor resultierenden Vektors:

$$(I_5 - A)^{-1} \begin{pmatrix} 10 \\ 10 \\ 5 \\ 0 \\ 1 \end{pmatrix} = \begin{pmatrix} 36 \\ 47 \\ 9 \\ 2 \\ 1 \end{pmatrix}$$

Unter Berücksichtigung des Eigenbedarfs müssen 36 ME P_1, 47 ME P_2, 9 ME P_3, 2 ME P_4 und 1 ME P_5 tatsächlich hergestellt werden.

Lösung zu Aufgabe 7.8

(a) Gozinto-Graph:

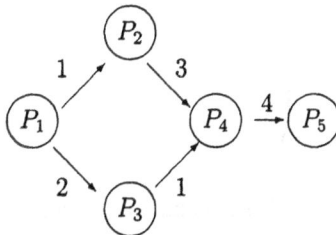

(b) Bestimmung der Gesamtbedarfsmatrix: $(I_5 - A)^{-1}$

$$(I_5 - \overset{\downarrow}{A}|I_5) = \left(\begin{array}{ccccc|c} 1 & -1 & -2 & 0 & 0 \\ 0 & 1 & 0 & -3 & 0 \\ 0 & 0 & 1 & -1 & 0 & I_5 \\ 0 & 0 & 0 & 1 & -4 \\ 0 & 0 & 0 & 0 & 1 \end{array} \right) \quad {\curvearrowleft}_{+4}$$

$$\longrightarrow \left(\begin{array}{ccccc|ccccc} 1 & -1 & -2 & 0 & 0 & 1 & 0 & 0 & 0 & 0 \\ 0 & 1 & 0 & -3 & 0 & 0 & 1 & 0 & 0 & 0 \\ 0 & 0 & 1 & -1 & 0 & 0 & 0 & 1 & 0 & 0 \\ 0 & 0 & 0 & 1 & 0 & 0 & 0 & 0 & 1 & 4 \\ 0 & 0 & 0 & 0 & 1 & 0 & 0 & 0 & 0 & 1 \end{array} \right) \quad {\curvearrowleft}_{+1} \;\; {\curvearrowleft}_{+3}$$

$$\longrightarrow \left(\begin{array}{ccccc|ccccc} 1 & -1 & -2 & 0 & 0 & 1 & 0 & 0 & 0 & 0 \\ 0 & 1 & 0 & 0 & 0 & 0 & 1 & 0 & 3 & 12 \\ 0 & 0 & 1 & 0 & 0 & 0 & 0 & 1 & 1 & 4 \\ 0 & 0 & 0 & 1 & 0 & 0 & 0 & 0 & 1 & 4 \\ 0 & 0 & 0 & 0 & 1 & 0 & 0 & 0 & 0 & 1 \end{array} \right) \quad {\curvearrowleft}_{+1} \;\; {\curvearrowleft}_{+2}$$

$$\longrightarrow \left(\begin{array}{c|ccccc} & 1 & 1 & 2 & 5 & 20 \\ & 0 & 1 & 0 & 3 & 12 \\ I_5 & 0 & 0 & 1 & 1 & 4 \\ & 0 & 0 & 0 & 1 & 4 \\ & 0 & 0 & 0 & 0 & 1 \end{array} \right) = (I_5|(I_5 - A)^{-1})$$

(c) Gegeben ist $y = (85, 35, 20, 5, 0)' = (I_5 - A)^{-1}x$. Dann ist

$$x = (I_5 - A)y = \begin{pmatrix} 1 & -1 & -2 & 0 & 0 \\ 0 & 1 & 0 & -3 & 0 \\ 0 & 0 & 1 & -1 & 0 \\ 0 & 0 & 0 & 1 & -4 \\ 0 & 0 & 0 & 0 & 1 \end{pmatrix} \begin{pmatrix} 85 \\ 35 \\ 20 \\ 5 \\ 0 \end{pmatrix} = \begin{pmatrix} 10 \\ 20 \\ 15 \\ 5 \\ 0 \end{pmatrix}$$

der Vektor, der die bestellten Mengeneinheiten angibt. Es wurden 10 ME P_1, 20 ME P_2, 15 ME P_3, 5 ME P_4 und keine ME P_5 bestellt.

Kapitel 8

Lösung zu Aufgabe 8.1

(a) Die Gesamtproduktionsmatrix ist

$$G = A \cdot B = \begin{pmatrix} 3 & 1 & 2 \\ 0 & 3 & 1 \\ 4 & 0 & 1 \end{pmatrix} \begin{pmatrix} 2 & 1 \\ 7 & 2 \\ 1 & 3 \end{pmatrix} = \begin{pmatrix} 15 & 11 \\ 22 & 9 \\ 9 & 7 \end{pmatrix}.$$

(b) Mit $p = (25, 40)'$ berechnet sich der Rohstoffbedarf gemäß

$$r = G \cdot p = \begin{pmatrix} 15 \cdot 25 + 11 \cdot 40 \\ 22 \cdot 25 + 9 \cdot 40 \\ 9 \cdot 25 + 7 \cdot 40 \end{pmatrix} = \begin{pmatrix} 815 \\ 910 \\ 505 \end{pmatrix},$$

d. h. es werden 815 ME von R_1, 910 ME von R_2 und 505 ME von R_3 benötigt.

(c) Gesucht ist der Lösungsvektor p des Gleichungssystems $r = G \cdot p$:

$$\begin{pmatrix} 370 \\ 400 \\ 230 \end{pmatrix} = \begin{pmatrix} 15 & 11 \\ 22 & 9 \\ 9 & 7 \end{pmatrix} \cdot \begin{pmatrix} p_1 \\ p_2 \end{pmatrix}.$$

Die Lösung im erweiterten Schema ergibt:

$$\left(\begin{array}{cc|c} 15 & 11 & 370 \\ 22 & 9 & 400 \\ 9 & 7 & 230 \end{array} \right) \begin{array}{c} |\cdot \frac{1}{15} \\ \\ \\ \end{array} \longrightarrow \left(\begin{array}{cc|c} 1 & \frac{11}{15} & \frac{370}{15} \\ 22 & 9 & 400 \\ 9 & 7 & 230 \end{array} \right) \begin{array}{c} {\scriptstyle -22} \\ {\scriptstyle -9} \end{array}$$

$$\longrightarrow \left(\begin{array}{cc|c} 1 & \frac{11}{15} & \frac{74}{3} \\ 0 & -\frac{107}{15} & -\frac{428}{3} \\ 0 & \frac{6}{15} & 8 \end{array} \right) \begin{array}{c} \\ |\cdot(-\frac{15}{107}) \\ |\cdot 15 \end{array} \longrightarrow \left(\begin{array}{cc|c} 1 & \frac{11}{15} & \frac{74}{3} \\ 0 & 1 & 20 \\ 0 & 6 & 120 \end{array} \right) \begin{array}{c} \\ {\scriptstyle -6} \end{array}$$

$$\longrightarrow \left(\begin{array}{cc|c} 1 & \frac{11}{15} & \frac{74}{3} \\ 0 & 1 & 20 \\ 0 & 0 & 0 \end{array} \right) \begin{array}{c} {\scriptstyle -\frac{11}{15}} \\ \\ \end{array} \longrightarrow \left(\begin{array}{cc|c} 1 & 0 & 10 \\ 0 & 1 & 20 \\ 0 & 0 & 0 \end{array} \right)$$

Es können 10 ME von P_1 und 20 ME von P_2 hergestellt werden.

Lösung zu Aufgabe 8.2

(a) Die Gesamtproduktionsmatrix C ist:

$$C = A \cdot B = \begin{pmatrix} 2 & 2 & 0 \\ 0 & 4 & 1 \\ 1 & 1 & 1 \end{pmatrix} \begin{pmatrix} 2 & 1 & 5 \\ 1 & 4 & 1 \\ 2 & 2 & 0 \end{pmatrix} = \begin{pmatrix} 6 & 10 & 12 \\ 6 & 18 & 4 \\ 5 & 7 & 6 \end{pmatrix}.$$

(b) Sei x_i die Anzahl produzierbarer Mengeneinheiten von P_i, $i \in \{1,2,3\}$. Zu lösen ist das Gleichungssystem $Cx = \begin{pmatrix} 94 \\ 142 \\ 65 \end{pmatrix}$. Zur Bestimmung der Lösung wird das Gleichungssystem auf Normalform gebracht:

$$\left(\begin{array}{ccc|c} 6 & 10 & 12 & 94 \\ 6 & 18 & 4 & 142 \\ 5 & 7 & 6 & 65 \end{array} \right) \begin{array}{l} {\scriptstyle -1} \\ {\scriptstyle -\frac{5}{6}} \end{array} \longrightarrow \left(\begin{array}{ccc|c} 6 & 10 & 12 & 94 \\ 0 & 8 & -8 & 48 \\ 0 & -\frac{4}{3} & -4 & -\frac{40}{3} \end{array} \right) \begin{array}{l} {\scriptstyle |\cdot\frac{1}{6}} \\ {\scriptstyle |\cdot\frac{1}{8}} \end{array}$$

$$\longrightarrow \left(\begin{array}{ccc|c} 1 & \frac{5}{3} & 2 & \frac{47}{3} \\ 0 & 1 & -1 & 6 \\ 0 & -\frac{4}{3} & -4 & -\frac{40}{3} \end{array} \right) \begin{array}{l} {\scriptstyle +\frac{4}{3}} \\ {\scriptstyle |\cdot(-\frac{3}{16})} \end{array} \longrightarrow \left(\begin{array}{ccc|c} 1 & \frac{5}{3} & 2 & \frac{47}{3} \\ 0 & 1 & -1 & 6 \\ 0 & 0 & 1 & 1 \end{array} \right) \begin{array}{l} {\scriptstyle -2} \\ {\scriptstyle +1} \end{array}$$

$$\longrightarrow \left(\begin{array}{ccc|c} 1 & \frac{5}{3} & 0 & \frac{41}{3} \\ 0 & 1 & 0 & 7 \\ 0 & 0 & 1 & 1 \end{array} \right) \begin{array}{l} {\scriptstyle -\frac{5}{3}} \end{array} \longrightarrow \left(\begin{array}{c|c} & 2 \\ I_3 & 7 \\ & 1 \end{array} \right)$$

Es können 2 ME von P_1, 7 ME von P_2 und 1 ME von P_3 hergestellt werden.

Lösung zu Aufgabe 8.3

(a) Die Lösung des Gleichungssystems mit dem Gauß-Verfahren im erweiterten Schema ergibt:

$$\left(\begin{array}{ccc|c} 3 & 6 & 9 & 15 \\ 9 & 3 & 12 & 0 \\ 2 & 5 & 2 & 18 \end{array} \right) \begin{array}{l} {\scriptstyle |:3} \\ {\scriptstyle -9} \\ {\scriptstyle -2} \end{array} \longrightarrow \left(\begin{array}{ccc|c} 1 & 2 & 3 & 5 \\ 0 & -15 & -15 & -45 \\ 0 & 1 & -4 & 8 \end{array} \right) \begin{array}{l} {\scriptstyle |:(-15)} \\ {\scriptstyle -1} \end{array}$$

$$\longrightarrow \left(\begin{array}{ccc|c} 1 & 2 & 3 & 5 \\ 0 & 1 & 1 & 3 \\ 0 & 0 & -5 & 5 \end{array} \right) \begin{array}{l} {\scriptstyle -3} \\ {\scriptstyle -1} \\ {\scriptstyle |:(-5)} \end{array} \longrightarrow \left(\begin{array}{ccc|c} 1 & 2 & 0 & 8 \\ 0 & 1 & 0 & 4 \\ 0 & 0 & 1 & -1 \end{array} \right) \begin{array}{l} {\scriptstyle -2} \end{array}$$

$$\longrightarrow \left(\begin{array}{ccc|c} 1 & 0 & 0 & 0 \\ 0 & 1 & 0 & 4 \\ 0 & 0 & 1 & -1 \end{array} \right)$$

Die Lösung des Gleichungssystems ist damit $x = (0, 4, -1)'$.

(b) Umformen des Gleichungssystems im erweiterten Schema bis zur Normalform:

$$\left(\begin{array}{cccc|c} 3 & 6 & 9 & 6 & 15 \\ 9 & 3 & 12 & 3 & 0 \\ 2 & 5 & 2 & a & 18 \end{array} \right) \begin{array}{l} {\scriptstyle |:3} \\ {\scriptstyle -9} \\ {\scriptstyle -2} \end{array}$$

$$\longrightarrow \begin{pmatrix} 1 & 2 & 3 & 2 & 5 \\ 0 & -15 & -15 & -15 & -45 \\ 0 & 1 & -4 & a-4 & 8 \end{pmatrix} \begin{array}{l} |:(-15) \end{array}$$

$$\longrightarrow \begin{pmatrix} 1 & 2 & 3 & 2 & 5 \\ 0 & 1 & 1 & 1 & 3 \\ 0 & 0 & -5 & a-5 & 5 \end{pmatrix}$$

Die letzte Zeile des umgeformten Systems lautet also: $-5x_3 + (a-5)x_4 = 5$. Wenn der Vektor $(x_1, x_2, -1, x_4)'$ mit $x_4 \neq 0$ ein Lösungsvektor ist, ergibt sich daraus: $(a-5)x_4 = 0 \overset{x_4 \neq 0}{\Longleftrightarrow} a = 5$.

(c) Umformung des Gleichungssystems bis zur Normalform ergibt:

$$\begin{pmatrix} 1 & 1 & 1 & 2 & 10 \\ 1 & -1 & 1 & -2 & 2 \\ 4 & 3 & 2 & 2 & 30 \\ 2 & 3 & 0 & 2 & 18 \end{pmatrix}$$

$$\longrightarrow \begin{pmatrix} 1 & 1 & 1 & 2 & 10 \\ 0 & -2 & 0 & -4 & -8 \\ 0 & -1 & -2 & -6 & -10 \\ 0 & 1 & -2 & -2 & -2 \end{pmatrix} \begin{array}{l} |:(-2) \end{array}$$

$$\longrightarrow \begin{pmatrix} 1 & 1 & 1 & 2 & 10 \\ 0 & 1 & 0 & 2 & 4 \\ 0 & 0 & -2 & -4 & -6 \\ 0 & 0 & -2 & -4 & -6 \end{pmatrix} \begin{array}{l} |:(-2) \end{array}$$

$$\longrightarrow \begin{pmatrix} 1 & 1 & 1 & 2 & 10 \\ 0 & 1 & 0 & 2 & 4 \\ 0 & 0 & 1 & 2 & 3 \\ 0 & 0 & 0 & 0 & 0 \end{pmatrix}$$

$$\longrightarrow \begin{pmatrix} 1 & 0 & 0 & -2 & \bigm| & 3 \\ 0 & 1 & 0 & 2 & \bigm| & 4 \\ 0 & 0 & 1 & 2 & \bigm| & 3 \\ 0 & 0 & 0 & 0 & \bigm| & 0 \end{pmatrix}$$

Da der Rang der Matrix 3 ist, gibt es einen freien Parameter. Hier ist x_4 frei wählbar. Damit ist die Lösungsmenge gegeben durch:

$$\mathbb{L} = \left\{ \begin{pmatrix} 3+2\lambda \\ 4-2\lambda \\ 3-2\lambda \\ \lambda \end{pmatrix} ; \lambda \in \mathbb{R} \right\} = \left\{ \begin{pmatrix} 3 \\ 4 \\ 3 \\ 0 \end{pmatrix} + \lambda \begin{pmatrix} 2 \\ -2 \\ -2 \\ 1 \end{pmatrix} ; \lambda \in \mathbb{R} \right\}$$

Lösung zu Aufgabe 8.4

(a) $A = \begin{pmatrix} 1 & 1 & 2 \\ 2 & 1 & 4 \\ 3 & 0 & 3 \\ 4 & 0 & 0 \end{pmatrix} \longrightarrow \begin{pmatrix} 1 & 1 & 2 \\ 0 & -1 & 0 \\ 0 & -3 & -3 \\ 0 & -4 & -8 \end{pmatrix}$

$\longrightarrow \begin{pmatrix} 1 & 1 & 2 \\ 0 & -1 & 0 \\ 0 & 0 & -3 \\ 0 & 0 & -8 \end{pmatrix} \begin{matrix} \\ |\cdot(-1) \\ |:(-3) \\ -\frac{8}{3} \end{matrix} \longrightarrow \begin{pmatrix} 1 & 1 & 2 \\ 0 & 1 & 0 \\ 0 & 0 & 1 \\ 0 & 0 & 0 \end{pmatrix}$

Wegen $\mathbf{rg}\,(A) = 3$ sind die Spaltenvektoren von A linear unabhängig.

(b) Zu bestimmen und dann zu vergleichen sind der Rang von A und der Rang der erweiterten Koeffizientenmatrix $(A|b)$:

$$\begin{pmatrix} 1 & 0 & 2 & \bigm| & 1 \\ 0 & 1 & \alpha & \bigm| & 1 \\ 1 & 3 & 3 & \bigm| & 4 \end{pmatrix} \longrightarrow \begin{pmatrix} 1 & 0 & 2 & \bigm| & 1 \\ 0 & 1 & \alpha & \bigm| & 1 \\ 0 & 3 & 1 & \bigm| & 3 \end{pmatrix}$$

$$\longrightarrow \begin{pmatrix} 1 & 0 & 2 & \bigm| & 1 \\ 0 & 1 & \alpha & \bigm| & 1 \\ 0 & 0 & 1-3\alpha & \bigm| & 0 \end{pmatrix}$$

Das Gleichungssystem ist immer lösbar, da für alle $\alpha \in \mathbb{R}$ gilt: $\mathbf{rg}\,(A) = \mathbf{rg}\,(A|b)$.

(i) Das Gleichungssystem ist genau dann eindeutig lösbar, wenn

$$\mathbf{rg}\,(A) = 3 \iff 1 - 3\alpha \neq 0 \quad \text{d.h.} \quad \alpha \neq \tfrac{1}{3}.$$

Sei also $\alpha \neq \frac{1}{3}$. Zur Bestimmung der Lösung bringt man das Gleichungssystem auf Normalform:

$$\left(\begin{array}{ccc|c} 1 & 0 & 2 & 1 \\ 0 & 1 & \alpha & 1 \\ 0 & 0 & 1-3\alpha & 0 \end{array}\right) \begin{array}{c} \\ \\ {\scriptstyle|\cdot\frac{1}{1-3\alpha}} \end{array} \longrightarrow \left(\begin{array}{ccc|c} 1 & 0 & 2 & 1 \\ 0 & 1 & \alpha & 1 \\ 0 & 0 & 1 & 0 \end{array}\right) \longrightarrow \left(\begin{array}{c|c} & 1 \\ I_3 & 1 \\ & 0 \end{array}\right)$$

Also ist die Lösungsmenge $\mathbb{L} = \left\{ \left(\begin{smallmatrix} 1 \\ 1 \\ 0 \end{smallmatrix}\right) \right\}$.

(ii) Das Gleichungssystem ist genau dann mehrdeutig lösbar, wenn $\mathbf{rg}(A) < 3 \iff \alpha = \frac{1}{3}$. Dann ist obiges Gleichungssystem bereits in Normalform, so dass für $\alpha = \frac{1}{3}$ die Lösungsmenge gegeben ist durch

$$\mathbb{L} = \left\{ \begin{pmatrix} 1-2\lambda \\ 1-\frac{1}{3}\lambda \\ \lambda \end{pmatrix} ; \lambda \in \mathbb{R} \right\} = \left\{ \begin{pmatrix} 1 \\ 1 \\ 0 \end{pmatrix} + \lambda \begin{pmatrix} -2 \\ -\frac{1}{3} \\ 1 \end{pmatrix} ; \lambda \in \mathbb{R} \right\}.$$

Lösung zu Aufgabe 8.5

(a) Die Zeilenvektoren von A sind genau dann linear unabhängig, wenn $\mathbf{rg}(A) = 3$ gilt. Zur Bestimmung des Ranges von A wird A auf Treppengestalt gebracht:

$$\begin{pmatrix} 3 & 6 & -3 & 0 \\ 2 & 1 & 1 & 6 \\ 0 & 3 & 7 & 4 \end{pmatrix} \begin{array}{c} {\scriptstyle|:3} \\ {\scriptstyle -2} \\ \\ \end{array} \longrightarrow \begin{pmatrix} 1 & 2 & -1 & 0 \\ 0 & -3 & 3 & 6 \\ 0 & 3 & 7 & 4 \end{pmatrix} \begin{array}{c} \\ \\ {\scriptstyle +1} \end{array}$$

$$\longrightarrow \begin{pmatrix} 1 & 2 & -1 & 0 \\ 0 & -3 & 3 & 6 \\ 0 & 0 & 10 & 10 \end{pmatrix}$$

Die Zeilenvektoren sind linear unabhängig, da $\mathbf{rg}(A) = 3$.

Alternativ betrachtet man aufgrund der Definition der linearen Unabhängigkeit von Vektoren das Gleichungssystem $a \begin{pmatrix} 3 \\ 6 \\ -3 \\ 0 \end{pmatrix} + b \begin{pmatrix} 2 \\ 1 \\ 1 \\ 6 \end{pmatrix} + c \begin{pmatrix} 0 \\ 3 \\ 7 \\ 4 \end{pmatrix} = \mathbf{0}$ und zeigt, dass $a = b = c = 0$ die einzige Lösung ist.

(b)

$$\begin{pmatrix} 3 & 6 & -3 & 0 & | & 3 \\ 2 & 1 & 1 & 6 & | & 2 \\ 0 & 3 & 7 & 4 & | & 10 \end{pmatrix} \begin{array}{c} {\scriptstyle|:3} \\ {\scriptstyle|:(-3)} \\ {\scriptstyle|:10} \end{array} \longrightarrow \begin{pmatrix} 1 & 2 & -1 & 0 & | & 1 \\ 0 & 1 & -1 & -2 & | & 0 \\ 0 & 0 & 1 & 1 & | & 1 \end{pmatrix}$$

$$\longrightarrow \begin{pmatrix} 1 & 2 & 0 & 1 & | & 2 \\ 0 & 1 & 0 & -1 & | & 1 \\ 0 & 0 & 1 & 1 & | & 1 \end{pmatrix} \longrightarrow \begin{pmatrix} 1 & 0 & 0 & 3 & | & 0 \\ 0 & 1 & 0 & -1 & | & 1 \\ 0 & 0 & 1 & 1 & | & 1 \end{pmatrix}$$

Da $\mathbf{rg}\,(A) = \mathbf{rg}\,(A|b) = 3\ (< 4)$, ist das Gleichungssystem lösbar, aber nicht eindeutig lösbar. Die Lösungsmenge ist:

$$\mathbb{L} = \left\{ \begin{pmatrix} 0 \\ 1 \\ 1 \\ 0 \end{pmatrix} + \lambda \begin{pmatrix} -3 \\ 1 \\ -1 \\ 1 \end{pmatrix} ; \lambda \in \mathbb{R} \right\}$$

(c) Das Gleichungssystem ist lösbar genau dann, wenn $\mathbf{rg}\,(B) = \mathbf{rg}\,(B|b)$ gilt.

$$\left(\begin{array}{ccc|c} 4 & 2 & 2 & 8 \\ 0 & r & 2 & 2 \\ 1 & 1 & 1 & 3 \end{array} \right) \quad {\scriptstyle -4} \quad \longrightarrow \quad \left(\begin{array}{ccc|c} 1 & 1 & 1 & 3 \\ 0 & r & 2 & 2 \\ 0 & -2 & -2 & -4 \end{array} \right) \quad {\scriptstyle |:(-2)}$$

$$\longrightarrow \left(\begin{array}{ccc|c} 1 & 1 & 1 & 3 \\ 0 & 1 & 1 & 2 \\ 0 & r & 2 & 2 \end{array} \right) \quad {\scriptstyle -r} \quad \longrightarrow \left(\begin{array}{ccc|c} 1 & 1 & 1 & 3 \\ 0 & 1 & 1 & 2 \\ 0 & 0 & 2-r & 2-2r \end{array} \right)$$

Es gilt $\mathbf{rg}\,(B) = \mathbf{rg}\,(B|b) \iff r \neq 2$, d. h. das Gleichungssystem ist für alle $r \neq 2$ lösbar.

Lösung zu Aufgabe 8.6

(a) Es ist zu überprüfen, für welche $b \in \mathbb{R}^3$ die Gleichung $\mathbf{rg}\,(A) = \mathbf{rg}\,(A|b)$ gilt.

$$\left(\begin{array}{ccc|c} 1 & 2 & 0 & b_1 \\ 0 & 1 & 0 & b_2 \\ 1 & 1 & 1 & b_3 \end{array} \right) \quad {\scriptstyle -2} \quad \longrightarrow \left(\begin{array}{ccc|c} 1 & 0 & 0 & b_1 \ -2b_2 \\ 0 & 1 & 0 & b_2 \\ 1 & 1 & 1 & b_3 \end{array} \right) \quad {\scriptstyle -1} \quad {\scriptstyle -1}$$

$$\longrightarrow \left(\begin{array}{ccc|c} 1 & 0 & 0 & b_1 \ -2b_2 \\ 0 & 1 & 0 & b_2 \\ 0 & 0 & 1 & b_3 \ -b_1 \ +b_2 \end{array} \right)$$

Wegen $\mathbf{rg}\,(A) = \mathbf{rg}\,(A|b) = 3$ ist $Ax = b$ für alle $b \in \mathbb{R}^3$ eindeutig lösbar; die Lösung ist $x = (b_1 - 2b_2, b_2, b_3 - b_1 + b_2)'$.

(b)

$$\left(\begin{array}{cccc|c} 1 & 0 & 1 & -2 & 1 \\ 0 & 1 & 0 & 1 & 2 \\ -1 & 1 & 1 & -1 & 5 \end{array} \right) \quad {\scriptstyle +1} \quad {\scriptstyle -1} \quad {\scriptstyle |\cdot\frac{1}{2}}$$

$$\longrightarrow \begin{pmatrix} 1 & 0 & 1 & -2 & | & 1 \\ 0 & 1 & 0 & 1 & | & 2 \\ 0 & 0 & 1 & -2 & | & 2 \end{pmatrix} \xleftarrow{-1} \longrightarrow \begin{pmatrix} 1 & 0 & 0 & 0 & | & -1 \\ 0 & 1 & 0 & 1 & | & 2 \\ 0 & 0 & 1 & -2 & | & 2 \end{pmatrix}$$

Das Gleichungssystem ist lösbar, da $\mathbf{rg}(A) = \mathbf{rg}(A|b) = 3$ ist. Es gibt $4 - \mathbf{rg}(A)$, also einen freien Parameter (hier x_4). Damit erhält man als Lösungsmenge:

$$\mathbb{L} = \left\{ \begin{pmatrix} -1 \\ 2-\lambda \\ 2+2\lambda \\ \lambda \end{pmatrix} ; \lambda \in \mathbb{R} \right\} = \left\{ \begin{pmatrix} -1 \\ 2 \\ 2 \\ 0 \end{pmatrix} + \lambda \begin{pmatrix} 0 \\ -1 \\ 2 \\ 1 \end{pmatrix} ; \lambda \in \mathbb{R} \right\}.$$

(c) Im erweiterten Schema lautet das Gleichungssystem $B = \left(\begin{smallmatrix} 1 & 0 & 0 \\ 2 & 2 & 0 \\ 3 & 2 & 1 \end{smallmatrix} \;\middle|\; \begin{smallmatrix} 1 \\ 4 \\ 7 \end{smallmatrix} \right)$. Multiplizieren der 2. Zeile mit dem Faktor $\frac{1}{2}$ ergibt:

$$H_1 \cdot B = \begin{pmatrix} 1 & 0 & 0 \\ 0 & \frac{1}{2} & 0 \\ 0 & 0 & 1 \end{pmatrix} \cdot B = \begin{pmatrix} 1 & 0 & 0 & | & 1 \\ 1 & 1 & 0 & | & 2 \\ 3 & 2 & 1 & | & 7 \end{pmatrix}$$

Die Addition des (-1)-fachen der 1. Zeile zur 2. Zeile führt zu:

$$H_2 \cdot (H_1 \cdot B) = \begin{pmatrix} 1 & 0 & 0 \\ -1 & 1 & 0 \\ 0 & 0 & 1 \end{pmatrix} \cdot H_1 \cdot B = \begin{pmatrix} 1 & 0 & 0 & | & 1 \\ 0 & 1 & 0 & | & 1 \\ 3 & 2 & 1 & | & 7 \end{pmatrix}$$

Die Addition des (-3)-fachen der 1. Zeile und des (-2)-fachen der 2. Zeile zur 3. Zeile liefert schließlich:

$$H_4 \cdot (H_3 \cdot (H_2 \cdot H_1 \cdot B)) = \begin{pmatrix} 1 & 0 & 0 \\ 0 & 1 & 0 \\ 0 & -2 & 1 \end{pmatrix} \cdot \begin{pmatrix} 1 & 0 & 0 \\ 0 & 1 & 0 \\ -3 & 0 & 1 \end{pmatrix} \cdot H_2 \cdot H_1 \cdot B$$

$$= \begin{pmatrix} 1 & 0 & 0 & | & 1 \\ 0 & 1 & 0 & | & 1 \\ 0 & 0 & 1 & | & 2 \end{pmatrix}$$

Lösung zu Aufgabe 8.7

(a)

$$\begin{pmatrix} 2 & 4 & | & 2 \\ 3 & 7 & | & 1 \\ 1 & 2 & | & 1 \end{pmatrix} \begin{smallmatrix} :2 \\ \\ \end{smallmatrix} \longrightarrow \begin{pmatrix} 1 & 2 & | & 1 \\ 3 & 7 & | & 1 \\ 1 & 2 & | & 1 \end{pmatrix} \begin{smallmatrix} -3 \\ -1 \end{smallmatrix}$$

$$\longrightarrow \begin{pmatrix} 1 & 2 & | & 1 \\ 0 & 1 & | & -2 \\ 0 & 0 & | & 0 \end{pmatrix} \begin{smallmatrix} -2 \\ \end{smallmatrix} \longrightarrow \begin{pmatrix} 1 & 0 & | & 5 \\ 0 & 1 & | & -2 \\ 0 & 0 & | & 0 \end{pmatrix}$$

Die Lösung ist $x = \left(\begin{smallmatrix} 5 \\ -2 \end{smallmatrix} \right)$.

(b)

$$\begin{pmatrix} 1 & 2 & 3 & 4 & | & 1 \\ 0 & 1 & 1 & 1 & | & 1 \\ 1 & -2 & 1 & 3 & | & 3 \end{pmatrix} \xrightarrow{-1} \begin{pmatrix} 1 & 2 & 3 & 4 & | & 1 \\ 0 & 1 & 1 & 1 & | & 1 \\ 0 & -4 & -2 & -1 & | & 2 \end{pmatrix} {+4}$$

$$\longrightarrow \begin{pmatrix} 1 & 2 & 3 & 4 & | & 1 \\ 0 & 1 & 1 & 1 & | & 1 \\ 0 & 0 & 2 & 3 & | & 6 \end{pmatrix} {|\cdot\frac{1}{2}} \longrightarrow \begin{pmatrix} 1 & 2 & 3 & 4 & | & 1 \\ 0 & 1 & 1 & 1 & | & 1 \\ 0 & 0 & 1 & \frac{3}{2} & | & 3 \end{pmatrix} {-1} {-3}$$

$$\longrightarrow \begin{pmatrix} 1 & 2 & 0 & -\frac{1}{2} & | & -8 \\ 0 & 1 & 0 & -\frac{1}{2} & | & -2 \\ 0 & 0 & 1 & \frac{3}{2} & | & 3 \end{pmatrix} {-2} \longrightarrow \begin{pmatrix} 1 & 0 & 0 & \frac{1}{2} & | & -4 \\ 0 & 1 & 0 & -\frac{1}{2} & | & -2 \\ 0 & 0 & 1 & \frac{3}{2} & | & 3 \end{pmatrix}$$

Die Lösungsmenge ist daher

$$\mathbb{L} = \left\{ \begin{pmatrix} -4 \\ -2 \\ 3 \\ 0 \end{pmatrix} + \lambda \begin{pmatrix} -\frac{1}{2} \\ \frac{1}{2} \\ -\frac{3}{2} \\ 1 \end{pmatrix} ; \lambda \in \mathbb{R} \right\}.$$

(c) $Cx = b$ ist genau dann lösbar, wenn $\mathbf{rg}\,(C) = \mathbf{rg}\,(C|b)$.

$$(C|b) = \begin{pmatrix} 1 & 2 & 3 & | & b_1 \\ 0 & 1 & 1 & | & b_2 \\ 2 & 4 & 4 & | & b_3 \\ 1 & 3 & 1 & | & b_4 \end{pmatrix} {-2} {-1}$$

$$\longrightarrow \begin{pmatrix} 1 & 2 & 3 & | & b_1 & \\ 0 & 1 & 1 & | & b_2 & \\ 0 & 0 & -2 & | & b_3 & -2b_1 \\ 0 & 1 & -2 & | & b_4 & -b_1 \end{pmatrix} {-1} {|\cdot(-\frac{1}{2})}$$

$$\longrightarrow \begin{pmatrix} 1 & 2 & 3 & | & b_1 & & \\ 0 & 1 & 1 & | & b_2 & & \\ 0 & 0 & 1 & | & -\frac{1}{2}b_3 + b_1 & & \\ 0 & 0 & -3 & | & b_4 & -b_1 & -b_2 \end{pmatrix} {+3}$$

$$\longrightarrow \begin{pmatrix} 1 & 2 & 3 & \bigm| & b_1 \\ 0 & 1 & 1 & \bigm| & b_2 \\ 0 & 0 & 1 & \bigm| & -\frac{1}{2}b_3 + b_1 \\ 0 & 0 & 0 & \bigm| & b_4 \ -b_1 \ -b_2 \ -\frac{3}{2}b_3 + 3b_1 \end{pmatrix}$$

Damit ist $\mathbf{rg}\,(C) = \mathbf{rg}\,(C|b) \iff b_4 - b_1 - b_2 - \frac{3}{2}b_3 + 3b_1 = 0$. Das Gleichungssystem ist also lösbar für alle $b \in \mathbb{R}^4$ mit $2b_1 - b_2 - \frac{3}{2}b_3 + b_4 = 0$.

Lösung zu Aufgabe 8.8

(a) Die Vektoren der Menge

(i) $\left\{ \begin{pmatrix} 1 \\ 4 \\ 0 \end{pmatrix}, \begin{pmatrix} 2 \\ 1 \\ 0 \end{pmatrix}, \begin{pmatrix} 0 \\ 1 \\ 2 \end{pmatrix} \right\}$ sind linear unabhängig.

(ii) $\left\{ \begin{pmatrix} 1 \\ 4 \\ 0 \end{pmatrix}, \begin{pmatrix} 2 \\ 1 \\ 0 \end{pmatrix}, \begin{pmatrix} -1 \\ 3 \\ 0 \end{pmatrix} \right\}$ sind linear abhängig.

(iii) $\left\{ \begin{pmatrix} 1 \\ 4 \\ 0 \end{pmatrix}, \begin{pmatrix} 0 \\ 1 \\ 2 \end{pmatrix}, \begin{pmatrix} -1 \\ 3 \\ 0 \end{pmatrix} \right\}$ sind linear unabhängig.

(iv) $\left\{ \begin{pmatrix} 2 \\ 1 \\ 0 \end{pmatrix}, \begin{pmatrix} 0 \\ 1 \\ 2 \end{pmatrix}, \begin{pmatrix} -1 \\ 3 \\ 0 \end{pmatrix} \right\}$ sind linear unabhängig.

Denn für die Matrizen, deren Spalten die jeweils betrachteten Vektoren sind, gilt:

(i) $A_1 = \begin{pmatrix} 1 & 2 & 0 \\ 4 & 1 & 1 \\ 0 & 0 & 2 \end{pmatrix} \overset{-4}{\underset{}{\longrightarrow}} \begin{pmatrix} 1 & 2 & 0 \\ 0 & -7 & 1 \\ 0 & 0 & 2 \end{pmatrix}$, also $\mathbf{rg}\,(A_1) = 3$,

(ii) $A_2 = \begin{pmatrix} 1 & 2 & -1 \\ 4 & 1 & 3 \\ 0 & 0 & 0 \end{pmatrix}$, also $\mathbf{rg}\,(A_2) < 3$,

(iii) $A_3 = \begin{pmatrix} 1 & 0 & -1 \\ 4 & 1 & 3 \\ 0 & 2 & 0 \end{pmatrix} \begin{smallmatrix} -4 \\ \ \\ |:2 \end{smallmatrix} \longrightarrow \begin{pmatrix} 1 & 0 & -1 \\ 0 & 1 & 7 \\ 0 & 1 & 0 \end{pmatrix} \begin{smallmatrix} \\ -1 \end{smallmatrix}$

$$\longrightarrow \begin{pmatrix} 1 & 0 & -1 \\ 0 & 0 & 7 \\ 0 & 1 & 0 \end{pmatrix} \longrightarrow \begin{pmatrix} 1 & 0 & -1 \\ 0 & 1 & 0 \\ 0 & 0 & 7 \end{pmatrix}$$

Also gilt $\mathbf{rg}\,(A_3) = 3$.

(iv) $A_4 = \begin{pmatrix} 2 & 0 & -1 \\ 1 & 1 & 3 \\ 0 & 2 & 0 \end{pmatrix} \begin{smallmatrix} -2 \\ \ \\ |:2 \end{smallmatrix} \longrightarrow \begin{pmatrix} 0 & -2 & -7 \\ 1 & 1 & 3 \\ 0 & 1 & 0 \end{pmatrix} \begin{smallmatrix} |:(-7) \\ +2 \\ \ \end{smallmatrix}$

$$\longrightarrow \begin{pmatrix} 0 & 0 & 1 \\ 1 & 1 & 3 \\ 0 & 1 & 0 \end{pmatrix} \quad \longrightarrow \begin{pmatrix} 1 & 1 & 3 \\ 0 & 1 & 0 \\ 0 & 0 & 1 \end{pmatrix}$$

Daher gilt **rg** $(A_4) = 3$.

(b) Lösung im (um b_1 und b_2) erweiterten Schema:

$$(B|b_1\ b_2) = \left(\begin{array}{cccc|cc} 1 & 3 & 2 & 0 & 6 & 1 \\ 0 & 0 & 4 & 0 & 4 & -4 \\ 2 & 1 & 0 & 1 & 4 & 1 \\ 0 & -1 & 3 & 5 & 7 & -4 \end{array}\right) \begin{array}{l} \\ -2\ |{:}(4) \\ |{\cdot}(-1) \end{array}$$

$$\longrightarrow \left(\begin{array}{cccc|cc} 1 & 3 & 2 & 0 & 6 & 1 \\ 0 & 0 & 1 & 0 & 1 & -1 \\ 0 & 5 & 4 & -1 & 8 & 1 \\ 0 & -1 & 3 & 5 & 7 & -4 \end{array}\right) \begin{array}{l} \\ \\ \\ +5 \end{array}$$

$$\longrightarrow \left(\begin{array}{cccc|cc} 1 & 3 & 2 & 0 & 6 & 1 \\ 0 & 0 & 1 & 0 & 1 & -1 \\ 0 & 0 & 19 & 24 & 43 & -19 \\ 0 & -1 & 3 & 5 & 7 & -4 \end{array}\right) \begin{array}{l} \\ \\ -19 \\ \\ \end{array}$$

$$\longrightarrow \left(\begin{array}{cccc|cc} 1 & 3 & 2 & 0 & 6 & 1 \\ 0 & 0 & 1 & 0 & 1 & -1 \\ 0 & 0 & 0 & 24 & 24 & 0 \\ 0 & -1 & 3 & 5 & 7 & -4 \end{array}\right) \begin{array}{l} \\ \\ |{:}24 \\ |{\cdot}(-1) \end{array}$$

$$\longrightarrow \left(\begin{array}{cccc|cc} 1 & 3 & 2 & 0 & 6 & 1 \\ 0 & 0 & 1 & 0 & 1 & -1 \\ 0 & 0 & 0 & 1 & 1 & 0 \\ 0 & 1 & -3 & -5 & -7 & 4 \end{array}\right)$$

$$\longrightarrow \left(\begin{array}{cccc|cc} 1 & 3 & 2 & 0 & 6 & 1 \\ 0 & 1 & -3 & -5 & -7 & 4 \\ 0 & 0 & 1 & 0 & 1 & -1 \\ 0 & 0 & 0 & 1 & 1 & 0 \end{array}\right) \begin{array}{l} \\ \\ +5\ +3 \\ \quad\quad -2 \end{array}$$

$$\longrightarrow \left(\begin{array}{cccc|cc} 1 & 3 & 0 & 0 & 4 & 3 \\ 0 & 1 & 0 & 0 & 1 & 1 \\ 0 & 0 & 1 & 0 & 1 & -1 \\ 0 & 0 & 0 & 1 & 1 & 0 \end{array} \right) \overset{-3}{\curvearrowleft}$$

$$\longrightarrow \left(\begin{array}{c|cc} & 1 & 0 \\ & 1 & 1 \\ I_4 & 1 & -1 \\ & 1 & 0 \end{array} \right).$$

Also ist die Lösung von $Bx = \binom{6}{4\;4\;7}$ der Vektor $\binom{1}{1\;1\;1}$, d.h. $\mathbb{L}_1 = \left\{ \binom{1}{1\;1\;1} \right\}$; die Lösung von $Bx = \binom{1}{-4\;1\;-4}$ ist $x = \binom{0}{1\;-1\;0}$, d.h. $\mathbb{L}_2 = \left\{ \binom{0}{1\;-1\;0} \right\}$.

Kapitel 9

Lösung zu Aufgabe 9.1

(a) Da die Gesamtkapazität aller Betriebe den Gesamtbedarf der Märkte übersteigt, muss zur Berechnung ein fünfter, fiktiver Markt M_5 eingeführt werden mit einem Bedarf von 5 Mengeneinheiten und Transportkosten $c_{i5} = 0$ für $i \in \{1, 2, 3\}$. Damit erhält man mittels der Nordwesteckenregel folgenden (ersten) Transportplan (inklusive der Kostenkonsequenzen):

x_{ij}	M_1	M_2	M_3	M_4	M_5	a_i
B_1	7	5	1	-1	0	12
B_2	5	1	8	5	2	9
B_3	-1	-3	4	8	5	17
b_j	7	6	12	8	5	38

(b) Die Kostenkonsequenzen k_{ij} sind für alle Nichtbasisvariablen bereits im obigen Tableau angegeben. Gemäß Aufgabenstellung müssen diese nicht alle berechnet werden. Sobald *eine* negative Kostenkonsequenz gefunden wurde, kann für die zugehörige Variable ein Basistausch durchgeführt werden. Auf diese Weise wird ein kostengünstigerer Transportplan generiert. Die Auswahl der Nichtbasisvariablen mit der kleinsten Kostenkonsequenz (d. h. der größten Ersparnis pro transportierter Einheit) ist nicht zwingend, sondern lediglich eine heuristische Regel.

Da $k_{32} = -3$ die kleinste Kostenkonsequenz ist, wird x_{32} mit dem Wert 1 in die Basis aufgenommen. Man erhält folgenden Transportplan:

x_{ij}	M_1	M_2	M_3	M_4	M_5	a_i
B_1	7	5				12
B_2			9			9
B_3		1	3	8	5	17
b_j	7	6	12	8	5	

Die neue Basislösung ist somit:

$$x_{11} = 7,\ x_{12} = 5,\ x_{23} = 9,\ x_{32} = 1,\ x_{33} = 3,\ x_{34} = 8,\ x_{35} = 5.$$

(Die Kosten betragen 119 GE.)

Lösung zu Aufgabe 9.2

(a) Der angegebene Transportplan lautet:

x_{ij}	B_1	B_2	B_3	B_4	
L_1	3	9			12
L_2		1	5	2	8
L_3				5	5
	3	10	5	7	25

Die Prüfung der Optimalität durch Berechnung der Kostenkonsequenzen k_{ij} für die Nichtbasisvariablen x_{ij} ergibt folgende Werte:

$$k_{13} = c_{13} - c_{23} + c_{22} - c_{12} = 4 - 1 + 2 - 2 = 3,$$
$$k_{14} = c_{14} - c_{24} + c_{22} - c_{12} = 7 - 5 + 2 - 2 = 2,$$
$$k_{21} = c_{21} - c_{22} + c_{12} - c_{11} = 2 - 2 + 2 - 3 = -1 < 0.$$

Da k_{21} negativ ist, ist der Transportplan nicht optimal. Die Berechnung von k_{31}, k_{32}, k_{33} ist somit nicht mehr notwendig.

(b) • Zunächst wird ein Ausgangstransportplan mit der Nordwesteckenregel ermittelt:

	V_1	V_2	V_3	V_4	
L_1	7	5			12
L_2		15			15
L_3		3	7		10
L_4			1	12	13
	7	23	8	12	50

- Die Vogelsche Approximationsmethode liefert folgenden Transportplan:

	v_1	v_2	v_3	v_4		D_1	D_2	D_3	D_4
L_1	(7)	7	2	(5)	12	1	1	1	1
L_2	4	6	(8)	(7)	15	0	0	0	0
L_3	5	(10)	3	9	10	2			
L_4	2	(13)	1	(0)	13	1	1		
	7	23	8	12					
D_1	1	1	0	0					
D_2	1	4	0	0					
D_3	1		1	0					
D_4		1		0					

Hierbei ist zu beachten, dass im zweiten Rechenschritt sowohl die zweite Spalte als auch die vierte Zeile gestrichen werden, da die Nachfrage erfüllt bzw. das Lager geräumt ist. Aus diesem Grunde muss am Ende der Berechnungen eine weitere Variable mit Wert Null aus der zweiten Spalte bzw. vierten Zeile in die Basis aufgenommen werden. Hier wurde x_{44} gewählt. Der Transportplan lautet somit:

	v_1	v_2	v_3	v_4	
L_1	7			5	12
L_2			8	7	15
L_3		10			10
L_4		13		0	13
	7	23	8	12	

Ausgehend von dem mit der Nordwesteckenregel bestimmten Transportplan wird mit der Stepping-Stone-Methode ein kostengünstigerer Transportplan berechnet. Die Kostenkonsequenzen k_{ij} sind:

$$k_{13} = -7, \quad k_{14} = -10, \quad k_{21} = 2,$$
$$k_{23} = -7, \quad k_{24} = -9, \quad k_{31} = 8,$$
$$k_{34} = 4, \quad k_{41} = 7, \quad k_{42} = 3.$$

Da $k_{14} = -10$ die kleinste Kostenkonsequenz ist, wird x_{14} in die Basis aufgenommen mit dem Wert

$$x_{14} = \min\{x_{12}, x_{33}, x_{44}\} = 5.$$

Der neue Transportplan ist:

	V_1	V_2	V_3	V_4	
L_1	7			5	12
L_2		15			15
L_3		8	2		10
L_4			6	7	13
	7	23	8	12	

Die neue Basislösung ist somit $x_{11} = 7$, $x_{14} = 5$, $x_{22} = 15$, $x_{32} = 8$, $x_{33} = 2$, $x_{43} = 6$, $x_{44} = 7$. (Es entstehen Kosten in Höhe von 157 Geldeinheiten.)

Lösung zu Aufgabe 9.3

(a) Der Ausgangstransportplan wird mittels der Vogelschen Approximationsmethode berechnet:

c_{ij}	A_1	A_2	A_3	b_i	D_1	D_2
B_1	10	(12)	(25)	37	2	2
B_2	(15)	(8)	20	23	3	3
a_j	15	20	25			
D_1	1	2	5			
D_2	1	2				

Die Berechnung der Kostenkonsequenzen führt zu folgendem Tableau:

x_{ij}	A_1	A_2	A_3	b_i
B_1	1	12	25	37
B_2	15	8	3	23
a_j	15	20	25	

Da alle Kostenkonsequenzen positiv sind, ist der Transportplan optimal.

(b) Die Anwendung der Vogelschen Approximationsmethode ergibt folgendes Tableau:

c_{ij}	V_1	V_2	V_3	V_4	b_i	D_1	D_2	D_3	D_4
L_1	8	(2)	(18)	5	20	2	2	5	
L_2	(5)	(18)	2	9	23	0	0	2	2
L_3	(12)	2	1	(15)	27	0	1	1	1
a_j	17	20	18	15					
D_1	1	0	0	4					
D_2	1	0	0						
D_3	1	0							
D_4	1	0							

Der Transportplan lautet (inklusive der Kostenkonsequenzen):

x_{ij}	V_1	V_2	V_3	V_4	b_i
L_1	3	2	18	2	20
L_2	5	18	2	7	23
L_3	12	1	2	15	27
a_j	17	20	18	15	

Da alle Kostenkonsequenzen positiv sind, ist der Transportplan optimal. Die Kosten im Optimum belaufen sich auf 131 GE.

Lösung zu Aufgabe 9.4

Der Ausgangstransportplan wird mit der Nordwesteckenregel ermittelt:

x_{ij}	M_1	M_2	M_3	M_4	M_5	a_i
A_1	10	20	5	0	2	35
A_2	0	−2	5	10	20	35
b_j	10	20	10	10	20	70

Da die Kostenkonsequenz $k_{22} = -2$ negativ ist, wird x_{22} mit Wert 5 in die Basis aufgenommen. Das neue Tableau ist:

x_{ij}	M_1	M_2	M_3	M_4	M_5	a_i
A_1	10	15	10	−2	0	35
A_2	2	5	2	10	20	35
b_j	10	20	10	10	20	

Da $k_{14} = -2 < 0$, wird x_{14} mit Wert 10 in die Basis aufgenommen. Es resultiert der Transportplan:

x_{ij}	M_1	M_2	M_3	M_4	M_5	a_i
A_1	10	5	10	10	0	35
A_2	2	15	2	2	20	35
b_j	10	20	10	10	20	

(A)

Da alle Kostenkonsequenzen $k_{ij} \geq 0$ sind, ist der Transportplan optimal. Die Kostenkonsequenz $k_{15} = 0$ hat zur Folge, dass x_{15} in die Basis aufgenommen werden kann, ohne dass sich die Gesamttransportkosten verändern. Die Aufnahme von x_{15} mit Wert 5 in die Basis ergibt einen weiteren optimalen Transportplan:

x_{ij}	M_1	M_2	M_3	M_4	M_5	a_i
A_1	10	0	10	10	5	35
A_2	2	20	2	2	15	35
b_j	10	20	10	10	20	

(B)

Der Tausch von x_{12} in die Basis führt wieder zu (A). Damit sind zwei optimale Transportpläne gefunden (und alle optimalen Transportpläne gegeben durch Konvexkombinationen von (A) und (B)). Die Transportkosten betragen im Optimum 95 GE.

Lösung zu Aufgabe 9.5

(a) Die Bestimmung einer Ausgangslösung mit der Vogelschen Approximationsmethode ergibt:

c_{ij}	B_1	B_2	B_3	a_i	D_1	D_2
A_1	(10)	7	(2)	12	2	4
A_2	8	(9)	(6)	15	1	1
b_j	10	9	8			
D_1	3	3	2			
D_2		3	2			

Der Ausgangstransportplan ist also (inklusive der Kostenkonsequenzen):

x_{ij}	B_1	B_2	B_3	a_i
A_1	10	5	2	12
A_2	1	9	6	15
b_j	10	9	8	

Da alle Kostenkonsequenzen für die Nichtbasisvariablen, d. h.

$$k_{12} = 5, \qquad k_{21} = 1,$$

positiv sind, ist der Transportplan bereits optimal.

Alternativ kann eine Ausgangslösung über die Nordwesteckenregel berechnet werden. Das Tableau inklusive der Kostenkonsequenzen lautet:

x_{ij}	B_1	B_2	B_3	a_i
A_1	10	2	-5	12
A_2	6	7	8	15
b_j	10	9	8	27

Wegen $k_{13} = -5 < 0$ wird x_{13} mit dem Wert 2 in die Basis aufgenommen. Das neue Tableau ist das bereits berechnete Optimaltableau:

x_{ij}	B_1	B_2	B_3	a_i
A_1	10	5	2	12
A_2	1	9	6	15
b_j	10	9	8	

Die optimale Lösung ist somit

$$x_{11} = 10, \ x_{13} = 2, \ x_{22} = 9, \ x_{23} = 6.$$

(Die bei Realisation dieses Planes zurückzulegende Kilometerleistung beträgt: $50 + 6 + 36 + 30 = 122$.)

(b) Da $\sum\limits_{i=1}^{3} a_i = 40 \neq \sum\limits_{j=1}^{3} b_j = 35$ ist, wird eine fiktive Verkaufsstelle V_4 mit einem Bedarf von 5 Mengeneinheiten und Transportkosten $c_{i4} = 0$ für alle $i \in \{1, 2, 3\}$ eingeführt. Mit der Nordwesteckenregel erhält man folgende Ausgangslösung:

x_{ij}	V_1	V_2	V_3	V_4	a_i
L_1	10	6	3	8	10
L_2	2	10	6	3	12
L_3	-5	5	8	5	18
b_j	12	15	8	5	40

Wegen $k_{31} = -5 < 0$ wird x_{31} mit dem Wert 2 in die Basis aufgenommen. Der neue Transportplan ist dann:

x_{ij}	V_1	V_2	V_3	V_4	a_i
L_1	10				10
L_2		12			12
L_3	2	3	8	5	18
b_j	12	15	8	5	

Die Gesamtkosten betragen $10 \cdot 2 + 12 \cdot 3 + 2 \cdot 5 + 3 \cdot 6 + 8 \cdot 6 + 5 \cdot 0 = 132$ Geldeinheiten.

(c) Alternativ wird eine Ausgangslösung mit der Vogelschen Approximationsmethode erzeugt:

c_{ij}	V_1	V_2	V_3	V_4	a_r	D_1	D_2	D_3	D_4
L_1	②	4	⑧	0	10	1	1	2	2
L_2	7	⑫	9	0	12	3	4	4	
L_3	⑩	③	6	⑤	18	5			
b_j	12	15	8	5					
D_1	3	1	5	0					
D_2	3	1	5						
D_3	3	1							
D_4	3	2							

Dies ergibt den Transportplan:

c_{ij}	V_1	V_2	V_3	V_4	a_i
L_1	2	1	8	3	10
L_2	5	12	8	3	12
L_3	10	3	2	5	18
b_j	12	15	8	5	

Die mit der Vogelschen Approximationsmethode ermittelte Ausgangslösung ist also: $x_{11} = 2$, $x_{13} = 8$, $x_{22} = 12$, $x_{31} = 10$, $x_{32} = 3$ und $x_{34} = 5$. (Da alle Kostenkonsequenzen positiv sind, ist dieser Plan optimal.) Es entstehen Gesamtkosten in Höhe von 116 Geldeinheiten.

Kapitel 10

Lösung zu Aufgabe 10.1

(a) Das zugehörige Optimierungsproblem ist:

$$\text{Maximiere} \quad z = 110x_1 + 50x_2$$

$$\text{unter den Nebenbedingungen} \quad 16x_1 + 4x_2 \leq 320$$

$$x_1 + x_2 \leq 50$$

$$x_1, x_2 \geq 0$$

(b) Der zulässige Bereich ist in folgender Graphik abgebildet.

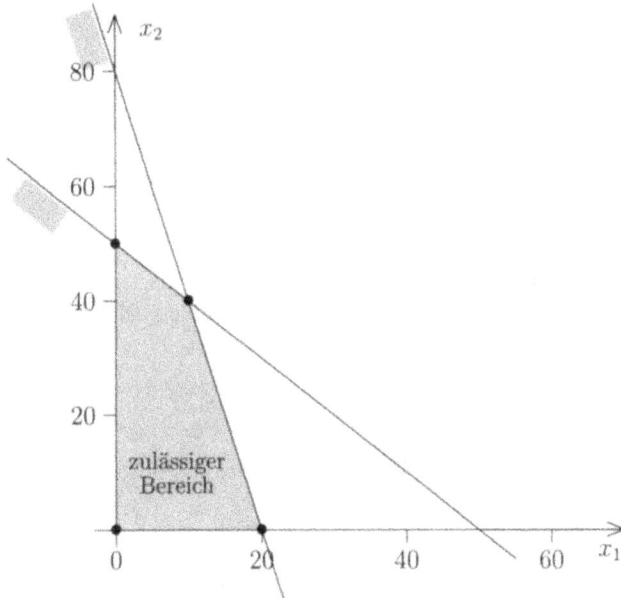

(c)

	x_1	x_2	x_3	x_4	b_i	ϑ_i
x_3	16	4	1	0	320	20
x_4	1	1	0	1	50	50
Δz_j	110	50			0	

$\longrightarrow$

	x_1	x_2	x_3	x_4	b_i	ϑ_i
x_1	1	$\frac{1}{4}$	$\frac{1}{16}$	0	20	80
x_4	0	$\frac{3}{4}$	$-\frac{1}{16}$	1	30	40
Δz_j		$\frac{45}{2}$	$-\frac{55}{8}$		$-2\,200$	

$\longrightarrow$

	x_1	x_2	x_3	x_4	b_i
x_1					10
x_2					40
Δz_j			-5	-30	$-3\,100$

Die optimale Lösung ist $x_1 = 10$ und $x_2 = 40$, da im letzten Tableau alle $\Delta z_j \leq 0$ sind. Es sollten daher 10 Stück von P_1 und 40 Stück von P_2 hergestellt werden, um den optimalen Umsatz von 3 100 GE zu erzielen.

Lösung zu Aufgabe 10.2

(a) Das Ausgangstableau für die Simplexmethode ist:

x_{B_i} \ x_j	x_1	x_2	x_3	x_4	x_5	x_6	b_i	ϑ_i
x_4	1	-1	1	1	0	0	7	—
x_5	7	1	-1	0	1	0	4	4
x_6	0	1	1	0	0	1	2	2
Δz_j	2	3	1				0	

Nach dem Aufnahmekriterium wird x_2 in die Basis aufgenommen, nach dem Eliminationskriterium wird x_6 zur Nichtbasisvariablen. Man erhält das neue Tableau:

x_{B_i} \ x_j	x_1	x_2	x_3	x_4	x_5	x_6	b_i	ϑ_i
x_4	1	0	2	1	0	1	9	9
x_5	7	0	-2	0	1	-1	2	$\frac{2}{7}$
x_2	0	1	1	0	0	1	2	—
Δz_j	2		-2			-3	-6	

x_1 wird zur Basisvariablen, x_5 zur Nichtbasisvariablen:

x_{B_i} \ x_j	x_1	x_2	x_3	x_4	x_5	x_6	b_i
x_4							$\frac{61}{7}$
x_1							$\frac{2}{7}$
x_2							2
Δz_j			$-\frac{10}{7}$		$-\frac{2}{7}$	$-\frac{19}{7}$	$-\frac{46}{7}$

Wegen $\Delta z_j < 0$ für alle $j \in \{3, 5, 6\}$ ist das Optimum erreicht. Die optimale Lösung ist $(x_1, x_2, x_3) = (\frac{2}{7}, 2, 0)$ mit Zielfunktionswert $6\frac{4}{7}$.

(b) Die Formulierung des Problems als lineares Optimierungsproblem lautet:

$$\text{Maximiere} \quad z = 150x_1 + 100x_2$$

$$\text{unter den Nebenbedingungen} \quad \tfrac{1}{2}x_1 + x_2 \leq 5$$

$$2x_1 + x_2 \leq 8$$

$$x_1, x_2 \geq 0$$

Dabei gibt x_i die Anzahl der von P_i zu produzierenden Mengeneinheiten an, $i \in \{1, 2\}$. Das Ausgangstableau ist:

x_{B_i} \ x_j	x_1	x_2	x_3	x_4	b_i	ϑ_i
x_3	$\frac{1}{2}$	1	1	0	5	10
x_4	2	1	0	1	8	4
Δz_j	150	100			0	

x_{B_i} \ x_j	x_1	x_2	x_3	x_4	b_i	ϑ_i
x_3	0	$\frac{3}{4}$	1	$-\frac{1}{4}$	3	4
x_1	1	$\frac{1}{2}$	0	$\frac{1}{2}$	4	8
Δz_j		25		-75	-600	

x_{B_i} \ x_j	x_1	x_2	x_3	x_4	b_i
x_2					4
x_1					2
Δz_j			$-\frac{100}{3}$	$-\frac{200}{3}$	-700

Da $\Delta z_3 < 0$ und $\Delta z_4 < 0$ gilt, ist $x_2 = 4$, $x_1 = 2$ die optimale Lösung. Also sollten 2 ME P_1 und 4 ME P_2 hergestellt werden, um einen maximalen Deckungsbeitrag zu erzielen. Dieser beträgt 700 Geldeinheiten.

Lösung zu Aufgabe 10.3

Dieses Standard-Maximumproblem wird im verkürzten Schema mit dem Simplexalgorithmus gelöst.

x_{B_i} \ x_j	x_1	x_2	x_3	b_i	ϑ_i
x_4	2	0	4	32	8
x_5	1	2	4	40	10
x_6	2	3	4	60	15
Δz_j	1	2	4	0	

$\longrightarrow$

x_{B_i} \ x_j	x_1	x_2	x_4	b_i	ϑ_i
x_3	$\frac{1}{2}$	0	$\frac{1}{4}$	8	—
x_5	-1	2	-1	8	4
x_6	0	3	-1	28	$\frac{28}{3}$
Δz_j	-1	2	-1	-32	

$\longrightarrow$

x_{B_i} \ x_j	x_1	x_5	x_4	b_i	ϑ_i
x_3	$\frac{1}{2}$	0	$\frac{1}{4}$	8	16
x_2	$-\frac{1}{2}$	$\frac{1}{2}$	$-\frac{1}{2}$	4	—
x_6	$\frac{3}{2}$	$-\frac{3}{2}$	$\frac{1}{2}$	16	$\frac{32}{3}$
Δz_j	0	-1	0	-40	

$\longrightarrow$

x_{B_i} \ x_j	x_6	x_5	x_4	b_i
x_3				$\frac{8}{3}$
x_2				$\frac{28}{3}$
x_1				$\frac{32}{3}$
Δz_j	0	-1	0	-40

Alle Δz_j-Werte des vorletzten Tableaus sind kleiner oder gleich Null. Es liegt also ein Optimaltableau vor. Eine optimale Lösung ist gegeben durch $x_1 = 0$, $x_2 = 4$ und $x_3 = 8$. Dabei wird der Zielfunktionswert 40 realisiert.

Außerdem sind zwei Δz_j-Werte von Nichtbasisvariablen gleich Null, so dass durch Aufnahme von x_1 bzw. x_4 eine weitere optimale Lösung erzeugt werden kann, die den gleichen Zielfunktionswert besitzt. (Aus dem letzten Tableau entnimmt man, dass $x_1 = \frac{32}{3}$, $x_2 = \frac{28}{3}$ und $x_3 = \frac{8}{3}$ ebenfalls eine optimale Lösung ist.)

Lösung zu Aufgabe 10.4

(a)

	x_1	x_2	b_i	ϑ_i		x_1	x_4	b_i	ϑ_i		x_3	x_4	b_i
x_3	6	5	40	8	x_3	4	-1	20	5	x_1			5
x_4	2	5	20	4	x_2	$\frac{2}{5}$	$\frac{1}{5}$	4	10	x_2			2
x_5	2	3	22	$7\frac{1}{3}$	x_5	$\frac{4}{5}$	$-\frac{3}{5}$	10	$\frac{25}{2}$	x_5			6
Δz_j	2	4	0		Δz_j	$\frac{2}{5}$	$-\frac{4}{5}$	-16		Δz_j	$-\frac{1}{10}$	$-\frac{7}{10}$	-18

Die Lösung des Problems ist $x_1 = 5$ und $x_2 = 2$ mit dem optimalen Zielfunktionswert 18. In der optimalen Lösung haben die Schlupfvariablen x_3 und x_4 den Wert 0, d. h. die ersten beiden Restriktionen sind bindend; $x_5 = 6$ bedeutet, dass die dritte Nebenbedingung mit „<" erfüllt ist und Kapazitäten von 6 ungenutzt bleiben.

(b) Das Ausgangstableau für die M-Methode ist:

	x_1	x_2	x_3	x_4	x_5	x_6	x_7	b_i	ϑ_i
x_6	3	1	2	-1	0	1	0	12	12
x_5	1	2	0	0	1	0	0	10	5
x_7	0	1	1	0	0	0	1	3	3
Δz_j	$4+3M$	$7+2M$	$3+3M$	$-M$					

	x_1	x_2	x_3	x_4	x_5	x_6	x_7	b_i
x_6	3	0	1	-1	0	1	-1	9
x_5	1	0	-2	0	1	0	-2	4
x_2	0	1	1	0	0	0	1	3
Δz_j	$4+3M$		$-4+M$	$-M$			$-7-2M$	

(c) Im optimalen Tableau ist ein zu einer Nichtbasisvariablen x_k gehörender Eintrag der Δz_j-Zeile gleich Null und mindestens ein Eintrag der zugehörigen Spalte ist positiv, d. h. x_k kann in die Basis getauscht werden, und die dann erzeugte Lösung liefert denselben (optimalen) Zielfunktionswert.

Lösung zu Aufgabe 10.5

(a) Das Ausgangstableau für die M-Methode lautet:

	x_1	x_2	x_3	x_4	x_5	x_6	x_7	b_i	ϑ_i
x_6	1	1	1	-1	0	1	0	1	1
x_5	1	$\frac{1}{2}$	$\frac{1}{2}$	0	1	0	0	2	4
x_7	1	$\frac{1}{2}$	1	0	0	0	1	3	3
Δz_j	$4+2M$	$2+\frac{3}{2}M$	$5+2M$	$-M$					

(b)

	x_1	x_2	x_3	x_4	x_5	x_6	x_7	b_i	ϑ_i
x_3	1	1	1	-1	0	1	0	1	–
x_5	$\frac{1}{2}$	0	0	$\frac{1}{2}$	1	$-\frac{1}{2}$	0	$\frac{3}{2}$	3
x_7	0	$-\frac{1}{2}$	0	1	0	-1	1	2	2
Δz_j	-1	$-3-\frac{1}{2}M$		$5+M$		$-5-2M$			

$\longrightarrow$

	x_1	x_2	x_3	x_4	x_5	x_6	x_7	b_i
x_3								3
x_5								
x_4								
Δz_j	-1	$-\frac{1}{2}$				$-M$	$-5-M$	

Das Optimaltableau ist erreicht, da $\Delta z_j \leq 0$ für alle Indizes gilt. Da in der optimalen Lösung die Hilfsvariablen Nichtbasisvariablen sind und damit den Wert Null haben, ist $x_1 = x_2 = 0$, $x_3 = 3$ die optimale Lösung des Ausgangsproblems.

Lösung zu Aufgabe 10.6

(a) Das Ausgangstableau für die M-Methode lautet:

	x_1	x_2	x_3	x_4	x_5	x_6	x_7	b_i	ϑ_i
x_4	1	1	1	1	0	0	0	5	5
x_6	2	0	2	0	-1	1	0	3	$\frac{3}{2}$
x_7	0	2	2	0	0	0	1	12	6
Δz_j	$2+2M$	$4+2M$	$1+4M$		$-M$				

(b) Im ersten Schritt wird x_3 in die Basis aufgenommen, und x_6 verlässt die Basis.

	x_1	x_2	x_3	x_4	x_5	x_6	x_7	b_i	ϑ_i
x_4	0	1	0	1	$\frac{1}{2}$	$-\frac{1}{2}$	0	$\frac{7}{2}$	$\frac{7}{2}$
x_3	1	0	1	0	$-\frac{1}{2}$	$\frac{1}{2}$	0	$\frac{3}{2}$	—
x_7	-2	2	0	0	1	-1	1	9	$\frac{9}{2}$
Δz_j	$1-2M$	$4+2M$			$\frac{1}{2}+M$	$-\frac{1}{2}-2M$			

	x_1	x_2	x_3	x_4	x_5	x_6	x_7	b_i
x_2								$\frac{7}{2}$
x_3								$\frac{3}{2}$
x_7								2
Δz_j	$1-2M$			$-4-2M$	$-\frac{3}{2}$	$\frac{3}{2}-M$		

Da für genügend großes M die Δz_j-Werte für alle $j \in \{1,4,5,6\}$ negativ sind, ist ein Optimaltableau erreicht. Da jedoch die Hilfsvariable x_7 in dieser Lösung den positiven Wert 2 hat, ist das Ausgangsproblem nicht lösbar.

Lösung zu Aufgabe 10.7

(a)

	x_1	x_2	b_i	ϑ_i
x_3	1	2	6	3
x_4	1	1	4	4
x_5	1	0	3	—
Δz_j	3	6	0	

$\longrightarrow$

	x_1	x_3	b_i	ϑ_i
x_2	$\frac{1}{2}$	$\frac{1}{2}$	3	6
x_4	$\frac{1}{2}$	$-\frac{1}{2}$	1	2
x_5	1	0	3	3
Δz_j	0	-3	-18	

Da alle Δz_j nichtpositiv sind, ist ein Optimaltableau erreicht. $x_1 = 0$, $x_2 = 3$ ist eine optimale Lösung.

Da $\Delta z_1 = 0$ gilt und x_1 Basisvariable werden kann, ist ein weiterer Basistausch möglich, der den optimalen Zielfunktionswert 18 nicht verändert, also eine weitere optimale Lösung liefert:

	x_4	x_3	b_i
x_2	-1	1	2
x_1	2	-1	2
x_5	-2	1	1
Δz_j	0	-3	-18

Eine zweite optimale Lösung ist also $x_1 = 2$ und $x_2 = 2$. Ein erneuter Tausch (x_1 gegen x_4) führt wieder auf die obige Optimallösung zurück. Mit den beiden Ecken sind alle optimalen Basislösungen gefunden, und alle optimalen Lösungen liegen auf der Verbindungsstrecke der Punkte $(0,3)$ und $(2,2)$, d. h.

$$\mathbb{L} = \left\{ \lambda \begin{pmatrix} 0 \\ 3 \end{pmatrix} + (1-\lambda) \begin{pmatrix} 2 \\ 2 \end{pmatrix} ; \lambda \in [0,1] \right\}.$$

(b)

	x_1	x_2	b_i	ϑ_i
x_3	1	2	6	3
x_4	1	1	4	4
x_5	1	0	3	–
Δz_j	3	4	0	

$\longrightarrow$

	x_1	x_3	b_i	ϑ_i
x_2	$\frac{1}{2}$	$\frac{1}{2}$	3	6
x_4	$\frac{1}{2}$	$-\frac{1}{2}$	1	2
x_5	1	0	3	3
Δz_j	1	-2	-12	

$\longrightarrow$

	x_4	x_3	b_i
x_2			2
x_1			2
x_5			1
Δz_j	-2	-1	-14

Da alle $\Delta z_j < 0$ sind, ist das Optimum erreicht. Die optimale Lösung ist $x_1 = 2$ und $x_2 = 2$ mit maximalem Zielfunktionswert 14.

(c) Das duale Modell lautet:

$$\text{Minimiere} \quad z = 6y_1 + 4y_2 + 3y_3$$

$$\text{unter den Nebenbedingungen} \quad y_1 + y_2 + y_3 \geq 3$$
$$2y_1 + y_2 \geq 4$$

$$y_1, y_2, y_3 \geq 0$$

(d) Das Zielkriterium wird zunächst zu „Maximiere $-6y_1 - 4y_2 - 3y_3$" abgewandelt. Damit lautet das Starttableau:

	y_1	y_2	y_3	y_4	y_5	y_6	y_7	b_i
y_6	1	1	1	-1	0	1	0	3
y_7	2	1	0	0	-1	0	1	4
Δz_j	$-6+3M$	$-4+2M$	$-3+M$	$-M$	$-M$			

Die Lösung des dualen Problems ist am Optimaltableau des zugehörigen primalen Problems in (b) abzulesen: $y_1 = 1$, $y_2 = 2$ und $y_3 = 0$. Damit ist -14 der optimale Wert des Maximierungsproblems und 14 der optimale Zielfunktionswert des gestellten Problems.

Kapitel 12

Lösung zu Aufgabe 12.1

$$\iint_R f(x,y)d(x,y) = 2\int_0^1 \left(\int_0^1 (x+3y^2)\,dy\right)dx$$

$$= 2\int_0^1 \left[xy+y^3\right]_0^1 dx = 2\int_0^1 (x+1)dx = 2\left[\frac{x^2}{2}+x\right]_0^1 = 3$$

Lösung zu Aufgabe 12.2

Zunächst ist $f(x,y) = xy - x - y + 1 = (x-1)(y-1)$, $x,y \in [1,2]$. Die Funktion f ist also als Produkt zweier Funktionen mit getrennten Variablen darstellbar, und es gilt:

$$\iint_R f(x,y)d(x,y) = \left(\int_1^2 (x-1)dx\right)\left(\int_1^2 (y-1)dy\right)$$

$$= \left(\frac{(x-1)^2}{2}\Big|_1^2\right)\left(\frac{(y-1)^2}{2}\Big|_1^2\right) = \frac{1}{4}.$$

Lösung zu Aufgabe 12.3

Die Menge M ist gegeben durch $M = \{(x,y) \in \mathbb{R}^2 | 0 \le x \le 2, 0 \le y \le 2 - x\}$. Daher gilt:

$$\iint_M f(x,y)d(x,y) = 3\int_0^2 \left(\int_0^{2-x} (x+y)dy\right)dx$$

$$= 3\int_0^2 \left[xy+\frac{y^2}{2}\right]_{y=0}^{y=2-x} dx$$

$$= 3\int_0^2 \left(x(2-x)+\frac{(2-x)^2}{2}\right)dx = 3\int_0^2 \left(2-\frac{x^2}{2}\right)dx$$

$$= 3\left[2x-\frac{x^3}{6}\right]_0^2 = 8.$$

Index

Risiko – ist das überhaupt objektiv?

Thomas Wolke

Risikomanagement

2. vollständig überarbeitete und
erweiterte Auflage 2008
308 S. | gebunden
€ 29,80 | ISBN 978-3-486-58714-2

Mittelständische Unternehmen und Großkonzerne
sind heute gleichermaßen vielfältigen betriebswirt-
schaftlichen Risiken ausgesetzt. Wollen sie nicht in
eine Krise geraten, müssen sie ein effektives Risikomanagement betreiben. Waren früher die Verfahren
der Risikomessung eher qualitativ und intuitiv, gewinnen heute mehr denn je objektiv nachvollziehbare
Verfahren an Bedeutung – unabhängig von der sub-
jektiven Risikoeinschätzung des Managers.

Und wie konkret ist Risiko eigentlich?
In diesem Buch stellt Thomas Wolke das Thema systematisch dar und geht sowohl detailliert als auch
konkret auf die Problemfelder des Risikomanagements
ein. Genauer beleuchtet werden beispielsweise neue
Verfahren der Risikomessung und -analyse sowie die
Risikosteuerung. Daneben wird auf die vielfältigen
finanz- und leistungswirtschaftlichen Risiken eingegangen, denen Unternehmen heute ausgesetzt sind.

Abschließend stellt der Autor auch das Risikocontrolling
genauer dar und führt die gewonnen Erkenntnisse in
einer praxisnahen Fallstudie zusammen.

**Das Buch richtet sich an Bachelor- und Masterstuden-
ten mit Schwerpunkt Finance & Accounting wie auch
an Anwender, die mit dem Risikomanagement in
irgendeiner Form in Berührung kommen.**

Oldenbourg

150 Jahre
Wissen für die Zukunft
Oldenbourg Verlag

Bestellen Sie in Ihrer Fachbuchhandlung oder
direkt bei uns: Tel: 089/45051-248, Fax: 089/45051-333
verkauf@oldenbourg.de

Mit Theorie und
praktischer Anwendung zum Erfolg

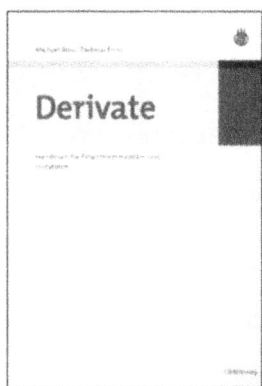

Michael Bloss, Dietmar Ernst
Derivate
Handbuch für Finanzintermediäre und Investoren
2008. XIX, 299 S., gb.
€ 39,80
ISBN 978-3-486-58354-0

Der Erfolg eines Portfolios fußt auf die eingesetzten derivativen Instrumente und Investitionsstrategien. Das Buch richtet sich zum einen an Finanzintermediäre wie auch an private und institutionelle Investoren sowie an Studierende mit dem Schwerpunkt Finanzen. Mit dem Buch sollen die obigen Instrumente, deren Einsatz und Umsetzung in der Praxis des Asset Management aufgezeigt sowie etwaige Problemlösungen dargelegt werden. Das Buch unterscheidet sich von anderen Lehrbüchern darin, dass es die komplexe Theorie mit der praktischen Anwendung verbindet sowie deren Einsatz aufzeigt. Das Buch entstand in Zusammenarbeit mit der EUREX.

Michael Bloss (l.) ist Wertpapierspezialist und Prokurist der Commerzbank AG und Direktor des Europäischen Instituts für Financial Engineering und Derivateforschung (EIFD). Gleichzeitig ist er Lehrbeauftragter im Masterstudiengang International Finance der Hochschule für Wirtschaft und Umwelt (HfWU) Nürtingen-Geislingen. Sein Fachgebiet sind terminbörsengehandelte Derivate sowie deren Strategien. Er ist Autor und Mitautor von diversen Publikationen zu terminbörsenrelevanten Themen.

Prof. Dr. Dr. Dietmar Ernst (r.) lehrt an der Hochschule für Wirtschaft und Umwelt (HfWU) Nürtingen-Geislingen International Finance und leitet den dortigen Masterstudiengang International Finance. Er ist Direktor des Europäischen Instituts für Financial Engineering und Derivateforschung (EIFD). Seine Arbeitsgebiete sind Investment Banking und Derivate. Er ist Autor von Fachbüchern und zahlreichen Veröffentlichungen.

Oldenbourg

Das Standardwerk

Hal R. Varian
Grundzüge der Mikroökonomik
Studienausgabe

7., überarb. und verbesserte Auflage 2007
XX, 892 S. | Broschur
€ 29,80 | ISBN 978-3-486-58311-3
Internationale Standardlehrbücher der
Wirtschafts- und Sozialwissenschaften

Dieses Lehrbuch schafft es wie kein anderes, nicht
nur den Stoff der Mikroökonomie anschaulich zu
erklären, sondern auch die ökonomische Interpretation der Analyseergebnisse nachvollziehbar zu
formulieren. Es ist an vielen Universitäten ein
Standardwerk und wird oft zum Selbststudium
empfohlen. Durch die logisch aufeinander aufbau-
enden Kapitel, die zahlreichen Grafiken und das
gelungene Seitenlayout erschließt sich dem Leser
schnell die Thematik. Jedes der 37 Kapitel knüpft an
die vorangegangenen Erkenntnisse an und führt
den Leser schrittweise und mit Hilfe anschaulicher
und aktueller Beispiele an die mikroökonomischen
Lerninhalte heran. Gegliederte Zusammenfassun-
gen und ausführliche Wiederholungsfragen schließen jedes Kapitel. Dem Lehrbuch sind viele neue
Beispiele mit Bezug zu aktuellen Ereignissen hin-
zugefügt.

**Prof. Hal R. Varian lehrt an der
School of Information Management and Systems (SIMS), an der
Haas School of Business sowie
am Department of Economics at
the University of California,
Berkeley. Von 1995 bis 2002 war
er Gründungsdekan an der SIMS.**

Oldenbourg

Moderne BWL

Henner Schierenbeck, Claudia B. Wöhle
Grundzüge der Betriebswirtschaftslehre

17., völlig überarbeitete und aktualisierte
Auflage 2008 | 935 S. | gebunden
€ 29,80 | ISBN 978-3-486-58772-2

Das Wissen um betriebswirtschaftliche Grundtatbe-
stände ist eine notwendige Voraussetzung für jeden,
der in Betrieben an verantwortlicher Stelle tätig ist
oder sich als Studierender auf eine solche Tätigkeit
vorbereitet. Dabei kommt es häufig nicht so sehr auf
ein spezifisches Detailwissen, als vielmehr auf die
Fähigkeit an, betriebswirtschaftliche Zusammenhänge
konzeptionell zu erfassen und betriebliche Probleme
in ihrem spezifisch ökonomischen Wesenskern zu
begreifen. Aufbau und Inhalt des Lehrbuches sind von
dieser Grundüberlegung geprägt.

Ebenfalls erhältlich ist die Dozentenausgabe mit
CD-ROM für € 39,80.

**Das Buch richtet sich an Studierende der Betriebswirt-
schaftslehre sowie an Teilnehmer anderer wirtschafts-
naher Studiengänge.**

Prof. Dr. Dres. h.c. Henner Schierenbeck lehrt am Institut für Betriebswirtschaftslehre an der Universität
Basel.

Univ.-Prof. Dr. Claudia B. Wöhle lehrt Betriebswirtschaftslehre an der Paris Lodron-Universität Salzburg.

Oldenbourg

150 Jahre
Wissen für die Zukunft
Oldenbourg Verlag

Bestellen Sie in Ihrer Fachbuchhandlung oder
direkt bei uns: Tel: 089/45051-248, Fax: 089/45051-333
verkauf@oldenbourg.de